Franz-Josef Brockschnieder, Wolfgang Ullrich

Praxisfeld Erziehung

Didaktik/Methodik für die Fachschule für Sozialpädagogik

1. Auflage, korrigierter Nachdruck

Bestellnummer 1593

Bildungsverlag EINS - Stam

Vorwort

Das Wiedersehen
„Ein Mann, der Herr K. lange nicht gesehen hatte, begrüßte ihn mit den Worten
‚Sie haben sich gar nicht verändert.'
‚Oh,' sagte Herr K.
und erbleichte."
Bertolt Brecht „Geschichten vom Herrn Keuner". Frankfurt 1992, S. 26

www.bildungsverlag1.de

Gehlen, Kieser und Stam sind unter dem Dach des Bildungsverlages EINS zusammengeführt

Bildungsverlag EINS
Sieglarer Straße 2, 53842 Troisdorf

ISBN 3-8237-**1593**-3

© Copyright 1997: Bildungsverlag EINS GmbH, Troisdorf
Das Werk und seine Teile sind urheberrechtlich geschützt. Jede Nutzung in anderen als den gesetzlich zugelassenen Fällen bedarf der vorherigen schriftlichen Einwilligung des Verlages.
Hinweis zu § 52a UrhG: Weder das Werk noch seine Teile dürfen ohne eine solche Einwilligung eingescannt und in ein Netzwerk gestellt werden. Dies gilt auch für Intranets von Schulen und sonstigen Bildungseinrichtungen.

Inhaltsverzeichnis

„Liebe Leserinnen ..." oder Was Sie in diesem Buch erwartet 6

1	**„Erziehen lernen" oder Die Ausbildung der Erzieherin**	**9**
1.1	„Nicht jeder Tag ist Feiertag" oder Was ist eigentlich Didaktik?	9
1.2	„Entwicklung währt das ganze Leben" oder Das Modell der Entwicklungsaufgaben	13
1.3	„Wir verhalten uns nicht jeden Tag neu" oder Orientierungsmuster als handlungsleitende Strategien	17
2	**„Worauf habe ich mich da eingelassen" oder Das Konzept der zukünftigen Berufsrolle**	**19**
2.1	„Bei Rolle denke ich zunächst an Theater" oder Die Inhalte der I. Entwicklungsaufgabe	19
2.2	„Drum prüfe wer sich ewig bindet ..." oder Nachdenken über einen anspruchsvollen Beruf	22
2.2.1	„Ab jetzt muß alles anders werden" oder Was erwarte ich von der Ausbildung?	22
2.2.2	„Die Erzieherin als Zehnkämpferin" oder Wie stelle ich mir den Beruf der Erzieherin vor?	23
2.2.3	„Die trinken sowieso nur Kaffee" oder Das Bild der Erzieherin in der Öffentlichkeit	24
2.2.4	„Jugendlicher, frischer Sinn ..." oder Anforderungen an den Erzieherinnenberuf gestern, heute und morgen	26
2.2.5	„Ich konnte schon immer gut mit Kindern umgehen" oder Warum will ich eigentlich Erzieherin werden?	30
2.2.6	„Zu ‚Erzieherin' fällt mir automatisch Kindergarten ein" oder Wo Erzieherinnen arbeiten	34
2.3	„Darauf freue ich mich schon die ganze Zeit" oder Das erste Praktikum	44
2.3.1	„Thomas und Fina" oder Aus dem pädagogischen Alltag lernen	44
2.3.2	„Mitspielen, loben, bestrafen" oder Erläuterungen zu den Aufgaben für das erste Praktikum	45
2.4	„Ich glaube, ich bin eine kämpferische Optimistin" oder Die Bearbeitung der I. Entwicklungsaufgabe	51
3	**„Was Sie schon immer über Kinder wissen wollten" oder Von der Fremdwahrnehmung zum Fremdverstehen**	**57**
3.1	„Ich bin froh, daß ich kein Kind mehr bin" oder Die Inhalte der II. Entwicklungsaufgabe	57
3.2	„Ich weiß was, ich seh' was, ich versteh' was" oder Wege zum Verstehen von Kindern	61
3.2.1	„Erst muß ich mal verstehen, warum Martin so aggressiv ist" oder Die Bedeutung des Fremdverstehens im pädagogischen Alltag	61

3.2.2	„Nichts ist mehr, wie es war" oder Kinder zu verstehen setzt voraus, etwas über Kinder zu wissen	65
3.2.3	„Mir fällt nichts auf" oder Kinder zu verstehen setzt voraus, sie angemessen wahrzunehmen	74
3.2.4	„Ich koch' Dich, ich freß' Dich und dann mach' ich Dich tot" oder Kinder zu verstehen setzt voraus, ihre Ausdrucksformen zu entschlüsseln	81
3.2.5	„Die unendliche Geschichte" oder Verstehen als dynamischer Prozeß	93
3.3	„Grau ist alle Theorie" oder Das zweite Praktikum	94
3.3.1	„Sein Antlitz bleich und anmutig verschlossen" oder Die Methode des Porträtierens	94
3.3.2	„Grenzen setzen, porträtieren und experimentieren" oder Die Aufgaben für das zweite Praktikum	99
3.4	„Ich dreh' lieber einen Kinderfilm" oder Die Bearbeitung der II. Entwicklungsaufgabe	104

4	**„In unserer Einrichtung arbeiten wir situativ" oder** **Das Konzept pädagogischen Handelns**	**109**
4.1	„Ich will den Kindern kein pädagogisches Programm überstülpen" oder Die Inhalte der III. Entwicklungsaufgabe	109
4.2	„Hier ein Stückchen, da ein Stückchen" oder Bausteine für eine tragfähige Idee pädagogischen Handelns	117
4.2.1	Arbeitsfeld: Kindergarten	117
4.2.1.1	„Lebenssituationen sind Lernsituationen" oder Der Situationsansatz	117
4.2.1.2	„Vom ‚festen Frühstück' zur Cafeteria" oder Der Offene Kindergarten	140
4.2.1.3	„Alles hat einen Schatten, außer der Ameise" oder Reggio-Pädagogik	174
4.2.2	Arbeitsfeld: Offene Kinder- und Jugendarbeit	202
4.2.3	Arbeitsfeld: Hort	219
4.2.4	Arbeitsfeld: Heim	234
4.2.5	„Erlebnispädagogische Angebote machen jetzt alle" oder Anregungen für die sozialpädagogische Praxis in unterschiedlichen Lernfeldern	254
4.2.5.1	Lernfeld: Geschlechterverhältnis	255
4.2.5.2	Lernfeld: Abenteuer – Erlebnis – Sport	261
4.2.5.3	Lernfeld: Umwelt	265
4.2.5.4	Lernfeld: Multikulturelles Zusammenleben	269
4.2.5.5	Lernfeld: Kultur	275
4.2.6	„Gruppen leiten, Lernprozesse fördern, reflektieren" oder Methoden sozialpädagogischer Arbeit	280
4.3	„Gut geplant ist halb durchgeführt" oder Das dritte Praktikum	299
4.4	„Gaby und die ‚Anmache'" oder Die Bearbeitung der III. Entwicklungsaufgabe	303

5	**„Das kann doch nicht alles gewesen sein" oder Das Konzept der Professionalisierung** 307
5.1	„Jetzt wird es bald ernst" oder Die Inhalte der IV. Entwicklungsaufgabe 307
5.2	„Sozialpädagogische Arbeit ist mehr als die Beschäftigung mit Kindern und Jugendlichen" oder Aspekte erzieherischer Professionalität 310
5.2.1	„Gemeinsam und nicht einsam" oder Teamarbeit 310
5.2.2	„Wir müssen mal wieder einen Elternabend durchführen" oder Elternarbeit in sozialpädagogischen Institutionen 318
5.2.3	„Das Kind sollte in der Erziehungsberatungsstelle vorgestellt werden" oder Die Zusammenarbeit mit anderen Institutionen 328
5.2.4	„Damit wir wissen, was wir tun" oder Konzeptentwicklung 331
5.2.5	„Man lernt nie aus" oder Fort- und Weiterbildung 334
5.2.6	„Allein machen sie Dich ein" oder Als Erzieherin in Gewerkschaften oder Berufsverbänden 336
5.2.7	„Wir sollten uns einmal gezielt beraten lassen" oder Supervision 336
5.3	„Die Eltern akzeptieren mich noch nicht" oder Das vierte Praktikum 339
5.4	„Auf dem Weg zu professionellem Handeln" oder die Bearbeitung der IV. Entwicklungsaufgabe 342

Sachwortverzeichnis 349

Bildquellenverzeichnis

Butzke, Bert, Mülheim, S. 182, 185, 201
Marcks, Marie, Heidelberg, S. 24, 31, 228
Palgrave, Frances, Köln, S. 12, 17, 48, 230, 319

Leider ist es uns nicht gelungen, zu allen Abbildungen die Inhaber der Rechte zu ermitteln, sollte jemand davon betroffen sein, bitten wir ihn, sich zu melden.

„Liebe Leserinnen..."
oder
Was Sie in diesem Buch erwartet

Mit dem vorliegenden Fachbuch für die Didaktik und Methodik für sozialpädagogische Berufe geht es uns im wesentlichen um das, was die Pädagogik die „Erziehung der Erzieher" nennt. Wenn richtig ist, daß Erzieherinnen in erster Linie durch das wirken, was sie sind, und erst in zweiter Linie durch das, was sie sagen, muß sozialpädagogische Ausbildung versuchen, Einfluß zu nehmen auf dieses Sein. D. h., sie muß so angelegt sein, daß Studierende Gelegenheit haben, ihre Persönlichkeit so zu bilden, daß von ihr anregende Impulse für die Entwicklung von Kindern und Jugendlichen ausgehen. „Erziehung der Erzieher" wird von uns verstanden als ein Prozeß der Selbsterziehung, in dem Sie die Akteure sind. Dazu ist eine Haltung nötig, die Neugier, Experimentierfreude, Engagement und das Interesse an Kindern und Jugendlichen vereinigt.

Die Arbeit an der Ent-Wicklung der eigenen Persönlichkeit ist wichtig, aber: Sozialpädagogische Ausbildung muß auch das für die praktische Arbeit notwendige „Handwerkszeug", also Wissen, Fähigkeiten und Fertigkeiten vermitteln. Das Buch bietet beides. Anlässe, Materialien, Aufgabenstellungen, an denen sich Persönlichkeit bilden kann, weil Sie als ganze Person gefragt und einbezogen sind ebenso wie praktische Anregungen und Fakten, deren Kenntnis für die „Bewältigung" des erzieherischen Alltags unerläßlich ist. Unser Grundgedanke dabei ist nicht die Vermittlung von „Fertigprodukten", mit deren Hilfe man wie mit einem Rezept in die pädagogische Praxis geht, sondern die Vorstellung von beispielhaften Projekten und Aktionen, von denen wir uns erhoffen, daß an ihnen verallgemeinerbare Kenntnisse und Einsichten gewonnen werden können und die Sie ermutigen und anregen, aktiv auf Ihnen bisher fremde Themen und Bereiche zuzugehen und sich die dazu notwendige Sachkunde anzueignen.

Die konzeptionelle Grundlage dieses Buches bildet die sogenannte „Bildungsgangdidaktik". Sie unterstellt, daß jede Schülerin auf ihre spezifische Art und Weise die auf dem Weg von der Schülerin zur Erzieherin liegenden Aufgaben anpackt und bewältigt.

Das von uns angebotene Material soll diesen Prozeß unterstützen. Was wir nicht können, ist, den Bildungsgang für Sie zu gehen. Das müssen Sie selber tun. Es liegt auch an Ihnen, wieviel Sie auf diesem Bildungsgang entdecken.

Der Schriftsteller Franz Kafka hat das, was wir meinen, so ausgedrückt:

> »Hast du also einen Weg begonnen, setze ihn fort, unter allen Umständen, du kannst nur gewinnen ... Findest du also nichts ... auf den Gängen, öffne die Türen, findest du nichts hinter diesen Türen, gibt es neue Stockwerke, findest du oben nichts, es ist keine Not, schwinge dich neue Treppen hinauf. Solange du nicht zu steigen aufhörst, hören die Stufen nicht auf, unter deinen steigenden Füßen wachsen sie aufwärts.«

F. Kafka, „Fürsprecher", in: „ER-Prosa von Franz Kafka." Frankfurt a.M., 1965, S. 47

Gut beraten ist die, die auch einmal links und rechts des Weges Ausschau hält, hin und wieder verweilt, auch einmal einen Blick zurück auf den bereits bewältigten Weg wirft, um sich danach wieder auf das zu konzentrieren, was noch vor ihr liegt.

Also: Nicht das Tempo ist entscheidend. Der Raser weiß über den zurückgelegten Weg häufig nichts zu berichten. Wenn der Weg Wirkungen hinterlassen soll, dann ist Langsamkeit, Gründlichkeit und konzentrierte Aufmerksamkeit erforderlich. Manchmal ist es auch hilfreich, auf sich bietende Abkürzungen zu verzichten, ganz bewußt Umwege zu gehen. Das Buch bietet also nicht nur **einen,** gar **den** Weg zur Erzieherin, sondern mögliche Wege mit den dazugehörigen Streckenbeschreibungen, einschließlich der zu überwindenden Hindernisse, wobei sicherlich deutlich werden wird, welchen der möglichen Wege wir aus welchen Gründen bevorzugen.

Ob Sie diesen Weg mitgehen, ist Ihre Entscheidung. Entscheidend ist nach unserer Auffassung nicht, welchen Weg Sie gehen, sondern daß Sie den gewählten Weg offen und neugierig gehen. Manche Wege entfalten ihre Schönheit erst nach der Überwindung von steinigen Passagen. Also: Weitergehen, auch wenn es mal schwirig wird.

Am Ziel erwartet **Sie** ein differenzierter Blick auf die Welt und Ihre Adressaten, also die Kinder und Jugendlichen, mit denen Sie einmal arbeiten werden, eine spannende und anregende, weltoffene und lebendige Erzieherin.

Um dieses Ziel zu erreichen, abschließend ein Vorschlag:

Günstig erscheint uns, schon jetzt eine dicke Kladde anzuschaffen, die Sie während des ganzen Bildungsgangs begleitet. Wir schlagen vor, sie „Mein Bildungsgangbuch" zu nennen (sicher fällt Ihnen etwas Phantasievolleres ein). In dieser Kladde sollte stichwortartig alles festgehalten werden, was Sie im Verlauf der Ausbildung „bewegt". Das Führen einer solchen Kladde hat aus unserer Sicht den Vorteil, daß Sie sich jederzeit vergewissern können, wie Sie bestimmte Situationen sehen bzw. gesehen haben und welche Veränderungen sich gegebenenfalls im Laufe des „Bildungsgangs" ergeben haben.

Das Bildungsgangbuch kann auch während der Praktika eine wertvolle Hilfe sein, indem Sie es als eine Art Tagebuch nutzen. Gerade während der Praktika stößt man auf eine Fülle von verunsichernden, aber oft auch erfreulichen Situationen, die Thema einer intensiveren Nachbetrachtung während eines Praxisbesuches oder während des Unterrichts in der Zeit nach dem Praktikum sein können. In dieses Bildungsgangbuch könnten neben Ihren Texten aber auch all die Dinge eingeklebt werden, die für Sie während der Ausbildung sonst noch bedeutsam sind, von der bei einem Waldspaziergang mit Kindern gefundenen Feder über das erste Bild, das ein Kind während des Praktikums für Sie gemalt hat bis zum Gruppenfoto oder dem Abschiedsgeschenk aus dem ersten Kindergartenpraktikum.

So gestaltet könnte das „Bildungsgangbuch" nicht nur ein wertvolles Lernmittel, sondern auch eine schöne Erinnerung an die Zeit Ihrer Ausbildung sein.

Einige Hinweise zum Aufbau des Buches

Kapitel 1 referiert die Voraussetzungen, die für das in diesem Buch zugrunde gelegte Verständnis vom Prozeß sozialpädagogischer Ausbildung unerläßlich sind. Die Begriffe „angeleitete Selbsterziehung", „Bildungsgang", „Entwicklungsaufgabe" oder „Orientierungsmuster" bezeichnen nicht nur einen anderen formalen Rahmen. Sie stehen für ein neues Verständnis davon, wie sich Bildungs- und Entwicklungsprozesse vollziehen.

Die Kapitel 2 bis 4 sind nach einem durchgängigen Prinzip gegliedert. Im Mittelpunkt steht dabei die in diesem Ausbildungsabschnitt zu lösende „Entwicklungsaufgabe" (Was das ist, erfahren Sie unter 1.2).

Das erste Unterkapitel führt jeweils in die Inhalte und Aspekte der Entwicklungsaufgabe ein und macht damit deutlich, welche Themen und Fragestellungen zur Bearbeitung anstehen. Im zweiten Unterkapitel erscheinen dann Angebote, von denen wir uns erhoffen, daß die Beschäftigung mit ihnen die „Lösung" der Entwicklungsaufgabe unterstützt und anregt. Diese Angebote haben einen ganz unterschiedlichen Charakter. Es können Aufforderungen zu Rollen-Spielen in und mit der Klasse sein, Anregungen für Befragungen in Praxisstellen oder an anderen Orten außerhalb der Schule, Texte von Praktikerinnen und ehemaligen Studierenden, Karikaturen, Fotografien, Geschichten oder auch literarische oder wissenschaftliche Texte. Es geht bei all diesen Angeboten immer darum, die im Zentrum stehende Entwicklungsaufgabe aus unterschiedlichen Perspektiven zu beleuchten und damit dazu beizutragen, Ihnen Ihre individuelle Lösung zu erleichtern.

Wir bieten zu jeder Entwicklungsaufgabe eine Fülle von Materialien und Aufgabenstellungen. Sicher zuviele, wenn man den Anspruch hat, alles chronologisch bearbeiten zu wollen. unsere Idee ist eine andere.

Die Fülle des Materials bietet jeder (Lern-)Gruppe die Möglichkeit, nach Rücksprache mit und nach Beratung durch die unterrichtende Lehrerin eigene Wege zu gehen und Schwerpunkte da zu setzen, wo offene Fragen auf eine Antwort warten. Andere (Lern-) Gruppen, mit anderen Problemstellungen können andere Wege einschlagen. Der wechselseitige Austausch im Anschluß an solche Phasen dürfen für alle gewinnbringend sein.

Im Anschluß an den Material- und Aufgabenteil formulieren wir Anregungen für die einen Ausbildungsabschnitt praktisch abrundenden Praktika. Auch hier führen wir Methoden und Aufgabenstellungen ein, die den individuellen Lern- und Klärungsprozeß auf dem Weg von der Studierenden zur sozialpädagogischen Fachkraft anleiten können. Das jeweils vierte und letzte Unterkapitel schließt mit Materialien zur Praktikumauswertung und zur „Lösung" der Entwicklungsaufgabe den Ausbildungsabschnitt ab. Außerdem werden Hinweise auf die Thematik ergänzende und weiterführende Literatur-, Medienhinweise sowie Adressen von Fachverbänden, Filmdiensten etc. gegeben.

PS. Liebe Leser, Ihnen wird aufgefallen sein, daß wir im Text durchgängig die weibliche Anredeform benutzt haben. Das wird sich im gesamten Buch, da wo wir eigene Texte schreiben, nicht ändern. Solange 95 % in dem von Ihnen angestrebten Beruf Frauen sind, halten wir ein solches Verfahren für gerechtfertigt. Sollten sich die Verhältnisse bis zur 2. Auflage ändern, verändern wir auch die Anredeform. Wir hoffen auf Ihr Verständnis!

1 „Erziehen lernen"
oder
Die Ausbildung der Erzieherin

1.1 „Nicht jeder Tag ist Feiertag"
oder
Was ist eigentlich Didaktik?

„Anna hat Urlaub"

„Sommer 1995, Marina, seit vier Jahren Erzieherin im ‚Sophie-Scholl-Kindergarten' kommt erschöpft nach Hause. Drei Tage regnet es nun schon. Keine Chance auch nur für zehn Minuten mit den Kindern nach draußen zu gehen. An solchen Tagen merkt sie besonders, daß 25 Kinder pro Gruppe einfach zu viel sind. Marina schüttelt den Regenschirm aus und öffnet den Briefkasten. Blauer Himmel, strahlender Sonnenschein, ein Hafen mit Schiffen! Eine Postkarte von Anna, ihrer Arbeitskollegin, die zur Zeit in Urlaub in Südfrankreich ist. Die hat's gut, aber die vier Wochen stehe ich auch noch durch, denkt Marina.

Liebe Marina,

ich sitze hier unter südlicher Sonne auf einem Campingplatz in der Nähe von Menton mit Blick auf die herrliche Altstadt, die Du auf der Vorderseite siehst und, anstatt so richtig auszuspannen, denke ich schon wieder daran, was wir in unserer Gruppe planen können. Du kennst mich ja! Ich glaube, ich bin mit meiner Arbeit verheiratet. Wolle meckert auch schon rum. Er meint, das mit der Arbeitswut würde sich legen, wenn ich erst einmal ein paar Jahre länger im Beruf bin. Ich bin mir da nicht so sicher. Na ja! Vorhin am Strand ist mir eine tolle Idee gekommen. Du beklagst Dich doch auch immer darüber, daß die Kinder sich so oft streiten und häufig ihre Konflikte mit Gewalt lösen. Im Augenblick wird bei uns ja auch allgemein viel über dieses Thema diskutiert. Mein Vorschlag wäre, mit den Kindern einmal so etwas wie „Erziehung zur Friedfertigkeit" zu versuchen, um ihnen Wege zu zeigen, wie man Konflikte auf friedlichem Wege lösen kann. Natürlich müßten wir im Vorfeld die Eltern und die Pastorin unserer Gemeinde mit einbeziehen. Und teuer dürfen unsere Aktionen auch nicht sein. Wir haben für dieses Jahr sowieso kaum noch Geld für Materialien. Wir könnten ja einige Spiele erfinden und selber herstellen. In alten Zeitschriften finden wir zu diesem Thema sicher eine Menge Bilder, die wir verwenden können. Wir müssen natürlich darauf achten, daß wir die Dreijährigen in unserer Gruppe nicht überfordern. Wir könnten die Gruppe ja öfter teilen. Ich habe schon eine Menge Ideen für Rollenspiele. Vielleicht fällt uns ja auch ein „Anti-Gewalt-Kasperletheaterstück" ein, das wir mit den größeren Kindern unserer Gruppe zu Weihnachten aufführen könnten. Ist doch ein Fest des Friedens! Du merkst, ich bin schon ganz begeistert von meiner Idee. Du könntest Dir ja auch schon einmal was einfallen lassen. Bei Deiner Phantasie doch wohl kein Problem, oder? (hihihi)

Liebe Marina! So schön es hier ist, ich freue mich schon ein bißchen auf die Kinder und natürlich auf Dich.

Schöne Grüße an alle, in einer Woche bin ich wieder da.

Küßchen, Küßchen!!!

Anna

PS. Frieden ist nicht alles. Aber ohne Frieden ist alles Nichts! Hab' ich mal irgendwo gelesen. Find' ich gut!!!

Typisch Anna! Marina kann sich ein Lachen nicht verkneifen. Aber die Idee ist gar nicht schlecht und Anna hat schon wieder an alles gedacht."

AUFGABEN

1. Lesen Sie die Karte unter der Fragestellung: Worüber macht Anna sich im einzelnen Gedanken?
2. Tragen Sie die Fakten in der Klasse zusammen.

Annas Überlegungen faßt die Pädagogik unter der Bezeichnung „Didaktik" zusammen.

Ausgehend von der konkreten Situation in der Gruppe wählt sie ein bestimmtes Thema aus. Wir nennen das den **Inhalt**. Danach formuliert sie noch recht allgemein ein **Ziel**. Die Kinder sollen Alternativen zur gewaltförmigen Konfliktlösung einüben. Als eine mögliche **Methode** schweben Anna Rollenspiele oder ein Theaterstück vor. Daneben hat sie die Idee, den Kindern mit Hilfe von Bildern aus alten Zeitschriften das Thema Gewalt anschaulich zu machen. Wir sagen, Anna bedient sich des **Mediums** Zeitschrift. Es folgen Überlegungen dazu, wie man das Thema den kleineren Kindern vermitteln kann. Didaktische Fragen zu klären heißt also auch immer, sich seine Absichten in Hinblick auf die **Adressaten** klarzumachen.

Da ein solches Thema nicht immer in der Gruppe von 25 Kindern zu bearbeiten ist, schlägt sie vor, Kleingruppen zu bilden. Die Didaktik spricht in diesem Zusammenhang von der **Organisationsform**.

Das Fach „Didaktik und Methodik" beschäftigt sich also mit Fragen

◆ nach der Auswahl der Inhalte, die Gegenstand der Aktivitäten sind.
◆ nach den Zielen, die erreicht werden sollen.

- nach den Methoden, die für die Umsetzung des Inhalts angemessen und zur Erreichung der Ziele förderlich sind.
- nach den Medien, die die ausgewählten Inhalte transportieren und veranschaulichen.
- nach den Adressaten oder der Zielgruppe, mit der gearbeitet werden soll.
- nach der Organisationsform, in der gearbeitet werden soll.

Wer schon Erfahrungen im sozialpädagogischen Bereich hat, könnte nun zu Recht einwenden, daß der Alltag in Kindergarten, Heim, Hort oder Jugendzentrum nur zum geringen Teil aus dem besteht, worüber sich Anna Gedanken macht.

AUFGABE

> Tragen Sie in Form einer Liste zusammen, aus welchen Tätigkeiten der Alltag einer Erzieherin im Kindergarten im wesentlichen besteht: von a wie aufräumen bis z wie zaubern.

Wir haben also zu unterscheiden zwischen intensiv geplanten, umfangreich vorbereiteten, aufeinander aufbauenden, formulierte Ziele ansteuernden Aktivitäten und all den Dingen, die der Erzieherin in der alltäglichen Arbeit abverlangt werden und die auch immer didaktische Entscheidungen enthalten und die alle bestimmte pädagogische Konsequenzen haben, von der Hausaufgabenhilfe im Hort, dem Trösten eines traurigen Kindergartenkindes bis zur Getränkeausgabe im Jugendzentrum.

Der Begriff „Didaktik" stammt aus dem Griechischen. Hier bezeichnete „didaskein" die Tätigkeiten des Lehrens, Lernens und Unterrichtens. Seit dem 17. Jahrhundert ist der Begriff im Zusammenhang mit schulischen Lehr- und Lernprozessen gebräuchlich. Auch heute wird er im wesentlichen da verwendet, wo es um schulisches Lehren und Lernen geht. Das enthebt uns aber nicht der Mühe des Nachdenkens über das, was im sozialpädagogischen Feld an Inhalts-, Methoden- oder Zielentscheidungen zu treffen ist. Nun wird man sagen können, Kinder lernen auch unabhängig von didaktischen Überlegungen von Eltern, Großeltern, anderen Kindern wie man spricht, ißt usw. Wozu also „Didaktik"?

Weil das, was wir mit den uns anvertrauten Kindern und Jugendlichen tun, nicht beliebig sein kann, weil es begründbar sein muß, gegenüber den Kindern und Jugendlichen selbst, gegenüber den Eltern, dem Anstellungsträger etc. Aber auch wir müssen uns immer wieder dessen versichern was wir tun, kritisch prüfen, ob unsere Arbeit das bewirkt, was sie bewirken soll. Junge Menschen zu befähigen, sachkundig und autonom ihr Leben in der sozialen Gemeinschaft mit anderen Menschen zu meistern. Zum anderen vollziehen sich manche Lernprozesse intensiver, wenn sie gründlich didaktisch durchdacht sind.

Wir schlagen vor zu unterscheiden zwischen

Feiertagsdidaktik und **Alltagsdidaktik**

= pädagogisches Handeln, das umfassend geplant wird, von der Analyse der Ausgangssituation, über die Formulierung von Zielen bis zur Reflexion des möglichen Lernerfolgs

= prinzipiell begründbares Alltagshandeln in pädagogischen Situationen

Um den Unterschied aber auch die Berührungspunkte und fließenden Übergänge zwischen beiden Begriffen deutlich zu machen, ein Beispiel aus dem Alltag des Kindergartens:

„David und Max"

„Ein schöner Sommertag. Die Kinder des Kindergartens ‚St. Marien' tollen im Außengelände herum. Dem Praktikanten David fällt auf, daß Max, ein Junge, der erst kurze Zeit im Kindergarten ist, seit einiger Zeit versucht, die Leiter zur Rutsche zu bewältigen. Er hat schon mehr als die Hälfte hinter sich gebracht. Drei Stufen fehlen ihm noch bis zur Plattform. An Max' Gesicht liest David ab, daß diesen so kurz vor dem Ziel noch der Mut verlassen könnte. David bewegt sich in Richtung auf die Schaukel zu, um Max bei seinem Aufstieg zu ermutigen. ‚Na Max, die letzten drei Stufen schaffst Du doch noch. Komm, ich helfe Dir ein wenig.' David greift Max unter die Schultern und schiebt ihn vorsichtig nach oben. Max strahlt. Die erste Hürde ist genommen. Aber, wie weiter? Max scheint unsicher, ob er alleine herunterrutschen soll. Inzwischen ist auch Bea, ein Kind aus Max' Gruppe die Leiter herauf geklettert. ‚Bea' sagt David geistesgegenwärtig, ‚was hältst Du davon, wenn Du mit Max gemeinsam rutscht? Ich nehme Euch beide unten in Empfang.' Bea klemmt sich hinter Max und ab gehts.

Max ist selig. Unten nimmt David Max in die Arme. ‚Prima, Max und danke, Bea.' Max läßt sich nicht aufhalten und macht sich gleich wieder auf den Weg in Richtung Leiter, klettert hinauf und abwärts gehts. David ist bei diesem Anblick fast so glücklich wie Max. Eine gelungene Aktion und ein schönes Stück ‚Alltagsdidaktik'."

AUFGABEN

1. Welche didaktischen Entscheidungen hat David getroffen?
2. Wie könnte man diese begründen?
3. Welche anderen Entscheidungen wären möglich gewesen? Mit welchen möglichen anderen Folgen?

Dieses Beispiel ließe sich weiterführen.

"Alltag wird zum Feiertag"

„David hat durch sein erfolgreiches Handeln Mut bekommen. Im Gespräch mit Mo, seiner Gruppenleiterin, über seine Aktion vom Morgen stellen beide fest, daß es in der Gruppe von Max eine ganze Reihe von Kindern gibt, die sich wenig zutrauen, bei vielen Aktionen nur zögerlich mitmachen, denen es häufig an Selbstvertrauen mangelt. Mo und David beschließen gemeinsam zu überlegen, wie sie diese Kinder durch eine Reihe von Aktionen ein wenig ermutigen können, zu sich selbst und ihren Fähigkeiten Vertrauen zu bekommen."

Der Übergang von der Alltags- zur Feiertagsdidaktik hat sich vollzogen. Aus einer alltäglichen Handlung von David ist eine geplante Aktion geworden. Alles was jetzt zu klären ist, von der Auswahl der Inhalte, der Bestimmung der Ziele, der Entscheidung über die teilnehmenden Kinder bis zum Einsatz von Medien, alles das sind Elemente der von uns sogenannten Feiertagsdidaktik.

AUFGABE

Zur „Feiertagsdidaktik" erfahren Sie mehr im Kapitel 4. Vielleicht versuchen Sie sich aber an dieser Stelle schon einmal an der von David und Mo geplanten Aktion. Wie könnte sie aussehen?

1.2 „Entwicklung währt das ganze Leben"
oder
Das Modell der Entwicklungsaufgaben

„Der Auszug"

„Eine typische Situation in einem bestimmten Lebensabschnitt. Die Entscheidung, zu Hause auszuziehen. Die Auseinandersetzungen mit den Eltern im Vorfeld. Für die einen Eltern ist es noch zu früh, die anderen drängen darauf unter dem Motto: ‚Du mußt endlich selbständig werden.' Die Freude darauf, endlich allein leben zu können, aber auch die Angst davor, alles allein entscheiden zu müssen. Der eigene Haushalt, einkaufen, kochen. Neben der Ausbildung noch die tägliche Sorge um das liebe Geld.
Soll der Freund/die Freundin mit einziehen, oder engt mich das zu sehr ein? Wie wird das werden, nach Hause zu kommen und niemand da, der einen empfängt, der sich die alltäglichen Sorgen anhört, der Verständnis für die Probleme zeigt? Dann doch vielleicht besser mit Peter/Ute zusammenziehen? Sind wir im Alltag nicht doch zu unterschiedlich? Wie war das noch im letzten gemeinsamen Urlaub in Griechenland? Gab es da nicht oft wegen irgendwelcher Kleinigkeiten Streß?
Soviele Fragen! Sowenig Antworten! Soviel ungelöste Aufgaben!"

AUFGABEN

1. Denken Sie in Kleingruppen einmal darüber nach, welche Situationen es in Ihrem bisherigen Leben gegeben hat, in denen Sie vor neuen Situationen mit vielen Unbekannten standen.
2. Erstellen Sie auf einem großen Bogen eine Tabelle, in der Sie in der linken Spalte die Situation eintragen (z.B. Übergang von der Familie in den Kindergarten) und in der rechten Spalte all die Fähigkeiten auflisten, die zur Bewältigung der jeweiligen Situation nötig waren.
3. Was steht im Laufe Ihres weiteren Lebens noch zur Lösung an? Welche Fähigkeiten sind dazu nötig?
4. Stellen Sie Ihre Tabelle in der Klasse vor. Diskutieren Sie Gemeinsamkeiten und Unterschiede.

Seit Ende der sechziger Jahre beschäftigen sich Entwicklungspsychologen mit der in unserem Beispiel beschriebenen Thematik.

Sie nennen ihren Ansatz die **„Psychologie der Lebensspanne"**. Die Vertreterinnen dieser Richtung gehen davon aus, daß Veränderungen des Menschen prinzipiell von seiner Geburt bis zu seinem Tode möglich, ja notwendig sind. Daß Entwicklung also nicht etwa dann aufhört, wenn der Mensch nach unserem Verständnis erwachsen ist.

Ein zweiter neuer Gedanke ist, daß Entwicklung nicht ein einmal eintretender und dann abgeschlossener Vorgang in einer bestimmten Altersphase ist, sondern daß dem Menschen ein flexibler Umgang mit seiner Entwicklung möglich, daß Entwicklung, einmal versäumt, in bestimmten Bereichen und in einem bestimmten Umfang durchaus nachzuholen ist. Womit wir bei einem dritten Punkt wären. Letztlich ist es der einzelne Mensch selber, der seine Entwicklung, innerhalb von sozialen und materiellen Rahmenbedingungen vorantreibt. Jeder Mensch will sich zunächst einmal entwickeln. Ein letzter, über die traditionelle Entwicklungspsychologie hinausgehender Aspekt: Es gibt keine allgemein beschreibbare, universale Richtung der Entwicklung, die auf ein definierbares Endresultat hin fortschreitet. Es gibt kultur-, subkultur-, personenspezifische Unterschiede, je nach Lebensplanung, beruflichen und privaten Anforderungen, Interessen, Einstellungen etc.

Das hier Gesagte gilt natürlich nur für die sogenannte Sozialentwicklung des Menschen, nicht für biologische Vorgänge wie Reifungs- und Wachstumsprozesse.

AUFGABEN

1. Arbeiten Sie aus dem Text die aus Ihrer Sicht bedeutsamen Aspekte der „Psychologie der Lebensspanne" heraus.
2. Klären Sie im Klassenverband Verständnisfragen.
3. Untersuchen Sie doch einmal die vor Ihnen liegende Ausbildung daraufhin, welche Aufgaben in ihrem Verlauf zu lösen sind, wenn Sie sich von der Schülerin zur Erzieherin entwickeln wollen.
4. Gibt es aus Ihrer Sicht eine bestimmte sinnvolle Reihenfolge der zu lösenden Aufgaben?
5. Tauschen Sie in der Klasse Ihre Ansichten und Ergebnisse aus.

Für die, in bestimmten Lebenssituationen oder -abschnitten zu lösenden Fragen ist der Begriff **„Entwicklungsaufgaben"** gängig geworden. Andreas Gruschka hat dieses Konzept für die Erzieherinnenausbildung fruchtbar gemacht.[1]

Ausgangsfrage für die Entwicklung dieses Konzepts war die Frage: „Gibt es auf dem Weg von der Schülerin zur Erzieherin Aufgaben, die von allen Schülerinnen im Bildungsgang auf die eine oder andere Art gelöst werden müssen, wenn am Ende der Ausbildung die autonom-handlungsfähige Erzieherin stehen soll?"

Welches sind nun die Situationen, vor die jemand gestellt ist, der die Erzieherinnenausbildung erfolgreich absolvieren will? Welches sind die Einschnitte, die kritischen Punkte, die Fragen, die beantwortet werden müssen?

◆ Die Schülerin, die in die Ausbildung eintritt, tut dieses nicht wie ein **„leeres Blatt"**, sondern vor dem Hintergrund ihrer individuellen Lebensgeschichte. Für den Zusammenhang ist wichtig:
  – Angehende Erzieherinnen haben aufgrund ihrer bisherigen Lebensgeschichte Motive ausgebildet, die für ihre Berufswahl bedeutsam sind.

---

[1] siehe Gruschka, A., Wie Schüler Erzieher werden, Wetzlar 1985, bes. S. 45 ff.

- Sie haben bestimmte Erwartungen, Hoffnungen und Wünsche, aber auch bestimmte Befürchtungen und Ängste, die sie mit ihrer Berufswahl verbinden.
- Sie haben eine spezifische Vorstellung davon, was Kinder und Jugendliche brauchen, um sich angemessen entwickeln zu können.
- Sie haben eine bestimmte „Erziehungsgeschichte" in Schule und Elternhaus, die für ihre Vorstellung davon, wie sie selber einmal erziehen wollen, bedeutsam ist.

Wer in die Erzieherinnenausbildung eintritt, so die Idee, sollte sich zunächst einmal Klarheit verschaffen über seine Erwartungen an den Beruf, seine Motive für die Berufswahl usw.

Inhalt der

I. Entwicklungsaufgabe

ist also, ein **Konzept der zukünftigen Berufsrolle** zu entwickeln.

Ist die Frage der I. Entwicklungsaufgabe in der Anfangsphase der Ausbildung vorläufig abgeklärt, kann man sich denen zuwenden, mit denen man es in seiner zukünftigen pädagogischen Arbeit zu tun haben wird: den Adressaten, den Kindern und Jugendlichen. Ähnlich wie bei der Entwicklungsaufgabe I bringen Schülerinnen auch in Hinblick auf die Adressaten eine Fülle von Vorerfahrungen mit.

- ◆ Sie sind selber Kind gewesen, sind zum großen Teil noch Jugendliche.
- ◆ Sie erleben im Alltag andere Kinder und Jugendliche, möglicherweise als Geschwister in der eigenen Familie, in der Straßenbahn auf der Fahrt zur Schule. Sie lesen in der Zeitung über sie, erfahren aus dem Fernsehen etwas über **die** Kinder und Jugendlichen und ihre tatsächlichen oder vermeintlichen Interessen und Bedürfnisse, Sorgen und Nöte.

Aus all dem hat sich bei ihnen ein bestimmtes Bild davon entwickelt, wie es Kindern und Jugendlichen heute geht, was sie mögen oder was sie ablehnen, wovon sie träumen oder worunter sie leiden. Professionell mit Kindern und Jugendlichen zu arbeiten verlangt nun, dieses eher zufällige, möglicherweise mit Vorurteilen und Klischees behaftete Bild zu reflektieren d. h., es einer kritischen Prüfung zu unterziehen, um zu einer objektiveren Sicht zu gelangen. Darüber hinaus ist eine Strategie zu entwickeln, wie und auf welchen Wegen, mit welchen Mitteln etwas über Kinder und Jugendliche zu erfahren ist, um ihre Verhaltensweisen besser verstehen zu können.

Die zentralen Inhalte der zweiten Ausbildungsphase beziehen sich also auf die Lösung der

II. Entwicklungsaufgabe

in der es um **die Entwicklung eines Konzepts der pädagogischen Fremdwahrnehmung** geht.

Mit der Lösung dieser Aufgabe ist die Voraussetzung dafür geschaffen, sich die Kompetenzen anzueignen, die es rechtfertigen, von pädagogischem Handeln zu sprechen.

- ◆ Was zeichnet pädagogisches Handeln aus gegenüber unserem Handeln im Alltag?
- ◆ Wodurch wird alltägliches zu pädagogischem Handeln?
- ◆ Welche Fragen muß ich für mich geklärt, welches Wissen muß ich mir angeeignet haben, um kompetent pädagogisch handeln zu können?
- ◆ Welches ist das Handwerkszeug dessen, der pädagogisches Handeln zu seinem Beruf machen will?

Die Klärung dieser Frage ist Gegenstand der

III. Entwicklungsaufgabe

Sie beinhaltet **die Entwicklung eines Konzepts des pädagogischen Handelns.**

Sich auf die Adressaten zu konzentrieren, würde dem Anspruch an ein volles professionelles Handeln im sozialpädagogischen Bereich noch nicht gerecht. Verantwortliches Handeln verlangt auch eine angemessene Berücksichtigung des Umfeldes, in dem Erziehung stattfindet. Die hierzu notwendigen Fähigkeiten sind Inhalt der Lösung der

IV. Entwicklungsaufgabe

Hier geht es um **die Entwicklung eines Modells der Professionalisierung.**

Die hier vorgestellten Entwicklungsaufgaben sind nun, ganz im Sinne des Grundverständnisses der Psychologie der Lebensspanne nicht so zu verstehen, daß sie, einmal gelöst, für immer gelöst seien. Im Verlaufe der Ausbildung, aber auch in der späteren beruflichen Tätigkeit kommt es, aufgrund eines veränderten Arbeitsfeldes oder neuer Anforderungen, immer wieder zu Verunsicherungen im Bereich von bereits als gelöst betrachteten Entwicklungsaufgaben und zu der Notwendigkeit einer Neubestimmung. Ebenso gibt es keine vorgeschriebene Abfolge der Lösungen. Wer bereits umfangreiche Vorkenntnisse im sozialpädagogischen Praxisfeld aufgrund einer langjährigen Tätigkeit ohne spezifische Ausbildung hat, wird sein Modell der Berufsrolle in anderer Weise geklärt haben als jemand, der bisher nur schulische Erfahrungen gemacht hat.

Die hier vorgestellte Abfolge der Entwicklungsaufgaben ist also eine idealtypische. Sie kann sich in der Praxis der eigenen Entwicklung so zeigen, muß es aber nicht. So ist es durchaus nicht beunruhigend, wenn etwa im Zusammenhang mit dem Praktikum in der Offenen Kinder- und Jugendarbeit oder der Heimerziehung im zweiten Jahr der Ausbildung sich plötzlich die Frage nach der grundsätzlichen beruflichen Eignung, die ja eigentlich Gegenstand der I. Entwicklungsaufgabe ist, neu stellt.

AUFGABEN

1. Fassen Sie die zentralen Inhalte der jeweiligen Entwicklungsaufgaben mit eigenen Worten zusammen.
2. Wie sind in der Klasse die Meinungen zu diesem Konzept?

„Wir verhalten uns nicht jeden Tag neu"
oder
Orientierungsmuster als handlungsleitende Strategien

Ein Gespräch im Kindergarten Paul-Sawitzki-Weg

Monika: Also der Johannes ist in meinen Augen ein unglaublicher Rüpel. Es vergeht keine Minute, in der er nicht völlig grundlos über andere Kinder herfällt, sie schlägt, tritt oder beißt.

Hilde: *Mir ist auch aufgefallen, daß Johannes sich in bestimmten Spielsituationen oft problematisch verhält. Aber aus ihm deshalb gleich einen „Rüpel" zu machen, halte ich doch für überzogen.*

Monika: Sieh' doch einmal. Er schlägt schon wieder auf Tanja ein. Das ist ganz typisch, so benimmt er sich doch immer.

Hilde: *Ich habe die Situation ganz anders gesehen. Tanja hat, wohl aus Versehen, den Turm umgeworfen, den Johannes gebaut hat. Er glaubte wohl, Tanja hätte das absichtlich gemacht. Das könnte ein Grund für seine aggressive Reaktion gewesen sein.*

Monika: Du hast auch für jedes Verhalten eine Entschuldigung. Bei Johannes muß man sich doch nur die Eltern ansehen, dann weiß man doch Bescheid, woher der Junge dieses Verhalten hat. Die haben doch Streit mit dem halben „Paul-Sawitzki-Weg".

Hilde: *Es könnte schon sein, daß Johannes das Verhalten seiner Eltern imitiert. Mein Eindruck ist aber auch, daß er oft in angespannten Situationen mit körperlicher Gewalt reagiert. Vielleicht hat sein Verhalten auch damit zu tun, daß er für sein Alter noch recht schlecht spricht und damit die Sprache als mögliches Instrument der Konfliktlösung wegfällt. Ich schlage vor, Johannes in unterschiedlichen Situationen im Verlaufe des Kindergartentages zu beobachten und danach zu überlegen, wie man ihm helfen kann.*

Monika: Ich halte das für sinnlos. Die einzige Sprache, die Johannes versteht, ist die eines harten Bestrafens. Wir müßten ihn häufiger isolieren und von Aktivitäten ausschließen. Das würde helfen.

AUFGABEN

Untersuchen Sie das Gespräch in Hinblick auf
- die Sprache, die die Erzieherinnen zur Beschreibung des Verhaltens von Johannes verwenden.
- die Art und Weise, wie sie das Beobachtete bewerten.
- die von den beiden Erzieherinnen angeführten Erklärungen für das Verhalten von Johannes.
- Ihre Gedanken zu einem für Johannes hilfreichen pädagogischen Handeln.

Offensichtlich haben beide Erzieherinnen den gleichen Vorgang beobachtet und kommentiert. Beide kommen aber zu völlig unterschiedlichen Aussagen zu dem Gesehenen. Man könnte sagen, sie haben die Entwicklungsaufgabe „Modelle der Fremdwahrnehmung" auf unterschiedliche Art und Weise gelöst. Diese, bei jedem Menschen mehr oder weniger unterschiedliche Lösung einer Entwicklungsaufgabe, nennen wir **Orientierungsmuster**.

Sie unterscheiden sich hinsichtlich der

- Sprache, in der ein Mensch einen Vorgang **beschreibt**.
- Art und Weise, wie Menschen Vorgänge **bewerten**.
- Muster, nach denen Menschen Vorgänge **erklären**.
- Ausprägungen des praktischen **Handelns**.

Daraus folgt: Wir handeln nicht täglich neu und ganz anders, sondern, unser Handeln folgt bestimmten, im Laufe unseres Lebens eingeübten Mustern. Die Funktion dieser Muster ist, daß sie unserem Handeln Sicherheit geben und daß sie uns für andere berechenbar und wiedererkennbar machen. Das Problem ist, daß sich der Vorgang der Ausbildung von Orientierungsmustern weitgehend unbewußt vollzieht und unser Handeln irgendwann zu einem Ritual wird unter dem Motto: Das habe ich immer so gemacht! Für situationsangemessenes pädagogisches Handeln ist eine solche Haltung nicht hilfreich. Im Text zum ersten Praktikum werden wir eine Methode vorstellen, die es ermöglicht, die eigenen Orientierungsmuster aufzuklären und damit bei Bedarf zu variieren.

AUFGABEN

1. Wie würden Sie die Orientierungsmuster von Hilde und Monika einschätzen? Inwieweit sind sie hilfreich bzw. ungünstig für die zukünftige Entwicklung von Johannes?
2. Entwickeln Sie Beispiele für Orientierungsmuster im Alltag.

Lesetip

Gruschka, A.: Wie Schüler Erzieher werden. Wetzlar 1985
Viertel, I.: Die Chancen nicht verspielen! In: Neue Deutsche Schule, H. 22, 1995

Weitere Literatur- und Informationshinweise

Landesinstitut für Schule und Weiterbildung NRW (Hrsg.): Bildungsgangbeschreibung „Erzieher". Soest 1988
Martin, E.: Didaktik der sozialpädagogischen Arbeit. München 1992
Metzinger, A.: Zur Geschichte der Erzieherausbildung. Frankfurt 1993

2 „Worauf habe ich mich da eingelassen"
oder
Das Konzept der zukünftigen Berufsrolle

2.1 „Bei Rolle denke ich zunächst an Theater"
oder
Die Inhalte der I. Entwicklungsaufgabe

„Auf dem Schulhof"

Die E 11 AB der „Gabriele-Münter-Fachschule für Sozialpädagogik" in M. hat Pause. Nane, Mary und Felix stehen auf dem Schulhof zusammen. Es entwickelt sich folgendes Gespräch:

Felix: Man kommt sich ja schon ein bißchen verlassen vor so allein unter 20 Frauen.

Nane: Ja, und daß Du dann auch noch ausgerechnet zum Klassensprecher gewählt wirst, typisch weiblich. Und sowas will Erzieherin werden. Einfach peinlich!

Mary: So ein Quatsch. Es ist nun einmal so, daß Männer sich besser durchsetzen können. Was hat denn diese Wahl damit zu tun, daß wir Erzieherinnen werden wollen? Daß hier so viele Mädchen sind, hängt eben damit zusammen, daß wir besser mit Kindern umgehen können.

Felix: Wenn das so wäre, dann könnte ich mich ja besser gleich abmelden.

Nane: Bleib' bloß hier. Das Weib als treusorgende Ehefrau und warmherzige Mutter. Die Zeiten sind ja Gott sei Dank vorbei.

Mary: Wenn Du Kinder nicht leiden kannst, warum willst Du denn dann Erzieherin werden?

Nane: Ich habe doch nicht gesagt, daß ich Kinder nicht leiden kann. Ich wehre mich nur dagegen, daß Du so tust, als wenn wir besonders zur Erzieherin geeignet wären, nur weil wir Frauen sind. Ich will Erzieherin werden, weil ich glaube, daß die Erziehung in der Familie heute nicht mehr die Anregungen bietet, die für die Entwicklung von Kindern nötig sind. Darüber hinaus denke ich, daß Männer und Frauen ein Recht auf eine berufliche Tätigkeit haben und deshalb die öffentlichen Angebote für Kinder unbedingt nötig sind. Ich glaube, daß es davon viel zu wenige gibt. Gerade für Kinder unter drei Jahren.

Mary: Wenn ich einmal Kinder habe, höre ich auf zu arbeiten. Ich finde, daß Kinder in den ersten Lebensjahren die Mutter brauchen und daß viel zu viele in die öffentliche Erziehung abgeschoben werden. Aber sag doch mal, Felix, warum willst Du als Mann eigentlich Erzieher werden?

Felix: Ich arbeite seit zwei Jahren in einer kirchlichen Umweltgruppe. Seit etwa einem Jahr habe ich dort mehr und mehr die Leitung übernommen, weil der Pfarrer, der die Gruppe angeregt hat, mit anderen Aufgaben in der Gemeinde ziemlich ausgelastet ist. Die Arbeit macht mir großen Spaß und die Tatsache, daß die Gruppe sich laufend vergrößert und alle offensichtlich gerne mit mir arbeiten, hat mich auf die Idee gebracht, meinen alten Beruf als Industriekaufmann aufzugeben und aus meiner Freizeitbeschäftigung einen neuen Beruf zu machen. Ich will später einmal in die Jugendarbeit gehen.

Mary: Also mit Jugendlichen möchte ich nicht arbeiten. Die haben doch sowieso auf nichts Bock und machen alles kaputt. Bei den meisten ist doch Hopfen und Malz verloren. Für mich ist klar, daß ich später in den Kindergarten gehe. Bei kleinen Kindern hat man wenigstens noch Einfluß auf die Entwicklung. Bei uns im Stadtteil ist ein toller Kindergarten, in dem ich selber als Kind war und zu dem ich heute noch Kontakt habe. Die würden mich sofort nehmen.

Nane: Also ich will mich da noch nicht festlegen. Ich möchte erst mal in unterschiedlichen Einrichtungen Erfahrungen sammeln und in „Erziehungswissenschaften" und „Didaktik/Methodik" lernen, wie man sich das Verhalten von Kindern und Jugendlichen erklären und wie man angemessen darauf reagieren kann. Außerdem möchte ich in der Ausbildung auch noch etwas mehr über mich erfahren.

Mary: Also ich weiß nicht. Ich glaube mit den ganzen Theorien kann man doch nichts anfangen. Die eine behauptet dieses, die andere genau das Gegenteil. Ich erwarte von der Ausbildung, daß sie mir das Handwerkszeug vermittelt, das mir erlaubt, mit den Kindern zurechtzukommen. Im übrigen glaube ich, ist das Wichtigste, daß man die Kinder lieb hat.

Felix: Sicher kann man Theorien nicht so ohne weiteres auf die Praxis übertragen. Ich erhoffe mir aber doch, daß sie mir helfen, Probleme und Bedürfnisse von Kindern besser zu verstehen. Außerdem stelle ich es mir nicht so einfach vor, im Kindergarten zum Beispiel einerseits den Ansprüchen der Kinder gerecht zu werden, zum anderen aber auch nicht die Eltern zu verprellen, die ja vielfach vom Kindergarten erwarten, daß er eine vorgezogene Schule ist. Und dann kommt es ja immer noch darauf an, bei welchem Träger man arbeitet, Mary.

Nane: Apropos, toller Kindergarten, damals in der Gesamtschule habe ich ein Praktikum in einem Kindergarten gemacht. Das war ganz furchtbar. Ich frage mich, wie bei so vielen Regelungen und Verboten und so langweiligen Angeboten die Ziele des Kindergartens, Kinder unter anderem zu Kreativität und Selbstbestimmung zu erziehen, erreicht werden sollen. So, wie ich den Kindergarten erlebt habe, erreicht er eher das Gegenteil.

Felix: Ich finde, Du übertreibst, Nane. Meine Kindergartenerfahrungen sind zwar nicht überwältigend positiv. Ich finde aber schon, daß sich in den letzten Jahren vieles verändert hat. Da muß man ansetzen und weiter arbeiten.

Mary: Ich weiß nicht, in welchen Kindergärten Ihr gewesen seid. Aber, Ihr habt ja an allem etwas herumzumeckern.

Nane: Herumzumeckern! Man merkt, daß Du erst 17 bist. In dem Alter habe ich auch noch gedacht, daß die Welt in Ordnung ist. Wenn man etwas älter ist, nicht mehr zu Hause lebt, für seinen eigenen Lebensunterhalt sorgen muß, neben der Schule noch gezwungen ist zu arbeiten, dann sieht das Ganze schon etwas anders aus.

Mary: Ich fühle mich ganz wohl zu Hause. Mit meinen Eltern verstehe ich mich prima. Meine Mutter war früher auch Erzieherin. Sie ist mein Vorbild dafür, wie ich später einmal mit Kindern umgehen möchte.

Felix: Also Nane, man kann doch niemanden vorwerfen, daß er noch jünger ist. Ich finde es ganz schön, wenn man sich noch ein Stück Naivität bewußt bewahrt, auch wenn man älter ist. Ich weiß nicht, ob Du mit Deiner abgeklärten Art nicht auch ein bißchen in der Gefahr bist, alles zu pessimistisch zu sehen. Ich glaube, als Erzieher ist man wegen der Verantwortung für junge Menschen geradezu zum Optimismus verpflichtet. Im übrigen Mary kann ich Deine Einschätzung bezüglich deiner Eltern als Vorbild für eine erstrebenswerte Erziehung nicht teilen. Ich hatte mit Erziehern immer ziemlichen Ärger, egal ob zu Hause, im Kindergarten, in der Schule oder in der Lehre. Da hat es nichts gegeben, was mir als Vorbild dienen könnte.

Nane: *Dem kann ich mich nur anschließen. Ich hatte mit meinen Eltern immer ziemliche Kämpfe um die Einhaltung bestimmter Regeln. In der Schule war es kaum anders. Wenn ich einmal mit Kindern zu tun habe, werde ich ihnen wesentlich mehr Freiraum lassen. Im übrigen hat es gegongt. Ich glaube, wir müssen wieder. Wir können ja vorschlagen, das Gespräch im Unterricht fortzusetzen.*

AUFGABEN

1. Bearbeiten Sie den Text unter folgenden Gesichtspunkten:
   a) Über welche Themenbereiche unterhalten sich Felix, Nane und Mary?
   b) Machen Sie deutlich, welche Positionen die einzelnen Personen zu den angesprochenen Bereichen vertreten.
   c) Mit welcher der vorgestellten Personen können Sie sich am ehesten identifizieren? Begründen Sie Ihre Wahl!
2. Was glauben Sie? Was müßten die vorgestellten Personen an ihren Ansichten, Einstellungen ändern, wenn sie Erzieher werden wollen?

Zusammengefaßt könnte man die Inhalte der I. Entwicklungsaufgabe folgendermaßen beschreiben:

Wer in die Erzieherinnenausbildung eintritt, muß zunächst die eigenen Erwartungen an die Ausbildung und an seinen zukünftigen Beruf klären. Viele von Ihnen befinden sich in einer Lebensphase, in der sie selber noch Objekte von Erziehung sind. Wer z. B. zu Hause wohnt, muß sich noch mit den Erziehungsnormen der Eltern auseinandersetzen.

Spätestens im ersten Praktikum ist es erforderlich, die Seite zu wechseln, aus der Zu-Erziehenden soll ansatzweise die Erzieherin werden. Daraus ergeben sich viele Fragen:

Bin ich bereit und in der Lage zu diesem Perspektivenwechsel? Wie will ich meine Aufgabe als Erzieherin verstehen? Will ich die Freundin der Kinder sein oder die Beschützerin, die Animateuse oder der Elternersatz?

Wer jahrelang Erziehung ‚genossen' oder ‚erlitten' hat, leitet daraus häufig bestimmte Vorstellungen ab, wie er einmal eigene oder fremde Kinder und Jugendliche erziehen, d. h. was er tun oder lassen, verbieten oder erlauben, unterdrücken oder fördern will.

Welche Erziehungsvorstellungen halte ich für richtig? Aufgrund welcher Erfahrungen haben sie sich gebildet? Diese Fragen sind wichtig zu klären, da die unbewußte Übertragung eigener Erziehungserfahrung auf die Kinder und Jugendlichen häufig zu Problemen führt.

Neben der Abklärung eigener Erwartungen, Vorstellungen und Hoffnungen, aber auch möglicher Befürchtungen, muß zu Beginn der Ausbildung auch ein zumindest vorläufiges Verständnis darüber hergestellt werden, welche Erwartungen andere (Eltern, Träger, Öffentlichkeit ...) an die Erzieherin stellen.

Die Frage nach den Gründen der Berufswahl ist eine weitere wichtige Frage zu Beginn der Ausbildung. Was hat mich dazu bewogen, Erzieherin zu werden? Gibt es in meiner bisherigen Lebensgeschichte irgendwelche Anhaltspunkte, die für meine Berufswahl bedeutungsvoll waren? Hatte ich eine vorbildliche Lehrerin oder Erzieherin, der ich nacheifern will oder habe ich vielleicht positive Erfahrungen als Babysitter gemacht oder ... oder ...?

Die folgenden Materialien, methodischen Anregungen und Aufgabenstellungen sollen Ihnen helfen, Ihre individuelle Antwort auf die formulierten Fragen zu finden.

2.2 „Drum prüfe wer sich ewig bindet ..."
oder
Nachdenken über einen anspruchsvollen Beruf

2.2.1 „Ab jetzt muß alles anders werden"
oder
Was erwarte ich von der Ausbildung?

Mit dem Beginn eines neuen Lebensabschnitts sind häufig bestimmte Erwartungen und Hoffnungen, manchmal aber auch Befürchtungen und Ängste verbunden.
Zum Einstieg in die Bearbeitung der I. Entwicklungsaufgabe kann es nützlich sein, diese positiven, negativen oder ambivalenten Gefühle zu formulieren und im Klassenverband zu reflektieren. Oft ist es hilfreich zu erfahren, wie andere über Probleme, die einen selbst bewegen, denken. Anregend für die eigene Betrachtungsweise, wenn sie ganz anders oder ganz anderes denken. Entlastend, wenn sie ähnliche Erwartungen, Befürchtungen etc. haben.

AUFGABEN

1. Hängen Sie große Papierbogen an den Wänden Ihres Klassenraumes auf und beschriften Sie die einzelnen Bögen mit folgenden Überschriften:
   - Das Schlimmste, was mir in dieser Ausbildung passieren könnte, wäre ...
   - Das Beste, was mir in dieser Ausbildung passieren könnte, wäre ...
   - Ich fände es toll, wenn wir hier ...
   - Ich fände es furchtbar, wenn wir hier ...
   - Ich würde mir wünschen, daß wir hier ...
   - Ich schlage vor, daß wir hier ...

   Gehen Sie einzeln von Plakat zu Plakat und schreiben Sie auf, was Ihnen zu der jeweiligen Überschrift einfällt.
2. Gehen Sie anschließend gemeinsam von Plakat zu Plakat. Ergänzen Sie eventuell mündlich Ihre stichwortartigen Anmerkungen. Kommentieren und diskutieren Sie das Geschriebene und Gesagte.
3. Zum Abschluß diskutieren Sie in der Klasse die folgenden Fragen:
   a) Auf welche der genannten Hoffnungen, Wünsche etc. haben wir als Klasse Einfluß, auf welche nicht?
   b) Was können wir tun, damit die Wünsche und Hoffnungen sich erfüllen, die Ängste und Befürchtungen eher minimiert bzw. ausgeräumt werden?

Die Ergebnisse könnten als Verhaltenskodex im Klassenraum ausgehängt werden.

2.2.2 „Die Erzieherin als Zehnkämpferin"
oder
Wie stelle ich mir den Beruf der Erzieherin vor?

Wenn wir vertraute Begriffe hören, stellen sich oft Bilder, Vorstellungen, Erinnerungen spontan ein. Das dürfte beim Begriff Erzieherin nicht anders sein.

AUFGABEN

1. Wählen Sie aus den Bildern jenes aus, das für Sie die größte Nähe zum Erzieherinnenberuf hat.

a)

b)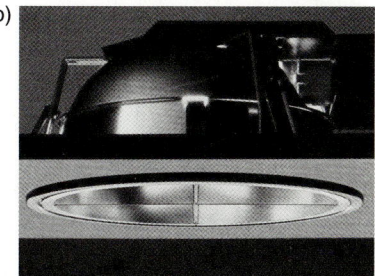

c)

d)

Begründen Sie Ihre Wahl.

2. Welches Tier fällt Ihnen ein, wenn Sie an den Beruf der Erzieherin denken? Stellen Sie Ihr Tier mit seinen Eigenschaften der Klasse vor.

3. Beschriften Sie Wandzeitungen mit folgenden Überschriften:
   ◆ Ich freue mich beim Erzieherinnenberuf besonders auf ...
   ◆ Ich befürchte beim Erzieherinnenberuf besonders ...
   Vervollständigen Sie die Satzanfänge. Tauschen Sie sich über unterschiedliche Erwartungen oder Befürchtungen aus.

4. Die Erzieherin
   Decken sich die Vorstellungen von Marie Marcks, der Zeichnerin der nebenstehenden Karikatur, mit Ihren Berufsvorstellungen? Wenn nicht, was sehen Sie anders bzw. was fehlt Ihnen?

5. Bringen Sie zur nächsten Stunde einen Gegenstand von zu Hause mit, der in einer Beziehung zu Ihrer Vorstellung vom Beruf der Erzieherin steht. Stellen Sie Ihren Gegenstand der Klasse vor.

2.2.3 „Die trinken sowieso nur Kaffee"
oder
Das Bild der Erzieherin in der Öffentlichkeit

Trotz zahlreicher Bemühungen, das Bild des Erzieherinnenberufs in der Öffentlichkeit zu verändern, gibt es nach wie vor in breiten Teilen der Gesellschaft Unklarheiten darüber, was denn Erzieherinnen eigentlich tun. Diese Unklarheiten äußern sich bei den einen in gutgemeinten Fragen, bei den anderen in massiven Vorurteilen, die die berufliche Tätigkeit stark behindern können.

Zum Einstieg in diese Problematik eine Karikatur, die einige Aspekte des Erzieherinnenbildes in der Öffentlichkeit aufzeigt.

Lesen Sie den folgenden Text:

Ein Beruf, der eigentlich keiner ist?

Erziehen – das ist doch eigentlich gar kein richtiger Beruf!« – So mag mancher denken, der meint, daß das, was jeder Mutter bei der Erziehung ihrer Kinder abverlangt wird, eigentlich auch reichen müßte, um eine Gruppe im Kindergarten zu leiten.

»Gut mit Kindern umgehen können«, »gute Spiel- und Bastelideen haben«, »ruhig und ausgeglichen sein«, das dürften so etwa die wichtigsten berufstypischen Fähigkeiten sein, die man allenthalben von Erzieherinnen erwartet. Da hat es der Lehrer schon leichter, gesellschaftliche Anerkennung für seine Arbeit zu finden. (. . .)

Bei Erzieherinnen dagegen weiß doch eigentlich keiner so genau, was die eigentlich den ganzen Tag über machen, und wenn mal jemand »vom Amt« oder ein Stadtverordneter oder auch Eltern tagsüber unangemeldet erscheinen, sitzen sie garantiert beim Kaffee.

Solche oder ähnliche Klischeevorstellungen sind immer noch häufig. (. . .)

Eine wichtige Ursache dafür, daß es der Erzieherberuf so schwer hat, gesellschaftliche Anerkennung zu finden, dürfte daran liegen, daß es sich um einen traditionell fast ausschließlich von Frauen ausgeübten Beruf mit einem noch jungen Berufsbild handelt, so daß sich die Vorstellung von den besonderen Anforderungen dieses Berufes und die daraus folgenden Qualifikationen noch nicht hat allgemein verbreiten und festigen können.

Zur historischen Entwicklung des Erzieherberufes (. . .)

Vorformen des Berufes der **Kindergärtnerin** entstanden, als in der Zeit der beginnenden Industrialisierung (1800-1850) (. . .) immer mehr Kinder unbetreut und in (. . .) Verelendung aufwuchsen. Angesichts dieser Not war die Hauptaufgabe (. . .) die Aufbewahrung und Betreuung besonders gefährdeter Kinder und deren Eingliederung in die Arbeits- und Erwachsenenwelt.

Diese historische Wurzel hat die Entwicklung des Kindergartens und des Berufes der Kindergärtnerin bis in die Gegenwart hinein geprägt: Die außerfamilialen Einrichtungen der Kleinkinderziehung wurden in Deutschland nicht wie in vielen anderen Ländern als erste Stufe eines einheitlichen Bildungssystems verstanden, sondern als **sozial-pflegerische Einrichtungen** mit weitgehend bewahrendem Charakter zur Betreuung bedürftiger und gefährdeter Kinder und deren Eingliederung in die Gesellschaft. Diese Einrichtungen (später »Kindergarten« und »Hort«) versuchten dabei fast immer, sich am Ideal der intakten bürgerlichen Familie zu orientieren. Zum Leitbild der Kindergärtnerin ist damit für lange Zeit die verständnisvolle, treusorgende, musisch begabte und mehr gefühlsmäßig handelnde Mutter (»Tante«) geworden. (. . .)

Eine weitere Wurzel geht auf Friedrich Fröbel (1782-1852) zurück, der 1838 auch den ersten systematischen mehrmonatigen Ausbildungskurs für Kindergärtner (weitere Kurse auch für Frauen) durchgeführt hat.

Für Fröbel waren die Einrichtungen nicht Bewahranstalten, sondern **»Gärten für Kinder«**, in denen diese unter behutsamer, aber planvoller Förderung in altersgemäßer und spielerischer Form immer mehr (. . .) Verständnis von sich und der Welt entwickeln können.

Diese Sichtweise gewann in der Entwicklung des Kindergartens in dem Maße an Bedeutung, in dem der Lebens- und Erfahrungsraum für Kinder immer eingeschränkter wurde und die Bedeutung der Erziehung für die Lebens- und Berufschancen bei fortschreitender Industrialisierung wuchs, die Erziehungsfunktion der Familie aber geringer wurde (. . .). Damit erhielt der Kindergarten immer mehr auch die Aufgabe, die begrenzten Erfahrungen und Möglichkeiten der häuslichen Erziehung zu ergänzen und die durch materielle, kulturelle und soziale Verhältnisse bedingten Erziehungs- und Sozialunterschiede zu verringern.

Mit dieser Entwicklung geht ein gewisser Wandel des Selbstverständnisses des Erzieherberufes und der Ausgestaltung der Erziehungsarbeit einher: von der mütterlichen Kindergärtnerin zur fachlich kompetenten Pädagogin.

Hessisches Sozialministerium aus: „Erziehen als Beruf". Wiesbaden o. J. S. 9

AUFGABEN

1. Welche Erklärungen bietet der Text für die vielfältigen Klischees, die in der Öffentlichkeit über den Erzieherinnenberuf herrschen, an?
2. Nehmen Sie Stellung zu den angebotenen Erklärungen!
3. Was müßte/könnte getan werden, um das Bild der Erzieherin in der Öffentlichkeit zu verbessern?
4. Setzen Sie eine Ihrer Ideen in die Tat um!

2.2.4 „Jugendlicher, frischer Sinn"
oder
Anforderungen an den Erzieherinnenberuf gestern, heute und morgen

Was man gestern von einer Erzieherin erwartete, zeigt ein Blick in Ausbildungsordnungen, Richtlinien und Lehrpläne aus den 50er Jahren des vergangenen Jahrhunderts, einer Zeit also, in der der „Kindergarten" und die dazugehörende „Kinder-Gärtnerin" „erfunden" wurden (Sie können an dieser Stelle einmal überlegen, welche Vorstellung von menschlicher Entwicklung im Begriff „Kinder-Garten" steckt.).

Welche Erwartungen Friedrich Fröbel (1782–1852), der Begründer des Kindergartens, an die Erzieherin stellte, wird in dem folgenden Abschnitt deutlich.

Fröbel hat bis jetzt, theils in Liebenstein, in Dresden und Hamburg, etwa sechzig junge Mädchen und 10 Frauen, zum Theil junge Witwen, zu »Kindergärtnerinnen« gebildet. Der Kursus in Liebenstein dauerte für Befähigte ein halbes Jahr. Es ist keine Kleinigkeit, eine tüchtige »Kindergärtnerin« zu sein. Es gehören nicht bloß frische jugendliche Kräfte, sondern auch ganz besondere, vorzügliche Eigenschaften dazu. Um das zu erkennen, braucht man nur über ihre Aufgabe nachzudenken.

Ich warne daher vor dem leicht sich einstellenden Gedanken, irgend eine Jungfrau ohne Weiteres zum Beruf einer Kindergärtnerin für befähigt zu erachten, oder jede dazu befähigen zu können. Es gehört dazu außer starker, fast unüberwindlicher Hinneigung zum Leben unter Kinder:

1. jugendlicher, frischer Sinn, natürliche Heiterkeit, Lebensmuth und anregende Kraft;
2. Gemüts- und Verstandesbildung, überhaupt Bildung, welche man nicht erst in der Bildungsanstalt erwerben will, sondern die man mitbringen muß;
3. pädagogische Begabung oder Befähigung, womit ich alles Andere bezeichnen will.

Die äußeren Fertigkeiten können die meisten Frauen und Jungfrauen erlernen; aber damit ist es nicht gethan. Auch in dem Kindergarten kommt Alles auf den Geist (er schließt das Gemüth ein) an. Niemand erkennt das tiefer als Fröbel selbst. Deshalb ist es ihm um nichts weniger zu tun, als um das Nachahmen und Kopieren seiner Weise, weshalb er es nicht leiden kann, wenn eine ein Mixtum von Übungen unter seinem Namen debitiert. Ein »Kindergarten« soll zwar ein Fröbel'scher, dem Geiste nach, sein, aber er schätzt, liebt und will eigenthümlich freie Gestaltung, die ohne Eigenthümlichkeit eben nicht möglich ist. Eben darum erreicht eine mit den erforderlichen Anlagen und mit der gehörigen Ausbildung ausgestattete Jungfrau den Zweck, sich zur Kindergärtnerin auszubilden, am Besten dadurch, daß sie 1. auf ein halbes Jahr zu Fröbel selbst geht, demnächst 2. noch 4 bis 6 Wochen in einer von einer selbständigen Kindergärtnerin geleiteten Anstalt als Gehilfin arbeitet.

Adolf Diesterweg: Friedrich Fröbel. In: Jahrbuch für Lehrer und Schulfreunde, hrsg. von A. Diesterweg 1 (1850). S. 119-141, hier: S. 135 f.

AUFGABEN

1. Was erwartet Fröbel von einer Erzieherin? Sind diese Erwartungen noch zeitgemäß?
2. Was meinen Sie, welche neuen Anforderungen sich möglicherweise heute stellen?
3. Was glauben Sie: Ist es heute schwerer oder leichter, Kinder beruflich zu erziehen?

Um die Anforderungen und Erwartungen an den Beruf **heute** zu verdeutlichen, sollen die Betroffenen, das heißt, die seit mehreren Jahren im Beruf stehenden Kolleginnen zu Wort kommen.

Der vergessene Beruf

Eine Erzieherin aus Baden-Württemberg

„Mir ist unverständlich, daß der Beruf der Erzieherin, der von unserer Gesellschaft auch im Zuge veränderter Familiensituationen mehr denn je dringend gebraucht wird, durch so ungünstige Arbeitsbedingungen wie z. B. Gruppengröße, Unterbesetzung des Gruppenpersonals, ungünstige Räumlichkeiten, geringe Aufstiegsmöglichkeiten und eine dermaßen geringe Bezahlung entwertet wird."

89% der Erzieherinnen sagen, daß ihre Arbeit durch verhaltensauffällige bzw. erziehungsschwierige Kinder schwerer geworden ist.

„In Anbetracht der nach meinen Erfahrungen zunehmenden Verhaltensauffälligkeit bei den Kindern müßten als erstes die Gruppen verkleinert werden, um eine einigermaßen befriedigende pädagogische Arbeit leisten zu können."
Eine Erzieherin aus Niedersachsen

67 % der Erzieherinnen empfinden die größeren Erwartungen der Eltern als zunehmende Belastung.

„Die Erwartungshaltung, daß die Einrichtung Kindergarten alle gesellschaftlichen Veränderungen auffangen und immer flexibel sein soll, ist eine große Belastung",
schreibt eine Erzieherin aus Rheinland-Pfalz

„Bei 75 Plätzen und davon 75 % Ausländerkindern verschiedener Nationalitäten sind Gruppenstärken von 25 Kindern bei fast gleichbleibender Nachmittagsbesetzung und nur einer Erzieherin pro Gruppe zu wenig, um qualifizierte Arbeit leisten zu können. Wir brauchen mehr Personal und kleinere Gruppen."
Eine Erzieherin aus Nordrhein-Westfalen

Eine andere Erzieherin aus Nordrhein-Westfalen formuliert das so:

„Kaum ein Berufsfeld ist so umfassend wie das der Erzieherin. Sie muß eine ‚Allroundfrau' sein. Trotzdem wird ihre Arbeit in der Gesellschaft nicht anerkannt. Trotz der recht langen Ausbildung sind Bezahlung und Urlaubsanspruch z. B. gegenüber einem Grundschullehrer beschämend. Erzieherinnen haben wie die Kinder keine Lobby."

Eine Erzieherin aus Rheinland-Pfalz sagt dazu:

„Nachweisbar ist der Erzieherberuf ein erstrebenswerter Beruf, der Selbständigkeit, Kreativität und Selbsterfahrung in der Arbeit mit Kindern und Kollegen zuläßt. Was ich sehr liebe, ist die Spontaneität, mit der man arbeiten kann. Aber nach sechs Stunden Ganztagskindergarten sind meine Nerven zum Zerreißen gespannt, dabei brauchen gerade diese Kinder unsere ausgleichende Geduld und Liebe. Schade, daß ich dann oft keine Kraft mehr habe, ihnen die nötige Aufmerksamkeit zu schenken."

Eine Leiterin aus Bayern schreibt:

„Seit sieben Jahren bin ich Leiterin einer Einrichtung mit 6 Wechselgruppen, d. h. mit 120 Kindern. Nun ist der Zeitpunkt gekommen, wo ich ernstlich überlege, ob ich diesen Beruf noch länger aus-üben und den damit verbundenen Streß, Ärger und das Bewußtsein, ausgenützt zu werden, noch länger verkraften kann. Ich bin am Ende meiner Kräfte."

Tun wir uns endlich zusammen!

schreibt eine Erzieherin aus Baden-Württemberg

Auf die Frage, wodurch das Ansehen des Berufes verbessert werden könnte, kamen folgende Antworten:

Durch mehr Öffentlichkeitsarbeit	66%
durch bessere Bezahlung	62%
durch mehr Aufstiegsmöglichkeiten	42%
durch mehr Fachberatung	17%
durch eine bessere Ausbildung	15%

Eigentlich sollten bei dieser Frage nur zwei Möglichkeiten angekreuzt werden. Viele der Befragten haben sich nicht daran gehalten und mehr Möglichkeiten angekreuzt. So sind diese Zahlen entstanden.

Wen wundert es, daß die Erzieherinnen bei soviel Schwierigkeiten im Beruf danach rufen, daß sie sich zusammenschließen und ihre Anliegen gemeinsam in der Öffentlichkeit vertreten. Dieser Ruf kommt aus allen Bundesländern:

„So kann es nicht weitergehen – wir Erzieherinnen müssen unsere Anliegen gemeinsam durchfechten. Fangen wir endlich an, unsere Situation zu ändern!"

Baden-Württemberg

„Es ist sehr wichtig, daß alle Erzieherinnen endlich auf die Barrikaden gehen, sprich: sich gewerkschaftlich organisieren und handfeste Dinge unternehmen, die an die Ziele führen. Das ist die einzige Möglichkeit. Doch nur die Menge macht's, und die fehlt."

Aushalten?

„Ich sehe meinen letzten Arbeitsjahren mit Angst und Bangen entgegen. Man ist die ‚Alte' (52 Jahre), leider auch von vielen jungen Erzieherinnen aus gesehen. Der Abstand zu den Müttern wird immer größer, ich spreche fast eine andere Sprache, da ich mich des jeweils modischen Jargons nicht gerne bediene."

Nur 1,5% der Befragten sind Männer.

„Für mich als Mann und werdender Vater und ehemaliger Schreiner ist dieser Beruf ein Abstieg, sowohl im Ansehen als auch in der Bezahlung. Sinnvoll wäre es, daß nicht jede und jeder Leiter/in einer Einrichtung werden kann.

Eine zusätzliche Ausbildung z.B. in Menschenführung, Verwaltung usw. würde ich für gut halten. Das sollte sich dann auch in der Bezahlung deutlich bemerkbar machen."

Kindergarten heute, 5/1990

AUFGABEN

1. Worunter leiden Erzieherinnen in ihrer alltäglichen beruflichen Tätigkeit?
2. Welche Vorschläge entwickeln sie zur Verbesserung ihrer Situation?
3. Führen Sie eine kleine Befragung in den Kindergärten in der Nachbarschaft Ihrer Schule durch.
   Kommen Sie zu ähnlichen Ergebnissen?
4. Vergleichen Sie das „Selbstbild" der Erzieherin mit dem Bild der Erzieherin in der Öffentlichkeit.

Wir haben nun die Anforderungen Fröbels aus dem Jahre 1850 und die Selbsteinschätzung von Erzieherinnen aus dem Jahre 1990 kennengelernt. Wie werden die Anforderungen an den Beruf in der Zukunft aussehen?

Bevor wir Ihnen zu dieser Thematik zwei Texte mit unterschiedlichen Schwerpunkten anbieten, phantasieren Sie doch einmal in Ihrer Klasse.

AUFGABE

Wie werden Kindheit und Jugend im Jahre 2010 aussehen und welche Konsequenzen könnte/müßte das für die pädagogische Arbeit haben?

„Bunte Teams – Bereicherung oder Chaos?"

Fachspezialisten statt Erziehungsspezialisten?

Solche Überlegungen werfen aber die Frage auf, ob nicht ein Spezialistentum entsteht, welches das einzelne Kind als unteilbare Person nicht mehr im Auge hat und damit den Anspruch der Ganzheitlichkeit doch wieder gefährdet. Es ist fraglich, ob das Kind selbst diese herstellen kann oder ob sie durch gute Zusammenarbeit unterschiedlich ausgebildeter Kollegen allein erreicht werden kann. Ist nicht doch eine Beratung und Begleitung des Kindes auf seinem Weg notwendig? Inwieweit machen wir Kinder einsam, wenn wir sie diese Beratung und Begleitung nicht mehr spüren lassen? Braucht das Kind für seine Entwicklung nicht das Gefühl, daß es als Individuum und unteilbare Person im Blick und wichtig ist?

Diese Fragen an ein offenes Konzept mit »bunter« Teamzusammensetzung sind angesichts der Vielzahl und Unüberschaubarkeit der Reize und Einflüsse auf Kinder heute sehr wichtig. Ihre Beantwortung zeigt die Notwendigkeit des Erziehungsspezialisten und damit die Unverzichtbarkeit der Profession der Erzieherin. Die Erzieherin muß der Garant sein für die Wahrnehmung des Prinzips der Ganzheitlichkeit, bezogen auf das einzelne Kind als unteilbare Person. Die Erzieherin muß dafür sorgen, daß dem einzelnen Kind Bildung, Erziehung und Betreuung individuell ausreichend und im richtigen Verhältnis zueinander zuteil werden.

Die Aufgabe wird anspruchsvoller, wenn Kollegen im Team mitarbeiten, bei denen nicht die gleichen Ausbildungsvoraussetzungen vorliegen. Die Integration verschiedenster Lern- und Beziehungserfahrungen des Kindes muß von der Erzieherin unterstützt werden, damit sie der Entwicklung dieses Kindes förderlich sein kann.

Um diesen schwierigen Aufgaben gerecht werden zu können, braucht man, und hier bin ich mit I. Pape (TPS I. 1993) einer Meinung,

"Welt des Kindes.", 6/93

eine pädagogische Qualifikation, die man sich nicht nebenher durch Mitarbeit im Kindergarten oder durch Familienerfahrung erwerben kann. Sie muß durch eine spezifische und anspruchsvolle Ausbildung garantiert werden.

(. . .)

Beides soll sein. Die bisher gemachten Überlegungen führen also zu einem Sowohl-Als-Auch. Einerseits kann auf Erzieherinnen als Mentorinnen nicht verzichtet werden. Ihre Arbeit auch nicht von Mitarbeitern mit einer anderen Ausbildung übernommen werden. Von Erzieherinnen müssen soviele Planstellen besetzt werden, daß die Mentorenaufgaben für eine Kindergruppe verantwortbar wahrgenommen werden können. Verantwortbar heißt, daß sie noch jedes Kind und seine individuelle Entwicklung im Blick haben und beurteilen können. Die derzeit übliche Gruppengröße von ca. 25 Kindern erscheint mir unter diesem Gesichtspunkt zu hoch.

Andererseits sind Erzieherinnen keine Universalgenies. Anregungen aus den Erfahrungen anderer Berufsfelder und Ausbildungen und Blicke auf den pädagogischen Alltag aus anderem Blickwinkel als dem der Erzieherin sind notwendig, um eingefahrene Routinen und einengende Strukturen nicht entstehen zu lassen, die das Kind in seiner Entwicklung behindern und den Blick für seine Besonderheiten verstellen können. Diese Bereicherung und Verlebendigung des Tätigkeitsfeldes Kindergarten kann schon erreicht werden, wenn Vertreter anderer Berufsgruppen, z. B. auch Eltern, ehrenamtlich oder auf Honorarbasis stundenweise mitarbeiten.

Dr. Franziska Larré
geb. 1954: seit 1989 Leiterin der Abteilung Jugend- und Familienhilfe im DiCV Trier,
verheiratet, zwei Kinder

AUFGABEN

1. Welche Vorstellungen entwickelt der Text bezogen auf
   - Veränderungen in Kindheit und Jugend?
   - Veränderungen der Erzieherinnen-Qualifikation?
   - Veränderungen der Einrichtungen (hier: Kindergärten)?
2. Wo decken sich diese Überlegungen mit Ihren eigenen Vorstellungen?
3. Welche Entwicklungen würden Sie begrüßen, welchen würden Sie skeptisch gegenüberstehen, welche würden Sie entschieden ablehnen?
4. Diskutieren Sie die unterschiedlichen Vorstellungen in der Klasse.
5. Laden Sie Erzieherinnen aus der Praxis ein und erörtern Sie mit ihnen die Vorschläge des Textes.

Lesetip

Berthold, E./Grüber, E.: „Erzieherinnen sind doof." Zwanzig Geschichten über einen Beruf im Umbruch. Neuwied-Kriftel-Berlin 1996

Höngemann, M.: Erzieherin – kein Beruf wie jeder andere. Freiburg 1995

Erzieherin – (un)zufrieden im Beruf. Welt des Kindes, H. 2, 1995

Weitere Literatur- und Informationshinweise

Ebert, S.: Zur beruflichen Situation der Erzieherinnen in Deutschland. München 1994

Kreuz, A.: Kompetenz und Karriere. Freiburg 1994

Zukunft der Erzieherinnen. Klein & Groß, H. 10, 1995

Video: Erziehen ist kein Kinderspiel. Erzieherinnen und Erzieher im Kindergarten. Freiburg-Stuttgart 1994

Video: Kein Job wie jeder andere. Erzieherinnen und Erzieher im Heim. Freiburg/Stuttgart 1994

Bezugsadresse: Deutscher Caritasverband
                            Karlsstraße 40
                            79104 Freiburg

„Ich konnte schon immer gut mit Kindern umgehen"
oder
Warum will ich eigentlich Erzieherin werden?

In diesem Abschnitt geht es um die sogenannte Berufswahlmotivation, d. h. um die Frage, aus welchen Gründen jemand einen bestimmten Beruf wählt. Sich diese Gründe bewußt zu machen, ist gerade für Erzieherinnen u. a. deshalb von großer Bedeutung, da sich die Art der Motivation oft auf das erzieherische Verhalten auswirkt. Bei der Reflexion der Berufswahlmotivation geht es darum, solche Zusammenhänge zu verstehen und nicht darum, die einzelnen Motivationen zu bewerten. Es gibt keine wertvollen oder weniger wertvollen Motivationen für die Wahl des Erzieherinnenberufes, es gibt nur unterschiedliche.

AUFGABEN

1. Überlegen Sie zunächst einmal, warum die Berufswahlmotive gerade für pädagogische Berufe von besonderer Bedeutung sein können.
2. Welche Gründe waren für Sie bedeutsam bei der Wahl Ihres Berufs? Vielleicht gibt es irgendeine lustige/interessante Geschichte, die Sie hierher geführt hat. Erzählen Sie sie. Gab es Vorbilder, die für Ihren Berufswunsch bedeutsam waren? Gab es bedeutsame Erlebnisse etc.

Die Ihnen nun schon bekannte M. M. äußert sich so:

AUFGABEN

1. Zu unserer Schulzeit fragten die Lehrer immer: „Was will uns der Künstler damit sagen?"
2. Stimmen Sie mit dem, was M. M. hier dem Mann am Biertisch in den Mund legt überein? Diskutieren Sie die Ansichten in der Klasse.
3. Wie erklären Sie sich die Tatsache, daß fast ausschließlich Frauen den Beruf der Erzieherin ergreifen.
4. Halten Sie diese Tatsache für problematisch? Wenn ja, in welcher Beziehung.

Der folgende Text faßt mögliche Berufswahlmotive von Erzieherinnen zusammen.

„Berufswahlmotive von Erzieherinnen"

Nach wie vor ist der grundsätzliche Wunsch von vielen Schulabgängerinnen und einigen wenigen Schulabgängern ungebrochen, den Beruf der Erzieherin/des Erziehers zu ergreifen. Frägt man nach der speziellen Berufsmotivation, werden ganz unterschiedliche Gründe für das Interesse am Erzieherinnenberuf genannt. So kamen bei einer Befragung z. B. folgende Antworten zum Vorschein:

„Ich möchte deshalb Erzieherin werden, weil für mich feststeht, daß ich nicht mit toter Materie wie in einem unpersönlichen Büro arbeiten will."

„Erzieherin zu werden bedeutet für mich, ganz viel mit Kindern zu spielen, mit ihnen zu lachen, zu basteln und sich selber zu verwirklichen."

„Da ich immer schon gerne mit Kindern umgegangen bin, hoffe ich, daß ich im Erzieherinnenberuf die Möglichkeit habe, ganz viel mit Kindern gemeinsam zu erleben."

„Ich sehe für mich persönlich den Beruf der Erzieherin nicht zuletzt als eine gute Vorbereitung auf mein bevorstehendes Familienleben an. Ein besseres Hineinwachsen in die zukünftige Rolle als Mutter kann ich mir nicht vorstellen."

„Kinder sind doch in besonderem Maße schutzbedürftig. Da ich selber in meiner eigenen Familie kaum Schutz und Sicherheit erlebt habe, möchte ich durch meine zukünftige Berufstätigkeit als Erzieherin dafür sorgen, daß Kinder zu ihren Rechten kommen."

„Erziehung von Kindern ist vor allem eine Sache des Gefühls. Da ich mit vielen Geschwistern aufgewachsen bin, merke ich, daß ich gut mit Kindern umgehen kann. Das macht mir Spaß; und weil ich ein gefühlsbetonter Mensch bin, ist für mich der Beruf der Erzieherin gerade richtig."

„In den üblichen Berufen geht es nur mit Streß und Ärger zu. Ich bin davon überzeugt, daß ich das später einmal nicht aushalten könnte. Daher habe ich mich für den Ausbildungberuf der ‚Erzieherin' beworben. Im Kindergarten gibt es ja keinen Lehrplan. So können die Kinder und ich den Tagesablauf gemeinsam gestalten, ohne dritten Personen ständig Rechenschaft ablegen zu müssen."

„Kindergartenarbeit ist einfach toll. Da ich musisch begabt bin, habe ich mich entschieden, Erzieherin zu werden." (. . .)

Sicherlich hat der Wunsch, Erzieherin zu werden, *immer* etwas mit der Person selber zu tun, die sich aus ihrer besonderen Lebenssituation dafür entscheidet, in Zukunft mit Kindern gemeinsam zu leben und zu lernen.

Wer den Motivator benennt, *nicht* mit Maschinen, Geräten oder toter Materie arbeiten zu wollen, definiert zunächst einmal den Berufswunsch aus einer Abgrenzung heraus, was *nicht* in Frage kommt. Diese Entscheidung ist gleichsam eine Negativabgrenzung, eher darauf ausgerichtet, was abgelehnt wird, und weniger darauf bezogen, was bevorzugt wird. Anders betrachtet heißt dies, daß eigentlich der Berufswunsch Erzieherin als Alternative zu etwas anderem gesucht wurde, ohne sich genau *für* etwas zu entscheiden. Dort, wo eine klare Entscheidung für den Erzieherinnenberuf fehlt, ist sicherlich eine Enttäuschung vorprogrammiert, weil eigene Ziele nicht unmißverständlich formuliert wurden und später ein deutlich zielgerichtetes Vorgehen bestimmen. (. . .)

Wer als Berufsmotivation angibt, gerne und viel mit Kindern zu lachen, zu spielen, sich zu freuen, mit ihnen zu werken oder Musik zu erleben, trägt sicherlich ein ganz wichtiges Moment lebendiger Pädagogik in sich. Nichts ist dramatischer, schlimmer und auch für Kinder trauriger, wenn Menschen in einem pädagogischen Beruf nur die „Erziehung" von Kindern als ihre Aufgabe ansehen und wichtige emotionale Faktoren außer acht lassen. Allerdings ist die pädagogische Arbeit immer umfassender und vielschichtiger zugleich: Arbeit mit Kindern bedeutet, sich mit Kolleginnen und Eltern, dem Träger und der Öffentlichkeit, anderen Einrichtungen und berufspolitischen Gegebenheiten auseinanderzusetzen, so daß das Leben und Lernen mit Kindern *nur ein* Ausschnitt aus dem weiten Feld eines engagierten Arbeitens ist. Wer sich *nur* in der Motivation auf Kinder bezieht läßt Realitäten unbeachtet und wird sicherlich später mit dem Widerspruch von persönlicher Motivation und den vielschichtigen Anforderungen konfrontiert sein, in der Enttäuschung, nicht das vorzufinden, was persönlich so stark erhofft wurde.

Wer als zukünftige Erzieherin lediglich das Motiv Selbstverwirklichung anführt, bringt – vielleicht ohne bewußte Beachtung der Folgen für sich selbst und die Kinder – *eigene* Wünsche, Vorstellungen, Werte und Erwartungen in der Form in die Arbeit ein, daß viele Aktivitäten und Vorhaben lediglich den eigenen Interessen entsprechen sollen. Eine lebendige Pädagogik würde damit zu einem Selbsterfahrungsfeld werden, in dem nicht selten Kinder zu Randfiguren werden, die sich um ihre Erzieherin scharen. Oder Erzieherinnen haben den Wunsch, selber noch vorhandenen eigenen Bedürfnissen nachzugehen, sich für andere Tätigkeiten zu interessieren bzw. zu entscheiden. Sicherlich hat der Erzieherinnenberuf *immer* etwas mit Selbstverwirklichung zu tun, nur darf dabei nicht vergessen werden, daß erwachseneneigene Bedürfnisse durchaus das Risiko für die Arbeit in sich tragen, mit der Zeit für kindspezifische Interessen blind zu werden. Hier würden persönliche Vorhaben recht schnell Kindern übergestülpt werden mit dem Ertrag, daß eine erwachsenenzentrierte Pädagogik immer mehr Raum in der Einrichtung gewinnen würde.

Der Wunsch als Berufsmotivation, ganz viel mit Kindern zu erleben ist sicherlich zunächst akzeptabel, weil Pädagogik – denken wir dabei nur an eine lebendige Projektarbeit im Situationsorientierten Ansatz – *auch* aus der Dynamik der Aktivität lebt. Ein Blick auf heutige Kindheiten zeigt aber, daß viele Kinder in einem wahren Konsumrausch leben, indem es vor allem darum geht, möglichst viel in möglichst kurzer Zeit – und das noch höchst intensiv – mit Genuß zu erfahren. Dabei kommen Kinder immer weniger zur Ruhe, weil Hektik und Aktivitäten ein ‚gutes ERleben' bestimmen. Für Kinder stellt sich daher immer weniger die Frage, die Zeit als etwas Langsames zu erfahren, als vielmehr den ‚Zug der Zeit' nicht zu verpassen. Demgegenüber hat der Kindergarten aber auch die Aufgabe, Kindern dabei zu helfen, weniger eine große Vielfalt von Aktivitäten mitzubekommen als das, *was* erlebt wird, mit Ruhe und Zeit intensiv aufzunehmen. (...)

Ganz viel mit Kindern zu erleben, birgt die Gefahr in sich, Kinder mit Aktivitäten zu erdrücken, die freie Zeit als „unnütz" zu bewerten oder dem Ziel Rechnung zu tragen, daß nur dort eine ‚gute Pädagogik' realisiert wird, wo etwas geschieht. Nicht selten – und dies sei am Rande bemerkt – ist der starke Wunsch nach ständiger Aktivität der ernsthafte Versuch, der Ruhe, dem eigenen Besinnen zu entfliehen. (...)

Wiedergutmachung als Berufsmotivation ist dabei nicht weniger problematisch. Nicht selten haben Frauen den Wunsch, Erzieherin zu werden, um selbst erlebte Unfreiheiten, erfahrene Ungerechtigkeiten und bedrückende Erlebnisse in der zukünftigen Arbeit mit Kindern auszugleichen, nach dem Motto, „was mir passiert ist, soll anderen nicht passieren". Der Beruf der Erzieherin wird also dazu genutzt, das eigene Kindheitsdrama mit Hilfe von Kindern zu bearbeiten. Ganz in dem Sinne einer „traumatisierten Wiederholung eigener Kindheit", wie es vor Jahren der Assistenzprofessor für Psychiatrie am Ohio State University College of Medicine, W. Hugh Missildine, in seinem Buch *„In dir lebt das Kind, das du warst"* beschrieben hat. Das Motiv der Berufswahl ist durchaus verständlich, wenn auch in der Entwicklung von Kindern nicht hilfreich. Häufig läßt sich beobachten, daß Erzieherinnen auf der Grundlage dieser Berufsmotivation sehr viel und gleichzeitig intensiv *für* Kinder sorgen, mit ihnen den Tagesablauf sehr beziehungsorientiert erleben und immer darauf bedacht sind, daß gefährliche Situationen schnell geklärt werden oder erst gar nicht entstehen können. Für-Sorge erweist sich als das Bindeglied zwischen ihnen und den Kindern, innerhalb dem Schutz vor Irritationen oberste Priorität besitzt. Der Preis für die Kinder ist dabei hoch: Sie erleben ihre Welt als einen Zusammenschluß voller Gefahren, die überall dort lauern, wo sie sich aufhalten. Statt eines gesunden Optimismus und einer Portion Risikofähigkeit macht sich bei Kindern die Sorge breit, daß überall etwas passieren kann, wenn nicht aufgepaßt wird, so daß Pessimismus und die Angst vor Gefahren zum neuen Lebensthema für Kinder werden können.

Dem Beweggrund, ‚von Natur aus gut mit Kindern umgehen zu können' oder die Einschätzung, die Tätigkeit einer Erzieherin sei in ‚gefühlsbetontes Erleben mit Kindern', liegt folgende Idee zugrunde:

◆ Kindererziehung ist sowieso etwas Natürliches, was Menschen entweder können oder nicht, bzw.

◆ Kindererziehung ist vor allem eine Sache des Gefühls, bei der es darauf ankommt, das eigene Gefühl von Richtigkeit zu spüren und die Arbeit daraus abzuleiten.

Diese sicherlich naive Vorstellung von Pädagogik ist weit verbreitet. Einerseits trägt sie stimmige Elemente in sich, andererseits ist sie in dieser geäußerten Ausprägung sowohl für die Entwicklungsbegleitung von Kindern hinderlich als auch berufspolitisch schädlich für den Stellenwert der Kindergartenpädagogik. Richtig ist, daß Pädagogik immer etwas mit dem eigenen ‚Mensch-Sein' zu tun hat, damit vor allem aus der Beziehung zu Kinder *kein* ‚pädagogisches Verhältnis' wird. Nichts ist in der Arbeit mit Kindern hinderlicher, als wenn ‚Erziehung' vor allem unter dem Aspekt der ‚Methodenorientierung' verstanden wird, weil lebendige Mensch-Beziehungen dabei auf ‚Rollenbegegnungen' reduziert werden. (...)

Allerdings darf ein ‚Mitfühlen' nicht dazu führen, daß die gesamte Pädagogik auf den Bereich ‚Emotionalität eingegrenzt wird. Pädagogik lebt auch davon, daß fachliche Kompetenzen ihren breiten Raum in der Arbeit mit Eltern und Kindern erhalten, in dem Überlegungen, Zielformulierungen und ein sinnverbundenes Hintergrundwissen ihren praktischen Niederschlag finden. Pädagogik als eine hohe Ausprägung gelebter Emotionalität wird immer dann auf Grenzen stoßen, wenn Fachlichkeit und Sachorientierung, Didaktik und methodisches Wissen gefragt sind. Sie wird sich dort zum Spielball unterschiedlicher Interessen machen lassen, wo die eigene Emotionalität Raum für Unsachlichkeit provoziert und Beziehungskämpfe initiiert, die Problemlösungen verhindern.

Krenz, A. „Kompetenz u. Karriere", Freiburg, 1994, S. 15 ff.

AUFGABEN

1. Arbeiten Sie aus dem Text systematisch die unterschiedlichen möglichen Motive für die Wahl des Erzieherinnenberufes heraus und stellen Sie diesen die kritischen Einwände des Autors gegenüber.
2. Welche Motive waren bei Ihnen für die Berufswahl bestimmend? Überprüfen Sie Ihre eigenen Berufswahlmotive vor dem Hintergrund des Textes. Wo sehen Sie eine Veranlassung, Ihre Motive noch einmal kritisch zu reflektieren?

2.2.6 „Zu ‚Erzieherin' fällt mir automatisch Kindergarten ein" oder
Wo Erzieherinnen arbeiten

In der Öffentlichkeit besteht nach wie vor die Ansicht, daß Erzieherinnen ausschließlich im Kindergarten arbeiten. Die Realität sieht heute allerdings anders aus.
Erzieherinnen arbeiten in den unterschiedlichsten Bereichen, natürlich auch im Kindergarten, aber auch auf der Kinderstation eines Krankenhauses, in der Heimerziehung, im Hort oder in der Psychiatrie.
Wir stellen im folgenden einige dieser Institutionen vor. Dabei haben wir die Arbeitsfelder ausgewählt, in denen Erzieherinnen heute schwerpunktmäßig tätig sind oder solche, von denen anzunehmen ist, daß sie als mögliche Arbeitsfelder in Zukunft eine größere Rolle als bisher spielen werden.

Die altersgemischte Gruppe

In der altersgemischten Gruppe werden Kinder vom Säuglingsalter bis zum Schuleintritt oder Kinder vom 3. bis 14. Lebensjahr in einer Gruppe betreut. Sie verbindet also Kinderkrippe und Kindergarten bzw. Kindergarten und Hort. Im Gesetz über Tageseinrichtungen für Kinder (GTK) vom 29.10.1991 wird die altersgemischte Gruppe wie folgt beschrieben:

Text 1:
(. . .)
3. Andere Einrichtungen sind Altersgemischte Gruppen, in denen Kinder im Alter von vier Monaten bis zu drei Jahren zusammen mit Kindern im Kindergartenalter in Tageseinrichtungen betreut werden. Krippen und Krabbelstuben sind Einrichtungen, in denen nur Kinder im Alter von vier Monaten bis zu drei Jahren betreut werden; sie dienen in der Regel dem Aufbau von Altersgemischten Gruppen. In Altersgemischte Gruppen können auch Kinder im Kindergartenalter gemeinsam mit Kindern im Hortalter aufgenommen werden.

§ 4 Auftrag der Altersgemischten Gruppen
Altersgemischte Gruppen sind sozialpädagogische Erziehungs-, Bildungs- und Betreuungsangebote, die durch Altersmischung ein familienähnliches Zusammenleben von Kindern ermöglichen, das sich in besonderer Weise an den altersgemäßen emotionalen, sozialen und pflegerischen Bedürfnissen der Kinder orientiert. In diesem Rahmen ist auch die geistige Entwicklung und damit insbesondere die sprachliche und nichtsprachliche Verständigung der Kinder zu unterstützen. Allen Kindern sind altersgemäße Anregungen zu bieten. § 2 Abs. 3 gilt entsprechend.

„Alltag in der altersgemischten Gruppe"

Text 2:
Um die spezifischen Anforderungen und Probleme der Arbeit in einer altersgemischten Gruppe etwas zu veranschaulichen, berichtet abschließend eine Erzieherin über ihre Anfangszeit in einer solchen Gruppe. (. . .)

Da 10 Kinder im Alter zwischen 3 und 5 1/2 Jahren aus der ehemaligen Tagesstättengruppe bei uns blieben, konnten wir zunächst nur 5 Kinder unter 3 Jahren aufnehmen, und zwar einen Säugling von 7 Monaten und 4 Kinder zwischen 12 und 30 Monaten. Die Anfangszeit war sehr unruhig. Wir hatten die neuen Kinder alle innerhalb einer Woche aufgenommen, was – rückblickend betrachtet – ein großer Fehler war. Die neuen Kinder brauchten viel Zuwendung und weinten häufig. Hinzu kam, daß sich zwei Mütter anfänglich noch längere Zeiträume in der Gruppe aufhielten und wir uns auch um sie kümmern mußten. Zu Angeboten für die älteren Kinder kamen wir zeitweise überhaupt nicht mehr, was uns sehr unzufrieden machte, zumal uns die Mutter eines 5jährigen Mädchens mit ihren Befürchtungen, ihr Kind würde nun zu kurz kommen, bedrängte. Auch die Beziehungen unter den Kindern entwickelten sich nicht so, wie wir es gehofft hatten. Obwohl die älteren Kinder sich sehr auf die kleineren gefreut hatten, reagierten sie bald ungeduldig, wenn diese ihre Bauwerke zerstörten oder wir mal wieder keine Zeit für sie hatten. Da den ganzen Tag über Kinder in der Gruppe waren und die jüngsten während der Mittagszeit, die sonst immer Kontakte zu Kollegen ermöglicht hatte, munter waren, fehlte uns die Zeit für die gerade in der Aufbauphase dringend notwendigen Gespräche.

Die Kinderkrankenschwester kümmerte sich zunächst fast ausschließlich um die jüngsten Kinder und zog sich mit ihnen häufig in den Schlafraum zurück, wo wir auch eine Spielecke für die Krabbelkinder eingerichtet hatten. Unsere neue Kollegin meinte, daß die Kleinen vor allem in der Anfangszeit noch viel Ruhe brauchen würden. Obwohl ich mich auf diese Weise mehr den älteren Kindern widmen konnte, hatte ich ein ungutes Gefühl, denn die Kinder waren außer bei den Mahlzeiten und beim Spiel im Freien kaum zusammen. Als ersten Schritt zur Veränderung der Situation beschlossen wir, die Tür zum Schlafraum außerhalb der Schlafenszeiten mehr geöffnet zu lassen, so daß sich alle Kinder freier zwischen den Räumen bewegen konnten. Auch ich lernte jetzt unter Anleitung der Kinderkrankenschwester wickeln. Weil wir uns alle mehr um die jüngeren Kinder kümmern wollten, mußten wir die gesamte Gruppenarbeit neu durchdenken. Wir ermunterten unsere neue Kollegin, auch mit den älteren Kindern zu spielen, sahen aber bald, daß wir ihr dabei konkretere Hilfestellungen geben mußten, z. B. indem wir Aktivitäten gemeinsam mit ihr vorbereiteten und sie in die gesamte Planung der Arbeit einbezogen.

Um ein wirkliches Zusammenleben der kleinen und großen Kinder zu erreichen, waren auch viele Veränderungen in der Raumgestaltung und im Tagesablauf nötig. So wurde die Babyecke in den Gruppenraum verlegt und die Bauecke in den Nebenraum, um hier den älteren Kindern auch Rückzugsmöglichkeiten zu geben. Im Tagesablauf hatten wir zunächst große Probleme, den sehr unterschiedlichen Bedürfnissen der Kinder, z. B. im Hinblick auf die verschiedenen Ruhe- und Eßzeiten, gerecht zu werden. Nach etwa einem Jahr haben wir nun das Gefühl, die größten Anfangsprobleme gemeistert und dabei alle viel gelernt zu haben. Die jüngeren Kinder bekommen viel Zuwendung von uns und auch von den älteren Kindern. Allerdings suchen wir immer wieder nach Wegen, um auch den Interessen und Bedürfnissen der älteren Kinder noch besser gerecht zu werden, z. B. ist es schon häufiger geschehen, daß ein älteres Kind keinen Spielpartner für ein Gesellschaftsspiel fand. Auf einer Mitarbeiterbesprechung für die gesamte Einrichtung – neben der altersgemischten Gruppe gibt es bei uns noch zwei Kindergartengruppen – haben wir deshalb angeregt, für unsere älteren mehr Kontakt zu gleichaltrigen Kindern aus den anderen Gruppen zu ermöglichen. Die Kollegen reagierten darauf allerdings anfänglich mit viel Widerstand. Eine Äußerung, die mich tief getroffen hat, war „Ihr werdet zu dritt doch wohl 15 Kindern gerecht werden können". Dadurch wurde uns deutlich, wie wenig Einblick wir unseren Kollegen in die Arbeit in der altersgemischten Gruppe und die damit verbundenen Anforderungen gegeben hatten.

Obwohl ich die Arbeit in einer altersgemischten Gruppe als anspruchsvoll und auch als körperlich anstrengend empfinde (sehr oft man ein Kind auf dem Arm oder dem Schoß), macht mir inzwischen insbesondere das Arbeiten mit den jüngeren Kindern viel Freude. Die Atmosphäre in der Gruppe empfinde ich als sehr schön: es gibt Rivalität zwischen den Kindern und vor allem die Einzelkinder der Gruppe genießen das Zusammensein mit den jüngsten. Was uns nur sehr oft fehlt, ist ausreichend Zeit für

Gespräche im Mitarbeiterkreis bzw. mit Kolleginnen aus anderen altersgemischten Gruppen, um unsere Erfahrungen in diesem für uns inzwischen ‚halbvertrauten' Arbeitsbereich auszutauschen und Probleme gemeinsam zu diskutieren.

Petersen, G., Kinder unter drei in Tageseinrichtungen, Köln 1989, S. 50 (Band 1).

AUFGABEN

1. Was sind die wesentlichen Merkmale einer altersgemischten Gruppe (Text 1).
2. Beschreiben Sie die Tätigkeiten der Erzieherinnen in der altersgemischten Gruppe (Text 2).
3. Welche Qualifikationen sind aus Ihrer Sicht nötig, um den Tagesablauf zu bewältigen?

Der Regelkindergarten

Es gibt nicht nur den Kindergarten, den wir fast alle in unserer eigenen Kindheit kennengelernt haben. Diese uns allen mehr oder weniger bekannte Form wollen wir in Zukunft den Regelkindergarten nennen. Daneben gibt es noch eine Reihe von Sonderkindergärten und den sogenannten integrativen Kindergarten.
Welche Anforderungen an Erzieherinnen der Regelkindergarten stellt, illustriert ausschnitthaft der folgende Text.

Ganz gewöhnliche Zwischenfälle

Ein ganz gewöhnlicher Kindergartentag beginnt für eine Erzieherin lange bevor die Kinder eintreffen. Da gibt es Besprechungen des Beschäftigungsplans für den beginnenden Tag, oder die Kindergärtnerin selbst muß geplante Beschäftigungen erst einmal ausprobieren. Häufig fallen organisatorische Fragen für die Raumaufteilung, die Benutzung des Gymnastikzimmers oder der Instrumente an. Fast immer aber wird genügend Zeit zur Bereitstellung eines für jede Situation ausreichenden Materials gebraucht. (...)

Inzwischen sind die ersten Kinder eingetroffen und belagern je nach Temperament die Garderobe. Als ich gerade beim Entwirren des Doppelknotens an einem Schuhband bin, entwickeln sich in einer anderen Ecke Meinungsverschiedenheiten. Eine Oma will helfend eingreifen, was ihren Enkel sichtlich stört. Heute bin ich erleichtert, als er seine Oma wieder mit Beschlag belegt hat. So kann ich das Knäuel von Jacken, Taschen, Schuhen, Beutelchen und Kindern entwirren, ohne die Oma zu verletzen.

Der nächste Zwischenfall naht in Gestalt dreier Mütter, die mich auf diese Weise außerhalb des Gruppenraumes erwischen und vollständig vergessen zu haben scheinen, daß wir einen festen Terminplan für Elterngespräche eingerichtet haben. Aber es sind wirklich nur Kleinigkeiten: Oliver hatte auf der neuen Hose einen „waserechten" Farbfleck – und dies, obwohl ich versprochen hatte, auswaschbare Farbe zu benutzen! (Schuldbewußte Miene: Die waschechten Farben leuchten so viel schöner!" Andrea scheint der Mutter wirklich überfordert mit dem Ansinnen, ihre Schuhe selbst zu binden! (Zweifelnde Miene: Darüber unterhalten wir uns bei dem nächsten Elternsprechtag.) Franz hat kein Frühstück dabei! (Beruhigende Miene: Wir werden zur Frühstückspause teilen.) Ein ohrenbetäubender, prasselnder Lärm aus dem Zimmer der Kollegin unterbricht jäh die Unterhaltung. Dort ist der Legokasten von einem schwungvollen Bauherren umgestülpt worden. (...)

In meiner Gruppe herrscht bereits eitle Freispielfreude. In der Puppenecke spitzt sich die Situation zum zweiten weiteren Zwischenfall zu: „Vater" und „Mutter" sind sich einig und verprügeln das Puppenkind derartig, daß ihm die Kapokfüllung aus der Bauchnaht quillt. Während ich mit Tesakrepp bewaffnet den „Doktor"spiele und dem Puppenkind einen vorläufigen Verband anlege, bekomme ich Teile einer halbverstandenen Zeitungsnotiz erzählt, die ich dieser Situation ein wenig zuordnen kann. Ich bin froh, als „Doktor" ohnedies im Spiel zu sein. So wird es mir leichtgemacht, Gefühle zu verstehen und darauf einzugehen. Schließlich hockt ein großer

Teil der Gruppe in der Puppenecke und spielt in regem Rollenwechsel „Wartezimmer".

Etwas abseits behält Albert seinen Platz. Seit Tagen wählt er für das Freispiel einige der schweren Puzzle. Er arbeitet angestrengt und insichgekehrt. Über ein kleines Lächeln geht sein Kontaktverhalten kaum hinaus, und wenn man ihm zu schnell oder stürmisch antwortet, gefriert dieses Lächeln auf seinen Lippen und geht nicht selten in Tränen über. Soll ich auch heute weiter darauf warten, daß ihn die Atmosphäre in der Gruppe zum Mitmachen anregt? Soll ich versuchen, ihn in die Gruppe hineinzuholen? Soll ich einem Freund das Puzzeln nahelegen, so daß über das gemeinsame Tun eine Brücke gebaut werden kann? Oder soll ich zu ihm gehen? Ich entscheide mich heute für das letztere, und wir freuen uns beide über ein geglücktes Puzzle.

Ebenso stellt sich mir das Problem um die unzertrennlichen Freunde täglich von neuem. Ich bin mir nicht unbedingt sicher, ob ihre gegenseitige Ergänzung dienlich oder belastend ist. Ob ich sie häufiger trennen sollte? Aber was werden mir in diesem Fall die Mütter sagen, die auf der Freundschaft der Buben eine Nutzgemeinschaft aufgebaut haben? (...)

Inzwischen hat einer unserer Buben in der großen Gruppe deutlich die Herrschaft übernommen. Ich glaube kaum, daß das in dieser Form länger störungsfrei verlaufen kann, und sehe schon, wie einige andere im Geiste die Ärmel aufkrempeln. Jetzt sollte eine Beschäftigung her. Oder sollte ich zuerst aufräumen lassen? Störung, Gerangel und Lärm wird es auf jeden Fall geben, und so verfahre ich nach dem gewohnten Trott: „Die Freispielzeit ist jetzt bald um. Alles Spielzeug, das wir nicht mehr benutzen, gehört an seinen Platz!" (...)

Dann sitzen wir im Kreis, singen ein Morgenlied, tanzen auf Wunsch ein Kreisspiel, lesen eine Geschichte und gruppieren uns schließlich nach Beschäftigungen der eigenen Wahl. Es ist ein Tag wie jeder andere.

Brenig, R. „Pädagogische Probleme im Kindergarten", Stuttgart 1978, S. 9 ff.

AUFGABEN

1. Welche Tätigkeiten kennzeichnen den Berufsalltag der Erzieherin im Regelkindergarten?
2. Mit welchen Personengruppen ist die Erzieherin in unserem Beispiel konfrontiert? Welche möglichen Konflikte können sich aus den Anforderungen der unterschiedlichen Gruppen ergeben?
3. Wenn Sie an dem im Beispiel beschriebenen Tag an der Stelle der Erzieherin gewesen wären, was hätten Sie als besonders erfreulich, was als besonders belastend erlebt?

Der Hort

Der Hort ist eine sozialpädagogische Einrichtung zwischen Elternhaus und Schule: In ihm werden Schulkinder nach Schulschluß, gegebenenfalls auch vor Beginn des Unterrichts, z. T. auch in den Ferien bis zum späten Nachmittag betreut. Die obere Altersgrenze liegt meist bei 15 Jahren; überwiegend besuchen jedoch Kinder bis zum Ende der Grundschulzeit den Hort. Es gibt gegenwärtig bei den über 3 000 Horten mit ca. 110 000 Plätzen erhebliche Wartelisten. Unter den Hortkindern befindet sich meist ein relativ hoher Prozentsatz von Kindern aus Familien in schwieriger sozialer Lage.

Horte wurden ursprünglich gegründet, um für nach Schulschluß unbeaufsichtigte Kinder eine Bleibe und Aufsicht bis zum Feierabend der Eltern zu schaffen. Der Auftrag war damit nicht primär sozialpädagogisch orientiert. Hortarbeit kann aber nicht länger nur auf Beaufsichtigung, Hilfestellung bei der Hausaufgabenerledigung und – sofern dazu noch Zeit bleibt – gemeinsame Gruppenbeschäftigung und Spiele beschränkt bleiben. Ähnlich wie der Kindergarten ist auch der Hort als eine sozialpädagogische Einrichtung zu gestalten, die zusätzliche Lern- und Erfahrungsmöglichkeiten bietet, die sich aus der gemeinsamen Gestaltung eines beträchtlichen Teils des Tagesablaufs ergeben können. Dem Hort fallen eigenständige pädagogische Aufgaben zu, wie z. B. die, vielfältige soziale Lernerfahrungen zu ermöglichen, in Gruppen zu Selbständigkeit und gemeinsam verantwortetem Handeln zu befähigen. Selbstorganisation (etwa eines Teils von Freizeit) anzuregen und sich mit gesellschaftlichen Anforderungen angemessen auseinanderzusetzen.

Dabei wird von den Erziehern eine intensive und kontinuierliche Elternarbeit und eine enge Zusammenarbeit mit der Schule gefordert. Der Hort muß aber auch in gewisser Weise ein Gegengewicht zur Schule bilden, wenn dort auf die Einzelinteressen und Bedürfnisse der Kinder nicht immer im notwendigen Umfange eingegangen werden kann.

Ein kleiner Ausschnitt aus dem Alltag im Hort:

Vormittag

Für einige Kinder beginnt der Tag im Hort bereits zwischen 7.00 und 7.30 Uhr, d. h. vor Schulbeginn. Da der Hort in vielen Einrichtungen bis 18.00 Uhr geöffnet ist, werden die Hortkinder meist von der Kindergartenerzieherin, die den Frühdienst übernommen hat, begrüßt. Nun haben die Kinder noch ein wenig Zeit, um z. B. gemütlich zu frühstücken – und können dann ohne Hektik den Schulweg antreten.

Da viele Hortkinder den größten Teil ihrer Zeit am Vormittag in der Schule verbringen (Ausnahme: späterer Schulbeginn, Stundenausfall), haben die Horterzieherinnen in diesen Stunden die Möglichkeit, ihre Arbeit **vor- und nachzubereiten**, d. h. unter anderem

- Sie notieren Gesprächsinhalte und Beobachtungen,
- sie entwerfen Elternbriefe, Info-Blätter,
- sie holen sich Anregungen und Rat, z. B. aus Fachbüchern und Zeitschriften,
- sie bereiten Angebote für den Nachmittag vor, u. a. Besorgen und Zurechtstellen des erforderlichen Materials, vorheriges Ausprobieren des geplanten Vorhabens (z. B. physikalischer Versuch, Werkarbeit),
- sie führen kleinere Reparaturen z. B. an Spielmaterial durch,
- sie halten Einrichtungsinventar instand.

Für diese Stunden werden auch Besprechungen und Gespräche vereinbart, sei es mit Praktikanten/-innen, mit deren Fachschullehrern/-innen, mit Vertretern/-innen anderer Institutionen, mit Lehrern/-innen der Hortkinder oder vereinzelt auch mit Eltern. Zwischenzeitlich kann auch eine Teilnahme am Unterricht in der Klasse einiger Hortkinder ermöglicht werden. Einige Schulkinder (besonders Erstkläßler) kommen vormittags öfter früh aus der Schule. Dann hat die Erzieherin die Möglichkeit, sie in ihre Alltagsvorbereitungen miteinzubeziehen (...).

Mittagszeit

Um die Mittagszeit kommen die Kinder nach und nach aus der Schule in den Hort. Viele beginnen sofort zu erzählen, was sie erlebt haben. Einzelne Kinder brauchen ihre Ruhe und ziehen sich in eine gemütliche Ecke zurück ... oder brauchen vielleicht Trost, andere beginnen schon mit ihren Schulaufgaben.

Kurz nach 12.00 Uhr wird in den meisten Einrichtungen von Erzieherinnen und Kindern der Mittagstisch vorbereitet und dann gemeinsam gegessen.

Die älteren Schulkinder kommen später aus der Schule. Nach einem ersten Blick in die Kochtöpfe essen sie oft gleich in der Küche bei der Mitarbeiterin, die Küchendienst hat.

Zwischen Mittagessen und Schulaufgabenerledigung helfen die Erzieherinnen den Hortkindern, ihre **Zeit möglichst selbständig zu gestalten**. (...)

Schulaufgabenbetreuung

Die meisten Hortkinder beginnen unter Anleitung der Erzieherin gegen 14.00 Uhr mit der Erledigung ihrer Schulaufgaben. Während die einen bummeln, weil sie (noch) keine Lust haben, ein anderer sich erst mal umschaut, was denn wohl seine „Kumpel" so aufhaben, ein Erstkläßler einen Klassenkameraden anrufen muß, da er sich die Aufgaben nicht angekreuzt hat, gibt es andere, die zusammen mit Spaß und gegenseitiger Hilfe die Schularbeit erledigen. Ein Teil der Kinder benötigt zur Bewältigung der Schulaufgaben die **direkte Unterstützung der Erzieherin**. Diese Hilfe stellt sich für die Erzieherin manchmal recht schwierig dar, insbesondere wenn die Kinder alle verschiedene Schulen und Klassen besuchen, und jedes Kind andere Aufgaben erledigen muß.

Je nach pädagogischem Konzept – das auch abhängt von den speziellen Erfordernissen der den jeweiligen Hort besuchenden Kinder – werden nach Absprache mit den Eltern die Schulaufgaben entweder ganz oder nur ein bestimmter Teil, z. B. die schriftliche Aufgaben, erledigt. Dies, damit die Kinder möglichst viel **freie Zeit** zu ihrer Verfügung haben, Zeit, die sie dringend zur Entwicklung ihrer Persönlichkeit brauchen.

Freizeitgestaltung

Einen großen Teil ihrer – wochentags nur knappen – Freizeit gestalten die Schulkinder – in einer von Erzieherinnen gut vorbereiteten Umgebung – in eigener Regie: Sie hören Schallplatten oder Kassetten, lesen Hefte und Bücher, tauschen Sammelbilder, spielen Karten, konstruieren neue Türme oder Flugzeuge, bauen Buden oder verkleiden sich ... und vieles mehr. Hilfe bzw. einen guten Tip von den Erzieherinnen zur Verwirklichung ihrer Vorhaben benötigen vor allem die Kinder, die noch nicht so selbständig sind. Gerade diese Kinder nehmen auch gerne Angebote von Erzieherinnen oder anderen Hortkindern wahr und beteiligen sich an **Hobbygruppen**.

Einige Kinder gehen nachmittags – allein oder mit anderen – ihren **persönlichen Hobbys** (z. B. Judo, Flöte, Ballett) nach und verlassen dazu die Einrichtung. (...)

Um den Erlebnisbereich aller Hortkinder zu erweitern und sie mit zusätzlichen Möglichkeiten der Freizeitgestaltung vertraut zu machen, werden häufig **Angebote außerhalb des Hortes** gemacht. (...)

Feierabend?

Je nach Einrichtung verlassen die Schulkinder zwischen 16.30 Uhr und 18.00 Uhr den Hort. Für die Erzieherinnen beginnt nun häufig wieder ein **Arbeitsabschnitt ohne Kinder**. (...) So können z. B. Gesamtdienstbesprechungen nur abends stattfinden.

Ebenso ist erst zu dieser Zeit die Zusammenarbeit mit den überwiegend berufstätigen Eltern der Hortkinder möglich, sei es in Elterngesprächen (in der Einrichtung, bei Hausbesuchen) oder bei der Durchführung eines Elternabends. Dies gilt auch für die Teilnahme an solchen Veranstaltungen in den Schulen.

SPI: „Kennen Sie den Hort?", Köln 1992

AUFGABEN

1. Arbeiten Sie auf der Grundlage des Textes die wesentlichen Tätigkeiten der Erzieherinnen im Hort heraus.
2. Wo sehen Sie Unterschiede bzw. Gemeinsamkeiten im Vergleich zur Arbeit im Regelkindergarten?
3. Welche zusätzlichen Qualifikationen muß die Erzieherin im Hort haben?
4. Seit 1990 gibt es in Nordrhein-Westfalen einen Modellversuch „Hort an der Schule". Gibt es im Einzugsbereich Ihrer Schule eine solche Einrichtung? Erkunden Sie vor Ort Auftrag und Arbeitsbedingungen. Notieren Sie Anschrift und Telefonnummer in Ihrem Bildungsgangbuch unter der Rubrik „Kontakte".

„Kinder- und Jugendarbeit im Freizeitbereich"

Zum Bereich der Freizeitarbeit gehören die Tätigkeiten in Häusern der Offenen Tür, Häusern der Jugend, Jugendzentren, Jugendfreizeitheimen, auf sozialpädagogisch betreuten Spielplätzen sowie in Erholungsheimen für Kinder. Angesichts immer komplizierter und anonymer werdender Arbeitsabläufe, zunehmender Arbeitslosigkeit und steigenden Konsumdrucks im Freizeitbereich ergeben sich für die Erzieherin in einer für die eigentlichen Freizeitbedürfnisse der Kinder und Jugendlichen wenig aufgeschlossenen Umwelt eine Fülle von Aufgaben. Dabei müssen die spezifischen Belange bestimmter Gruppen (z. B. Ausländer) ebenso berücksichtigt werden wie die Vorbeugung vor psychosozialen Fehlentwicklungen (z. B. Drogen, Alkoholmißbrauch, Kriminalität). Schwergewicht der Aufgabe der Erzieherin liegt hier auf der Förderung von Eigeninitiative in Gruppen und in der Gemeinschaft, auf der Unterstützung des Prinzips der Freiwilligkeit sowie auf der Hilfe zur Selbsthilfe, zur Selbstverwaltung und Mitverantwortung im Freizeitbereich. Hier kommt es weniger darauf an, ein möglichst breites und abwechslungsreiches Freizeitangebot zu planen und anzubieten, sondern Kinder und Jugendliche unterschiedlicher Herkunft in ihren Erfahrungen und Interessen zu akzeptieren, zu fördern, zu aktivieren und zu sinnvoller Gestaltung von Freizeit zu führen.

„Dienstanweisung für hauptamtliche pädagogische Mitarbeiter der Offenen Tür

1.1. NN wird mit der Planung und Durchführung der Offenen-Tür im . . . -Haus betraut.
1.2. NN ist für die Aufstellung des Programms gemeinsam mit den übrigen Mitarbeitern und Jugendlichen zuständig. Hierbei soll NN bemüht sein, sich im Rahmen der regelmäßig zu überprüfenden Konzeption Offener Arbeit an der konkreten Lebenslage der Besucher des Hauses und des Stadtteils zu orientieren.
1.3. Neben der Förderung der Freizeitaktivitäten soll die Bereitschaft der Jugendlichen zum Engagement in den verschiedenen Bezügen der Gesellschaft geweckt, die Jugendlichen an Fragestellungen und Probleme ihrer Umwelt und Mitmenschen herangeführt werden.
1.4. Die Selbständigkeit und Eigenverantwortung der Jugendlichen soll dabei gestärkt, Eigenaktivität der Jugendlichen gefördert und pädagogisch betreut werden.
1.5. Die pädagogische Arbeit soll von der Bemühung begleitet sein, die Jugendlichen zu ermuntern, aktive Auseinandersetzung mit eigenen Lebens- und Glaubensfragen zu führen, eigene Meinungsbildung zu fördern und evtl. auftretenden Flucht- und Fatalismustendenzen entgegenzuwirken.
1.6. Zu den weiteren Aufgaben gehört z. B.:
  a) Einzelgespräche und Beratung mit Besuchern.
  b) Kontakt zu Behörden und Institutionen.
  c) Öffentlichkeitsarbeit.
  d) Kontakte zu Eltern und Erziehern.
  e) Kontaktpflege zu den übrigen Arbeitsgebieten der Gemeinde und ihrer Mitarbeiter.
  f) verantwortlicher Einsatz von nebenamtlichen und ehrenamtlichen Mitarbeitern
  g) sowie Zivildienstleistenden.
  h) Mitarbeit in Ausschüssen.
  i) Erstellung von Jahresberichten.
  j) Weiterentwicklung der Konzeption Offener Arbeit. Planung und Durchführung von Freizeiten, Projekten und Aktionen.
2.1. NN hat im Rahmen dieser Aufgabenstellung die Arbeit selbständig und eigenverantwortlich durchzuführen. NN ist für ihren/seinen Dienst insgesamt dem Presbyterium, vertreten durch den jeweiligen Jugendpfarrer, verantwortlich.
2.2. NN führt die Aufsicht über die Besucher im haus der Offenen Tür.
2.3. NN hat das Recht, regelmäßig an Dienstbesprechungen der Leitungsorgane der Kirchengemeinde teilzunehmen, in denen gegenseitige Informationen und Absprache erfolgen.
2.4. NN ist zu Presbyteriumssitzungen einzuladen, auf deren Tagesordnung Fragen seines/ihres Arbeitsgebietes vorgesehen sind.
3.1. NN soll eine gute Zusammenarbeit mit allen Mitarbeitern pflegen und sich für die Gewinnung neuer Mitarbeiter einsetzen.
3.2. NN soll vom Prinzip der gemeinsamen Verantwortung und Gleichberechtigung aller pädagogischen Kräfte geprägt sein.
3.3. NN führt die Verwaltungsgeschäfte für das Haus in Zusammenarbeit mit den übrigen hauptamtlichen Mitarbeitern und verfügt über die im Haushaltsplan der Offenen Tür bereitgestellten Mittel entsprechend der festgesetzten Haushaltsansätze zusammen mit dem GA und im Einvernehmen mit Kirchenmeister und Präses. Sie sind bei den Beratungen über anstehende Haushaltspläne zu hören.
3.4. NN führt Nachweis und Abrechnung von anvertrauten Geldern.
3.5. NN obliegt die Verantwortung für den Gebrauch und die Verwahrung des Inventars der Offenen Tür.
4.1. Die Arbeitszeit ergibt sich aus der Aufgabenstellung des Hauses, den Öffnungszeiten und den Richtlinien des BAT/KF.

4.2. Der tarifliche Jahresurlaub ist vom Vorsitzenden des Presbyteriums zu genehmigen. Dabei sind die Hausferien bzw. die Urlaubszeiten anderer Mitarbeiter zu berücksichtigen.

4.3. Im Krankheitsfalle ist unverzüglich Nachricht zu geben.

4.4. Bei personellen Neueinstellungen von pädagogischen Fachkräften für die Offene Tür hat NN Mitspracherecht.

4.5. Über Angelegenheiten, deren Vertraulichkeit ihrer Natur nach erforderlich oder ausdrücklich vorgeschrieben sind, hat NN Verschwiegenheit zu wahren.

4.6. NN ist zur Fortbildung verpflichtet. Sie/er hat Anspruch auf 14 Tage Bildungsarbeit.

5. Änderungen dieser Dienstanweisung sind im Einverständnis aller Beteiligten möglich."

(Amt für Jugendarbeit 1987, 352-354)

Bauer, W.: Jugendhaus. Weinheim - Basel 1991, S. 42f.

AUFGABEN

1. Arbeiten Sie aus der Dienstanweisung heraus, welche Pflichten, Rechte und Aufgaben die Erzieherin in der „Offenen Tür" erwarten gegenüber
   ◆ den Kindern und Jugendlichen
   ◆ den Mitarbeiterinnen
   ◆ dem Träger.
2. Gibt es in der Nähe Ihrer Schule weitere Angebote der Kinder- und Jugendarbeit wie Bauspielplatz, Spielmobil etc? Befragen Sie Mitarbeiterinnen über Ihren Arbeitsalltag. Halten Sie die Anschriften in Ihrem Bildungsgangbuch fest.

Das Heim

Heimerziehung hat sich in den letzten 25 Jahren sehr verändert. Diese Veränderungen zeigen sich in neuen pädagogischen Konzepten und neuen Formen der Unterbringung. In dieser Zeit haben sich so viele unterschiedliche Formen entwickelt, daß man heute von **der** Heimerziehung nicht mehr sprechen kann. Wir werden daher zunächst kurz auf diese Entwicklung eingehen und u.a. im Überblick die verschiedenen Formen darstellen. Anschließend sollen anhand eines Praxisberichtes allgemeine Merkmale pädagogischer Praxis in Heimen bearbeitet werden. Das neue „Kinder- und Jugendhilfegesetz" (KJHG) beschreibt im Paragraph 34 „Heimerziehung" wie folgt:

Heimerziehung, sonstige betreute Wohnform

Hilfe zur Erziehung in einer Einrichtung über Tag und Nacht (Heimerziehung) oder in einer sonstigen betreuten Wohnform soll durch eine Verbindung von Alltagserleben und pädagogischen und therapeutischen Angeboten Kinder und Jugendliche in ihrer Entwicklung fördern und entsprechend ihrem Alter und Entwicklungsstand sowie den Möglichkeiten der Verbesserung der Erziehungsbedingungen in der Herkunftsfamilie

1. eine Rückkehr des Kindes oder des Jugendlichen in die Familie zu erreichen versuchen oder
2. die Erziehung in einer anderen Familie oder familienähnlichen Lebensform vorbereiten oder
3. die Verselbständigung des Jugendlichen fördern und begleiten. (...)

In einem erläuternden Text zum § 34 wird u. a. auf die Entwicklung und die verschiedenen Formen eingegangen. (...)

Der Entwicklungsprozeß, der im Zusammenhang mit der Heimerziehung stattgefunden hat, ist vom Überdenken der Erziehungsstile ausgegangen und hat verschiedene praktische Konsequenzen gehabt. Sie sind vor allem in der Verkleinerung der Gruppen im Heim zu sehen. Damit hängt eine starke Differenzierung der Heime sowohl hinsichtlich der Organisationsform als auch der pädagogisch-therapeutischen Methoden zusammen. Dies drückt sich einerseits in der Orientierung an familiären Mustern der Erziehung und andererseits in einer stärkeren Betonung der Heilpädagogik aus. Sichtbare Veränderungen sind auch die Bildung von

Innen- und Außenwohngruppen, das betreute Einzelwohnen und eine ausgeprägte Tendenz zur Nachbetreuung im Anschluß an die Heimerziehung. Dies alles ist zudem verbunden mit einer Zurückdrängung des Zwanges und der Freiheitsentziehung. Das Wirken des Heimes nach außen manifestiert sich schließlich in seiner organisatorischen Eingliederung in ein **Verbundsystem** der Erziehungshilfen (Kiehn 1988, S. 68). Es ist dann nur konsequent, wenn das Heim seine Angebote, etwa im schulischen und berufsbildenden Bereich oder auch in Tagesheimgruppen, Kindern und Jugendlichen anbietet, die nicht in das Heim aufgenommen sind. Andererseits liegt es nahe, daß Bewohner des Heimes Leistungen in Anspruch nehmen, die nicht zum Heimangebot gehören. Die Heimerziehung wird sich weiterentwickeln und schon deutet sich an, daß sie gegenüber der Familienpflege wieder mehr Gewicht bekommen wird (Blumenberg 1989 S. 153). Gerade wenn man den Kontakt zur **Herkunftsfamilie** aufrechterhalten will, kann das Heim die geeignetere Form der Hilfe sein.

. . . Das Gesetz stellt neben den Begriff des Heimes den der sonstigen betreuten Wohnform. Darunter sind vor allem Jugendwohngemeinschaften und das betreute Einzelwohnen zu verstehen. Es können sich aber auch andere Formen entwickeln. Diese neuen Formen lassen sich allerdings nur dann unter § 34 subsumieren, wenn sie immer mit einer Betreuung verbunden sind. Das bloße Zurverfügungstellen von **Wohnraum** ist keine Leistung nach § 34. Es ist in diesem Sinne eben keine Hilfe zur Erziehung.

b) In gewisser Hinsicht spricht das Gesetz eine Methode der Erziehungsarbeit an, die nicht unbedingt allein für die Heimerziehung charakteristisch ist. Sie liegt in der Verbindung von Alltagserleben und pädagogischen sowie therapeutischen Angeboten. Damit trägt das Gesetz der Entwicklung in zweierlei Hinsicht Rechnung. Die Tatsache, daß eben doch oft schwere Fälle in die Heimerziehung aufgenommen werden hat zur Folge, daß im Heim nicht nur allgemeine Erziehungsarbeit geleistet werden kann. Heilpädagogische Maßnahmen, ja spezifisch therapeutische Angebote im engeren Sinne sind oft unverzichtbar, was nicht unbedingt eine Spezialisierung der Heime zur Folge haben muß (vgl. Blandow 1989 S. 295). Erforderlich ist aber eine Vielfalt qualifizierter Angebote. Die Erziehungsarbeit im Heim ist aber auch durch ein anderes Faktum gekennzeichnet. Bei aller Betonung therapeutischer Ansätze darf man nicht übersehen, daß das Heim Lebensraum für Kinder und Jugendliche ist. Dieser Lebensraum bedarf der Gestaltung, zumal oft der größte Teil des Tages in diesem Lebensraum verbracht wird. Die schon sprichwörtliche Therapiestunde darf nicht dazu führen, daß die anderen 23 Stunden des Tages in ihrer Bedeutung unterschätzt werden (Flosdorf 1989 S. 32). Deswegen fordert das Gesetz zu Recht die Verbindung von Erziehung, Therapie und Alltagsleben.

. . . Nicht zu unterschätzen ist auch, daß es nur im Zusammenhang mit der Heimerziehung ein ausgeprägtes System der Nachbetreuung in Form von Außenwohngruppen, betreutem Einzelwohnen und sonstiger mobiler Betreuung gibt (Münstermann 1989 S. 316).

(. . .)

Mrozynski, P.: „Das neue Kinder- und Jugendhilfegesetz", München 1991, S. 115 f.

AUFGABEN

1. Wie definiert der Text den Begriff Heimerziehung?
2. Wie werden Aufgaben und Ziele der Heimerziehung beschrieben?
3. Wie sollen diese Ziele erreicht werden?
4. Beschreiben Sie, wie sich die Heimerziehung seit Beginn der Reformdiskussion entwickelt hat.
5. Besuchen Sie in Kleingruppen unterschiedliche Einrichtungen der Heimerziehung. Tragen Sie die Eindrücke in der Klasse zusammen.
6. Wenn Sie nun noch einmal auf das zurückblicken, was Sie bisher über die unterschiedlichen Arbeitsfelder der Erzieherin erfahren haben, wo würden Sie nach Ihrem derzeitigen Kenntnisstand am liebsten arbeiten, welcher Bereich entspricht Ihrer Orientierung am wenigsten? Begründen Sie Ihre Enscheidung.

Lesetip

Becker-Textor, I.: Kindergartenalltag. Neuwied-Kriftel-Berlin 1995

Caritasverband für das Bistum Essen e.V.: Von der Kindergrippe zur altersgemischten Gruppe in der Kindertagesstätte. In: Theorie und Praxis der Sozialpädagogik, H. 3, 1991, S. 137–140

Deinet, U.: Als Berufsanfänger in der offenen Jugendarbeit. Bonn 1983

Hanselmann, P. G./Weber, B.: Kinder in fremder Erziehung. Weinheim-Basel 1986

Hauke, K.: Chancen der Altersmischung im Kindergarten. Köln 1987

Kazemi-Veisari, E.: Pädagogik im Wandel. Die Aufgaben des Kindergartens in einer sich verändernden Welt. In: kindergarten heute, H 6, 1993, S. 3–10

SPI NRW (Hrsg.): Kennen Sie den Hort? Köln 1990

Weitere Literatur- und Informationshinweise

Augustin, G./Brocke, H.: Arbeit im Erziehungsheim. Weinheim-Basel 2. A. 1981

Becker-Textor, J./Textor, M. R.: Handbuch der Kinder- und Jugendbetreuung. Neuwied-Kriftel-Berlin 1993

Böhnisch, L./Münchmeier, H.: „Wozu Jugendarbeit?" München 1989

Caritasverband für das Bistum Essen e. V.
„Von der Kinderkrippe zur altersgemischten Gruppe in der Kindertagesstätte.", in: „Theorie und Praxis der Sozialpädagogik.", 3/1991, S. 137–140

Deinet, U.: Im Schatten der Älteren. Offene Arbeit mit Kindern und jüngeren Jugendlichen. Weinheim-München 1987

Deißler, H. H.: Alltagsprobleme im Kindergarten. Freiburg 1982

Erhardt-Kramer, A.: Arbeitsfeld Hort. Frankfurt 6. A. 1988

Frauenknecht, B./Irskens, B.
„Probleme der Tagesbetreuung von Kindern unter 3 Jahren."
Frankfurt 1979, zu beziehen über: Dtsch. Verein für öffentliche und private Fürsorge, Am Stockborn 1–3, 60439 Frankfurt

Hauke, K.: „Chancen der Altersmischung im Kindergarten.", Köln 1987

Homes, A. M. (Hrsg.): Heimerziehung. Frankfurt 1984

Klawe, W. : „Arbeit mit Jugendlichen." München 1986

Petersen, G.: Grundfragen der pädagogischen Arbeit in altersgemischten Gruppen. Köln 2. A. 1989

Petersen, G.: „Kinder unter 3 in Tageseinrichtungen." (Handbuch in 4 Bänden)
Bd. 1: Grundfragen der pädagogischen Arbeit in altersgemischten Gruppen., Köln, 1989
Bd. 2: Entwicklung-Gesundheitsvorsorge-Ernährung., Köln 1991
Bd. 3: Spiel-Musik-Gestaltung-Bewegung. (in Vorbereitung)
Bd. 4: Zusammenarbeit mit Eltern, Mitarbeitern und anderen Einrichtungen. (in Vorbereitung)

Petersen, G.: „Kinder unter 3 in Tageseinrichtungen"
VHS-Video-Cassette, Köln 1988
1. Die altersgemischte Gruppe
2. Räume erleben – Räume gestalten
3. Die ersten Lebensjahre – Anregungen und Spiele für Säuglinge und Kleinkinder

Video: Altersgemischte Gruppen in NRW. Köln 1988
Bezugsadresse: SPI NRW, Postfach 10 31 41, 50471 Köln

Video: Freizeit im Hort. Köln 1985

Video: Öffnung des Hortes. Köln 1985

Video: Was ist ein Hort? Köln 1985

Bezugsadresse: SPI NRW, Postfach 10 31 41, 50471 Köln

2.3 „Darauf freue ich mich schon die ganze Zeit"
oder
Das erste Praktikum

2.3.1 „Thomas und Fina"
oder
Aus dem pädagogischen Alltag lernen

Im Kapitel Alltags- und Feiertagsdidaktik wurde bereits angedeutet, daß sich unser Verständnis von „Methodik und Didaktik" stärker auf das „Lernen im pädagogischen Alltag" als auf das Einüben von Aktionen, Angeboten oder Beschäftigungen bezieht. Um Mißverständnissen vorzubeugen: Wir sagen „stärker auf den Alltag". Das heißt nicht, daß wir gezielte, geplante Angebote zur Förderung der Entwicklung von Kindern, da wo sie nötig sind, ablehnen. Es handelt sich lediglich um eine Schwerpunktverlagerung zugunsten des Alltags. Sozialpädagogisches Handeln vollzieht sich im wesentlichen in Alltagssituationen. Es kommt daher nicht darauf an, jenseits des Arbeitsalltags das eigentliche Pädagogische zu suchen, sondern den Alltag daraufhin zu überprüfen, welche pädagogischen und methodisch-didaktischen Entscheidungen er enthält, um sich so innerhalb des alltäglichen Handelns zu einer kompetenten und professionellen Erzieherin zu entwickeln. Ein Beispiel aus der Praxis soll das Gemeinte verdeutlichen.

„Karin soll die Oma sein"

„Uli, Fina, Hikmet und Editha spielen angeregt das beliebte Rollenspiel ‚Vater, Mutter, Kind'. Uli hat es sich gerade auf seinem Stuhl bequem gemacht und ‚liest' die Zeitung. Er ist, wie man unschwer erkennen kann, der Vater. Währenddessen macht Fina, die Mutter, den Abwasch. Editha, eines der Kinder, hilft ihr dabei. Hikmet, der Sohn der Familie, nimmt gerade sein Spielzeugauto auseinander. Als Karin, die Praktikantin vorbeikommt, ruft Fina. ‚Komm Karin! Du bist unsere Oma.' Karin, die sich schon während ihrer Schulzeit immer

über die Rolle der Frau in unserer Gesellschaft gestritten hat, übersieht die Szene mit einem Blick. ‚Nichts hat sich geändert', denkt sie. Aber: Sie muß etwas tun und auf die Aufforderung von Fina mitzuspielen reagieren. Eine Alltagssituation!"

AUFGABEN

1. Finden Sie in der Kleingruppe eine mögliche Fortsetzung der Geschichte.
2. Tragen Sie Ihre Lösung als Rollenspiel vor.
3. Diskutieren Sie die unterschiedlichen Lösungen unter der Fragestellung, welche pädagogischen und methodisch-didaktischen Überlegungen dieses „Mitspielen" enthält und welche möglichen Konsequenzen die jeweiligen Lösungen haben (können).

Im Praktikum besteht eine Aufgabe darin, solche Situationen in ihrem Verlauf zu protokollieren, um dann anhand der Protokolle im Unterricht gemeinsam über das gezeigte Verhalten zu reflektieren.

2.3.2 „Mitspielen, loben, bestrafen" oder Erläuterungen zu den Aufgaben für das erste Praktikum

Wir hatten Sie bereits einmal gebeten, alle Aktivitäten aufzuschreiben, die einer Erzieherin im Laufe eines Arbeitstages abverlangt werden. Hier nun eine Liste von Tätigkeiten, von uns „Handlungsweisen" genannt, die von Lehrerinnen an Fachschulen und von Erzieherinnen zusammengestellt worden ist, die jedoch keinen Anspruch auf Vollständigkeit erhebt.

abgeben – geben
ablehnen
abseits stellen
abstimmen
aggressiv sein
albern – ernst sein
allein sein
sich anbieten
anerkennen
an- auskleiden
anleiten – führen
annehmen
anschauen
ansprechen
antworten
aufräumen
aufregen
ausschneiden

backen
Ball spielen
basteln
bauen
beaufsichtigen

beauftragen
begründen
begrüßen
behindern
bejahen
belohnen
bemuttern
beobachten
beruhigen
besänftigen
beschützen
bestimmen
bestrafen
beten

darstellen
durchhalten
durchsetzen

sich einbringen
eingreifen
einladen
entdecken
erfinden

erforschen
erfreuen
erklären
erkunden
erlauben
ermuntern
ermutigen
erzählen
essen
experimentieren

falten
fantasieren
feiern
fragen

handarbeiten
heimkommen
helfen
herausfinden

improvisieren
sich informieren

integrieren	rationalisieren	unterordnen
isolieren	reden	unterstützen
	Rollen spielen	
klatschen	ruhen	verabschieden
kleben		verändern
kneten		verärgern
kochen	sich sachkundig machen	verbessern
kommunizieren	säubern	verbieten
konstruieren	sammeln	verkleiden
Kontakt knüpfen	Sandkasten spielen	verlernen
kritisieren	schlichten	vermitteln
lachen	schminken	vernachlässigen
laufenlassen	schmücken	verschlossen sein
loben	schmusen	verstummen
lernen	schwimmen	verunsichern
	Sicherheit geben	sich verweigern
malen	singen	vorlesen
matschen	spielen	vormachen
mitbestimmen	spülen	vorschlagen
mitmachen	strukturieren	vortragen
mitspielen		wahrnehmen
motivieren		waschen
musizieren	tadeln	wegefahren
Mut machen	tanzen	wegnehmen
	toben	weinen
offen sein	trauern	sich weiterbilden
ordnen	trinken	werken
organisieren	trösten	
	turnen	zuneigen
pflegen		sich zurückhalten
planen	übersehen	zurückstecken
puzzeln	umlernen	zurechtweisen

AUFGABEN

1. Vergleichen Sie die Liste doch einmal mit Ihrer eigenen und ergänzen Sie sie gegebenenfalls.
2. Wählen Sie als Aufgabe für das erste Praktikum drei Handlungsweisen aus, auf die sich die meisten einigen können. Zwei dieser Handlungsweisen sollten von Ihnen positiv besetzt sein, also etwas zum Inhalt haben, auf das Sie sich in diesem Praktikum freuen oder etwas, was Sie sich im Hinblick auf die Bewältigung einfach vorstellen.

   Die dritte von Ihnen gewählte Handlungsweise sollte sich auf etwas beziehen, dem Sie mit Befürchtungen, Ängsten oder einem unguten Gefühl entgegensehen.

Die drei Handlungsweisen in unserer Überschrift sind nicht zufällig gewählt. Es sind diejenigen, die in der Vergangenheit von Schülerinnen immer wieder in der Vorbereitung auf das erste Praktikum genannt wurden. Was ein möglicher Anlaß für ein Protokoll zum Thema „Wie ich einmal mitspielte" sein könnte, haben wir im letzten Kapitel in der Geschichte von „Thomas und Fina" deutlich gemacht. Das Protokoll würde in dem Moment beginnen, wo Fina ruft: „Komm Karin . . ." Alles, was Sie von diesem Moment an tun, ist für den Text wichtig. Das „Loben" scheint vielen Schülerinnen ebenfalls leicht zu fallen. Probleme bereitet all das, was in den Bereich Bestrafen gehört. Eine solche pädagogische Maßnahme scheint für den größten Teil der Schülerinnen mit unangenehmen Gefühlen verbunden zu sein.

Nach dem Abschluß des Praktikums sind von jeder Schülerin drei Texte abzugeben:

- ◆ zwei Protokolle von Handlungsweisen, die von Ihnen positiv besetzt sind
- ◆ ein Protokoll einer Handlungsweise, die von Ihnen negativ besetzt ist.

Die Berücksichtigung folgender Verfahrensweisen scheint nützlich:

1. Wählen Sie Situationen aus, die sich in einem begrenzten Zeitraum abspielen und die einen eindeutigen Anfang und einen klaren Schluß haben. (z. B. Ich beobachte, daß Klaus in den Kindergarten gebracht wird. Als die Mutter geht, setzt Klaus sich an einen Tisch und beginnt leise zu weinen. Ich stehe auf und gehe zu Klaus . . .)

So könnte ein Protokoll zu einer Handlungsweise „trösten" beginnen.

2. Alles was jetzt geschieht, ist wichtig für das Protokoll (z. B. stehe ich vor Klaus oder gehe ich in die Hocke/was sage ich oder sage ich vielleicht gar nichts, nehme statt dessen Klaus nur in den Arm, wie reagiert Klaus, was tue ich auf seine erste Reaktion usw.).

3. Das Protokoll endet in dem Moment, in dem ich Klaus verlasse oder etwa mit ihm zu einer Gruppe anderer Kinder gehe, mit denen er zu spielen beginnt.

4. Wichtig ist, was wer sagt, aber auch wie er es sagt (möglichst wörtliche Rede). Der Leser des Textes muß die Szene möglichst plastisch vor sich sehen.

5. Für die Auswertung ist es sinnvoll, den Text mit der Schreibmaschine oder Computer zu schreiben und jede fünfte Zeile zu beziffern. Das erleichtert Mitlesern das Auffinden der jeweiligen Textstelle.

6. Nach Abschluß des Protokolls sollten Sie ihr Verhalten schriftlich reflektieren, d. h. darüber nachdenken, wie Sie sich verhalten haben, was Sie zur Erreichung des beabsichtigten Ziels angemessen oder weniger angemessen vielleicht sogar falsch fanden und wie Sie ggf. hätten sinnvoller handeln können. Auch bei der Reflexion kommt es darauf an, den Text, d. h. den Handlungsverlauf in seinen Einzelheiten zu analysieren. Oft sind scheinbare Kleinigkeiten für den weiteren Verlauf einer Situation bedeutsam.

7. Für die Bewertung des Textes ist es nicht wichtig, ob die von Ihnen beschriebene Handlungsweise geglückt oder mißglückt ist.

Damit Ihnen deutlicher wird, worum es bei den Protokollen von Handlungsweisen geht, hier der Text einer Schülerin im ersten Jahr der Erzieherinnenausbildung.

Eva B.: „Wie ich einmal laut wurde"

Florian und Manuel toben schon den ganzen Morgen in der Gruppe herum. Ich fand diese Raufereien schon vorher störend, und hatte ihnen mehrmals gesagt, sie sollen sich etwas zum spielen suchen. Sie setzten sich dann beide an den Frühstückstisch und begannen zu essen. Als ich dann einige Zeit später zum Frühstückstisch blickte waren sie dabei, mit den Messern zu fechten und hatten kleingeschnittene Möhrenstücke überall auf dem Boden und auf dem Tisch verteilt. In diesem Moment riß mir mein Geduldsfaden und ich hatte keine Lust mehr auf eine vielleicht angemessenere Verhaltensweise. Ich bin mit einem bitterbösen Gesicht auf Manuel zu, und habe ihm das Messer aus der Hand gerissen und ihn mit einem „Jetzt ist aber endgültig Schluß" vom Stuhl gezogen. Manuel verfiel daraufhin in ein breites Grinsen, welches mich sehr verunsicherte. Ich habe mich hingekniet und ihn mit beiden Händen an den Schultern gehalten. Er wollte auf den Stuhl zurück. Ich sagte ihm sehr laut und nachdrücklich und mit weit aufgerissenen Augen „ich habe jetzt endgültig genug von dir und Florian. Mit solchen Messern kann man sich sehr weh tun, ohne daß man es eigentlich möchte und ihr beide geht mir sowieso schon den ganzen Morgen auf den Keks, und das habe ich euch schon einige Male gesagt." Manuel sagte darauf nur: „Ich will frühstücken," und Florian kicherte hinter vorgehaltener Hand. In diesem Moment wurde mir bewußt, daß ich Manuel fest an den Schultern gefaßt und ihn nicht losgelassen hatte. Postwendend ließ ich ihn los, vielleicht ohne daß ich es wollte. Er ging sofort zurück zum Frühstückstisch und ich folgte ihm. Ich setzte mich zu den beiden und sagte „Ich und ihr beide bleiben jetzt so lange hier sitzen bis ihr die Möhrenschalen aufgehoben habt." Darauf grinsten sie mich beide an und schüttelten die Köpfe. Ich begann mir ein Butterbrot zu schmieren. Manuel fragte dann „Willste jetzt auch frühstücken?" Ich antwortete nur mit einem kurzen, recht verärgert klingendem „Ja". Kurze Zeit danach sagte Florian plötzlich: „Der Manuel hat die Möhren unter den Tisch geworfen", worauf Manuel sagte: „Stimmt nicht." Ich habe beide nur angeschaut und mein Brot weitergegessen. Nach einer Weile, als beide mit dem Frühstück fertig waren, kroch Manuel ohne einen Kommentar unter den Tisch und hob die Möhrenschalen auf. Florian grinste und begann sein Messer und seine Tasse zu spülen und Manuel tat es ihm gleich. Als dann Florian seine Tasse zurück auf den Tisch stellte, griff er nach den noch verbliebenen Möhrenstücken auf dem Tisch und ließ sie im Mülleimer verschwinden. Als die beiden fertig waren, fragte Manuel grinsend: „Können wir jetzt spielen?" Ich sagte: „Klar könnte ihr jetzt spielen. Und wenn ihr kein Chaos mehr veranstaltet, kriegen wir auch keinen Ärger mehr miteinander. Dann verschwanden die zwei in Richtung Legoteppich. Bis auf die allgemeine Unlust zum Aufräumen habe ich auch für den Rest des Tages keine Konfrontation mehr mit den beiden gehabt."

Reflexion

Zunächst einmal muß ich sagen, daß ich an diesem Morgen zum ersten Mal alleine in der Gruppe war, weil meine Anleiterin krank war und keine Vertretung zu bekommen war. Ich fühlte mich ganz schön überfordert und habe vielleicht deshalb so gereizt reagiert. Ich kann auch noch nicht richtig einschätzen, ob die Kinder mich überhaupt als Erzieherin ernst nehmen. Oft habe ich das Gefühl, daß sie glauben, bei mir könnten sie sich alles erlauben. Es kann sein, daß es mir deshalb in dieser Situation so wichtig war, mir auf keinen Fall eine Blöße zu geben und mich um jeden Preis durchzusetzen. Aber grundsätzlich finde ich es schon richtig, daß man Kindern auch zeigt, wann eine bestimmte Grenze überschritten ist. Insgesamt war ich ja recht erfolgreich. Wenn ich nicht so unter Druck gestanden hätte wäre es vielleicht auch möglich gewesen, die beiden auf eine weniger aggressive Weise, eher lustig, dazu zu bringen, mit dem Umsinn aufzuhören.

AUFGABE

Analysieren Sie den Text „Wie ich einmal laut wurde" in folgenden fünf Schritten (der hier aufgeführte 6. Schritt dürfte Ihnen erst möglich sein, wenn Sie intensiver mit erziehungswissenschaftlichen Theorien vertraut sind).

1. Schritt: Verständigung über das Motiv der Protokollantin.

Eine Möglichkeit ist, die Protokollantin über Ihr Motiv berichten zu lassen, gegebenenfalls unter Einbeziehung einer ersten generellen Einschätzung, ob sie ihr Verhalten für gelungen oder nicht gelungen hält.

Die Klasse kann an dieser Stelle ihren ersten Eindruck darstellen, jedoch ohne schon in eine detaillierte Analyse einzusteigen.

2. Schritt: Analyse der gezeigten Fähigkeiten

Mit dem zweiten Schritt beginnt die quasi mikroskopische Betrachtung der Protokolle. Satz für Satz wird daraufhin untersucht, welche, auch ansatzweisen pädagogischen Fähigkeiten, realisiert werden.

Es ist oft erstaunlich, welche Fülle von Fähigkeiten bei einer systematischen Untersuchung des Textes deutlich werden.

3. Schritt: Das pädagogische Ziel

Der 3. Analyseschritt gilt der Untersuchung des Protokolls in bezug auf das verfolgte Ziel und der Klärung der Frage, ob denn durch das gezeigte Verhalten das Ziel erreicht wird oder wenigstens ein Beitrag zur Zielerreichung geleistet wird.

4. Schritt: Alternativen zum gezeigten Verhalten

Ausgehend vom übergreifenden Ziel für die protokollierte Situation sind nun alternative Handlungsentwürfe zu entwickeln, mit denen das Ziel besser oder auf einem anderen Wege hätte erreicht werden können.

Auch hier geht es nicht darum nachzuweisen, was der Protokollant alles „falsch" gemacht hat, sondern um das gemeinsame Bemühen, zielorientiertes, variantenreiches Handeln zu entwickeln. Wichtig ist zu entdecken, daß es zu einem gewünschten Ziel unterschiedliche, plausible Wege gibt.

5. Schritt: Mögliche alternative Ziele

Hier ist noch einmal Gelegenheit für die Mitschülerinnen deutlich zu machen, daß das von der Protokollantin angestrebte Ziel nicht unbedingt von allen geteilt wird und geteilt werden

49

muß. Gedankenspielerisch könnte noch einmal vorgeführt werden, wie sich der Verlauf etwa eines Konfliktes bei anderer Zielsetzung verändern würde.

6. Schritt: Theoretisierende Generalisierung

Nach einiger Übung in der Analyse von Handlungsweisen und der Kenntnis unterschiedlicher Theorien pädagogischen Handelns, könnte den Abschluß der Fallbesprechung der Versuch bilden, das gezeigte Verhalten in einen größeren theoretischen Zusammenhang einzuordnen.

Hier wäre aber auch der Ort, aus der Analyse Aufgaben für das praktische Handeln in der Zukunft zu entwickeln.

Gruschka, A., u. a., Handeln und sich bilden, Soest 1990, S. 194 ff.

Einen zweiten inhaltlichen Schwerpunkt sollte in diesem Praktikum die Überprüfung dessen bilden, was wir „Berufsrolle" nennen. Sie sollten also eine deutlichere Vorstellung davon entwickeln, welche Anforderungen dieser Beruf stellt, ob das, was jetzt praktisch von Ihnen verlangt wird (von Kindern, Mitarbeitern/Eltern) sich mit dem deckt, was Sie sich bei Ihrer Entscheidung für diesen Beruf gedacht haben.

Sie sollten darüber hinaus Ihre Aufmerksamkeit auch auf folgenden Sachverhalt richten.

Wenn Sie nicht zu den Schülerinnen gehören, die vor dem Eintritt in die Erzieherinnenausbildung einige „Umwege", die ja auch produktiv sein können, gemacht haben, wird Ihre Lebenssituation im Alltag unter anderem dadurch geprägt sein, daß Sie immer noch „Adressat" der pädagogischen Vorstellungen anderer, im wesentlichen Ihrer Eltern sind. Ihr Verhalten, Ihr Umgang, Ihre Kleidung, Frisur, Ihre Vorlieben und Abneigungen und vieles andere mehr, wird permanent einer Kommentierung in pädagogischer Absicht unterzogen. Sie werden gelobt und getadelt, Ihnen werden Grenzen gesetzt, etwa was das Nachhausekommen am Wochenende anbelangt. Ihr Freund wird wegen seiner Sprache einer kritischen Würdigung unterzogen, möglicherweise wird Ihnen auch vorgehalten, eigentlich noch zu jung für eine feste Bindung zu sein und überhaupt war damals alles anders, meistens besser.

Im Kindergarten sind Sie nun diejenige, die lobt oder tadelt, Verhaltensweisen, Umgangsformen, Sprachstile, Konfliktlösungsmuster beurteilt, hier eingreift, gar eingreifen muß, dort gewähren läßt. Was Sie also zu vollziehen haben, nennt die Pädagogik „Perspektivenwechsel". Sie wechseln sozusagen die Seite. Von derjenigen, die erzogen wird zur Erzieherin, von der Lernenden zur Lehrenden, von der, die sich den von anderen gesetzten Normen beugt, zu der, die selber Normen setzt.

Wir schlagen vor, daß Sie alles, was Ihnen zum Thema Berufsrolle und Perspektivenwechsel auffällt, Ihrem Bildungsgangbuch anvertrauen, um es bei der Praxisauswertung in der Schule präsent zu haben. Hierhin gehört auch alles, was Sie sonst noch in diesem Praktikum bewegt. Wir wünschen Ihnen ein Praktikum mit vielen neuen Eindrücken.

Lesetip

Gruschka, A. u. a.: Aus der Praxis lernen. Berlin 1995
Schomacher, H.: Aus Geschichten lernen? In: Klein & Groß, H. 2, 1996, S. 34-37

Weitere Literatur- und Informationshinweise

Baake, D. u. a.: Aus Geschichten lernen. München 1979
Gruschka, A. u. a.: Handeln und sich bilden. Soest 1990

„Ich glaube, ich bin eine kämpferische Optimistin!"
oder
Die Bearbeitung der I. Entwicklungsaufgabe

Die Schule hat Sie wieder! „Endlich", werden die einen sagen, „Schade, daß das Praktikum vorbei ist", die anderen.
Welche Stimmung bei Ihnen auch vorherrschen mag, jetzt steht zunächst einmal die Auswertung der ersten Praxiserfahrungen an.

AUFGABEN

1. Schreiben Sie folgende Satzanfänge auf große Papierbogen
   Das Schönste, was mir in diesem Praktikum passiert ist, war . . .
   Das Schlimmste, was mir in diesem Praktikum passiert ist, war . . .
   Das Überraschendste, was mir in diesem Praktikum passiert ist, war . . .
2. Gehen Sie von Bogen zu Bogen und ergänzen Sie die Satzanfänge.
3. Tauschen Sie Ihre Erfahrungen in der Klasse aus.

Wir hatten im ersten Teil des Buches deutlich gemacht, daß die Ausbildungsstruktur und damit auch die Struktur dieses Buches geprägt ist durch vier, von Gruschka für die Erzieherinnenausbildung fruchtbar gemachten „Entwicklungsaufgaben". Wir hatten auch darauf hingewiesen, daß es keine falschen oder richtigen Lösungen dieser Entwicklungsaufgaben gibt, sondern nur unterschiedliche. Im folgenden geben wir Ihnen Materialien an die Hand, mit deren Hilfe Sie für sich herausfinden können, wie Sie persönlich die erste Entwicklungsaufgabe des Bildungsgangs gelöst, welches Konzept der zukünftigen Berufsrolle Sie aufgrund der ersten Theorie- und Praxisphase ausgebildet haben.

Das von uns gewählte Verfahren zur Bearbeitung der Entwicklungsaufgaben orientiert sich an dem von Gruschka konzipierten Konzept der „Nachstellung von Entwicklungsaufgaben".

Bei dem folgenden Text handelt es sich um eine Diskussion zwischen einem Lehrer und vier Schülerinnen nach Abschluß des ersten Halbjahres der Erzieherinnenausbildung. Vorausgegangen war der Diskussion die Lektüre eines Textes von Ivan Illich zu „Entschulung der Gesellschaft", in dem dieser die These vertritt, daß (sozial)pädagogische Institutionen, wie Kindergarten und Schule, nicht in der Lage seien, Probleme zu lösen, sie würden diese, ganz im Gegenteil, zu einem großen Teil erst schaffen.

Die Schülerinnen hatten die Aufgabe, diesen Text zu bearbeiten und sich im Anschluß daran zu den Thesen Illichs zu äußern. Daraus entwickelte sich das folgende Gespräch.

Lehrer: Fassen wir also die Diskussion zusammen: Welchen Stellenwert haben eigentlich die Institutionen bei der Bewältigung von pädagogischen Problemen, was meinen Sie selbst dazu?

Angela: *Sie behindern den Erzieher an allen möglichen Stellen, gut auf die Kinder einzugehen!*

Christian: Sie machen alles so streng geregelt und bürokratisch!

Gruschka, A.: Wie Schüler Erzieher werden, Wetzlar 1985, S. 122 ff.

Dette: Ja, das stimmt, man wird ganz schön gegängelt. Von allem wird verlangt, daß es eine Ordnung hat.

Bernd: Die Kinder und Erzieher werden durch die Institution nicht selbständig, sondern von ihr abhängig.

Lehrer: Und welche Wirkung ergibt sich denn für die Klienten bzw. für die Kinder? Ist denn wirklich in erster Linie nur der Erzieher behindert?

Angela: Nee, im wesentlichen leiden ja die Kinder darunter. Aus ihrer Sicht stehen die Erzieher oft für die Institution und wenn die negativ wahrgenommen wird, dann leiden die Kinder durch die Erzieher. Die sind eben den Regeln und Ansprüchen der Institution unterworfen und stehen zuweilen somit den Kindern feindlich gegenüber. Egal ob ein Erzieher gute Absichten hat, das ergibt sich automatisch so.

Christian: Das glaube ich nun aber nicht. Man kann sich doch trotz allem mit den Kindern solidarisieren!

Bernd: Da sei nicht zu optimistisch. Also ich kann ja nur von der Schule reden, da war es aber so, daß wir viele Lehrer gehabt haben, die sich nicht mit mir solidarisiert haben.

Angela: Genau, ist doch klar: Die Lehrer haben mir nie den Eindruck gegeben, sie würden sich wirklich um mich kümmern. Wenn ich etwa in einer Klasse von 35 Schülern war, da war doch klar, daß er sich nicht um jeden einzelnen kümmern konnte. Ich erinnere mich daran, daß ein Lehrer bei einer Mitschülerin einmal ganz verwirrt war, als er sich nach einigen Monaten gar nicht mehr an den Namen der Schülerin erinnern konnte.

Dette: Das stimmt: Bei uns hat einmal ein Lehrer monatelang auch gar nicht gemerkt, daß ein Schüler bereits fehlte!

Angela: Also ich würde behaupten, daß ein Lehrer ein weniger intensives Verhältnis zu seinen Schülern hat als ein Busfahrer zu seinem Bus. Der liebt ihn fast, der pflegt ihn . . . hm und achtet darauf, daß ihm nichts passiert, während ein Lehrer?

(vereinzeltes Lachen und Pause)

Christian: Also meinst du nicht, daß du hier übertreibst? Man kann doch nicht nur immer die schlechten Lehrer und Erzieher sehen.

Bernd: Richtig, aber Angela hat ja nicht Unrecht. Denn gucken wir doch mal: Wer wird denn Lehrer und Erzieher, wie kommt er denn dazu? Oft ist es doch so, daß man einen solchen Beruf aus Verlegenheit wählt, daß man sich also gar nicht bewußt ist, was auf einen zukommt und gar nicht die Motive hat zu helfen, zu erziehen usw.

Angela: Aber selbst wenn man weiß, daß man Erzieher werden will, dann heißt das noch lange nicht, daß die Motive unproblematisch sind. Wir haben doch in der SOG erlebt, daß der Wunsch, Erzieherin zu werden, oft allein schon durch die Mädchenrolle bedingt ist, die einem anerzogen wurde. Ich finde das recht gefährlich!

Dette: Was soll denn diese pauschale Kritik? Alles, was einem „angezogen" worden ist und was man nicht irgendwie selbst gefunden hat, ist in deinen Augen sofort schlecht. Du kannst eigentlich so nur sprechen, weil du keine Ahnung von der Praxis hast.

Angela:	Aber du mit deinen zwei Wochen Praxis, du hast wohl den großen Durchblick!
Dette:	*Also ich finde daran nichts auszusetzen, daß ich als Mädchen Erzieherin werden will und daß ich das schon seit langer Zeit so vorhabe!*
Bernd:	Angela meint, glaube ich, nicht, daß kein Mädchen Erzieherin werden darf. Also wenn doch, dann wäre das – finde ich – blödsinnig. Wichtiger ist, daß man genau darüber Bescheid weiß, wie es zu diesem Wunsch kommt, für andere sich einzusetzen und zu engagieren. Nur wenn man das einigermaßen sicher weiß, dann besteht nicht die Gefahr, daß man nur sich selbst helfen will, wenn man beschließt, Erzieher zu werden.
Christian:	*Genau, du tust jetzt so, als ob man nur dann Erzieher werden könnte, wenn alles zum besten bestellt ist, wenn der Erzieher immer weiß, wie er mit jeder Situation fertig wird, wenn er optimale Bedingungen für seine Arbeit vorfindet, nach ausführlicher Erforschung seiner Psyche kein Haar in der Suppe gefunden hat: ... davon kann man doch gar nicht ausgehen. Ich werde doch Erzieher, um diese Bedingungen zu schaffen und glaube, daß man sich engagieren muß, weil die gesellschaftlichen Bedingungen schlecht sind.*
Dette:	Ich verstehe nicht, warum du immer meinst, im Kindergarten sei alles so schlecht. Das ist in Wahrheit aber gar nicht so schlimm. Als ich im Praktikum im Kindergarten war, da habe ich festgestellt, daß man da sehr schöne Sachen machen kann: die sind prima ausgerüstet mit allem möglichen didaktischen Material. Die Kinder waren auch prima und haben mich sofort aufgefordert, mit ihnen zu spielen, und das hat mir selbst großen Spaß gemacht.
Angela:	*Sei mir nicht böse, aber das behauptest du vielleicht nur, weil du selbst gerne spielst. Erzieher zu werden heißt doch nicht nur, mit Kindern zu spielen. Da hast du jede Menge Problemkinder, mit denen du nicht einfach spielen kannst, sondern denen du ganz individuell helfen mußt. Wenn du aber 20 Kinder in deiner Gruppe hast und sonst furchtbar viel zu tun hast mit der Organisation des Kindergartens, dann hast du doch gar keine Zeit, dich mit dem einzelnen zu beschäftigen. Du verschleierst damit nur die Probleme, lösen kannst du sie nicht.*
Bernd:	Ich gebe dir ja recht, aber deine Konsequenzen sind doch nicht gut. Aus dem, was du sagt, folgt doch eigentlich, daß alles sowieso keinen Zweck hat.
Dette:	*Angela, du witterst hinter jeder Sache ein großes Problem. Man muß doch nicht immer gleich die ganze Gesellschaft ändern, um Probleme zu lösen: Dann geht tatsächlich nichts mehr.*
	Meist ist die Sache einfacher. Zum Beispiel tut es Aggressiven gut, sich richtig auszutoben, dann bekommen sie ein klaren Kopf ...
Bernd:	Dette, so einfach ist das auch wieder nicht. Nicht alles ist natürlich so problematisch, wie Angela hier den Eindruck machen will. Aber es ist – glaube ich – unheimlich wichtig, zunächst einmal recht radikal die Hintergründe für die Aggressionen der Kinder herauszufinden, dann erst kann man etwas sicherer sein, nicht nur an Symptomen herumzudoktern.
Christian:	*Einen Moment mal, Leute: Ich habe so den Eindruck, als ob es nur zwei Möglichkeiten in der Diskussion gäbe: entweder man ist so ein bißchen naiv und sagt: das ist alles nicht so schlimm, dann kann man Erzieher werden, aber man muß sich vor Angela in acht nehmen, oder man redet wie Angela, ist furchtbar kritisch, kann dann aber nicht mehr Erzieher werden. Das ist doch*

blödsinnig: ich kann doch in die Praxis gehen und dort versuchen, etwas zu machen, was bis jetzt nicht möglich ist – klar, daß ich dabei erst ein paarmal auf den Bauch falle. Mies ist es nur, wenn ich zu schnell aufgebe und nach kurzer Zeit nichts Besseres mehr erreichen will.

Dette: Man, mir wird das hier viel zu theoretisch! Theorie und Praxis müssen doch ganz eng verbunden werden. Ich werde doch kein guter Erzieher, wenn ich nur darüber rede. Das muß man in der Praxis selbst erleben und lernen. Und bis jetzt ist in der Kollegschule da nichts richtiges passiert, wir belabern hier nur dauernd die Dinge. Die zwei Wochen Praxis haben mir mehr gebracht als die ganze Rederei hier.

Bernd: Moment mal, meinst du, daß das, was wir hier versucht haben in den vier Kursen, nichts mit Praxis zu tun hat? Die Kinder zu befragen, sich selbst beim Spielen zu erleben und beim Reden mit anderen zu beobachten?

Dette: Doch schon, aber ich weiß nicht, was wir für die Praxis dabei konkret gelernt haben! Du kannst doch nicht die Spiele, die wir gespielt haben, mit Kindern auch so machen. Das stelle ich mir ganz anders vor.

Christian: Ich finde, hier in der Schule kommt es darauf an, daß wir versuchen, bevor die Probleme der Praxis voll auf uns zukommen und wir sie alleinverantwortlich lösen müssen, einen gewissen Durchblick zu bekommen. Das heißt, daß wir uns zunächst einmal über uns selbst klarwerden, welche Erwartungen wir eigentlich haben, welche Probleme wir mit unserem eigenen Verhalten haben – erinnere dich doch mal an die Unsicherheiten bei den Gesprächsübungen. Ich finde schon gut, daß wir erst einmal das erleben, bevor wir auf die Kinder losgelassen werden.

Bernd: Das finde ich auch, und das 1. Halbjahr hat mir so klarer gemacht, was ich eigentlich werden will. Gut, ich werde nicht in den Kindergarten gehen, weil ich lieber mit Jugendlichen oder auch später mit Erwachsenen arbeiten will. Ich bin mir aber nach der SOG sicherer geworden, was man institutionell und politisch im Sozialberuf erwarten kann und wie das dabei mit meinen eigenen Erwartungen ist.

Christian: Ich fand das auch gut, finde aber trotzdem, daß man zu viel Gruppendynamik gemacht hat und das eigentlich vieles nur so angetippt worden ist. Mir wäre es doch wichtiger gewesen, wenn wir in der SOG mehr über den Erzieherberuf selbst, z. B. über das Lernen und die Entwicklung von Kindern und Jugendlichen oder über didaktische Modelle erfahren hätten. Ich weiß noch nicht, wo ich später arbeiten werde, ob im Kindergarten, im Heim oder noch woanders, und darüber hätte ich gerne mehr erfahren.

Dette: Diese Entscheidung ist für mich ja schon lange gefallen. Und ich erwarte von der Ausbildung nicht, daß alles und jedes immer wieder hinterfragt wird, sondern daß wir erst einmal vermittelt bekommen, wie man sich in bestimmten Situationen verhält. Gerade bei den Problemen, von denen Angela da immer wieder spricht, wäre das wichtig.

Sonst kommt nur Laberei heraus. Wir diskutieren Sachen, die so in der Praxis vielleicht gar nicht vorkommen. Nach dem ersten halben Jahr bin ich aber skeptisch geworden, ob die Schule sowas überhaupt leisten kann oder will. Wahrscheinlich kann man das wirklich nur in der Praxis lernen.

Angela: Aber Dette! Ich finde es fürchterlich, wie du nach Rezepten für bestimmte Situationen schreist und auf der anderen Seite sagst, die Praxis wäre so etwas Spezielles, daß man da nicht drüber reden kann. Ich gebe dir ja recht, die Praxis ist speziell; aber dann kann man von der Schule keine Rezepte erwarten, über Situationen, die eben einmalig sind.

Bernd: Ich meine, ich kenne noch viel zu wenig von der Praxis, erwarte aber gar nicht von der Schule, daß man mir sagt, was ich in der und der Situation alles zu tun habe. Wir können hier vermutlich nur so was wie Prinzipien oder allgemeine Orientierungen erarbeiten und diskutieren, in der Praxis müssen wir uns dann wahrscheinlich immer wieder neu auf die Kinder einstellen, müssen vorsichtig beobachten und dann aus der konkreten Situation heraus handeln.

Angela: Das klingt jetzt wieder so, wie wenn man in der Praxis mit spontanen Intuitionen arbeiten könnte. Ich glaube, da macht man sich etwas vor. Erst muß doch die Analyse kommen. Ich würde die Möglichkeiten, etwas im Kindergarten oder im Heim – bei wichtigen und ernsten Problemen zu tun – also da, wo sich die Kinder nicht selbst helfen können –, immer von dieser Analyse abhängig machen. Sonst läuft doch alles nur auf blinden Aktionismus hinaus.

Christian: Nee, Angela damit drückst du dich doch nur vor der Praxis. Was du vorher wissen willst, kannst du nur erfahren, wenn Du es versucht hast.

Lehrer: Gut, aber ihr dürft nicht vergessen, daß wir erst am Anfang stehen, ihr werdet noch eine Menge zu den verschiedenen Institutionen – auch kritisches, liebe Angela – erfahren. Wir sind jetzt aber ein wenig vom Thema abgekommen!

Angela: Finde ich gar nicht!

Lehrer: Na gut, um so besser. Ich selbst wollte euch aber noch etwas fragen, weil mir unsere Diskussionen doch zuweilen zu persönlich gelaufen sind. Wir haben hier in der SOG zusammengearbeitet und vielleicht Probleme gehabt, weil wir nicht alle das gleiche hier wollen.

Dette wußte schon von Anfang an, was sie so machen will. Christian ist sich nicht so sicher. Bernd will hier einen anderen Sozialberuf als den Erzieherberuf anstreben und Angela läßt vermuten, daß sie auf keinen Fall Erzieherin werden will.

Angela: So sicher ist das auch wieder nicht!

(lachen!)

Lehrer: Mich würde interessieren, ob ihr der Meinung seid, daß die Zusammenführung von Schülern mit unterschiedlichen Lernerwartungen, in den Kursen allen was gebracht hat oder ob sie eher als hinderlich für das Lernen betrachtet wird? (Pause)

Angela: Ich habe mich gerne gestritten, aber eigentlich auch was davon gehabt.

Christian: Manchmal hat mich die Angela schon verunsichert, aber vielleicht ist das gar nicht so schlecht.

Bernd: Ich fand es gut.

Dette: Weiß nicht!

E N D E

AUFGABEN

1. Welcher Schüler kommt mit seinen Äußerungen über die Erzieherinnenausbildung Ihrer eigenen Meinung am nächsten? Welche der Äußerungen würden Sie vorbehaltlos unterstützen, wo würden Sie anders argumentieren?
2. Welcher Schüler bringt Ihrer Meinung nach die besten Voraussetzungen für die Erzieherinnenausbildung mit? Wie würden Sie Ihr Urteil begründen?
3. Welcher Schüler ist aus Ihrer Sicht am wenigsten geeignet für die Ausbildung zum Erzieher? Begründen Sie Ihr Urteil?

Bevor die II. Entwicklungsaufgabe behandelt werden soll, wollen wir noch vor einem möglichen Mißverständnis warnen. Jetzt die I. Entwicklungsaufgabe mit einer „Lösung" zu verlassen heißt nicht, die Frage der Berufsrolle und deren Ausfüllung für alle Zeiten erledigt zu haben: Sie werden im Laufe der Ausbildung, aber auch in Ihrer späteren beruflichen Tätigkeit immer wieder für sich neu klären und definieren müssen, was „Erzieherin sein" für Sie bedeutet. Während des Praktikums in der Jugendarbeit oder im Heimbereich stellen sich neue und andere Aufgaben und Herausforderungen als im Kindergarten. Wer jetzt sicher ist, Erzieherin werden zu wollen, kann dort wieder verunsichert werden. Aber: Wie haben wir in einer Überschrift so schön formuliert „Entwicklung währt das ganze Leben!"

3 „Was Sie schon immer über Kinder wissen wollten"
oder
Von der Fremdwahrnehmung zum Fremdverstehen

3.1 „Ich bin froh, daß ich kein Kind mehr bin"
oder
Die Inhalte der II. Entwicklungsaufgabe

„Wir waren früher anders"

20.00 Uhr im „Sawitzki", dem abendlichen Treffpunkt der Schüler der Bertha-von-Suttner-Fachschule. An der Theke stehen Bea, Rolf, Brigitte, Susanne und Chris, Schüler der EU-2, die gerade das erste Praktikum hinter sich gebracht haben. Am Vormittag sind im Unterricht die ersten Eindrücke ausgetauscht worden, aber wie immer waren die zwei Stunden viel zu kurz, um alle Probleme und offenen Fragen anzusprechen. Die Tür öffnet sich. Ayse, eine türkische Mitschülerin, betritt den Raum.

Bea: Hallo Ayse, schön Dich auch einmal hier zu sehen. Macht Dein Vater nicht mehr so einen Streß, wenn du abends einmal weg willst?

Ayse: *Na ja, ganz ohne Probleme geht es immer noch nicht. Aber in letzter Zeit ist es schon besser geworden. Seid Ihr immer noch beim Praktikum?*

Susanne: *In der Schule ist ja nie genügend Zeit mit 25 Schülerinnen alles zu klären. Wir waren gerade dabei, über unsere Erfahrungen mit den Kindern zu sprechen. Da drüben wird gerade ein Tisch frei. Kommt, wir setzen uns. Dann haben wir etwas mehr Ruhe.*
Das hättest Du miterleben müssen, Ayse. Bea hat gerade zu einem vernichtenden Rundumschlag gegen die Kinder heute ausgeholt.

Bea *Ist doch auch wahr. Also, in dem Kindergarten, in dem ich war, gab es nur Verhaltensgestörte. Du konntest mit keinem vernünftig reden. Ein Junge rannte den ganzen Morgen durch den Raum und hat nur Fernsehgeräusche gemacht, wie aus den Sprechblasen der Comics. Ein anderer hat aus allem und jedem Gewehre, Pistolen und Panzer gemacht. Der nächste hat andere Kinder nur gestört, geschlagen oder getreten. Ein Mädchen war total dreckig, und gerade die wollte sich immer auf meinen Schoß setzen, ein anderes Mädchen hat nicht mit mir gesprochen, die ganzen zwei Wochen nicht. Beim Malen haben einige nur gekrickelt, das sollten dann Bäume, Häuser oder Menschen sein. Ein Mädchen hat ihre Bilder immer zerrissen, wenn ich sie mal sehen wollte. Und dann diese Sprache. Einige habe ich überhaupt nicht verstanden. Die haben nur wirres Zeug geredet. Ein Mädchen hat an keinem Angebot teilgenommen. Sie hat immer nur dagesessen und vor sich hingeguckt. Überhaupt, mein Eindruck war, daß die Kinder auch nicht mehr richtig spielen können. Manchmal habe ich gedacht, die sind alle blöde. Ja wirklich. Ich habe ihnen was erklärt und zwei Minuten später haben sie wieder den gleichen Quatsch gemacht. Ich bleibe dabei. Irgendwie sind die alle gestört. Wir waren früher anders.*

Brigitte: Also Bea, meine Schwester geht ja auch in den Kindergarten, in dem Du Dein Praktikum gemacht hast, und in den Ferien bringe ich sie häufiger hin oder hole sie ab. Meistens bleibe ich dann noch ein bißchen da. Ich kann Deine Einschätzung nicht teilen. Sicher, die Zusammensetzung der Gruppe ist nicht einfach. Viele ausländische Kinder sprechen kein Deutsch. Daraus resultieren viele Mißverständnisse, die zu Konflikten führen. Andere Kinder kommen aus Familien mit problematischen Verhältnissen, in denen andere Regeln als im Kindergarten gelten. Auch das führt immer wieder zu Konflikten. Ich habe aber das Gefühl, daß die allermeisten Kinder sich völlig normal verhalten. Ich glaube, daß Du Einzelfälle viel zu sehr verallgemeinerst. Du malst ja das reinste Horrorbild von Kindern. Du müßtest einmal versuchen, Dich in die Situation der Kinder hineinzuversetzen. Aus der Perspektive der Kinder ist vielleicht manches von dem, was Du für verrückt hältst, ganz sinnvoll.

Rolf: *Ich finde, Brigitte hat Recht. Wenn man sich die Welt so ansieht und die Verhältnisse, in denen viele Kinder heute aufwachsen, dann wundert man sich nicht, daß soviele Kinder Störungen haben. Kinder können sich nicht anders verhalten, als die Gesellschaft es ihnen vorlebt.*

Ayse: Meinst Du nicht, Rolf, daß Du Deine kritischen Ansichten über die Gesellschaft einfach auf die Kinder überträgst? Ich denke, daß Kinder die Welt mit anderen Augen sehen als wir. Mein Eindruck im Kindergarten war, daß die Kinder trotz Umweltzerstörung, fehlenden Spielmöglichkeiten, Fernsehen, Game-Boy und Werbung ganz normal waren.

Chris: *Also ich hatte große Probleme überhaupt herauszufinden, was die Kinder eigentlich wollen, was sie interessiert oder was sie beschäftigt. Vieles von dem, was sie gemacht haben, habe ich nicht verstanden. Zwei Kinder haben sich permanent gestritten, waren aber trotzdem unzertrennlich. Sie haben sich gekloppt, haben wieder miteinander gespielt und fünf Minuten später gab es schon wieder Streit. Getrennt spielen wollten sie aber auch nicht. Ich würde mir wünschen, daß wir im kommenden Halbjahr in der Schule etwas mehr darüber erfahren, wie man Kinder verstehen kann.*

Susanne: Also ich bin ganz gut mit den Kindern zurechtgekommen. Sicher hat man bei ihnen einige Probleme, auf Anhieb zu verstehen, was sie eigentlich wollen. Aber ich habe viel mit ihnen unternommen. Gebastelt, gespielt, gesungen. Na eben all das, was man im Kindergarten so macht. Ich fand, den Kindern hat das großen Spaß gemacht und ich habe bei solchen Aktionen eine Menge von den Kindern erfahren. Je mehr ich von den Kindern wußte, desto besser kam ich mit ihnen zurecht. Natürlich Rolf, hast Du Recht. Kindern geht es heute vielfach nicht gut. Viele kommen aus unvollständigen Familien, sind mit Gewalt und anderen Problemen konfrontiert. Aber das kann doch für uns nur heißen, uns noch mehr anzustrengen, Kinder bei ihrer Entwicklung zu unterstützen.

Rolf: *Ich meine, daß die Probleme heute so groß sind, daß der Kindergarten damit überfordert ist. Dein Singen und Basteln in allen Ehren, Susanne, aber ich glaube, daß Du damit recht wenig erreichst. Um die Probleme der Kinder wirklich bearbeiten zu können, fehlen dem Kindergarten Räume, Personal und ein vernünftiges Konzept. So wie es jetzt läuft, geht es doch nur darum, den Tag für alle Seiten erträglich über die Runden zu bringen.*

Chris: Wenn Ihr mich fragt, Ihr seid mir schon zu schnell beim praktischen Handeln. Bevor man aber vernünftig handeln kann, braucht man erst einmal eine gründliche Bestandsaufnahme der Fakten. Solange ich noch so wenig über die Kinder weiß, halte ich mich erst einmal zurück.

Bea: Du mit Deiner Bestandsaufnahme. Ich meine, die Erzieherinnen heute sind viel zu lasch. Alle stöhnen nur noch rum und wissen nicht mehr, was sie tun sollen. Bei uns früher hat es doch auch geklappt mit der Erziehung. Da wurde viel schneller eingegriffen und die Grenzen waren klar und deutlich. Im Zweifelsfall gab es eins auf den Hintern. Das hat noch keinen umgebracht.

Ayse: Ich habe das Gefühl, wenn man über jede Kleinigkeit so intensiv nachdenkt, kommt man gar nicht mehr zum Handeln. Das andauernde Wühlen in den Problemen verunsichert mehr, als daß es einem hilft. Ich meine, mit einem bißchen gesunden Menschenverstand wird man mit den Dingen schon fertig. Ihr macht es euch manchmal unnötig schwer. Bea macht es sich meiner Meinung nach ein wenig zu leicht.

Brigitte: Wenn man Kinder aufmerksam beobachtet, findet man meistens heraus, warum sie sich so oder so verhalten. Damit hat man dann auch eine Grundlage für das praktische Handeln. Im übrigen denke ich, muß man vorsichtig sein in der vorschnellen Beurteilung von Kindern und versuchen, erst einmal zu akzeptieren, daß sie anders sind. Dafür sind sie Kinder. Meines Erachtens sehen Erwachsene Kinder zu sehr durch ihre eigene Brille. Daraus resultieren viele Mißverständnisse, weil Erwachsene ihre Sicht der Dinge den Kindern überstülpen. Im übrigen kann man auch nicht mit solchen Verallgemeinerungen arbeiten wie Bea. Jedes Kind ist anders und man wird ihm nur gerecht, wenn man diese Andersartigkeit respektiert.

Bea: Du hättest Pastorin werden sollen. Hört sich an, wie das Wort zum Sonntag. Nichts für ungut, Brigitte. Aber mir reicht's für heute.

AUFGABEN

1. Untersuchen Sie die Aussagen der am Gespräch beteiligten Personen daraufhin,
   a) welche Probleme heutiger Kindheit angesprochen werden.
   b) wie diese Probleme bewertet werden.
   c) welches Bild von Kindern und Kindheit heute sie haben.
   d) welche Idee von einem pädagogischen Umgang mit Kindern die Äußerungen enthalten.
2. Welche Aussagen kommen Ihren eigenen Vorstellungen am nächsten? Begründen Sie Ihre Entscheidung.

Systematisch lassen sich die Inhalte der II. Entwicklungsaufgabe folgendermaßen darstellen.
Im Mittelpunkt der I. Entwicklungsaufgabe standen weitgehend Fragen an Sie als Person. Um Ihnen zu helfen, für sich selbst Klarheit zu schaffen über Ihre Berufswahlentscheidung und die Anforderungen und Arbeitsbedingungen in Ihrem zukünftigen Beruf haben wir Sie mit Materialien und Aufgaben konfrontiert, von denen wir annehmen, daß Sie durch ihre Bearbeitung ein höheres Maß an Sicherheit für Ihren weiteren Bildungsgang gewinnen.
Die jeweils erreichte Lösung, so vorläufig sie noch ist, scheint jedoch geeignet, den Blick freizumachen und die Aufmerksamkeit auf diejenigen zu richten, mit denen Sie es in ihrer zukünftigen Praxis zu tun haben werden.
Die II. Entwicklungsaufgabe an dieser Stelle der Ausbildung anzusiedeln unterstellt, daß die Aufgaben, mit denen Erzieherinnen in der Praxis konfrontiert werden, nur gelöst werden können, wenn diese wissen, wen sie vor sich haben, wenn sie also ein Instrumentarium entwickeln, wie sie etwas über die Lebenswelt von Kindern erfahren, wie sie die Adressaten ihrer Praxis angemessen wahrnehmen und ihr Verhalten erklären, deuten, letztlich verstehen können.

Die Inhalte der II. Entwicklungsaufgabe lassen sich wie folgt zusammenfassen:

- ◆ Kinder verbringen das, was wir Kindheit nennen, innerhalb bestimmter Lebenssituationen oder Lebenswelten. Wie haben sich diese verändert? Wodurch zeichnete sich Kindheit in der Vergangenheit aus, was sind ihre zentralen Elemente heute? Was bedeuten diese Veränderungen für Kinder und Kindheit heute? Ist Kind-Sein heute leichter oder schwieriger als früher?
- ◆ Kinder haben, je nach Alter, eine Entwicklungsstufe erreicht, die ihnen einiges ermöglicht, anderes verschließt. Kinder verstehen manches, aber noch nicht alles. Kinder können, je nachdem wie wir sie sehen und wieviel oder wiewenig wir ihnen zutrauen, unter- oder überfordert werden. Man kann ihnen durch pädagogische Interventionen Entwicklungsmöglichkeiten eröffnen oder verschließen. Was können Kinder (schon) alleine? Wo brauchen sie Hilfe, Anregung oder Unterstützung?
- ◆ Kinder haben eigene Interaktionsformen, Regeln des Miteinander-Umgehens, Formen, sich ihre Umwelt anzueignen und sie auf ihre eigene Art und Weise umzugestalten. Wie kann man einen Zugang zu dieser Welt der Kinder finden?
- ◆ Kinder haben spezifische Interessen und Bedürfnisse. Was bewegt Kinder und was beschäftigt sie? Was macht ihnen Angst und was bereitet ihnen Freude? Wie kann man etwas darüber herausfinden und welche Methoden und Medien helfen einem dabei?
- ◆ Wie ist das mit unserer Wahrnehmungs- und Beobachtungsfähigkeit? Was fällt uns auf und was nicht? Fällt uns allen dasselbe auf? Wenn nein, woher kommen die Unterschiede? Wie bewerte, deute, erkläre ich das, was mir auffällt und welche Konsequenzen hat das für mein pädagogisches Handeln?

Wir hoffen, im folgenden auf diese Fragen einige Antworten geben zu können oder Sie zumindest anzuregen, über das eine oder andere intensiver nachzudenken.

Beim Aufbau des Kapitels haben wir uns von folgenden Überlegungen leiten lassen:

Das, was wir wahrnehmen oder beobachten, wird maßgeblich davon gesteuert, was wir von dem Gesehenen wissen. Wissen hilft uns einerseits mehr zu sehen und wahrzunehmen. Wissen vom wahrgenommenen Gegenstand kann aber auch eine Barriere zum Verstehen sein unter dem Motto: Ich weiß immer schon, was ich erst verstehen will. Oder, Wissen kann auch ein Hindernis für eine angemessene Wahrnehmung sein. Wenn Ihnen etwa eine Erzieherin zu Beginn eines Praktikums Informationen, also Wissen über bestimmte, aus ihrer Sicht auffällige Kinder vermittelt, kann dieses Wissen dazu führen, daß Sie an diesen Kindern nur noch die vermeintlichen Auffälligkeiten wahrnehmen.

Daran sollten Sie denken, wenn wir Ihnen zunächst Wissen über Kinder und ihre Lebenswelt heute anbieten. Dieses Wissen ist immer verallgemeinert und wird dem einzelnen Kind im Kindergarten oft nicht gerecht. Etwas über Kinder und Kindheit heute zu erfahren, enthebt Sie also nicht der Notwendigkeit, dieses Wissen immer wieder durch eigene Beobachtungen kritisch auf seine Stimmigkeit und Brauchbarkeit für pädagogisches Handeln zu überprüfen.

Der zweite Schwerpunkt beschäftigt sich mit den Bereichen Wahrnehmung und Beobachtung. Der dritte Abschnitt lenkt den Blick auf kindliche Verhaltensweisen und Ausdrucksformen wie die Sprache, das Spiel, die Zeichnung etc. Er regt an, diese kindlichen Ausdrucksformen als mögliche Zugänge zum Verstehen der Lebenswelt zu nutzen. Die Kapitel 3.4 und 3.5 bieten wie gehabt Vorschläge für die Inhalte des nächsten Praktikums, Anregungen für die Bearbeitung der II. Entwicklungsaufgabe und Hinweise auf weitere Materialien, Literatur und Medien.

3.2 „Ich weiß was, ich seh' was, ich versteh' was"
oder
Wege zum Verstehen von Kindern

3.2.1 „Erst muß ich mal verstehen, warum Martin so aggressiv ist"
oder
Die Bedeutung des Fremdverstehens im pädagogischen Alltag

Die Gruppenleiterin der Regenbogengruppe beobachtet wie der fünfjährige Martin die vierjährige Manuela schlägt.
Was würden Sie als Gruppenleiterin in dieser Situation tun?
Wahrscheinlich würden Sie zu Martin gehen und ihn fragen, warum er das getan hat. Die Mehrzahl der Erzieherinnen versucht heute, zunächst das kindliche Verhalten zu verstehen, bevor sie auf das Verhalten pädagogisch reagieren.
Warum erscheint das Verstehen des kindlichen Verhaltens den meisten Erzieherinnen so bedeutsam?
Zwei Gründe scheinen für dieses Vorgehen maßgeblich zu sein:
Durch das Verständnis für die Handlung des Kindes scheint es vielen Erzieherinnen eher möglich zu sein, eine geeignete Erziehungsmaßnahme auszuwählen und gegenüber z. B. Kolleginnen und Eltern zu rechtfertigen.
Greifen wir zur Veranschaulichung dieser Aussage das Ausgangsbeispiel noch einmal auf. Was könnte Martin auf die Frage der Gruppenleiterin geantwortet haben?
Folgende Antworten wären denkbar:

- ◆ „Ich weiß nicht."
- ◆ „Die hat mich geärgert."
- ◆ „Das wollte ich gar nicht."
- ◆ „Die hat mich auch geschlagen."
- ◆ „Weil ich Lust hatte."

Wenn Sie sich nun überlegen, wie Sie auf die jeweilige Antwort reagiert hätten, so werden Sie wahrscheinlich Unterschiede feststellen. Auf ein Kind, das mit voller Absicht ein unerwünschtes Verhalten gezeigt hat, werden Sie wahrscheinlich anders reagieren als auf ein Kind, das das eigene Verhalten sofort bedauert. Im ersten Fall werden Sie vielleicht mit einer harten Strafe reagieren, während Sie im zweiten Fall Nachsicht üben.
Kinder zu verstehen ist also demnach wichtig, um pädagogisch richtig bzw. gut handeln zu können. Das Verstehen ist also Mittel zum Zweck.
Andere Erzieherinnen sehen die Bedeutung des Verstehens nicht in seiner Hilfsfunktion, sondern für sie ist – z. T. aufgrund eigener Erfahrung als Kind – schon allein das Bemühen um Verständnis sehr wichtig.
Ausgehend von dem Motto „Der Weg ist das Ziel" glauben Sie daran, daß es schon positive Auswirkungen auf ein Kind hat, wenn es merkt, daß eine Erzieherin es versteht oder zumindest sich bemüht es zu verstehen.

Es ist sicherlich deutlich geworden, daß es eine wichtige pädagogische Fähigkeit ist, andere Menschen und – wie wir noch sehen werden – sich selbst zu verstehen.
Offen ist bisher noch geblieben, was genau unter „Verstehen" zu verstehen ist und wie es möglich ist, Kinder und Jugendliche zu verstehen.
Eine gute Möglichkeit, die Bedeutung eines Begriffs zu erklären, stellt die Methode Mind-Mapping dar. Bei dieser Methode schreibt man den zentralen Begriff – in diesem Fall den

Begriff Verstehen – in die Mitte eines leeren Blattes. Anschließend werden alle Begriffe, die einer Person zu diesem Begriff einfallen, auf das Blatt geschrieben. Wichtig ist, daß alle Begriffe spontan aufgeschrieben werden.

Wir haben beispielhaft für den Begriff „Verstehen" eine solche Begriffslandkarte erstellt. Bevor Sie einen Blick auf diese Landkarte werfen, versuchen Sie einmal selbst für den Begriff „Verstehen" eine solche Landkarte zu erstellen und vergleichen Sie anschließend die beiden Landkarten.

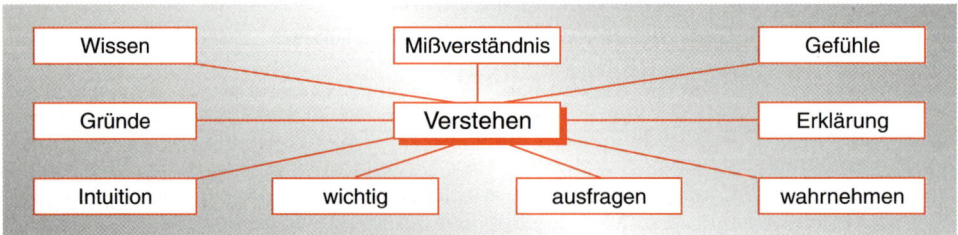

Grundsätzlich lassen sich drei Bedeutungen des Begriffs „Verstehen" unterscheiden.

1. „Ihre Freundin ruft Sie an. Plötzlich ist die Leitung gestört. Sie versuchen Ihrer Freundin mitzuteilen, daß Sie sie nicht verstehen, daß Sie also nicht hören, was sie sagt."

Der Begriff „verstehen" wird hier im Sinne von „wahrnehmen" gebraucht.

2. Ein anderes Begriffsverständnis liegt dem folgenden Gespräch zwischen Mutter und Tochter zugrunde.

Tochter: Ich möchte heute abend zur Party von Bettina.
Mutter: *Du bleibst heute zu Hause.*
Tochter: Warum denn?
Mutter: *Mit zwölf Jahren muß man sich noch nicht um Jungen kümmern.*
Tochter: Darum geht es doch gar nicht.
Mutter: *Das sagst Du immer, aber ich weiß schon, was Du im Kopf hast.*
Tochter: Mit Dir zu reden ist sowieso zwecklos. Du verstehst mich eh nicht.

Die Tochter beklagt sich in diesem Beispiel nicht darüber, daß ihre Mutter ihre Worte nicht wahrnimmt. Vielmehr glaubt sie, daß die Mutter nicht die richtigen Vorstellungen darüber hat, warum sie zur Party möchte. Die Mutter kann nach Meinung der Tochter nicht die Gründe für ihren Wunsch nachvollziehen.

Verstehen bedeutet in diesem Beispiel erklären zu können, warum sich jemand in einer bestimmten Weise verhält. Das ist sicherlich ein Begriffsverständnis, das viele von Ihnen teilen.

3. Das folgende Beispiel stellt eine dritte Form des Verstehens vor.

Angenommen Sie sind in der Heimerziehung tätig und sitzen mit Ihrer Gruppe beim Abendessen. Dennis erzählt in einer sehr übertriebenen Art von seinen Tageserlebnissen. Nach einiger Zeit wird es Ihnen zu viel und Sie fordern ihn mit folgenden Worten auf, sein Verhälten zu ändern: „Dennis jetzt sei mal still. Du führst Dich ja nur so auf, weil Du die Anerkennung von Klaus und Martin haben willst."

Angenommen Sie hätten die Ursache richtig erkannt. Im Sinne des vorherigen Beispiels haben Sie also Dennis verstanden.

Glauben Sie, daß Dennis sich verstanden gefühlt hat?

Wir glauben es nicht, weil die Gefühle von Dennis und die Wichtigkeit, die dieses Verhalten für Dennis hat, von Ihnen nicht erkannt bzw. nicht zum Ausdruck gebracht worden sind.

Verstehen bedeutet also in diesem Fall nicht, die Ursachen eines Verhaltens zu analysieren, sondern nachzuvollziehen, was z. B. ein Kind fühlt und welche Bedeutung das Verhalten für das Kind hat.

Das Ehepaar Tausch hat diese Art des Verstehens als Empathie bzw. einfühlendes Verstehen bezeichnet und wie folgt beschrieben:

„Eine Person sucht die innere Erlebniswelt des anderen samt seinem Fühlen und persönlichen Bedeutungen, die dieser im jeweiligen Moment erlebt oder die hinter seinen Äußerungen stehen, zu spüren, wahrzunehmen und sich vorzustellen. Und zwar von der „Innenseite" des anderen her, so wie dieser seine innere Welt erlebt. Es ist äußerlich gesehen ein sensitives Hinhören auf die Äußerungen des anderen. Darüber hinaus ist es ein intensives aktives Bemühen, sich in den anderen einzufühlen: Was bedeuten für ihn seine Äußerungen? Was fühlt er dabei? Welche persönliche Meinung drückt er damit aus? Was sagen die Äußerungen über sein Selbst? Was ist die ‚tiefere Botschaft' seiner Äußerungen? Es ist ein sensibles einfühlendes, vorurteilsfreies, nicht-wertendes und genaues Hören der inneren Welt des anderen. Ein Bemühen, gleichsam unter die Haut des anderen zu schlüpfen, in seinen Schuhen ein paar Schritte in seiner Welt zu gehen. Ein Bemühen, seiner inneren Welt teilhaftig zu werden. Ein Bemühen, die leisen Klopfzeichen des anderen zu hören, etwa seinen kaum wahrnehmbaren Schrei nach Anteilnahme, Zuwendung, Zärtlichkeit und nach Anerkennung seiner kaum ausgesprochenen Bedürfnisse."

Tausch, R./Tausch, A.-M.: Erziehungspsychologie, Göttingen 9. A. 1979, S. 179.

Fassen wir zusammen:
Wir haben drei unterschiedliche Bedeutungen des Begriffs „verstehen" vorgestellt.

    1. Verstehen im Sinne von wahrnehmen.
    2. Verstehen im Sinne der Klärung von Ursachen.
    3. Verstehen im Sinne von einfühlen in die Erlebniswelt des anderen.

Entscheidend für den pädagogischen Alltag sind die Unterschiede zwischen den beiden letzten Begriffsbedeutungen.
Versucht man als Erzieherin Kinder und Jugendliche eher rational-analytisch zu verstehen, so steht die sachliche Analyse der Ursachen des Verhaltens im Vordergrund. Die Vergangenheit steht damit im Zentrum des Denkens.
Im Gegensatz dazu steht beim einfühlenden Verstehen die Gegenwart im Vordergrund. Als Erzieherin versuche ich nicht, das Verhalten sachlich zu analysieren, sondern die gegenwärtigen Gefühle und Gedanken und deren Bedeutung für das Kind nachzuvollziehen. Das Kind wird also nicht von außen, sondern von innen – aus der eigenen Perspektive – zu verstehen versucht.
Wie kann man lernen, ein Kind besser zu verstehen? Um diese Frage zu beantworten, verlassen wir zunächst einmal den pädagogischen Raum.
„Angenommen, Ihr Auto würde nicht mehr anspringen. Sie haben keine Ahnung davon, wie ein Auto funktioniert und es gibt auch weit und breit keine Werkstatt. Sie sind also darauf angewiesen, den Fehler selber zu finden und ihn zu beheben. Wie würden Sie vorgehen? Wahrscheinlich würden Sie eine der beiden Möglichkeiten wählen:

1. Möglichkeit:
Sie fangen an zu experimentieren. Sie wechseln z. B. die Zündkerzen aus und prüfen dann, ob das Auto wieder anspringt. Wenn nicht, versuchen Sie sich an bestimmten Kabeln oder Anschlüssen usw.

2. Möglichkeit:
Sie versuchen mit Hilfe der Bedienungsanleitung, sich das notwendige Wissen anzueignen, dann eine Fehlerdiagnose zu erarbeiten, um anschließend den Fehler zu beheben."
Dieses Beispiel zeigt, daß es zwei grundlegend verschiedene Möglichkeiten gibt, etwas zu verstehen.
1. Durch den direkten Umgang mit den Gegenständen/Personen selbst.
2. Durch die Aneignung von Wissen über den Gegenstand.

Übertragen auf den Bereich der Erziehung bedeutet dies, daß durch den Umgang mit Kindern gelernt werden kann, sie zu verstehen. Durch Gespräche, Beobachtungen und die Analyse kindlicher Ausdrucksformen (Bilder, Bauwerke, Bastelarbeiten, Sammlungen ...) können Sie einen Zugang zum Verständnis von Kindern gewinnen.

Die zweite Möglichkeit besteht darin, sich pädagogisches und psychologisches Fachwissen anzueignen. Wenn Sie wissen, wie Kinder mit vier Jahren denken, werden Sie verstehen, warum Kinder in diesem Alter z. B. eine Blume trösten.

Für den pädagogischen Bereich gibt es noch eine dritte Möglichkeit. Eine Erzieherin kann über sich selbst einen Zugang zum Verständnis des Kindes finden, wenn sie sich an ihre eigene Erziehung erinnert und dadurch nachvollziehen kann, was ein Kind fühlt.

Zusammengefaßt lassen sich folgende Möglichkeiten Kinder zu verstehen unterscheiden.

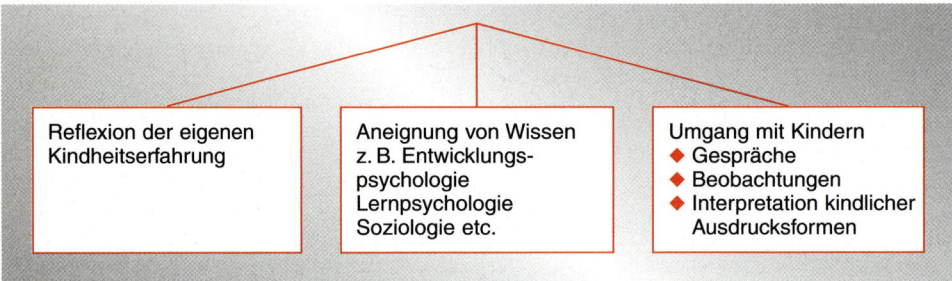

Diese Wege führen nicht automatisch zum Verstehen. Wissen z. B. ist nicht gleich Verstehen. Trotzdem stellen Sie eine Hilfe dar, um zu einem besseren Verstehen zu gelangen.

AUFGABEN

1. Grenzen Sie die unterschiedlichen Bedeutungen des Begriffs Verstehen voneinander ab.
2. Worin liegt die pädagogische Bedeutung des Verstehens?
3. Worin sehen Sie die Vorteile bzw. Nachteile des
   ◆ rational-analytischen
   ◆ einfühlenden Verstehens
   für die pädagogische Praxis?

Lesetip

Krenz, A.: Seht doch, was ich alles kann. Freiburg 2. A. 1994
Zimmer, K.: Versteh mich doch bitte! München 1992

Weitere Literatur- und Informationshinweise

Bagdadi, M. P.: Ich koch dich, ich freß dich ... Düsseldorf 1994
Doehlemann, M.: Die Phantasie der Kinder und was Erwachsene daraus lernen können. Frankfurt 1985
Speichert, H.: Kindermund. Reinbek 1991
Stern, D.: Tagebuch eines Babys. München 4. A. 1993
Valtin, R.: Mit den Augen der Kinder. Reinbek 1991

3.2.2 „Nichts ist mehr, wie es war"
oder
Kinder zu verstehen setzt voraus, etwas über Kinder zu wissen

Wir waren alle einmal Kind und haben dabei die vielfältigsten Erfahrungen gemacht, haben an diese Zeit glückliche oder problematische Erinnerungen, wir wollen, ob als Mann oder Frau, vielleicht selber einmal Kinder und verbinden damit bestimmte Wünsche und Erwartungen. Wir erleben Kinder in der eigenen Familie als Geschwister und finden Sie entweder süß oder schrecklich, aufgeweckt oder nervig, phantasievoll oder unmotiviert oder alles zusammen. Wir erleben Kinder auf Werbeflächen und in Werbefilmen, im Kino oder im Fernsehen. In der bildenden Kunst tritt uns das Kind in frühesten Darstellungen entgegen, als Jesuskind in der Krippe oder als Bauernkind, später als Kind des Bürgertums oder als arbeitendes Kind in den Kohlengruben der Frühindustrialisierung. Nicht zuletzt in der Populärmusik spielen Kinder eine gewichtige Rolle, von Heintje und seiner „Mama" über Bettina Wegener, bis zu Eric Clapton und Herbert Grönemeyer. All dieses zusammen ergibt in unserem Kopf ein Bild davon, wie Kinder sind oder unserer Meinung nach sein sollten. Dieses Kinder-Bild bestimmt entscheidend unser Verhalten, unseren alltäglichen wie unseren pädagogischen Umgang mit Kindern. Für angehende Erzieherinnen ist es von daher wichtig, sich ein wenig mehr Klarheit darüber zu verschaffen, aus welchen Quellen sich ihr individuelles Kinder-Bild speist und aus welchen Facetten es sich zusammensetzt. Dazu im folgenden Materialien unterschiedlicher Art, die alle eine je spezifische Vorstellung vom Kind und dem, was Kindheit ausmacht enthalten.

1. Bettina Wegener
   „Sind so kleine Hände"

Sind so kleine Ohren
scharf, und ihr erlaubt.
Darf man nie zerbrüllen
werden davon taub.

Sind so schöne Münder
sprechen alles aus.
Darf man nie verbieten
kommt sonst nichts mehr raus.

Sind so klare Augen
die noch alles sehn.
Darf man nie verbinden
könn sie nichts verstehn.

Sind so kleine Seelen
offen und ganz frei.
Darf man niemals quälen
gehn kaputt dabei.

Ist son kleines Rückgrat
sieht man fast noch nicht.
Darf man niemals beugen
weil es sonst zerbricht.

Grade, klare Menschen
wär'n ein schönes Ziel.
Leute ohne Rückgrat
hab'n wir schon zuviel.

Text: Bettina Wegener
Melodie: Bettina Wegener, 1976

2. Herbert Grönemeyer „Kinder an die Macht"

KINDER AN DIE MACHT: die armeen aus gummibärchen die panzer aus Marzipan kriege werden aufgegessen einfacher plan, kindlich l genial es gibt kein gut es gibt kein böse es gibt kein l schwarz es gibt kein weiß es gibt zahnlücken statt zu unterdrücken gibt's erdbeereis auf lebenszeit immer für 'ne überraschung gut **gebt den kindern das kommando / sie berechnen nicht / was sie tun / die welt gehört in kinderhände / dem trübsinn ein ende / wir werden in grund und boden gelacht / kinder an die macht** // sie sind die wahren anarchisten. lieben das chaos, räuben ab, kennen keine rechte keine pflichten noch ungebeugte kraft massenhaft ungestümer stolz **gebt den kindern //**
solo ' jakob hansonis

3. Bilder von Kindern

Dominique Spiess, „Kinder-Bilder berühmter Maler.", Lausanne 1990.

Pablo Picasso, „Maya mit Boot", 1938
in: Werner Spies, „Picasso – Die Welt der Kinder.", München 1994, S. 80.

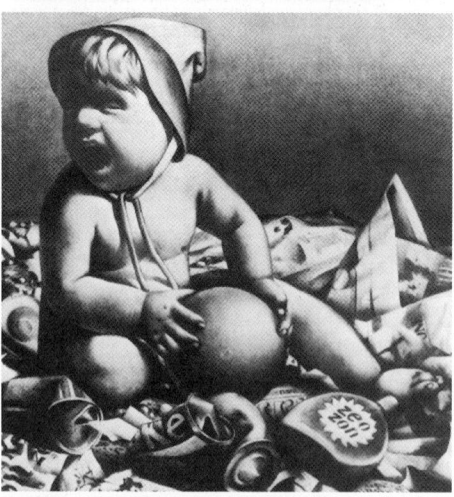

Harald Duwe, Platz an der Sonne, Lithografie, 1973

Neue Gesellschaft für bildende Kunst
„Die gesellschaftliche Wirklichkeit der Kinder in der bildenden Kunst.", Berlin 1986, S. 62.

René Margritte 1898-1967
Geometrie, 1936/37
London, Tate Gallery.

AUFGABEN

1. Untersuchen Sie die Materialien daraufhin, welches Verständnis von Kindern und Kindheit sie enthalten.
2. Welches dieser Angebote entspricht am ehesten Ihrer Vorstellung? Begründen Sie Ihre Wahl.
3. Stellen Sie Ihr individuelles Kinder-Bild der Klasse vor (mündlich, als Zeichnung, Collage, Gedicht etc.).
4. Diskutieren Sie in der Klasse über die Konsequenzen der jeweiligen Wahl für pädagogisches Handeln.

Wolfgang U., Jahrgang 1946

Beim Nachdenken über die eigene Kindheit stellen sich als erste Bilder ein: bizarr verbogene Schienen, Reste einer Straßenbahnlinie, die jetzt in einem Bombentrichter endet. 1949, noch ist längst nicht alles weggeräumt, was durch den Krieg zerstört wurde. Für uns Kinder sind die Trümmerfelder rund um das im Krieg mehrfach bombardierte Hydrierwerk herrliche „Spielplätze". Die Löschteiche, Sammelstellen für Wasser, um damit die Brände nach den Bombardierungen zu löschen, nun halb zugewachsen, in denen wir im Sommer unsere ersten Schwimmversuche machten. Bei jedem Schritt an der glitschigen Böschung Unmengen von Fröschen, die sich ins Wasser stürzen. Die zerstörten Bunker, Ansammlungen von riesigen, kreuz und quer übereinanderliegenden Betonbrocken, immer wieder Möglichkeiten bietend, sich hindurchzuzwängen, den von den Eltern entwendeten Kerzenstummel mit den ebenfalls heimlich besorgten Streichhölzern zu entzünden und vorzudringen ins Unbekannte, Räume voller Glasrohre, Feldbetten, modriger Decken, Regale an den Wänden.
Die Holzbaracken, in denen wir gemeinsam mit ca. 250 anderen Menschen lebten, Flüchtlinge aus dem Osten, wie meine Eltern. Pro Familie zwei kleine Räume, wir sind zu fünft. Hinter den Baracken große Gärten, Bohnen, Kartoffeln, Möhren, Kohlrabi, Rhabarber. Dahinter die Ställe, Schweine, Ziegen, Hühner, Kaninchen. Ein bißchen gruselig, aber auch spannend, wenn geschlachtet wird. Das aufgeschlitzte Schwein, wie gekreuzigt aufgehängt an der provisorisch zusammengezimmerten Sprossenwand, der Schlachter, der mit beiden Armen in der Blutwanne rührt.
Hinter den Ställen die Zechenmauer. Alle Väter, egal was sie vor dem Krieg gelernt haben, sind jetzt Bergleute und bleiben es. Um 14.30 Uhr endet die Frühschicht. Wir Kinder warten am Ende eines Tunnels, der die Barackensiedlung mit dem Zechengelände verbindet. Da kommen sie: Hunderte von Fahrrädern, da ist der eigene Vater. Auf dem Gepäckträger geht es die 500 Meter zurück ins „Lager", das Mittagessen wartet. Dann wieder nach draußen, zu den Freunden, bis es dunkel wird.
1952 der Umzug in ein richtiges Haus aus Steinen, 2 1/2 Zimmer, Badezimmer, Miete monatlich 52,00 DM. Die Sorgen der Nachbarn beim Auszug, ob wir das auch schaffen würden. Auch hier noch viele Trümmergrundstücke. Erdbuden werden gebaut in denen Kartoffeln im Feuer gebraten werden, stundenlanges Sitzen in der verqualmten „Höhle", abends mit tränenden Augen, aber glücklich nach Hause.
Das Leben spielt sich draußen ab, unter Kindern, zwischendurch schnell essen, und dann wieder los, es gibt viel zu tun. Ein Fußballplatz wird angelegt, die Tore zusammengehämmert aus Trümmerholz. Nach der Fertigstellung „Straßenkämpfe" im Fußball, „Feldhauser Str." gegen „Emmyweg", „Buddestr." gegen „Metterkamp". Am Abend hört die Familie,

Oma, Vater, Mutter und zwei Kinder, Radio. Donnerstags „Paul Temple", eine Krimiserie, und so spannend, daß ich es manchmal nicht aushalte und unter die Decke auf der Couch krieche. Danach ins Klappbett in der Küche, das ich mir mit meinem Bruder teile, der mich wegen meiner Ängstlichkeit ärgert und aufzieht.

Dann die Einschulung: Das Bild zeigt einen dünnen Jungen in kurzer Hose, das Haar von einer Klammer gebändigt, Strümpfe und Pullover selbstgestrickt (von der Mutter), dazu hohe Schuhe. Der Schulhof ist in der Mitte durch eine Mauer geteilt, rechts die Katholiken, links die Evangelen. Auch innerhalb des Schulgebäudes gibt es keinen Durchgang von hüben nach drüben. Der Lehrer spielt jeden Morgen zu Beginn des Unterrichts das „Deutschlandlied" und singt dazu alle drei Strophen, „Deutschland, Deutschland über alles, über alles in der Welt." Wir singen mit. Bei kleinsten Verstößen schlagen die Lehrer zu, mit dem Rohrstock, dem Zeigestock oder der bloßen Hand. 1956 der Wechsel zum Gymnasium. Das einzige Arbeiterkind in der Klasse, 25,00 DM beträgt das monatliche Schulgeld. Studienrat G., der Deutschlehrer, begrüßt mich mit den Worten: „Bergmann ist dein Vater! Sowas gehört doch nicht auf's Gymnasium!" Nach drei Jahren hat er mich geschafft. Ich gehe ab, zurück zur „Volksschule", da wo ich hingehöre. In der Freizeit Pfadfinder. Mit dem ersten Fahrrad, Marke „Vaterland", Kostenpunkt 25,00 DM am Wochenende auf Tour. Daneben Meßdiener, kirchliche Jugendarbeit, später Kirchenchor.

1958 erste Fernsehbilder. Fußballweltmeisterschaft. Der Vater nimmt meinen Bruder und mich mit in eine Gaststätte. 100, 200 Männer, viele mit ihren Söhnen. Am Ende des Saales ein Fernseher. Deutschland gegen Jugoslawien. Bei jedem Tor für die Deutschen ein Riesenjubel, Biergläser kippen um, wen störts. Hauptsache Tor. Ich halte meine Bluna umklammert.

Die Mutter trägt Zeitungen aus, um die Familienkasse aufzubessern. Später arbeitet sie in einem Schnellimbiß. In den Ferien geht es auf Kosten der Knappschaft, der Versicherung der Bergleute, nach Bad Rothenfelde zur Kur, später in den Bayrischen Wald. 1962 haben die Eltern es geschafft. Das erste Auto ein „Goggomobil". 1964 der erste Flug. Gemeinsam mit den Eltern, wohin schon, natürlich nach Mallorca. Unvergessen!

David U., Jahrgang 1978

Meine Kindheit? Na ja, irgendwie bin ich ja noch mitten drin. Obwohl, nein! So richtig auch nicht mehr. Mit 16! Woran erinnere ich mich oder was weiß ich über meine Kindheit. Also geboren bin ich 1978. Getauft bin ich nicht. Meine Eltern sind beide aus der Kirche ausgetreten. Wir hatten eine schöne große Wohnung in einem alten Haus. Ich ein eigenes Zimmer mit Blick in einen riesigen Garten. 20 Birnenbäume, Apfelbäume, Flieder, eine Brombeerhecke. Vier Jahre haben wir da gewohnt. Mein Vater hat mir im Garten ein Holzhaus gebaut, mit einer Leiter konnte ich auf's Dach klettern und auf der anderen Seite an einem Seil wieder runter rutschen. Daneben war ein Sandkasten. Wir haben in der ersten Etage gewohnt. Im Erdgeschoß wohnten Freunde von uns. Eine WG, so nannte man das damals, erst Frauen und Männer, später nur noch Frauen (Frauenbewegung). Zu Hause habe ich immer mit Sebastian gespielt. Der wohnte mit seinen Eltern oben unterm Dach. Mit zwei Jahren bin ich ins „Kinderhaus" gekommen. Das war eine Elterninitiative. Die Eltern, die ihre Kinder dort hatten, haben das Haus angemietet, eine Erzieherin angestellt, abwechselnd für uns Essen gekocht und geputzt. Jeden Donnerstag haben sie über unsere Erziehung diskutiert. Na ja. Wenn es ihnen geholfen hat. Meine Mutter hatte inzwischen angefangen zu studieren, mein Vater war gerade fertig. Lehrer. Ich war von 8.00-16.00 Uhr im Kinderhaus. 1982 ist mein Vater ausgezogen. Hat sich mit meiner Mutter nicht mehr verstanden. Er hat aber ganz in meiner Nähe gewohnt, mit einem Kollegen zusammen, der sich auch von seiner Familie getrennt hatte. Ich bin bei meiner Mutter geblieben, hab' aber regelmäßig meinen Vater gesehen. Ein Jahr später bin ich mit meiner Mutter umgezogen. Mein Vater wohnte inzwischen auch wieder alleine. Jetzt hatte ich zwei Zimmer. Eins bei meiner Mutter und eins bei meinem Vater. Alles andere hatte ich auch doppelt. Auch den Urlaub. Erst drei Wochen mit meinem Vater mit dem Campingbus nach Italien, danach drei Wochen mit meiner Mutter nach Spanien. Danach das Jahr mit meinem Vater und seiner neuen Freundin und einem Schulkollegen, dessen Mutter auch geschieden ist, nach Norwegen, dann nach Schweden usw.

Mein erstes BMX-Rad habe ich zu meinem 4. Geburtstag bekommen. Hat mein Vater während des Urlaubs in Italien gekauft. Mit zwölf Jahren ein Rennrad, mit 14 ein Trecking-Rad.

Nach der Grundschule bin ich zur Gesamtschule gegangen. Da bin ich heute noch. Ist zwar Ganztagsunterricht, dafür hab' ich aber nie Schularbeiten auf. Nach der Schule Montags Mathe-Nachhilfe, Dienstags Klavierunterricht, Donnerstag und Freitag Basketballtraining. Die restliche Zeit zieh' ich mit meinen Kollegen durch die Gegend, Fahrradfahren, Street-Ball, Roller-Blades, Computer, was man halt so macht. Alle 14 Tage bin ich am Wochenende bei meinem Vater. Ist manchmal ein bißchen langweilig, weil ich da keine Freunde habe. Also guck' ich oft Fernsehen. Kabel. 25 Programme rauf und runter, am liebsten würd' ich alle gleichzeitig sehen. Klamotten? Ja, sind schon wichtig, aber nicht so sehr. Ist in meiner Clique nicht so entscheidend, was man anhat. Bei anderen schon. Na ja. Insgesamt bin ich ganz zufrieden. Vielen aus meiner Klasse geht es schlechter. Streß, Eltern arbeitslos, kein Geld und so weiter.

PS. Kürzlich habe ich meine Haare weißblond gefärbt. Bin jetzt Punk!

AUFGABEN

1. Bearbeiten Sie die beiden Texte unter folgenden Fragestellungen:
   a) Welche Aspekte von Kindheit werden thematisiert?
   b) Wo sehen Sie bedeutsame Unterschiede, wo gibt es Gemeinsamkeiten?
   c) Wie beurteilen Sie die beiden Kindheiten? Vergleichen Sie sie mit Ihrer eigenen Kindheit.
2. Befragen Sie Ihre Eltern/Großeltern über deren Kindheit.
3. Erstellen Sie eine Collage aus drei Teilen:
   ◆ Die Kindheit meiner Eltern
   ◆ Meine Kindheit
   ◆ Kindheit heute.
4. Was ist gleich geblieben? Was hat sich geändert?
   Wie beurteilen Sie die Veränderungen?

Der folgende Text faßt noch einmal verallgemeinernd die wesentlichen Veränderungen von Kindheit zusammen.

„Kindheiten heute"

„Kinder heute": sie seien zunehmend egozentrisch, zappelig bis „hyperaktiv", konzentrationsschwach, lern- und „teilleistungsgestört", körperlich wenig belastbar, aggressiv bis hin zur Brutalität . . .

„Kinder heute": tatsächlich haben sie andere Bedürfnisse als z. B. ihre Eltern vor 20 oder 30 Jahren, tatsächlich auch zeigen sie andere Verhaltensweisen, mit denen ihre Umgebung Probleme hat.

„Kinder heute": sehr verschieden sind ihre Lebensbedingungen jedenfalls. Von „veränderter Kindheit" sprechen viele Veröffentlichungen. Richtiger ist es, von „Kindheiten" zu reden und, vor allem, von den veränderten sozialen Realitäten in unserer Gesellschaft, die die Lebensbedingungen der Kinder bestimmen.

Familienbilder

Immer noch in einem Prozeß grundlegender Wandlung befindet sich die Familie. Dennoch kommt ihr auch unter veränderten Bedingungen eine nach wie vor zentrale Bedeutung für das Aufwachsen von Kindern zu.

Klaus Hurrelmann bringt die Veränderungen auf den Punkt:

„Eines ist deutlich: Die traditionell strukturierte Familie mit Vater, Mutter und mindestens einem Kind, die als Denkmodell dem Grundgesetz zugrunde lag, ist zwar immer noch eine sehr verbreitete, aber nicht mehr die vorherrschende Form der privaten Lebensführung in Industriegesellschaften." (. . .)

Das liegt an folgenden Ursachen:

1. Die Eheschließungsziffer hat sich im Vergleich zu 1950 fast halbiert. Die Scheidungsziffer ist im gleichen Zeitraum deutlich angewachsen. Heute werden etwa 30 % aller Ehen durch Scheidung beendet, in den 50er Jahren waren es nicht sehr viel mehr als 10 %.

2. Die Zahl der Kinder pro Familie ist heute sehr klein. Die Bundesrepublik ist weiterhin ein Spitzenreiter unter den geburtenschwachen Ländern der Welt. Über die Hälfte der Kinder in der Bundesrepublik Deutschland sind Einzelkinder. Etwa 25 % aller Ehepaare haben während des gesamten Zeitraums des Zusammenlebens überhaupt keine Kinder. Nur jeder zweite bundesdeutsche Haushalt ist durch das Zusammenleben von Erwachsenen und Kindern gekennzeichnet.

3. Die Zahl alleinerziehender Eltern wächst ständig weiter an. In der Bundesrepublik leben inzwischen fast 1,5 Millionen Kinder, darunter über 300 000 unter 6 Jahren, bei alleinerziehenden Müttern und – zu einem kleinen Teil von etwa 10 % – Vätern. Wir nähern uns der Schwelle von 20 % aller Kinder, die nur mit einem Elternteil aufwachsen. Die soziale und wirtschaftliche Situation dieser Familien ist zum Teil äußerst unbefriedigend.

4. Die Zahl der Familien wächst, in denen Väter und Mütter einer außerhäuslichen Erwerbstätigkeit nachgehen. Die Bundesrepublik gehört zu den Staaten, die hier noch eine vergleichsweise niedrige Quote haben. Frauen und Kinder unter 15 Jahren sind bei uns im Durchschnitt etwa zu 40 % erwerbstätig."

Und Klaus Hurrelmann faßt zusammen: „Wie auch immer wir diese Prozesse beurteilen – die Konsequenzen für die Kinder sind einschneidend. In einer großen Zahl von Familien ist heute eine zuverlässige physische, psychische und soziale Pflege der Kinder mit einem stabilen emotionalen Kontakt und einer umfassenden Berücksichtigung der Bedürfnisse (der Kinder, U. H.) schon rein organisatorisch nicht gewährleistet."

Die Werte und Einstellungen, die die Erziehung in der Familie heute bestimmen, sind ebenfalls nicht mehr die gleichen wie früher. (. . .)

Verändert hat sich auch die materielle Situation der Familien. Neben dem gewachsenen Wohlstand, in dem viele Kinder aufwachsen, nimmt die „Neue Armut" zu. Die seit Jahren wachsende Massenarbeitslosigkeit und die bei den Empfängern niedriger Einkommen zunehmende „Armut in der Arbeit" wirkt sich unmittelbar auf die Lebensbedingungen hunderttausender Kinder aus.

Gesundheitszustände

◆ 10 bis 12 Prozent der Kinder im Grundschulalter leiden an psychischen Störungen im Leistungsverhalten, in der Wahrnehmung im Gefühlsbereich und bei der Kontaktfähigkeit. Im Jugendalter wird mit einer Quote von 15 bis 20 Prozent gerechnet, bei steigender Tendenz. Untersuchungen belegen eine deutlich höhere Belastung von Jungen im Kindesalter, im Jugendalter gleichen sich die Werte an.

◆ Nachdem Infektionskrankheiten und die „klassischen" Kinderkrankheiten zurückgedrängt wurden, hat sich der Schwerpunkt zu chronischen Krankheiten hin verschoben: Allergien, Asthma, Bronchitis, Neurodermitis, Herzfehler, Epilepsie, Diabetes und Krebs. An solchen Krankheitsbildern leiden 7 bis 10 Prozent aller Kinder, die Tendenz ist steigend. Solche Krankheiten greifen über viele Jahre in gravierender Weise in die Entwicklung von Kindern ein.

◆ Psychosomatische Symptome nehmen stark zu. Hurrelmann u. a. konnten für Nordrhein-Westfalen folgende Verbreitung feststellen: „48 % der Befragten berichteten, häufig oder manchmal unter Kopfschmerzen zu leiden, 41 % berichteten das von Nervosität und Unruhe, 37 % von Kreuz- und Rückenschmerzen, 36 % von Konzentrationsschwierigkeiten, 30 % von Schwindelgefühl, 30 % von Magenbeschwerden und 25 % von Schlafstörungen." (...)

Lebensräume

Auch die außerfamilialen sozialen, räumlichen, regionalen und „ökologischen" Lebensbedingungen von Kindern und Jugendlichen haben sich so verändert, daß wir hieraus einen Bedarf an mehr schulischer Tagesbetreuung ableiten können:

Die alltäglichen Verkehrsräume Wohnung und Straße sind nicht „kindergemäß" gestaltet. Auch da, wo die räumlichen Wohnbedingungen quantitativ recht günstig sind, sind sie meist wenig auf die motorischen und sensorischen Bedingungen, insbesondere von kleinen Kindern, eingerichtet, sondern in ihrer Funktionalität und in ihren Nutzungsstandards voll auf das Erwachsenenleben zugeschnitten.

Im Straßenbereich sind die Entfaltungsmöglichkeiten für Kinder zumindest in den Großstädten heute schon katastrophal. Der Straßenverkehr hat ein solches Ausmaß und eine solche Kompliziertheit erreicht, daß Kinder ihm nicht gewachsen sind. Nicht von ungefähr sind Verkehrsunfälle heute die Todesursache Nr. 1 im Kindes- und im Jugendalter. Zum „Schutz" der Kinder haben wir viele abgegrenzte Lebensräume geschaffen (Spielplätze, Kinderhäuser, Kindergärten, Jugendzentren) – um den Preis, daß hier künstliche und abgeschottete Lebensbereiche entstehen können.

Wichtig in diesem Zusammenhang ist die objektive Tendenz zur „multikulturellen Gesellschaft". 11 % aller Schülerinnen und Schüler sind ausländischer Herkunft. Sie müssen das Lesen, Schreiben und Rechnen in einer fremden Sprache lernen, die Kulturtechniken einer fremden Kultur lernen. Ein Ergebnis ist, daß Haupt- und Sonderschulen sich mehr und mehr zu „Ausländergettoschulen" entwickeln.

Bilderfluten

Der Einfluß der Medien ist eine der sicher bedeutendsten Veränderungen in der Lebenssituation von Kindern heute. Schon kleine Kinder verbringen im Durchschnitt zu viel Zeit vor dem Fernsehschirm. Wenn Medienkonsum die Eigentätigkeit bei Kindern und die Gelegenheiten zu sprachlicher Kommunikation zurückdrängt, können in einer wichtigen Phase kindlicher Entwicklung für das Lernen wichtige Funktionen beeinträchtigt werden. Von der Tendenz zur „Ikomanie" spricht H.-G. Rolff:

„Und Kinder sind zu Bildbeschauern geworden. Dafür ist in erster Linie das Fernsehen verantwortlich, das seit den 60er Jahren zur Kinderwelt gehört. Über Bildschirme verfügen auch Computer, die nicht nur rechnen, sondern auch Bilder produzieren können. Darüber hinaus enthalten Illustrierte und Tageszeitungen erheblich mehr Bilder als vor 20, 30 oder 40 Jahren; tendenziell sind sie alle zur Bild-Zeitung geworden.

Alle drei Medien bewirken, daß Kinder heute in einer Bilderflut schwimmen: Gewiß sind Bilder nötig und harmlos wie Wasser, aber wenn man zuviel davon hat, kommt man darin um. Denn nicht das Bildbetrachten ist das Problem, sondern Bilderschwärmerei. Das ist ein historisch neuer Tatbestand. Deshalb benutze ich dafür auch ein neues Wort, Ikomanie, von Eikon – das Bild und Mania – das Berauschtsein."

Warenwelten

Die Einrichtung der „Kinderwelt" reicht von einer Vielzahl von Kinderfernsehsendungen über Kinderzeitschriften und Kinderbekleidung bis hin zu Cassetten und Spielcomputern. Kinder sind in weitaus größerem Maße als je zuvor zu Konsumenten geworden.

Der Hamburger Erziehungswissenschaftler Peter Struck hat festgestellt, daß Kinder in Deutschland jährlich etwa 1,1 Mrd. DM Taschengeld zur Verfügung haben, hinzu kommen 1,6 Mrd. DM für Hilfeleistungen oder gute Noten, schließlich rund 750 Mio. DM als Geschenke zu besonderen Anlässen. Die 7 Millionen Kinder bis 14 Jahren in den alten Bundesländern verfügen also über eine Kaufkraft von insgesamt etwa dreieinhalb Mrd. DM, also durchschnittlich 500 DM pro Kind und Jahr ...

Verlust von Eigentätigkeit

Der Verlust von Eigentätigkeit durch zunehmende „Wirklichkeiten aus zweiter Hand" ist das wohl wesentlichste Merkmal heutiger Kindheiten. Hans-Günther Rolff zum Verlust von Eigentätigkeit und zu ihrer Bedeutung für die kindliche Entwicklung:

„In dem Maße, in dem Kinder weder selbst Produzierende sind, noch Produktionsabläufe hautnah erleben, erkennen sie sich weniger in ihren eigenen Handlungen wieder, aber desto mehr in den Waren, die sie konsumieren. Und diese kommen aus einer anderen Lebenswelt. Sie müssen dem Kind also äußerlich bleiben und sind austauschbar. Bei eigentätiger Aneignung objektivieren sich Selbstbild und Selbstsicherheit, Kompetenz und Urteilsvermögen. Im hergestellten Gegenstand, der verinnerlicht wird, bleiben sie erhalten. Das Selbstbild beruht dann auf Eigenem, und es ist gefestigter und ist deshalb auch weniger von den Urteilen und Erwartungen anderer abhängig, weniger narzißtisch orientiert.

Schließlich kommt der Eigentätigkeit noch eine besondere Eigenschaft zu, die konsumierender Aneignung gänzlich abgeht, Eigentätigkeit ist die materielle Grundlage der Erkenntnistätigkeit. Das Kind lernt durch die eigene Herstellung des Gegenstandes noch am ehesten Eigenschaften und Verwendungsmöglichkeiten, ja sogar dessen Wesen kennen: Man kann etwas besser verstehen, wenn man es entstehen sieht. Dies gilt nicht nur für die schöpferischen Leistungen, sondern ebenso für den Nachvollzug oder die Wiederholung derselben."

Gerade angesichts der veränderten gesellschaftlichen Bedingungen für das Aufwachsen und die Entwicklung von Kindern ist die praktische Entfaltung von Eigentätigkeit Herausforderung und Chance für die Schule.

„Neue Deutsche Schule", H. 8, 1994.

AUFGABEN

1. Lesen Sie den Text und tragen Sie die Fakten im Klassenverband zusammen.
2. Finden Sie die Lebenswelt von Kindern heute angemessen beschrieben oder wo würden Sie andere Schwerpunkte setzen?
3. Nach diesem ersten generalisierenden Einstieg ins Thema bilden Sie Gruppen, die jeweils einen der angesprochenen Aspekte von Kindheit heute vertiefend bearbeiten und ihre Ergebnisse der Klasse vorstellen.

Mögliche Themen:
a) Veränderte Lebens- und Familienformen, Scheidung, alleinerziehende Elternteile
b) Kinder-Werbung und Konsum
c) Kinder und Medien (Fernsehen, Video, Computer)
d) Multikulturelle Kindheit
e) Kindheit im Abseits

Anregungen zur Bearbeitung der Themen:

zu a):

Befragen Sie eine(n) Vertreter(in) einer Familienberatungsstelle zur Thematik.

Machen Sie eine kleine Befragung an Ihrer Schule zum Thema „Meine Zukunft – Ehe, Familie, Kinder?".

zu b):

Eine Teilgruppe könnte mit Hilfe eines Videogeräts einmal die Fernsehwerbung für und mit Kindern aufzeichnen, auswerten und der Klasse vorstellen.

Besuchen Sie ein Spielwarengeschäft und befragen Sie Verkäuferinnen nach den Kaufgewohnheiten und Vorlieben von Kindern.

Durchforsten Sie Zeitschriften auf Anzeigen mit Kinderwerbung. Wofür werben Kinder, gibt es erkennbare Strategien, mit denen mit Kindern oder für Kinder geworben wird?

Befragen Sie Kinder einer Grundschule oder Kindergartenkinder nach ihren Kaufwünschen, Spielzeugwünschen etc.

Befragen Sie Eltern nach ihrem Umgang mit kindlichen Konsumwünschen.

zu c):

Entscheiden Sie zunächst, ob Sie einen Schwerpunkt setzen wollen, z. B. bei den Computern, oder ob Sie alle Bereiche bearbeiten wollen. Das weitere Vorgehen richtet sich nach Ihrer Entscheidung.

Sie können z. B.

- ◆ Kinder beim Fernsehen beobachten und mit einer Videokamera hinter dem Fernseher aufnehmen.
- ◆ Kinder zu ihren Computererfahrungen befragen.
- ◆ Erzieherinnen zum Themenbereich und ihrer Art des Umgangs mit den Mediengewohnheiten der Kinder befragen. Wir kennen keinen Kindergarten, der einen Fernseher oder ein Videogerät hat und einsetzt.

Laden Sie eine Erzieherin ein, die vor der Klasse Stellung nimmt zur Frage „Fernsehen im Kindergarten – Chance oder Gefahr?". Übernehmen Sie dabei die Rolle der Befürworter. Natürlich müßten Sie dazu vorher über Möglichkeiten einer sinnvollen Medienerziehung im Kindergarten nachdenken.

zu d):

Menschen welcher Nationalitäten lernen an Ihrer Schule; bzw. leben in Ihrer Stadt? Was sind ihre Sorgen und Nöte?

Wird an Ihrer Schule das Thema multikulturelle Gesellschaft irgendwo sichtbar? Wenn nein, was wäre zu tun?

Befragen Sie Erzieherinnen zum Thema.

zu e):

Befragen Sie Vertreterinnen des Jugendamtes/Sozialamtes über die soziale Lage von Kindern in Ihrer Stadt.

Laden Sie eventuell eine Vertreterin in die Schule ein. Gibt es in Ihrer Stadt sogenannte „Street-Worker", die etwas über die soziale Situation von Kindern und Jugendlichen aussagen können.

AUFGABEN

4. Bereiten Sie Ihre Arbeitsergebnisse so auf, daß Sie dem Rest der Klasse die Fakten, Fragestellungen und Probleme anschaulich verdeutlichen (Wandzeitungen, Folien, Thesenpapiere etc.).

5. Abschlußaufgabe für alle Gruppen
Wenn Sie so verfahren sind, wie wir es angeregt haben, sind Sie jetzt Expertinnen für die Veränderungen, die sich in der Lebenswelt von Kindern in den letzten Jahren vollzogen haben. Um die erworbenen Kenntnisse quasi noch einmal auf den Prüfstand der Kritik zu stellen, schlagen wir vor, zum Thema Kindheit heute im Klassenverband eine Podiumsdiskussion vorzubereiten und durchzuführen.

Zum Verfahren:

Bilden Sie in der Klasse drei Gruppen.

> Gruppe 1: Sammeln Sie Argumente für die These: Kinder hatten es noch nie so gut wie heute!
>
> Gruppe 2: Sammeln Sie Argumente für die These: Kinder hatten es noch nie so schwer wie heute!
>
> Gruppe 3: Sammeln Sie Argumente für eine zwischen den Thesen 1 und 2 vermittelnde differenzierte Position.

Entsenden Sie je Gruppe zwei Vertreterinnen ins Podium. Eine Schülerin übernimmt die Moderation. Der Rest der Klasse ist das Plenum, das mit Fragen oder Stellungnahmen in die Diskussion eingreifen darf. Vor Beginn der Diskussion sollte jeweils eine Vertreterin jeder Position ihre Argumente im Zusammenhang vortragen.

Lesetip

Barth, K.: Kindheit im gesellschaftlichen Wandel. In: kindergarten heute, H. 10, 1993, S. 3-11
Deutsches Jugendinstitut (Hrsg.): Was für Kinder. München 1993
Kazemi-Veisari, E.: Das Bild vom Kind – Das Bild vom Lernen. Auf der Suche nach pädagogischen Handlungskonzepten. In: kindergarten heute, H. 9, 1995, S. 3-13

Weitere Literatur- und Informationshinweise

Deutsches Jugendinstitut (Hrsg.): Wie gehts der Familie? München 1988
Ernst, A./Stampfel, S.: Kinder Report. Wie Kinder in Deutschland leben. Köln 1991
Hettlage, R.: Familienreport. München 1992
Rolff, H. G./Zimmermann, P.: Kindheit im Wandel. Weinheim 1990

„Mir fällt nichts auf" oder Kinder zu verstehen setzt voraus, sie angemessen wahrzunehmen

Die Beobachtung ist **eine** Möglichkeit, Material auf dem Weg zum Verstehen von Kindern zu bekommen, sie ist nicht **die** Möglichkeit.

Wie läßt sich die Beobachtung von der Wahrnehmung begrifflich abgrenzen?
Hier drei Definitionen, die zusammengenommen eine sinnvolle Bestimmung des Begriffs „Beobachtung" ergeben.

1. „Die absichtliche, aufmerksam-selektive Art des Wahrnehmens, die ganz bestimmte Aspekte auf Kosten der Bestimmtheit von anderen beobachtet, nennen wir Beobachtung. Gegenüber dem üblichen Wahrnehmen ist das beobachtende Verhalten planvoller, selektiver, von einer Suchhaltung bestimmt und von vornherein auf die Möglichkeit der Auswertung des Beobachteten im Sinne der überprüfenden Absicht gerichtet."

2. „Verhaltensbeobachtung (wird hier verstanden) als die auf das Verhalten eines oder mehrerer Menschen gerichtete, nicht dem Zufall überlassene, methodisch kontrollierte Wahrnehmung eines oder mehrerer Personen mit der Absicht, dadurch etwa für die Persönlichkeit der beobachteten Person Charakteristisches zu erfahren."

3. „Die Tätigkeit (Beobachten) ist jedoch kein passives Auf-sich-einströmen-lassen von Sin-

nesreizen, sondern eine Form des aktiven Sich-Aneignens von (Wirklichkeit), d. h. der Beobachter gibt seinen Sinneswahrnehmungen eine Richtung, ordnet diese Wahrnehmungen im Hinblick auf einen bestimmen Zweck, mit der Absicht, sein Handeln an den Informationen, die er auf diese Weise enthält zu orientieren ..."
Beobachten ist nicht eingeschränkt auf visuelle Beobachtung, sondern findet grundsätzlich mit allen Sinnesorganen und mit Hilfe technischer Medien statt."

Martin u. a. Beobachtungslehre, S. 33.

AUFGABEN

1. Arbeiten Sie aus den drei Definitionen die Elemente heraus, die die Beobachtung von der Wahrnehmung unterscheiden.
2. Definieren Sie mit eigenen Worten den Begriff „Beobachtung".

Eine Gruppe von Schülerinnen der Unterstufe hat die Aufgabe bekommen, die Beobachtung einer Kindergartengruppe zu planen.
Zu Beginn der Gruppenarbeit entwickelt sich folgendes Gespräch:

„Der Beobachtungsauftrag"

A: Was wollen wir eigentlich beobachten?

B: Die Gruppe.

A: Klar, aber was genau? Sollen wir beobachten wie die Kinder spielen?

C: Mich würden mehr die kognitiven Fähigkeiten und die sozialen Verhaltensweisen der Kinder interessieren.

B: Ich glaube, wir müssen uns entscheiden. Das läßt sich doch gar nicht alles auf einmal beobachten.

A: Beobachten schon, aber wie willst Du das alles behalten?

C: Mann müßte das alles aufschreiben.

B: So schnell kann man doch gar nicht schreiben.

A: Vielleicht sollten wir dann Strichlisten zu Hilfe nehmen.

B: Am besten wäre, alles mit Video aufzuzeichnen.

C: Dann merken die Kinder doch sofort, daß sie beobachtet werden und werden sich dann anders verhalten.

A: Wenn wir in der Ecke sitzen und etwas aufschreiben, merken die Kinder das auch.

C: Ich würde mich auch direkt zu den Kindern setzen und mit ihnen spielen. Erst anschließend würde ich alles aufschreiben.

B: Da vergißt man doch die Hälfte. Ich finde, Kinder können das ruhig merken. Wichtig ist, daß wir alles genau mitbekommen.

A: Um das zu erreichen, sollte entweder jede von uns acht Kinder beobachten oder wir beobachten abwechselnd zehn Minuten lang die ganze Gruppe.

B: Ich finde jede von uns sollte acht Kinder beobachten. Auf jeden Fall sollten wir aber einen Beobachtungsbogen entwickeln. Laßt uns mal damit anfangen.

A: Um einen Beobachtungsbogen zu entwickeln, müssen wir erst mal entscheiden, was wir beobachten wollen.

Das Gespräch hat sicherlich deutlich gemacht, daß vor der Durchführung einer Beobachtung viele Fragen zu klären sind.

- ◆ Was soll konkret beobachtet werden?
- ◆ Dürfen die Kinder wissen, daß sie beobachtet werden?
- ◆ Sollen technische Hilfsmittel benutzt werden?
- ◆ Soll man sich als Beobachterin ruhig in eine Ecke setzen oder sich am Spiel der Kinder beteiligen?
- ◆ Zu welchem Zeitpunkt und wie lange sollen die Kinder beobachtet werden?
- ◆ Wie sollen die Beobachtungen registriert werden?

Bei den aufgeführten Fragen geht es im wesentlichen um zwei Aspekte:

Was soll **wie** beobachtet werden?

Wenden wir uns zunächst der Frage der Auswahl des Beobachtungsgegenstandes zu.

Häufig soll das Verhalten eines oder mehrerer Kinder beobachtet werden. Damit ist zwar einerseits schon eine Auswahl getroffen, andererseits ist diese Eingrenzung aber noch nicht sehr konkret.

Die folgende Liste möglicher Verhaltensweisen macht dies deutlich.

1. Sozialverhalten

1.1 Welches Kontaktverhalten zeigt das Kind innerhalb seiner Gruppe?
 – nimmt selbständig Kontakt auf (ungezwungen, aktiv, spontan)
 – hält sich zurück (gehemmt, scheu)
 – wartet darauf, daß man mit ihm Kontakt aufnimmt (passiv, abhängig).

1.2 Welche emotionalen Zuwendungsmöglichkeiten hat das Kind (gegenüber Alterskameraden – gegenüber Erwachsenen)?
 – äußert spontan seine Gefühle (Zuneigung, Mitleid, Einfühlungsvermögen)
 – wirkt eher gleichgültig, distanziert, ausdrucksgehemmt.

1.3 Wie ist die Bereitschaft zur Zusammenarbeit/Verhalten bei Konflikten?
 – zeigt sich hilfsbereit
 – verhält sich verantwortungsbewußt für andere
 – kann nachgeben und die Interessen/Meinungen anderer anerkennen
 – kann Regeln übernehmen, Gemeinschaftsaufgaben erfüllen, kann vermitteln
 – durchsetzungsfähig, aber nicht egozentrisch.

1.4 Welche Verhaltensweisen zeigt das Kind in schwierigen Situationen?
 – physisch aggressiv, verbal streitend, resignativ sich zurückziehend, vermeidend, ausweichend.

2. Emotionales Verhalten

2.1 Zeigt das Kind Selbstsicherheit?
 – kann seine Wünsche äußern, wirkt angstfrei und sicher
 – kann seine Bedürfnisse und Wünsche nicht äußern, wirkt eher ängstlich, unsicher, gehemmt.

2.2 Verhält sich das Kind selbständig?
 – entwickelt Eigeninitiative.

3. Motivationales und intellektuelles Verhalten

3.1 Wie ist die Merkfähigkeit ausgeprägt?
 – kann Aufgenommenes nach kurzer/längerer Zeit wiedergeben
 – kann nach längerer Zeit Aufgenommenes reproduzieren.

3.2 Wie verhält sich das Kind bei Aufgaben, die Konzentration und Ausdauer verlangen?
 – kann aufmerksam zuhören, Arbeitsanweisungen erfassen
 – führt Arbeiten kürzerer/längerer Dauer zu Ende
 – kann sich über längeren Zeitraum konzentrieren.

3.3 Wie verhält sich das Kind im Spiel und bei Arbeiten?
 – bringt neue, originelle Einfälle
 – verwendet meist vorgegebene Muster
 – beharrt auf immer gleichen Schemata.

3.4 Über welche Kenntnisse und Fertigkeiten verfügt das Kind?
- kann Zusammenhänge seines Erfahrungsumfeldes erfassen und wiedergeben
- kann Gegenstände in bezug auf ihre Eigenschaften (Menge, Größen, Farben) benennen
- kann mit Gegenständen, Materialien und Werkzeugen angemessen umgehen (Handhabung von Papier, Bleistift, Schere usw. sowie sorgfältiges Umgehen mit Gebrauchsgegenständen).

3.5 Welche besonderen Interessen sind beim Kind zu beobachten?
- z. B. in den Bereichen Spiel, Sprache, Musik, Malen, Werken, Sport, Natur, Technik, häuslich-pflegerischer Bereich.

4. *Sprachverhalten*

4.1 Zeigt das Kind altersgemäßes Sprachverständnis und sprachliche Ausdrucksfähigkeit?
- kann Gesprochenes inhaltlich erfassen
- kann verständlich und zusammenhängend erzählen
- kann Objekte benennen, Unterschiede und Gemeinsamkeiten herausfinden.

4.2 Sprachstörungen
(Bei Auffälligkeiten sind Sprachheilpädagogen zur Differentialdiagnose hinzuzuziehen).

5. *Körperbeherrschung*

5.1 Wie kann das Kind seine Gesamtbewegungsabläufe beherrschen?
- kann das Gleichgewicht bewahren
- kann grobmotorische Abläufe koordiniert und gezielt einsetzen (Gehen, Laufen, Springen etc.).

5.2 Wie verläuft die Koordination der Feinmotorik?
- zeigt Finger- und Handgeschicklichkeit.

5.3 Zeigt das Kind Links-Dominanz?
- z. B. beim Werkzeuggebrauch, beim Spiel.

5.4 Motorische Störungen
(Nähere Angaben über die Art der grob- bzw. feinmotorischen Beeinträchtigungen).

6. *Sinnesbeherrschung*

6.1 Zeigt das Kind akustische Differenzierungsfähigkeit?
- kann Geräusche unterscheiden.

6.2 Zeigt das Kind Anzeichen, die evtl. auf eine Hörstörung hinweisen?
(Nähere Angaben bzw. diagnostische Abklärungen erforderlich).

6.3 Kann das Kind optische Gebilde differenziert betrachten?
- kann Einzelheiten aus einem wahrgenommenen Bild herausgliedern
- kann optische Gebilde aus Einzelheiten (wieder) zusammensetzen.

6.4 Zeigt das Kind Anzeichen, die evtl. auf eine der folgenden Störungen im Bereich der optischen Wahrnehmung hindeuten?
- Augenfehler-Sehstörungen, Farbunterscheidungsschwäche, Formunterscheidungsschwäche (weitere diagnostische Abklärungen erforderlich).

Es ist sinnvoll, die zu beobachtenden Verhaltensmerkmale durch Elterngespräche zu ergänzen.

Krenz, A.: Kompendium zur Beobachtung und Beurteilung von Kindern und Jugendlichen, Heidelberg 5. A., S. 67-69.

AUFGABEN

1. Sind alle aufgeführten Verhaltensweisen gleichermaßen beobachtbar? Welche mehr, welche weniger?
2. Das Beobachtete muß aufgezeichnet werden, um es auch für andere nachvollziehbar zu machen. Welche möglichen Probleme können solche Aufzeichnungen enthalten?
3. Welche Formen der Aufzeichnung scheinen Ihnen am effektvsten?

Wenn feststeht, **was** konkret beobachtet werden soll, ist zu überlegen, **wie** die Beobachtung durchgeführt werden soll. Die folgende Übersicht gibt einen ersten Überblick über die wesentlichen Formen der Beobachtung.

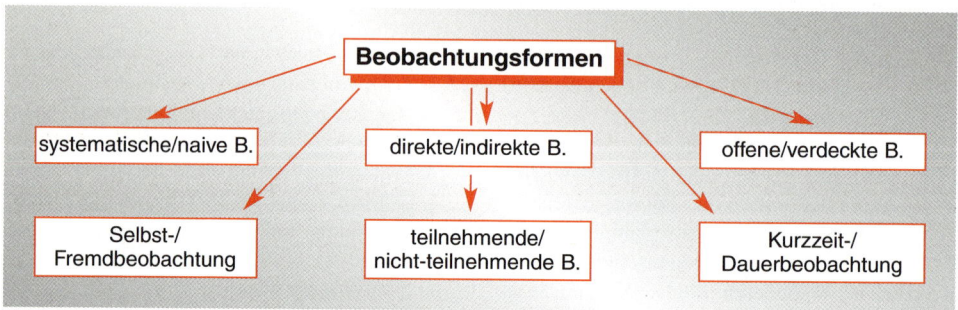

Jede Erzieherin beobachtet im Laufe eines Kindergartenmorgens verschiedene Kinder. Solche Beobachtungen ergeben sich aus der Situation und werden nicht systematisch vorbereitet. Sie werden deshalb auch als Gelegenheitsbeobachtungen oder naive Beobachtungen bezeichnet. Aus solchen gelegentlichen Beobachtungen ergeben sich häufig systematische, d. h. geplante Beobachtungen.

Im Rahmen pädagogischer Tätigkeit werden in der Regel Kinder/Jugendliche von Erzieherinnen beobachtet. Die Erzieherinnen führen also Fremdbeobachtungen durch. Das eigene Verhalten (Selbstbeobachtung) ist nur selten Gegenstand systematischer Beobachtung. Will eine Erzieherin ein Kind beobachten, so stellt sich die Frage, ob das Kind weiß, daß es beobachtet wird oder nicht. Sie kann also eine offene oder verdeckte Beobachtung durchführen.

Im Gegensatz zur pädagogischen Forschung werden in der pädagogischen Praxis nur selten technische Hilfsmittel wie Tonbandgerät oder Videokamera benutzt. Es wird also direkt und nicht indirekt beobachtet. Viele Erzieherinnen verbinden mit der Beobachtungstätigkeit die Vorstellung, daß sie sich in eine Ecke setzen und ein Kind eine bestimmte Zeit beobachten. Eine solche Form der Beobachtung wird als nicht-teilnehmende Beobachtung bezeichnet. Nimmt die Erzieherin hingegen z. B. am Spiel der Kinder teil und beobachtet die Kinder sozusagen nebenbei, so handelt es sich um eine teilnehmende Beobachtung. Je nach Dauer der Beobachtung wird zudem zwischen einer Kurzzeit- und Dauerbeobachtung unterschieden. Welche der dargestellten Beobachtungsformen ist nun für die pädagogische Praxis angemessen?

Diese Frage ist nicht leicht zu beantworten, da es sicherlich keine für alle Fälle einheitliche Antwort gibt. Mit jeder Form sind einige Vor- und Nachteile verbunden, so daß es letztlich vom Beobachtungsgegenstand, der Zielsetzung und den Bedingungen in der jeweiligen Einrichtung abhängt, welche Form ausgewählt wird. Soll z. B. das eigenständige Spiel der Kinder beobachtet werden, so wird wahrscheinlich die verdeckte, nicht-teilnehmende Beobachtung gewählt. Geht es der Beobachterin hingegen darum, möglichst objektive Daten zu erhalten, so wird sie wahrscheinlich die indirekte, nicht-teilnehmende Beobachtung wählen. Die teilnehmende Beobachtung wird in der Regel gewählt, wenn die Objektivität nicht an erster Stelle steht, sondern es in erster Linie darauf ankommt, mögich viel aus der Perspektive der Kinder zu erfahren.

Nicht zuletzt hängt die Auswahl der Beobachtungsform von der Personalbesetzung, den Räumlichkeiten, den Kindern und der technischen Ausstattung ab.

Die Entscheidung für eine Beobachtungsform ist also immer eine Einzelfallentscheidung. Es muß versucht werden, jeweils für den konkreten Fall eine möglichst optimale Beobachtungsform zu finden.

Ebenso wichtig wie die Entscheidung selbst, ist es, sich der Vor- und Nachteile der ausgewählten Beobachtungsform bewußt zu sein und sie bei der Auswertung der Beobachtungsergebnisse zu berücksichtigen.

AUFGABEN

1. Diskutieren Sie Vor- und Nachteile einzelner Beobachtungsformen unter dem Gesichtspunkt der Objektivität und der Einsatzmöglichkeit in der pädagogischen Praxis.
2. Sie sollen das Sozialverhalten eines Kindes beobachten. Welche Beobachtungsform würden Sie wählen?

Bei Beobachtungsübungen, die wir in Gruppen durchgeführt haben und in denen wir unsere Ergebnisse gegenseitig mitteilten, haben wir folgende Selbstbeobachtung gemacht:

◆ Es besteht die Gefahr, daß man eine Situation sofort deutet und dadurch seine Beobachtung nicht unvoreingenommen durchführen kann. (...)

◆ Die Beobachtungen und Schlüsse, die aus ein und derselben Situation gewonnen werden, können bei zwei und mehr Beobachtern durchaus sehr unterschiedlich sein.

◆ Bei der Beobachtung einer Situation, in der mehr als eine Person agiert, zieht oft diejenige Person die besondere Aufmerksamkeit des Beobachters auf sich, die die stärkste Reaktion und die stärkste Aktion zeigt. Die Verhaltenssignale der anderen Beteiligten werden im allgemeinen nicht so deutlich beobachtet.

◆ Bei einer längeren Sequenz, die beobachtet wurde, machten die Teilnehmer die Erfahrung, daß einige von ihnen am Anfang der Sequenz wesentlich genauer beobachteten, andere dagegen am Ende der Sequenz (individuelle Aufmerksamkeitskurve).

◆ Wir machten immer wieder die Erfahrung, daß das Anfangssignal einer Beobachtungssequenz sehr oft dazu führt, daß wir ein Raster, eine bestimmte Deutung der Situation unterlegen. Diese Signale provozieren die Erinnerung an vorherige Erlebnisse oder Personen und überlagern dadurch das Geschehen so, daß man der neuen Situation oft nicht unvoreingenommen gegenübersteht. Weitere Ablenkungsfaktoren sind die eigenen Normen und moralischen Werturteile, Sympathie oder Antipathie gegenüber den Beteiligten, Erfahrungswerte und Wissen über die beobachtete Person, außerdem sind Wahrnehmungen abhängig vom psychischen und physischen Befinden des Beobachters.

◆ Die Unvertrautheit des Beobachters mit der Situation kann die Beobachtung ebenfalls erschweren.

◆ Auch unvorhergesehene äußere Einwirkungen (Krach z. B.) können die Beobachtung beeinträchtigen.

◆ Merkmale oder Eigenschaften des Beobachteten, die der Beobachter selbst besitzt oder ablehnt, führen zu Fehlern, da in die Beobachtung dieser Eigenschaften leicht eine Wertung einfließt und diese dadurch leicht verfälscht wird.

◆ Ein häufiger Fehler ist der sogenannte Halo-Effekt: Merkmale, die an einer bestimmten Person beobachtet werden, z. B. große körperliche Geschicklichkeit, werden vom Beobachter auf andere Situationen und Bereiche übertragen. (...)

Wenn wir all die obengenannten möglichen Beobachtungsfehler bedenken, merken wir deutlich, daß es eine fehlerfreie, objektive und wertungsfreie Beobachtung gar nicht gibt. Es ist nur eine mehr oder minder große Annäherung an eine objektive Verhaltensbeobachtung möglich. Es ist aber auch wichtig, die Beobachtungsfehler bei sich selbst immer wieder zu sehen und zu korrigieren, zu vermeiden oder zumindest einzuschränken.

Deutscher Verein für öffentliche und private Fürsorge. MSP 1, Frankfurt a. M. 1978, S. 31 ff.

AUFGABEN

1. Besuchen Sie nach Absprache in Gruppen Kindergärten in Ihrer Nähe. Jeweils drei bis vier Schüler sollten in **einem** Gruppenraum in einem vorher vereinbarten Zeitraum das Geschehen beobachten und die Beobachtungen schriftlich fixieren.
2. Vergleichen Sie Ihre Beobachtungen. Entdecken Sie Beobachtungsfehler?
   z. B. – Mit welcher Begrifflichkeit wird das Beobachtete beschrieben?
   – Mischen sich Beschreibung, Bewertung, Deutung?
3. Tauschen Sie Ihre Erfahrungen in der Klasse aus.
4. Die Kenntnis der beschriebenen Beobachtungsfehler führt sicherlich dazu, daß die Beobachtungen besser werden. Dennoch: Beobachtung ist auch eine Sache der Übung.

Hier einige Übungsvorschläge:

◆ Zuerst sollte jeder sich einige Minuten lang das gleiche Photo oder ein Illustriertenbild ansehen, auf dem eine beliebige Szene zu sehen ist. Legen Sie dann das Bild zur Seite und schreiben Sie einzeln auf, was jeder behalten hat. Sie werden sehen, daß jeder sehr unterschiedliche Dinge gesehen hat und daß manche auch schon in die Situation hineingedeutet haben. Vergleichen Sie das Aufgeschriebene miteinander und mit dem Bild. – Wenn Sie diese Übung öfter wiederholen, werden Sie sehen, daß Ihre Beobachtungsfähigkeit geschult wird, daß Ihre Beschreibungen präziser werden.

◆ Mehr Anforderungen an die Beobachtungsfähigkeit werden gestellt, wenn eine kurze Filmszene gemeinsam betrachtet und im Ablauf von jedem protokolliert wird. Dazu eignen sich fast alle Filme, die Szenen mit Kindern und Erwachsenen zeigen.

Wichtig ist, daß die Szene nicht länger als etwa 3–5 Minuten dauert, sonst wird die Beobachtungsfähigkeit zu Anfang überfordert. – Filme haben den Vorteil, daß die Szenenabfolge jederzeit exakt wiederholbar ist.

◆ Sie können statt der Filmszene – oder auch zusätzlich – ein Rollenspiel machen, z. B. über eine in der letzten Zeit erlebte Kinderszene. Die nicht beteiligten Spieler können dann die Gruppe beobachten. Nach dem Rollenspiel sollten zuerst die Beobachter berichten, was sie gesehen haben. Danach können die Spieler berichten, ob sie meinen sie seien richtig beobachtet worden, und sie können berichten, wie sie sich während des Rollenspiels gefühlt haben.

◆ Wenn versucht wird, sowohl das Verhalten, das beobachtet wurde, als auch die Gefühle von Spieler und Beobachter zu schildern, fällt es leichter zu kontrollieren, ob die Situation richtig wahrgenommen wurde bzw. welche Gefühle vielleicht eine vorurteilsfreie Beobachtung erschweren.

◆ Wenn die Klasse ein akzeptierendes Klima hat, können Sie übrigens auch Konflikte spielen, die Sie vorher in Ihrer Klasse hatten. Das setzt eine gegenseitige Offenheit voraus, aber es kann dann nicht nur die Beobachtungsfähigkeit geschult werden, sondern die anderen Mitglieder der Klasse können dann gleich Rückmeldung geben und vielleicht auch über Beobachtung und Schilderung der beim Spiel ausgelösten Gefühle den Konflikt klären helfen. Damit haben Sie die Möglichkeit, etwas mehr über die Gefühle der Mitschülerinnen, über sich selbst und über ihr Verhalten in der Klasse zu erfahren.

Besonders effektiv sind Spielszenen, wenn sie mit Hilfe einer Videokamera oder eines Kassettenrekorders aufgezeichnet werden.

Lesetip

Martin, E./Wawrinowski, U.: Beobachtungslehre, Weinheim 2. A. 1993
Strätz, R.: Beobachten. Stuttgart 1990

Weitere Literatur- und Informationshinweise

Köck, P.: Praxis der Beobachtung. Donauwörth 1981
Krenz, A.: Kompendium zur Beobachtung und Beurteilung von Kindern und Jugendlichen. Heidelberg 5. A. 1992
Molcho, S.: Körpersprache der Kinder. München 1992

„Ich koch' Dich, ich freß' Dich und dann mach' ich Dich tot"
oder
Kinder zu verstehen setzt voraus, ihre Ausdrucksformen zu entschlüsseln

Kindergespräche verstehen

Wenn wir Kindergespräche verfolgen wirkt manches auf uns irritierend und verunsichernd. Beobachtungen kindlicher Gespräche lösen auf seiten der Erzieherin Kopfschütteln und Unverständnis aus, das oft in die Frage mündet: Was haben sie damit nur sagen wollen? Die Beantwortung dieser Frage liefert uns wichtige Anhaltspunkte für das Verständnis der kindlichen Lebens- und Gedankenwelt, sie verschafft uns Einblicke in die momentane Befindlichkeit, sie gibt uns Aufschluß über die Stellung des Kindes innerhalb einer Gruppe. Kurz: Das Verständnis der kindlichen Kommunikation ist eine grundlegende Voraussetzung für eine entwicklungsfördernde Beziehung zwischen Kind und Erzieherin. Bei dem folgenden Beispiel handelt es sich um ein Gespräch zwischen Vorschulkindern in einer Spielgruppe.

Bis zu dem Zeitpunkt, mit dem dieser Protokollausschnitt beginnt, liefen in der Kindergruppe zwei Spiele parallel und unverbunden nebeneinander her. Die Jungen Alfred, Leo und auch Dieter spielten Ritter und die Mädchen Sonja und Swenja spielten Familie. Nach einer gewissen Zeit äußerten beide Gruppen beinahe gleichzeitig das Interesse an einem gemeinsamen Spiel. Aber sie wußten offenbar beide nicht, wie sie angesichts ihrer verschiedenen Spielthemen dieses Interesse verwirklichen konnten. Besonders den Jungen fiel nichts anderes ein, als die Mädchen immer wieder danach zu fragen, ob sie nun, bei den Jungen nämlich, mitmachen oder nicht.

„Die Jungen und Mädchen stehen in der Küchenecke und reden miteinander. Die Jungen haben zum Teil Stöcke in der Hand. Die Mädchen Töpfe oder andere Küchengeräte. Alfred (5,5 Jahre), Leo (4,9 Jahre), Sonja (5,3 Jahre)

(1) Alfred (zu Sonja): „Machst du jetzt mit oder nicht?"
(2) Sonja kommt mit einem Topf in der Hand an Alfred vorbei. Sie schiebt mit dem Fuß einen Stuhl beiseite.
(3) Alfred greift hin und nimmt den Stuhl weg.
(4) Alfred: „Wir sind Kreuzritter sind wir."
(5) Sonja: „Aber einer muß unser Vater sein."
(6) Alfred: „Das bin ich."
(7) Leo: „Ich bin das!"
(8) Alfred: „Nein, das bin ich."

(9) Leo: „Ich!"
(10) Alfred: „Ich!"
(11) Alfred schießt einen Ball zur Seite. Leo klettert am Spielhaus die Leiter hoch.
(12) Leo: „Ich!"
(13) Alfred: „Ich!"
(14) Dieter schlägt mit einem Stock gegen das Spielhaus. Sonja und Alfred treffen sich am Fußende der Leiter.
(15) Leo: „Ich!"
(16) Alfred: „Ich!"
(17) Sonja (zu Leo): „Dann machste nicht mit."
(18) Sonja geht ins Haus.
(19) Alfred (zu Leo): „Weißt du was, Leo, wenn du aber der Vater bist, machste nicht mit, aber . . ."
(20) Leo (ruft zu Sonja): „Machst du mit Sonja? Ja?"
(21) Alfred: „. . . aber wenn du der Vater bist, machste nicht mit, wenn ich der Vater bin, kannste mitmachen."
(22) Leo (zu Sonja): „Ob du mitmachst?"
(23) Alfred: „Jaaa! die macht mit!"
(24) Leo klettert vom Haus wieder herunter und geht ins Haus zu Sonja.
(25) Leo: „Ob du mitmachst?"
(26) Alfred geht auch ins Haus.
(27) Leo: „Weißte was . . ."
(28) Alfred: „Aber nur wenn ich der Vater bin, machste du mit."
(29) Leo: „Wer?"
(30) Alfred: „Ich"
(31) Leo: „Ich mache mit, Sonja macht auch mit."
(32) Alfred: „Aber du machst nur mit, wenn ich der Vater bin."
(33) Sonja (zu Alfred): „Hier, nimm mal die Kissen mit raus."
(34) Alfred (zu Leo): „Ich bin der Vater, ja, dann machst du auch mit."
(35) Sonja (zu Alfred): „Hier, nimm mal die Kissen mit raus."
(36) Alfred nimmt die Kissen und wirft sie durch die Tür.
(37) Leo klettert im Inneren des Hauses nach oben und schaut durch das Dach.
(38) Leo: „Die Feinde kommen, ich hör sie."
(39) Alfred: „Nee, noch nicht."
(40) Leo: „Wenn se kommen . . ."
(41) Alfred: „Wir sind Ritter, nee, wir sind Kreuzritter."
(42) Leo (zu Alfred): „Vater, ich will raus, du mußt mir mein Schwert geben, mein Schwert."

Parmentier, M.: Frühe Bildungsprozesse, München 1979, S. 44 ff.

AUFGABEN

1. Gehen Sie in Gruppen die Gesprächssequenz Satz für Satz durch und versuchen Sie zu verstehen, welche Absichten der/die jeweilige(n) Sprecher(in) verfolgt.
2. Vergleichen Sie die Interpretationen mit den Ergebnissen der anderen Gruppen. Wo gibt es Gemeinsamkeiten oder Differenzen, wo könnten die Gründe dafür liegen?

Das Spiel verstehen

Das Spiel ist die zentrale Tätigkeit des Kindes. Im Spiel eignet sich das Kind die Welt, in die es hineingeboren ist, an, macht sie sich begreifbar. Im Spiel entwickelt das Kind seine Persönlichkeit, erprobt seine Fähigkeiten, mißt sich an anderen. Im Spiel lernt das Kind an Gegenständen und im Kontakt mit den Mit-Spielern. Im Spiel löst das Kind spielerisch Probleme, gibt seinen Sorgen und Nöten, seinen Freuden und Enttäuschungen Ausdruck. Im Spiel bearbeitet es seine Erfahrungen und Eindrücke, reale oder fiktive, etwa durch die Medien vermittelte.

Dies müßte reichen, um zu verdeutlichen, welche Möglichkeiten des Kennenlernens von Kindern sich uns über die Beobachtungen der Kinder im und beim Spiel eröffnen. Aber: Ähnlich wie bei der Sprache und, wie wir noch sehen werden, bei den Kinderbildern, ist das, was Kinder uns durch ihr Spiel sagen, nicht eindeutig. Erzieherinnenäußerungen wie:

„Ihr spielt ja gar nicht vernünftig bzw. richtig" oder Anweisungen wie „Spielt ordentlich!" sind häufig ein Zeichen dafür, daß Erzieherinnen das Spiel der Kinder mißverstehen.

Ein unvoreingenommener Blick auf das kindliche Spiel zeigt, daß es sich einem erwachsenen Begriff von Vernunft und Ordnung vielfach entzieht. Für die am Spiel beteiligten Kinder scheint jedoch beides vorhanden zu sein, für sie scheint alles vernünftig und ordentlich zu verlaufen.

Es kommt also nicht darauf an, Kinder über die richtige Art zu spielen zu belehren, sondern kindliche Spielprozesse in ihrer Bedeutung für die Kinder/das Kind verstehen zu lernen, und aus der Beobachtung des Kinderspiels die richtigen Schlüsse für pädagogisches Handeln zu ziehen.

Nur insoweit beschäftigen wir uns hier mit dem Spiel. Spieltheorien, Spielanregungen, den gezielten Umgang mit dem Spiel in entwicklungsfördernder Absicht vermittelt das Fach Spiel im Rahmen Ihrer Ausbildung.

Um Ihnen einige Anhaltspunkte dafür zu geben, welche Funktionen das Spiel für Kinder haben kann, hier eine stichwortartige Auflistung dessen, was die einschlägige Spezialliteratur anbietet.

- ◆ Das Kind übernimmt im Spiel die Rolle einer geliebten, bewunderten Person, der es ähnlich sein möchte.
- ◆ Das Kind imitiert Dinge, Personen, Vorfälle, die es gesehen bzw. gehört hat.
- ◆ Das Kind erlaubt sich im Spiel, was ihm sonst verboten ist.
- ◆ Das Kind bearbeitet unverarbeitete Erlebnisse.
- ◆ Das Kind rächt sich im Spiel an Gegenständen und Spielpartnern für erlittene Enttäuschungen und Ungerechtigkeiten.
- ◆ Das Kind überträgt im Spiel unangenehme Aufgaben an andere Personen oder unbelebte Gegenstände (Puppe, Spieltier, Kissen).
- ◆ Das Kind erfindet im Spiel eine Freundin oder ein Tier als Begleiter und es besteht darauf, daß sie als real akzeptiert wird.
- ◆ Das Kind übernimmt die Rolle einer angstauslösenden Person.

AUFGABEN

1. Finden Sie praktische Beispiele aus Ihren bisherigen Erfahrungen, die die angeführten Spielfunktionen verdeutlichen.
2. Welche Motive können Kinder anleiten, das Spiel auf die eine oder andere Weise zu nutzen? Warum übernimmt ein Kind im Spiel die Rolle eines Babys, eines strengen Vaters, einer schimpfenden Nachbarin etc.?

Kinderzeichnungen verstehen

Zur Illustration des Themas drei Anregungen.

Anregung 1:

„Bei dem Besuch einer Ausstellung von Kinderzeichnungen bemerkte Picasso (1881–1973), er habe die Stufe der unbefangenen Weltsicht, der naiven Freude an den Dingen nie erlebt: „. . . als ich so alt war wie diese Kinder, habe ich bereits gezeichnet wie Raffael (1483–1520). Ich habe dann schließlich 60 Jahre gebraucht, um so sehen zu lernen wie sie.'"

Doschka, R.: Pablo Picasso, Bonn 1989, S. 25.

Anregung 2:

„Herr Keuner sah sich die Zeichnung seiner kleinen Nichte an. Sie stellte ein Huhn dar, das über einen Hof flog. ‚Warum hat Dein Huhn eigentlich drei Beine?', fragte Herr Keuner. ‚Hühner können doch nicht fliegen.', sagte die kleine Künstlerin. ‚und darum brachte ich ein drittes Bein zum Abstoßen.' ‚Ich bin froh, daß ich gefragt habe.', sagte Herr Keuner."

Brecht B.: „Geschichten vom Herrn Keuner", Frankfurt 1984, S. 76.

Anregung 3:

Als ich sechs Jahre alt war, sah ich einmal in einem Buch über den Urwald, das „Erlebte Geschichten" hieß, ein prächtiges Bild. Es stellte eine Riesenschlange dar, wie sie ein Wildtier verschlang.

In dem Buche hieß es: „Die Boas verschlingen ihre Beute als Ganzes, ohne sie zu zerbeißen. Daraufhin können sie sich nicht mehr rühren und schlafen sechs Monate, um zu verdauen."

Ich habe damals viel über die Abenteuer des Dschungels nachgedacht, und ich vollendete mit einem Farbstift meine erste Zeichnung. Meine Zeichnung Nr. 1. So sah sie aus:

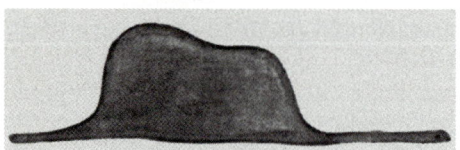

Ich habe den großen Leuten mein Meisterwerk gezeigt und sie gefragt, ob ihnen meine Zeichnung nicht Angst mache.

Sie haben mir geantwortet: „Warum sollen wir vor einem Hute Angst haben?"

Meine Zeichnung stellte aber keinen Hut dar. Sie stellte eine Riesenschlange dar, die einen Elefanten verdaut. Ich habe dann das Innere der Boa gezeichnet, um es den großen Leuten deutlich zu machen. Sie brauchen ja immer Erklärungen.

Hier meine Zeichnung Nr. 2:

Die großen Leute haben mir geraten, mit den Zeichnungen von offenen oder geschlossenen Riesenschlangen aufzuhören und mich mehr für Geographie, Geschichte, Rechnen und Grammatik zu interessieren. So kam es, daß ich eine großartige Laufbahn, die eines Malers nämlich, bereits im Alter von sechs Jahren aufgab. Der Mißerfolg meiner Zeichnungen Nr. 1 und Nr. 2 hatte mir den Mut genommen. Die großen Leute verstehen nie etwas von selbst, und für die Kinder ist es zu anstrengend, ihnen immer und immer wieder erklären zu müssen. (...)

Wenn ich jemanden traf, der mir ein bißchen heller vorkam, versuchte ich es mit meiner Zeichnung Nr. 1, die ich gut aufbewahrt habe. Ich wollte sehen, ob er wirklich etwas los hatte. Aber jedesmal bekam ich zur Antwort: „Das ist ein Hut." Dann redete ich mit ihm weder über Boas, noch über Urwälder, noch über die Sterne. Ich stellte mich auf seinen Standpunkt. Ich sprach mit ihm über Bridge, Golf, Politik und Krawatten. Und der große Mensch war äußerst befriedigt, einen so vernünftigen Mann getroffen zu haben.

Saint-Exupéry, A. de, Der Kleine Prinz, Düsseldorf 1958, S. 5-7.

AUFGABE

Was erfahren Sie aus den drei Anregungen über die Aussage und die Bedeutung von Kinderzeichnungen?

Über das Verstehen von Kinderbildern

Zeichnen und Malen sind eine sehr persönliche Angelegenheit. Jedes Bild spiegelt Persönlichkeitsanteile seines Schöpfers wider. Umgekehrt hat auch die Deutung einer Zeichnung immer mit dem Standpunkt des Betrachters zu tun und wird beeinflußt von Anteilen aus seiner eigenen Erlebniswelt; jedes Bild läßt daher verschiedene Schlüsse zu. Ein ausschließlich an schematischen Symboldeutungen orientiertes Zergliedern von Bildinhalten ist ebenso kurzsichtig und wenig verantwortungsvoll wie das nachträgliche Analysieren einer fertigen Zeichnung, bei der die entstehungsgeschichtlichen Hintergründe und der Gestaltungsprozeß nicht mitberücksichtigt werden.

»Die Deutung von Symbolen kann sich nicht an feststehenden Regeln orientieren. Ein Symbol mag universell sein, seine Bedeutung aber ist individuell. Zeichnungen können neue Einsichten vermitteln; sie können bestätigen, was wir bereits wissen. Aus dem Zusammenhang gerissen, können sie irreführen.« (Di Leo)

Möglichkeiten des Verstehens

Welche Möglichkeiten gibt es nun, sich den verborgenen Wahrheiten in Zeichnungen von Kindern, die uns Sorge bereiten, anzunähern, um sich einzufühlen in Unausgesprochenes oder gar Unaussprechliches?

- Eine davon ist, sich gewissermaßen »von außen ein Bild zu machen« und Brennpunkte, Auffälligkeiten, Symbole, Formen, Farben und die Intensität der Bildinhalte sowie die Bildaufteilung zu beleuchten. Eine Kinderzeichnung ausschließlich »von außen« verstehen und interpretieren zu wollen, lehne ich jedoch entschieden ab. (. . .)
- Geduld, Einfühlungsvermögen und ein lebendiges Interesse sind nötig, um einen vertiefenden Weg des Verstehens einzuschlagen. Das Einbeziehen der Lebensumstände, des Beziehungsgeflechtes der Familie, der Kindergruppe, der Schulklasse spielt dabei eine ebenso maßgebliche Rolle wie die Berücksichtigung momentaner Entwicklungsphasen besonderer Begebenheiten und belastender Konfliktsituationen des Malenden. Auch das Beobachten des Verhaltens und das aufmerksame Zuhören während des Malprozesses können aufschlußreich sein. (. . .)
- Eine weitere und meiner Erfahrung nach außerordentlich hilfreiche Möglichkeit ist unter Umständen, sich als Erwachsener selbst in Beziehung zu setzen mit den vom Kind gestalteten Bildinhalten und zu versuchen, eigene Anteile am Geschehen zu erkennen. (. . .)
- Bereichernd für alle Beteiligten kann es sein, wenn Erwachsene selbst über das gestalterische Tun mit ihren eigenen, spielerisch-kreativen Anteilen in Kontakt kommen und »das Kind in sich« mit seiner unkonventionellen, schöpferischen Kraft in sich spüren. Erwachsene malen auf meine Anregung hin häufig zuerst einmal selbst, bevor wir über mitgebrachte Kinderzeichnungen ins Gespräch kommen. (. . .) Finden sie jedoch wieder Zugang zu diesem Ausdrucksmittel, verändern sich Bewertungsmaßstäbe, Vorurteile werden entschärft und abgebaut, erstarrte Einstellungen und Haltungen ändern sich, die Toleranz für kindliche Ausdrucksformen wächst.

(. . .) Furths Kernfrage beim erstmaligen Betrachten einer Zeichnung lautet:
- Welches Gefühl vermittelt mir dieses Bild?

Bei näherer Beschäftigung mit den Bildinhalten könnten weitere Fragen gestellt werden:
- Welche Auffälligkeiten sind zu erkennen?
- Was steht im Mittelpunkt?
- Was fehlt?
- Welche Hindernisse sind zu entdecken?
- Welche Größe, Form und Bewegungsrichtung haben die dargestellten Objekte?
- Gibt es unterschiedliche Perspektiven, Auslassungen, Schattierungen, Abgeschnittenes, Eingeschlossenes, Unterstrichenes, Schriftliches, Durchsichtiges, Bildrückseiten, verzerrte Formen im Bild?
- Was wiederholt sich immer wieder?

Wichtig bei all diesen Fragen ist nach meiner Erfahrung, den momentanen Entwicklungsstand des Kindes im Auge zu behalten, sich auf seine Individualität einzustimmen und sich auf die Einzigartigkeit des Weges, den es geht, zu besinnen, sich für die lebensgeschichtlichen Umstände und aktuellen Lebenszusammenhänge des Malenden zu interessieren und sie zu berücksichtigen.

Bildaufteilung, Farbe und der Vorgang des Malens

Hilfreich bei der Beschäftigung mit Bildern kann die Berücksichtigung der Bild- und Raumaufteilung, der Farbsymbolik, des verwendeten Materials sowie das Zählen von sich wiederholenden Gegenständen sein. Furth weist jedoch darauf hin, daß dabei keine Verallgemeinerungen möglich sind. Farbinterpretation kann sich damit beschäftigen, wie, wo, in welcher Menge und mit welcher Intensität Farbe auf dem Blatt verteilt wird. Furth geht jedoch auch hier davon aus, daß es keine treffsicheren Regeln für das Interpretieren von Farbe gibt. (...)

Drei Grundregeln

Nach Furth sollten drei Grundregeln beachtet werden beim Betrachten eines Bildes, das unsere besondere Aufmerksamkeit erregt hat:

◆ Den ersten Eindruck des Bildes festhalten, aber sich nicht darauf festlegen, dem Bild »zuhören«, sich hineinfühlen, wahrnehmen, sich als Forscher betätigen, sich ohne Hast seinen Inhalten annähern.
◆ Papiergröße, Format und Qualität des verwendeten Materials berücksichtigen, auf Brennpunkte achten und darauf, was der Malende zum Bild sagt und wie er sich beim Malen verhält.
◆ Miteinander in Beziehung bringen, was man aus den einzelnen Komponenten erfahren hat, und diese Informationen zu einem Ganzen versuchen zusammenzufügen.

Grundsätzlich sollten vorschnelle Schlüsse vermieden werden.

Fleck-Bangert, R.: Kinder setzen Zeichen, S. 61 ff.

AUFGABEN

1. Fassen Sie die wesentlichen Aussagen des Textes zusammen.
2. Diskutieren Sie die im Text angedeutete Problematik der Interpretation von Kinderzeichnungen.
3. Erzieherinnen in der Praxis haben häufig umfangreiche Sammlungen von Kinderzeichnungen. Leihen Sie sich einige aus, und üben Sie sich im Verstehen, warum Kinder bestimmte Dinge so und nicht anders ausdrücken.

Kindersammlungen verstehen

Eine weitere kindliche Tätigkeit, die uns Erwachsenen manchmal eigentümlich erscheint und uns vor Rätsel stellt, ist die Sammelleidenschaft der Kinder. Was sammeln Kinder nicht alles! Wie wahllos erscheint uns häufig die Auswahl der Sammelgegenstände. Der folgende Text von R. Fatke zeigt, wie das Sammeln der Kinder zu verstehen ist.

Kinder sammeln, so scheint es auf den ersten Blick, ziemlich wahllos und unsystematisch alles, was ihnen in der Welt der Dinge begegnet. Ein zweiter, tieferer Blick ist nötig, um den tieferen Sinn zu erkennen, der hinter dem Sammeln liegt.

Dazu muß zunächst gefragt werden, welche Bedeutung der Dinge ganz allgemein für Kinder haben. Anders als für Erwachsene, für die die meisten Dinge in ihrer Lebenswelt feststehende Bedeutungen haben, die sich aus ihren Funktionen ergeben (ein Stuhl ist eben ein Sitzmöbel), so ist für die Kinder die Bedeutung noch offen und je nach Situation und Bedürfnis veränderlich: Ein Stuhl kann eine Karre sein, dann – mit einem Tuch bedeckt – eine Höhle, oder dann wieder ein Auto usw. Die Dinge sind für Kinder noch nicht durch soziale Übereinkunft und Gebrauch festgelegt, sondern sie sind mit einer ganzen Reihe von Funktionen belegbar und wechseln ihre Bedeutung. Kinder geben den Dingen ihren eigenen Sinn. (...)

Bei den Sammelgegenständen handelt es sich um etwas, das für das Kind persönlich Sinn und Bedeutung hat. Gleichgültig ob es sich um die winzigen Kügelchen aus den Tintenpatronen handelt, die zu Hunderten in einem Fläschchen gesammelt werden, oder ob es sich um gebrauchte Eisenbahnfahrkarten oder Flaschenkorken oder Muscheln oder Blätter handelt, die manchmal auf recht unhygienische Weise aufbewahrt werden, alles dies hat eine besondere Bedeutung, die sich nach einer genaueren Analyse in mindestens drei Dimensionen unterscheiden lassen.

(1) Sammeln als Ordnen des räumlichen und zeitlichen Chaos

Für jedes Kind, ja jeden Menschen allgemein, besteht die vermutlich wichtigste Entwicklungsaufgabe darin, sich zur Welt in Beziehung zu setzen. Wie schwer das ist, wird daran deutlich, daß es für den Säugling noch keine Trennung zwischen seinem Ich und der Umwelt, dem Nicht-Ich, gibt. Er erlebt sich mit seiner Umwelt noch in einer Einheit. Erst allmählich im Verlauf der Kindheit entsteht eine Differenzierung, die einhergeht mit dem Vorgang der Selbstwerdung. In diesem Vorgang wird nach und nach eine Ordnung in das Chaos gebracht, als welches dem Kind die Welt noch erscheinen muß, sowohl in der räumlichen als auch in der zeitlichen Ausdehnung: Alles kommt und verschwindet wieder nach keinerlei verständlichen Regelhaftigkeiten oder „Gesetzen"; nichts hat räumlichen Bestand. Besonders bei den vom Säugling und Kleinkind als besonders angenehm erlebten Dingen und Ereignissen (Brust, Flasche, Körperpflege, emotionale Zuwendung) muß das als sehr schmerzlich, zumindest als verwirrend empfunden werden. Daraus ergibt sich das Bedürfnis nach einem **Festhalten** der Dinge, und zwar in doppeltem Sinne: einmal wörtlich im Sinne von Ergreifen und Nicht-wieder-Loslassen; zum anderen übertragen im Sinne von Herausnehmen aus dem Strom der Ereignisse, der Zeit und dem sich ständig verändernden Raum – und es für sich selber behalten! Behalten möchte man es, um selber bestimmen und auf das Geschehen einwirken zu können. Die Gegenstände bilden, stellvertretend für die „große Welt" des Lebens, eine kleine Welt, die das Kind betrachten und in der es schalten und walten kann, wann und wie immer es will. Zwar kommt es meist gar nicht dazu, daß in dieser Welt „geschaltet und gewaltet" wird im Sinne einer spielenden Betätigung mit den gesammelten Gegenständen; aber ausschlaggebend ist, daß da Bewußtsein davon vorhanden ist, daß diese Teile der Welt verfügbar und **unter Kontrolle** sind.

Mit dem Ordnen des zeitlichen Chaos entwickelt sich auch ein Bewußtsein (oder zunächst eine Ahnung) von **Vergänglichkeit**. Ein schönes Beispiel dafür, wie man sozusagen gegen die Vergänglichkeit ansammeln kann, bietet ein Junge, der schon über Jahre hinweg Proben seines Haares in seinem Glas sammelt und unter anderem an der Verfärbung der Haare mit der Altersentwicklung seine eigene Entwicklung in der Lebensspanne verfolgt. (...)

(2) Sammeln als Bearbeitung von Themen der Selbst- und Welterfahrung

Zeit und Raum stellen für das Kind grundlegende Probleme dar, die bewältigt werden wollen. Es spricht einiges dafür, daß das Kind dies auch mit Hilfe der Sammeltätigkeit versucht. Daneben beschäftigen das Kind aber natürlich auch noch andere Lebensthemen, die man Themen der Selbst- und Welterfahrung nennen könnte. Dazu zunächst einige Beispiele: (...)

◆ (b) Ein 11 Jahre altes Mädchen, also an der Schwelle der Pubertät stehend, sammelt hauptsächlich Kakteen und freut sich insbesondere an den Ablegern, die diese bilden. Geburtsphantasien, die in ihrem Sprechen über diese Sammlung deutlich werden, vermischen sich außerdem mit einer anderen, sexuellen Thematik, so wenn das Mädchen kommentiert: „Die Kakteen wachsen so schön und haben so schöne Haare und Stacheln."

◆ (c) Ein Kind von 5 Jahren, das eines Tages einen toten Hirschkäfer fand und davon sichtlich angerührt war, beschloß spontan, eine „Tote-Tiere-Sammlung" anzulegen. Zu diesem Zweck wurde ein Schächtelchen schwarz angemalt: ein Rand aus Goldpapier wurde herumgeklebt, und auf den Deckel wurde in noch ungelenker und fehlerhafter Schrift geschrieben: „totetiasamling", daneben ein großes schwarzes Kreuz gemalt. Die Sammlung gedieh zwar nie über drei tote Insekten hinaus, aber daß dies für das Kind eine ganz besonders wichtige Sammeltätigkeit war, steht außer Frage und wird auch noch Jahre später von dem Kind bestätigt.

In allen diesen Beispielen wird deutlich, daß das Sammeln im Dienste eines ganz bestimmten Themas steht, das jeweils hinter den Gegenständen verborgen ist. Die Kinder sind von diesen Themen offenbar emotional stark berührt und umgetrieben. Da es aber jenseits ihrer intellektuellen Fähigkeiten – oder, wie zum Beispiel im Falle der Kakteen, auch jenseits ihrer emotionalen Möglichkeiten – liegt, sich rein gedanklich-rational mit dem Thema auseinanderzusetzen, dient die Sammeltätigkeit, wenn schon nicht zum Bewältigen des Themas, so doch immerhin dazu, es **unter Kontrolle** zu halten, an ihm zu arbeiten: Mit der Verfügung über die Sammelgegenstände sind die Kinder zugleich Herr des Themas, statt sich von ihm beherrschen lassen zu müssen.

(3) Sammeln als Bestimmen und Erweitern der Identität

Sammeln kann auch dazu dienen, die eigene Identität zu definieren und zu erweitern, und zwar auf zweierlei Weise: (1) durch die Bedeutungen, die die Gegenstände selbst haben, und (2) durch die Verfügung über diese Gegenstände. (...)

Gerade indem das Kind die subjektiv-funktionale Bedeutung der Gegenstände selbst bestimmt, verfügt es auch über die darin enthaltene Wirklichkeit. Das Sammeln von Gegenständen entspringt und dient also zugleich dem Bedürfnis, daß durch eigene Anstrengungen und Aktivitäten etwas in der Wirklichkeit in der Welt bewirkt wird. Die naturgegebene Hilflosigkeit des Säuglings allem Umweltgeschehen gegenüber verwandelt sich in eine Kompetenz des Handelns mit Wirkungen. Identität wird somit gewonnen aus der Erfahrung und dem Bewußtsein, selbst Verursacher von Ereignissen sein zu können.

Aber auch die Bedeutungs**inhalte** selbst können der Identitätsdefinition und -erweiterung dienen. Ähnlich wie sich Erwachsene häufig durch die Ausstattung ihrer Wohnungen definieren (...), so können auch die Sammelgegenstände, mit denen Kinder sich umgeben, Teil ihrer Selbst-Definition sein: Seien es nun die Glanzbilder mit ihren süßlichen Szenen schmachtender Verliebtheit, seien es die Postkarten mit ihren Sehnsucht nach fernen Ländern weckenden Ansichten, seien es die Bilder von Fußballspielern oder auch Film- oder Schallplattenstars, die Phantasien und Hoffnung auf ebensolches Berühmtwerden wachhalten.

Fatke, R.: Kindheit als Herausforderung an die Gesellschaft. In: Sozialpädagogisches Institut NRW (Hrsg.): 10 Jahre für Kinder in Tageseinrichtungen, Köln 1990, S. 18-40.

AUFGABEN

1. Worin sieht Fatke die Bedeutung von „Sammlungen" für Kinder?
2. Was haben Sie früher gesammelt, was sammeln Kinder heute? Stellen Sie einen Zusammenhang zum Text her.

Kindergeschichten verstehen

Spontane Gespräche mit Kindern enthalten bzw. enden häufig in Geschichten. Die Kinder beginnen zusammenhängend zu erzählen. Sie erzählen Begebenheiten, die sie real erlebt haben, aber auch fiktive Geschichten.

Was aus solchen Geschichten zu lernen ist, wird in dem folgenden Text deutlich.

Reinhard Fatke
Kinder erfinden Geschichten – und was man daraus lernen kann

I.

Kinder erzählen viele Arten von Geschichten: (1) Sie berichten von realen Begebenheiten, an denen sie beobachtend oder handelnd teilgenommen haben. (...) (2) Sie erzählen von Ereignissen, in denen die Wirklichkeit stark durchsetzt ist mit eingebildeten oder erfundenen Elementen; dies geschieht häufig dann, wenn das Ereignis ein starkes Gefühl im Kind ausgelöst hat, das es nicht ohne Mühe bewältigen kann: z.B. die angstbesetzte Begegnung mit einem Hund wird zu einer spannenden Geschichte von einem riesigen Untier, dem das Kind mit viel List gerade noch entkommen konnte; (...) auch die »Phantasielügen« gehören hierher, bei denen das Kind, durch Verdächtigungen in eine Situation der Unsicherheit gestellt, den realen Anlaß mit zum Teil kunstvoll erdachten Ausreden verknüpft, von deren Realitätscharakter es in der Regel fest überzeugt ist. (3) Sie erzählen Geschichten, die reine Fiktion sind. Das können Geschichten sein, die entweder dem Kind vorher erzählt worden sind und nun von ihm nacherzählt werden, oder solche, die das Kind ganz frei erfindet – oder eine Kombination von Elementen aus bekannten Geschichten und frei erfundenen Elementen. (...)

In diesem Beitrag soll der dritte Typus, die von Kindern frei erfundene Erzählung, die »Phantasiegeschichte« einer näheren Betrachtung unterzogen werden. Dabei werden folgende Fragen berührt: Wie sehen diese Geschichten aus? Wie lassen sie sich verstehen? Was enthalten sie an kindlichen Gefühlen und Gedanken? Welche Bedeutung haben sie für das Kind? Was können wir aus ihnen lernen?

II.

»Da war einmal ein Mann. Der ist an den See gegangen und auf ein Schiff. Dann ist ein Feuerdrachen gekommen, der hat ihn in den Arsch gebissen. Dann ist er voll übers Boot gesprungen und voll in Nägel reingeflogen mit dem Arsch, in die Nägel von dem Gipsmann, der war elektrisch und hatte einen Motor in dem Bauch. Da ist der Mann in den Motor geflogen. Dann hat er geschrien: ›He!‹, und dann ist er wieder raufgegangen, weil es ein Gummimotor war. Und dann wieder reingeflogen und wieder rauf, und runter und rauf (...). Dann hat der Mann einen Stuhl ans Wasser gebaut und hat geangelt. Da hat er immer Geldstücke an der Angel gehabt. Und auf einmal hat er einen Sack an der Angel hochgezogen. Der ist ihm ins Gesicht, da war Matsch drin, und der ist übers Gesicht. Dann hatte er ein matschiges Gesicht. Dann sagte er: ›Ich bin doch ein dummer Aff.‹ Das hat ein Fisch gehört. Dann ist ein anderer Mann ins Wasser gegangen, und da hat der Fisch gesagt: ›Da ist er im Haus.‹ Der denkt: ›Da hab' ich einen neuen Affen.‹ Und dann ist er zu den Affen reingesperrt. Und dann ist eine Biene gekommen und hat ihm in den Arsch reingestochen. Dann hat ein Papagei ihm auch in den Arsch gestochen. Dann ist ein Floh gekommen und hat ihm in den Arsch gestochen. Dann sagte er: ›Hilfe, jemand hat mir den Arsch weggeschnitten. Jetzt muß ich mir einen neuen Arsch kaufen. Ich kann nimmer scheißen.‹ Und dann hat er kein Geld gehabt. Und dann ist die Scheiße immer am Spitzle rausgekommen. Und dann ist er auf's Klo gegangen, da war eine Bombe drin. Und dann ist die Scheiße zum Spitzle rausgekommen. Und die ist dann explodiert. Und dann hat er ein schwarzes Gesicht gehabt. Und dann ist es aus.« (Thomas, 6 Jahre)

Wie soll man diese Geschichte verstehen? Enthält sie nicht zu viele Ungereimtheiten und Absurditäten (...)? Wird nicht viel zu unbestimmt und übersichtlich erzählt (auf welche Handlungsträger beziehen sich die vielen Pronomina?), als daß wir den Gang der Handlung nachvollziehen könnten? (...)

In der Tat, uns Erwachsene trennt von der Phantasiewelt der Kinder, wie sie in einer Zeichnung oder einer Geschichte Gestalt gewinnt, eine tiefe hermeneutische Kluft, die nie ganz zu überbrücken ist. Wir bedürfen unbedingt zusätzlicher Verstehenshilfen; allerdings müssen diese nicht unbedingt darin bestehen, daß Kinder ihre Phantasieprodukte erklären – zumal dies für Kinder eben ›ermüdend‹ ist. Vielmehr gilt es für die ›großen Leute‹, selbst wieder ›klein‹ zu werden, mit ihrer eigenen Phantasie in die Phantasiewelt der Kinder hineinzutauchen – um auf diese Weise besser zu verstehen; zu verstehen, welche Themen in den Geschichten enthalten sind, welche seelischen Motive, Wünsche, Ängste, Träume; zu verstehen, wie damit umgegangen wird, wie sie gestaltet, bearbeitet, bewältigt werden.

Baake, D. u. a., „Aus Geschichten lernen", S. 263 ff.

AUFGABEN

1. Versuchen Sie, aus der Kindperspektive diese Geschichte zu verstehen.
2. Nach Fatke erfüllen Phantasiegeschichten folgende Funktionen:
   a) Mittel der Ersatzbefriedigung
   b) Bearbeitung unbewältigter Konflikte
   Welche Funktion erfüllt nach Ihrer Meinung die beschriebene Geschichte?
3. Gibt es Kindergeschichten aus Ihrer eigenen Praxis, an denen Sie das Verstehen üben können?

Kinder über alltägliche Gespräche verstehen

Mit Kindern und Jugendlichen zu reden, gehört sicherlich zu den Haupttätigkeiten von Erzieherinnen.
Häufig beschränkt sich dieses Reden auf kurze Anweisungen, Erklärungen, Verbote usw. Ein längeres Gespräch wird in der Regel nur bei besonderen Anlässen geführt:

- ◆ Ein Kind widersetzt sich immer wieder den Anweisungen der Erzieherin.
- ◆ Ein Jugendlicher hat gestohlen.
- ◆ Ein Hortkind hat einige Male die Schule geschwänzt.
- ◆ Ein Kind soll in eine Pflegefamilie vermittelt werden.
- ◆ Es soll ein Entwicklungsbericht über ein Kind erstellt werden.

Gespräche dieser Art, die eine bestimmte Funktion erfüllen sollen, in der Regel verabredet werden und in bestimmten Räumen stattfinden, werden häufig als besonders wichtig und erfolgreich angesehen.
Diese große Bedeutung hat einerseits dazu geführt, daß Gesprächsführung ein Bestandteil u. a. der Erzieherinnenausbildung geworden ist, andererseits wird dadurch die Bedeutung der beiläufigen Gespräche z. B. beim Essen kaum noch gesehen.
In diesem Abschnitt geht es nun nicht um die Vermittlung wichtiger Gesprächstechniken (das wird in Erziehungswissenschaften oder später in Didaktik/Methodik behandelt), sondern unser Ziel ist es, Sie auf die Bedeutung der beiläufigen Gespräche für das Verstehen von Kindern hinzuweisen.
Gesprächsanlässe gibt es im pädagogischen Alltag genug: Beim Essen, beim Werken, bei der Hausaufgabenbetreuung, beim Stadtbummel, beim Thekendienst im Jugendzentrum, im Cafe, beim Sport, . . .
Die fehlende pädagogische Absicht und die Beiläufigkeit solcher Gespräche führt häufig dazu, daß die Kinder oder Jugendlichen in viel größerer Offenheit über ihre Erlebnisse erzählen. Zudem sind es gerade solche Gespräche, die die Beziehung zwischen Kind und Erzieherin beeinflussen.

Was ist nun wichtig für den Erfolg beiläufiger Gespräche?

- ◆ Sensibilität für Gesprächsanlässe
  Wann will ein Kind mir etwas erzählen?
- ◆ Flexibilität
  Gespräche, die sich spontan ergeben, lassen sich häufig nicht verschieben, da das Thema im Moment wichtig ist
- ◆ Gut zuhören können
- ◆ Bereit sein, über eigene Erfahrungen zu erzählen
- ◆ Offener Gesprächsverlauf

Es geht bei diesen Gesprächen nicht darum, ein bestimmtes Thema zu besprechen und ein bestimmtes Ergebnis zu erreichen, sondern in erster Linie darum, im Gespräch zu sein.
Wenn Kinder oder Jugendliche merken, daß Sie fast zu jeder Zeit ein offenes Ohr für sie haben und sie selbst den Verlauf des Gesprächs mitbestimmen können, sind sie auch bereit sich mitzuteilen.
Damit ist eine wesentliche Grundlage für das Verstehen der Kinder und Jugendlichen gegeben.

AUFGABEN

1. Diskutieren Sie in der Klasse über den Wert von Alltagsgesprächen für das Verstehen von Kindern und Jugendlichen.
2. Gibt es Beispiele aus Ihrer Praxis, die die Bedeutung unterstreichen?

Kinder mit Hilfe der „kollegialen Fallberatung" verstehen

In den vorangegangenen Abschnitten wurden vornehmlich individuelle Wege beschrieben, etwas über Kinder zu erfahren und sie zu verstehen. Die einzelne Erzieherin kann sich noch so sehr um Objektivität bei der Wahrnehmung von Kindern bemühen, subjektive Anteile sind nie ganz auszuschließen.

Das Verstehen von Kindern und Jugendlichen durch eine einzelne Erzieherin hat also immer Grenzen.

Eine gute Möglichkeit, diese Grenzen zu erweitern, stellt die sogenannte kollegiale Fallberatung dar.

Es handelt sich dabei um eine spezifische Methode, Fälle aus der pädagogischen Praxis in einer Gruppe zu besprechen.

Für den Erfolg solcher Fallbesprechungen ist es wichtig, daß die Gruppe aus ca. acht Mitgliedern besteht und der methodisch vorgegebene Ablauf genau eingehalten wird.

Welche Schritte sind nun bei einer kollegialen Fallberatung zu durchlaufen?

1. Phase: Einstieg

In dieser Phase werden die organisatorischen Bedingungen geklärt: Wieviel Zeit ist vorhanden? Wer leitet die Fallbesprechung? Wer stellt einen Fall vor?

2. Phase: Falldarstellung

Ein Gruppenmitglied berichtet spontan über einen Fall aus der pädagogischen Praxis. Die Gruppe hat in dieser Phase die Aufgabe, genau zuzuhören und zu beobachten. Was löst z. B. die Fallschilderung in mir aus? Wie wird der Fall geschildert?

3. Phase: Blitzlicht

Jedes Gruppenmitglied teilt kurz mit, welche Reaktionen durch den Fall ausgelöst worden sind. Wichtig ist, daß in dieser Phase noch keine Bewertungen und Interpretationen vorgenommen werden.

4. Phase: Äußere Wahrnehmungen mitteilen

Was ist mir an dem Fall aufgefallen? Was ist mir z. B. am Verhalten des Kindes aufgefallen? Was ist mir an der Schilderung des Falles aufgefallen? Auch in dieser Phase ist es wichtig, sich auf die Schilderung von Wahrnehmungen zu beschränken und nicht zu bewerten und zu interpretieren.

5. Phase: Verdeutlichung und Vertiefung

Nach der Darstellung des Falles und dem Austausch der Wahrnehmungen soll in dieser Phase die Möglichkeit gegeben werden, das Wissen der Gruppenmitglieder bzgl. des Falles zu vertiefen und zu ergänzen. Dies kann z. B. durch die Darstellung des Falles in einem Rollenspiel geschehen oder indem die Gruppenmitglieder Fragen zum Fall stellen.

6. Phase: Perspektivwechsel

In dieser Phase versuchen die Gruppenmitglieder den Fall aus der Perspektive der Beteiligten zu verstehen. Sie versuchen sich z. B. in ein beteiligtes Kind hineinzuversetzen.

7. Phase: Durcharbeiten

Ausgehend von den Ergebnissen der vorangehenden Phasen soll nun der Fall auf der Basis theoretischer Überlegungen interpretiert werden. Wie ist z. B. das Verhalten auf der Grundlage der Lerntheorie zu verstehen? Zudem werden institutionelle und gesellschaftliche Zusammenhänge zum Verständnis des Falles herangezogen.

8. Phase: Fazit

In der abschließenden Phase steht die Zusammenfassung der wesentlichen Sichtweisen und die Diskussion von Lösungsvorschlägen im Vordergrund. Das Gruppenmitglied, das den Fall vorgestellt hat, kann abschließend zum Inhalt und Ablauf der Fallberatung Stellung nehmen.

AUFGABEN

1. Machen Sie sich mit den einzelnen Schritten der Methode vertraut. Klären Sie noch eventuelle Verständnisfragen.
2. Bilden Sie Gruppen mit ca. acht Personen.
   Ist ein Mitglied der Gruppe bereit, einen Fall aus der eigenen pädagogischen Praxis einzubringen? Ansonsten greifen Sie auf einen fiktiven Fall aus der Literatur zurück, den ein Mitglied der Gruppe bei der Falldarstellung vorträgt.
3. Tragen Sie der Klasse im Rollenspiel Ihre kollegiale Fallberatung vor.
4. Reflektieren Sie kritisch aber kollegial die jeweiligen Beiträge vor dem Hintergrund der methodischen Vorgaben.

Kinder über die Reflexion der eigenen Kindheit verstehen

Kindheit heute unterscheidet sich mehr oder weniger gravierend von Ihrer eigenen Kindheit. Dennoch sind wir der Auffassung, daß die Reflexion über die eigene Kindheit eine Hilfe sein kann, heutige Kinder besser zu verstehen.

Wie haben Sie sich als Kind in bestimmten Situationen gefühlt? Was haben Sie gerne getan? Welche Beziehungen waren Ihnen wichtig?

Die Beschäftigung mit solchen oder ähnlichen Fragen erleichtert sicherlich den Zugang zum Verstehen von Kindern.

Wie eine solche Reflexion methodisch aussehen könnte, zeigt das folgende Beispiel.

Kindsein

Spielen

Spielen in der Kindheit

Ziel:
Die eigenen Spielerfahrungen sollen vergegenwärtigt und die Spielwelt in ihrer Sozialisationsbedeutung reflektiert werden.

Durchführung:
Die Teilnehmer/innen haben Papier und Stift vor sich und erhalten folgende Anleitung:
«Versuche, dich als Kind beim Spielen zu sehen. Laß verschiedene Bilder entstehen und schau dich in den Bildern um! Halte einige fest und schau sie dir genauer an!»
Der/die Moderator/in läßt etwa 5 Minuten Zeit und gibt dann im Abstand von ca. 2 Minuten folgende Hilfsfragen. Die Teilnehmer/innen sollen Notizen machen und pendeln zwischen Vorstellungsbildern und Aufschreiben:

◆ Wo hast du gespielt? Draußen, drinnen, auf der Straße, auf dem Hof, im Park, wo am liebsten?

◆ Mit wem hast du gespielt? Waren es Nachbarn, Verwandte, Schulkameraden? Denk dabei an die verschiedenen Altersstufen.

◆ Welches waren deine Lieblingsspielzeuge, -geräte, -instrumente?

◆ Wer warst du beim Spielen? Welche Rolle hattest du: zum Beispiel eher Mitläufer/in, Star, Schiedsrichter/in, Außenseiter/in, eher untergeordnet oder führend, mehr «drin», «am Rande» oder «draußen»?

◆ Welches war das vergnüglichste Spiel? Welches Spiel mochtest du überhaupt nicht?

Nachdem die Teilnehmer/innen auf diese Weise ca. 15 Minuten individuell gearbeitet haben, werden sie gebeten, die Notizen nochmals anzuschauen:

◆ Was fällt mir auf?

◆ Wer war ich als spielendes Kind?

◆ Woran bleibe ich hängen?

◆ Sehe ich irgendeinen Zusammenhang mit meinem heutigen Leben?

(Zeit: 5 Min.)

Auswertung:
In Untergruppen.

Leitfragen:
◆ Welche Bedeutung haben meine Spielerfahrungen für meine Entwicklung?
◆ Was wird an der Art des Spielens über mich selbst klar?
◆ Welche «Defizite» bleiben?

Material:
Stift und Papier.

Gudjons u. a., Spielbuch Interaktionserziehung, S. 148 f.

AUFGABEN

1. Verfahren Sie, wie in der Anleitung vorgeschlagen.
2. Bringen Sie zur nächsten Stunde Dinge mit, die für Ihre Kindheit bedeutsam waren. Kommen Sie in Kleingruppen über die Gegenstände miteinander ins Gespräch.
3. Diskutieren Sie in der Klasse, welche Bedeutung Ihre Kindheitserfahrungen für Ihre Sicht auf Kinder heute haben.

3.2.5 „Die unendliche Geschichte" oder Verstehen als dynamischer Prozeß

„Viele Wege führen nach Rom." Die Aussage dieses Satzes immer wieder zu beherzigen ist wichtig, auch wenn es um das Verstehen geht. Es gibt nicht den richtigen Weg, der zum Verstehen von Kindern führt. Jeder wählt einen anderen Weg, kombiniert andere Verfahren miteinander. Die bisher beschriebenen Wege sind ein Angebot, unterschiedliche Zugänge zum Verstehen zu erproben.
Sie führen hoffentlich dazu, Kinder besser zu verstehen, aber sie bieten keine Erfolgsgarantie.
Wirkliches Verstehen erfordert letztlich mehr als das Sammeln und Interpretieren von Informationen. Dazu benötigt man oft auch Einfühlung und Intuition.
Letztlich können Sie aber auch dann nicht sicher sein, ein Kind vollständig zu verstehen.

Das Verstehen ist ein ständiger Prozeß, der zu einem immer besseren Verstehen, aber wahrscheinlich nie zu einem absoluten Verstehen führt.

Graphisch läßt sich dieser Prozeß als Spirale darstellen.

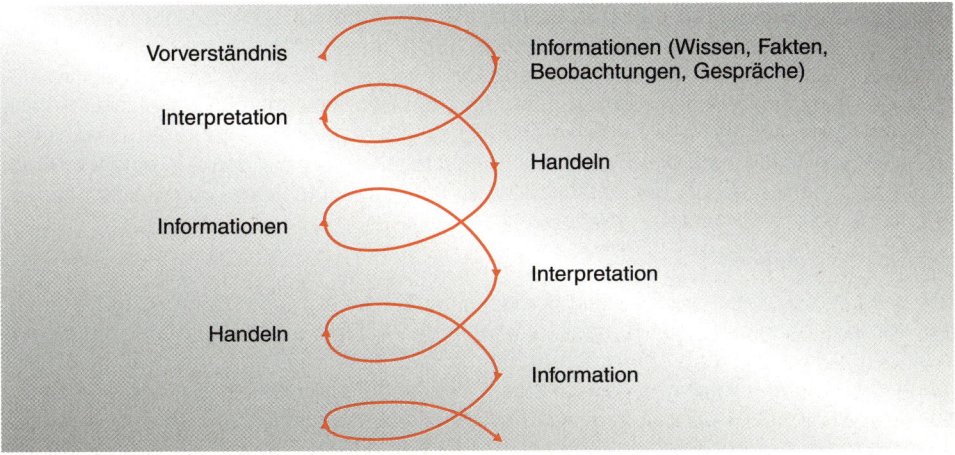

So ermüdend dieser Prozeß auch zeitweilig sein mag, es ist immer wieder ein schönes Gefühl, neue Seiten an einem Menschen zu entdecken.

Lesetip

Bellaire, E.: Ausdrucksformen des Kinderlebens. In: Kinderzeit, H. 1, 1993, S. 32-36
Fatke, R.: Ausdrucksformen des Kinderlebens. Bad Heilbrunn 1994

Weitere Literatur- und Informationshinweise

Burkhard, G.: Schlüsselfragen zur Biographie. Ein Arbeitsbuch. Stuttgart 1994
Fleck-Bangert, R.: Kinder setzen Zeichen. Kinderbilder sehen und verstehen. München 1994
Fritz, J.: Theorie und Pädagogik des Spiels. Weinheim 1991
Götte, R.: Sprache und Spiel im Kindergarten. Weinheim – Basel 1980
Gudjons, H.: Spielbuch Interaktionserziehung. Bad Heilbrunn 1987
Gudjons, H. u. a.: Auf meinen Spuren. Hamburg 1986
Merker, H. u. a.: Spielprozesse im Kindergarten. München 1980
Müller, B.: Sozialpädagogisches Können. Freiburg 1993
Pousset, R.: Sicher antworten auf Kinderfragen. Wuppertal 1993
Richter, H.-G.: Die Kinderzeichnung. Düsseldorf 1987

Grau ist alle Theorie
oder
Das zweite Praktikum

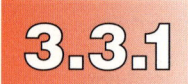

„Sein Antlitz bleich und anmutig verschlossen"[1]
oder
Die Methode des Porträtierens

Wenn denn, wie wir ausgeführt haben, Beobachtung nicht zu Objektivität führen kann, sondern lediglich aufgeklärte oder reflektierte Subjektivität erreichbar ist, stellt sich die Frage, welche Methoden geeignet sind, sich die Wahrnehmung von Menschen verzerrenden Anteile in seiner Beobachtung bewußt zu machen.

Wir greifen hier auf eine Methode zurück, die in der Erzieherinnenausbildung der Kollegschule bereits seit Jahren erfolgreich eingesetzt wird und die scheinbar im Widerspruch steht zu dem, was wir zum Thema Beobachtung ausgeführt haben. Die Idee dieser Methode ist, sich bei der Beobachtung von Personen oder Gruppen bewußt seiner Subjektivität zu stellen, also nicht schon im Moment der Beobachtung alle subjektiven Anteile herauszufiltern, sondern sie zunächst einmal bewußt zuzulassen und in der Geschichte, also der Verschriftlichung des Beobachteten festzuhalten, um sie dann, in einem zweiten Durchgang, der Arbeit am Text aufzuklären, wir könnten auch sagen, zu reflektieren.
Wir nennen diese Methode „Porträtieren".

Was ist damit gemeint?

Wie beim Protokollieren von Handlungsweisen handelt es sich auch beim Porträtieren um den Versuch, pädagogisches Handeln stärker in den Alltag der jeweiligen Einrichtung einzubinden. Wir gehen dabei von der Annahme aus, daß pädagogisches Handeln nicht durch das bestimmt wird, was etwa in einem Beobachtungsprotokoll über ein Kind zu finden ist. Das in einem solchen Protokoll Festgehaltene stellt immer nur einen bestimmten Ausschnitt dar, der auch noch nach bestimmten methodischen Kriterien gereinigt ist. Zur

---

[1] Mann, T., „Der Tod in Venedig", Frankfurt 1977, S. 26.

Vervollständigung dieser ausschnitthaften, methodischen Beobachtung schlagen wir hier vor, zu versuchen, im Porträt den ganzen Menschen einzufangen, weil wir glauben, daß immer dieser ganze Mensch auf uns wirkt und die Art und Weise unseres Umgangs mit ihm steuert. Zu diesem ganzen Menschen gehört eben auch die spezifische Haltung seines Kopfes, wenn er über etwas angestrengt nachdenkt, der kurze Blick aus den Augenwinkeln, mit dem er Verständnis signalisiert, die Art sich zu kleiden, sich zu geben. Zu diesem ganzen Menschen gehört auch, ob wir ihn mögen oder ablehnen, ob er uns eher angenehm oder unangenehm ist, was uns an ihm freut oder stört.

AUFGABEN

1. Schreiben Sie unter der Berücksichtigung des oben gesagten ein Porträt eines Freundes, einer Freundin. Stellen Sie dieses Porträt der Klasse vor.
   oder
2. Einigen Sie sich in der Klasse auf eine Person, die alle kennen (Schauspielerin, Sängerin, sonstige gemeinsame Bekannte). Schreiben Sie in Kleingruppen ein Porträt dieser Person. Vergleichen Sie die Texte.
   oder
3. Schreiben Sie ein Porträt Ihrer Klasse.

Im folgenden bieten wir Ihnen aus unserer Sicht gelungene Porträts aus der Literatur und der bildenden Kunst, an denen Sie Ihre Fähigkeiten zu porträtieren schulen können.

Methodisch schlagen wir vor, sich zunächst die literarischen Porträts anzusehen und die dabei erarbeitete Begrifflichkeit auf das Bildmaterial anzuwenden.

AUFGABEN

1. Schreiben Sie aus den folgenden Romanauszügen alle Begriffe heraus, mit denen Merkmale, Eigenarten oder Verhaltensweisen einer Person bezeichnet werden.
2. Ordnen Sie die Begriffe in die nachfolgende Systematik ein. Erweitern Sie eventuell die Systematik um Merkmalsbereiche, die Sie in den Texten finden.

Konstitutionelle Merkmale/Körperausdruck	psycho-motorische Merkmale	Sozialverhalten
z. B. kräftig	z. B. behäbig	z. B. dominant
–	–	–
–	–	–
–	–	–
–	–	–
–	–	–
–	–	–
–	–	–

emotionale Gestimmtheit/ Antrieb	„Arbeits"verhalten	Sprachverhalten
z. B. fröhlich	z. B. aktiv	z. B. differenziert
–	–	–
–	–	–
–	–	–
–	–	–

Text 1:

Bildnis eines Königspaares

In den ersten Wochen nach der Thronbesteigung haben immer und überall die Kupferstecher, Maler, Bildhauer und Medaillenpräger alle Hände voll zu tun. Auch in Frankreich wird mit leidenschaftlicher Eile das Bildnis des längst nicht mehr »vielgeliebten« Königs Ludwig XV. weggeräumt und durch das festlich bekränzte des neuen Herrscherpaares ersetzt: Le roi est mort, vive le roi.

Viel Schmeichelkunst ist für einen geübten Medaillenschneider gar nicht nötig, um dem braven Biedermannsgesicht Ludwig XVI. etwas Cäsarisches aufzuprägen. Denn abgesehen von dem kurzen festen Nacken kann man den Kopf des neuen Königs keineswegs unedel nennen: eine ebenmäßig zurückfliehende Stirn, ein starker, beinahe kühner Schwung der Nase, eine vollsaftig sinnliche Lippe, ein fleischiges, aber wohlgeformtes Kinn ergeben, rundlich geeint, ein stattliches, ein durchaus sympathisches Profil. Verschönender Nachhilfe bedarf am ehesten der Blick, denn ohne Lorgnette erkennt der außergewöhnlich Kurzsichtige schon drei Schritte weit keinen Menschen; hier muß der Stichel des Graveurs schon ziemlich viel Korn und Tiefe nehmen, um diesen schwerlidrigen, blaßschwimmenden Kuhaugen etwas Autorität zu verleihen. Schlecht steht es bei Ludwig, dem Schwerfälligen, auch mit der Haltung; ihn im Ornat wirklich aufrecht und imposant erscheinen zu lassen, das bereitet allen Hofmalern arge Not, denn frühzeitig verfettet, unbeholfen und durch seine Kurzsichtigkeit bis zur Lächerlichkeit linkisch, macht Ludwig XVI., obwohl fast sechs Fuß hoch und gerade gewachsen, bei allen offiziellen Anlässen unglückliche Figur (la plus mauvaise tournure qu'on pût voir). Er geht über das blanke Parkett von Versailles plump und mit schaukelnden Schultern »wie ein Bauer hinter dem Pflug«, er kann weder tanzen noch Ball spielen; wenn er bloß hastig ausschreitet, stolpert er schon über seinen eigenen Degen. Dieser körperlichen Ungeschicklichkeit ist sich der arme Mann genau bewußt, sie macht ihn verlegen, diese Verlegenheit steigert neuerdings seine Tapsigkeit: so hat jeder zunächst den Eindruck, in dem König von Frankreich einen kläglichen Tölpel vor sich zu sehen.

. . .

Das eigentliche Verhängnis im Naturell Ludwigs XVI., aber ist: er hat Blei im Blut. Etwas Stockiges. Schweres versulzt seine Adern, nichts wird ihm leicht. Immer muß dieser redlich bemühte Mann einen Widerstand der Materie, eine Art Schlaftrunkenheit in sich überwinden, um etwas zu tun, zu denken oder bloß zu fühlen. Seine Nerven können, wie schlaff gewordene Gummibänder, sich nicht straffen, nicht spannen, nicht schwingen, sie sprühen nicht von Elektrizität. Diese angeborene Nervenstumpfheit schaltet Ludwig XVI. von jeder starken Gefühlsleistung aus: Liebe (im geistigen wie im physiologischen Sinn), Freude, Lust, Angst, Schmerz, Furcht, alle diese Elemente des Gefühls dringen bei ihm nicht durch die Elefantenhaut seiner Gleichgültigkeit, und nicht einmal unmittelbare Lebensgefahr kann ihn aus seiner Lethargie aufrütteln. Während die Revolutionäre die Tuilerien stürmen, geht sein Puls nicht eine Sekunde rascher, auch die Nacht vor der Guillotine kann keine der beiden Säulen seines Wohlbehagens, Schlaf und Eßlust, erschüttern.

. . . Die Königin dagegen . . .

Zart, schlank, anmutig, liebreizend, spielerisch und kokett, wird die Neunzehnjährige von der ersten Stunde an die Göttin des Rokoko, der vorbildliche Typus der Mode und des herrschenden Geschmacks; wenn eine Frau als schön und anziehend gelten will, bemüht sie sich, ihr ähnlich zu sein. Dabei hat Marie Antoinette eigentlich weder ein bedeutendes noch ein besonders eindrucksvolles Gesicht; ihr glattes, feingeschnittenes Oval mit kleinen pikanten Unregelmäßigkeiten, wie der habsburgischen starken Unterlippe und einer etwas zu flachen Stirn, bezaubert weder durch geistigen Ausdruck noch durch irgendeinen persönlich-physiognomischen Zug. Etwas Kühles und Leeres wie von glattfarbenem Email geht von diesem unausgeformten, noch auf sich selbst neugierigen Mädchengesicht aus, dem erst die späteren fraulichen Jahre eine gewisse majestätische Fülle und Entschlossenheit hinzutun. Einzig die weichen und im Ausdruck sehr wandelhaften Augen, die leicht in Tränen überströmen, um dann sofort wieder in Spiel und Spaß aufzufunkeln, deuten auf Belebtheit des Gefühls, und die Kurzsichtigkeit gibt ihrem seichten, nicht sehr tiefen Blau einen schwimmenden und rührenden Charakter; nirgends aber zeichnet Willensstraffheit eine harte Charakterlinie in dies blasse Oval: man spürt nur eine weiche, nachgiebige Natur, die von Stimmung sich führen läßt und, durchaus weiblich, immer nur den Unterströmungen ihres Empfindens folgt. Dieses Zärtlich-Anmutige ist es auch, was alle an Marie Antoinette vor allem bewundern. Wahrhaft schön ist an dieser Frau eigentlich nur das wesentlich Weibliche, das üppige, vom Aschblonden ins Rötlich schimmernde Haar, das Porzellanweiß und die Glätte ihres Teints, die füllige Weichheit der Formen, die vollendeten Linien ihrer elfenbeinglatten und zartrunden Arme, die gepflegte Schönheit ihrer Hände, all das Blühende und Duftende einer erst halb aufgefalteten Mädchenschaft, allerdings ein zu flüchtiger und sublimierter Reiz, als daß er sich aus den Nachbildungen ganz erahnen ließe.

Denn auch die wenigen meisterlichen unter ihren Bildern enthalten uns noch das Allerwesentlichste ihrer Natur vor, das Allerpersönlichste ihrer Wirkung. Bilder vermögen fast immer nur die erzwungene starre Pose eines Menschen festzuhalten, und der eigentlichste Zauber Marie Antoinettes beruhte, darüber ist nur eine Stimme, in der unnachahmlichen Anmut ihrer Bewegungen. Erst in der belebten Haltung enthüllt Marie Antoinette die eingeborene Musikalität ihres Körpers; wenn sie auf feinen Fesseln hoch und schlank durch das Spalier der Spiegelsäle schreitet, wenn sie sich kokettnachgiebig in einem Sessel zum Plaudern zurücklehnt, wenn sie ungestüm aufspringt und beschwingt über die Stufen läuft, wenn sie mit natürlich anmutiger Geste die blendend weiße Hand zum Kusse darreicht oder zärtlich ihren Arm um die Taille der Freundin legt, wirkt ihre Haltung ohne jede Anstrengung ..."

Einen krasseren charakterologischen Gegensatz als dieses höchst ungleiche Paar könnte kein Dichter erfinden; bis in den letzten Nerv ihrer Körper, bis in den Rhythmus des Bluts, bis in die äußerste Ausschwingung ihrer Temperamente stellen Marie Antoinette und Ludwig XVI. in allen ihren Eigenschaften und Eigenheiten eine geradezu schulmäßige Antithese dar. Er schwer, sie leicht, er plump, sie biegsam, er stockig, sie moussierend, er nervenstumpf, sie flackerignervös. Und weiter ins Seelische: er unentschlossen, sie zu rasch entschlossen, er langsam überlegend, sie spontan in Ja und Nein, er strenggläubig bigott, sie selig weltverliebt, er bescheiden demütig, sie kokett selbstbewußt, er pedantisch, sie fahrig, er sparsam, sie verschwenderisch, er überernst, sie unmäßig verspielt, er Tiefgänger mit schwerem Flutgang, sie Schaum und Wellentanz. Er fühlt sich allein am wohlsten, sie in lauter lärmender Gesellschaft, er liebt mit animalisch dumpfem Behagen viel zu essen und schweren Wein zu trinken, sie rührt Wein nie an, ißt wenig und flink ...

Zweig, S.: Marie Antoinette, Frankfurt a. M., 1992, S. 100 f.

Text 2:

Es war eine Gruppe halb und kaum Erwachsener, unter der Obhut einer Erzieherin oder Gesellschafterin um ein Rohrtischchen versammelt: drei junge Mädchen, fünfzehn- bis siebzehnjährig, wie es schien, und ein langhaariger Knabe von vielleicht vierzehn Jahren. Mit Erstaunen bemerkte Aschenbach, daß der Knabe vollkommen schön war. Sein Antlitz, bleich und anmutig verschlossen, von honigfarbenem Haar umringelt, mit der gerade abfallenden Nase, dem lieblichen Munde, dem Ausdruck von holdem und göttlichem Ernst, erinnerte an griechische Bildwerke aus edelster Zeit, und bei reinster Vollendung der Form war es von so einmalig persönlichem Reiz, daß der Schauende weder in Natur noch bildender Kunst etwas ähnlich Geglücktes angetroffen zu haben glaubte. Was ferner auffiel, war ein offenbar grundsätzlicher Kontrast zwischen den erzieherischen Gesichtspunkten, nach denen die Geschwister gekleidet und allgemein gehalten schienen. Die Herrichtung der drei Mädchen, von denen die Älteste für erwachsen gelten konnte, war bis zum Entstellenden herb und keusch. Eine gleichmäßig klösterliche Tracht, schieferfarben, halblang, nüchtern und gewollt unkleidsam von Schnitt, mit weißen Fallkrägen als einziger Aufhellung, unterdrückte und verhinderte jede Gefälligkeit der Gestalt. Das glatt und fest an den Kopf geklebte Haar ließ die Gesichter nonnenhaft leer und nichtssagend erscheinen. Gewiß, es war eine Mutter, die hier waltete, und sie dachte nicht einmal daran, auch auf den Knaben die pädagogische Strenge anzuwenden, die ihr den Mädchen gegenüber geboten schien. Weichheit und Zärtlichkeit bestimmten ersichtlich seine Existenz. Man hatte sich gehütet, die Schere an sein schönes Haar zu legen; wie beim Dornauszieher lockte es sich in die Stirn, über die Ohren und tiefer noch in den Nacken. Das englische Matrosenkostüm, dessen bauschige Ärmel sich nach unten verengerten und die feinen Gelenke seiner noch kindlichen, aber schmalen Hände knapp umspannten, verlieh mit seinen Schnüren, Maschen und Stickereien der zarten Gestalt etwas Reiches und Verwöhntes. Er saß, im Halbprofil gegen den Betrachtenden, einen Fuß im schwarzen Lackschuh vor den anderen gestellt, einen Ellenbogen auf die Armlehne seines Korbsessels gestützt, die Wange an die geschlossene Hand geschmiegt, in einer Haltung von lässigem Anstand und ganz ohne die fast untergeordnete Steifheit, an die seine weiblichen Geschwister gewöhnt schienen. War er leidend? Denn die Haut seines Gesichtes stach weiß wie Elfenbein gegen das goldige Dunkel der umrahmenden Locken ab. Oder war er einfach ein verzärteltes Vorzugskind, von parteilicher und launischer Liebe getragen? Aschenbach war geneigt, dies zu glauben. Fast jedem Künstlernaturell ist ein üppiger und verräterischer Hang eingeboren, Schönheit schaffende Ungerechtigkeit anzuerkennen und aristokratischer Bevorzugung Teilnahme und Huldigung entgegenzubringen.

Mann, T.: Der Tod in Venedig, Frankfurt 1977, S. 26 ff.

AUFGABEN

1. Vergleichen Sie Ihre Listen und vervollständigen Sie sie gegebenenfalls.
2. Versuchen Sie sich die Charakterisierungen, Merkmale, Verhaltensweisen zu veranschaulichen indem Sie darstellen (z. B. „ein schleppender Gang", „ein trotziger Mund", „eine grollende Stimme", „ein dröhnendes Lachen" etc.).

Im folgenden nun die bereits angekündigten Bilder.

Picasso, a. a. O.

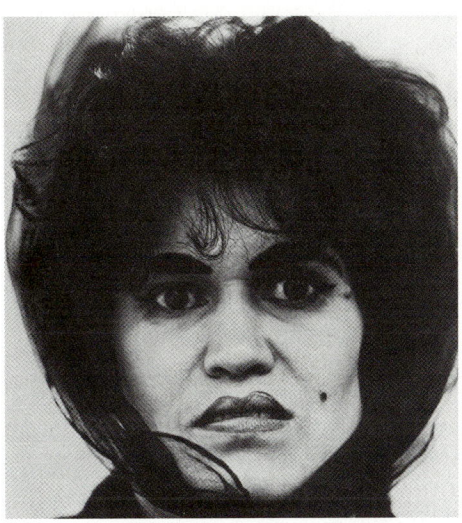

Diane Arbus, In: Photokina 1972 ...", a. a. O., S. 96

Henri Matisse, „Die Familie des Malers.", 1911, in: Volkmar Essers, „Henri Matisse.", Köln 1986, S. 39

Hans Halper, in: „Photokina 1972, Bilder und Texte.", Köln 1972, S. 154

AUFGABEN

1. Entscheiden Sie sich in der Kleingruppe für eines der Bilder und fertigen Sie einen Text an, der das Gezeigte möglichst umfassend wiedergibt. Äußern Sie auch Empfindungen, begründete Vermutungen etc. Bedienen Sie sich dabei Ihrer Liste!
2. Stellen Sie der Klasse Ihr Porträt vor. Versuchen Sie gemeinsam, das vorgestellte Porträt zu komplettieren.

3.3.2 „Grenzen setzen, porträtieren und experimentieren" oder Die Aufgaben für das zweite Praktikum

In den Aufgaben zum ersten Praktikum hatten wir eine bestimmte Auswahl von Handlungsweisen angeregt. Das soll auch hier wieder getan werden, um mit der Zuordnung zu bestimmten Entwicklungsaufgaben für Sie noch einmal den Zusammenhang zwischen den jeweils zu lösenden Entwicklungsaufgaben und den Praxisaufgaben deutlich zu machen.

Während die Aufgaben des ersten Praktikums sich auf die Lösung der I. Entwicklungsaufgabe, die Abklärung des Berufsrollenverständnisses bezogen, steht nun die II. Entwicklungsaufgabe im Mittelpunkt, das Fremdwahrnehmen und Fremdverstehen.

In den Aufgaben wird die Lösung der I. Entwicklungsaufgabe weiter vorangetrieben, die II. Entwicklungsaufgabe steht im Zentrum, die III. Entwicklungsaufgabe, das pädagogische Handeln, wird in den Blick genommen.

Systematisch läßt sich das wie folgt darstellen:

Zuordnung zu Entwicklungsaufgabe:	mögliche Handlungsweise:
Handlungsweise, die in besonderem Maße die Übernahme der „Berufsrolle" verlangt. (Entwicklungsaufgabe I)	– NEIN-SAGEN oder – Grenzen-Setzen
Handlungsweise, in deren Zentrum die Fremdwahrnehmung steht (Entwicklungsaufgabe II)	– Porträtieren
Handlungsweise, die in besonderem Maße das pädagogische Handeln fordert (Entwicklungsaufgabe III)	– Experimentieren
Handlungsweise, die sich in besonderer Weise auf die „Professionalisierung" bezieht. (Entwicklungsaufgabe IV)	–

Zur Lösung der neuen Aufgaben noch einige Erläuterungen.

Aufgabe 1:

Text zu einer Handlungsweise, die in besonderem Maße die Übernahme der Berufsrolle verlangt.

Thema: Grenzen setzen oder Nein-sagen.

Als Erzieherin werden Sie es nicht vermeiden können, Adressaten in ihren Verhaltensweisen zu begrenzen. In allen Einrichtungen sind Sie verpflichtet, die dort herrschenden Spielregeln gegenüber den Adressaten zu vertreten. Diese von Ihnen in Ihrer Rolle als Erzieherin gegenüber den Adressaten zu vertretenden Regeln müssen nicht in jedem Falle identisch sein mit dem, was Sie persönlich für sinnvoll und angemessen halten. Daraus ergeben sich häufig Konflikte, die gelöst werden müssen, wenn Sie einen Zuwachs an Handlungssicherheit gewinnen wollen. In einem anderen Bereich könnte es sein, daß Sie mit Ihren Versuchen, die Einhaltung von Regeln durchzusetzen, scheitern. Auch eine solche Situation könnte Gegenstand eines Textes sein.

Die Texte könnten also folgende Überschriften tragen:

a) „Wie ich einmal bei der Durchsetzung von Regeln des Hauses in Konflikt geraten bin mit meinen eigenen Vorstellungen von Erziehung."
b) „Wie ich einmal Grenzen setzen wollte und niemand sie akzeptiert hat."

Natürlich können die Texte auch aus Ihrer Sicht geglückte Aktivitäten schildern!
Nach der Schilderung des Verlaufs ist das gezeigte Verhalten zu reflektieren.

Aufgabe 2:
Text zu einer Handlungsweise, die die Fremdwahrnehmung thematisiert.

Die Voraussetzung für gelingendes pädagogisches Handeln ist, die Adressaten angemessen wahrzunehmen und daraus entwicklungsfördernde pädagogische Aktivitäten abzuleiten.

Thema: Porträtieren

Der Begriff Porträt ist aus der Fotografie oder der Malerei bekannt. Im Porträt versucht der Künstler eine Person so darzustellen, daß der Betrachter sich ein Bild von dieser Person machen kann. Das Porträt ist also gelungen, wenn der Betrachter nicht nur Äußerlichkeiten erfährt, also nun weiß, wie die betreffende Person aussieht, sondern wenn das Porträt die Persönlichkeit, das Unverwechselbare, man könnte auch sagen das Einmalige einer Person erfaßt. Ein gelungenes Porträt beantwortet die Frage:

„Was ist das für ein Mensch?"

Da häufig die zeichnerischen und fotografischen Fähigkeiten begrenzt sind, bitten wir Sie, einen Text zu schreiben, indem Sie entweder eine Person oder eine Gruppe porträtieren. Mögliche Überschriften könnten hier sein:

a) „Das Porträt von David B."
b) „Das Porträt der Graffiti-Kings"

Dieser Text sollte alles enthalten, was diese Person bzw. Gruppe ausmacht. Beim Lesen des Textes muß sich ein möglichst plastisches Bild einstellen.

Günstig ist es, Beobachtungen über einen längeren Zeitraum in unterschiedlichsten Situationen zu machen und diese stichwortartig festzuhalten, zu sammeln, um dann am Ende des Praktikums den Text zu schreiben.

Zur Sammlung von Fakten für Ihr Porträt eignet sich in besonderer Weise Ihr Bildungsgangbuch.

Den folgenden Text hat eine Schülerin nach dem Ende ihres Praktikums in einer „Offenen Tür" geschrieben.

Zur Person:

Konrad ist 12 Jahre alt und ca. 1,40 m groß. Er trägt eine Brille, hat einen Ohrring im linken Ohr und einen Topfschnitt. Seine Kleidung ist durchschnittsmäßig, nicht besonders auffällig, aber auch nicht billig. Wenn man nach dem ersten Eindruck urteilt, würde man ihn als ideenreiches und offenes Kind sehen. Doch im direkten Gespräch hat er konservative und auch faschistische Einstellungen, von denen er sich nicht abbringen läßt. Z. B.: „Die Frau gehört hinter den Herd und hat sich um die Kinder zu kümmern." Der Mann ist für ihn ein besseres Individuum. Z. B. „Wir sind hier doch nicht in Polen." Wenn er unbedingt die Aufmerksamkeit auf sich ziehen will, dann wird seine Stimme unheimlich laut. Er ist sehr oft zu uns Praktikanten gekommen und hat uns seine Probleme anvertraut. Konrad braucht viel Zuneigung, er braucht jemanden, mit dem er sich austauschen kann; denn obwohl er von den anderen Kindern respektiert wird, hat er sich meistens zu uns zurückgezogen.

Konrad hat einen jüngeren Bruder (11 Jahre), der sich schnell in der Gruppe zurecht gefunden hat. Er hat wahnsinnige Minderwertigkeitskomplexe gegenüber seinem Bruder: „Tobias sieht besser aus als ich. Er ist stärker als ich. Er kommt besser mit Mädchen klar" usw.

Konrad haßt Mädchen; einen Grund dafür konnte er nicht angeben. Konrad ist offen für alles neue. Gerade dann zeigt er eine Begeisterung, die die der anderen übertrifft.

Er kann sich gut ausdrücken und konzentrieren. In der Schule ist Konrad ebenfalls gut. Er kann gut Geschichten erzählen und diese mit Gestik unterstützen.

Sein Gesicht ist rund mit dicken Backen. Er hat grüne Augen, die Farbe seines Gesichtes ist eher rot als weiß.

Er ist ein bißchen rundlich.

Umfeld, Sozialisation, Elternhaus

Konrad hat einen Stiefvater, seinen richtigen Vater hat er seit vielen Jahren nicht mehr gesehen, weil er im Gefängnis ist. Warum sein Vater im Gefängnis sitzt, weiß Konrad nicht. Er kommt mit dem Stiefvater nicht gut zurecht. Er schilderte eine Situation, in der ihm sein Stiefvater Hausarrest erteilte. Zum Schluß verließ Konrad das Haus mit den Worten: „Du bist nicht mein Vater, laß mich in Ruhe!"

Konrad ist mit seiner Mutter, seinem Vater und seinem Bruder vor kurzem von Bremen nach Elspe gezogen. Dort hat er keine Freundin. In Bremen hatte er eine Freundin. Trotz seiner Vorurteile gegen Frauen vermißt er sie. Er kam am ersten Tag, als er sich in Elspe befand mit seinem Bruder ins Jugendheim und wurde sofort integriert. Beim Mensch-ärger-dich nicht hat er uns alles über den Umzug erzählt. Er machte einen sympathischen Eindruck auf die anderen und auch auf uns. Die Familie ist umgezogen, weil der Stiefvater einen neuen Arbeitsplatz gefunden hat.

Sein Stiefvater hat früher getrunken, er war Alkoholiker. Konrad kann sich an viele Streitsituationen erinnern. Jetzt trinkt der Stiefvater weniger und ist erträglicher als früher.

Integration in die Gruppe

Bei der Probe eines Theaterstückes, bei dem sich jeder in seiner Rolle nach eigenen Ideen entfalten konnte, ist Konrad in seiner Rolle als Vater total aufgegangen. Er hat sich extrem in die Rolle hineingesteigert. Szenenbeispiele: „Kind, du machst jetzt sofort die Hausaufgaben nach! Geh sofort auf dein Zimmer und guck mich an, wenn ich mit dir rede! Du bekommst zwei Wochen Hausarrest und Computerverbot! Na los, mach deine Hausaufgaben, sonst passiert was!" Er hat solange weitergespielt, bis wir ihm sagten, das Theaterstück sei zu Ende. Danach fiel es ihm immer wieder schwer, er selbst zu sein. In Gruppensituationen hat er sich weniger auf die Kinder eingestellt, sein Interesse galt eher uns. Ab und zu hat er mit seinem Bruder und zwei Mädchen, die ebenfalls Geschwister sind, gespielt. Die vier waren häufig zusammen im Tischtennisraum oder im Billardraum. Wenn Konrad etwas mit den anderen zu tun hatte, dann mit den beiden Mädchen. Mit anderen Kindern konnte er zwar etwas anfangen, aber nur begrenzt. Wir haben versucht, viel mit ihm zu spielen und haben uns dabei über seine Probleme ausgetauscht, doch bei anderen Kindern konnte er seine Probleme über seine Eltern, Schule usw. wohl nicht loswerden. Ich denke, daß das nicht möglich, liegt an ihm selbst; denn die anderen haben ihn von Anfang an respektiert. Keiner fand Konrad blöd oder dumm. Er wurde von allen toleriert, hatte nie Streit mit anderen. Einmal war es im Kinderraum sehr laut. Die Kinder spielten fangen und schrien sich an. Konrad hielt sich die Ohren zu und schrie ununterbrochen: „Seid leise, seid endlich still!"

Wir mußten ihn beruhigen, damit er sich wieder in den Griff bekam.

Wenn Konrad wollte, wäre es für ihn kein Problem in die Gruppe zu kommen, aber er hatte viel mehr Interesse daran, sich mit uns zu unterhalten. Immer wenn er ankam, habe ich eine starke Antipathie gegenüber ihm empfunden. Er kam sogar mit nach draußen, wenn wir mit dem Bus nach Hause fahren wollten. Konrad ist sehr sensibel und brauchte mehr Zuwendung und Zuneigung. Er hat viele gute Ideen, doch vielleicht braucht er etwas anderes als die Kindergruppe im Jugendheim. Man müßte ihm ein größeres Spektrum anbieten. Er muß sich ganz neu einleben, das ist ein weiteres Argument für seine zurückgezogene innere Haltung. Er ist negativ geprägt worden durch Erziehung und Sozialisation. Er hat sehr viel durchgemacht. Man müßte das aufarbeiten. Er braucht eine Kontaktperson, mit der er seine Vergangenheit neu verarbeiten kann.

AUFGABEN

1. Untersuchen Sie den Text daraufhin, inwieweit er dem, was wir zum Porträt ausgeführt haben, gerecht wird.
2. Was fehlt aus Ihrer Sicht. Was würden Sie noch ergänzen wollen?

Alles, was Sie z. Z. innerhalb von Praxiseinrichtungen tun, hat den Charakter des Ausprobierens, des Vorläufigen. Wir wollen nun einen Schritt weitergehen, ohne Ihnen jedoch schon abzuverlangen, wie eine professionelle Erzieherin zu arbeiten.

Zur Erinnerung:

Wir hatten gesagt, daß der größte Teil des pädagogischen Alltags von Erzieherinnen aus Aktivitäten besteht, die weitgehend spontan und ungeplant sind. Um dieses alltägliche pädagogische Handeln einer kritischen Reflexion zugänglich zu machen und in diesem Alltag das Pädagogische freizulegen geben wir Ihnen immer zur Aufgabe, Ausschnitte dieses Alltags zu beschreiben (Protokolle von Handlungsweisen).

Daneben gibt es immer wieder auch Anlässe, die ein gezieltes Handeln über einen längeren Zeitraum erforderlich machen. Solche Anlässe erfordern vor der Umsetzung mehr oder weniger umfangreiche Planungen. Um solches geplante Handeln vom professionellen Handeln von ausgebildeten Erzieherinnen abzugrenzen, nennen wir es experimentieren. Das Experiment ist hier der Versuch, eine Aktivität mit einer kleinen Gruppe von Kindern zu planen, durchzuführen und zu reflektieren. Der Planungstext könnte folgende Fragen beantworten:

- ◆ Was will ich tun?
- ◆ Warum wähle ich dazu gerade diese Kindergruppe aus?
- ◆ Welches Material brauche ich dazu?
- ◆ Welche organisatorischen Absprachen muß ich treffen?
- ◆ Welche Ziele/Absichten verfolge ich mit meinem Angebot?
- ◆ Wie soll der Ablauf des Angebots sein? Womit fange ich an, was mache ich dann, womit höre ich auf?

Im Anschluß an die Durchführung ist diese kritisch zu reflektieren.

Dabei können folgende Punkte hilfreich sein:

- ◆ Hat sich das, was ich in der Planung beabsichtigt habe, realisieren lassen? Wenn nein, wo gab es Probleme?
  - z. B. – Habe ich die Fähigkeiten der Kinder angemessen eingeschätzt oder waren sie über-/unterfordert?
  - – Waren die Kinder in der Lage, die gestellte Aufgabe eigenständig zu lösen?
  - – War das ausgewählte Material altersgerecht?
  - – Habe ich sowohl das Einzelkind als auch die Gesamtgruppe im Blick gehabt?
  - – Habe ich mit der Auswahl meines Themas die Interessen und Bedürfnisse der Kinder getroffen?
  - – Wie beurteile ich mein pädagogisches Handeln? (Anleitung, Freiraum, Sprache, Lob, Tadel etc.)
  - – Habe ich meine selbstgesetzten Ziele erreicht?
  - – War die Raumgestaltung/-vorbereitung dem Thema angemessen?
  - – Was würde ich bei einem erneuten Angebot dieser Art verändern, worauf würde ich stärker achten?

3.4 „Ich dreh' lieber einen Kinderfilm"
oder
Die Bearbeitung der II. Entwicklungsaufgabe

Die erste Didaktik/Methodik-Stunde nach dem Praktikum: Möglicherweise haben Sie schon Gelegenheit gehabt, auf dem Schulhof oder privat Ihre ersten Eindrücke auszutauschen.

Als Einstieg in eine etwas systematischere Beschäftigung mit den Praxiserfahrungen schlagen wir vor, in Kleingruppen die folgenden Aufgaben zu bearbeiten.

AUFGABEN

> *Beantworten Sie zunächst für sich selbst die folgenden Fragen:*
> 1. *Welche Veränderungen gegenüber dem letzten Praktikum habe ich bei mir wahrgenommen (z. B. in bezug auf die Wahrnehmung der Kinder, den Umgang mit den Kindern, die Zusammenarbeit im Team etc.)?*
> 2. *Durch die Inhalte des letzten Halbjahres hat sich bei mir ein bestimmtes Bild von Kindheit und Kindern heute eingestellt. Kann ich dieses Bild aufgrund meiner Praxiserfahrungen aufrechterhalten und wenn nein, wo müßte ich Korrekturen anbringen?*
> 3. *Was kann ich schon ganz gut, woran scheitere ich immer wieder, wovor habe ich mich bisher erfolgreich gedrückt?*
> 4. *Was nehme ich mir persönlich für das nächste Praktikum vor, was will, was muß ich noch lernen?*
> 5. *Was ich sonst noch sagen wollte: Anregungen und Kritik, besondere Erlebnisse etc.*
>
> *Diskutieren Sie Ihre individuellen Antworten in der Gruppe und halten Sie die Ergebnisse stichwortartig fest.*
> *Bringen Sie die Gruppenergebnisse in die Klasse ein.*

Wie bei der I. Entwicklungsaufgabe geben wir Ihnen auch hier wieder Materialien an die Hand, die Ihnen helfen sollen zu klären, in welcher Weise Sie persönlich die II. Entwicklungsaufgabe gelöst, welches Konzept der pädagogischen Fremdwahrnehmung Sie entwickelt haben.

Die Bearbeitung unserer Vorschläge ist etwas zeitaufwendig, (günstig wären zur Bearbeitung zwei oder drei Projekttage!). Wir sind jedoch der Meinung, daß der Aufwand lohnt.

Die Bearbeitung sollte wieder in Kleingruppen erfolgen.

Die einzelnen Projektgruppen stellen nach Erledigung ihrer Arbeitsaufträge ihre Ergebnisse jeweils möglichst anschaulich im Klassenverband vor.

Die folgenden Themenbereich stehen zur Auswahl:
- ◆ Planung eines Kindergartens
- ◆ Kinderfernsehen
- ◆ Kinderbücher
- ◆ Kinderspiele
- ◆ Kindheit heute

Arbeitsauftrag Gruppe I

„Unser Kindergarten ist abgebrannt!"

Sie sind Mitarbeiterinnen und Mitarbeiter des städtischen Kindergartens an der „Salvador Allende Str.". Durch einen Kabelbrand an einer defekten Leitung ist Ihr Kindergarten in der Nacht vom 18. zum 19.11.19.. abgebrannt. Das Jugendamt, das viel von ihrer engagierten Arbeit in den letzten Jahren gehalten hat, lädt Sie zu einer Besprechung ein. Hier erfahren Sie, daß der Kindergarten wieder aufgebaut werden soll und das es ein großes Interesse gibt, Sie an der Planung zu beteiligen. Sie werden gebeten, Vorstellungen zur äußeren und inneren Gestaltung des neuen Kindergartens zu entwickeln. Dabei wird Ihnen ausdrücklich erklärt, daß Sie sich zunächst an keinerlei Beschränkungen halten müssen. Sie werden ausdrücklich ermutigt, bei der äußeren Form des Gebäudes, der Innenräume einschließlich der Einrichtung und des Spielmaterials sowie bei der Gestaltung des Außengeländes ihrer Phantasie und Kreativität keine vorschnellen Grenzen zu setzen.

Sie ziehen sich zurück, beraten und planen Ihren Idealkindergarten. Für den 26.11. sind Sie erneut eingeladen, um Ihre Pläne und Überlegungen zu präsentieren. Erwartet wird von Ihnen ein Plan der Außenansicht, der inneren Aufteilung, der gewünschten Raumausstattung und ein Plan des Außengeländes.

AUFGABEN

1. *Ihr Plan sollte, ähnlich wie eine Architektenzeichnung, das Aussehen Ihres Kindergartengebäudes deutlich machen (Vorderansicht, event. Seitenansicht, Rückfront etc.).*
2. *Der zweite Plan sollte eher der Zeichnung eines Gartenbauarchitekten ähneln (Topographie des Geländes, Bäume, Sträucher, Hecken, Wasserläufe etc.).*
3. *Ein weiterer Plan muß die Innenausstattung wiedergeben.*
4. *Bei der Vorstellung Ihrer Pläne kommt es besonders darauf an, klarzumachen, warum Sie den Kindergarten so und nicht anders gestalten, wie und wodurch Ihr Kindergarten auf Kindheit heute und das was Kinder zu ihrer Entwicklung brauchen reagiert.*

Arbeitsauftrag Gruppe II

Das Fernsehen bietet in seinem Nachmittagsprogramm eine Fülle von Sendungen mit Kindern und für Kinder. Das Spektrum reicht von der Dokumentation, der Information etwa über andere Erdteile und Kulturen, über exotische Tiere oder das Leben von Kindern in entlegenen Teilen der Welt bis zu Shows. Hier als Anregung das Nachmittagsprogramm eines normalen Wochentages (für Kinder mit Kabelanschluß!).

ARD
14.00/15.00 Tagesschau
14.03 höchstpersönlich
14.30 Abenteuer Überleben
   Der Weißstorch
15.03 Der Doktor und
   das liebe Vieh
15.30 Das Sommeralbum
   Kinderfilm, BRD 1991
17.00 Tagesschau
17.10 Brisant
   Boulevard-Magazin
17.40 Regionales
17.50 Tagesschau-Telegramm
17.55 Kojak – Einsatz
   in Manhattan
   US-Krimiserie
   Polizeischutz für Theo
18.50 Tagesschau
18.55 Die Dinos
   US-Puppentrickserie
   Nuß um Nuß (2)
19.25 ●● Verstehen
   Sie Spaß? Extra
19.57 Vorschau

ZDF
14.30 Mit dem Wind um die
   Welt
   Paradiese, Wracks und
   Robinson Crusoe – Moorea,
   Bora-Bora, Suwarow
15.15 heute
15.20 Der letzte Bandit
   Western, USA 1941
   Mit Robert Taylor, Brian
   Donlevy, Ian Hunter
   Regie: David Miller
17.00 heute
   Mit Sport und Wetter
17.15 ●● Länderjournal
   Anschl.: heute-Schlagzeilen
18.00 Freunde fürs Leben
   Serie: Eifersucht
   Anschl.: Vorschau (VPS 18.50)
   mit Gewinn vor 7
19.00 heute
19.20 Wetter
19.25 Forsthaus Falkenau
   Serie – Ich bin so glücklich
   Mit Christian Wolff, Anja

RTL
14.10 Mord ist ihr Hobby
   US-Krimiserie
   Schwarze Magie
15.00 Ilona Christen
   Thema: Skandal in der
   Kleinstadt – Das gefundene
   Fressen für Kleinbürger
16.00 Hans Meiser
   Thema: Die versteckte
   Schande
   – Armut in Deutschland
17.00 Wer ist hier der Boß?
   US-Comedyserie (Wh.)
17.30 Eine schrecklich
   nette Familie (Wh.)
18.00 Reich und schön
   US-Familienserie (Wh.)
18.30 Explosiv – Telegramm
   Boulevard-News
18.45 RTL aktuell
   Nachrichten, Sport, Wetter
19.10 Explosiv – Das Magazin
19.40 Gute Zeiten,
   schlechte Zeiten

WDR	**RTL2**	**KABEL**
14.00 WDR aktuell	14.00 Cupidospace	14.00 Casimir & Co
14.05 ●● Hit-Clip	Zeichentrickserie	14.25 Quiz
Musikvideo-Show	14.25 Bob & Bobette (Wh.)	14.30 Dr. Dolittle
14.30 Dagegen sein ist	14.55 Rock'n Cop (Wh.)	14.55 Popeye
immer leicht (6)	15.25 Kidd Video (Wh.)	15.25 Die Flugbärchen
Verführer und Verführte	15.55 Kid'n Play	kommen!
15.00 WDR aktuell	Zeichentrickserie	15.50 Heathcliff
15.05 FensterPlatz	16.20 Popeye	16.15 Hugo
Magazin	Zeichentrickserie	Gameshow
16.00 fit + mobil	Dazw. jeweils Vampy	16.45 Ein Duke kommt
Magazin	16.30 Die Bestechlichen	selten allein
16.30 100 Grad	Krimikomödie	US-Familienserie
Jugendmagazin	Frankreich 1984	Der totgeglaubte Bruder
Thema: Freizeit extrem	Mit Philippe Noiret,	17.45 Air-Force
18.00 N.R.W. – Nachrichten	Thierry Lhermitte	US-Abenteuerserie
aus Rheinland und Westfalen	Regie: Claude Zidi	Ein Geschenk des Himmels
18.05 KuK	18.25 Bitte lächeln	18.40 Lifeguide
18.30 Konto	Mit Martina Menningen	Talkshow
Tips für Verbraucher	und Mike Carl	Mit Birgit von Heintze
18.45 Aktuelle Stunde	18.55 Action News	19.20 Chicago Soul
Mit Nachrichten und Sport	19.05 Der Engel	US-Krimiserie. Mit eigenen
19.25 Fensterprogramme	kehrt zurück	Waffen geschlagen
der Landesstudios	US-Fantasyserie (Wh.)	Gabriel Bird muß erfahren,
19.45 Westpol (VPS 19.44)	Hoffnung für Lee (1)	daß Celine nicht seine
SW3	**PRO 7**	**3SAT**
14.00 Politik Südwest	14.00 Arabella Kiesbauer	14.15 Was die Großmutter
Magazin aus	Talkshow	noch wußte
Rheinland-Pfalz	15.00 Der Denver-Clan	14.45 Der Sportspiegel
14.30 Nachkriegsgeschichte	US-Familienserie	China gewinnt!
des Saarlandes (5)	Wenn Damen fechten	Ein Sportriese erwacht
14.59 Vorschau	16.00 Unsere kleine Farm	15.30 Globus
15.00 Hallo, wie geht's?	US-Familienserie	16.05 Heidi
15.15 Geldbörse	Die Bedrohung (2)	16.30 Wenn du meinst,
15.45 Brigadoon	17.00 Dennis	lieber Gott
Musical, USA 1954	Zeichentrickserie	16.35 Die heiße Spur
Mit Gene Kelly, Van	17.30 Schweinchen Dick	17.00 Mini-ZiB
Johnson, Cyd Charisse	Zeichentrickserie	17.10 Zeit im Bild da capo
Regie: Vincente Minnelli	17.55 Familie Feuerstein	17.15 ●● Weltreiterspiele
17.30 Tele-Rhetorik (5/6)	Zeichentrickserie	in Den Haag
18.00 Menschen und Tiere	18.25 Unser lautes Heim	18.00 3sat-Börse
18.24 Verkehrsspots	US-Comedyserie	Mit Peter Nemec
18.25 Unser Sandmann	Die Kettenreaktion	18.20 Tips und Trends
18.30 Südwest aktuell	18.55 College-Fieber	Heute: mobil
18.35 Hallo, wie geht's?	US-Comedyserie	18.53 Sandmännchen
18.50 Fahr mal hin…	Fristlos gefeuert	19.00 heute
Das Hanauerland links	19.25 Bill Cosby Show	19.20 Tagesgespräch
und rechts vom Rhein	US-Comedyserie	19.30 ausland
19.20 Landesschau	Wohnzimmercricket	ZDF-Korrespondenten
19.48 Landesschau aktuell		berichten aus aller Welt

Ein typisches Programmschema im Fernsehen

Nachdem Sie sich einen Überblick verschafft haben, was in der von uns unterstellten Hauptsendezeit für Kinder angeboten wird, gibt es zwei Wege der Bearbeitung:

Weg 1

Sie sichten einige der angebotenen Sendungen und erstellen mit Hilfe einer Videokamera eine eigene Kindersendung, die Sie zeitgemäß, kindgerecht, pädagogisch wertvoll und unterhaltend finden.

Weg 2

Sie entwickeln Kriterien für eine aus Ihrer Sicht gute Kindersendung, sichten das Angebot, wählen eine Sendung aus, die Ihren Gütekriterien am nächsten kommt und stellen diese der Klasse vor.

Arbeitsauftrag Gruppe III

Das Lesen droht zwar immer mehr aus der Mode zu kommen, trotzdem spielen Bilderbücher, Vorlesebücher, Märchen und Serienbücher im Leben von Kindern nach wie vor eine große Rolle. Zur Bearbeitung dieser Aufgabe gibt es ebenfalls zwei Wege.

Weg 1

Entwickeln Sie Kriterien, wodurch sich aus Ihrer Sicht ein Kinderbuch auszeichnen muß. Beschränken Sie sich dabei auf einen Typ (Bilderbuch, Märchen etc.).
Sichten Sie mit Hilfe dieses Kriterienkataloges die Schul- oder Stadtbücherei und wählen Sie ein Buch aus, das Sie für empfehlenswert halten. Stellen Sie das Buch und Ihre Auswahlkriterien der Klasse vor.

Weg 2

Erstellen Sie selber ein Bilderbuch, ein Märchen oder eine Vorlesegeschichte die alles das enthält, was Sie aus Ihrer Sicht für Kinder heute für nützlich, wissenswert oder entwicklungsfördernd halten. Verfahren Sie dann wie Weg 1.

Arbeitsauftrag Gruppe 4

Das Spiel ist die zentrale Tätigkeit des Menschen im Kindesalter. Kinder bedienen sich im Spiel bestimmter Materialien, die für sie damit zum „Spiel-Zeug" werden. Daneben gibt es aber, von cleveren Verkaufsstrategen und/oder pädagogisch engagierten Menschen entwickeltes Spielzeug, das in der Regel bestimmte Formen des Spiels nahelegt oder bestimmte Entwicklungen fördern soll.

Zur Lösung dieses Auftrages bieten sich aus unserer Sicht drei Wege an:

Weg 1

Entwickeln Sie einen Katalog mit Gütekriterien für „gutes Spielzeug" oder „gute Spiele". Besuchen Sie einen Kindergarten, die Spielzeugabteilung eines Warenhauses oder ein Spezialgeschäft oder sichten Sie den Fundus von Geschwistern, Nachbarskindern usw. Wählen Sie ein Spiel oder Spielzeug aus, das Ihren Ansprüchen am nächsten kommt und stellen Sie dieses der Klasse vor.

Weg 2

Entwickeln Sie auf der Grundlage Ihrer Gütekriterien ein eigenes Spiel.

Weg 3

Führen Sie mit den Kindern einer benachbarten Schule oder eines Kindergartens einen Spielenachmittag durch. Erläutern Sie die Kriterien für die getroffene Auswahl der Spiele und Ihre Erfahrungen bei der Durchführung.

Falls Ihre Klasse recht groß ist oder einige unserer bisherigen Vorschläge Ihnen gar nicht zusagen hier noch ein Reservevorschlag.

Bei der Beschäftigung mit dem Thema „Kindheit heute" haben Sie sicher bemerkt, daß Kindheit nicht etwas starres für alle Zeiten festliegendes, sondern etwas dynamisches, und veränderliches ist. Erstellen Sie eine Collage zum Thema „Kindheit heute – Kindheit morgen".

„In unserer Einrichtung arbeiten wir situativ"
oder
Das Konzept pädagogischen Handelns

„Ich will den Kindern kein pädagogisches Programm überstülpen"
oder
Die Inhalte der III. Entwicklungsaufgabe

Drei Schüler einer Fachschule für Sozialpädagogik haben sich bei unterschiedlichen Einrichtungen um eine Stelle für das nächste Praktikum beworben. Bevor die Einrichtungen sich entscheiden, haben sie die Schüler aufgefordert, in einem kurzen Schreiben ihre Vorstellungen über die pädagogische Arbeit zu formulieren.

Brief 1:

```
Roger Talk

An Frau
Hedwin Bildaus
Im Kinderheim an der Schweizer Str.


Sehr geehrte Frau Bildaus,

Sie haben anfragen lassen, was mich dazu veranlaßt, zu Ihnen kom-
men zu wollen.

Ich habe vor knapp einem Jahr schon einmal fünf Wochen in einem
Kinderheim ein Praktikum absolviert. Zunächst hatte ich große
Vorbehalte. Ich wußte nicht, ob Kinderheime Orte sind, in denen
sinnvoll pädagogisch gearbeitet werden kann. Ich finde nach Aus-
wertung meiner Erfahrungen heute, daß man pädagogisch arbeiten
kann, und daß es ganz wichtig ist, gerade mit Heimkindern und
-jugendlichen zu arbeiten.

Den Kindern fehlt oft eine echte Bezugsperson, die mit ihnen
solidarisch ist. Zunächst im Elternhaus, in der Schule und dann
auch in Heimen erleben die Kinder oft Personen, die autoritär
wirken, die ihnen keine Spielräume lassen und ihnen statt dessen
zu häufig vorschreiben, was zu machen ist. Auf der anderen Seite
begegnen die Kinder oft Personen, die sie emotional so an sich
binden, daß sie keine Luft mehr bekommen. Eher Hilflosigkeit und
Abhängigkeit und nicht die angestrebte Selbständigkeit kann sich
unter solchen Umständen entwickeln.

Hoffentlich beziehen Sie die Kritik nicht auf sich und Ihr Heim,
ich glaube aber, daß man das oft so sehen muß.

Ich finde dagegen, daß es gerade darauf ankommt, gemeinsam mit
den Kindern und Jugendlichen ihre Interessen aufzubauen, ihr
Selbstwertgefühl und ihr Selbstbewußtsein zu fördern und sie damit
zu mehr Selbständigkeit zu erziehen.

Mir ist natürlich klar, daß das nicht einfach ist und daß man da
einen langen Atem braucht. Für mich ist ein solches Ziel aber
einfach unverzichtbar.

Deswegen ist es für mich besonders wichtig, daß ich den Kindern
nicht vorschreibe, was sie machen sollen, daß ich ihnen nicht
```

laufend sage, was richtig und falsch ist und daß ich ihnen statt dessen helfe, <u>selbst</u> Erfahrungen zu machen. Ich sehe meine Aufgabe darin, ihnen lediglich zu helfen, das heißt Mißverständnisse zu beseitigen und Streit zu schlichten. Wo ich gebeten werde, helfe ich. Wir müssen den Kindern gegenüber offen sein und sie zunächst akzeptieren. Es ist nicht unsere Rolle, unser Wissen oder unsere Macht, die an sich schon pädagogisch wirkt, es ist unsere Bereitschaft, uns immer wieder im Gespräch mit den Kindern und Jugendlichen auseinanderzusetzen.

Ich hoffe auf Ihre wohlwollende Zustimmung und verbleibe für heute

hochachtungsvoll
Roger Talk

Brief 2:

Carmen Rad

An Frau
Gisela Gutmann
Heim der Offenen Tür
Im Brennpunkt 1

Sehr geehrte Frau Gutmann,

auf Ihre Bitte, meine Vorstellungen darzulegen, fällt es mir schwer einzugehen. Um es vorweg ehrlich zu sagen: Gerade für den Bereich der „offenen Jugendarbeit" habe ich keine großen Erwartungen (mehr).

Ich bin ziemlich verunsichert durch mein letztes Blockpraktikum. Ich dachte ganz stark, daß wir eigentlich dort überflüssig sind.

Meine Lehrerin hatte mich aufgefordert, eines dieser „didaktischen Angebote" zu planen. Sie wollte mich dann besuchen und schauen, na ja, Sie kennen das. Mein Vorhaben mag nicht ganz ausgereift gewesen sein, aber irgendwie dachte ich: Das ist ein totgeborenes Kind. Die Jugendlichen sprangen absolut nicht auf meine Ideen an, ich stand da wie „Pik 7".

Heute glaube ich, daß die Kinder und Jugendlichen nicht in die OT kommen, um auch dort noch pädagogisch vereinnahmt zu werden; sie wollen kichern, Musik hören, na ja und sich auch mal einen „reinziehen". Wir müssen das akzeptieren. Wenn es sich ergibt, daß auch was anderes (sinnvolleres) gemacht wird, gut, dann nimmt man die Initiative mit in die Hand. Man kann umgekehrt aber auch Initiativen akzeptieren, von denen man nicht überzeugt ist, man muß dann dort auch nicht aktiv mitmachen.

Diese Erfahrungen haben für mich auch etwas Positives: Es macht mir wieder mehr Spaß in einer Offenen Tür „zu arbeiten", denn viele der dort auftauchenden „Typen" finde ich interessant und sympathisch.

Ich glaube inzwischen, daß es generell nicht gut ist, wenn man in die Offene Tür (ja eigentlich in den Kindergarten oder auch in Heime) von außen mit einem pädagogischen Programm kommt. Man muß vielmehr ein gutes Verhältnis zu den Kindern und Jugendlichen haben, so entkrampft wie möglich, aber dabei ehrlich sein und darf nicht den Erzieher herauskehren.

Nun, ich weiß nicht, ob das ausreicht.

Ich verbleibe für heute

Ihre
Carmen Rad

Brief 3:

Ingrid Wiesengrund

An Frau
Margaret Job
Kindergarten am See

Sehr geehrte Frau Job,

da Sie mich noch nicht kennen, bitten Sie mich kurz, meine Vorstellungen zur Arbeit im Kindergarten zu erläutern, bevor ich zu Ihnen komme. Ich bin mir nicht sicher, ob ich Ihre Zustimmung finde.

Folgende praktische Erfahrung und Überlegung haben mich sehr nachdenklich gemacht:
- Eine aussichtsreiche Arbeit im Kindergarten muß an sich Hand in Hand mit dem Elternhaus erfolgen. Nur ganz selten kann davon wirklich die Rede sein.
- Kompensatorische Erziehung will Benachteiligungen ausgleichen; sie ist aber nicht erfolgreich, entfremdet die Kinder statt dessen von ihrer sozialen Umwelt usf. Dies ist ein Hinweis darauf, daß selbst 'fortschrittliche' Kindergärten oft die Wirkungen ihres Tuns nicht realistisch einschätzen können.

Mir ist klar, daß ich hier recht allgemein kritisiere. Trotz meiner Einwände finde ich, daß die Arbeit bei Ihnen sehr wichtig ist. Zwei Sachen möchte ich gerne besonders anpacken: Ich meine, daß ein Erzieher vor allem für eventuelle Problemfälle eine eigene diagnostisch-pädagogische Kompetenz erarbeiten muß. Er darf das Kind nicht an einen 'Fachmann' weiterreichen, der es nur wenig kennt.

Dann hoffe ich nach einer sorgfältigen Prüfung einschlägiger didaktischer Materialien, solche Konzepte umsetzen zu können, die die Fähigkeiten der Kinder wirklich entwickeln helfen, die sie versprechen: Also etwa soziales Lernen im Sinne des selbstbewußten, angstfreien Umgangs mit dem anderen Kind und nicht im Sinne einer heimlichen Anpassung an Gruppennormen.

Um sich hier ein Urteil erlauben zu können, ist es für einen Erzieher unverzichtbar, daß er die Praxis des Kindergartens weiter analysiert und nicht nur irgendwie die Praxis 'managt'.

Natürlich kann ich noch nicht das schon voll einlösen, was ich hier von mir selbst verlange. Es sind Leitlinien für mich. Ich würde mich freuen, bei Ihnen arbeiten zu können.

Hochachtungsvoll

Ihre
Ingrid Wiesengrund

Gruschka, A.: „Wie Schüler Erzieher werden", Anhang, a. a. O., S. A 40 ff.

AUFGABEN

1. Fassen Sie das pädagogische Grundkonzept der jeweiligen Schüler in eigenen Worten zusammen.
2. Mit welchem Konzept können Sie sich am ehesten identifizieren, welches Konzept können Sie in keinem Fall teilen? Begründen Sie Ihre Entscheidung.
3. Diskutieren Sie die unterschiedlichen Auffassungen im Klassenverband.

Im Zentrum der III. Entwicklungsaufgabe steht, nachdem die Berufsrolle und die Wahrnehmung des Adressaten unterrichtlich und durch Praxiserfahrungen bearbeitet sind, die Frage:
„Was sollen die tragenden Elemente meines zukünftigen pädagogischen Handelns sein?"
Diese Frage zu stellen heißt auszuschließen, daß pädagogisches Handeln in der Praxis je nach Stimmung, Lust oder Laune der Erzieherin heute so und morgen ganz anders sich vollziehen könnte. Gefordert ist die Entwicklung einer tragfähigen

Pädagogischen Leitidee.

Tragfähig heißt: Langfristig muß die Erzieherin, sieht sie ihren Beruf nicht nur als vorläufigen, sondern als einen, den sie über viele Jahre ausüben will, zum Beispiel für sich klären, mit wieviel Engagement sie ihre Arbeit bestreiten will. Permanente Überforderung aufgrund überhöhter Ansprüche an die eigene Arbeit hat in der Regel Folgen sowohl für das Wohlbefinden der eigenen Person als auch Konsequenzen für die, mit denen ich pädagogisch arbeite. Eine Leitidee zu entwickeln meint, daran zu arbeiten, in zentralen pädagogischen Handlungsbereichen Sicherheit und Stabilität zu gewinnen, ohne dabei an Flexibilität zu verlieren. Sicher in seinen Entscheidungen zu sein impliziert, sowohl für sich als auch für andere (Kinder, Jugendliche, Kolleginnen, Eltern etc.) plausibel begründen zu können, warum man so und nicht anders handelt.

Die pädagogische Leitidee hat drei Funktionen:

1. Sie erlaubt der Erzieherin, sich Klarheit über die Eckpfeiler ihres pädagogischen Handelns zu verschaffen.
2. Sie ermöglicht den Adressaten, sich zu orientieren und sich ggf. an der Leitidee der Erzieherin kritisch abzuarbeiten.
3. Sie macht für Kolleginnen, Eltern, Träger etc. das pädagogische Handeln der Erzieherin diskutierbar.

AUFGABEN

1. Fassen Sie mit eigenen Worten zusammen, wie Sie den Begriff „Pädagogische Leitidee" verstehen.
2. Entwickeln Sie praktische Beispiele für die drei Funktionen der pädagogischen Leitidee.

Zur Entwicklung einer pädagogischen Leitidee ist es notwendig:

1. sich eine Orientierung hinsichtlich der **„grundlegenden Entscheidungssituationen"** im pädagogischen Umgang zu erarbeiten;
2. eine Kompetenz zur Identifikation der **„Grundfiguren pädagogischer Anlässe"** zu erwerben;
3. sich mit **„Konzepten praktisch-pädagogischen Handelns"** in den potentiellen Arbeitsfeldern auseinanderzusetzen;
4. die Fähigkeit zu entwickeln, sein Handeln zu **reflektieren** und die Entscheidung für oder gegen eine bestimmte pädagogische Strategie gegenüber Dritten zu **vermitteln** und zu **begründen**.

zu 1:
A. Gruschka beschreibt vier strukturelle Entscheidungssituationen, die den Hintergrund von Problemlösungen in der Praxis sozialpädagogischen Handelns innerhalb von Institutionen bilden.

a) Die Entscheidung zugunsten des **Inhalts-** oder des **Beziehungs-Aspekts** pädagogischen Handelns.

Jede Kommunikation vermittelt spezifische Inhalte innerhalb eines sozialen Zusammenhanges, enthält also einen Inhalts- und einen Beziehungsaspekt. Das gilt auch für die Kommunikation innerhalb pädagogischer Institutionen. Dabei entsteht das Dilemma, daß sich der inhaltliche Aspekt nicht oder nur sehr schwer mit dem Beziehungsaspekt vermitteln läßt und langfristig eine Entscheidung zugunsten des einen oder des anderen Aspektes zu treffen ist. Ein Beispiel: Dem Kind sollen wesentliche, seine Entwicklung fördernde Inhalte (kognitive/soziale) vermittelt werden. Gleichzeitig ist die Erzieherin an einer positiven emotionalen Beziehung zum Adressaten interessiert. Was tun, wenn die von der Erzieherin für notwendig erachtete Vermittlung von Inhalten an der Bedürfnisstruktur des Adressaten scheitert. Entscheidet sie sich auf Kosten der Inhalte für die gute Beziehung oder setzt sie die Inhalte durch auf die Gefahr, daß die Beziehung leidet?

AUFGABE

Gibt es Beispiele aus Ihrer bisherigen Praxis, die die Entscheidungssituation zwischen der Inhalts- und der Beziehungsebene pädagogischen Handelns veranschaulichen?

b) Die Entscheidung zwischen **Nähe** und **Distanz** im pädagogischen Umgang.

Ohne die Herstellung einer emotionalen Beziehung zum Adressaten ist pädagogisches Handeln nicht möglich. Nähe ist also gefordert. Gleichzeitig ist pädagogische Arbeit in Institutionen immer Beziehungsarbeit auf Zeit. Ihr Ziel ist es, den Adressaten zu Autonomie, zu einem eigenständigen Leben zu befähigen. Zuviel Nähe kann den Adressaten in eine Abhängigkeit führen, die das Ziel der Erziehung konterkariert, zuviel Distanz verhindert das Wirksamwerden der pädagogischen Absichten.

AUFGABE

*Diskutieren Sie an Beispielen das **Nähe-Distanz-Problem** im pädagogischen Umgang.*

c) Die Entscheidung über die Bedeutung der **Theorie** für die **Praxis** im pädagogischen Handeln.

„Keine Theorie ohne Praxis – keine Praxis ohne Theorie" oder aber „In der Praxis mußt Du erst einmal die ganze Theorie vergessen".

Das Verhältnis von Theorie und Praxis ist auf die unterschiedlichste Weise zu bestimmen:
- ◆ Theorie kann als hilfreiches Instrument zur Erklärung, Begründung und Anleitung der Praxis begriffen werden.
- ◆ Theorie kann sich verselbständigen, kann uns dazu verführen, die Praxis in ein theoretisches Korsett zu zwingen.
- ◆ Theorien können zu Handlungsunfähigkeit führen, weil die permanente theoretische Durchdringung der Praxis keinen Raum mehr läßt für praktisches Handeln.
- ◆ Theorien können eine kritische Distanz zur Praxis schaffen, ein Raum sein, in dem das Gängige und Gewohnte neu durchdacht wird usw.

Wie auch immer. Das Theorie-Praxis-Verhältnis ist zu klären.

AUFGABE

Diskutieren Sie die in der Klasse vorhandenen Vorstellungen über das Verhältnis von Theorie und Praxis.

d) Die Entscheidung zwischen **Institutionsnähe und Institutionskritik.**

Erzieherinnen arbeiten in aller Regel in Institutionen, die ihren eigenen Orientierungen, ihren Vorstellungen von sinnvoller pädagogischer Arbeit näher oder ferner sein können. In einer Institution zu arbeiten heißt immer auch, die Vorstellungen, Erwartungen, Anforderungen dieser sich zu eigen zu machen und zu erfüllen. Daneben wird man versuchen, der pädagogischen Arbeit innerhalb einer Institution auch den eigenen Stempel aufzudrücken. Die hier zu klärende Frage bewegt sich zwischen den Polen, eigene Ideen auch gegen Widerstand und angesichts zu erwartender Konflikte durchzuhalten oder seine eigenen Ideen quasi an der Tür der Einrichtung abzugeben und sich den Erfordernissen bedingungslos unterzuordnen. Den unwahrscheinlichen Fall einer völligen Deckungsgleichheit von institutionellen Erwartungen und eigenen Vorstellungen einmal außen vor gelassen.

Wer also in Institutionen arbeitet, muß sich auch hier entscheiden.

AUFGABEN

1. Gibt es aus Ihren eigenen Erfahrungen Beispiele für die hier angedeutete Konfliktsituation?
2. Wo sehen Sie sich derzeit auf der Skala von Institutionsnähe und Institutionskritik? Diskutieren Sie.

zu 2:

Auf den ersten Blick erscheint die pädagogische Praxis unbegrenzt vielfältig hinsichtlich der Anforderungen und der täglich zu treffenden Entscheidungen. Bei näherem Hinsehen lassen sich jedoch immer wiederkehrende Situationen/Probleme identifizieren, die Erzieherinnen zum Handeln veranlassen. Solche Standardsituationen nennt A. Gruschka „Grundfiguren pädagogischer Anlässe" (s. A. Gruschka, „Wie Schüler Erzieher werden", a. a. O., S. 159 ff.).

a) Grundfigur **Motivation**

In der Praxis erlebt die Erzieherin immer wieder, daß Kinder oder Jugendliche ihren wohlüberlegten Angeboten, Ideen und Anregungen nicht so ohne weiteres folgen wollen. Sie drängt es statt dessen eher zu Entspannendem als zu Lehrreichem. Im Kindergarten sicher noch weniger als etwa im Heim, Hort oder bei der Jugendarbeit. Aber auch hier gilt: Kinder müssen häufig motiviert werden, um im Sinne der Förderung ihrer Entwicklung gemeinte Angebote aktiv mitzutragen. Auch da, wo die Erzieherin meint, die Aktivitäten müßten von den Kindern ausgehen, wäre bei deren Passivität zu entscheiden, ob ihr nicht ein motivierender Vorschlag zur Aktivität entgegengesetzt werden soll.

AUFGABEN

Motivation steht bei vielen Schülerinnen in dem Ruf, ein Mittel der Manipulation von Kindern und Jugendlichen zu sein.
1. Diskutieren Sie die Frage der Legitimität bzw. der Notwendigkeit von Motivation in Kleingruppen.
2. Tauschen Sie die Ergebnisse in der Klasse aus.

b) Grundfigur: **Disziplin**

Kinder und Jugendliche verhalten sich häufig nicht so, wie es die eigenen Regelvorstellungen oder die der Institution verlangen. Häufig ist die Erzieherin gehalten, disziplinierend einzugreifen, sei es um Schwächere zu schützen oder die vereinbarten, gesetzten Regeln des Hauses durchzusetzen. Die äußeren Ränder einer möglichen Entscheidung in der Frage der Durchsetzung von Regeln wären auf der einen Seite die rigide Übernahme des vorgefundenen Regelkanons und seine autoritäre Durchsetzung, auf der anderen Seite das kritische Hinterfragen der Sinnhaftigkeit von Regeln, der Versuch, bei Bedarf auch Regeln zu verändern und die liberale „Ahndung" von Regelverstößen.

AUFGABEN

1. Tauschen Sie Praxisbeispiele zum Thema Regeln und Disziplin in unterschiedlichen Praxisfeldern aus. Diskutieren Sie unter zwei Aspekten dieses Beispiel:
   a) Welche Regeln sind sinnvoll bzw. wo ist ein Eingriff zur Durchsetzung von Regeln notwendig? Gibt es aufgrund Ihrer Erfahrungen Regeln, deren Sinnhaftigkeit Sie nicht nachvollziehen können?
   Gibt es in der Klasse über diese Bewertungen Konsens oder Dissens?
   b) Welche Formen der Durchsetzung von Regeln haben Sie in Ihrer bisherigen Praxis erlebt? Wie bewerten Sie diese?
   c) Welche Erfahrungen haben Sie selber bei der Durchsetzung von Regeln in der Praxis gemacht? Welche Formen haben Sie mit welchem Erfolg bisher angewandt?

c) Grundfigur: **Einzelner – Gruppe**

Verantwortung als Erzieherin zu haben heißt in aller Regel, Verantwortung für Gruppen zu übernehmen. Ob im Kindergarten, im Heim oder in der offenen Kinder- und Jugendarbeit, Erzieherinnen stehen immer Gruppen gegenüber, die sich jedoch aus Individuen, Einzelpersonen und -persönlichkeiten zusammensetzen, zu denen die Erzieherin in einem bestimmten Verhältnis steht, aufgrund von spezifischen pädagogischen Vorstellungen oder schlicht aufgrund von Sympathie oder Antipathie. Es geht hier nicht etwa darum, daß man solche Gefühle oder Vorlieben nicht haben dürfte, sondern darum, daß man als Erzieherin solche Aspekte erkennen und sich darüber klar sein muß, wie man mit solchen Gefühlen, bezogen auf die Gruppe, umgeht.

AUFGABE

Tauschen Sie in der Klasse Erfahrungen in diesem Bereich aus.

d) Grundfigur: **Realitätsgerechtes Handeln**

Die letzte Grundfigur thematisiert schon einen Aspekt der IV. Entwicklungsaufgabe. Realitätsgerechtes Handeln meint, sich immer der Tatsache bewußt zu sein, daß der unmittelbare pädagogische Bezug zum Adressaten eingebettet ist in ein Feld, in dem auch andere Instanzen oder Institutionen erzieherisch wirken. Diese anderen Instanzen unberücksichtigt zu lassen und sich ausschließlich auf die pädagogische Arbeit mit dem jeweiligen Adressaten zu konzentrieren ist häufig die Quelle für vielfältige Konflikte.

AUFGABEN

1. Arbeiten Sie einmal für die unterschiedlichen Praxisfelder (Kindergarten, Hort, Heim, offene Jugendarbeit) heraus, in welchem Spannungsfeld sich die erzieherische Arbeit vollzieht.
2. Welche möglichen Konflikte können sich hier ergeben?
3. Gibt es praktische Beispiele für Konflikte innerhalb dieser Grundfigur?

zu 3:

Für sozialpädagogische Arbeitsfelder gibt es eine Fülle von gegensätzlichen, oft aber auch einander ergänzenden Arbeitsansätzen. Zur Erarbeitung einer pädagogischen Leitidee ist es nötig, diese Ansätze zur Kenntnis zu nehmen und kritisch zu prüfen, welcher dieser unterschiedlichen Ansätze miteinander kombiniert dem nahekommen, was persönlich unter entwicklungsfördernder pädagogischer Arbeit vorgestellt wird.

zu 4:

Abgerundet wird das Konzept pädagogischen Handelns durch die Fähigkeit, sein Handeln permanent auf den Prüfstand der kritischen Reflexion zu stellen, sich also permanent zu vergewissern, inwieweit der eingeschlagene Weg, die ausgebildete pädagogische Leitidee veränderten Bedingungen und den Erfordernissen einer entwicklungsfördernden Pädagogik gerecht wird. Permanente Vergewisserung über die Stimmigkeit des eigenen Konzepts erhöht das Maß an Sicherheit in der Vertretung der eigenen Orientierung gegenüber Dritten.

Für die Lösung der hier angeschnittenen Fragen und Probleme bieten die folgenden Texte, Materialien und Aufgabenstellungen Hilfen. Nach der Bearbeitung können gesicherte Vorstellungen davon entwickelt werden, welche Ziele ihr pädagogisches Handeln verfolgt.

Ideengeleitetes Handeln heißt, gleichzeitig spezifisch, berechenbar, wiedererkennbar zu handeln und flexibel zu sein, immer da, wo es bestimmte Umstände erfordern.

Das Motto könnte sein:

Flexibilität im Detail – Stabilität im Grundsatz.

Am Beispiel verdeutlicht:

Eine liberale partnerschaftliche Orientierung schließt nicht aus, im begründeten Einzelfall auch einmal autoritär, keine Diskussion zulassend zu handeln, etwa bei einer drohenden Gefahr. Damit wäre die liberale Grundorientierung nicht verletzt, sondern lediglich für diesen einen Fall außer Kraft gesetzt.

AUFGABE

Klären Sie in der Diskussion in der Klasse das Spannungsverhältnis von leitideeorientiertem pädagogischem Handeln und Flexibilität. Finden Sie Beispiele für dieses Spannungsverhältnis.

4.2 „Hier ein Stückchen, da ein Stückchen"
oder
Bausteine für eine tragfähige Idee pädagogischen Handelns

4.2.1 Arbeitsfeld: Kindergarten

4.2.1.1 „Lebenssituationen sind Lernsituationen"
oder
Der Situationsansatz

Frau Leibach (Diskussionsleiterin):

Wir haben uns heute hier zu dieser Veranstaltung zusammengefunden, um einerseits eine Bestandsaufnahme bzgl. der heutigen Kindergartensituation vorzunehmen und andererseits um einen Blick auf den Kindergarten der Zukunft zu werfen.

Als Teilnehmerinnen dieses Gesprächs möchte ich Ihnen Frau Meier, Frau Schmidt und Frau Elsner vorstellen.

Frau Meier (Fachberaterin):

Der Kindergarten heute unterscheidet sich kaum vom Kindergarten vor 25 Jahren, als man begann, den Kindergarten als Bildungseinrichtung und nicht mehr als Bewahranstalt zu begreifen. Die längste Zeit des Tages spielen die Kinder in einer festen Gruppe. Dieses ‚Freispiel' wird z. T. durch sogenannte Freispielangebote und gezielte Beschäftigungen, die unterschiedlichen Lernbereichen (. . .) zuzuordnen sind, ergänzt. Die Inhalte der Freispielangebote und der Beschäftigungen orientieren sich häufig an der Jahreszeit bzw. an kirchlichen Festtagen. Als Ziele der Kindergartenarbeit stehen immer noch die Förderung der intellektuellen Fähigkeiten und die Vermittlung von Wissen im Vordergrund. (. . .) Der Kindergarten wird auch heute noch vornehmlich als schulvorbereitende Institution gesehen.

Frau Schmidt (Leiterin eines Kindergartens):

Man kann sicherlich darüber streiten, ob das von Frau Meier beschriebene Bild des Kindergartens auf die Mehrzahl der heutigen Kindergärten zutrifft.

Sicher ist aber, daß schon heute eine Reihe von Kindergärten nicht mehr oder nicht mehr vornehmlich so arbeiten.

In meinem Kindergarten und auch in den Kindergärten der näheren Umgebung arbeiten wir schon seit einigen Jahren nach dem sogenannten Situationsansatz des Deutschen Jugendinstituts (DJI). Die Inhalte unserer Arbeit ergeben sich nicht aus bestimmten Lernbereichen, sondern aus der Analyse der gegenwärtigen und zukünftigen Lebenssituationen der Kinder. So haben wir neulich das Thema „Familie" behandelt, weil viele Kinder unseres Kindergartens in unvollständigen Familien aufwachsen. Auch steht bei uns nicht die intellektuelle Förderung im Vordergrund. Vielmehr legen wir großen Wert auf das soziale Lernen der Kinder. Da wir viele Themen in Form von Projekten bearbeiten, hat der Vormittag ganz verschiedene Abläufe. Oft verlassen wir mit den Kindern auch den Kindergarten, um vor Ort zu lernen.

Ich glaube, daß sich unser Kindergarten erheblich von den Kindergärten unterscheidet, die Frau Meier beschrieben hat.

Frau Elsner (Leiterin eines ‚offenen Kindergartens'):

Zumindest für uns in Cuxhaven trifft weder die eine noch die andere Beschreibung zu. Wir arbeiten schon seit einigen Jahren nach dem Konzept des „offenen" Kindergartens. Die heutige Kindheit ist nach unserer Auffassung nicht mehr mit der Kindheit vor 25 Jahren zu vergleichen. Wir versuchen auf diese Veränderungen einzugehen und den Kindergarten so zu gestalten, daß er den Bedürfnissen der Kinder entspricht. Wir arbeiten also sehr stark bedürfnisorientiert. Kinder haben z. B. ein starkes Bewegungsbedürfnis. Dieses Bedürfnis können die Kinder aber heute häufig nicht mehr befriedigen. Wir haben daraus die Konsequenz gezogen und einen Bewegungsraum im Kindergarten eingerichtet. Da die Bedürfnisse oft sehr unterschiedlich sind, haben wir zudem überlegt, wie man diesen unterschiedlichen Bedürfnissen gerecht werden kann.

Unserer Meinung ist dieses Problem dadurch am besten zu lösen, daß man die Gruppen auflöst und die Gruppenräume in Funktionsräume umwandelt. So besteht unser Kindergarten nicht mehr aus vier relativ ähnlichen Gruppenräumen, sondern aus einem Bewegungsraum, einem Ruheraum, einem Kreativraum, einem Café und einer Werkstatt. Die Kinder können sich am Morgen selbst entscheiden, in welchen Raum sie zunächst gehen wollen und was sie tun wollen. In diesen Räumen führen die Erzieherinnen gezielte Angebote durch, die das Spiel der Kinder erweitern sollen. Dabei setzen wir von außen keine Ziele, sondern versuchen herauszufinden, was für das jeweilige Kind gut ist.

Bisher haben wir sehr gute Erfahrungen mit diesem Konzept gemacht. Ich glaube, daß dem „offenen" Kindergarten die Zukunft gehört.

AUFGABEN

1. Untersuchen Sie die Aussagen der Diskussionsteilnehmer auf Gemeinsamkeiten und Unterschiede.
2. Welchen Ansatz würden Sie im Moment favorisieren?
3. Welche Fragen ergeben sich für Sie aus dieser Diskussion?

Zur Entstehungsgeschichte des Situationsansatzes

Viele Mißverständnisse im Zusammenhang mit dem Situationsansatz lassen sich vermeiden bzw. leicht ausräumen, wenn man sich den Entstehungszusammenhang dieses Ansatzes verdeutlicht.

Der Situationsansatz ist zu Beginn der 70er Jahre vom Deutschen Jugendinstitut entwickelt worden.

Diese Zeit war gekennzeichnet durch große Veränderungen im Elementarbereich. Es wurden viele neue Kindergärten gebaut und die bisherige pädagogische Arbeit wurde durch neue Arbeitsansätze in Frage gestellt.

Diese Veränderungen sind vor allem auf drei Gründe zurückzuführen:
1. Es gab intensive Bestrebungen, die Gesellschaft zu demokratisieren und für mehr Chancengleichheit zu sorgen.
2. Die technische Entwicklung machte rasante Fortschritte.
3. Die Ergebnisse psychologischer Forschungen zeigten, daß die Begabung des Menschen stark von den Umweltbedingungen abhängt.

Diese Gründe führten dazu, daß eine intensive Diskussion um das Bildungswesen einsetzte. Man glaubte durch eine Reform des Bildungswesens die Begabungsreserven besser ausschöpfen zu können und mehr Chancengleichheit und Demokratie herstellen zu können. Dies schien aber nur möglich durch eine möglichst frühe Förderung der Kinder. Damit stand der Kindergarten, der als Teil des Bildungswesens angesehen wurde, im Mittelpunkt der Diskussion.

Wie sollte die Arbeit im Elementarbereich gestaltet werden? Wie sollte die allseits geforderte Förderung der Vorschulkinder aussehen?

Zwei sehr gegensätzliche Vorstellungen standen zunächst im Vordergrund.

Die antiautoritäre Erziehung einerseits und der funktionsorientierte bzw. lernbereichsbezogene Ansatz andererseits.

Zentrales Anliegen der antiautoritären Erziehung war die freie Entfaltung der kindlichen Persönlichkeit und die Demokratisierung der Gesellschaft.

Demgegenüber stand für die Vertreter des Funktions- bzw. Lernbereichsansatzes die kognitive Förderung des Kindes im Vordergrund.

Der folgende Text von J. Zimmer gibt einen Einblick in die Diskussion der damaligen Zeit. Er setzt sich kritisch mit den beiden dargestellten Positionen auseinander und zeigt mögliche Alternativen auf.

Jürgen Zimmer
Wider die falsche Vorschulerziehung

Wer heute für Vorschulerziehung kämpft, rennt offene Türen ein. Alle sind für Vorschulerziehung.

Gilt es jetzt, da eingeführt wird, wofür wir eintraten, zu retten, was zu retten ist?

Denn die Vision stellt sich ein, daß in naher Zukunft zwei oder drei Millionen Kinder dieses Landes, proletarische und bürgerliche Kinder gleichermaßen, sich in Kindergärten und Vorklassen versammeln und, an runden Tischen sitzend, mit zunehmend zahmer Kreativität sich mit der vierundzwanzigsten Version der logischen Blöcke herumschlagen, den Unterschied zwischen drei Pappeln und einer Eiche angeben, die Vokabeln der eigenen Sprache pauken und farbige Plättchen auf ihr Glockenspiel kleben, um nach dem Motto *liebe liebe Sonne komm ein bißchen runter* die Regeln klassischer Harmonielehre zu verinnerlichen.

Es droht eine falsche Vorschulerziehung. Es droht eine Erziehung im alten Stil an neuen Inhalten.

Ich halte nicht dafür, Vorschulerziehung gleichzusetzen mit dem atomistischen Aneinanderreihen irgendwoher genommener Aufgaben und darauf zu hoffen, daß dieserart zum Vollzug pädagogischer Konzeptionslosigkeit beorderte Kinder in ihrer Autonomie gefördert würden.

Ich meine, daß eine von den Lebenssituationen und Handlungen der Kinder abgehobene und isolierte Denkerziehung unsinnig ist und bestenfalls als Testtraining taugt, zumal, wenn sie sich darauf beschränkt, aus angelsächsischen Intelligenztests entnommene Aufgaben Vorschulkindern vorzusetzen in der Annahme, dadurch ließe sich Intelligenz erwerben. (...)

Vorschulerziehung kann von jener Bewegung lernen, die als antiautoritäre und politisch emanzipatorische Erziehung in den Kinderläden ihren Ausgang genommen hat, die, von Laien inszeniert, dilettantische Züge genug trägt und mitunter in Schwierigkeiten zu ersticken droht. Vorschulerziehung kann davon lernen, weil hier zum erstenmal seit langer Zeit wieder der Versuch praktiziert wird, eine Pädagogik der Selbstbestimmung des Kindes zu entwickeln, Kinder glücklicher leben zu lassen, ihnen die Vorwegnahme einer konkreten gesellschaftlichen Utopie zu ermöglichen, um sie von dieser Utopie her zu motivieren, gegen die unterdrückenden und unnötigen Anteile der Realität vorzugehen.

Antiautoritäre Erziehung, so gesehen, ist eine politisch reflektierende Vorschulerziehung: sie schafft Kindern die Möglichkeit, sich neue Positionen selbst zu schaffen, statt alte Positionen als selbstverständlich hinnehmen zu müssen.

Zimmer J. (Hrsg.): Wider die falsche Vorschulerziehung, Weinheim 1973, S. 7 ff.

AUFGABEN

1. Wodurch ist nach J. Zimmer eine falsche Vorschulerziehung gekennzeichnet?
2. Wie stellt sich der Autor eine ideale Vorschulerziehung vor?
3. Wie wird die antiautoritäre Erziehung beurteilt?
4. Wie sieht Ihrer Meinung nach eine ideale Vorschulerziehung aus?

In dieser Zeit der kontroversen Auseinandersetzung entstand der Situationsansatz. Seine Entstehung ist also gekennzeichnet durch die kritische Auseinandersetzung mit den damaligen Ansätzen. Insbesondere die starke Orientierung des Funktions- und Lernbereichsansatzes an schulischen Lernformen wurde kritisiert.

Demgegenüber war es das Ziel der Vertreter des Situationsansatzes, „ein eigenständiges sozialpädagogisches Konzept für den Kindergarten zu entwerfen, das den leistungsbezogenen Lernformen der damals in Mode gekommenen Vorschulförderung alternative, lebensweltbezogene Förderungsansätze, die von den alltäglichen Erfahrungen der Kinder ausgingen, entgegensetzen konnte" (Colberg-Schrader u. a., 1991, S. 15).

Kleine Geschichte der Curriculumentwicklung im Elementarbereich

60er Jahre: Beginn der intensiven Entwicklung unterschiedlicher Curricula.

1971–1974: Erstellung eines Berichts über Modelle der Curriculumentwicklung im Elementarbereich durch eine Arbeitsgruppe des Deutschen Jugendinstitutes.

1975–1978: Erprobungsphase: Folgende Curricula werden in unterschiedlichen Kindergärten erprobt:

1. Soziales Lernen (DJI)
2. Elementare Sozialerziehung
3. Arbeitshilfen zur Planung im Kindergarten
4. Sport im Kindergarten
5. Ästhetische Elementarerziehung

Zu Beginn der 80er Jahre werden die überarbeiteten Fassungen der folgenden Curricula veröffentlicht:

– Soziales Lernen
– Elementare Sozialerziehung
– Arbeitshilfen zur Planung im Kindergarten

Theoretische Grundannahmen des Situationsansatzes

Was sollen Kinder auf welche Art und Weise mit welchen Zielen lernen? Auf diese grundlegende Frage eine Antwort zu geben ist Ziel eines jeden didaktischen Ansatzes.

- ◆ Sollen die Kinder auf Vorrat und damit für die Zukunft lernen oder für ihre jetzige Lebenssituation?
- ◆ Sollen die Kinder sich ihr Wissen selbst erarbeiten, oder sollen ihnen fertige Lösungen vermittelt werden?
- ◆ Sollen die Kinder in erster Linie Wissen erwerben oder zum selbständigen Denken und Handeln befähigt werden?

Solche und ähnliche Fragen stehen im Mittelpunkt didaktischer Überlegungen. Die einzelnen Ansätze unterscheiden sich nun darin, wie sie solche Fragen beantworten und wie sie ihre Antworten begründen.

Die Vertreter des Situationsansatzes haben ihre Vorstellungen vom Lernprozeß in Anlehnung an die Theorie von P. Freire entwickelt, die im folgenden Text kurz dargestellt wird.

Erziehung ist niemals neutral

«Erziehung kann niemals neutral sein. Entweder ist sie ein Instrument zur Befreiung des Menschen, oder sie ist ein Instrument seiner Domestizierung, seiner Abrichtung für die Unterdrückung.»

Ob sie das eine oder das andere ist, entscheidet sich nicht am guten Willen der Erzieher oder an der Liberalität ihrer Ideen. Es entscheidet sich im pädagogischen Verfahren, das freilich seinerseits begründet ist in der Parteinahme des Erziehers für die Herren oder die Sklaven, in seinen Vorentscheidungen hinsichtlich des Menschen und seiner Bestimmung.

«Depositäre Erziehung» (Freire: educaçao bancaria) verläuft in der Weise eines Fütterungsvorgangs. In Lehrer und Schüler begegnen sich Wissen und Unwissen, Haben und Nichthaben, Fülle und Leere, Macht und Ohnmacht. Und nun wird der Zögling gefüttert, aufgefüllt mit den Wörtern, Vorstellungen, Urteilen und Vorurteilen des Erziehers bzw. des Systems, dem er dient. Je widerstandsloser der Zögling sich diese Fütterung gefallen läßt, je bereitwilliger er verschlingt, was ihm vorgeworfen wird, desto erfolgreicher erscheint der Bildungsvorgang. Je mehr er sich der Auffüllung entzieht, weil das Futter ihm nicht schmeckt oder ihn nicht sattmacht, desto «ungebildeter» bleibt er. (...)

Gibt es eine Alternative zur „depositären Erziehung"? Freire bejaht diese Frage. Er nennt sein Modell „educaça problematizadora", ihr Ziel „consientização" (Bewußtmachung, Konszientisation). Lernen ist für ihn nicht das «Fressen» fremden Wissens, sondern die Wahrnehmung der eigenen Lebenssituation als Problem und die Lösung dieses Problems in Reflexion und Aktion. Lehren ist entsprechend nicht Programmieren, sondern Problematisieren, nicht das Abkündigen von Antworten, sondern das Aufwerfen von Fragen, nicht Einnistung des Erziehers im Zögling, sondern Provokation des Zöglings zur Selbstbestimmung. Die pädagogische Lage, die Klassenzimmer-Lage verändert sich von Grund auf. Lehrer und Schüler stehen sich nicht mehr in unaufhebbarer Rollenverteilung gegenüber. Der «Lernstoff» ist ja die Lebenssituation des Schülers *und* seine Erfahrung von dieser Situation, sein Bewußtsein mit allen darin enthaltenen Widersprüchen: seine eigenen Wörter, Werte, Urteile und Vorurteile. Indem der Lehrer eben dieses Bewußtsein des Schülers zum Problem macht, wird er notwendig seinerseits zum Schüler des Schülers, wie der Schüler in gewisser Weise zum Lehrer des Lehrers wird, denn es geht ja um *seine* Erfahrung, um *seine* Probleme und ihre Lösung, die nur er selbst leiten kann. An die Stelle des pädagogischen Fütterungsvorgangs tritt ein dialogisches Lernen an der Lebenswirklichkeit der Schüler und ihrer Veränderung.

Freire, P.: Pädagogik der Unterdrückten, Reinbek 1973, S. 13 ff.

AUFGABEN

1. Freire stellt zwei Erziehungsmodelle gegenüber. Vergleichen Sie die Merkmale dieser beiden Erziehungsmodelle.
2. Analysieren Sie, welchem Modell Ihrer Erfahrung nach das Lernen im Kindergarten bzw. in der Schule entspricht.
3. Welches Modell würden Sie bevorzugen?
4. Versuchen Sie, die am Anfang dieses Abschnittes gestellten Fragen zu beantworten.

Das Bild vom Kind

Jeder didaktische Ansatz enthält ausgesprochen oder unausgesprochen Annahmen über das Wesen von Kindern und ihre Entwicklung. Solche Vorstellungen beeinflussen sowohl pädagogische Theorien als auch das pädagogische Handeln.

Am Beispiel der Waldorfpädagogik läßt sich diese Aussage gut verdeutlichen. Vertreter der Waldorfpädagogik gehen davon aus, daß sich die Entwicklung von Kindern in bestimmten Phasen vollzieht. Aufgrund dieses Phasenverlaufes läßt sich eindeutig bestimmen, was für alle Kinder der jeweiligen Phase angemessen, d. h. was kindgemäß ist. Die pädagogische Aufgabe besteht nun u. a. darin, eine möglichst kindgemäße Umgebung zu schaffen und schädliche gesellschaftliche Einflüsse wie z. B. das Fernsehen oder eine zu frühe kognitive Förderung vom Kinde fernzuhalten. Was heißt dies konkret?

Kinder im Vorschulalter zeichnen sich nach Auffassung der Waldorfpädagogen dadurch aus, daß sie handeln wollen. Sie setzen sich in erster Linie handelnd mit ihrer Umwelt auseinander.

Rein kognitive Wissensvermittlung überfordert Kinder in diesem Alter und ist somit im Kindergarten zu vermeiden.

Eine weitere praktische Konsequenz dieser Grundüberlegung ist, daß die Erzieherin sich häufig bestimmten Tätigkeiten wie waschen, bügeln, kochen . . . widmet, um den Kindern Handlungsanreize zu geben.

Im Gegensatz zu Waldorfpädagogik gehen die Vertreter des Situationsansatzes nicht davon aus, daß es **das** „Kindgemäße" gibt. Die kindliche Entwicklung verläuft vielmehr sehr unterschiedlich bei den einzelnen Kindern. Entscheidend für die Entwicklung des Kindes ist, daß die individuellen Bedürfnisse berücksichtigt werden.

Ein zweiter wesentlicher Unterschied besteht darin, wie die gesellschaftliche Realität in die pädagogische Arbeit einbezogen wird. Während die Waldorfpädagogen glauben, daß ein Kind sich am besten in einem Schonraum entwickeln kann, gehen Vertreter des Situationsansatzes davon aus, daß Kinder früh lernen sollten, sich mit ihrer Lebensrealität auseinanderzusetzen.

Bei dieser Auseinandersetzung wird das Kind als Betroffener und z. T. als Sachverständiger gesehen. Das Kind ist gleichberechtigter Partner der Erzieherin bei der Analyse und Bewältigung der jeweiligen Lebenssituation. Es ist somit nicht mehr in erster Linie Adressat pädagogischer Bemühungen.

Ziele, Inhalte und Methoden

Einen Zielkatalog mit allen für die Arbeit im Kindergarten wesentlichen Zielen sucht man in der Literatur zum Situationsansatz vergebens. Eine solche Formulierung allgemeingültiger Ziele wird abgelehnt. Warum?

Die Ziele der pädagogischen Arbeit werden aufgrund der Analyse der konkreten, gegenwärtigen oder zukünftigen Lebenssituationen der Kinder von allen Beteiligten festgelegt. Da je nach Lebenssituation unterschiedliche Qualifikationen zu ihrer Bewältigung notwendig sind und die Auswahl der Ziele vor Ort von allen Beteiligten vorgenommen werden soll, ist es unmöglich, einen allgemeingültigen Zielkatalog zu erstellen.

Anstelle eines solchen Zielkatalogs werden lediglich zwei allgemeine Ziele vorgegeben: Autonomie und Kompetenz. Die Kinder sollen zunehmend selbständiger und fähiger bzgl. ihrer Lebensbewältigung werden. Welche Fähigkeiten konkret anzustreben sind und was Selbständigkeit bedeutet, hängt von der jeweiligen Lebenssituation ab.

Der folgende Text beschreibt, wie bei der Zielformulierung vorzugehen ist und warum dieser Weg der Zielformulierung gewählt worden ist.

Pädagogische Zielsetzungen

Wie lassen sich die früher genannten allgemeinen pädagogischen Ziele auf die ausgewählten Situationen hin konkretisieren? Kann man sie in einem logischen Akt in Feinziele übersetzen, in erwünschte Endverhaltensweisen von Kindern, deren Erwerb meßbar und kontrollierbar ist? Nein, denn viele der wichtigen Fähigkeiten lassen sich durch einfache Messungen gar nicht erfassen. Außerdem müßten Curriculumkonstrukteure dann Alleswisser sein: Sie müßten detailliert angeben können, wie man sich als jüngerer oder älterer Mensch in gegenwärtigen und künftigen Situationen angemessen verhalten soll. Sie sind aber nicht im Besitz von Patentrezepten zur Lösung von Lebensproblemen, zumal Situationen sich wandeln und nicht als gleichförmig und wiederkehrend angesehen werden können. Curriculumkonstrukteure können allerdings davon ausgehen, daß sich in exemplarischen Situationen Erfahrungsprozesse organisieren lassen, die zu übertragbaren Fähigkeiten führen, zu Qualifikationen, die auch in anderen – ähnlich strukturierten – Situationen angemessen sind.

Die Bestimmung wünschenswerter Qualifikationen für Kinder (und auch für Erwachsene) erfolgt wie die Untersuchung von Situationen auf diskursivem Weg: Man wird sich einerseits interpretierend auf das beziehen, was an gesellschaftlichem Vorverständnis über Qualifikationsanforderungen vorliegt. Andererseits sind bei der Bestimmung von konkreten Zielen diejenigen Menschen zu beteiligen, die diese Ziele in praktischer Arbeit dann auch verfolgen wollen. So geht es darum, die Forderungen nach Autonomie und Kompetenz auf wirkliche Situationen zu beziehen und dabei festzulegen, was sie hier und jetzt bedeuten sollen. (...)

Qualifikationen, wie sie hier verstanden werden, können lediglich Richtungen der Erschließung von Lern- und Erfahrungsprozessen bezeichnen. Formuliert man sie im Hinblick auf soziale Situationen, werden ihre instrumentellen und sozialen Anteile in der Regel zusammenfallen. Wie konkret und einmalig beziehungsweise wie allgemein und übertragbar sie sind, hängt mit ab von dem, was in einer jeweiligen Situation an Einmaligem und an Allgemeinerem enthalten ist.

Festzuhalten ist damit der nur begrenzte Anspruch auf Reichweite und Gültigkeit der formulierten Zielvorstellungen. Sie können (unabhängig davon, daß wir diese Zielvorstellungen vertreten) anders bestimmt werden, wenn der Diskurs in anderen Gruppen, die mit den didaktischen Einheiten umgehen, zu anderen Ergebnissen führt.

Arbeitsgruppe Vorschulerziehung
Anregungen II: Didaktische Einheiten im Kindergarten, München [3]1979, S. 67 ff.

AUFGABEN

1. Beschreiben Sie eine konkrete Lebenssituation von Kindern und formulieren Sie für diese Lebenssituation fünf Qualifikationen.
2. Ziele können nach Meinung der Vertreter des Situationsansatzes nicht deduktiv abgeleitet werden.
   a) Wie wird diese Behauptung begründet?
   b) Welche Alternative wird angeboten?

Inhalte

Was sollen Kinder im Kindergarten lernen?

- ◆ Sollen sie lesen lernen?
- ◆ Sollen sie eine erste Fremdsprache erlernen?
- ◆ Sollen sie die Zahlen von 1–50 kennen?
- ◆ Sollen sie die Grundfarben kennen?
- ◆ Sollen sie fünf Singvögel der näheren Umgebung kennen?
- ◆ Sollen sie einen Ball fangen können?
- ◆ Sollen sie verschiedene Konfliktlösungstechniken kennen?

Wie würden Sie diese Fragen beantworten? Sicherlich werden Sie bei einigen Fragen eher zustimmend, bei anderen Fragen eher ablehnend antworten. Wie aber würden Sie Ihre Antworten begründen? Warum sollte z. B. ein Kind im Kindergarten die Zahlen von 1–50 beherrschen?

Angenommen Sie würden diese Frage mit Ja beantworten. Wie könnten mögliche Begründungen aussehen?

1. Die Beherrschung des Zahlenraumes von 1–50 gehört zu den Grundkenntnissen der Mathematik. Im Kindergarten sollten die Grundkenntnisse wesentlicher Lernbereiche wie Sprache, Mathematik, Musik, Sport, Biologie . . . vermittelt werden. Diese Grundkenntnisse sollten also den inhaltlichen Rahmen der Kindergartenarbeit bilden.

2. Der Umgang mit Zahlen schult das Denkvermögen, das Gedächtnis, die Wahrnehmung des Kindes. Im Kindergarten sollten die Kinder in all ihren Funktionen (Wahrnehmung, Bewegung, Sprache, Denken . . .) gefördert werden. Es sind also solche Inhalte auszuwählen, die eine solche Förderung in optimaler Weise gewährleisten.

Wie beurteilen die Vertreter des Situationsansatzes diese Begründungen? Sie lehnen beide Begründungsversuche aus folgenden Gründen ab:

- ◆ Die Kinder sind nicht an der Inhaltsauswahl beteiligt.
- ◆ Die Kinder wissen nicht, wofür sie etwas lernen. Der Nutzen des Gelernten ist nicht unmittelbar einsichtig.
- ◆ Die Kinder lernen nicht etwas, was sie im Moment interessiert, sondern was z. B. aufgrund der Systematik des jeweiligen Lernbereiches gefordert ist.
- ◆ Die Kinder lernen auf Vorrat. Das Gelernte kann erst später angewandt werden.
- ◆ Die Kinder lernen abgetrennt von der Wirklichkeit.
- ◆ Die Kinder können das so Gelernte z. T. nur schwer in ihrem Alltag anwenden.
- ◆ Die Kinder lernen isoliert. Soziales Lernen und instrumentelles Lernen werden oft getrennt.

Der Situationsansatz versucht nun diese – aus seiner Sicht schwerwiegenden – Nachteile der bisherigen Versuche der Inhaltsauswahl zu vermeiden.

Ausgangspunkt der Inhaltsauswahl sind nach dem Situationsansatz die gegenwärtigen und zukünftigen Lebenssituationen der Kinder. Durch die Analyse dieser Lebenssituationen, an der alle Betroffenen (Kinder, Erzieherinnen, Eltern . . .) beteiligt sind, ergibt sich der inhaltliche Rahmen der Kindergartenarbeit. Das bedeutet, daß die Inhalte nicht von außen vorgegeben werden, sondern daß jeder Kindergarten bzw. jede Kindergartengruppe sein/ihr eigenes Curriculum erstellt. Der Situationsansatz gibt also nicht vor, was im Kindergarten zu lernen ist, sondern er zeigt einen Weg auf, wie wichtige Inhalte der Kindergartenarbeit gefunden werden können.

Anhand der folgenden Lebenssituationen ist dieses Verfahren von den Vertretern des Situationsansatzes erprobt und in Form von didaktischen Einheiten veröffentlicht worden. Insgesamt sind folgende 28 Didaktische Einheiten entwickelt worden.

Das Curriculum „Soziales Lernen" besteht aus 28 didaktischen Einheiten, die sich jeweils auf einen Situationsbereich beziehen und damit zugleich – im Rahmen sozialen Lernens – als Förderungsschwerpunkte angesehen werden können. Die Arbeitstitel dieser Einheiten lauten: „Kinder im Krankenhaus", „Kinder kommen in die Schule", „Werbung", „Wochenende", „Verlaufen in der Stadt", „Über den Umgang mit Märchen", „Wohnen", „Kochen, Ausflug, Kinderfeste", „Neue Kinder in der Gruppe", „Müll", „Kinder im Kindergarten", „Meine Familie und ich", „Tod", „Was Kinder haben wollen", „Was meine Eltern tagsüber tun", „Kinder werden abgelehnt", „Kinder allein zu Hause", „Große und kleine Kinder", „Wir haben Ferien", „Fernsehen", „Kinder und alte Leute", „Junge und Mädchen", „Geburt und Zärtlichkeit", „Behinderte Kinder", „Gastarbeiterkinder", „Kinder aus unvollständigen Familien", „Aufräumen, Essen, Einschlafen", „Spielsituationen".

Anregungen III, S. 42

Diese didaktischen Einheiten stellen aber keine inhaltliche Vorgabe für die Kindergartenarbeit dar, sondern sollen das Verfahren verdeutlichen und als Anregung für die pädagogische Arbeit dienen.

Eine direkte Übernahme der didaktischen Einheiten würde dem Situationsansatz widersprechen.

Wie mit den didaktischen Einheiten umgegangen werden kann, zeigt der folgende Text.

Über den Umgang mit didaktischen Einheiten

♦ Wir haben gesagt, daß didaktische Einheiten keine Rezepte, sondern Anregungen sein sollen. Also sind wir dafür, frei und nach eigenem Gutdünken mit ihnen umzugehen. Die Situationen, die in ihnen thematisiert werden, haben ja immer etwas Einmaliges und jeweils Konkretes, und dies schließt die Annahme aus, man könne solche Situationen in genau gleicher Ausprägung anderswo wiederentdecken. Man wird ähnliche Situationen vorfinden, wenn Kindergartenkinder im Dorf X oder in der Stadt Y zur Schule überwechseln, aber jeder Erzieher wird darauf gerichtete Unternehmungen auf seine lokalen und personellen Besonderheiten beziehen müssen. Umgang mit einer didaktischen Einheit bedeutet, sich übertragbare Vorerfahrungen zunutze zu machen, die Situation am Ort selbst in Augenschein zu nehmen, eigene Projekte zu planen und also die Einheit ein gutes Stück neu zu erfinden. Dabei kann sich herausstellen, daß Teile der Projektanregungen übertragbar sind, daß andere beschriebene Projekte nicht durchgeführt werden können, daß schließlich neue Projekte hinzukommen.

Da man nicht sagen kann, daß die im Rahmen des Curriculum „Soziales Lernen" entwickelten 28 didaktischen Einheiten auch nur annähernd alle möglichen aktuellen und wichtigen Lebenssituationen abdecken, da sie vielmehr als Beispiele für die pädagogische Erschließung vieler anderer Situationen stehen, sollten sie auch so genommen werden: Sie illustrieren ein allgemeineres Prinzip situationsbezogener pädagogischer Praxis. Und dies bedeutet, daß man andere Situationen aufgreifen und Projekte darauf beziehen kann.

Anregungen III: Didaktische Einheiten im Kindergarten, S. 197

AUFGABEN

1. Wie werden nach Ihren Erfahrungen Inhalte im Kindergarten festgelegt?
2. Beschreiben Sie gegenwärtige und zukünftige Lebenssituationen von Kindern, mit denen Sie arbeiten und leiten Sie mögliche Inhalte ab.
3. Warum widerspricht eine direkte Übernahme der didaktischen Einheiten dem Situationsansatz?

Methoden

Wenn Erzieherinnen ihre Arbeit als „situativ" oder „situationsorientiert" beschreiben, so meinen sie häufig, daß sie unmittelbar auf die Bedürfnisse der Kinder einzugehen versuchen. Sind die Kinder z. B. am Montagmorgen sehr lebhaft, so wird möglicherweise die Spielzeit auf dem Außengelände verlängert. Die aktuelle Situation bildet also den Anlaß für das pädagogische Handeln. Dieses Vorgehen wird häufig als bloße Anlaßpädagogik bezeichnet und von den Vertretern des Situationsansatzes als grundlegendes Prinzip der pädagogischen Arbeit abgelehnt.

Diese Ablehnung bedeutet jedoch nicht, daß solchen aktuellen Situationen im Situationsansatz keine Bedeutung zukommt. Dies wird deutlich, wenn wir uns einer weiteren Bedeutung des Begriffs „Situationsorientierung" zuwenden.

Situationsorientierung bedeutet nicht nur, daß Ziele und Inhalte aufgrund der Lebenssituation festgelegt werden, sondern auch, daß die pädagogische Arbeit nach Möglichkeit von aktuellen Situationen ausgeht und in realen Situationen stattfindet.

Diese unterschiedlichen Begriffsbedeutungen werden in dem folgenden Text eingehend erläutert.

„Zum Begriff der Situationsorientierung."

In die Verpflichtung, pädagogische Arbeit auf Situationen zu beziehen, gehen unterschiedliche Bedeutungen ein:

1. Situationsbezug bedeutet einmal die Ableitung von zu vermittelnden Qualifikationen aus der Analyse von Lebenssituationen. (...) Ein Beispiel für den Situationsbezug in diesem Sinn wäre folgendes Vorgehen: In einem ersten Schritt stellt man in der Analyse kindlicher Lebenssituationen etwa fest, Vorschulkinder sollten – um selbständig einkaufen zu können – den Wert von Münzen unterscheiden und kleinere Geldbeträge handhaben können. Der zweite Schritt bestünde darin, Kindern diese Qualifikation so zu vermitteln, daß nach Möglichkeit der Zusammenhang mit der Anwendungssituation für die Kinder sichtbar bleibt, daß die Kinder also wissen, für welchen konkreten Zweck sie diese Qualifikation erwerben.

2. Situationsbezug bezeichnet zum anderen ein didaktisches Prinzip. Situationsbezug in diesem Sinn bedeutet, daß Sinndeutungen, Umweltverständnis, Probleme und Interessen der Kinder zum *Ausgangspunkt* pädagogischer Aktivitäten werden. Das heißt, daß die Sinndeutungen der Kinder ernst genommen werden und in die pädagogischen Aktivitäten eingehen. Für den Situationsbezug als didaktisches Prinzip wäre etwa folgendes Vorgehen exemplarisch: Kinder in der Kindergruppe äußern großes Interesse und Begeisterung für den Helden einer Fernsehserie. Der Erzieher greift dieses konkrete Interesse der Kinder auf, akzeptiert es und versucht, mit den Kindern ihre hinter diesem Interesse stehenden Bedürfnisse zu artikulieren, ohne diese als lächerlich oder unwichtig abzuqualifizieren. (...)

Naive Formen situationsorientierter Pädagogik gehen davon aus, als gäbe es so etwas wie ungebrochene kindliche Bedürfnisse, die sich quasi naturhaft zeigen, und übersehen, daß kindliches Verhalten weitgehend bestimmt ist durch die Lerngeschichte der Kinder, durch die räumlichen und materiellen Bedingungen, in denen Kinder leben.

Beide Arten von Situationsbezug spielen im Situationsansatz eine Rolle, aber sie bedingen sich nicht gegenseitig, sondern sie können grundsätzlich ganz verschiedenen, sogar gegensätzlichen Modellen von Pädagogik entsprechen: Versteht man den Situationsbezug als didaktisches Prinzip, dann ist mit „Situation" die unmittelbare Situation der Kinder, der Kindergruppe im Kindergarten gemeint. In dieser Situation repräsentieren sich ganz unmittelbar die Sinndeutungen und Interessen der Kinder, aus ihr heraus entwickeln sich pädagogische Aktivitäten. Wendet man hingegen den Situationsbezug zur Ableitung von zu vermittelnden Qualifikationen an, dann sind mit Situation inhaltlich abgrenzbare, gegenwärtige und zukünftige Erfahrungs- und Handlungsfelder von Kindern gemeint. Deren inhaltliche Bestimmung soll in einem Entwicklungs- und Kommunikationsprozeß erfolgen, in den nicht nur die Sinndeutung von Wissenschaftlern und Wissenschaften, sondern auch die von Kindern, deren Eltern und anderen an der Situation Beteiligten als Situationsmerkmale mit eingehen. Aus der Analyse dieser Situationen werden dann Qualifikationen abgeleitet, die für die Kinder wichtig erscheinen. Der Bezug auf Situationen als Verfahren der Erschließung und Begründung von Qualifikationen und darauf bezogener Lernprozesse enthält in sich nicht notwendigerweise die Verpflichtung, Lernprozesse situationsorientiert – im Sinne des didaktischen Prinzips – zu organisieren. Das heißt, daß die Vermittlung von relevanten Qualifikationen nicht unbedingt darauf angewiesen ist, auf „natürliche" Anlässe zu warten. Damit besteht aber für den Situationsansatz in gleicher Weise wie für andere Curriculumansätze die Gefahr, Lernprozesse aufgesetzt, programmhaft, isoliert und ohne Erlebnisbezug durchzuführen.

Umgekehrt gilt auch: Die Merkmale sinnvollen kindgemäßen Lernens, wie Offenheit, Anknüpfen an Fragen und Bedürfnisse, die von Kindern kommen, Bedingungen, wie sie im Situationsansatz als didaktisches Prinzip angestrebt werden, können keineswegs nur dort eingelöst werden, wo sich die pädagogische Arbeit auf Lebenssituationen als Ausgangspunkte der Qualifikationserschließung bezieht, sie können durchaus auch in anderen Ansätzen berücksichtigt werden.

In den unterschiedlichen Bedeutungen, die in dem Begriff des Situationsbezugs zusammengefaßt sind, wird die Spannung einander zuwiderlaufender Ansprüche sichtbar, unter der die gesamte Curriculumdiskussion stand. Auf der einen Seite setzt sich der Situationsansatz mit der Einführung des Situationsbezugs als didaktischem Prinzip von einer technologischen Pädagogik ab, die den Lernenden nur wenig Spontaneität, Freiraum und Selbstbestimmung zugesteht, auf der anderen Seite bleibt er in Auswahl und Analyse wichtiger Lebenssituationen – wo der Situationsbezug auf anderer Ebene angewandt wird – einem technologisch-zweckrationalen Modell von Pädagogik verbunden.

Hemmer/Obereisenbucher: Reform der vorschulischen Erziehung, München 1979, S. 70 ff.

AUFGABEN

1. Versuchen Sie mit eigenen Worten die beiden unterschiedlichen Bedeutungen des Begriffs „Situationsbezug" zu beschreiben.
2. In welchem Verhältnis stehen die beiden Begriffe zueinander?

Der Text hat deutlich gemacht, daß sich durch den Situationsansatz nicht nur Ziele und Inhalte, sondern auch die Methoden der Kindergartenarbeit verändern.

Es soll nach Möglichkeit von aktuellen Anlässen ausgegangen werden und in der jeweiligen Situation gelernt werden. So könnte die Krankheit der Großmutter eines Kindes ein Anlaß sein, mit den Kindern ein Krankenhaus zu besuchen und somit vor Ort etwas über ein Krankenhaus zu erfahren. Eine solche Form des Lernens bezeichnet man auch als Projektlernen. Die Projektmethode stellt somit eine wesentliche Methode des Situationsansatzes dar. Was wird nun im Situationsansatz unter einem Projekt verstanden?

„Projekte sind geplante Abfolgen von Schritten, die dem unmittelbaren und sinnlichen Erfahrungserwerb gelten und in denen versucht wird, wichtige Teile der Situation aufzuklären und mittelbar oder unmittelbar zu beeinflussen." (Anregungen III, S. 76 f.)

Zwei Aspekte stehen also beim Projektlernen im Vordergrund:
- ◆ der direkte, sinnliche Erfahrungserwerb,
- ◆ die Veränderung der Situation.

Über diese beiden Aspekte hinaus zeichnet sich projektorientiertes Lernen durch folgende Merkmale aus:
- ◆ Projektorientiertes Lernen bedeutet ganzheitliches Lernen, d. h. lernen mit Kopf, Herz und Hand.

Lernen mit Kopf, Herz und Hand

Frei nach Pestalozzi   MATTIEKO

- ◆ Projektorientiertes Lernen bedeutet produktorientiertes Lernen, d. h. Ziel eines Projektes ist es häufig, ein Produkt zu erstellen.
- ◆ Projektorientiertes Lernen bedeutet lernbereichs- und funktionsübergreifendes Lernen.

Der Kindergarten hat laut Gesetz einen Bildungsauftrag.

Dies hat in den 60er und 70er Jahren dazu geführt, daß gezielte Angebote, die häufig große Ähnlichkeiten mit dem Unterricht in der Schule hatten, im Kindergarten zunehmend an Bedeutung gewannen. Insbesondere Befürworter des lernbereichs- bzw. funktionsorientierten Ansatzes sahen in diesen Angeboten einen wichtigen Bestandteil der Kindergartenarbeit.

Gegen diese Tendenz zur Verschulung des Lernens im Kindergarten richtet sich die Hauptkritik der Vertreter des Situationsansatzes.

Ihrer Meinung nach führen solche Lernformen dazu,
- ◆ daß Kinder noch mehr als bereits geschehen vom realen Leben abgetrennt werden und über die Wirklichkeit nur aus zweiter Hand (Bücher, Film, Fernsehen . . .) etwas erfahren,
- ◆ daß der Sinn des Lernens häufig nicht deutlich ist,
- ◆ daß die Inhalte des Lernens häufig von einer vorgegebenen Sachsystematik und nicht von den Problemen und Interessen der Kinder bestimmt werden,
- ◆ daß das Gelernte in komplexeren Realsituationen oft nicht angewandt wird,
- ◆ daß das Erzieher-Kind-Verhältnis noch stärker pädagogisiert wird, was zu einer Entmündigung der Kinder führen kann.

Wie müßte nun das Lernen im Kindergarten aussehen, damit sich diese Nachteile vermeiden lassen?

Der Kerngedanke des neuen Lernkonzeptes ist, die Trennung von Lernen und realem Leben so weit wie möglich aufzuheben. Es soll nach Möglichkeit nicht nur **für**, sondern auch **in** Lebenssituationen gelernt werden. Die **Lebens**situationen der Kinder sollen zu **Lern**situationen werden. Das bedeutet u. a., daß die Kinder in den alltäglichen Lebenssituationen lernen. Sie gehen z. B. mit einkaufen. Sie richten selbst das Frühstück in der Küche her. Sie gehen ans Telefon. Sie sind verantwortlich für den Garten. Diese Beispiele zeigen, daß der normale Alltag eine Fülle von Lernmöglichkeiten enthält.

Lernen im Kindergarten beschränkt sich aber nach dem Situationsansatz nicht nur auf das Lernen im Alltag, auch der gezielten Bearbeitung ausgewählter Inhalte kommt ein hoher Stellenwert zu. Der Unterschied zu anderen Ansätzen liegt – neben der Auswahl der Inhalte und Ziele – in der Form der Bearbeitung der Inhalte. Lernen sollte nach Möglichkeit in Form von Projekten stattfinden.

Vertreter des Situationsansatzes lehnen also nicht gezielte Angebote an sich ab, sondern fordern, solche Angebote nach Möglichkeit in Form von Projekten durchzuführen. Die Aufwertung des Lernens im Alltag und die häufige Durchführung von Projekten führen dazu, daß die oft anzutreffende starre Trennung von Freispiel und Angebot in einem situationsorientiert arbeitenden Kindergarten abgelehnt wird.

Zudem erfordert diese Art des Lernens, daß sich der Kindergarten nach innen und nach außen öffnet. Die Kinder verlassen den Kindergarten, um vor Ort zu lernen. Menschen aus der Umgebung kommen in den Kindergarten, um mit den Kindern zu lernen. Den Kindern stehen im Kindergarten alle Räumlichkeiten offen.

Der folgende Textausschnitt versucht in erster Linie die hier dargestellte neue Sichtweise des Lernens im Kindergarten zu begründen und Möglichkeiten der praktischen Umsetzung aufzuzeigen.

Lernen in Alltagszusammenhängen: Aufwertung des „unpädagogischen" Alltags

Kinder brauchen Primärerfahrungen: daran mitzuarbeiten, wie aus einem rohen Holzklotz ein Wagen wird; das Erlebnis, daß derselbe Bach im Sommer austrocknet und im Winter zufriert; mittun können, wenn aus (. . .) ein leckerer Kuchen wird (und nicht nur aus der Backmischung); das Staunen darüber, daß ein Baum im Lauf des Jahres immer wieder anders aussieht. – Alles Banalitäten, von denen man annehmen sollte, sie seien auch für ein Vorschulkind selbstverständlich – selbstverständlich ganz einfach deshalb, weil es all dies zu Hause ohnehin mitbekommt. Wenn aber die Realität in der Dreizimmer-Wohnung im Wohnblock, im technisierten Haushalt, im Kantinenessen für Erwachsene und fertig angelieferter „Kita-Mahlzeit" für die Kinder besteht, wenn es keine Oma auf dem Land gibt, (. . .) wenn der Urlaub im Komplett-Ferien-Arrangement verbracht wird und Vermitteltes, leicht Konsumierbares (Fertiggerichte, Fernsehen, Hydrokultur) im Kinderleben dominiert, dann wird das Hineinwachsen in diese Welt schwer. Vorschulkinder müssen nämlich im wahrsten Sinn des Wortes be-greifen lernen können, daß die Welt, so wie sie ist, geworden ist. Sie brauchen das Erlebnis, daß sie etwas „Richtiges" tun und bewirken können, genauso wie das respektvolle Staunen vor Wachsen und Vergehen in der Natur. (. . .)

Auf dem Weg zu einer situationsorientierten Arbeit war es für manches Kindergarten-Team wichtig, erst einmal aushalten zu lernen, die Tage und Wochen *nicht* vollzuplanen und darauf zu achten wie Kinder *selbst* mit den dann eröffneten Freiräumen umgehen. Das Augenmerk verlagerte sich von den „Beschäftigungen" auf die Freispielphasen. Der „unpädagogische Alltag" wurde aufgewertet, denn in ihm bot sich für die Kinder überraschend viel Interessantes: Gruppenräume umgestalten – Pflanzen versorgen – den Frühstückstisch selbst abräumen und für sauberes Geschirr für die Nachkommenden zu sorgen – Kleister zum Basteln selbst anrühren und auf handliche Gläser verteilen – ein Kind, das in die Hosen gemacht hat, nicht auszulachen, sondern ihm zu helfen, (. . .) – über Regeln zu diskutieren, was man an der Werkbank in der Halle tun kann, wenn kein Erwachsener daneben steht. So werden Kinder an den anfallenden Arbeiten beteiligt und können sie auf ihre Weise mitgestalten. – Damit werden Abläufe in der Institution durchsichtiger. Die Kinder entwickeln im Lauf der Zeit die Sicherheit, selbst verändernd eingreifen zu können und gemeinsam den Alltag zu tragen.

Colberg-Schrader, M.: Soziales Lernen im Kindergarten, München 1991, S. 88 ff.

AUFGABEN

1. Wie wird im Text die Aufwertung des „unpädagogischen" Alltags begründet?
2. Nehmen Sie Stellung zu dieser Begründung.
3. Was könnten Kinder in Ihrem Kindergarten im normalen Alltag lernen?
4. Worin sehen Sie die wesentlichen Unterschiede zwischen den „herkömmlichen" Angeboten und Projekten?

Raumgestaltung und Materialauswahl

Sie haben sich in einem Kindergarten um eine Stelle als Anerkennungspraktikantin beworben und sind zu einem Vorstellungsgespräch in den Kindergarten eingeladen worden. Sie kennen den Kindergarten nicht und wissen daher auch nicht, nach welchen pädagogischen und didaktischen Ansätzen dieser Kindergarten arbeitet.

Angenommen dieser Kindergarten arbeitet nach dem situationsorientierten Ansatz, würden Sie dies an der Raumgestaltung und Materialauswahl erkennen?

Wenn ja, wie würden die Räume aussehen und welche Materialien würden Sie finden?

Der Kindergarten soll nach dem Situationsansatz ein Lebens- und Erfahrungsraum sein, in dem die Kinder lernen, gegenwärtige und zukünftige Lebenssituationen selbständig und kompetent zu bewältigen.

Aus dieser Zielsetzung ergeben sich folgende Konsequenzen:

- ◆ Die Räume und Materialien müssen ein großes Maß an Selbsttätigkeit und Wahlfreiheit ermöglichen.
- ◆ Die Räume und Materialien sollten das direkte Erleben und das Nacherleben von realen Lebenssituationen ermöglichen.
- ◆ Die Räume und Materialien sollten sicher und veränderbar sein.

Aus diesen allgemeinen Grundsätzen sind folgende Aussagen abgeleitet worden:

- ◆ Es sollten möglichst alle Räume in die pädagogische Arbeit einbezogen werden (Flure, Küche, Büro . . .).
- ◆ Die Räume sollten flexibel gestaltet werden.
- ◆ Die Räume sollten nicht komplett gestaltet sein, sondern auch unfertige Elemente und Ecken enthalten.
- ◆ Die Raumgestaltung sollte gemeinsam mit Kindern durchgeführt werden.
- ◆ Die Gruppenräume sollten stark untergliedert werden.

- ◆ Die einzelnen Gruppenräume können unterschiedlich gestaltet sein.
- ◆ Die Kontrollierbarkeit der Kinder sollte bei der Raumgestaltung keine große Rolle spielen.
- ◆ Die Kinder benötigen weniger Spielmaterialien (fertiges Spielzeug) als Materialien zum Spielen.
- ◆ Die Materialien sollten möglichst realitätsnah sein (echtes Werkzeug, echtes Porzellan).
- ◆ Die Materialien sollten unfertig und veränderbar sein.
- ◆ Die Materialien sollten frei zugänglich sein.
- ◆ Die Materialauswahl sollte ständig überprüft werden.

In dem folgenden Erfahrungsbericht wird anschaulich dargestellt, wie diese Forderungen in die Praxis umgesetzt werden können.

„Für viele Projekte fehlt es bei uns einfach an Platz und Material."
Die Nutzung von Räumen und Material

„Ein räumliches Milieu, in dem das Kind sich wohl fühlt, signalisiert ihm, daß es ernst genommen wird. Im Verlauf des Erprobungsprogramms hat sich vielfach die Aufteilung und Gestaltung der Innenräume im Kindergarten verändert.

Ziele solcher Raumveränderungen im Erprobungskindergarten waren vor allem: Gruppendifferenzierung zu ermöglichen – Rückzugsmöglichkeiten für einzelne Kinder oder kleinere Kindergruppen zu schaffen – Experimentierfreude und Neugierverhalten anzuregen.

Orientiert sich die Gestaltung des Gruppenraumes wie so oft nur an Prinzipien der Überschaubarkeit, Helligkeit des Raumes, Sicherheit und rationellster Sauberhaltung, fixiert man die Kinder untereinander auf die Großgruppe und bleibt als Erzieher selbst auf die Großgruppe fixiert.

Wenn Ecken, Nischen, Höhlen oder auch Emporen oder Podeste den Raum in kleine, für die Kinder überschaubare Räume untergliedern, kann der Erzieher sich den einzelnen Gruppen viel intensiver zuwenden, da nicht alle Kinder um ihn herumstehen. Konflikte in einer kleinen Kindergruppe greifen bei stärkerer Raumuntergliederung nicht sofort auf die Großgruppe über oder unterbrechen das Spiel der anderen, und auch der Erzieher muß nicht sofort eingreifen, weil in kleinen Gruppen die Kinder leichter selbst Lösungsmöglichkeiten finden.

Die Erzieher haben den Raum nicht nur mit den stereotypen ‚Katalogmöbeln' gestaltet, sondern mit Altmöbeln, Decken, Vorhängen etc. eine wohnliche Atmosphäre geschaffen. Die Erzieher empfanden das in verschiedener Hinsicht als angenehm. Zum einen fühlten sie sich gegenüber den von Eltern gespendeten (. . .) Möbelstücken nicht in dem Maße zur ‚schonenden Instandhaltung' verpflichtet, wie es gegenüber der offiziellen Grundausstattung der Institution Kindergarten häufig der Fall ist. Es fiel ihnen leichter zuzulassen, daß Kinder einen alten Sessel hochkant stellen, Vorhänge bemalen, auf einem Sofa turnen. (. . .) Vieles, was vorher sehr anstrengend gewesen war (z. B. der Großgruppe im Stuhlkreis vorzulesen) verlief in der informellen Kleingruppe auf dem Sofa beiläufiger und zugleich zugewandter. Angenehm wirkte sich auch das Vorhandensein von mehr textilen Materialien im Raum auf den Lärmpegel aus, der für Erzieher und Kinder gleichermaßen belastend sein konnte.

Bei der Umgestaltung von Räumen sollte vor allem von den Wünschen der Kinder ausgegangen werden. Dabei kann man nicht erwarten, daß Kinder schon vor dem Prozeß des Räumens klare Vorstellungen über das Ergebnis artikulieren. Wichtig für sie ist die Tätigkeit des Räumens selbst, und die Erfahrung, daß sie auf die Gestalt ihrer Umwelt Einfluß nehmen können, weniger das innenarchitektonische Resultat. Wenn man sich über diese Ziele mit Eltern und Reinigungspersonal abstimmt, halten sich die unvermeidlichen Konflikte in erträglichen Grenzen.

(. . .) Nicht nur das sogenannte ‚pädagogisch wertvolle' Spielzeug, das allzu oft den Kindern nur sehr beschränkte Themenkreise eröffnet und den Spielraum des affektiv Erlaubten relativ eng faßt, sondern auch Gebrauchsgegenstände, wie sie in der Umwelt des Kindes außerhalb der Institution Kindergarten erscheinen (Holz, Werkzeug, Töpfe, Geschirr, Kleider, Verbandmaterial usw.) sollten angeboten werden. Kinder müssen auch die Möglichkeit haben, den meist sehr beliebten Krimskrams (‚Billigspielzeug'), z. B. den Inhalt von Überraschungseiern, Süßigkeitenbeigaben u. a., in den Kindergarten mitzubringen und mit anderen Kindern zu tauschen oder ihn im eigenen Fach aufzubewahren.

Zum Schluß noch einige Worte zur Nutzung der verschiedenen Räume des Kindergartens. Wenn der Gruppenraum durch Decken, Nischen usw. viele Rückzugsmöglichkeiten geschaffen hat, ist er dadurch oft so verschachtelt, daß Kinder auch größere Flächen zu freieren Bewegungsspielen (von Erwachsenen meist abwertend ‚Toben' genannt) brauchen. Flur, Turnraum und andere Nebenräume sollten soweit wie möglich in das Spiel der Kinder einbezogen werden können.

Je nach Bedarf könnte aber auch der Flur in kleinere Abschnitte unterteilt werden und räumliche Ausweichmöglichkeiten bei einem zu kleinen Gruppenraum anbieten. So wurde z. B. der Bauteppich für alle Gruppen gemeinsam nutzbar auf den Flur verlegt oder die Frühstücksecke in einem Winkel des Flurs eingerichtet oder ein großer Maltisch für alle Gruppen im Flur aufgebaut. Nebenräume sollten Bestandteil eines gesamten Raumkonzeptes des Kindergartens sein, mit dem Ziel, Kindern Freiräume für Handeln und Erfahrungen zu geben, die nicht dem ständigen ‚pädagogischen Blick' des Erziehers ausgesetzt sind.

Zuletzt noch eine Liste von Materialien zur Raumveränderung, die von Erziehern aus Erprobungseinrichtungen zusammengestellt wurde:

Materialien zur Raumaufteilung

Decken
Kartons
Stoff
Seile
Wolle
Bierdeckel
Bäume
Bettücher
Bausteine
 (Hohlblock, Ziegel, Ytong)
Eierkisten
Bierkästen
Gardinen
Schaumstoff
Paravant (Stellwand)
Korken

Äste
verschiedene Ebenen im Raum
Wäschklammern und Wäscheleinen
Krepp- und Seidenpapier
Schaumgummiblöcke
Bauholz
Tapeten
Styropor
Pinnwände
Obststeigen
Stämme
Weichfaserplatten
Wellpappe

Materialien zur Gestaltung von Raumteilen

Spiegel in verschiedenen Größen
Bäume
Bettücher
Matratzen
Sessel
Sofas
Hängematten
Punktstrahler als Deckenbeleuchtung
Pinnwände
Kissen
Pflanzen
Stadtpläne
Äste
Kinderbett
Bilder
Krepp- und Seidenpapier
Autoreifen
Schaumstoff
Kommoden

Wasserstelle im Raum
Etagenbett
Wolle
Wellpappe
Möglichkeiten zum Pflanzen
Bilder aus der unmittelbaren Umgebung
Baumstämme
Weichfaserplatten
Bausteine
Decken
Teppiche
Waschmitteltonnen
Schränke
Stehlampe
Laufstall
Korken
Eierkisten
Landkarten
Schaukelstuhl

Materialien zur Nutzung in Raumteilen

Farben
Puppenhäuser
Kinderküche
Draht
Krepp- und Seidenpapier
Fernseher
Telefon
alte Taschen u. Koffer
Experimentiergeräte
Theaterschminke
Maltafeln
Globen
Matschtisch

Styropor
Kochplatten
Putzgeräte
Wolle
Ton
Körbe
Kasperletheater
Tafeln
Leitern
Verkleidungsutensilien
Bügeleisen
Funkgerät
Puppen in Kindergröße
Nähsachen

Kissen	Plastikwannen	Wecker	Schaumgummiblöcke
Eierkästen	Handwerkzeug	Schreibmaschine	Personenwaage
altes Geschirr	Korken	Haushaltsgeräte	Sandtisch
Rechenmaschinen	Kaufladen	Marionetten	Malwände
Fotoapparate	flexible Holzhäuser	Lebensmittel	Radios
Werkbank	Musikinstrumente	Wellpappe	Kleider
Seile	Bausteine	Badewanne	Pinnwände
			Flaschen."

Hessisches Sozialministerium 1978, S. 24 ff.

Im Verlauf der Arbeit mit dem Curriculum veränderte eine Erzieherin zusammen mit ihrer Praktikantin den Gruppenraum in einer Weise, die bei den Kollegen in der Einrichtung zunächst einige Verwunderung auslöste. Der Gruppenraum wirkte in seiner neuen Aufteilung viel gemütlicher, unterstützte die Kleingruppenarbeit und selbständigen Aktivitäten der Kinder. Mit einiger Improvisation gab es in diesem Gruppenraum zusätzlich die Möglichkeit, in der Gesamtgruppe zusammenzusitzen. Eine Konsequenz dieser Raumgestaltung blieb allerdings umstritten: Die Kinder hatten nur mehr im Außengelände Gelegenheit zu Bewegungsspielen.

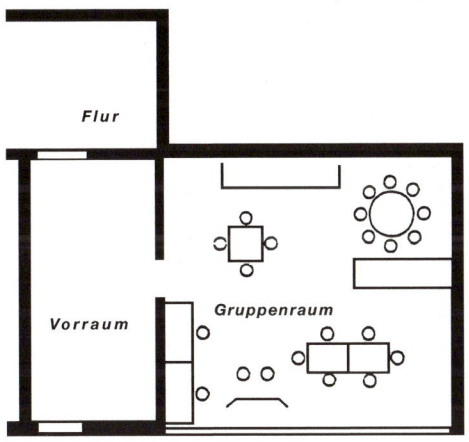

vorher

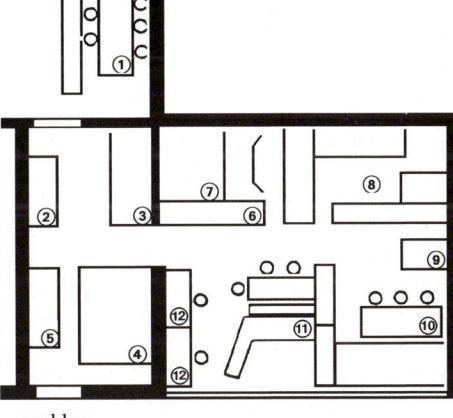

nachher

1 Frühstücksecke
2 Schminkecke
3 Werkecke
4 Puppenhaus
5 Auto
6 Kochregal

7 Kasperletheater
8 Bauecke
9 Experimentierecke
10 Bücher- und Spielecke
11 kleines Puppenhaus
12 Maltisch

Wie die beiden Abbildungen deutlich machen, wurden bis dahin ungenutzte „Verkehrsflächen" mit in die bespielbaren Flächen einbezogen. Der Gruppenraum war bis dahin – wie alle anderen Gruppenräume dieses Kindergartens auch – ein durchschnittlicher Raum: Es standen Regale an den Wänden, Tisch- und Stuhlgruppen war locker verteilt, die Möblierung entsprach den Vorstellungen der Kindermöbelfirmen.

Colberg-Schrader u. a.: Lebensnahes Lernen im Kindergarten, München 1980, S. 84-87

AUFGABEN

1. Beschreiben Sie ausführlich die Räumlichkeiten und Materialien eines Kindergartens, der situationsorientiert arbeitet.
2. Besuchen Sie einen Kindergarten, der situationsorientiert arbeitet und erstellen Sie eine Diaserie oder eine Fotodokumentation über die Räumlichkeiten und Materialien.
3. „Der Situationsansatz erfordert einen Raum, der stark untergliedert ist."
Begründen Sie diese Aussage.

Die Rolle der Erzieherin

Die pädagogische Arbeit des Kindergartens nach dem Situationsansatz zu gestalten verändert nicht nur Ziele, Inhalte, Methoden, Rituale, Räume und Materialien, sondern auch die Rolle der Erzieherin.

Eine Erzieherin, die situationsorientiert arbeitet, begreift sich nicht mehr als eine Person, die Kinder belehrt und kontrolliert. Sie versteht sich vielmehr als Begleiterin der Entwicklung der Kinder.

Das bedeutet, daß die Erzieherin

- sich nicht als alleinige Expertin und wesentlicher Lernmotor, sondern als Lernende sieht,
- sich als gleichberechtigter Partner des Kindes begreift,
- offen, flexibel und risikobereit ist,
- versucht, sich überflüssig zu machen.

Die Umsetzung des Situationsansatzes erfordert darüber hinaus eine Erweiterung des Berufsverständnisses.

Zwischen Überforderung und neuer Berufszufriedenheit

Das in diesem Buch nahegelegte veränderte Anforderungsprofil erzeugt ein Bewußtsein für die recht problematische Engführung des Berufsverständnisses und der Professionalisierungsbestrebungen (. . .): Sozialpädagogische Fachkräfte sahen sich immer mehr nur als Pädagogen, die für die Erziehung und qualifizierte Ausgestaltung der Erziehungsangebote zuständig sind. Solche Profilierungsbemühungen (. . .) vernachlässigten zeitweise die ursprünglich sehr viel breiter angelegte Zuständigkeit und geforderte fachliche Kompetenz der Fachkräfte im Kindergarten: Erzieherinnen sind nämlich sehr viel umfassender verantwortlich für die sozialen Belange und Räume von und für Kinder. Neben der im engeren Sinn pädagogischen Arbeit sind sie auch zuständig für eine förderliche Umwelt und Alltagsorganisation von Kindern, haben sie auch anwaltliche Funktionen für deren Wohlergehen. (. . .)

Es geht wieder um eine Ausweitung der Berufsperspektive von Erzieherinnen: Sie übernehmen nicht nur die Gestaltung der Kinderbetreuung in der Einrichtung, sondern kümmern sich viel umfassender um das Wohlergehen von Kindern und deren Familien. Fragen nach einer qualitativ guten Vorschulerziehung versuchen sie nicht nur mit pädagogischen Konzepten zu beantworten, sondern sie berücksichtigen dabei sozialpolitische, familienpolitische und arbeitsmarktpolitische Aspekte. Sie ordnen die institutionelle Kinderbetreuung damit ein in eine umfassende Infrastrukturpolitik für Kinder.

So betrachtet sollten Erzieherinnen aus ihrer „didaktischen Lernwelt" heraustreten und sich neben ihrer pädagogischen Arbeit um die Schaffung von lokalen Bedingungen bemühen, die Kindern (wieder) mehr entdeckende Umweltaneignung im Nahbereich und Raum für eigenständiges Kinderleben ermöglichen. Zu einem stärker sozial- und familienpolitisch orientierten Engagement gehören dann zum Beispiel auch die differenzierte Wahrnehmung regionaler/lokaler Bedarfslagen von Kindern und deren Problemen, das Mitagieren im kommunalpolitischen Kräftespiel, bei allen für das Leben der Kinder relevanten Fragen (. . .), die parteiliche Interessenvertretung gegenüber den Anforderungen der Arbeitswelt der Eltern (. . .), die Kooperation und Vernetzung des Kindergartens mit anderen regionalen Angeboten und Selbsthilfeformen, das beratende Engagement im Interesse von Kindern und Familien bei Fragen der Infrastrukturgestaltung (. . .). Dabei ist in besonderem Maße auch der Umgang mit anderen Fachleuten, außenstehenden Erwachsenen und Institutionen gefordert, die Unterstützung und Beratung von Elterninitiativen und Selbsthilfegruppen. Öffentlichkeitsarbeit sowie Eltern- und Familienberatung in vielfältigen Fragen. Die Erzieherarbeit umfaßt sehr viel mehr als nur die pädagogische Arbeit mit dem Kind.

Colberg-Schrader u. a. „Soziales Lernen ...", S. 196

AUFGABEN

1. „Die Erzieherarbeit umfaßt sehr viel mehr als nur die pädagogische Arbeit mit dem Kind."
   a) Wie wird diese Aussage im Text begründet?
   b) Nehmen Sie Stellung zu dieser Aussage.
2. Beschreiben Sie mit zehn Begriffen die Rolle der Erzieherin im Situationsansatz.
3. Welche drei Anforderungen an die Erzieherin könnten Sie gut und welche könnten Sie nicht erfüllen?

Offene Planung

Der Situationsansatz steht in dem Ruf, zu einer planungslosen Kindergartenarbeit zu führen. Für viele Erzieherinnen bedeutet „situativ" zu arbeiten, Begebenheiten in der Gruppe spontan aufzugreifen. Da solche Begebenheiten nicht vorhersehbar sind, können sie auch nicht geplant werden.

A. Krenz bezeichnet diese Art der Arbeit berechtigterweise als „bloße Anlaßpädagogik", die mit dem Situationsansatz nichts zu tun hat.

Es ist also zu Beginn festzuhalten, daß der Situationsansatz nicht auf Planung verzichtet. Allerdings haben die Vertreter dieses Ansatzes ein anderes Planungsverständnis entwickelt: die **offene** Planung.

Der Begriff Planung steht für viele Erzieherinnen im Zusammenhang mit gezielten Kleingruppenangeboten.

Ziele, Inhalte, Methoden, Materialien ... werden von der Erzieherin vorab bestimmt und anschließend in der Aktivität umgesetzt. Alles ist in der Regel vorab festgelegt und die praktische Arbeit ist häufig eine genaue Umsetzung der Planung.

Ein solches Verständnis von Planung entspricht nicht dem Planungskonzept des Situationsansatzes. Warum?

1. An der Planung der pädagogischen Arbeit sollen **alle** Betroffenen teilnehmen (Kinder, Eltern, Erzieherinnen ...).

2. Planungen sind nicht zu einem Zeitpunkt endgültig abgeschlossen und werden dann in die Praxis umgesetzt. Aufgrund der ständigen Reflexion der praktischen Arbeit wird auch die Planung immer wieder überprüft und gegebenenfalls verändert. Planung ist also nicht etwas, was nur vorab geschieht, sondern Planung findet auch während der praktischen Umsetzung statt.

Dieser fortlaufende Prozeß läßt sich wie folgt darstellen:

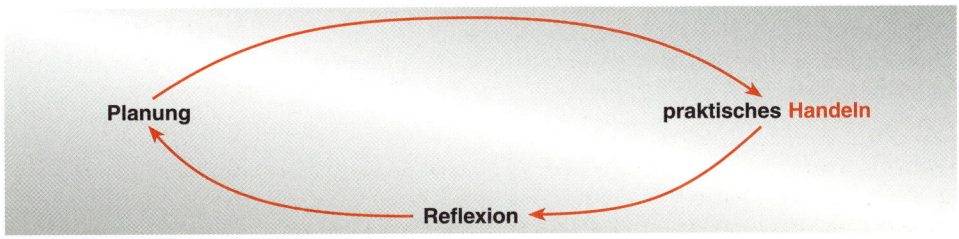

Planung nach dem Situationsansatz ist also in mehrfacher Hinsicht eine offene Planung:

◆ Sie ist offen für alle, die von der pädagogischen Arbeit betroffen sind.
◆ Sie ist offen für ständige Überprüfungen und Veränderungen.
◆ Sie ist offen für weitere Planungselemente wie z. B. Situationsanalysen, Raumplanung, Zusammenarbeit mit anderen Institutionen . . .

Wie sieht nun konkret eine situationsorientierte Planung aus?

A. Krenz schlägt folgende Arbeitsschritte vor:

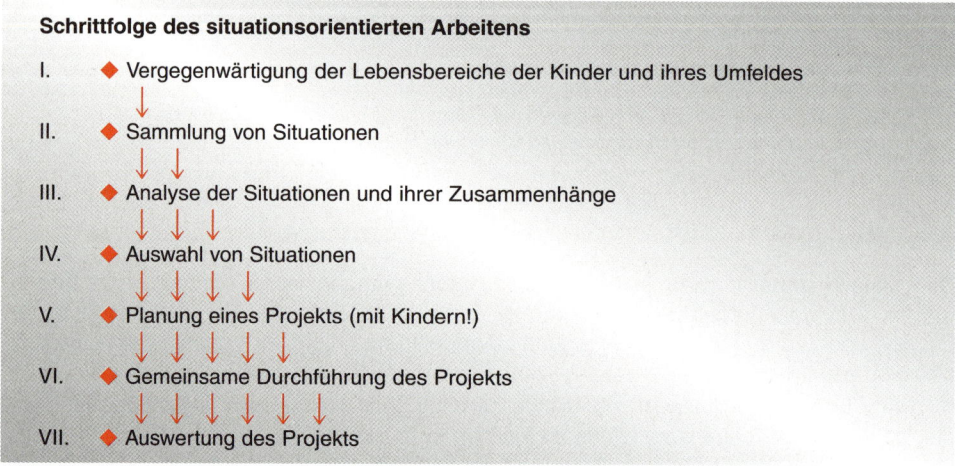

A. Krenz: Der „Situationsorientierte Ansatz" im Kindergarten, S. 85

In der ersten Planungsphase geht es allgemein um die Erfassung der gegenwärtigen und zukünftigen Lebenssituationen der Kinder der jeweiligen Einrichtung. Wie leben sie? Wie stellen sich die Familienverhältnisse dar? Welche Spielmöglichkeiten gibt es? Nach dieser allgemeinen Analyse der Lebenssituationen der Kinder geht es um die Sammlung konkreter Situationen, die möglicherweise in der praktischen Arbeit aufgegriffen werden sollen. Solche Situationen können sich zum einen aus der Beschreibung der allgemeinen Lebenssituation der Kinder ergeben. So stellen Sie z. B. fest, daß viele Kinder Ihrer Gruppe einen großen Teil des Wochenendes allein vor dem Fernseher verbringen oder daß viele Kinder berufstätige Eltern haben. Zum anderen können sich solche Situationen aus sogenannten situativen Anlässen ergeben. Kinder spielen z. B. immer wieder Inhalte bestimmter Fernsehsendungen nach.

Wichtig ist nun, daß solche Anlässe in größere Zusammenhänge gestellt werden. Was haben diese Verhaltensweisen mit der Lebenssituation der Kinder zu tun?

An dieser Frage wird schon deutlich, daß die Sammlung von Situationen immer schon ansatzweise begleitet wird von der Analyse dieser Situationen.

Bei der Situationsanalyse geht es nicht in erster Linie um die wissenschaftliche Erklärung von Situationen. Im Vordergrund sollen vielmehr die Sichtweisen der von der Situation Betroffenen stehen. Wie sehen die Kinder die Situation? Wie sehen die Erzieherinnen die Situation? Wie sehen die Eltern die Situation? Es geht also nicht darum, eine objektiv richtige Analyse der Situation zu erstellen, sondern darum, möglichst alle Aspekte der Situation zu erfassen.

Wie kann man nun möglichst viele Informationen über eine Situation bekommen? Folgende Möglichkeiten bieten sich u. a. an:

◆ Aussagen von Kindern
◆ Aussagen von Erwachsenen

- Aussagen und Beobachtungen von Erzieherinnen
- Situationserkundungen
- Aussagen von weiteren Betroffenen
- Aussagen von außenstehenden Sachverständigen
- Veröffentlichungen

In der vierten Phase geht es um die Auswahl der Situation, die zum Thema gemacht werden soll. Da es oft viele Situationen gibt, die aufgegriffen werden könnten, haben die Vertreter des Situationsansatzes folgende Auswahlkriterien entwickelt, die die Entscheidung erleichtern sollen:

Einige Kriterien zur Situationsbestimmung

- Es sollen Situationen von Kindern sein und nicht solche, mit denen sich vornehmlich nur Erwachsene auseinanderzusetzen haben. (...)
- Es sollen Situationen sein, auf die die Ziele von Autonomie und Kompetenz Anwendung finden können. Gemeint sind damit Situationen, in denen eine mögliche Autonomie von Kindern – in einer prinzipiell vermeidbaren Weise – behindert ist: etwa durch unangemessene Einschränkungen von seiten Erwachsener oder durch äußere Bedingungen, die die Handlungs- und Entfaltungsmöglichkeiten von Kindern stark begrenzen. Es soll sich dabei zugleich um Situationen handeln, in denen der Erwerb von Sachverstand dabei helfen kann, den Anspruch auf Autonomie in einer zunehmend kompetenten Weise zu vertreten.
- Es sollen nach Möglichkeiten Situationen sein, die beeinflußbar sind, in denen beispielhaft gezeigt werden kann, daß Kinder und Erwachsene in gemeinsamem Handeln Einfluß nehmen können. (...) (Dies schließt nicht aus, daß Zwangsläufigkeiten gezeigt und gedeutet werden. Es sollte jedoch vermieden werden, daß Entmutigung an die Stelle aktiver Auseinandersetzung tritt.)
- Es können Situationen sein, mit denen weitgehend alle Kinder im Kindergarten konfrontiert werden (thematisiert in Einheiten wie „Meine Familie und ich", „Große und kleine Kinder").
- Es können Situationen für Minderheiten von Kindern sein, die besonderer Unterstützung bedürfen (darauf beziehen sich Einheiten wie „Behinderte Kinder", „Gastarbeiterkinder"). (...)
- Es kann sich um Situationen handeln, die für Kinder von lebensgeschichtlicher Bedeutung sind („Geburt und Zärtlichkeit", „Kinder aus unvollständigen Familien", „Tod").
- Es können Situationen sein, die sich im alltäglichen Leben auffinden lassen und den zuvor genannten Kriterien entsprechen („Wochenende", „Werbung").
- Es sind Situationen bestimmbar, deren Beschaffenheit bei Kindern in besonderer Weise Ängste und Befürchtungen hervorrufen kann („Kinder im Krankenhaus", „Kinder allein zu Hause", „Verlaufen in der Stadt").
- In anderen Situationen sind in besonderer Weise Konflikte erkennbar, deren rationale Verarbeitung nach pädagogischer Hilfe verlangt („Was Kinder haben wollen", „Große und kleine Kinder").

Arbeitsgruppe Vorschulerziehung: Anregungen III: Didaktische Einheiten im Kindergarten, München [3]1979, S. 43 f.

Der Schwerpunkt der fünften Phase liegt in der Planung der Qualifikationen und Projekte. An dem folgenden konkreten Beispiel soll dieser Planungsschritt verdeutlicht werden.

Qualifikationen (Ein Beispiel)

Wenn sich Kinder in unbekannter Umgebung verlaufen haben, geht es entweder darum, daß sie sich Hilfe holen, um die Eltern zu benachrichtigen oder wiederzufinden, daß sie sich nach Hause bringen lassen oder daß sie selbständig zum gewünschten Zielort, z. B. dem Kindergarten, gelangen. Um das zu leisten, kann es notwendig sein, daß Kinder folgende Qualifikationen erwerben:

- den eigenen Namen und die Adresse kennen;
- Erwachsene ansprechen und um Rat und Hilfe bitten können;
- wissen, daß sie telefonieren können und daß sie dazu Geld benötigen;
- die jeweiligen Verkehrsmittel und andere öffentliche Einrichtungen kennen und benützen können;
- wissen, daß sie sich an die Polizei oder andere Aufsichtspersonen, z. B. Bademeister, Zugschaffner, Museumswächter, wenden können;
- wissen, daß sie sich von fremden Menschen nicht ansprechen lassen und in kein fremdes Auto steigen dürfen;
- Verkehrsregeln beherrschen;
- Vertrauen in die eigenen Fähigkeiten, sich wieder zurechtzufinden, haben.

Wenn es darum geht, daß Kinder sich in der näheren Umgebung des Kindergartens und/oder in ihrem Wohnviertel selbständig zurechtfinden, ist es wichtig, daß sie einen Überblick über die räumliche Struktur dieser Bezirke erhalten. Dazu kann gehören,

- daß sie erfahren, wie die Straßen in dem jeweiligen Gebiet angeordnet sind;
- daß sie wissen, wo die Kindergartenkinder wohnen, welche Kinder in ihrer Nachbarschaft zu Hause sind;
- daß sie wissen, an welchen Merkmalen sie selbst sich orientieren können, Merkmalen, die in ihrer Sichthöhe liegen, z. B. Kaugummiautomaten, Postkästen, Zigarettenautomaten, Brunnen, oder ihr Interesse auf sich ziehen, z. B. ein Kiosk, ein Hund im Garten, der Spielplatz, der Supermarkt;
- daß sie wissen, daß Erwachsene sich an anderen Merkmalen orientieren, z. B. Straßenschilder, Post, Rathaus, man sie also nicht immer nach den eigenen Orientierungspunkten fragen kann, wenn man ihre Hilfe braucht;
- daß sie den Namen des Kindergartens (...) kennen;
- daß sie die spezifischen Verkehrsverhältnisse in der Umgebung kennen und wissen, wie sie sich im Straßenverkehr verhalten müssen: z. B. nur an der Ampel die Straße überqueren, Erwachsene bitten, sie über eine Straße zu führen; (...)
- daß sie Ängstlichkeiten überwinden und sich zutrauen, nach und nach alleine zu gehen.

Wenn Kinder selbständig von zu Hause weggehen wollen, z. B. auf den Spielplatz, zu ihren Freunden oder in den Kindergarten, müssen sie zusätzlich lernen, sich an bestimmte Abmachungen und Regelungen zu halten:

- sich an- und abzumelden;
- sich an bestimmte vorher vereinbarte Wege zu halten;
- falls Änderungen, z. B. zeitliche Verzögerungen, eintreten, Bescheid zu sagen;
- Erlebnisse, z. B. mit fremden Leuten auf dem Spielplatz, zu Hause oder im Kindergarten zu erzählen; (...)
- nicht auf eigene Faust loszulaufen, ohne vorher mit der Erzieherin oder den Eltern darüber zu sprechen.

ebd., S. 71 f.

Projekte

Eines der Projekte von „Verlaufen in der Stadt", auf das schon kurz hingewiesen wurde spielt in unbekannter Umgebung und ist wie ein Geländespiel angelegt. Die Kindergruppe fährt mit der Erzieherin und einigen Eltern in einen Stadtteil, den die Kinder nicht kennen. Von dort aus sollen sie sich, nach vorheriger Absprache, zu einem ihnen bekannten Ziel durchfragen.

Zur Vorbereitung eines solchen Projektes haben die Erzieherinnen einer Kindergruppe mit ihren Kindern Gespräche geführt, Spiele gemacht und mehrmals den Zielort des Verlaufen-Spiels, einen anderen Kindergarten, besucht. In Gesprächen haben sie das Vorhaben gemeinsam geplant, sie haben festgelegt, wie viele und welche Kinder gemeinsam gehen wollten: In den Untergruppen waren zwei oder drei Kinder; die Erzieherinnen achteten bei der Zusammensetzung darauf, daß lebhafte und ruhige, ängstliche und risikofreudigere Kinder jeweils in einer Gruppe waren, „damit immer ein Kind dabei war, das auf jeden Fall die Initiative ergreifen würde, wenn sich die anderen nicht zu fragen trauten". Gemeinsam haben sie noch einmal über die Verkehrsregeln gesprochen und ausgemacht, daß sich die Kinder in jedem Fall an den Plan halten müßten. Wiederholt wurde darauf hingewiesen, daß sie sich von keinem Fremden ansprechen lassen und nur ihrerseits an Erwachsene ihre Fragen nach dem Weg stellen dürften.

Mit Kasperlefiguren und Biegepüppchen haben sie die Situation mit ihren verschiedenen Möglichkeiten vorher noch einmal gespielt. (. . .)

Das Ziel des Verlaufen-Spiels, der Kindergarten „Hirschsprung", wurde vorher zweimal besucht. Die Kinder fuhren mit einem Bus hin, spielten dort mit den anderen Kindern, schauten sich die Gebäude von außen genau an und gingen zu Fuß in ihren Kindergarten zurück. Dabei führten einige Kinder die Gruppe.

Auf einem Elternabend haben die Erzieherinnen mit den Eltern das Projekt geplant. Sie legten den genauen Weg fest, den die Kinder gehen sollten. Acht Mütter waren bereit, im Projekt als Passanten, die die Kinder nach dem Weg fragen sollten, mitzuwirken. Da die Mütter befürchteten, daß den Kindern etwas zustoßen könnte, wurde gleichzeitig vereinbart, daß nur eine Erzieherin bei der Gesamtgruppe bleiben, die zweite den kleinen Kindergruppen heimlich auf ihrem Weg folgen sollte, um sie auch dann im Auge zu behalten, wenn sie zwischen zwei Posten liefen.

Ausgangspunkt des Spieles war ein Wald, in dem die Kinder spielen und auf die Bäume klettern konnten, so daß ihnen die Wartezeit nicht lang wurde. Das Ziel, der Kindergarten „Hirschsprung", lag ungefähr 800 Meter von diesem Wald entfernt. Der Weg dorthin war den Kindern unbekannt und führte durch reines Wohngebiet. Nacheinander wurden die kleinen Kindergruppen losgeschickt. Die Spielregel hieß: Frauen, die eine Zeitung in der Hand haben, anzusprechen und nach dem Weg zum Kindergarten „Hirschsprung" zu fragen. Diese Posten, Mütter der Kinder, waren so aufgestellt, daß sie sich nicht sehen konnten. Die Kinder zogen los, fragten sich von Posten zu Posten durch und kamen nach und nach alle im Kindergarten „Hirschsprung" an, wo sie bereits erwartet wurden.

ebd., S. 105 f.

Bei der Planung oder Durchführung von Projekten kann es sich als notwendig erweisen, Kindern bestimmte Fertigkeiten zu vermitteln. Bei dem geschilderten Projekt „Verlaufen in der Stadt" könnte es sich als notwendig erweisen, den Kindern das Telefonieren aus einer Telefonzelle beizubringen. Die Vermittlung solcher Kenntnisse und Fertigkeiten geschieht im Situationsansatz im Rahmen sogenannter „didaktischer Schleifen".

„Didaktische Schleifen sind in der Praxis vorschulischer Erziehung so etwas wie Brücken zu Lernbereichen und Fächern der Grundschule. Durch sie bezieht der Situationsansatz disziplin- und lernbereichsorientierte Ansätze mit ein, indem er entsprechende Bildungsinhalte in den Dienst der Situationsaufklärung und -bewältigung stellt."

Da es nicht immer möglich ist, solche Defizite bereits vor der Durchführung zu bestimmen, werden didaktische Schleifen häufig erst während der Durchführung geplant.

Wie bereits erwähnt, werden die schriftlichen Planungen bzgl. einer Situation als didaktische Einheit bezeichnet.

Die Gliederung einer didaktischen Einheit könnte wie folgt aussehen:

Didaktische Einheiten: Gliederung
- I. Situationsbestimmung
    1. Situationsbeschreibung
    2. Bedeutsamkeit der Situation

3. Situationsanalyse
    3.1 Die Situation aus der Sicht der Kinder
    3.2 Die Situation aus der Sicht der Erzieher
    3.3 Die Situation aus der Sicht der Eltern
II. Ziele (Qualifikationen)
III. Überlegungen zur Realisierung wesentlicher Merkmale des Situationsansatzes
    1. Einbezug der Eltern
    2. Öffnung des Kindergartens
IV. Projekte
    1. Projekt: Ziele. Verlauf. Begründungen. Didaktische Materialien
    2. Projekt
    3. Eventuell eine didaktische Schleife
    4. Projekt
V. Reflexion

Die intensive Reflexion stellt den Abschluß der Planungen dar.

Abschließend sei noch einmal betont, daß die beschriebenen Planungsschritte sich immer wieder überschneiden werden. So wird z. B. die Situationsanalyse schon Überlegungen zu den Qualifikationen und Projekten enthalten. Die Durchführung wird sicherlich schon durch Reflexionen begleitet etc.

AUFGABEN

1. a) Stellen Sie die Unterschiede zwischen offener und geschlossener Planung heraus.
   b) Welche Vor- und Nachteile sind mit dem jeweiligen Planungskonzept verbunden?
2. Beschreiben Sie die einzelnen Arbeitsschritte bei der Planung nach dem Situationsansatz.
3. Lesen Sie eine der 28 veröffentlichten didaktischen Einheiten.
4. Erstellen Sie selbst eine didaktische Einheit.
5. Diskutieren Sie mit Erzieherinnen, die Erfahrungen mit dem Situationsansatz gesammelt haben.
6. Besuchen Sie einen Kindergarten, der situationsorientiert arbeitet.
7. „Ich werde später als Gruppenleiterin auf jeden Fall nach dem Situationsansatz arbeiten."
   Nehmen Sie Stellung zu dieser Aussage.

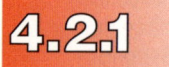

„Vom ‚festen Frühstück' zur Cafeteria"
oder
Der Offene Kindergarten

Im Januar 1992 erschien in der Zeitschrift „Kindergarten heute" der im folgenden ausschnittweise dokumentierte Artikel.

Norbert Huppertz
„Haben Sie schon Ihren Kindergarten auf den Kopf gestellt?"

Neue Wege im Kindergarten?
**Zum Chaos
der sogenannten „offenen Arbeit" –
eine vorbeugende Polemik**

Der Kindergarten hat sein neues Stichwort – um es gleich vorweg zu sagen: ich glaube eher (s)ein neues Schreckgespenst.

Diesmal ist es nicht „die antiautoritäre Erziehung", „das Lesen der Zweijährigen" o. ä. – nein: jetzt redet man von „offener Arbeit".

1. Wie ein „moderner Kindergarten" aussieht

Eine Begebenheit: Eine engagierte Erzieherinnengruppe lädt mich zu einem Vortrag über „Probleme der heutigen Kindergarten-Didaktik" ein. Sie sammelt vorab „brennende Fragen", die man geklärt haben möchte. U. a. steht das Stichwort „Offener Kindergarten" an der Pinnwand. Na, denke ich, „offener Kindergarten" – das kenne ich doch, und diesen Begriff habe ich doch selbst seinerzeit geprägt und meinte damit schlicht die elterliche Hospitation.

. . .

Das Motto der Erzieherinnen (meine Version):

Steht der Kindergarten auf dem Kopf, so ist das Glück der Kinder garantiert:

◆ die Kinder gehen nicht mehr täglich in dieselbe Gruppe – „ihre Gruppe" –, sondern können täglich woanders sein;

◆ die Kinder haben tagsüber nicht mehr „ihre Erzieherin", sondern befinden sich irgendwo im Kindergarten: am Morgen wird gewählt: auch die Erzieherin;

◆ die Kinder erfahren nicht mehr die für sie pro Gruppe oder Kleingruppe vorbereiteten Erlebnis- und Bildungsangebote, sondern die Angebote sind gruppenübergreifend;

◆ die Kinder erleben nicht mehr „ihren Morgenkreis" oder überhaupt die Gemeinsamkeiten in ihrer Gruppe.

Dann stellte ich die Frage, wo es das denn gäbe. Antwort: „Bei uns hier oben gibt es schon einen ganzen Kirchenkreis, in dem die Kindergärten sich so umgestellt haben." Im Anschluß an eine längere Erörterung der Frage, was denn die Pädagogik dazu sage, wurde ich dann schriftlich unterrichtet, wie es sich verhalte mit dieser „Offenheit". Man übergab mir ein Papier – wohl die Kopie eines Vortragsmanuskriptes (namenlos!) – mit der Bitte, doch mal zu lesen. Ich las, und mir wurde klar, was es mit diesem „offenen Kindergarten" auf sich hat:

◆ Kindergartenkinder gehen in den Kindergarten und gucken mal, wer denn da so was zu bieten hat, und dann wird man mal sehen, wo es einem am besten gefällt und wo es einen denn so hinzieht.

◆ Die Erzieherinnen – (Was soll dieses Wort denn?) – sind wohl so ein bißchen um einen herum – aber ansonsten haben die nichts zu sagen.

◆ „Ach Gott, was soll ich denn heute mal machen? Soll ich mich vielleicht etwas bewegen (im Bewegungsraum)? (. . .) Sollte ich nicht wieder mal kreativ sein (im Kreativraum)? – Ach nein – ich hör' einfach Kassetten, wie zu Haus.
Oder gehe ich doch ein bißchen in die Cafeteria?

◆ „Der Tageslauf beginnt mit einem Morgenkreis, wo erst einmal geschaut wird, welche Kinder fehlen und Neuigkeiten ausgetauscht werden. Die Angebote des Tages werden vorgestellt. Jede Erzieherin, auch die Praktikantin, bietet ein Angebot an, sei es nun eine Aktion im Bewegungsraum, Kochen o. ä. Die Kinder entscheiden sich für ihr Angebot. Vor und nach der Angebotsphase können die Kinder im gesamten Kindergarten dort spielen, wo sie möchten."

◆ „Erziehung wird im offenen Kindergarten als Begleitung verstanden . . . Die Erzieherinnen wollen sich kein Bild von einem Kind machen . . ., sondern es in seine Richtung wachsen lassen. Dazu ist es notwendig . . . (daß) die Kinder (sich) unabhängig von den Erzieherinnen erleben und selbständig handeln können."

◆ „Im Ruheraum können Kassetten gehört, Bücher angeschaut oder einfach nur ausgeruht werden . . . Frühstücken können die Kinder während des gesamten Vormittags in der Kinder-Cafeteria."

◆ „Ein Gruppenraum ist der Bewegungsraum, ein anderer der Kreativraum . . . In diesem System der offenen Gruppenarbeit gilt der Grundsatz, daß sich die Kinder selbständig und ohne ständige Beaufsichtigung und Kontrolle in den Räumen orientieren und aufhalten können."

. . .

Dies sind nur einige Grundregeln des geplanten Chaos.

Der Rede wert?

Ist das alles überhaupt der Rede wert, und erledigen sich diese Vertreter des Chaos nicht von selbst? könnte man fragen. – Ja, denke ich, und ich würde keine Zeile darüber verlieren, vor allem nicht in einer angesehenen Kindergarten-Zeitschrift, wenn ich nicht sähe, wie hier Kinder gefährdet werden; wie Erzieherinnen verunsichert und ausgenutzt werden; wie Lehrpersonal an Fachschulen desavouiert wird; wie „wissenschaftliche Dienste" auf so etwas hereinfallen und wie die Tradition und der erreichte Qualitätsstand der Kindergärten aufs Spiel gesetzt und die damit verbundenen Personen beleidigt werden.

Das, um was es bei den Ideen dieser „Neuerer" geht, ist im Keim zu ersticken. Selbstverständlich kann man keine Einwände dagegen haben, wenn im Kindergartenbereich immer wieder bedacht und gefragt wird, ob wir in der Gestaltung und Organisation des Kindergartens genügend „offen" sind und ob nicht bestimmte Dinge zu verändern seien – nur nicht so; denn sonst werden die erfreulichen Momente von Veränderung durch neue Mißstände zunichte gemacht. (. . .) Mit einer erziehungswissenschaftlich fundierten und am Wohl des Kindes orientierten Didaktik des Kindergartens hat das jedenfalls nichts gemein.

Das Wohl unseres Kindes steht auf dem Spiel
„Kindergarten heute" 1/92

AUFGABEN

1. Wenn Sie zunächst den Artikel auf sich wirken lassen, welche Gefühle, welcher Eindruck, welche Erwartung von dem, was hier „Offene Arbeit" genannt wird, stellt sich bei Ihnen ein?
2. Tauschen Sie Ihre ersten Eindrücke im Klassenverband aus. Hat möglicherweise jemand von Ihnen an anderer Stelle etwas über die „Offene Arbeit" oder, wie wir im weiteren sagen werden, den „Offenen Kindergarten" gehört?
3. Worin sieht der Autor die Hauptprobleme des Offenen Kindergartens?
4. Fassen Sie zusammen, was Sie bisher über den Offenen Kindergarten erfahren haben.

Die Geschichte des „Offenen Kindergartens" am Beispiel der Stadt Cuxhaven

Ein Gespräch:

W. U. = Wolfgang Ullrich
A. N. = Andrea Niehaus-Oschee

W. U.: Wir sind zu Gast bei Frau Andrea Niehaus-Oschee, Mitarbeiterin in einem Offenen Kindergarten in Cuxhaven. Wir wollen versuchen, in unserem Gespräch herauszufinden, was die Besonderheiten dieser Form von Kindergartenarbeit sind, wie etwa der Tagesablauf aussieht, welche Räume es gibt, wie sich die Rolle der Erzieherin verändert usw. Zunächst, Andrea, solltest Du vielleicht einmal versuchen zusammenzufassen, was denn aus Deiner Sicht den Offenen Kindergarten gegenüber dem traditionellen System auszeichnet.

A. N.: *Ich denke, im wesentlichen ist es zunächst einmal äußerlich eine räumliche Neuverteilung der Elemente, die es im von Dir so genannten traditionellen Kindergarten gibt, also der verschiedenen Bereiche, in denen Kinder spielen, auf den gesamten Kindergarten, orientiert an den Grundprinzipien von Entwicklung, also Bewegung, Ruhe, Kommunikation und Kreativität. Und unser Konzept hat sicher auch etwas mit strukturellen Überlegungen zu tun, daß Kinder einfach mehr die Möglichkeit haben, sich freier und selbstbestimmter im gesamten Kindergarten zu bewegen, also nicht mehr so begrenzt und beschränkt zu sein auf ihren Gruppenraum mit 25 Kindern und in der Regel zwei Erzieherinnen, sondern die Chance haben, eben unter 100 Kindern sich Freunde oder Spielpartner zu suchen und entsprechend sich auch Bezugspersonen selber suchen.*

W. U.: Könntest Du einmal schildern, was Euch bewogen hat, den Kindergarten so umzugestalten. Es ist ja sicherlich nicht so, daß man morgens aufwacht und das Gefühl hat, jetzt muß alles anders werden, sondern da gibt es ja sicher Anstöße aus der alltäglichen Arbeit heraus oder von außen. Wie ist es bei Euch zu dieser Veränderung gekommen?

A. N.: Also insgesamt ist die Entwicklung hin zum offenen Konzept durch die Integrationsdiskussion angestoßen worden. Die Ausgangsfrage war, wie können wir eigentlich Kinder mit Behinderungen in Regelkindergärten integrieren? Können diese Kinder dort ausreichend gefördert werden? Dazu hat es hier in Cuxhaven ein Modellprojekt gegeben, an dem sich alle 14 Cuxhavener Kindergärten beteiligt haben. Ausgehend von der Frage: Wie geht eigentlich Integration? sind wir fast zwangsläufig auf die Frage gekommen: Wie geht es eigentlich Kindern heute, was brauchen sie, was fehlt ihnen, was bieten wir ihnen in unseren Einrichtungen? Hinzu kam die Frage danach: Wie geht es eigentlich uns, den Mitarbeiterinnen in Kindertageseinrichtungen? Dabei haben wir festgestellt, daß viele von uns sehr unzufrieden waren mit ihrer Arbeit und ihrer Rolle, die ja eher einer Dompteurin als einer Erzieherin gleicht, also die Erzieherin als jemand, die maßregelt, sagt, was geht und was nicht geht. Unter diesen Bedingungen konnte sich eigentlich niemand vorstellen, auch noch Integration zu leisten. An diesem Punkt gab es eigentlich nur zwei Möglichkeiten. Entweder zu resignieren und zu sagen, dann lassen wir das, oder gut, wir müssen gemeinsam überlegen, welche neuen Wege beschritten werden müssen. In Cuxhaven gab es offensichtlich viele mutige Menschen, die gesagt haben: Wir versuchen es. Bei unserer Suche nach Konzepten und gangbaren Wegen sind wir dann noch auf die „Psychomotorik" gestoßen, also die Einsicht, daß Lernprozesse sich über Bewegungserfahrungen vollziehen und Kindern heute vielfach diese Bewegung fehlt und der Kindergarten ein Ort sein muß, wo sie diese Erfahrungen machen können müssen. Unsere Fage war also zusammengefaßt: „Wie muß ein Kindergarten aussehen, der **allen** Kindern optimale Entwicklung ermöglicht?" Nach diesen Vorüberlegungen lag für uns nahe, die kleinen Einheiten aus den Gruppenräumen auszulagern und sie in großzügigere Spielräume zu verwandeln. Damit hatten wir plötzlich eine unendliche Vielfalt von Möglichkeiten für die Kinder und für uns. Im Zuge dieser Gedanken hat sich bei uns Stück für Stück auch ein anderes Bild von Kindern allgemein und auch von behinderten Kindern eingestellt.

W. U.: Wie hat sich dann dieser Prozeß der Umgestaltung praktisch vollzogen? Wie sind die Mitarbeiterinnen darauf vorbereitet worden, wie sind Eltern und Träger ins Gespräch einbezogen worden.

A. N.: Also ich kann das ja jetzt nur für unsere Einrichtung sagen. Wir haben das eigentlich relativ schnell gemacht. Wir haben zunächst eine Phase gehabt, wo wir in den bestehenden Gruppenräumen Aktionstage gemacht haben, also Tage, an denen die Kinder am Morgen sagen konnten, an welchem Angebot sie an diesem Tage teilnehmen wollten. Wir haben zum Beispiel einen Raum mit allen möglichen Wahrnehmungsdingen ausgestattet oder in einem anderen Raum ganz viele Bewegungsangebote gemacht und haben das so über einen relativ langen Zeitraum ausprobiert. Wir haben damit gute Erfahrungen gemacht und damit auch Mut zum Weitermachen bekommen. Begleitet wurde das durch diese Fortbildungsphase mit Axel Jan Wieland von der Uni Oldenburg. Wir haben dann ganz praktisch aus den Erfahrungen dieser Aktionstage heraus gesagt, daß wir diese Form der offenen Arbeit beibehalten wollen und haben dann als erstes den Ruheraum eingerichtet. Danach haben wir dann, allerdings noch sehr allgemein, die Eltern über unsere Absichten informiert. Das würde ich heute, im nachhinein, sicher anders machen. Vor den Osterferien 1988 haben wir dann alle Räume verändert. Aus den vier Gruppenräumen sind dann vier Aktionsräume geworden. Diese Umgestaltung haben wir gemeinsam mit den Kindern während der Kindergartenzeit gemacht. Die Eltern haben dann eigentlich nach den Ferien wahrgenommen, was sich verändert hatte.

AUFGABEN

1. Was waren die Anlässe, die in Cuxhaven dazu führten, nach neuen Wegen in der Kindergartenpädagogik zu suchen?
2. Diskutieren Sie im Klassenverband, inwieweit Sie die Einschätzungen zum Aufwachsen von Kindern heute und zur Arbeit im Regelkindergarten teilen.
3. Worin sieht Frau Niehaus-Oschee die wesentlichen Unterschiede des Cuxhavener Konzeptes gegenüber dem Regelsystem?

Die Organisation des Offenen Kindergartens

Sieht man sich nach dem hier beschriebenen Konzept arbeitende Kindergärten an, kommt man sehr schnell zu der Einsicht: Alle reden vom Offenen Kindergarten, aber „den" Offenen Kindergarten gibt es nicht. Die hier vorgestellte Struktur ist der Versuch, die bisherigen Erfahrungen verallgemeinert darzustellen. Darüber hinaus gilt: Neben einigen Elementen, die zentral sind für alle Einrichtungen, die nach dem offenen Konzept arbeiten, gibt es eine Fülle von Varianten, die den unterschiedlichen Bedingungen personeller, räumlicher, soziostruktureller Art geschuldet sind.

Den hier vorgestellten Kindergarten könnte man als ein Modell für das offene Konzept bezeichnen.

„Der Tagesablauf in einem Offenen Kindergarten"

Wir haben eine Öffnungszeit von 7.00–17.00 Uhr mit jeweiligem Früh- und Spätdienst. Die Regel ist derzeit, daß die Kinder bis um 9.00 Uhr alle dasein sollen. In der Zeit von 8.00–9.00 Uhr findet unsere allmorgendliche Planungsrunde statt. Hier wird über Organisatorisches gesprochen, über geplante Angebote, über Beobachtungen und ähnliches. In dieser Zeit sind zwei Kolleginnen im sogenannten Empfang, das heißt, sie kümmern sich um die Kinder, die in dieser Zeit ankommen. Die Kolleginnen, die im Empfang sind, werden im Anschluß an die Planungsrunde informiert. Der Empfang wechselt wöchentlich, ebenso wie die Leitung und Protokollführung in der Planungsrunde.

Ich halte dieses morgendliche Gespräch für absolut wichtig und unverzichtbar. Ich kann mir gar nicht vorstellen, wie man anders ein solches System steuern kann als über den permanenten Austausch aller Beteiligten. Es ist ja bei uns nicht so, daß lediglich zwei Kolleginnen die Verantwortung für die 25 Kinder ihrer Gruppe haben. Bei uns erleben alle Kolleginnen alle Kinder und fühlen sich somit auch für alle Kinder verantwortlich. Das hat für die Beurteilung der Kinder den großen Vorteil, daß nicht nur zwei, sondern acht oder zehn Kolleginnen mit den Kindern in den unterschiedlichsten Bereichen Erfahrungen machen. Diese in der Planungsrunde zusammengetragen, ergeben ein sehr viel umfassenderes Bild, als wir das bisher hatten. Einseitige Wahrnehmungen, von denen wir uns ja alle nicht freimachen können, werden dadurch auch relativiert.

Gesprächsauszug, Cuxhaven 1994

„Eine ganz gewöhnliche Planungsrunde"

P = Protokollführerin
E = Erzieherinnen

P: „Rückblick auf die Aktivitäten in den Räumen. Das haben wir in der letzten Woche nicht mehr geschafft. Wollen wir damit anfangen? Gut!"

E 1: „Dann fang' ich mal mit der Werkstatt an. Wir haben in der letzten Woche mit Ton gearbeitet. Ich habe das so gemacht, daß ich eine feste Gruppe hatte, die jeden Morgen wiedergekommen ist. Es haben regelmäßig zwölf Kinder teilgenommen. Zwei

„Planungsrunde" in St. Marien. In der Mitte die „Leiterin" der Woche. Auf dem Tisch die Beobachtungsbücher und Aufzeichnungen aus den einzelnen Bereichen und Räumen.

sind kurz vor Schluß abgesprungen. Ich mußte die Kinder häufig stark unterstützen, so daß in der Woche auch nichts anderes in der Werkstatt möglich war. Gestern bin ich mit einer neuen Gruppe angefangen, die kommen heute auch alle wieder. Gestern war es so, daß wir einen kleinen Tisch stehen gelassen haben, an dem die Kinder im Freispiel noch weiterarbeiten können, die in der letzten Woche am Angebot teilgenommen haben. Gestern war zum Beispiel Esther, die in der letzten Woche im Angebot da war, da und hat den ganzen Vormittag weitergemacht."

E 2: „Ich war in der letzten Woche im Musik- und Rollenspielraum. Da haben wir Kreisspiele gemacht. Das war zum Teil schwierig. Wir hatten wohl ein etwas zu schwieriges Lied ausgewählt, und es klappte überhaupt nicht. Daraufhin sind viele Kinder dann am Dienstag nicht wiedergekommen. Wir haben stimmlich und musikalisch überhaupt nicht zusammengepaßt. Am Mittwoch hat sich dann um Vanessa eine Musik- und Tanzgruppe gebildet. Das ist spontan entstanden. Teilweise haben da 20 Kinder mitgemacht. Voller Begeisterung. Das hat sich dann eigentlich durch die ganze Woche gezogen. Wir wollen aber in dieser Woche unser Angebot in abgewandelter Form einbringen."

P: „Welche Kinder haben denn in den letzten Tagen an den Aktivitäten im Musik- und Spieleraum teilgenommen?"

E 2: „Katharina, Natascha und Nina, Andrea und Vanessa natürlich, und Jaquelin."

E 3: „Für Andrea wäre es ganz wichtig gewesen, wenn es weitergegangen wäre. Sie war eigentlich zum ersten Mal so richtig aktiv dabei. Als es dann immer weniger Kinder wurden, hat sie gesagt, sie würde am nächsten Tag wiederkommen und noch einige Kinder mitbringen. Es gibt also schon Interesse, und wir sollten es auf jeden Fall noch einmal versuchen."

P: „Was ist denn mit den Jungen, z. B. Ricardo und Timo? Haben die sich in der letzten Woche mal sehen lassen?"

E 2: „Nein, die waren die ganze Woche bei einem Angebot in der Kellerwerkstatt."

E 4: „Im Ruheraum haben wir die ganze Woche mit Murmeln gearbeitet. Murmeln erfühlen, unter einem Tuch, sich Murmeln zurollen. Aus diesen Murmelspielen hat sich dann ein Rollenspiel entwickelt.

Die Kinder haben aus den Murmeln eine Suppe gekocht. Dabei mußte man dann die Murmeln auf dem Löffel tragen. Das war für einige gar nicht so einfach. Die Kinder haben dann kleine Hindernisse gebaut, über die man die Murmeln mit dem Löffel tragen mußte. Danach mußte man den Löffel im Mund halten und die Murmeln durch den Raum tragen. Dann wurden die Murmeln in unterschiedliche Gefäße gefüllt und immer wieder umgefüllt. Am Donnerstag und Freitag haben wir dann was mit Murmeln und den Füßen gemacht. Die Murmeln mit den Füßen greifen, sich zustupsen. Dann haben wir die Murmeln mit dem ganzen Körper weggeschoben. Ein Kind hat sich auf die Murmeln gelegt, und die anderen haben es geschoben. Was ich ganz schön fand war, daß sich Marina so beteiligt hat. Wenn ich bedenke, daß sie am ersten Tag nur dagesessen und geweint hat, so hat sie sich gestern hingelegt und den ganzen Körper mit Murmeln bedecken lassen. Dabei war sie total entspannt und gelöst. Jasmina kam in der letzten Woche häufig reingelaufen, wollte aber nie mitmachen. Sie hat nur immer in der Ecke gestanden und geguckt. Seit gestern ist sie dabei und ist auch heute wieder dagewesen. Ich hätte gerne wieder Kevin dabei. Der hat sich nach dem Wochenende entzogen, und das finde ich schade, weil ich das Gefühl habe, daß er häufig sehr angespannt und verkrampft ist."

E 5: „Der war heute bei mir im Bewegungsraum. Da war er aber unauffällig."

E 4: „Ich fände es schon wichtig, wenn ich ihn noch ein wenig im Ruheraum beobachten könnte, um vielleicht herauszufinden, was im Moment mit ihm los ist. Ich werde heute in der Stammgruppe versuchen, ihn wieder für den Ruheraum zu gewinnen."

E 6: „Kevin hat sich in der letzten Woche auch für die Einkaufgruppe gemeldet. In dieser Gruppe ist auch Mark, mit dem er sich gut versteht. Von daher fände ich es auch wichtig, wenn Kevin hier mitmachen würde."

E 4: „Mein Angebot im Ruheraum dauert ja nur eine halbe Stunde. Können wir es nicht so machen, daß Kevin zunächst daran teilnimmt, wenn ich ihn dafür gewinnen kann, und daß er dann anschließend zu dir kommt?"

E 6: „Ja gut, ich hatte ja sowieso vor, erst um 10.00 Uhr loszugehen."

E 5: „Im Bewegungsraum haben wir letzte Woche Schwimmbad gespielt. Die Kinder haben die zweite Ebene als Sprungturm benutzt. Einmal sind sie in die Kiste mit den Schaumstoffresten gesprungen, so daß sie richtig untergegangen sind und sich freistrampeln mußten. Dann gab's einen Geistersprung, bei dem sie sich vor dem Sprung ein Tuch übergehängt haben. Danach haben wir die Jalousien fast geschlossen, und sie sind im Dunkeln gesprungen. Was haben wir noch gemacht? Weitsprung. Dann haben wir eine Mauer aus den Schaumstoffteilen gebaut, die man umspringen durfte. Ich war echt erstaunt, wie mutig die Kinder waren. Besonders bei den Kleinen hätte ich nicht gedacht, was die sich zutrauen. Z. B. haben sie auch den Geistersprung mit dem Tuch über dem Kopf gemacht. Das hätte ich nicht gedacht. Clarissa und Timo mußte ich ein bißchen überreden. Aber als sie sich dann getraut haben, waren sie total stolz. Bei den ersten Malen habe ich die beiden mehr runtergehoben, als daß sie gesprungen wären. Aber als sie es einmal geschafft hatten, wollten sie gar nicht mehr aufhören. Stefanie, die ja doch einige Schwierigkeiten hatte, sich von ihrer Mutter zu lösen, war in der letzten Woche wie ausgewechselt. Sie war kaum zu bremsen. Wenn sie nach dem Sprung unten auf der Matte war, hat sie sich noch dreimal überschlagen und gejuchzt und gejauchzt und ist aufgesprungen und gleich wieder zur Treppe gerannt. Das war für Stefanie das totale Erfolgserlebnis und, ich glaube, auch der Durchbruch. Beobachtet das doch mal in den anderen Bereichen. Ich fand, es war eine sehr schöne Woche. Ich wäre am liebsten noch eine Woche länger im Bewegungsraum geblieben. Aber Petra hatte für diese Woche ja schon etwas vorbereitet."

P: „Wie war es mit den kleinen Jungen aus meiner Stammgruppe? Haben die das auch mitgemacht?"

E 5: „Ja, das hättest Du erleben sollen, wie die mitgemacht haben. Sie brauchten zu Anfang noch ein bißchen Unterstützung, aber dann gab es kein Halten mehr."

E 7: „Der Hof war ja letzte Woche geschlossen. Wir sind deshalb mit einigen Kindern aus allen Stammgruppen zum Spielplatz gegangen, Schwierigkeiten hatte Lisa. Sie stand die ganze Zeit herum und konnte mit sich selbst wenig anfangen. Sie braucht immer Erwachsene, um aktiv zu werden. Wenn sie etwas tut, will sie immer von einem Erwachsenen beobachtet und entsprechend gelobt werden. Wir sollten das weiter beobachten und eventuell mit den Eltern ein Gespräch vereinbaren. Am nächsten Tag sind wir dann in die andere Richtung gegangen. Den Indianerpfad konnten wir nicht weitergehen, weil einige Kinder keine Gummistiefel anhatten. Dabei ist mir aufgefallen, daß Tim ziemlich ängstlich auf das Wort Indianer reagiert. Als ich gesagt habe ‚wir gehen jetzt den Indianerpfad lang' wollte er nicht mehr weitergehen und hat richtig gezittert. Wegen der fehlenden Gummistiefel sind wir dann ja auch umgekehrt. Ich denke, wir sollten im Auge behalten, ob Tim auch in anderen Situationen so ängstlich reagiert. Am Donnerstag waren wir dann Schwimmen. Nifa war ja das erste Mal dabei. Ich hatte eigentlich das Schlimmste befürchtet. Schon beim Ausziehen hat sie ständig gewimmert. Als wir dann in der Dusche waren, dachte ich, jetzt kommt das Riesengeschrei. Aber es war nicht so. Ganz im Gegenteil. Sie strahlte und wollte gar nicht mehr unter der Dusche weg. Auch im Wasser hatte sie keinerlei Angst. Ich stand da mit offenem Mund und großen Augen. Timo hatte große Schwierigkeiten am Anfang. Aber hinterher hat er gesagt: ‚Das Schwimmen war toll.' Er kommt auch am Mittwoch wieder mit."

E 8: „In dieser Woche hatte ich in der Halle ein Angebot mit der Eisenbahn. Die ist ja ziemlich groß, so daß wir fast die ganze Halle zugebaut hatten. Es waren auch während der ganzen Woche fast immer die gleichen Kinder, die an dem Angebot teilgenommen haben. Einige Kinder haben noch Eisenbahnteile von zu Hause mitgebracht. Das war natürlich ein typisches Jungenangebot. Sönke war immer da und Patrik. Der hatte auch ganz viele Teile noch zu Hause. Im Freispiel sind dann auch einige Mädchen dazu gekommen. Dann haben wir einmal Trampolin angeboten, weil draußen so schlechtes Wetter war. Positiv ist dabei Timo aufgefallen. Der hat unglaubliche Kunststücke gemacht. Ich glaube, die Anerkennung der anderen Kinder hat ihm gutgetan."

E 5: *„Vielleicht könnten wir auch den Lutz einmal für das Trampolin begeistern. Er ist ziemlich ängstlich und bewegt sich recht eckig. Das Trampolin könnte ihn vielleicht ein bißchen lösen."*

E 4: *„Also ängstlich finde ich ihn nicht. Er traut sich schon einiges zu. Aber seine Bewegungen sind insgesamt noch sehr unsicher und kleinkindhaft."*

E 8: *„Wenn wir wieder zu zweit in der Halle sind, können wir das Trampolin ja wieder für einige Zeit zum ständigen Angebot machen."*

E 4: *„Wer auch ganz toll gesprungen ist, ist Mariel."*

E 6: *„Wir müssen uns bei einem ständigen Angebot nur auch überlegen, wie wir die Kinder dahin bekommen, die es besonders nötig haben, wie z. B. Lisa und Rebecca."*

. . ."

Auszüge aus einem Protokoll einer Planungsrunde im Kindergarten St. Marien, Cuxhaven, 1994

Um 9.00 Uhr ertönt eine Schiffsglocke. Das Zeichen für die Kinder, sich zur Morgenrunde in ihrer Stammgruppe einzufinden. Die Stammgruppe entspricht dem, was wir im Regelkindergarten als „Rote", „Grüne" oder „Gelbe" Gruppe kennen. Die, in unserem Beispiel vier Funktionsräume, werden zweimal am Tag zu Gruppenräumen der jeweiligen Stammgruppen. Von 9.00 Uhr bis 9.15 Uhr und von 11.45 Uhr bis 12.00 Uhr. In der Morgenrunde wird zunächst die Anwesenheit festgestellt. Daneben haben die Kinder Gelegenheit, für sie wichtige Ereignisse mitzuteilen. Die Morgenrunde ist auch der Ort, an dem den Kindern mitgeteilt wird, wo welche Angebote stattfinden. Die Kinder entscheiden sich, woran sie teilnehmen und mit wem aus der Gruppe sie zusammensein wollen.

9.00 Uhr. Eine Stammgruppe im Kindergarten St. Marien, Cuxhaven

Wie die morgendliche Planungsrunde, so wird auch die Stammgruppe in den meisten Offenen Kindergärten für unerläßlich gehalten. Nur wenige verzichten auf dieses Element. Gegen 9.15 Uhr ist die Stammgruppe beendet. Die Kinder haben jetzt Gelegenheit, die gewählten Angebote wahrzunehmen oder auch in Kleingruppen im gesamten Haus einschließlich des Außengeländes zu spielen. Die Stammgruppenerzieherinnen begeben sich in ihre Funktionsbereiche, in denen sie Dienst haben. Die Verweildauer in einem bestimmten Funktionsbereich schwankt von Kindergarten zu Kindergarten zwischen einer Woche und mehreren Monaten. Um etwa 11.30 Uhr beginnt in den einzelnen Bereichen die Aufräumphase, da wo es nötig und sinnvoll erscheint. Die Kinder beteiligen sich daran in dem Bereich, in dem sie zuletzt gespielt haben. Um 11.45 Uhr versammeln sich Stammgruppenerzieherinnen und -kinder in ihren jeweiligen Räumen zur Abschlußrunde, in deren Mittelpunkt in aller Regel Berichte der Kinder über ihre Aktivitäten im Laufe des Tages und ihre Pläne für den nächsten Tag stehen. Am Ende gibt es noch ein gemeinsames Lied oder Spiel, bevor die Kinder dann um 12.00 Uhr abgeholt werden.

AUFGABEN

1. Vergleichen Sie den Tagesablauf im Offenen Kindergarten mit Ihren Erfahrungen aus dem Regelkindergarten. Wo gibt es Übereinstimmungen, wo qualitative Abweichungen?
2. Worin besteht der Vorteil der allmorgendlichen Planungsrunde?
3. Lesen Sie den Protokollausschnitt mit verteilten Rollen.
4. Welche Bereiche der praktischen Arbeit werden in der Planungsrunde angesprochen?
5. Kennen Sie aus Ihren bisherigen Praxiserfahrungen ähnliche Teamgespräche? Tauschen Sie Ihre Eindrücke aus.
6. Worin sehen Sie die Bedeutung von Stammgruppen und täglicher Planungsrunde für Kinder, Eltern und Erzieherinnen?
7. Wie ist Ihre Meinung zu dem, was Sie bisher über den Offenen Kindergarten erfahren haben? Schreiben Sie für sich auf, womit Sie sich bisher identifizieren könnten und wo Sie eher Bedenken bzw. noch offene Fragen haben.

Das Raumkonzept des „Offenen Kindergartens"

Im hier beschriebenen Kindergarten gibt es vier sogenannte Funktionsräume. Der sachliche Grund für dieses Raumkonzept ist, daß diese Einrichtung als viergruppige ursprünglich konzipiert war und auch über Jahre so geführt wurde. Vier Funktionsräume zu haben macht aber auch pädagogisch Sinn, wenn man das dem Konzept zugrundeliegende Theorieverständnis teilt. Die vier Räume befriedigen, so wie sie ausgestattet sind, je ein spezifisches Grundbedürfnis menschlicher Entwicklung, als da sind: Bewegung, Ruhe, Kreativität und Kommunikation. Es gibt also

- einen Bewegungsraum,
- einen Ruheraum,
- einen Kreativbereich, auch Werkstatt oder Atelier genannt,
- einen Musik- und Rollenspielraum.

Jeder Funktionsraum wird je nach Personalausstattung von ein bis zwei pädagogischen Kräften für unterschiedlich lange Zeit betreut. Die wesentliche Aufgabe besteht, neben der raumbezogenen Vorbereitung und Durchführung von Angeboten, in der Beobachtung. In jedem Raum gibt es ein Buch, in das die Beobachtungen eingetragen werden. Diese Eintragungen können Grundlage für das Gespräch in der morgendlichen Planungsrunde sein. Sie dienen aber auch der Vorbereitung auf die mindestens einmal im Halbjahr stattfindenden Elterngespräche. Welche Eintragungen finden sich in den Raumbüchern?

- ◆ Welche Kinder nutzen in welcher Häufigkeit den Raum?
- ◆ Spielen sie in einem bestimmten Bereich intensiv und konzentriert oder wechseln sie den Raum nach kurzer Zeit?
- ◆ Wie ist die soziale Einbindung der Kinder in feste Kleingruppen?
- ◆ Gibt es bei Kindern bestimmte Vorlieben für bestimmte Räume?
- ◆ Wie ist der allgemeine Entwicklungsstand? etc.

Die aus den unterschiedlichen Bereichen von verschiedenen Personen zusammengetragenen Eindrücke ergeben nach einer bestimmten Beobachtungszeit ein ausgesprochen variantenreiches Bild jedes Kindes. Neben den Funktionsräumen gibt es noch den Cafeteria genannten Frühstücksbereich und das Außengelände.

Text 1:

„Ein Gruppenraum wird zum Bewegungsraum"

„In unserer Städtischen Kindertagesstätte mit zwei Kindergartengruppen und einer Hortgruppe war uns schon bald nach der Öffnung vor zwei Jahren klargeworden, daß unsere Kinder genügend Platz brauchen, um ihre Lust an der Bewegung legitim ausleben zu können. Wir wollten der Bewegung einen gleichberechtigten Platz neben den anderen Spielmöglichkeiten einräumen. Dabei sollte der Bewegungsbereich so angelegt werden, daß er einen hohen Aufforderungscharakter für die Kinder hat und möglichst alle Sinne anspricht.

Wir entschieden uns dafür, einen Gruppenraum komplett in einen Bewegungsraum umzufunktionieren.

Die dort vorhandenen Spielbereiche wurden auf dem Flur untergebracht oder mit anderen Spielbereichen kombiniert.

Wir richteten den Raum überwiegend mit transportablen und untereinander kombinierbaren Materialien ein.

Es gehörten dazu: große mit Teppichen bezogene Holzkästen, Matratzen, Trapeze, Seile,

Reifen, Bettlaken, Tücher, Rollbrett, Rollreifen etc.

Das Material wird in Absprache mit den Kindern ausgetauscht oder erweitert.

Seit drei Monaten haben wir einen großes Schaukeltuch (2,75 m x 4,00 m), das mit sechs an der Decke angebrachten Haken sehr flexibel aufgehängt werden kann. Es wurde schnell zum Lieblingsgerät vieler Kinder.

Wir erleben immer wieder, daß der Bewegungsraum ein Ort ist, wo erste Kontakte unter Kindern hergestellt werden, wo ruhigere Kinder ins Spiel miteinbezogen werden, wo neue Spielideen entstehen.

„Kindergarten heute" 10/94

Es ist auch eine deutliche Entlastung, daß in den anderen Räumen die Kinder in ihrem ruhigeren Spiel nicht gestört oder behindert werden, weil dem natürlichen Bewegungsdrang auf diese Weise ausreichend Raum gegeben wird.

Das Verhalten und die Äußerungen unserer Kinder bestätigen uns darin, eine wichtige und notwendige Entscheidung getroffen und umgesetzt zu haben."

Gisela Wiesner
Städt. Kindertagesstätte
Heiligenweg
49084 Osnabrück

Text 2:

Renate Zimmer
„Bewegungsräume im Kindergarten"

. . .

◆ Raumgröße und -grundriß
Damit der Raum den Bewegungsbedürfnissen der Kinder gerecht wird, muß er ausreichend groß sein (80 bis 100 qm) . . .

◆ Nebenräume
Unbedingt erforderlich ist ein Nebenraum mit Regalen an den Wänden zur Aufbewahrung von Materialien und Geräten. Frei im Bewegungsraum herumstehende Geräte oder ein offenstehender „Rhythmikwagen" überschütten die Kinder mit Reizen, überfordern ihre Aufnahmefähigkeit und engen ihre Bewegungsmöglichkeiten zusätzlich ein . . .

◆ Deckenkonstruktionen
Schwachpunkte bei Bewegungsräumen stellen meist die Deckenkonstruktionen dar. Oft sind sie mit dekorativen Vertäfelungen versehen, und die Erzieherin kann nicht einmal ahnen, ob an ihnen Dübel für Haken und Schaukeln überhaupt halten. Dabei muß die Decke des Bewegungsraumes unbedingt die sichere Anbringung von Kletter- und Schaukelgeräten erlauben.

Eine flexible Raumnutzung kann bereits im Planungsstadium durch das Vorsehen von Wand- und Deckenschienen, an denen Seile, Schnüre, Ringe oder ein Trapez angebracht werden können, erreicht werden. Wandhaken und Ösen müssen in den Schienen höhenverstellbar sein. Die Deckenkonstruktion sollte insgesamt so stabil sein, daß im Abstand von jeweils 1m mehrere Karabinerhaken angebracht werden können. Hieran können unterschiedliche Schaukel- und Klettergeräte befestigt werden, die je nach Bedarf auch wieder abgenommen werden können (z. B. Tellerschaukel, Kletternetz, Taue, Hängematte etc.).

◆ Raumakustik
Bewegungsaktivitäten von Kindern sind fast immer mit einem hohen Geräuschpegel verbunden. Größter Wert muß daher auf eine gute Akustik des Bewegungsraumes gelegt werden.

◆ Festinstallierte Geräte
Kinder wollen in einem Bewegungsraum nicht nur toben und rennen, sie wollen auch klettern, balancieren, springen, bauen, rollen, tanzen, sich mit und an Geräten bewegen. Fest installierte Geräte geben hierzu jederzeit Gelegenheit, sie können durch mobile Materialien ergänzt werden. Zu den festen Einrichtungen, die in Raumnischen oder an den Wänden angebracht werden, sollten z. B. gehören:

- herausklappbare Sprossenwände;
- Kletternetze;
- Seile und Taue zum Schwingen und Klettern.

Die festinstallierten Geräte erleichtern den Bau von schiefen Ebenen, von Rutsch- und Rollflächen, da sie stabile Einhängevorrichtungen und Auflageflächen bieten.

- **Kleingeräte**

Gymnastikbälle und Plastikbälle in verschiedenen Größen
Moosgummi- oder Tennisbälle
Softbälle (Schaumstoffbälle) in verschiedenen Größen
Reifen (d = 70–80 cm)
Springseile
Sandsäckchen, Bohnensäckchen
Gymnastikstäbe
Teppichfliesen (in den 4 Grundfarben)
Rhythmiktücher (in den 4 Grundfarben)
1 Ziehtau
1 Schwungtuch (4 x 4 m)
20 Schaumstoffelemente
10 Rollbretter
3 Pedalos
12 Pezzibälle (große Kunststoffbälle)
1 Hängematte oder Schaukeltuch

- **Großgeräte**

4–6 Turnmatten (die auch von Kindern transportiert werden können)
4 kleine Kästen
4 Turnbänke
1 mehrteiliger Kasten
2 Weichbodenmatten
1 Wackelbrett
1 Lüneburger Stegel (oder ein anderes Kombinationsgerät zum Balancieren und Klettern)
2 Mini-Trampoline
2 Sprossenwände (mögl. herausklappbar)

Diese Geräte sollten ergänzt werden um Gebrauchs- und Alltagsmaterialien, die die Bewegungsangebote im Kindergarten um neue Aspekte bereichern können. Ebenso können Podeste, Treppen und große Schaumstoffpolster die Ausstattung des Bewegungsraumes sinnvoll ergänzen. Mobile, mit Teppichboden bezogene Podeste stellen z.B. nicht nur variable Sitzgelegenheiten dar, sie können auch als Kletterkombinationen und als Balancierflächen genutzt werden. Sie haben den Vorteil, daß sie von den Kindern selbständig transportiert werden können und ihre Anordnung sich entsprechend der jeweiligen Spielidee verändern läßt.

„Kindergarten heute" 11/93

Text 3:

„Funktion und Einrichtung des Ruheraums"

...

Ich möchte an dieser Stelle nur kurz darauf hinweisen, wie wichtig in unserem Bewegungs-Kindergarten unsere Ruhezone, der sog. Ruheraum, geworden ist. In den hier stattfindenden Angeboten geht es darum, sich ohne viel Anstrengung zu beschäftigen, oder auch um die wichtige Erfahrung, sich für ein paar Minuten in die Kuschelecke zu legen und sich bei einer Entspannungskassette oder bei klassischer Musik auszuruhen.

Wir beobachten, daß, je besser und befriedigender sich die Kinder bewegen, sie um so mehr dem Ruheraum zustreben, um sich eine Ruhepause zu gönnen.

Oft wünschen sie sich zur Angebotszeit Phantasiereisen, die schon so manchen Erwachsenen an Meditation erinnert haben.

Diese Entwicklung von Angeboten ist nicht von uns aufgesetzt oder erzwungen worden, sondern entspringt dem Bedürfnis solcher Kinder, die sich genug in einer für sie befriedigenden Weise bewegt haben. Wir freuen uns darüber, daß immer mehr Kinder solche Bedürfnisse erkennen, nachdem wir ihnen Anstöße dazu gegeben haben. Das ist uns deshalb auch so wichtig, weil die Hektik und Schnellebigkeit unserer Zeit kaum noch Momente zuläßt, der eigenen Befindlichkeit nachzuspüren und über unsere Lebensweise nachzudenken.

(. . .) Ein Aquarium bietet eine weitere Möglichkeit, sich mit dem Lebensraum Wasser auseinanderzusetzen.

Als positiv stellten sich auch fließende Öl-Sandbilder, Kugelpendel, Musikkugeln, Kugelmagnetspiele, Kaleidoskope und Oktoskope heraus.

Unter einen Baldachin schafften wir mit Matratzen, Flauschdecken und Kissen eine abgeschlossene, kuschelige Ecke, in die sich die Kinder u. a. mit Bilderbüchern zurückziehen können.

Im Ruheraum sind Materialien zu finden, die zum Betrachten und zum Entdecken anregen, wie Steine, Muscheln, Montessori-Materialien, Fühlteppiche und -kissen. Außerdem haben hier Puzzle und Tischspiele ihren Platz. Die Kinder können sich hier allein oder gemeinsam mit anderen Kindern Bücher ansehen, können mit dem Diaprojektor experimentieren, mit

Kaleidoskopen, Wasserspielen oder Spiegeln spielen. Gewebt werden kann im Großen an einem Fischernetz (mit Stoff- und Papierstreifen) oder im Kleinen an Webrahmen. Das Material ist für die Kinder sichtbar in Regalen aufbewahrt und fordert somit zum Spiel auf. Der Ruheraum bietet tatsächlich Rückzugsmöglichkeiten ohne Störung von außen (z. B. durch Kinder, die Bewegung wollen oder durch Kinder, die hämmern oder sägen).

Regel, G., u. a., „Offener Kindergarten konkret", a. a. O., S. 181

Text 4:

„Der Musik- und Rollenspielraum"

Kinder, die das Bedürfnis haben, in unterschiedliche Rollen zu schlüpfen, Erlebnisse über das Rollenspiel zu verarbeiten oder Verhaltensweisen zu erproben, können den Rollenspielbereich nutzen. Hier stehen viele unterschiedliche Verkleidungsutensilien zur Verfügung, wie Kleider, Hüte, Schuhe, Perücken. Die Kleidung ist an Kleiderständern in Höhe der Kinder aufgehängt, alle anderen Utensilien sind in offenen Schränken und Regalen sortiert. Eine Spiegelkommode gibt die Möglichkeit, sich beim Schminken und Verkleiden zu

betrachten. Es sind unterschiedliche Bereiche für die Kinder vorbereitet, wie z. B. eine Wohnung mit Möbeln, Puppen, Kochutensilien, die die Kinder für ihr Spiel nutzen und auch verändern können. Um Bereiche zu verändern oder neue Bereiche zu schaffen, stehen Holzständer, Wolldecken, Gardinen, Klammern, Tische und Stühle zur Verfügung.

Die Kinder nutzen für das Spiel Gegenstände aus der „Erwachsenenwelt", wie Porzellangeschirr, Kochgeschirr, Arztutensilien, Telefone, Schreib- und Rechenmaschine u. ä. Sie werden so aufgefordert, Dinge des täglichen Lebens in ihr Spiel miteinzubeziehen und sich nicht auf „Kinderspielzeug" zu beschränken. Außerdem lernen sie so lebensnah die Funktionen einzelner Gegenstände kennen. Um die Gelegenheit zu haben, sich anderen zu zeigen und sich darzustellen, steht eine Bühne mit Vorhang zur Verfügung. Hier können „Aufführungen" vor einzelnen, aber auch vor vielen Kindern (z. B. des gesamten Kindergartens) stattfinden. Die Materialien haben im Rollenbereich, wie auch in allen anderen Bereichen, ihren festen Platz, an dem sie immer zu finden sind.

Im Rollenspielraum gibt es ebenfalls zahlreiche „Musik- und Schlaginstrumente" sowie einen Recorder mit unterschiedlichsten Musikkassetten. Beides wird sowohl in der Phase des freien Spiels als auch für gezielte Angebote genutzt.

Regel, G., u. a., a. a. O., S. 185

Text 5:

„Kreativbereich – Werkstatt – Atelier"

Kinder, die sich kreativ betätigen möchten, finden vielfältige Möglichkeiten in „Werkstatt" oder „Atelier". Eine Fülle von Materialien, aufbewahrt in Kartons, Dosen oder Gläsern in offenen Regalen bieten reiche Anregungen. Die Materialien machen neugierig und regen zum Verarbeiten an. Trotz der Vielfalt herrscht Übersichtlichkeit. (. . .) Der „Kreativraum" ist in einzelne Bereiche unterteilt, z. B. zum Malen, Töpfern, Basteln mit kostenfreiem Material etc. Die einzelnen Bereiche sind durch offene Regale optisch abgegrenzt. In einer Ecke stehen ausgediente Kaffeemaschinen, Nähmaschinen, Telefone, die hier auseinandergebaut und neu zusammengesetzt werden können (. . .).

Für das Verarbeiten von Holz steht in einem ehemaligen Abstellraum im Keller eine eigene „Holzwerkstatt" zur Verfügung. Hier finden die Kinder, ebenfalls in offenen Regalen, unterschiedliche Holzreste und die erforderlichen Werkzeuge, alle in Originalgröße, wie

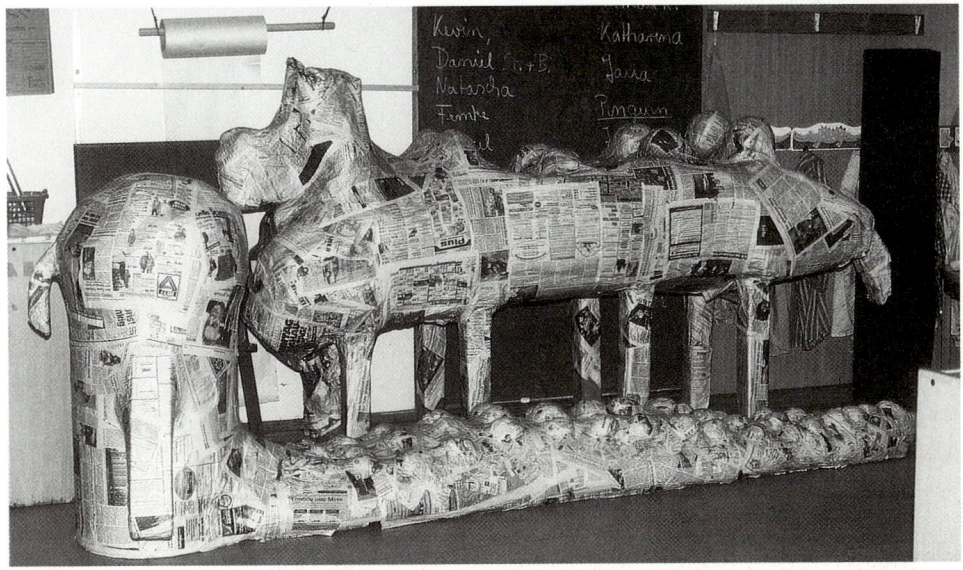

Ein Ergebnis der Arbeit im „Kreativbereich"

Schraubzwingen, Hammer, Schraubenzieher, Zangen und Sägen. Außerdem Schrauben, Nägel und Holzleim. Hier stehen ebenfalls Dinge wie Knöpfe, Federn, Verschlüsse, Perlen, Stoff- und Wollreste, die in Verbindung mit Holz verarbeitet werden können.

Regel, G., a. a. O., S. 189

Text 6:

„In der Cafetaria"

Der Frühstücksbereich ist in einem separaten Raum oder im Flur untergebracht. Auch hier stehen Regale und offene Schränke, in denen das Frühstücksgeschirr zu finden ist. Unterschiedliche Getränke stehen auf den Tischen. Die Kinder decken selbständig den Tisch und gießen sich Getränke ein, dabei werden wichtige Handlungsabläufe immer wiederholt und gefestigt. Nach dem Essen wird Geschirr zurückgebracht (auf einem Teewagen) und der Platz für nachfolgende Kinder sauber verlassen, d. h. daß gegebenenfalls noch mit einem Eimer Wasser und einem Lappen hantiert werden muß.

In unserem Kindergarten machen wir besonders gute Erfahrungen damit, daß wir den Kindern ein Frühstücksbüffet anbieten. In einem Regal stehen unterschiedliche Vollkornbrotsorten, geschnittenes Obst und Gemüse, Quark, Müsli, Rosinen, Nüsse, Obstsalat u. ä. Die Kinder können je nach Appetit und Hunger ihr Frühstück zusammenstellen. Dabei lernen sie, ihren Appetit einzuschätzen (anfangs ist der Teller oft zu voll), lernen unterschiedliche Geschmacksrichtungen und Zusammenstellungen kennen. Die Handlungsabläufe sind noch komplexer (in der einen Hand ein Teller und in der anderen ein Messer – dann kann man nichts auf den Teller legen).

Regel, G.: a. a. O., S. 192

Alle Fotos: ULLRICH

Text 7:

„Das Außengelände als Erlebnisraum"

...

Die umfassende Bedeutung der Spielplätze und -flächen im Nahbereich der Kinder wird erst erkennbar, wenn die besondere Art des kindlichen Lernens in den Blick kommt. Das Kind im Kindergarten- und Grundschulalter lernt nicht, indem die Erwachsenen ihm in Begriffen und Bildern Kenntnisse über Dinge und Menschen mitteilen. Das Kind lernt vielmehr, indem es sich mit allen Sinnen in seiner Umwelt umschaut, sie berührt, anfaßt und spielend bearbeitet. (...)

Diese Sinneserfahrungen wiederum sind der Ausgangs- und Entstehungsgrund für das Staunen, Fragen und die ersten Denkversuche des Kindes. Die gesunde Entwicklung des Kindes hängt wesentlich davon ab, daß es in seiner Lebenswelt vielfältige Wahrnehmungen und Aktivitäten realisieren kann. Die Ausrichtung der Lebens- und Spielorte Garten, Grünflächen, Straßen, Freiflächen und Spielplätze auf die Interessen der Erwachsenen und die Reduzierung der kindlichen Bewegungs- und Spielbedürfnisse auf das Bedienen von Spielgeräten lähmt die Sinne und den Tatendrang der Kinder. Die Lebens- und Spielorte provozieren zunehmend weniger spontane emotionale Regungen und selbstbestimmte Unternehmungen. Mit dem Verlust der äußeren Spiel- und Bewegungsräume schwinden auch die persönlichen inneren Bewegungen, die Erinnerungen an sinnlich vermittelte Erlebnisse und Erfahrungen... Für die Entwicklung der Kinder ist das Erleben von Naturphänomenen und der Umgang mit Naturelementen besonders bedeutsam und notwendig.

Für Erwachsene wird diese Annahme nachvollziehbar, wenn sie vergleichen, wie einerseits das Spazieren im Wald und andererseits das längere Gehen auf geteerten oder gepflasterten Wegen auf ihr Befinden einwirkt. Der Waldspaziergang spricht die Sinne und Organe in der Weise an, daß sie zu aktiven Reaktionen und Tätigkeiten angeregt werden. Die Vielfalt der Formen und die unterschiedliche Beschaffenheit der einzelnen Gegenstände wirkt anregend und ausgleichend zugleich auf den Organismus und die Psyche. Der Gang auf der Teerstraße hingegen ruft Müdigkeit, Streß und Langeweile hervor. Die Eintönigkeit der Straßenlandschaft und der gleichförmige Teerbelag verhindern eine belebende Aktivierung der Sinne und blockieren das Wohl-Ergehen der Füße.

Die geschilderte „Abhängigkeit" des menschlichen Wohlbefindens von der Beschaffenheit der Lebensräume gilt in verstärktem Maß für die kindliche Entwicklungsphase. Denn im Unterschied zu den Erwachsenen können Kinder Räume nicht funktional als Büro- oder Bankräume besetzen, sondern sind in ihrem Befinden und Tun auf die Spiel- und Erfahrungsmöglichkeiten ihrer Lebensräume angewiesen...

Außengelände des „Offenen Kindergartens" Liboriusstraße in Bochum-Grumme

Die Rückbesinnung auf die Bedeutung des freien Spiels in einem die Sinne und Phantasie der Kinder anregenden Spielraum hat besonders im Bereich der Kindertagesstätten und Kindergärten zu ersten praktischen Konsequenzen geführt. Im Rahmen seiner Fortbildungsaktivitäten begleitet der Autor seit Ende der 80er Jahre in städtischen und ländlichen Regionen Initiativen von PädagogInnen, Eltern und Kindern, die das Außengelände ihrer Einrichtungen kindgemäßer zu gestalten versuchen. Diese gestalterischen Projekte zeichnen sich dadurch aus, daß sie in mannigfaltiger Weise Naturmaterialien wie Erde, Holz, Steine, Pflanzen wie Blumenstauden, Obststräucher und Bäume in das Außengelände einbringen. Dieses soll jedoch kein ökologisches Schutzbiotop werden, sondern mit Spielhütten, Werktischen und bewährten Geräten wie Schaukel und Rutsche einen Rahmen für vielfältige Spielaktivitäten bilden.
...

Im Verlauf der praktischen Umweltgestaltung des Außengeländes, die in Spielraum-Werkstätten stattfindet, entwickeln PädagogInnen, Eltern und Kinder einen neuen Blick für ihr Außengelände. Viele wundern sich, wie sie es „auf dem öden Platz so lange aushalten konnten". Fast alle staunen, wie mit einfachen Materialien kreativ und atmosphärisch ansprechend gestaltet werden kann. Mitten in der praktischen Arbeit erinnern sich PädagogInnen und Eltern an Spielorte und Spielwiesen ihrer eigenen Kindheit. Sie stellen verblüffende Ähnlichkeiten zu ihrer gestalterischen „Arbeit" mit Brettern, Wasser, Lehm, Weidenstäben, Pflanzen und Steinen fest.
...

Wagner, R.: „Naturspielräume gestalten und erleben", Münster 1994, S. 9 ff.

AUFGABEN

1. Welche Argumente sprechen für die Einrichtung eines permanent nutzbaren Bewegungsraums im Kindergarten (Text 1)?
2. Tragen Sie die im Text 2 enthaltenen Hinweise zur baulichen und räumlichen Ausstattung zusammen und ergänzen Sie die Aufstellung um eigene Ideen (Bau- und Heimwerkermärkte sind eine wahre Fundgrube.).
3. Welche Funktion erfüllt der Ruheraum im Offenen Kindergarten (Text 3)?
4. Überlegen Sie, ausgehend von den Anregungen in Text 3, wie ein Raum beschaffen sein müßte, in dem Sie Ruhe empfinden? Lassen sich Ihre Vorstellungen auf Kinder übertragen?
5. Welche Materialien und Ausstattungselemente gehören in einen Musik- und Rollenspielraum (Text 4)?
6. Stellen Sie in einer Kleingruppe eine Liste von Medien und Materialien auf, die in einen anregenden Kreativbereich gehören.
Stellen Sie Ihre Listen in der Klasse vor und ergänzen Sie wechselseitig (Text 5).
7. Ist Ernährungserziehung aus Ihrer Sicht eine Aufgabe für den Kindergarten?
8. Überdenken Sie vor dem Hintergrund des Textes kritisch Ihre individuellen Eßgewohnheiten. Tauschen Sie sich in der Klasse darüber aus. Werden Sie praktisch und planen Sie für die nächste Didaktik-Methodik-Stunde ein ausgewogenes Frühstück.
9. Existiert in der Nähe Ihrer Schule ein Kindergarten mit einem Außengelände, das den Vorstellungen von Wagner (Text 7) entspricht?
Falls ja, besuchen Sie ihn.
10. Möglicherweise finden Sie im Umfeld Ihrer Schule einen Kindergarten, in dem Sie im Rahmen eines Projektes einen Funktionsraum gestalten können. Ersatzweise gestalten Sie einen Raum in der Schule.
11. Entwickeln Sie in Kleingruppen mit Hilfe einschlägiger Literatur Angebote für die unterschiedlichen Funktionsräume im Offenen Kindergarten. Tragen Sie die unterschiedlichen Ergebnisse zusammen.

Das Bild vom Kind

Die Basis der Arbeit im Offenen Kindergarten ist ein Bild vom Kind, das sich in wesentlichen Bereichen von den herkömmlichen Vorstellungen über das, was Kinder können oder besser nicht können und was Kinder für eine gesunde Entwicklung brauchen, unterscheidet. Man geht davon aus, daß Kinder autonome Menschen sind, die sehr wohl in der Lage sind, sich ihren Alltag weitgehend selber zu organisieren, und die letztlich selber darüber bestimmen, ob und wie sie sich entwickeln. Das zweite theoretische Standbein ist eine Analyse heutiger Kindheit. Die Antwort des Offenen Kindergartens auf das Ergebnis dieser Analyse heißt Psychomotorik. Hinter diesem Begriff verbirgt sich die Einsicht, daß kindliches Lernen zu großen Anteilen über Bewegungsvorgänge erfolgt. Wenn richtig ist, daß Bewegungsräume und Bewegungsanlässe im Alltag der Kinder zunehmend geringer werden, hat der Kindergarten hier eine wichtige kompensierende Funktion.

In der Literatur zum Offenen Kindergarten stößt man immer wieder auf zwei Aussagen:
a) Das Kind ist Akteur seiner Entwicklung
b) Vom Sitzkindergarten zum Bewegungskindergarten

Die erste Aussage enthält zusammengefaßt das, was der Offene Kindergarten zur Grundlage seiner Sicht von Kindern gemacht hat; die zweite Aussage verweist auf die Bedeutung der Bewegung für die kindliche Entwicklung.

Text 1:

Thesen zum Menschenbild des Offenen Kindergartens

These 1

Jedes Kind hat das Bedürfnis, sich mit spontaner Aktivität seiner Umgebung zuzuwenden und sich mit ihr auseinanderzusetzen. Es will dadurch Ungleichgewichte mit der Umwelt durch höher strukturierte Gleichgewichte überwinden. Oder anders ausgedrückt: Es will seine bisher gemachten Erfahrungen durch neue Erfahrungen erweitern und gewinnt dadurch auf einer differenzierteren (höheren) Ebene neue Vertrautheit, die über Wiederholungen zu sicheren Verhaltensmöglichkeiten führen. Aus neu erworbenen Fähigkeiten werden dann Fertigkeiten. Das Kind hat ein neues Gleichgewicht mit seiner Umwelt erreicht. Es fühlt sich wieder sicherer. Das wird so lange dauern, bis neue Erlebnisse, die sich über die Wahrnehmung anbahnen, Ungleichgewichte provozieren. Kinder befinden sich somit permanent in einem solchen Prozeß.

These 2

Entwicklung ist eine spontane, willentliche und vom Kind selbst bewerkstelligte schöpferische Umgestaltung seiner Verhaltensorganisation. Pädagogische Bemühungen müssen dem Kind Gelegenheit zu spontanem Handeln bieten, ihm interessante, neuartige Erfahrungen ermöglichen und dafür Sorge tragen, daß es die dabei entstehenden Ungleichgewichte möglichst selbständig überwinden kann. (. . .)

These 3

Jedes Bemühen des Kindes, mit seiner Umgebung in ein Gleichgewicht zu kommen, beinhaltet zugleich verschiedene Aspekte seiner Entwicklung. Das Kind paßt sich an, oft mit einer individuellen Komponente, erfährt in seiner Entwicklung erweiterte Möglichkeiten, also eine neue Strukturierung, und erlangt eine Ausweitung in seinen intellektuellen Fähigkeiten. Somit wird die Intelligenz des Kindes nicht nur durch sogenannte kognitive Tätigkeiten (kognitive Programme usw.) gefördert, sondern durch jegliches Handeln auf allen Gebieten und in allen Bereichen der Sensomotorik, vorausgesetzt, solche Handlungen sind spontan und ermöglichen neue Erfahrungen.

These 4

Die Entwicklung des Kindes vollzieht sich im Umgang mit den Dingen und noch wesentlicher im Umgang mit dem Menschen (soziale Intelligenz). Pädagogisches Bemühen muß deshalb Möglichkeiten zu spontaner, selbständiger Kooperation bieten. Der Erwachsene muß dem Kind in Schwierigkeiten und Konflikten entgegenkommen, indem er dessen Absichten zu verstehen versucht.

These 5

Alle Formen des Erkennens (Raum, Zeit, Zahl usw.) und alle Formen der Repräsentation (Nachahmung, Vorstellung, Phantasie) usw. wurzeln im sensomotorischen Handeln und Erkennen. Pädagogisches Bemühen muß deshalb dem Kind eingehende Erfahrungen im gesamten Lebensumfeld und eine alle Sinnesbereiche umfassende sensomotorische Aktivität ermöglichen.

These 6

Vorstellungskraft und schöpferische Phantasie gehen aus Nachahmung und Spiel hervor. Pädagogisches Bemühen darf deshalb nicht nur angepaßtes intelligentes Verhalten vor Augen haben. Es muß dem Kind in erster Linie Raum für seine Kindlichkeit, für die vielfältigen Formen seines unangepaßt-egozentrischen Verhaltens geben und ihm alle Arten des Ausdrucks und der Darstellung ermöglichen: Mimik, Gestik und Rollenspiel; Malen, Zeichnen und Formen; Musik und Tanz usw. (...)

Ermöglichen wir dem Kind ein Lernen auf der Grundlage dieser Thesen, kann es zugleich sein Selbstwerden aktiv betreiben. Es wird in einem permanenten Austausch mit seiner Umwelt sein, denn nur so kann sich das Selbst als die Mitte der Persönlichkeit ausbilden. Die in den Thesen gemachten Aussagen zur Selbstgestaltung bewirken im Kind zweierlei:

◆ Das Kind bringt ein Selbst zum Ausdruck (Aspekt des Seins).
◆ Es bildet sein Selbst (Aspekt des Werdens) und gestaltet sich zugleich seine Lebensgeschichte in einmaliger Weise.

So ist das Kind immer ein Werdendes und immer ein Gewordenes, so wie jeder Mensch ein Leben lang. In den Akten der Selbstgestaltung, die immer auf Interaktionen mit der Umwelt beruhen, eröffnen sich für das Kind die Möglichkeiten, sich selbst und seine Umwelt schöpferisch zu verändern, auf sein Umfeld einzuwirken.

In Verbindung mit diesen Vorstellungen kann Erziehung als „unterstützende Begleitung des Kindes zum Selbstwerden in Beziehung zur Welt" definiert werden.

Eine solche Erziehung erfordert, die jeweilige Thematik des Kindes zu beachten, die sein Handeln und Erleben bestimmt.

Regel, G. (Hg.), „Kindgemäßes Lernen im Vorschulalter", Hamburg 1990, S. 69 ff.

Text 2:

Psychomotorik als Konzept ganzheitlichen Lernens

Psychomotorik hat sich in den letzten 30 Jahren als Teilbereich der Erziehungswissenschaft entwickelt. Es sind dabei theoretische Vorstellungen über ganzheitliches Lernen entstanden. Zunächst weist der Begriff auf den Zusammenhang von Körper/Leib und Psyche hin. Während Bewegung (Motorik) die sichtbare Seite von Entwicklung darstellt, meint Psyche emotionale und geistige Prozesse, die gewissermaßen als Hintergrundstätigkeit vorhanden sind und sich weiter differenzieren; mit anderen Worten: Bewegungserlebnisse „wirken sich positiv oder negativ auf Körper und Geist. (...)

Ganzheitlichkeit ist Kindern anzusehen, wenn sie auf äußere Erlebnisse mit dem ganzen Körper reagieren; offen gelöst oder eingeschränkt verspannt. Auch innere Erlebnisse – Wünsche, Phantasien, Vorstellungen, Hoffnungen, Spannungen – drücken sich vielfältig durch Bewegung aus: in lebhaftem Rollenspiel, in kraftvollem Kämpfen und Toben, in Malen und Formen, in Stören und Ausweichen.

Weil sich alle Grundlagen der Persönlichkeit auf Bewegung aufbauen, wird die Psychomotorik als Erziehungsprinzip verstanden, als Erziehung durch Bewegung. Der Körper ist Erfahrungsmedium, Mittel zur Erschließung der Welt, eine Brücke zwischen dem Inneren und Äußeren. (...)

In den Funktionen, welche die Bewegung haben kann, soll die Komplexität kindlicher Tätigkeit noch einmal deutlich werden:

1. Den eigenen Körper und damit auch sich selber kennenlernen; sich mit den eigenen körperlichen Fähigkeiten auseinandersetzen und ein Bild von sich selber entwickeln. – (personale Funktion)

2. Mit anderen gemeinsam etwas tun, mit- und gegeneinander spielen, sich mit anderen absprechen, nachgeben und sich durchsetzen. – (soziale Funktion)

3. Selber etwas machen, herstellen, mit dem eigenen Körper etwas hervorbringen (z. B. eine sportliche Fertigkeit wie einen Handstand oder einen Tanz). – (produktive Funktion)

4. Gefühle und Empfindungen in Bewegung ausdrücken, körperlich ausleben. – (expressive Funktion)

5. Gefühle wie Lust, Freude, Erschöpfung oder Energie empfinden, in Bewegung erfahren. – (impressive Funktion)

6. Die dingliche und räumliche Umwelt kennenlernen und sich erschließen, Objekte und Geräte ausprobieren und ihre Eigenschaften erfassen, sich den Umweltgegebenheiten anpassen bzw. sie sich passend machen. – (explorative Funktion)

7. Sich mit anderen vergleichen, sich miteinander messen, wetteifern und dabei sowohl Siege verarbeiten als auch Niederlagen verkraften lernen. – (komparative Funktion)

8. Belastungen ertragen, die körperliche Leistungsfähigkeit steigern, sich selbstgesetzten und von außen gestellten Anforderungen anpassen. – (adaptive Funktion)

Nachdem die große Bedeutung von Bewegung und Aktivität herausgestellt wurde, soll nun der Bezug zur geistigen Entwicklung kurz erläutert werden.

Innerhalb des psychomotorischen Theorienansatzes bekommen die Untersuchungen von Piaget eine tragende Bedeutung. Jean Piaget, ein Schweizer Philosoph, Biologe und Kinderpsychologe, hat sich vorwiegend mit folgenden Fragen beschäftigt:

◆ Wie entwickelt sich Denken?

◆ Wie funktioniert das Denken?

◆ Wie kommt der Mensch zu Möglichkeiten der Erkenntnis seiner Welt?

Piagets Beobachtungen erbrachten sehr schnell die Erkenntnis, daß spontane, schöpferische Aktivität die Basis für die Intelligenzentwicklung bildet. Das Kind mit seinem impulsiven Neugierverhalten versucht unentwegt, mit seiner Umgebung in ein Gleichgewicht zu kommen, sich anzupassen. Immer geht das Kind mit bestimmten Erfahrungen, mit einer sich gebildeten geistigen Struktur auf Neues zu, ordnet die Sinneseindrücke seiner bisherigen Erfahrung zu, verleiht dem neuen die bisher erfahrene Bedeutung. Da viele neue Erfahrungen auf das Kind zukommen, passen diese nicht immer in das bisherige Wahrnehmungs-, Denk- und Bedeutungsmuster. Das Kind bemüht sich, ein neues Gleichgewicht zu schaffen. Es paßt sich der Umwelt an oder die Umwelt dem eigenen Erfahrungssystem.

. . .

Diese theoretischen Überlegungen machen deutlich, daß für die kognitive Entwicklung Wahrnehmen, Bewegen, Handeln und Spielen eine grundlegende Basis schaffen. Lernen und geistige Entwicklung geschehen also weitgehend bis zur Einschulung über alle Formen der Tätigkeit, über Interaktionen mit Mensch und Umwelt.

Die Lernformen, die hier in erster Linie wirksam werden, sind folgende:

◆ Lernen durch Erfahrung

◆ Lernen durch Versuch und Irrtum

◆ Lernen durch Nachahmung

◆ Lernen durch Zusammenleben und Zusammenspielen

◆ Lernen am Vorbild

Regel, G. (Hg.), „Kindgemäßes Lernen . . .", a. a. O., S. 70

Psychomotorische Entwicklungsbereiche

Das Zusammenwirken dieser Systeme bestimmt das Ausmaß von **Intelligenz, Kreativität und Phantasie** (J. Piaget)

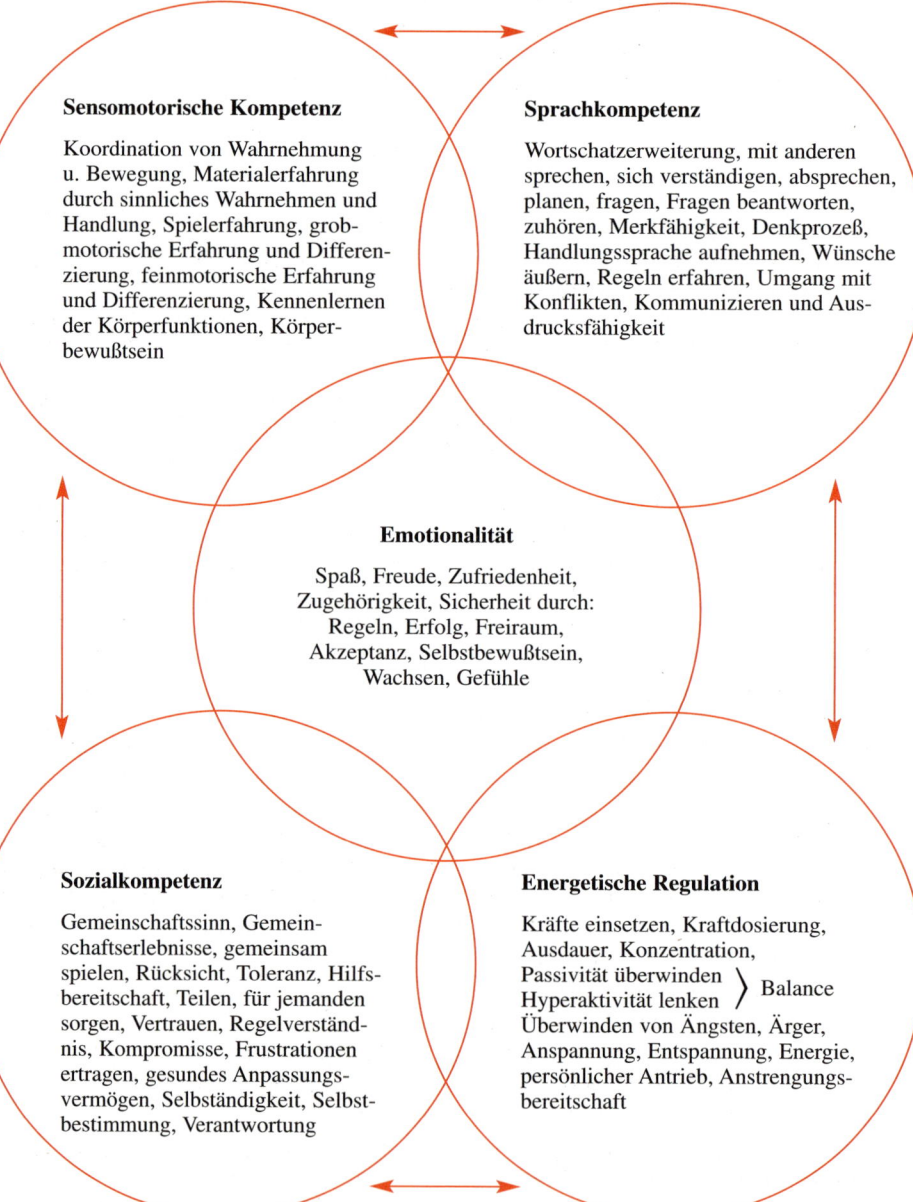

Sensomotorische Kompetenz

Koordination von Wahrnehmung u. Bewegung, Materialerfahrung durch sinnliches Wahrnehmen und Handlung, Spielerfahrung, grobmotorische Erfahrung und Differenzierung, feinmotorische Erfahrung und Differenzierung, Kennenlernen der Körperfunktionen, Körperbewußtsein

Sprachkompetenz

Wortschatzerweiterung, mit anderen sprechen, sich verständigen, absprechen, planen, fragen, Fragen beantworten, zuhören, Merkfähigkeit, Denkprozeß, Handlungssprache aufnehmen, Wünsche äußern, Regeln erfahren, Umgang mit Konflikten, Kommunizieren und Ausdrucksfähigkeit

Emotionalität

Spaß, Freude, Zufriedenheit, Zugehörigkeit, Sicherheit durch: Regeln, Erfolg, Freiraum, Akzeptanz, Selbstbewußtsein, Wachsen, Gefühle

Sozialkompetenz

Gemeinschaftssinn, Gemeinschaftserlebnisse, gemeinsam spielen, Rücksicht, Toleranz, Hilfsbereitschaft, Teilen, für jemanden sorgen, Vertrauen, Regelverständnis, Kompromisse, Frustrationen ertragen, gesundes Anpassungsvermögen, Selbständigkeit, Selbstbestimmung, Verantwortung

Energetische Regulation

Kräfte einsetzen, Kraftdosierung, Ausdauer, Konzentration, Passivität überwinden ⎫
Hyperaktivität lenken ⎬ Balance
Überwinden von Ängsten, Ärger, ⎭
Anspannung, Entspannung, Energie, persönlicher Antrieb, Anstrengungsbereitschaft

Alle Kompetenzbereiche sind in der Entwicklung voneinander abhängig und unterliegen Einflüssen von außen, Familien, Umfeld usw.

Regel, G., u. a. (Hg.), „Offener Kindergarten konkret", a. a. O., S. 352

AUFGABEN

1. Bilden Sie Gruppen und fassen Sie den Text 1 in einer Tabelle zusammen, indem Sie die folgenden Satzanfänge ergänzen.

Aussagen zum „Menschenbild"	Konsequenzen für Erziehung
z. B.	z. B.
Das Kind will . . .	Das Kind braucht . . .
Das Kind hat . . .	Erwachsene sollten . . .
Das Kind ist . . .	Erwachsene sollten nicht . . .
Entwicklung ist . . .	Erwachsene können . . .
	Erwachsene können nicht . . .
usw.	usw.

Diskutieren Sie die Ergebnisse in Ihrer Gruppe. Wo können Sie den Autoren folgen, wo nicht? Stellen Sie Ihre Ergebnisse der Klasse vor.

2. Wie würden Sie mit eigenen Worten den Begriff der Psychomotorik definieren (Text 2)?
3. Unterscheiden Sie die Funktionen, die die Bewegung haben kann.
4. Wie stellt der Text den Zusammenhang von körperlicher und geistiger Entwicklung her. Ziehen Sie zur Klärung das Schaubild „Psychomotorische Entwicklungsbereiche" heran.
5. Haben Sie in Ihren bisherigen Praktika Beobachtungen gemacht, die die hier vorgetragene Theorie stützen? Tauschen Sie Ihre Erfahrungen in der Klasse aus.

Die Rolle der Erzieherin

Als Erzieherin zu arbeiten heißt, Verantwortung für eine Kindergartengruppe, meist meine Gruppe genannt, zu haben. Was aber, wenn es meine Gruppe nicht mehr gibt? Was ist denn meine Aufgabe, wenn die Kinder sich alleine entwickeln? Wo ist denn mein Platz, wenn nicht in meinem Gruppenraum? Spricht man mit Erzieherinnen, die die Umstellung auf den Offenen Kindergarten vollzogen haben, hört man immer wieder, daß diese Frage im Vorfeld enorme Ängste ausgelöst und bei vielen zunächst eher zu Skepsis und hinhaltendem Widerstand gegen das neue Modell geführt hat.

Arbeiten im Offenen Kindergarten heißt aber nicht nur, sich von der vertrauten Gruppe zu verabschieden, sondern erfordert auch, sich mit seinen erzieherischen Kompetenzen und Defiziten in einer offenen Situation der Kritik der Kolleginnen zu stellen. Und nicht zuletzt: Wie gehe ich damit um, wenn ich plötzlich feststelle, daß Kolleginnen für Kinder offensichtlich attraktiver sind, ihre Angebote zahlreicher frequentiert werden als die eigenen. Offener Kindergarten setzt also zunächst einmal Offenheit bei den in ihm professionell Tätigen voraus. Man könnte von personaler Offenheit sprechen. Kritische Fragen an die Erzieherinnenpersönlichkeit wären etwa:

- ◆ Wie offen gehe ich mit mir selbst um (meinen Grenzen, Ängsten, Gefühlen, Träumen, Bedürfnissen, Stärken, Schwächen usw.)?
- ◆ Wie offen bin ich für andere (Kinder, Kolleginnen, Eltern usw.)?
- ◆ Wie offen bin ich gegenüber der Welt (Politik, Kultur, ökologischen und sozialen Fragen usw.)?

Offener Kindergarten setzt Arbeit an der personalen Offenheit voraus. Zum einen in bezug auf den zwingend notwendigen Austausch im Team, zum anderen in bezug auf meine Modell-Funktion gegenüber den Kindern. Offen mit sich umzugehen heißt etwa, sich kritisch zu fragen, was mich daran hindert, Kinder gehen zu lassen, was es in mir auslöst, wenn Kinder eine andere Erzieherin, ein anderes Angebot vorziehen. Offen gegenüber anderen zu sein heißt, den anderen in seiner Andersartigkeit anzunehmen, ihn zu verstehen, anstatt ihn gleich ändern zu wollen in eine Richtung, die mir zusagt. Offen gegenüber der Welt zu sein heißt, sich für vielfältige Dinge zu interessieren, sich einzumischen, aktiv auf die Welt zuzugehen, heißt ein Vorbild zu sein für Neugier, also „Gier nach Neuem", Unbekanntem und Ungelöstem. In ihm eine Herausforderung für die Anstrengung des Aufdeckens und Lösens zu sehen.

Text 1:

„Was Erzieherinnen traditionell über sich und ihre Rolle lernen"

Durch unser Verständnis von Erziehung nehmen wir als Pädagogen eine bestimmte Rolle im Kindergartenalltag ein. Diese Rolle sah für uns alle in den letzten Jahren sehr ähnlich aus, denn unser Verständnis von Erziehung wurde zu einem großen Teil von unserer eigenen Erziehung und der Ausbildung zur pädagogischen Fachkraft für den Kindergarten geprägt. Offene Kindergartenarbeit kann jedoch nur dort entstehen, wo das bisherige Verständnis von Erziehung sich verändert und Mitarbeiterinnen bereit sind, neue Rollen einzunehmen, ihre Rolle also zu wechseln.

Wir lernten, daß wir als Erwachsene „besser wissen", was Kinder brauchen, was für sie gut und richtig ist. Hinter diesem Verständnis steht ein Bild vom Wesen des Kindes, dessen Persönlichkeit von uns geprägt und gefestigt werden muß. Der Erwachsene ist dabei der Überlegene, das Kind hat sich ihm unterzuordnen. Das Kind wird als ein noch nicht vollständiger Mensch gesehen. Es erhält bei diesem Verständnis kaum ein Recht auf Selbstbestimmung und auf einen eigenen Lebensinhalt.

Einige Beispiele:

◆ Zum alten Erziehungsverständnis gehört häufig auch, daß Erwachsene bestimmen, wieviel Kinder sich in einem Spielbereich, z. B. in der Puppenecke, aufhalten dürfen, begründet durch die Enge der Spielbereiche in den Gruppenräumen.

◆ Um Kinder bei der Gestaltung ihrer Produkte im werkschaffenden Spiel zu unterstützen, meinen viele Pädagogen, Arbeiten von Kindern „verbessern" zu müssen. Dieses geschieht, indem nachgeschnitten, vor- oder nachgemalt wird oder indem Erwachsene darauf hinweisen, daß die Sonne nicht schwarz, sondern gelb zu sein hat oder daß Äpfel auf einem Winterbild nicht am Baum hängen können. „Unvollständige" Gegenstände oder Personen sollen vervollständigt werden, große freie Flächen müssen ganz genutzt werden, bevor das Bild als fertig anerkannt wird.

◆ Aus Angst, Kindern könnte etwas zustoßen, geben ihnen viele Erwachsene genau vor, wieweit sie z. B. an der Sprossenwand oder auf den Baum hochklettern dürfen. Noch problematischer ist es, wenn Kinder mit Nachdruck aufgefordert werden, hochzuklettern, obwohl sie dazu noch nicht in der Lage sind.

In allen aufgeführten Beispielen kann das Verhalten von Erwachsenen für das Kind bedeuten, daß es vor anderen lächerlich gemacht wird, weil es etwas nicht schafft. Auch kann das Kind bald die Freude am Tun verlieren, wenn es immer wieder erfährt, daß seine Produkte nicht den Vorstellungen der Erwachsenen entsprechen.

Im alten Erziehungsverständnis ist es üblich, daß Kinder, die sich in der Gruppe im Gruppenraum nicht anpassen können, vor anderen zurechtgewiesen werden. So werden Rollen zugewiesen und bald verfestigt.

Mit dem Ziel, aus Kindern das Richtige zu machen, haben wir uns während der Ausbildung sehr viel mit Fragen der Didaktik und Methodik auseinandergesetzt. Und so wurde der Kindergartenalltag bestimmt vom Basteln, Malen, Singen und vom „freien Spiel" in der Puppenecke, auf dem Bauteppich und am Tisch. Unsere Gruppenräume standen voll mit Möbeln, da in unserer Gesellschaft das Spiel an Tischen bevorzugt wird, denn scheinbar ließen sich nur an Tischen Lernspiele zur Förderung vieler Fähigkeiten wie z. B. der Konzentration durchführen. Wir übersahen dabei, daß „Sitzkinder" zu wenig Möglichkeiten fanden, um Kraft, Koordinationsvermögen und ihren Gleichgewichtssinn zu entwickeln. Hinzu kam, daß diese Kinder stark unfallgefährdet waren, da sie nicht ausreichend lernten, ihren Körper einzuschätzen und zu beherrschen.

Wir sahen unsere Aufgabe unter anderen auch darin, einer möglichen Langeweile der Kinder vorzubeugen, sie also zu beschäftigen. Um dabei so wenig Störungen wie möglich zu haben, z. B. bei laufenden Angeboten zeitgleich mit dem Freispiel oder beim Spiel in den unterschiedlichen „Ecken", blieb es nicht aus, daß Kinder oft an die von Erwachsenen aufgestellten Regeln stießen und dafür gemaßregelt wurden.

Regel, G., u. a. (Hg.), „Offener Kindergarten konkret", a.a. O., S. 312 f.

Text 2:

Von unserem Erziehungsverständnis und von unseren Aufgaben als pädagogische Mitarbeiterinnen im Offenen Kindergarten

Unsere Aufgaben sind geprägt von einem Erziehungsverständnis, das davon ausgeht, daß das Kind ein Anrecht hat auf Selbstbestimmung und eigene Lebensformen. Das bedeutet, daß das Wort „erziehen" eigentlich nicht paßt, denn wir wollen nicht „ziehen" und „zerren", sondern „begleiten" und „unterstützen". Ein solches Verständnis von Erziehung bedeutet, daß Kinder von uns in ihrer Entwicklungsstufe ernstgenommen werden, daß ihre Bedürfnisse, Interessen und Fähigkeiten anerkannt sind. Diese Akzeptanz kindlicher Bedürfnisse vermittelt dem Kind, daß es so, wie es ist, gut ist und es keinen Defizitzustand gibt, den es möglichst zu überwinden gilt.

Mit dieser Einstellung sind wir Mitarbeiterinnen gefordert, zu den Kindern Distanz zu wahren, um kindliche Freiräume zu ermöglichen. So erhalten Kinder die Chance, eigene Fähigkeiten zu entdecken und an sich selbst zu glauben.

Zu einer distanzierten Haltung gehört es z. B. auch, daß wir uns durch die Äußerung eines Kindes „mir ist langweilig" nicht direkt aufgefordert fühlen, eine neue Aktivität anbieten zu müssen. Wenn Kinder zum Ausdruck bringen, sie hätten Langeweile, so kann dies auch bedeuten, „ich habe eine Sache abgeschlossen und brauche Zeit, mich einer anderen Beschäftigung zuzuwenden".

Wenn wir Kindern durch Distanz Freiräume ermöglichen, so garantiert dieses Verständnis auch Vertrauen. Vertrauen beinhaltet, daß wir Kinder auch mal unbeobachtet spielen lassen und daß wir ihnen zutrauen, z. B. selber zu regeln, wie viele Kinder im Bauzimmer „Platz haben".

Im Widerspruch zu dieser Einstellung würde stehen, wenn wir Kindern nicht auch zutrauen würden, alleine mit Freunden draußen spielen und forschen zu können. Unsere Erziehung zur verantwortungsvollen Freiheit ist nur über eine „Vertrauenspädagogik" zu realisieren. Vertrauen in sich selbst finden können Kinder nur, wenn ihnen von uns ein Vertrauensvorschuß eingeräumt wird.

Zu unserer Erziehung gehört aber auch Nähe, nämlich dann, wenn ein Kind nicht mehr alleine zurechtkommt. Das bedeutet, wir müssen dasein, wenn Kinder Fragen haben oder sonst Unterstützung benötigen. Unsere Kinder sollen jederzeit die Sicherheit haben, daß wir da sind, wenn sie uns brauchen.

Wir sind ständig bemüht, Möglichkeiten zu schaffen zum Selbstentdecken und Neues zu lernen.

In der praktischen Arbeit gestalten sich unsere Aufgaben folgendermaßen:

Wir richten Räume und Materialien so her, daß Handlungsmöglichkeiten für die Kinder geschaffen werden. Das bedeutet z. B., daß wir das Material für die Kinder sichtbar aufbewahren, damit es Aufforderungscharakter hat und zum Verarbeiten anregt. Werkzeug und Verarbeitungsmaterial sind in unserem Kindergarten so geordnet und präsent, daß die Kinder sie jederzeit erreichen und damit kreativ umgehen können.

Unsere Aufgabe ist es, weiter zu beobachten, wie die Räume angenommen werden oder warum bestimmte Räume zeitweise nicht angenommen werden. Wir entscheiden, wie wir sie durch Umgestalten oder durch neues Material wieder interessanter machen können.

Wir wollen in unseren Räumen, soweit wie möglich viel „Geschehen" zulassen.

Eine wichtige Aufgabe für uns ist, im Freispiel aktiv passiv zu sein. Wir beschäftigen die Kinder nicht, um sie nicht von ihren Gedanken und Interessen abzulenken.

Wir beobachten und nehmen einzelne Kinder gezielt wahr. Diese Beobachtungen tauschen wir Mitarbeiterinnen aus und sprechen dabei auch über unsere eigenen Gefühle.

Wir möchten, daß sich jedes Kind bei uns wohlfühlt und fragen uns, was wir dazu beitragen können. Wir versuchen z. B. zu erkennen, welche Bedürfnisse und Schwierigkeiten Kinder haben.

Wir versuchen genau zu beobachten und müssen dabei immer wieder abwägen, wann wir uns zurückhalten und wann wir uns aktiv einschalten wollen.

Wir bemühen uns, niemals zu erzwingen, was sich selbst entwickeln kann.

Wir sind für die Kinder da. So begrüßen wir z. B. ein ankommendes Kind oder lächeln es an. Wir fühlen uns aber nicht verantwortlich, ihm den Einstieg in den Kindergarten zu „richten".

Ein Kind soll selbst bestimmen, wenn es Trost und Zärtlichkeit braucht, wann es unsere Hilfe in Anspruch nehmen möchte. Wir bemühen uns, mit nonverbalen Gesten einem Kind das Angebot zu machen, es gegebenenfalls zu trösten und ihm zu zeigen, daß wir innerlich bei ihm und seinem Schmerz sind. Die Kinder wissen nach kurzer Zeit, daß sie immer kommen dürfen. Wir akzeptieren aber auch, wenn ein Kind das Bedürfnis hat, sich zurückzuziehen, in Ruhe gelassen zu werden.

Haben Kinder einen für sie unlösbaren Konflikt miteinander, greifen wir helfend ein. Wir fragen, worum es geht und beraten mit den Kindern gemeinsam über verschiedene Lösungsmöglichkeiten. Die Kinder entscheiden, welche Vorschläge sie anwenden wollen, im Notfall helfen wir dabei.

Wir Mitarbeiterinnen wollen nach und nach lernen, eigene Gefühle und Gefühle der Kinder zuzulassen und auszuhalten, z. B.:

◆ Trauer der Kinder verstehen und nicht einfach „wegtrösten".
◆ Konflikte wahrnehmen und nicht mit unserer Autorität „wegdrücken".
◆ Außenseitern Lösungsmöglichkeiten eröffnen und sie nicht „liebevoll integrieren".

Wir möchten die Beziehung der Kinder untereinander fördern, unterstützen und initiieren, um ihnen die Möglichkeiten zu bieten, eine größtmögliche Unabhängigkeit vom Erwachsenen zu erreichen.

Wir nehmen unsere Aufgabe, die Kinder möglichst „ganzheitlich" zu fördern, sehr ernst. Das heißt, daß wir die soziale, emotionale und geistige Entwicklung unterstützen wollen.

Durch unsere Angebote wollen wir den Kindern für sie „fremde" Bereiche nahebringen und dabei z. B. Werkzeug oder neues Material bekannt machen. Wir möchten sie gezielt auf bestimmte Situationen vorbereiten (z. B. mit dem Projekt „Schule" auf den späteren Schulbesuch).

Unsere Angebote werden von uns so geplant, daß die Kinder kollektives Handeln lernen und üben können, z. B. durch kooperative Spiele und Spielideen, bei denen es darum geht, gemeinsam zu planen und durchzuführen.

Unsere Aufgabe ist es, Ideen und Impulse für das Freispiel zu geben.

Die tägliche Teambesprechung ist ein wichtiger Bestandteil unserer Arbeit. Wir besprechen den Gesamtablauf des Tages, zu dem Beobachtungen aus dem Freispiel und den Angeboten gehören. Außerdem werden in dieser Runde die Angebote für den nächsten Tag besprochen.

Wir sind ständig bemüht, den Eltern unsere Arbeit transparent zu machen. Dieses geschieht in Einzelgesprächen und auch an Elternabenden, auf die wir uns intensiv vorbereiten.

Auch wir möchten in unserer Entwicklung nicht stehenbleiben. Darum nehmen wir viele Gelegenheiten wahr, auch nach unserer Dienstzeit, an Fortbildungsangeboten teilzunehmen (z. B. an der Volkshochschule), um uns weiter zu qualifizieren.

Regel, G., u. a. (Hg.), „Offener Kindergarten konkret", a. a. O., S. 381 f.

AUFGABEN

1. Bilden Sie in der Klasse zwei Gruppen. Die eine Gruppe erarbeitet die wesentlichen Elemente des Rollenverständnisses der Erzieherin im Regelkindergarten (Text 1). Die zweite Gruppe tut das gleiche mit den Veränderungen der Erzieherrolle im „Offenen Kindergarten" (Text 2).
2. Konzipieren Sie in Ihrer jeweiligen Gruppe kurze Szenen für ein Rollenspiel, in dem das Verständnis von der Erzieherrolle deutlich wird. Stellen Sie Ihre Szenen der Klasse vor.
3. Diskutieren Sie die unterschiedlichen Ansätze vor dem Hintergrund Ihrer bisherigen praktischen Erfahrungen.

Ziele und Inhalte

„Aber wird denn im ‚Offenen Kindergarten' genug gelernt?" fragen besorgte Eltern. Der Hintergrund solcher Fragen ist oft die Angst, das Kind könnte nicht ausreichend auf die Anforderungen der Schule vorbereitet werden. Die Frage ist also, welche Ziele hat der Offene Kindergarten, welche Inhalte vermittelt er Kindern mit Hilfe welcher Methoden?

Text 1:
Statt Ziele für einzelne Kinder allgemeine Absichten und Entwicklungsperspektiven für alle Kinder

Ausgangspunkt der pädagogischen Arbeit mit Kindern sind allgemeine Absichten für alle Kinder.

Kinder sollen ein Mehr an Fertigkeiten und Kompetenzen erwerben, sollen von ihrem jeweiligen Handlungsniveau aus aktiv werden können entsprechend ihren Bedürfnissen, die in der Wechselbeziehung mit dem Außen ausgelebt oder provoziert werden.

Kinder sollen dadurch lebenstüchtiger werden und lebensfähiger in unserem soziokulturellen System. Sie sollen Grundlagen erwerben, auf die die Schule aufbauen kann, um den Bildungsauftrag für Kinder weiterzuführen.

Sach-, Sozial- und Ichkompetenz sind die großen Bereiche für ganzheitliche Pädagogik. Aus psychomotorischer Sicht wird von perzeptiver, motorischer affektiver, sozialer, sprachlicher und kognitiv-kreativer Kompetenzerweiterung gesprochen. Kinder sollen im selbstbestimmten Tun wahrnehmungs-, bewegungs-, handlungs-, gestaltungs-, kooperations- und liebesfähiger werden, ihre Sprache ausbilden und das Glück im Heute erfahren.

Kommt ein Kind im Kindergarten zurecht, entwickelt es sich positiv in diesem allgemeinen Sinne weiter, sind keine besonderen Anstrengungen erforderlich. Deshalb kann die offene Arbeit zu einer wirklichen Entlastung führen, die Zeit und Raum gibt, um die Kinder besonders zu unterstützen, die nicht zurechtkommen oder besondere Förderansprüche signalisieren. Hier wird es dann im Einzelfall zu einer kindbezogenen gemeinsamen Planung kommen und zu Anregungen im Sinne der oben beschriebenen psychomotorischen Förderung. Hiervon zu unterscheiden sind die von den pädagogischen Kräften geplanten gezielten Angebote auf der Basis von Beobachtungen und der sich hieraus ergebenden Planung, die möglichst auch zusammen mit den Kindern erfolgen sollte.

Eine so verstandene pädagogische Arbeit entspricht am ehesten den kindlichen Bedürfnissen. Sie provoziert Selbsttätigkeit, Emanzipation, Entdeckerdrang und Integration. Sie stellt das Erleben und die Freude an erste Stelle und fördert das Selbstwerden des Kindes, das mit vielfältigen Beziehungserfahrungen vollzogen wird.

Regel, G., u. a. (Hg.), „Offener Kindergarten konkret", a. a. O., S. 104 f.

Die Auswahl der bedeutsamen Inhalte richtet sich nach den spezifischen Notwendigkeiten. Die Frage ist immer: „Ist das einzelne Kind in der Lage, sich die für seine Entwicklung förderlichen Elemente in einer vorbereiteten Umgebung selber anzueignen, oder braucht es dazu gezielte Unterstützung durch Erwachsene?" Oft wird die Vielfalt der Lernmöglichkeiten, die im Alltag des Kindergartens liegen, unterschätzt.

Text 2:
Kindergartenalltag als Lernfeld

Der Lebensraum Kindergarten ist nicht nur eine Spiel-, sondern auch eine Lebensgemeinschaft. So gibt es viel Alltagshandeln zu bewältigen: Frühstück und Mittagessen, Hygiene, An-, Ausziehen und Umziehen, Aufräumen und Räume fegen, Blumen gießen, Tiere füttern, Frühstücksbuffet vorbereiten, Räume schmücken usw. usw. Das Teilhaben an solchem Alltagsgeschehen ist sensomotorisches Lernen. Über das Probieren kommen Kinder zu neuen Erfahrungen. Sie erleben so Freude am Können. Gerade in der heutigen Zeit haben Kinder immer seltener Gelegenheit, bestimmte Handlungsabläufe des täglichen Lebens aktiv auszuprobieren und verantwortlich zu übernehmen. Viele Kinder werden wie

kleine Prinzessinnen und Prinzen verwöhnt. Dadurch wird ihnen die Chance genommen, in ihrem Selbstwertgefühl zu wachsen, indem sie Tätigkeiten der Großen nachahmen und schließlich auch beherrschen.
ebd., S. 109

Der psychomotorische Lernansatz wertet das Alltagshandeln auf und stellt die darin enthaltene Handlungsaktivität als wichtigen Erfahrungsschatz mit anderen Aktivitäten auf eine Stufe.

Man könnte überspitzt sagen: Inhalt der Arbeit im Offenen Kindergarten ist das alltägliche Spielen und Arbeiten, kurz: das gemeinsame Leben von Kindern und Erwachsenen.
Hinsichtlich der Methoden gilt das für die Inhalte Ausgeführte. Auch ihre Auswahl richtet sich nach den konkreten Notwendigkeiten. Ein Kriterium für eine Methodenpräferenz könnte die Erlebnisqualität einer Methode sein.

Text 3: **Erlebnisorientierung**

Erlebendes Lernen, lebendiges Lernen meint, mit Leib und Seele beteiligt zu sein, mitschwingend, staunend, begeisternd, bewundernd, innerlich bewegt und berührt, betroffen, erfüllt, angetan, gefesselt, abstoßend. Hier ist Ganzheitlichkeit angesprochen, bei der der Strom der Empfindung das Tun zur eindrucksvollen Erfahrung werden läßt. Ein solches Erleben hat eine tiefe Wirkung im positiven oder auch im negativen Sinne und prägt mehr als das auf Rationalität ausgerichtete Lernen.
Ich will deshalb mit einigen Beispielen zeigen, wo Erlebnisorientierung in den pädagogischen Aktivitäten der Erzieherinnen zum Tragen kommt:

◆ In der Wahrnehmungserfahrung, wenn Kinder zu neuen Sinneserfahrungen kommen und zu staunen beginnen. (...) Regen in der Stadt; der Wind und die Blätter; Geräuschebaum; Wolkenbilderbuch; Licht und Schatten.
◆ In Spielideen, mit denen sich Kinder identifizieren und in denen sie ganz aufgehen, z.B. wenn sie sich mit Wollknäueln in Spinnen verwandeln, ein Piratenschiff bauen und ihre Fantasie ausleben, wenn sie sich aus großen Pappkartons ein Dorf bauen und darin eine Woche wohnen, wenn viele große Materialien zu einem eigenen interessanten Spielplatz werden.
◆ Im Überwinden von Angst durch Mutproben, z.B. durch Springen aus großer Höhe, durch Krafterfahrung im Ringen und Raufen, durch Schwimmen im tiefen Wasser, durch Klettern auf hohe Bäume.
◆ Im Erleben von Abenteuern auf dem Außengelände und außerhalb des Kindergartens, z.B. durch Wasserspiele, durch eine Feuerstelle, durch Urwald, Dickichte, durch das Stauen von Bächen, durch eine Waldwoche, indem der Kindergarten eine Woche lang im nahe gelegenen Wald stattfindet.
◆ Im Erleben von Gemeinschaft, z.B. durch erlebnisreiche Ausflüge (Bauernhof), Schlafen im Kindergarten, Kinderfreizeit in interessanter Umgebung. (...)
◆ Im Aktivwerden im Ort, indem Kinder Kommunalpolitiker aufsuchen und ein eigenes Anliegen vortragen und mit den Politikern diskutieren oder durch gegenseitiges Besuchen in den Häusern.
ebd., S. 108 f.

Es dürfte deutlich geworden sein, daß im Vordergrund der Arbeit im Offenen Kindergarten nicht die Vermittlung abstrakten kognitiven Wissens oder das Einüben formaler Fähigkeiten, sondern das freie Spielen und Miteinanderleben steht. Die Vermutung ist, daß Kinder, die ausreichend Gelegenheit hatten, ihre Spielfähigkeit zu entwickeln, damit den Grundstein legen für das, was wir Schulfähigkeit nennen. Im Spiel, so die These, entwickeln die Kinder die Kompetenzen, die für den Schulerfolg notwendig sind.

Text 4: **Die Zusammenhänge zwischen Spiel- und Schulfähigkeit**

Spielen ist Lernen.
Das Kind folgt hier eigenen, inneren Impulsen nach Aktivität, erprobt und erwirbt Fähigkeiten, „die sowohl für sein eigenes Leben als auch für die Schule wichtig und bedeutsam sind" ...

Welche Kompetenzen sind hier gemeint? Es ist nicht das Wissen, die Begabung, sondern das Können. Schulfähigkeit meint, daß Kinder „neue und unbekannte Anforderungen aufgrund einer stabilen Selbstsicherheit neugierig und aufmerksam sowie angstfrei aufgreifen und mit Interesse und Konzentration nach einer Lösung suchen und diese finden". Eine solche Schulfähigkeit kann sich durch die Fülle kindlicher Spielformen entwickeln. Intensives Spielen zeichnet sich z. B. dadurch aus, daß Kinder „in der Regel ausgeglichen, zuversichtlich, voller eigenem Vertrauen, bewegungsaktiv und koordiniert, kontaktfreudig, ausdauernd und motiviert, sprachaktiv und kooperativ, wahrnehmungsoffen und aufmerksam, interessiert, neugierig und phantasievoll sind." . . .

---

emotionale Schulfähigkeit ⟶ **kognitive Schulfähigkeit**

z. B.

emotionale Schulfähigkeit	kognitive Schulfähigkeit
Kinder sind gefühlsmäßig eher ausgeglichen,	Kinder zeichnen sich durch Konzentration, also Ausdauer und Genauigkeit, aus,
stehen neuen Anforderungen eher zuversichtlich gegenüber,	haben ein aktives Sprechverhalten,
haben Vertrauen in die eigene Person,	besitzen einen guten Sprachfluß, einen großen Wortschatz,
verarbeiten Enttäuschungen eher ruhig und konstruktiv,	denken in folgerichtigen Kausalzusammenhängen,
können uneindeutige Situationen in gewissem Rahmen aushalten,	können Informationen abstrakt und logisch weitergeben,
zeigen eine hohe Anstrengungsbereitschaft.	besitzen eine gute Wahrnehmungs- und Beobachtungsfähigkeit.

soziale Schulfähigkeit ⟷ **motorische Schulfähigkeit**

soziale Schulfähigkeit	motorische Schulfähigkeit
haben eine altersentsprechende Toleranzhaltung,	haben ein gutes Reaktionsvermögen,
nehmen gerne Kontakt zu anderen Menschen auf,	zeichnen sich durch eine gute visuell-motorische Koordinationsfähigkeit aus,
sind in einer Gruppe ansprechbar,	können ihre Feinmotorik steuern,
halten Kontakte einerseits aufrecht, brechen aber auch Kontakte überlegt und gezielt ab,	setzen grobmotorische Aktivitäten bewußt ein.
haben keine Schwierigkeiten, sich von vertrauten Personen zu lösen,	
halten Regeln ein bzw. arbeiten an ihrer Veränderung.	

Das Kompetenzgefüge, das durch das Spiel erworben wird

Regel. G. (Hg.), „Kindgemäßes Lernen . . .", a. a. O., S. 74 ff.

AUFGABEN

1. Fassen Sie die in Text 1 angesprochenen Ziele der Arbeit im Offenen Kindergarten zusammen. Finden Sie den Begriff Ziele nach der Lektüre des Textes noch angemessen? Welchen Begriff würden Sie an seine Stelle setzen?
2. Welche Aussage enthält der Text 2 über die Inhalte der Arbeit?
3. Welche Bedingungen muß eine Methode erfüllen, der man eine hohe Erlebnisqualität attestieren würde? Entwickeln Sie praktische Beispiele (Text 3).
4. Welche Fähigkeiten sind nach Ansicht der Vertreterinnen des Offenen Kindergartens Voraussetzung für einen erfolgreichen Schulbesuch, und wie werden diese Fähigkeiten erworben?

Freispiel und Angebot

Offener Kindergarten heißt nicht ausschließlich freies Spiel, Bewegung, kreatives selbstbestimmtes Gestalten. Der Offene Kindergarten kennt auch das geplante Angebot, die durch Erzieherinnen initiierte, mit bestimmten Zielen durchgeführte Entwicklungsförderung von Einzelkindern und Gruppen. Der Offene Kindergarten vertritt also kein Konzept von freiem Spiel gegen geplantes Angebot, aber: Er setzt seinen Schwerpunkt eindeutig zugunsten des freien Spiels von Kindern mit Kindern. Man könnte sagen: Soviel freies Spiel wie möglich, soviel Angebot wie nötig.

Text 1:

Gerd Regel
„Laßt die Kinder spielen"

◆ Welchen Stellenwert hat das spontane Spiel innerhalb der Kindergartenarbeit? Ist es eines der großen, einfachen Ziele?

◆ Gehört es zu den wertvollsten Elementen der Arbeit mit Drei- bis Sechsjährigen, auch wenn es nicht zu sichtbaren Erfolgen führt, wie es die Eltern z. B. erwarten?

◆ Ist eine Erzieherin mit sich und ihrer Arbeit zufrieden, wenn ihre Kinder „nur" gespielt haben, zufrieden weggehen und gern wiederkommen?

◆ Kann den Eltern die Bedeutung und der Wert des spontanen Spiels für die Entwicklung, besonders auch der geistigen Entwicklung, deutlich gemacht werden, so daß sie von ihren eigenen einseitigen Leistungsvorstellungen abgehen?

◆ Ist es vertretbar, wenn im Elementarbereich Kindergarten dem spontanen Spiel und Tun ein so hoher Stellenwert eingeräumt wird?

◆ Muß nicht der Kindergarten als ein eigenständiger Erziehungsbereich besonders leistungsbezogene Ziele verfolgen, um Anerkennung in unserer Gesellschaft zu erhalten?

Spielend lernen, sich spielend zu entwickeln (im Sinne des Erweiterns von Lebensmöglichkeiten), bleibt bei aller Institutionalisierung das angemessene Mittel in der Frühpädagogik. Nur, wer mag sich dazu unbekümmert bekennen? Wer macht sich klar, daß im spielerischen Tun bei Kindern ein Zusammenspiel von Körper, Seele und Geist – übrigens auch bei Erwachsenen – erfolgt und daß sich Kinder dadurch ganzheitlich entwickeln, ohne das Leben als Last zu empfinden? (. . .)

Mir ist klar, daß ich nun bei Schlagwörtern gelandet bin. Sie können viel und nichts bedeuten. Als Kürzel für umfassende Vorgänge will ich sie zunächst so stehen lassen.

Mir geht immer wieder meine eigene Kindheit durch den Kopf. Es war Kriegszeit. Der Kindergartenbesuch erfolgte spät und nicht regelmäßig, zudem nur halbtags. Ich wuchs in einer großen Familie auf. Es gab wenig Erwachsene, die für uns Zeit hatten. Dennoch waren günstige Entwicklungsbedingungen vorhanden: Geschwister und Gleichaltrige aus anderen Familien, ein Hof mit Tieren, Sand und Steinen, viel Platz auf der Straße – Autos waren selten – und ein Spielzimmer neben der Küche. Geld für Spielzeug war knapp, so daß wir auf einfache Mittel angewiesen waren. Erinnern kann ich mich, daß wir immer gespielt haben, oft lebhaft und intensiv, allein und mit anderen. Wir haben uns viel bewegt und in der Wohnung und außerhalb getobt. Die Spiele waren einfach, wurden von den älteren Geschwistern vermittelt. Abends wollten wir nicht ins Haus kommen, weil es viel zu schön war, mit den anderen zusammenzusein. Bei allen Problemen, die durch den Krieg und durch autoritäre Erziehung da waren, gab es einen großen Freiraum für Spiel und Bewegung, ohne daß viel Spielzeug vorhanden war. Wir konnten spielend die Welt erobern und im Rahmen einer Kleinstadt begreifen. Erwachsene kümmerten sich kaum um uns und haben wenig mit uns gemacht. Sie waren wichtig zum Schmusen, zum Trösten, für verständnisvolle Zuwendung und für die Versorgung mit Essen, Trinken, Kleidung usw. Warum liegt mir daran, eine kurze Skizze von früher zu geben? Ich will nicht glorifizieren in dem Sinne, daß früher alles besser war und alles wieder so werden muß. Was sich hieraus erkennen läßt, ist die Unkompliziertheit und Einfachheit, in der wir lebten. Durch Spiel, Experimentieren und Bewegung entstanden ausreichende Grundlagen für eine ganzheitliche Entwicklung, die so zugleich eine ausreichende Vorerfahrung für die Schule darstellte.

Regel, G., u. a. (Hg.), „Psychomotorik im Kindergarten.", a. a. O., S. 10 ff.

Text 2:

Axel Jan Wieland
Kinder müssen (wieder) spielen lernen, damit sie spielend lernen können

In Gerds Gedanken schwingt viel von der alten und schönen Vorstellung „der Erzieher als Gärtner" mit; vom Erwachsenen, der im liebevollen Gewähren- und Entwickelnlassen nur die Aufgabe hat, für die fördernden Bedingungen zu sorgen, störende Einflüsse zu eliminieren, auf daß sich die kleine Menschenpflanze dann von selbst aufgrund ihrer Anlagenpotentiale gut entwickele.

...

Läßt die Umwelt, lassen wir Erwachsenen genügend zeitlichen und örtlichen Raum für die Entwicklung und Durchführung von Spielen?

...

In empirischen Untersuchungen des Spielverhaltens europäischer Kinder taucht immer häufiger der Beleg dafür auf, daß die Kinder immer weniger die Bereitschaft (Fähigkeit?) aufbringen, sich in die Struktur eines Spiels zu vertiefen. Wenn die Messungen einigermaßen zuverlässig sind, muß davon ausgegangen werden, daß die Durchschnittszeiten, während derer sich vor allem kleinere Kinder konzentriert mit einem Spiel beschäftigen können, seit den Untersuchungen von Bühler (1928) um rund die Hälfte zurückgegangen sind. Weiterhin wird von einer zunehmenden Verarmung des Spielens berichtet (...). Auch im Bereich des emotionalen und sozialen Verhaltens scheint die Fähigkeit und Bereitschaft der Kinder, ohne sichernde Strukturvorgaben durch einen Erwachsenen ein Spiel „auszuhalten", deutliche Minderung zu erfahren. Aus-dem-Feld-Gehen, sich den Forderungen einer Spielsituation nicht zu stellen, ist schon kein Zeichen sozialer Randständigkeit mehr.

Zusammengefaßt: Die Kinder büßen nicht nur durch den Verlust an Spielmöglichkeiten Lern- und Entwicklungserfolge ein, sie scheinen ganz wesentlich auch die Disposition zu verlieren, sich spielend, lernend, verändernd mit ihrer Umwelt auseinanderzusetzen. Damit geht dann das beziehungsstiftende Moment des Spielens (...) mehr und mehr verloren. Wir können nicht mehr darauf vertrauen, daß Kinder, die zu uns in den Kindergarten kommen, spielen gelernt haben. Entscheidende Voraussetzungen im sensomotorischen und sozialen Verhalten sind nicht mehr im freien und ungesteuerten Spiel mit älteren und jüngeren Spielgefährten erworben. Von daher ist die Aufgabe der gezielten und gesteuerten *Spielaktivierung* durch Erzieher und Lehrer heute schon ein Gebot der Stunde.

Regel, G., u. a. (Hg.), „Psychomotorik im Kindergarten", a. a. O., S. 19 f.

Text 3:

„Kopf und Bauch"

„Da treffen sich Kopf und Bauch!" ... war unsere spontane Reaktion auf diese beiden Standpunkte. Wir Erzieher haben und sind beides. Wir schwanken zwischen diesen beiden Positionen bzw. sehen sie als zwei aufeinanderfolgende Ansätze.

Wir setzen uns einerseits bewußt, fachlich, theoretisch-wissenschaftlich mit der Problematik auseinander; und andererseits stellen wir uns ganz persönlich, oft verunsichert, allein der täglichen praktischen Arbeit.

Das kann für uns nur heißen, einen Mittelweg zu finden, denn weder bloßes Gewährenlassen und selbstbestimmtes Spiel noch lernzielorientierte und vorstrukturierte Beschäftigungen allein führen zu einer Entwicklung von lernträchtigen Spielprozessen.

Wir waren uns einig darüber, daß wir uns als aktive Begleiter der Kinder verstehen wollen. Das bedeutet, daß wir dem Kind mehr Raum geben, damit sich Phantasie freisetzt, das Kind wieder mehr zum spontanen Spiel findet und unsere Herausforderung durch Material, Impulse und Ideen annehmen kann.

Wir merken immer deutlicher, daß die Vorbilder und Modelle, von denen Kinder leben, ihnen heutzutage zunehmend fehlen; Kinder werden überschüttet mit Angeboten und Lernzielformulierungen.

Oft reduzieren wir Erwachsenen/Erzieher unreflektiert die Möglichkeiten der Kinder, ihre Umwelt zu erfahren. Wir geben ihnen ein Überangebot von Spielzeug oder lernzielorientierten, vorstrukturierten Beschäftigungen. Besser wären kooperative Hilfestellung für ein beziehungsstiftendes, anregendes Spiel und Aufbau einer entspannten Atmosphäre, in der die Kinder sich selbst und ihre Umwelt spielend (er)leben!

Wenn wir Anregungen geben, Spielideen entwickeln und dem Kind das vermitteln, was es sonst nicht erleben kann, müssen wir genau sehen, auf welchem Entwicklungsstand das Kind sich befindet oder Entwicklungsrückstände bzw. -defizite erkennen.

Daraus ergibt sich für uns die Konsequenz, daß genaue und gezielte Beobachtung der Kinder und ihrer Verhaltensweisen, Reflexion über Spielangebote, eigenes Verhalten und Herangehensweisen sowie situations- bzw. bedürfnisorientierte Planung unter fördernden Aspekten in unserer Arbeit auf keinen Fall fehlen dürfen, sondern höher denn je bewertet werden müssen.

Ellen

ebd.

Freispiel im Offenen Kindergarten heißt, wirklich freies Spiel der Kinder, weitestgehend frei von Interventionen seitens der Erwachsenen.

Der Ort der gezielten Förderung ist das Angebot. Zum Angebot wird in der Regel das, was im Freispiel beobachtet worden ist. Das Angebot wiederum vermittelt Fähigkeiten, Fertigkeiten und Kenntnisse, die für ein entwicklungsförderndes freies Spiel der Kinder nötig sind, es vermittelt also die Voraussetzungen für gelingendes Freispiel.

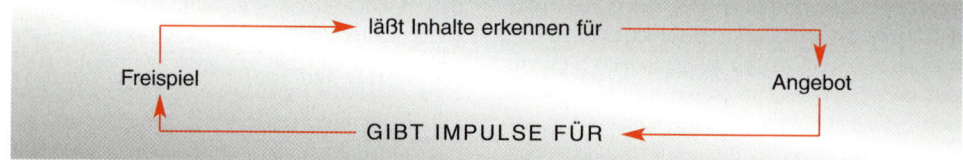

Ein mögliches „Angebot" im Offenen Kindergarten. Die Erzieherinnen geben einen Impuls, indem sie ein Schwungtuch einbringen und Varianten der Nutzung anspielen.

Die Kinder entwickeln aus diesem Impuls eigenständige Aktivitäten.

Ein Konzept, das sich im Offenen Kindergarten hinsichtlich der Auswahl, Planung und Durchführung von Angeboten, aber auch zur inhaltlichen Strukturierung der alltäglichen Arbeit bewährt hat, ist das Konzept der Handlungsforschung. Das Konzept arbeitet mit einem ständigen Kreislauf von Reflexion und Handeln und wird damit am ehesten dem Verständnis von Pädagogik, das der Offene Kindergarten vertritt, gerecht. Ausgangspunkt für Aktivitäten sind dabei, wie die Grafik zeigt, konkrete Probleme der Praxis.

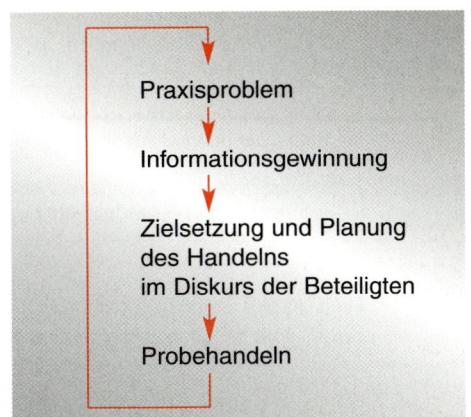

Text 4:

G. Regel
Das Methodenkonzept der Handlungsforschung

Mit dem Begriff „Methodenkonzept", das die Vorgehensweise des situativen Arbeitens und Planens mit umfaßt, wird betont, daß der Weg zu einem kind- und zeitgemäßen pädagogischen Tun erarbeitet werden muß und nicht im voraus durch theoretische Konzepte festgelegt werden kann. Was darüber hinaus innerhalb dieses Rahmens dann pädagogisch weiter geschieht, bestimmt sich von den einzelnen Kindern her, von ihren Entwicklungs- und Förderansprüchen, die sie signalisieren. Im offenen Kindergarten steht deshalb die Beobachtung der Kinder an erster Stelle, verbunden mit der Fragestellung: Wie kommt das Kind in der Lebens- und Lerngemeinschaft Kindergarten zurecht, wie entwickelt es sich aufgrund der bestehenden Herausforderungen?

Das Beobachten unter dieser Fragestellung wird automatisch Praxisprobleme deutlich machen, die dann einer Bearbeitung nach der obigen Methode bedürfen und zum Probehandeln führen müssen. Was also inhaltlich geschehen soll (...) das steht nicht in einem Gesamtkonzept des Kindergartens oder in Büchern über Erziehung, sondern ist jeweils das Ergebnis von Wahrnehmung, Reflexion, Informationsgewinnung und phantasievollem, kreativem, pädagogischem Handeln. Pädagogik im offenen Kindergarten hat offenen Charakter, erfordert offene Gespräche und tägliches Reflektieren und Planen mit dem Mut zum neuen Handeln.

Es gibt somit keine Sicherheit im voraus. (...) Sicherheit stellt sich in dem gemeinsamen Prozeß erst ein und wird zugleich immer wieder relativiert, weil neue Praxisprobleme und Ideen zur pädagogischen Herausforderung werden. Erwachsene sind in diesem prozeßhaften Geschehen mit Kindern auf einer Stufe. Kinder stehen Tag für Tag, Stunde für Stunde vor neuen Herausforderungen, kommen immer wieder aus dem Gleichgewicht und suchen mit unermüdlicher Energie den Ausgleich, um dadurch zu wachsen. Wer der alten Sicherheit nachtrauert, sollte sich Kinder zum Vorbild nehmen. Sie können uns gute Lehrmeister sein.

„Kindergarten heute" 3/92

AUFGABEN

1. Fassen Sie mit Hilfe der Texte 1 und 2 die unterschiedlichen Positionen zum Verhältnis von freiem kindlichem Spiel und gezieltem Angebot seitens der Erzieherin zusammen.
2. Versuchen Sie, sich durch eine Diskussion in der Klasse in dieser Frage einen Standpunkt zu erarbeiten.
3. Wie ist Ihre Position zur Lösung der Erzieherin Ellen? (Text 3)

4. Wie stellt sich im Offenen Kindergarten das Verhältnis von Freispiel und Angebot dar? Läßt sich diese starre Abgrenzung überhaupt durchhalten?
5. Geben Sie wieder, wie sich die Auswahl von Inhalten der Arbeit und der Planungs- und Durchführungsprozeß vollziehen (Text 4).
6. Einigen Sie sich in Ihrer Gruppe auf ein bestimmtes Problem aus Ihrer bisherigen Praxis, und spielen Sie nach, in welcher Weise nach dem Konzept der Handlungsforschung zu verfahren wäre.
7. Finden Sie heraus, ob es in Ihrer Nähe einen Offenen Kindergarten gibt. Bilden Sie sich vor Ort eine abschließende Meinung.
8. Der dieses Thema einleitende Artikel hat bereits deutlich gemacht, daß das Thema Offener Kindergarten durchaus kontrovers diskutiert werden kann und wird. Wir möchten Sie am Ende dieses Kapitels auffordern, eine solche Diskussion vorzubereiten und in der Klasse durchzuführen.

Das Thema der Diskussion sollte sein:

„PRO und CONTRA – Offener Kindergarten"

Wir schlagen folgendes Verfahren vor:
- Bilden Sie in der Klasse drei Gruppen.
- Die erste Gruppe sammelt alle Argumente, die für den Offenen Kindergarten sprechen.
- Die zweite Gruppe sammelt alle Vorbehalte und kritischen Punkte.
- Die dritte Gruppe nimmt eine vermittelnde Position ein, wägt also Positives und Negatives gegeneinander ab.
- Jede Gruppe schickt nach Abschluß der Arbeitsphase eine Vertreterin aufs Podium.
- Das Podium wird um eine Diskussionsleiterin erweitert.
- Die Vertreterinnen der jeweiligen Position habe fünf Minuten Zeit, um im Zusammenhang ihre Position vorzutragen. Während dieser Zeit dürfen sie nicht unterbrochen werden.
- Im Anschluß an alle Vorträge wird auf dem Podium unter Einschluß der Zuhörer diskutiert.

4.2.1.3 „Alles hat einen Schatten, außer der Ameise" oder Reggio-Pädagogik

Text 1:

Die Geschichte der Reggio-Pädagogik

Im April 1945, der Krieg ist gerade beendet, (. . .) entdecken Männer und Frauen bei Aufräumarbeiten im zerstörten Villa Cella, einem Vorort der norditalienischen Stadt Reggio/Emilia, einen Panzer. Er wird zerlegt, die Einzelteile werden auf dem Schwarzmarkt verkauft. Gemeinsam diskutiert die Gruppe Vorschläge, wie der Erlös verwendet werden soll. In einer Abstimmung setzen sich schließlich die Frauen mit ihrer Forderung durch. Sie wollen „eine Stätte für Kinder" bauen, denn, so ihre Argumentation: „Die beste Antwort auf einen Krieg ist ein Kindergarten, in dem wir eine neue Generation und uns selbst erziehen." (. . .)

Ohne finanzielle Unterstützung und ohne pädagogisches Vorwissen beginnt die gesamte Dorfbevölkerung mit dem Aufbau des ersten „Volkskindergartens". In Reggio erfährt ein junger Grundschullehrer von der Initiative. Mit dem Fahrrad macht er sich auf den Weg nach Villa Cella. Begeistert von dem Engagement der Bevölkerung bleibt er dort und begleitet von nun an die Initiative. Der Name des jungen Lehrers ist Loris Malaguzzi, bis zu seinem Tode Leiter der kommunalen Kindereinrichtungen in Reggio und „Begründer" der „Reggio-Pädagogik".

40 Jahre später schreibt Malaguzzi:

„Die Frauen in Villa Cella wurden zu den eigentlichen Protagonisten einer neuen Erziehung für Kinder, die bisher nicht in den hohen Schriften der Pädagogik verzeichnet war, weil sie vor allem den Dialog und die Kommunikation in den Mittelpunkt stellte und zusammenfügen wollte, was sonst in den Kindergärten getrennt war: das Kind, seine Familie und seine Umgebung."

Dreier, a. a. O., S. 18

Den Kindergarten „XXV. Aprile", benannt nach dem Tag des Kriegsendes in Italien, gibt es noch heute. Am Eingang erinnert eine Tafel an die Ereignisse von damals.

Das, was damals galt, die Zusammenarbeit von Eltern, Bürgern, Erzieherinnen und pädagogischen Beratern mit dem Ziel, im Dialog Erziehungsformen zu entwickeln, gehört bis heute zu den Eckpfeilern des reggianischen Konzeptes. Daß die Erziehung nicht Aufgabe einzelner, sondern Gemeinschaftsaufgabe ist, ist bis heute wesentlich für das Modell Reggio. Die Gemeinschaft entscheidet über Öffnungszeiten und Tagesablauf, pädagogische Grundlagen und Projekte.

Dieses Engagement über 50 Jahre hinweg ist nur zu verstehen vor dem Hintergrund der Besonderheiten der gesellschaftspolitischen Entwicklung Reggios nach dem Krieg.

Zu diesen Besonderheiten gehören:

- ◆ Entwicklung einer florierenden Kleinindustrie;
- ◆ eine gut funktionierende Landwirtschaft, überwiegend in „Cooperativen" organisiert;
- ◆ vielfältige kulturelle und Bildungsangebote;
- ◆ Verankerung der Bevölkerung in der Tradition des „antifaschistischen Widerstandes";
- ◆ eine seit 1945 fast durchgängige kommunistische Kommunal- und Provinzregierung, mit aktiven Stadtteilgruppen als Träger vielfältiger Maßnahmen.

Heute gehört Reggio mit seinen 130 000 Einwohnern zu den reichsten Städten Italiens, kommunistisch regiert und zu fast 100 % katholisch. Zusammen geht das nur, wenn man sich vergegenwärtigt, daß die Region Emilia Romagna, zu der Reggio gehört, das Land von Don Camillo und Peppone ist, die literarisch unsterblich geworden den „Kampf" von katholischer Kirche und kommunistischer Partei ausgefochten haben.

Erklärte Ziele der Stadtregierung sind:

- ◆ Einbeziehung **aller** BürgerInnen in kommunale Entscheidungen;
- ◆ sozial orientierte Wirtschaftspolitik;
- ◆ Versorgung der Bürger mit wohnortnahen sozialen Dienstleistungen wie Gesundheitszentren, Beratungsstellen, Kulturangeboten und Bildungseinrichtungen.

Das Motto ist: Gemeinsam arbeiten, um gemeinsam gut zu leben.

„Die Emilia Romagna ist mit Sicherheit die Gegend, wo die fortschrittlichste Sozialpolitik und (. . .) Kinderpädagogik von ganz Italien betrieben wird. (. . .) Die Emilia Romagna ist die Forschungswerkstatt für den sozialen Bereich in ganz Italien."

Malaguzzi, L., zitiert nach: Dreier, a. a. O., S. 22

Seit Beginn unseres Jahrhunderts gilt dabei das besondere Augenmerk den Belangen der Kinder. Bereits in den 20er Jahren gab es hier erste kommunale Kindertageseinrichtungen, mißtrauisch beobachtet von der katholischen Kirche, die bis dahin das Monopol in diesem Bereich hatte. Vor allem Mütter, in zahlreichen Frauenverbänden organisiert, waren der Motor dieser Bewegung. Erst in den 60er Jahren begann jedoch in größerem Umfang der Ausbau von kommunalen Tageseinrichtungen.

Text 2:

Elsbeth Krieg
Ein Vergnügungspark für Vögelchen

In der Reggio-Pädagogik geht man ähnlich wie Piaget davon aus, daß die Entwicklung des Kindes ein Prozeß der aktiven Auseinandersetzung mit seiner Umwelt ist. Das Kind wird als Subjekt gesehen und in der sehr bildhaften Sprache der Reggianer als „sprudelnde Quelle" bezeichnet. Es ist Mitschöpfer seines Wissens, mit vielfältigen Fähigkeiten und Kompetenzen ausgestattet und ein forschendes und problemlösendes Wesen. Diese Fähigkeiten zum Lernen und Forschen sind von Geburt an vorhanden... Deshalb, so sagen die PädagogInnen in Reggio Emilia, muß das Kind Protagonist der Vorschläge für Spiele und Tätigkeiten sein, der Dinge die es lernt und lernen will. Das Kind will selbst etwas unternehmen, seine Erfahrungen sowie die Erweiterung seiner Kenntnisse mitorganisieren.

Nach dieser Vorstellung in der Reggio-Pädagogik wird das Kind ein eigenständiges Subjekt und verändert damit seine Umwelt. Die Rolle des Erwachsenen als Vermittler bekannter Inhalte verschwindet. Kind und Erwachsene begegnen sich. Das Kind ist an seiner Bildung beteiligt: Es bildet sich und wird gebildet. Es hat in den Kindertagesstätten die Möglichkeit zum eigenständigen Entdecken und Forschen. Die Erwachsenen unterstützen die Kinder bei ihren Diskussionen und in ihrem Handeln, sie helfen ihnen, ihre Ideen zu organisieren und in die Realität umzusetzen. Sie können aber auch falsche Antworten aushalten und stehenlassen. Sie vertrauen darauf, daß das Kind zu einem späteren Zeitpunkt zu neuen Erkenntnissen kommt. Die Projektarbeit ist eine wichtige Arbeitsform in den kommunalen Kindergärten Reggio Emilias. Kinder setzen sich in diesen mit unterschiedlichen Themen auseinander... Projekte können einen Tag, eine Woche oder auch Monate dauern. Projektthemen werden von Kindern eingebracht oder von den Erwachsenen auf Grund ihrer intensiven Beobachtung initiiert. Den Kindern wird so ermöglicht, den Ort und den Zeitpunkt ihres Lernens frei zu bestimmen und ihre eigene Art zu entfalten. Die Projekte unterliegen keiner starren Vorabfestlegung. Sie entwickeln sich in einem gemeinsamen Prozeß von Kindern und Erwachsenen. Die Erwachsenen haben in diesen Prozessen weder das exakte Ziel noch die genaue Zeitfolge im Griff.

Die Kinder arbeiten täglich zu bestimmten Zeiten in Kleingruppen. Sie experimentieren und diskutieren miteinander, stellen Hypothesen auf, überprüfen diese und kommen so zu neuen Vorstellungen. Loris Malaguzzi, der im Januar 1994 verstorbene langjährige Leiter der kommunalen Kindertagesstätten, benutzte für die Beschreibung dieser pädagogischen Arbeitsform die Metapher vom Markt. Wie dort jeder Stand etwas anderes anbietet, arbeiten hier Kinder an unterschiedlichen Themen innerhalb eines gemeinsamen Projektes oder beschäftigen sich mit anderen Inhalten. „Verschiedene Gruppen – fünf Kinder, vier Kinder, zwei Kinder, ein Kind, weil es alleine arbeiten will – sind eine gute Organisationsform. Jede Gruppe kann eine kooperative Lerngruppe sein. Viele Ideen, die die Kinder in ihrem Erkenntnisprozeß entwickeln, passen zusammen, andere sind im Konflikt miteinander. Aber eine Kindergruppe ist mit Sicherheit eine große Bildungs- und Lernstätte." (Loris Malaguzzi 1991)

Die Reggio-Pädagogik geht davon aus, daß Kinder zu ihrer Entwicklung das Gegenüber von anderen Personen – Kindern und Erwachsene – brauchen. Das Kind ist nach ihrer Meinung mit seiner Geburt zu Beziehungen fähig, es ist zu seinem Überleben auf diese angewiesen.

Das Individuum wird als offenes System verstanden. „Es ist nicht ´wasserdicht´ abgegrenzt gegen andere Individuen. Es kann... als Aggregat (eine Anhäufung von Beziehungen) verstanden oder als ein Raum mit einer subtilen Membran" beschrieben werden. (Loris Malaguzzi 1990, S.40) Das Kind muß in das soziale Miteinander eingeschlossen sein. In den Kindertagesstätten haben Kinder vielfältige Möglichkeiten zu Interaktionen untereinander und mit Erwachsenen. So entstand die Idee zum Vergnügungspark der Vögelchen in einer Sitzung des Kinderparlaments.

Krieg, E.: Ein Vergnügungspark für Vögelchen, in: Klein & Groß, H. 11-12/1995, S. 6 ff.

Heute besuchen ca. 40 % der unter dreijährigen Kinder eine Krippe. Der Grad der Versorgung mit Kindergartenplätzen liegt bei 95 %.

	Anzahl der Kitas	Besuchszahlen in Prozent
Krippen:		
kommunale	13	34,2
Elterninitiativen	2	4,9
konfessionelle	1	0,2
Kindergärten:		
kommunale	22	48,6
staatliche	7	10,7
konfessionelle	19	32,8
Elterninitiativen	3	6,7
Privat	1	0,4

Krieg, a. a. O., S. 17

In der Bundesrepublik Deutschland ist die Reggio-Pädagogik durch Ausstellungen in verschiedenen Städten bekannt geworden.

„Wir trauen unseren Augen nicht . . . das können doch nicht die Werke von 4- oder 5jährigen Kindern sein. Haben das die Kinder wirklich selbst gemacht?"
„Tausende von Besuchern, Fernsehteams und Fachleute – sie alle begutachteten die Arbeit in den Projekten und kehrten oftmals verzückt oder zumindest angeregt zurück: von den ‚hundert Sprachen' der Kinder hörte man sie erzählen, von den faszinierenden Formen des Ausdrucks, den die Kinder ihrem alltäglichen Erleben geben – sie sind Baumeister, Architekten, Zeichner, Forscher . . . Tänzer."
Krieg, a. a. O., S. 7

„Allein die Arbeiten der Kinder, die in der Ausstellung zu sehen waren, verblüfften damals die Presse. Ungläubiges Staunen machte sich angesichts der ‚Wunderwerke' breit, die es zu sehen gab. Und doch war das Vielbestaunte lediglich Produkt eines pädagogischen Konzepts."
Auch weltweit findet die Reggio-Pädagogik Anerkennung. 1991 wählte das US-Magazin „Newsweek" die kommunalen Kindertagesstätten Reggio Emilias als beste vorschulische Einrichtung der Welt aus."

Was ist das für eine Pädagogik, die weltweit Anerkennung findet und auch bei uns immer mehr Erzieherinnen inspiriert?

AUFGABEN

1. Fassen Sie die historischen und aktuellen Rahmenbedingungen der Reggio-Pädagogik stichwortartig zusammen. Wo sehen Sie hinsichtlich der gesellschaftlichen Entwicklung Unterschiede zur deutschen Entwicklung, die den reggianischen Sonderweg erklären können?
2. Worin bestehen auf den ersten Blick die Besonderheiten dieses Konzeptes?

Das Konzept „Reggio-Pädagogik" wird ausschließlich in den kommunalen Krippen und Kindergärten realisiert. Sie arbeiten nach einer einheitlichen Grundkonzeption, die entsprechend den jeweiligen Altersstufen differenziert ist. Die Tageseinrichtungen werden von Beraterinnen des pädagogischen Zentrums der Stadt betreut und folgen weitgehend einem gleichen Organisationsplan hinsichtlich der Öffnungszeiten, des Tagesablaufs, der Personalstruktur, der Ferienzeiten u. ä., wobei Varianten im Hinblick auf die spezifischen Bedürfnisse der Kinder oder die Lebenssituation der Familien möglich sind. Verbindendes Element aller kommunalen Einrichtungen ist darüber hinaus, daß sie einen Namen haben.

Meist sind es bedeutende Personen der Zeitgeschichte, mit denen man sich in besonderer Weise identifiziert, wichtige historische Daten, aber auch Namen, die die Phantasie beflügeln. So heißen die Tagesstätten etwa „Pablo Picasso", „Anne Frank", „Salvador Allende" oder „Regenbogen".

Text 1:

Arcobaleno heißt auf deutsch „Regenbogen" – und so vielfältig dessen Farbelemente sind, so farbreich und anregend ist auch die Krippe selbst.
(. . .)

Gemütliche Sitzecken, Pflanzen, Plakatwände und Kunstwerke verstärken die Verwunderung des Besuchers, der sich nicht in einer Krippe wähnt, deren Gestaltung zumeist mit „Bewahranstalt" und „klinischer Öde" assoziiert wird. Im *Arcobaleno* hingegen stellt sich gleich beim Eintritt die Lust zu verweilen ein, um die vielfältigen sinnlichen Anregungen aufzunehmen.
(. . .)

Eltern und Kinder finden gleichermaßen ihren Platz (. . .). Den Kleinkindern erleichtert dieses Zusammensein wesentlich den Übergang von der Familie in die Krippe. Auch die Erwachsenen empfinden den *salone* als interessanten Kommunikationsort. Dies belegt vor allem die Anwesenheit der Großeltern, die nach Aussage der Erzieherinnen in Reggio häufig unter „Kindergarten-Rheuma" leiden: Einmal in der Einrichtung angekommen und in einem Sessel Platz genommen, können sie – aus lauter Liebe zum Enkelkind und aus Spaß am Gespräch mit den Erzieherinnen – einfach nicht mehr aufstehen. (. . .)

66 Kinder von null bis drei Jahren werden hier in vier altershomogenen Abteilungen, den sogenannten *sezioni,* betreut:

Gruppe 1: *lattanti*	3–9 Monate 11 Kinder pro Gruppe
Gruppe 2: *piccoli*	9–18 Monate 14 Kinder pro Gruppe
Gruppe 3: *medi*	18–24 Monate 18 Kinder pro Gruppe
Gruppe 4: *grandi*	24–36 Monate 23 Kinder pro Gruppe

Jeder Gruppe sind zwei Erzieherinnen zugeordnet sowie eine Wirtschaftskraft, die ebenso wie die Köchin und der Kunsterzieher in die pädagogische Arbeit integriert sind. Auch behinderte Kinder finden Aufnahme in den Gruppen, und im Falle schwerster Behinderungen können zusätzliche Betreuerinnen eingestellt werden. Wie die anderen kommunalen Krippen folgt auch *Arcobaleno* einem Organisationsplan, der die Öffnungszeiten, den Tagesablauf und die Personalstruktur festlegt. Dieser wurde im Laufe der Jahre mit den Familien in den Leitungsgremien abgestimmt, beispielsweise sind die Öffnungszeiten der Krippen den Arbeitszeiten der Eltern angepaßt. Von 7.45 Uhr bis 16.00 Uhr werden die Kinder dort betreut, bei Nachweis einer längeren Arbeitszeit der Eltern kann ein Spätdienst bis 18.20 Uhr in Anspruch genommen werden. Im Falle einer Erwerbstätigkeit von Eltern am Wochenende gibt es in Reggio eine Krippe, die auch am Samstag geöffnet ist. Bis vor kurzer Zeit zahlten Eltern pro Krippenplatz inklusive aller Mahlzeiten nach Einkommen gestaffelt 80 DM bis 180 DM monatlich (. . .). Seit 1992 liegen die Kosten für die Familien zwischen 200 DM und 380 DM monatlich, eine Summe, die für viele schwer aufzubringen ist.

Dreier, A.: a. a. O., S. 30 ff.

Neben den Krippen wie Arcobaleno gibt es Tageseinrichtungen für die Drei- bis Sechsjährigen. Diese haben in der Regel drei Gruppen mit jeweils 30 Kindern. Für jede Gruppe sind zwei bis drei Erzieherinnen und eine Wirtschaftskraft zuständig. Daneben arbeitet in jeder Einrichtung eine Werkstattleiterin, die in der Regel ausgebildete Künstlerin ist. Eine Beraterin der Stadt begleitet die pädagogische Arbeit von jeweils vier Einrichtungen. Die Beraterinnen sind ihrerseits im pädagogischen Zentrum zusammengeschlossen.

In den Krippen und Kindergärten gibt es keine formale Leiterin. Die Leitungsaufgaben werden nach Absprache von allen Mitgliedern des Teams wahrgenommen. In den wöchentlichen Teambesprechungen wird die laufende pädagogische Arbeit vorgestellt und reflektiert. Daneben werden gruppenübergreifende Vorhaben geplant und organisatorische Absprachen getroffen. In allen Einrichtungen gilt (flexibel) der folgende Tagesablauf:

Text 2:

bis 9	sind alle da (kommen nach und nach ab 7.30 Uhr).
um 9	alle an den Tischen gegenüber Anwesenheitsplan;
	wer ist anwesend?; gemeinsame Aktion, z. B. singen.
bis 10.30	thematische Arbeit (entsprechend der „programmazione"). In ihrer Gruppe – „sezione" – sind die Kinder zu der Zeit nach Alter (3jährige/5jährige) getrennt.
bis 11 (11.15)	freies Spiel in den verschiedenen Ecken des Raumes.
bis 12	von Erwachsenen gelenkte Situation („attività guidata dall' adulto"), meist alle Kinder, evtl. nochmals getrennt; dann gemeinsame „gebundene Spiele"; zugleich decken die Kinder, die Tischdienst haben, den Tisch, die Kinder, die Bettendienst haben, bauen die Betten auf (beides unter Mithilfe eines Erwachsenen).
12	Mittagessen (meist alle Kinder oder zumindest die Kinder zweier „sezioni" gemeinsam in einem Raum).
13	einige Kinder gehen heim/werden abgeholt; die meisten bleiben da und schlafen.
14.30	nach dem Schlaf für jedes Kind ein Glas Milch; einige fahren im Schulbus heim; einigen wird vorgelesen; die, die auf ihre Eltern warten, machen gemeinsame Spiele.
15.30	kommt eine Hilfskraft; die Erzieher/innen gehen nach Hause.
15.30/16.00	Weitere Eltern holen ihre Kinder ab.
bis 18.30	bleiben insgesamt, d. h. von allen Kindern der SCI „Pablo Neruda", noch 15–20 Kinder da (sogenannte „tempo-lungo"-Kinder).

Der Tagesablauf wird eindeutig von den Erwachsenen bestimmt. Einige Elemente wiederholen sich täglich. Zu diesen gehört die „thematische Arbeitszeit", d. h. die durch die „programmazione" festgelegten Tätigkeiten, die täglich zumindest eine Stunde im Zeitraum von 9.30 bis 11.30 umfassen und der im weiteren Sinne die Arbeit im Atelier zugerechnet werden kann.

Ich habe zu keinem Zeitpunkt verbale Einwände der Kinder gegen diese Zeiteinteilung gehört, was bei der Offenheit des Erzieher-Kinder-Verhältnisses nicht auf Ängste zurückzuführen ist. Allerdings entdeckte ich öfter latente Einwände, nämlich Momente, in denen bestimmte Kinder der Überforderung ihrer Konzentrationsfähigkeit und Ausdauer Ausdruck gaben.

Sofern die Erzieher/innen es zulassen, daß die Kinder abschalten, verträgt sich das mit den Ansprüchen der RP, die ja einerseits verlangt, (Lern-)Rhythmen der einzelnen Kinder zu berücksichtigen, andererseits aber auch, die Kinder über deren (spontane) Bedürfnisse hinaus in ihren Fähigkeiten, Dinge zu sehen, Bilder herzustellen, Geschichten zu erzählen, etwas zu organisieren etc., zu fördern.

Ebenso wie die dafür festgelegte tägliche Arbeitszeit unter der Anleitung der Erzieher/innen sind die Pflichtrollen wie „Kellner" oder „Bettenaufsteller" sowie der Kalenderdienst alltägliche Selbstverständlichkeiten. Sie können als Rituale bezeichnet werden. Bei der Breite der theoretischen Grundlagen der RP ist den Pädagog/inn/en vermutlich bekannt, daß Rituale ambivalent sind, da sie einerseits dem Kind Orientierungshilfen bieten, andererseits aber zu sinnentleerten Gewohnheiten oder zur Einübung in vorhandene Machtstrukturen werden können. Dies wird jedoch nicht ausdrücklich diskutiert. In den Krippen und Tagesstätten findet insofern Entritualisierung statt, als für die Überprüfung auch der alltäglichen Selbstverständlichkeiten (auf ihren Sinn für die am pädagogischen Prozeß Beteiligten, unter besonderer Berücksichtigung des Kindes) wöchentlich Zeit vorgesehen ist (= autoaggiornamenti) und Kitamitarbeiter untereinander und mit den Eltern in regem Austausch über den pädagogischen Alltag stehen.

Tatsächlich gibt es über den Tagesablauf häufig Kontroversen, da einige Eltern die Befürchtung haben, daß ihre Kinder hinsichtlich der Konzentrationszeit (s. o.) und des Schwierigkeitsgrades überfordert bzw. unterfordert werden (s. Prot. Lo Scocco; C. Moretti/Davoli 507).

Göhlich, H. D. M.: „Reggiopädagogik . . .", S. 121 ff.

AUFGABEN

1. Was erfahren Sie aus den Texten 1 und 2 über Besonderheiten reggianischer Krippen und Kindergärten? Fassen Sie alle Fakten zusammen, in denen Sie Unterschiede zur Praxis bei uns sehen.
2. Bringen Sie in Erfahrung, wie die personelle Ausstattung, die Öffnungszeiten, die Elternbeiträge etc. in vergleichbaren Einrichtungen Ihres Einzugsbereichs sind. Vergleichen Sie!
3. Der Tagesablauf ist in den Reggio-Einrichtungen relativ präzise organisiert. Worin sieht der Autor des Textes 2 die Vor- und Nachteile einer solchen Ritualisierung des Tages? Wodurch wird diese ein wenig abgefedert? Wie ist Ihre Meinung zur Strukturierung des Tagesablaufs für Kinder?
4. Wie beurteilen Sie das Prinzip der Leitung nach Absprache? Diskutieren Sie die Vor- und Nachteile.

Das Raumkonzept

Man kann nicht von „Reggio" sprechen, ohne von den Räumen und ihrer Ausstattung zu sprechen. Alle, die Kindergärten und Krippen dort besucht haben, berichten begeistert von diesen Räumen. Seit 1980 werden die kommunalen Kindergärten nach einem einheitlichen Bauplan gebaut.

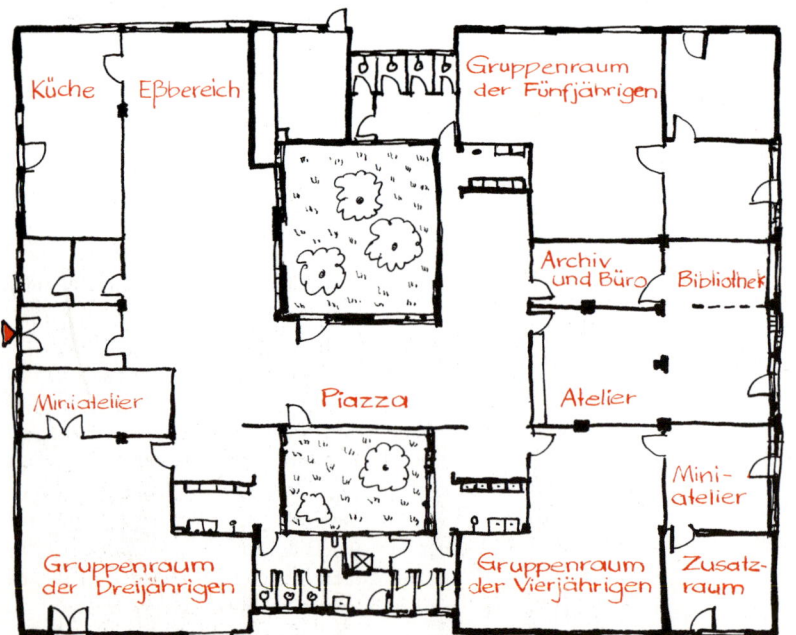

Abb. 1

Abb. 2

Gruppenraum
der Dreijährigen
  a Miniatelier
  b Stahlregal mit Materialien für manuelle Aktivitäten und individuelle Kästen
  c Holzregal
  d Spanische Wand
  e Großer Spiegel
  f Regal für individuelle Mappen
  g Wohnecke
  h Ämterplan
  i Schließflächer
  j Sanitäre Anlagen
  k Piazza

Zentrum des Kindergartens ist die Piazza. Dem zentralen Platz jeder italienischen Kleinstadt nachempfunden, ist sie der Ort vielfältiger Aktivitäten. Treffpunkt für Erwachsene und Kinder, Eltern, Großeltern und Erzieherinnen, aber auch Spielplatz, Ausstellungsraum, Ort des Sehens, Hörens, Staunens, Betastens und Ausprobierens. Flure sind abgeschafft, weil sie, wie die Erzieherinnen sagen, Räume voneinander isolieren. Alles ist hell, scheinbar durchsichtig. Von der Piazza sieht man in die Gruppenräume, die Innenhöfe und die Küche. Offenheit ist das vorherrschende bauliche Prinzip und nicht Abschottung. Die Grenzen zwischen innen und außen scheinen aufgehoben.

Überall finden sich Spiegel und Spiegelzelte, in deren Facetten man sich vielfältig sehen kann, Zerrspiegel, die groß und schlank oder klein und breit machen.

Verkleidungen laden zum Rollenspiel ein.

Eine deutsche Besucherin berichtet:

Text 1:

Von der Piazza blicke ich durch bodentiefe Fenster in ein Atrium. Sehe von drinnen nach draußen. Die Sonne malt helle Flecken auf die grünen Büsche und Bäume. Durch kleine Öffnungen in den Fensterbildern sehe ich ein Stück von der Rinde des Baumstamms, ein grünes Blatt . . . Ein Stück Natur, im Herzen des Kindergartens.

Ich gehe ein paar Schritte weiter, biege um die Ecke und sehe in ein kleines Restaurant. Die Tische sind in kleinen Gruppen angeordnet und mit Stofftischtüchern gedeckt. Blumen stehen darauf. Es wirkt sehr gemütlich auf mich. Später werden die Kinder hier aus Porzellangeschirr essen. Ein Fotospeiseplan gibt Auskunft über das heutige Menü. Hier möchte man gerne essen. In der Küche nebenan bereitet die Köchin das Mittagessen vor. Die Küche „nimmt eine wichtige Funktion in der Einrichtung wahr. Um ihre Bedeutung zu unterstreichen, hat die Küche einen zentralen Platz im Gebäude. Der Arbeitsplatz der Köchin soll sichtbar und gut zugänglich sein." Die Kinder können in die Küche nicht nur durch ein großes Fenster vom Restaurant hineinsehen, sie dürfen auch hineingehen und der Köchin bei den Vorbereitungen der Mahlzeiten helfen. So können die Kinder ein Stück des Erwachsenenalltags miterleben.

Räume im Raum

Ich betrete einen Gruppenraum. Ein Spielhaus lädt zum Rollenspiel ein. Hier gibt es nicht nur Kindermöbel. Einige Erwachsenenmöbel ergänzen die Wohneinrichtung. Sie geben dem Wohnhaus eine häusliche Atmosphäre. Teller,

Tassen, Löffel, Töpfe . . . in normaler Größe, Puppen, Puppenwagen, Tücher . . . stehen den Kindern für ihre Spiele zur Verfügung. Auf Podesten läßt sich ein Überblick über den Raum gewinnen. Sie lassen die Kinder „wachsen", sie gewinnen eine neue Perspektive, erfahren den Raum anders als von unten.

In der Bauecke können mit Bauklötzen, Figuren, Papprollen . . . eine Stadt, ein Urwald entstehen. An der Sprossenwand kann geklettert und gesprungen werden. Weiche Kissen federn den Sprung ab. Eine Leinwand, die bei Bedarf ausgerollt werden kann, lädt zu Schattenspielen ein. In Spiegeln verschiedener Größe kann man sich betrachten, ganz oder als Ausschnitt, das Gesicht, ein Auge, den Mund. In der Ecke der Freundschaft sind Briefkästen, in denen Nachrichten, Persönliches zwischen den Kindern, zwischen den Kindern und ihren ErzieherInnen und den Eltern ausgetauscht werden können. Von dem danebenhängenden Schlauchtelefon kann man mit dem Freund, der Freundin telefonieren, Erlebnisse austauchen oder Verabredungen treffen. An Tischen können Gesellschaftsspiele gespielt, aber auch experimentiert, gezeichnet, gestaltet werden. Die Leseecke lädt zum Betrachten und Lesen von Büchern ein. Jedes Kind hat sein Fach für seine persönlichen Sachen, seine persönlichen Geheimnisse, Spielsachen, Arbeiten, Materialien . . .

Durch eine Tür gehe ich ins Miniatelier. Auf den Regalen stehen vielfältige Materialien: Knöpfe, Perlen, Bänder, Folien . . . in Gläsern geordnet. Äste, Rinde, Früchte, Blüten, Federn . . . liegen in Körbchen daneben. Sie laden zum Betrachten, zum Betasten, zum Gestalten ein.

. . .

Im großen Atelier nebenan arbeitet die Werkstattleiterin mit einer Gruppe von Kindern. In den vielen Kästen mit Fenstern aus Folien sind im Regal bunte Papiere, Schleifen, Stoffreste, Draht . . . übersichtlich angeordnet. Papier, Ton, Pappe, Farben . . . stehen in großer Vielfalt und Mengen für kreative Arbeiten zur Verfügung.

Kindergarten als Markt

Die Räume bieten vielfältige Möglichkeiten zum Erforschen, Begreifen mit allen fünf Sinnen. Die Raumgestaltung nimmt in der Reggio-Pädagogik einen hohen Stellenwert ein. Nach ihr setzt sich die Erziehung aus vielen einzelnen Interaktionen zusammen. Viele dieser Interaktionen kommen häufig nur zustande, wenn die räumliche Umgebung mitbeteiligt ist. Malaguzzi sagt, man muß sich „den Kindergarten als Markt vorstellen. Jeder Stand bietet etwas anderes an." Je nach den Vorhaben arbeiten die Kinder in Kleingruppen, alleine oder alle zusammen. In Projekten arbeiten die Kinder häufig in Kleingruppen. Diese sind ein Ort des intensiven Austauschs der Kinder untereinander, der gemeinsamen Erfahrungen, der gegenseitigen Hilfe und Unterstützung. Hier kommt jedes Kind zu seinem Recht. Es kann entsprechend seinen Interessen, Bedürfnissen, seinem Entwicklungsstand und seinem Lernrhythmus sich intensiv mit einer Sache auseinandersetzen. Einer Gleichmacherei, das heißt, daß alle Kinder zur gleichen Zeit die gleichen Dinge tun müssen, die gleichen Entwicklungsschritte schaffen müssen, wird durch die differenzierte Arbeitsform vorgebeugt.

Alle Räume sind liebevoll mit Fotografien, Wandzeitungen, Werken der Kinder, Blumen und Früchten eingerichtet. Auch das Bad und die Toiletten, die bei uns oft eher stiefmütterlich behandelt werden, sind in den reggianischen Kindertagesstätten mit Spiegeln und Bildern ausgestaltet.

Die Krippen sind ähnlich den Kindergärten eingerichtet, von den Materialien her auf die besonderen Bedürfnisse der kleinen Kinder zugeschnitten. Hier gibt es mehr Kuschelecken, Krabbelflächen, Klettergeräte, Kriechröhren, Podeste und dergleichen mehr.

In der Krippe „Arcobaleno" hat mir besonders das Podest gefallen, auf das die Kinder über eine Treppe hinaufsteigen können. Von oben schauen sie durch große Fenster in den Wickelraum der Kleinsten und deren Gruppenraum. Sie können mit den jüngsten Kindern der Krippe Kontakt aufnehmen und mit ihnen kommunizieren. Unter dem Podest kann man durch ein Loch in eine Höhle kriechen, sich hier verstecken, allein sein oder sich mit einer Freundin, einem Freund zurückziehen.

Krieg, E.: S. 40 ff.

Die Betten der jüngsten Kinder haben mich sehr fasziniert. Ein Korb für jedes Kind mit einer Öffnungsbucht zum selbständigen Hinein- und Hinauskriechen lädt zum behaglichen Kuscheln, zum Schlafen und Träumen ein. In den Bettchen hat jedes Kind sein besonderes Einschlafding, ein Tuch, einen Bär . . .

Helle Tuchbahnen, unter den Lampen angebracht, geben dem Raum ein anheimelnd warmes Licht.

Die Vielfalt der Materialien und Dinge, die liebevolle Gestaltung der Räume mit den Werken der Kinder, den Wandzeitungen über die Projekte der Kinder ... lassen vielfältige Begegnungen der Kinder untereinander, der Kinder mit den Erwachsenen, Begegnungen zwischen den Erwachsenen, Erzieherinnen, MitarbeiterInnen der Einrichtung, Eltern und Besuchern zu.

In den Kindertagesstätten in Reggio Emilia wird großer Wert auf die ästhetische Gestaltung der Räume gelegt, sie sollen nicht nur funktional sein, sondern auch schön. Sie sind wohnlich, liebevoll und lebendig eingerichtet, sie strahlen Wärme und Behaglichkeit aus. Hier können sich Kinder und Erwachsene wohl und aufgehoben fühlen, eine Grundlage für die Lust am Spielen, am Arbeiten, am gemeinsamen Forschen und Gestalten.

Es gibt wenig fertige Spielmaterialien, kaum fertiges Spielzeug, wenige sogenannte didaktische Materialien, aber dafür eine Vielfalt und Fülle von Dingen, die zum Betrachten, Anfassen, Betasten, Ordnen, Sortieren und Gestalten einladen, wie Muscheln, Schneckenhäuser, Federn, Knöpfe, Perlen und so weiter. Sie sind auf Regalen ästhetisch und überschaubar angeordnet.

Verbrauchsmaterial wie Ton, Papier in allen Größen und Farben, Transparentpapier, Farben, wertloses Material, wie zum Beispiel Schachteln, Pappröhren und so weiter, sind jeweils in großen Mengen vorhanden. Die Art und Weise, wie diese Dinge in Regalen und Kästen aufbewahrt werden, vermitteln den Kindern eine große Wertschätzung für diese vielfältigen Materialien. Die Bezugspersonen unterstützen das Kind bei seinen kreativen Prozessen. So kann das Kind seine Phantasie entfalten.

Text 2:

Gisela Krämer
Spiegel und ihre Anwendung

In den kommunalen Kindertagesstätten in Reggio Emilia sind Spiegel Spielgeräte für den alltäglichen Gebrauch, für ungewöhnliche Wahrnehmungen, Zaubereien und vieles mehr. Sie sind kein dekorativer Gegenstand und dienen nicht dem neuen Kult der „industriellen Konsumwelt", der mit Hilfe der Massenmedien einen neuen Mythos von körperlicher Schönheit, mit allen Empfehlungen für den Kauf von Mode und Kosmetik, schafft. Spiegel sind in der Reggio-Pädagogik schlichte, pädagogische Hilfsmittel. Schon in den Kinderkrippen werden sie vielfältig, aber auch sorgfältig eingebracht.

. . .

Zur Anregung und Unterstützung der eigenen Wahrnehmung werden Spiegel an ungewöhnlichen Orten angebracht. Zum Beispiel am Boden. Man kann sich dann wie in einer Pfütze sehen. Allerdings hat der Spiegel eine Tiefenwirkung, die auch bedrohlich sein kann. Von daher braucht diese Art von Spiegeln bei kleinen Kindern eine sorgfältige Begleitung und manchmal auch eine haltende Hand eines Erwachsenen.

Mit zunehmendem Alter der Kinder wird die Konfrontation mit den verschiedenen Formen, Größen und Anbringungsarten der Spiegel eine bewußt anregende Geschichte.

Es gibt kleine Spiegel, zum Beispiel im Bad über den Waschbecken, an Türen neben der Türklinke und so weiter. Sie zeigen nur einen Ausschnitt des Körpers, Gesichtes oder der Umgebung. Bei Spiegeln, die nur einen Ausschnitt zeigen, beobachteten die Reggianer, daß diese von sehr kleinen Kindern kaum benutzt werden. Das Kind muß offensichtlich vorher Sicherheit über sein Gesamtbild erworben haben.

Es gibt Spiegel, die man herumtragen kann. Sie bringen den Raum in Bewegung. Mit ihrer Hilfe kann man rückwärts laufen, ohne an etwas anzustoßen. Der bewegliche Spiegel hilft auch, um die Ecke zu gucken. Ein Periskop erweitert dieses Sehen um die Ecke.

Es gibt viele Möglichkeiten, mit Spiegeln den eigenen Horizont zu erweitern. Mit dieser Vielfalt lassen sich „Sinneseindrücke, Deutungen der Welt, die emotionale und kognitive Sensibilisierung . . . bereichern".

So lassen sich mit Hilfe eines Spiegels Sonnenstrahlen einfangen, mit denen man spielen und auch andere necken kann. Ein fest angebrachter Spiegel kann durch Bemalen oder Verkleiden das Spiegelbild des Kindes verfremden. Der so gestaltete Spiegel veranlaßt die Kinder, die richtige Entfernung herauszufinden, damit der aufgemalte Hut, das am Spiegel befestigte Kleid zur Gestalt des Kindes paßt . . .

Bei dem Einsatz von Spiegeln geht es um die Wertschätzung und das Ernstnehmen der Kinder und Erwachsenen. Diese Haltung habe ich in der Reggio-Pädagogik gespürt und erfahren. Das heißt, daß Spiegel nicht einfach beliebig genutzt werden können. Es erfordert genaues Beobachten und Einfühlen in die Bedürfnisse der Kinder. Die Reggianer haben die Erfahrung gemacht, „daß es nicht immer günstig ist, mit einer Selbstbeschreibung vor dem Spiegel zu beginnen. Andere Situationen werden von den Kindern eher akzeptiert." Zum Beispiel bieten die Erzieherinnen in Reggio Spiele vor dem Spiegel an. Der Spiegel kann dabei von den Kindern spielerisch ohne Zwang einbezogen werden. Als Voraussetzung für die pädagogische Arbeit mit Spiegeln erscheint es mir wichtig, daß der Erwachsene selbst eigene vielfältige Erfahrungen mit Spiegeln macht und daran Spaß findet. So kann der Spiegel für alle – Kinder und Erwachsene – zu einer Bereicherung der Alltagserfahrungen werden.

Krieg, E.: a. a. O., S. 48

Text 3:

Elke Bauer/Ines Meißner
Im Atelier

Das Atelier gehört als ein zusätzlicher Raum seit 1980 zu jeder reggio-pädagogischen Einrichtung. Man hat bewußt den Begriff Atelier aus dem Französischen gewählt und nicht das italienische Wort (reperatorio) für Werkstatt, um diesen Raum auch namentlich als eine Stätte des Kreativen zu bezeichnen. In jedem Atelier arbeitet eine Werkstattleiterin oder ein Werkstattleiter. Sie sind Künstler/innen mit akademischer Ausbildung. Giuliano, der Werkstattleiter der Einrichtung „XXV Aprile", bezeichnet seinen Berufsstand als merkwürdig und ungewöhnlich. Als Absolvent einer Kunstakademie beschreibt er seine Arbeit auch als eine persönliche Weiter- und Fortentwicklung in dem Sinne, daß er in seine pädagogischen Aufgaben im Laufe der Zeit hineingewachsen ist.

Mit dieser Erweiterung des Teams wurde bewußt eine Provokation herbeigeführt, um eine „neue Art von pädagogischer Kultur" zu schaffen. Das gesamte Team einer jeden Einrichtung läßt sich auf einen Prozeß ein, innerhalb dessen jeder von jedem lernt und sich weiterentwickelt.

Das Atelier hat nicht nur die erzieherische Arbeit, sondern die Einrichtung selbst verändert. Durch die kreative Arbeit der Kinder entstehen Produkte, die in den Kindertagesstätten ausgestellt werden und somit das gesamte Umfeld in einen fortwährenden Schaffens- und Veränderungsprozeß mit einbeziehen, was auch konkret sichtbar wird, da immer wieder Neues entsteht. Anfangs gab es pro Einrichtung nur ein zentrales Atelier, inzwischen ist zu jedem Gruppenraum ein sogenanntes Mini-Atelier hinzugekommen. Das Mini-Atelier steht immer allen Kindern zur Verfügung, das Atelier hingegen kann nur in kleinen Gruppen mit in der Regel nicht mehr als sechs Kindern besucht werden. Unter Anleitung des Werkstattleiters oder der Werkstattleiterin arbeiten hier die Kinder in didaktisch vorbereiteten Situationen, die meist in Verbindung zu den stattfindenden Projekten stehen.

Das Atelier mit seiner besonderen Atmosphäre zieht alle Kinder an, deshalb müssen Auswahlkriterien gefunden werden, um die angestrebte Gruppengröße erhalten zu können. So wird stets zu Beginn mit allen Kindern gemeinsam besprochen, welches Thema oder Teil eines Projektes im Atelier bearbeitet werden wird. Anschließend werden die Kinder für das Atelier nach unterschiedlichen Kriterien ausgewählt. Zum Beispiel gehen Freunde zusammen ins Atelier oder Kinder mit und ohne Ateliererfahrung bilden eine Gruppe und so weiter. Durch die Integration des Ateliers in die reggio-pädagogischen Einrichtungen soll die gesamte pädagogische Zielsetzung im künstlerisch-gestalterischen Bereich intensiviert werden . . .

Sich ein Bild von der Welt machen

Die Reggio-Pädagogik fördert die expressiven Fähig- und Fertigkeiten der Kinder, indem diese, ausgehend von der alltäglichen Welt, angeleitet werden, realistische Darstellungen sowie imaginäre Darstellungen als einen phantasievollen Umgang mit der Welt zu begreifen. Das Kind macht sich ein Bild der Welt, was zur „Entmystifizierung der Welt" beiträgt und eine phantasievolle Auseinandersetzung mit ihr ermöglicht. In diesem Rahmen haben wir ausgestellte Bilder von Kindern gesehen, die möglichst naturgetreu ein Tier, eine Pflanze oder einen Gegenstand darstellen. Und im Gegensatz dazu phantasievolle Gebilde, Verfremdungen und kreative Abwandlungen von Realem.

Gestalterisches Handeln als Lebensbewältigung bedeutet eine Verarbeitung von Gesehenem, das heißt, visuell wahrgenommene Eindrücke der Welt werden möglichst realistisch wiedergegeben. Durch die intensive Auseinandersetzung mit der Realität erhalten die Kinder neue Eindrücke aus und über ihre Umwelt. Dies kann zu einem besseren Verständnis der Welt und zur besseren Lebensbewältigung verhelfen.

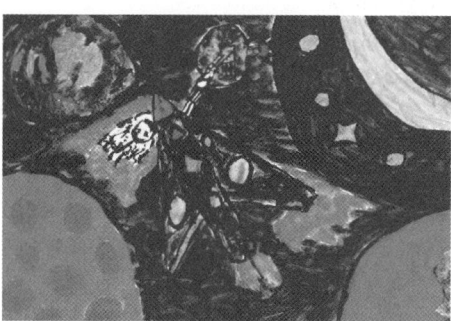

Bei dem gestalterischen Handeln als Selbstverwirklichung hingegen liegt der Schwerpunkt auf der Darstellung von inneren Phantasiebildern der Kinder. Wobei Wünsche, neue Ideen und persönliche Stimmungslagen gestalterisch verarbeitet werden.

Kinder wählen je nach persönlicher Betroffenheit die jeweilige für sie richtige Darstellungsform, um ihre Umwelteindrücke und -anforderungen zu verarbeiten. In diesem Zusammenhang wird deutlich, daß im Kind während des kreativen Gestaltens vielschichtige Prozesse ablaufen, die das persönliche Erleben der Welt widerspiegeln. Die Kinder erforschen auf vielfältige Weise die Welt und machen sich ein Bild von ihr, wenn ihnen die Möglichkeiten dafür eröffnet werden.
Krieg, E.: a. a. O., S. 64 ff.

Text 4:

Freiräume schaffen – Spielräume entdecken

Die Kita „Pablo Neruda" liegt in einem dichtbebauten Wohnareal außerhalb der Innenstadt Reggios in einem Wohnblock. Mehrere ehemalige Wohnungen wurden für die Einrichtung umgebaut. „Pablo Neruda" gehört nicht zu den bekannten Parade „KITAs Reggios". Doch schon beim Betreten des Eingangsbereichs, eine Art Vorhalle oder Vestibül, werden charakteristische Momente der Raumgestaltung reggianischer Kindereinrichtungen erkennbar:

Räume sollen Unverwechselbar sein, ein Gesicht haben

Es gibt weder Mustergrundrisse noch Standardausstattungen der Kindereinrichtungen in Reggio. Gebaute und gestaltete Räume haben eine Geschichte und sollen diese erkennbar machen. Manche Räume sind noch geprägt von früheren Nutzungen, etwa als Wohnung oder als Büro. Andere finden sich in Einrichtungen, die von Architekten mit ErzieherInnen, Eltern und dem „Pädagogischen Zentrum" der kommunalen Kindereinrichtung gemeinsam als Lebens- und Erfahrungsfeld von Kindern konzipiert wurden. Die Geschichte von Räumen wird aber vor allem von ihren Nutzern bestimmt, von ihren Aktivitäten, Erfahrungen und Vorlieben.

So ist auch der Eingangsbereich der KITA „Pablo Neruda" so etwas wie eine Visitenkarte für das hier sich (fast) täglich zusammenfindende kleine Gemeinwesen von Kindern und Erwachsenen: An den Wänden finden sich Dokumentationen von Projekten der letzten Wochen. In Augenhöhe sind kleine Textzusammenstellungen mit pädagogischen Zielvorstellungen und Handlungsideen angebracht; sie lassen sich mit einem Handgriff abnehmen, damit sie in bequemer Stellung und mit mehr Muße gelesen werden können. Die Eingangshalle soll aber nicht nur Information vermitteln, sondern auch eine die Sinne ansprechende und angenehme Empfindung weckende Atmosphäre erzeugen. Mit einem Gefühl des Wohlbehagens sollen Kinder wie Erwachsene (ErzieherInnen, Eltern, Großeltern, Bürger/innen und Verantwortliche der Stadt, auswärtige BesucherInnen) die Einrichtung betreten und Interesse gewinnen, auch die anderen Räume der KITA aufzusuchen. (...)

Räume für Kinder und Erwachsene

Räume, die unverwechselbar sind, geben etwas von den Menschen preis, die sie gestaltet und genutzt haben. Solche Räume sind nicht nur als materielle, physikalisch vermeßbare Struktur faßbar, sie haben vielmehr etwas von dem menschlichen Leben übertragen bekommen, das Gestalter- und NutzerInnen der Räume in sie hineingetragen haben - z.B. ästhetische Vorstellungen, sinnlich-motorische Bedürfnisse, alltägliche Nutzungspraktiken und deren Wandel aufgrund gewonnener Erfahrungen oder eines Austauschs der raumnutzenden Personen.

Räume die „ansprechend" sind, haben etwas mitzuteilen, vor allem über die Geschichte ihrer Nutzung und über die Personen, die als GestalterInnen oder NutzerInnen mit einem Raum verbunden sind. Ansprechende Räume kommunizieren mit ihren NutzerInnen. Sie vermitteln ihnen:

◆ Anregungen zum Handeln
◆ gegenständliche Ressourcen zum Experimentieren
◆ Herausforderungen zum Entdecken und Erkunden
◆ Freiräume für „raumgreifende" Motorik
◆ Anlässe und Rahmenbedingungen für soziale Interaktion in unterschiedlichen Konstellationen
◆ Reservate und Refugien für Intimität
◆ atmosphärische Elemente und sinnliche Strukturen zum Entwickeln und Erhalten von Wohlbefinden

Die Räume in den Kindereinrichtungen Reggios sollen nicht nur die Kinder, sondern auch Eltern und ErzieherInnen ansprechen. Alle drei Gruppen sind Adressaten „räumlicher Kommunikation":

Eltern sollen gern in die KITA oder Krippe kommen, und sie sollen sich am Leben der Einrichtung aktiv beteiligen, sie auch mitgestalten, z.B. indem sie Möbel zur Verfügung stellen, bei Renovierungsarbeiten oder der Umgestaltung von Räumen mitwirken.

ErzieherInnen sollen beim morgendlichen Betreten der Einrichtung ein positives Gefühl haben, weil

- die Räume von ihnen mitgestaltet, somit von ihnen „angeeignet" und zu einem vertrauten Territorium umgewandelt wurden,
- Gegenstände präsent sind, die in ihrer Gestalt/ Ästhetik oder in ihrer Geschichte (Verwendung in früheren Lebensumständen) Träger subjektiver Bedeutung sind,
- Raumproportionen und -formen eine Balance oder einen Wechsel herstellen zwischen Offenheit, Weite einerseits, Überschaubarkeit, Geborgenheit andererseits,
- Lichtverhältnisse einen Ausgleich zwischen Helligkeit und gedämpfter Atmosphäre schaffen,
- Formen, Farben und Materialien anregend sind, natürlich erscheinen, überlegt, nicht puristisch ausgewählt wurden, vielfältig, aber nicht überladen erscheinen,
- Räume gegliedert und strukturiert erscheinen, verschiedene Tätigkeiten zulassen und stimulieren und so vielgestaltig sind, daß man Lieblingsaufenthaltsorte finden kann.

In der Raumgestaltung reggianischer Kindereinrichtungen wird das kommunikative Element auf zweierlei Weisen konkret:
Zum einen in der Schaffung vielfältiger Raumarrangements, die zum Kommunizieren und gemeinsamen Handeln einladen. Dabei kann das kommunikative Moment unterschiedliche Intensitätsgrade aufweisen. Es reicht vom Sehen und Gesehen-Werden beim Flanieren auf der „Piazza", dem zentralen Raum in der KITA, über den Austausch von Erlebnissen, Gefühlen und Handlungsideen beim morgendlichen Stuhlkreis bis zum gemeinsamen Untersuchen in Partner- oder Kleingruppen bei Projekten oder etwa beim Gestalten von Tonfiguren im Atelier; es gehören aber auch entspanntes Nebeneinandersein oder „Ankuscheln" auf dem Sofa oder in der mit Roßhaarunterlage weich gepolsterten Raumecke dazu. Das kommunikative Moment wird zum anderen in der Schaffung von Transparenz und Durchblicken (...) realisiert. (...) In den neueren Einrichtungen - am konsequentesten in der Kindertagesstätte „Diana"- werden Außenwände möglichst bis zum Fußbodenbereich hinunter durchfenstert. Kinder und Erwachsene können von der Einrichtung hinaus in Stadt, Natur, belebte Umwelt schauen, mit ihr kommunizieren. Umgekehrt können Eltern, die Nachbarn und die Bürger der Stadt von außen (visuellen) Kontakt zum Geschehen in der Einrichtung aufnehmen.
Im inneren der KITAS ist das Moment der Transparenz noch auffallender. Zwischen allen Räumen gibt es Sichtbahnen.

Bewahren und Verändern
Bewahren und verändern sind die beiden gegensätzlichen, aber aufeinander bezogenen Möglichkeiten, mit denen Kinder eine unmittelbare aktive Beziehung zu Räumen entwickeln und pflegen können. Wie in der Montessori Pädagogik ist in Reggio das Übernehmen von Verantwortung für die Räume Teil indirekten sozialen Lernens. So gibt es Dienste für die Pflege von Pflanzen und Tieren, für das Aufräumen und das regelmäßige Gestalten und Ausstellen von Speiseplänen. Wichtig ist auch das Decken und Ausschmücken des Mittagstisches, das in den kleinen, auf das Größenmaß der Kinder abgestimmten Wohnküchen spielerisch geübt werden kann. (...)
Auch das Mobiliar im Gruppenraum kann verschoben und partiell ausgetauscht werden, insbesondere um den allmählichen Wandel motorischer, emotionaler und sozialer Bedürfnisse zu berücksichtigen: (...) vieles, was an „Raumkultur" für Kinder in Reggio erprobt wurden, hat Eingang gefunden in die Gestaltung von Kindertagesstätten in der Bundesrepublik Deutschland. Dies gilt sowohl für die Umgestaltung alter KITAS, wie z.B. der KITA Pinocchio im Ostberliner Bezirk Lichtenberg oder für die Neugründung und den Neubau von KITAs, wie bei der KITA des Vereins „K.I.D.S.- Kinder in der Stadt" im Hamburger Stadtteil Burgwedel. Es ist in jedem Einzelfall ein Prozeß, in dem es nicht nur um Architektur, Inneneinrichtung und Arrangement des Mobiliars geht, sondern vor allem um die Einschätzung dessen, was Kinder für ihre personale und soziale Entwicklung brauchen und wie das Zusammenleben von Kindern und Erwachsenen in der Einrichtung gestaltet werden soll. Vor allem geht es dann darum, welchen Mut Erwachsene (PädagogInnen, Eltern und VertreterInnen der Träger) aufbringen. Vertrauensvorschuß dafür zu geben, daß sie selber eine „Einheit von Bewegung-Wahrnehmung mit allen Sinnen-Gefühl und Verstand-Ausdruck" finden (K.I.D.S. 1994, S. 12).

Knauf, T.: „Freiräume schaffen – Spielräume entdecken", in: „klein & groß" 11-12/95, S. 18 ff.

AUFGABEN

1. Die Abb. 1 und 2 zeigen die Grundrisse eines typischen reggianischen Kindergartens bzw. Gruppenraums. Studieren Sie die Pläne, und notieren Sie alles, was sich von Kindergärten, die Sie kennen, unterscheidet.
2. Kindergärten in der Bundesrepublik Deutschland praktizieren seit Jahren das Prinzip der altersgemischten Gruppen. Die Pläne zeigen, daß das in Reggio nicht so gehandhabt wird. Welche Argumente fallen Ihnen ein, um diese Trennung nach Alter zu begründen?
3. Der Text 1 beschreibt einen Spaziergang durch einen Reggio-Kindergarten unter dem Gesichtspunkt des baulichen und räumlichen Konzeptes. Vergleichen Sie den Bericht mit Ihren Erfahrungen. Wo gibt es Gemeinsamkeiten, wo Differenzen? Was ist aus Ihrer Sicht besonders bemerkenswert. Diskutieren Sie in der Klasse eventuelle unterschiedliche Aufmerksamkeitsschwerpunkte.
4. Spiegel spielen in der Reggio-Pädagogik eine besondere Rolle. Worin sehen die Vertreterinnen dieses Ansatzes die besondere Bedeutung des Spiegels für die kindliche Entwicklung bzw. was können Kinder durch Spiegel lernen?
5. Ein Bereich, der in der deutschen Kindergartenarbeit unbekannt ist, ist das Atelier. Welches ist die Funktion des Ateliers im Konzept der Reggio-Pädagogik?
6. Wie bewerten Sie die Tatsache, daß die Werkstattleiterinnen ausgebildete Künstlerinnen und keine Erzieherinnen sind, aber ebenso wie Köchinnen und sonstiges Personal ein volles Mitspracherecht bei allen pädagogischen und organisatorischen Entscheidungen haben?

Das Bild vom Kind

Zu welchen Menschen wollen wir Kinder erziehen oder müssen wir sie gar nicht zu Menschen erziehen, weil sie schon welche sind, wie Korczak sagt. Was braucht ein Kind, um sich zu entwickeln, wieviel oder wie wenig Anregung ist nötig? Die Antworten auf diese und andere Fragen geben einen Hinweis auf unser Menschenbild. Angebote seitens der Theorie gibt es viele. Die Entscheidung für das eine oder gegen das andere Angebot hat Konsequenzen für unsere Art und Weise des Umgangs mit Kindern.

- Das Kind ist ein leeres Blatt.
- Das Kind ist beliebig formbar.
- Das Kind ist ein hilfsbedürftiges, zerbrechliches Wesen.
- Das Kind ist ein zartes Pflänzchen, das in einem Schonraum, genannt Kinder-Garten, aufwachsen muß.
- Das Kind ist ohne eigene Kreativität und Intelligenz. Alles, was es wird, wird es durch uns, die Erzieher.

Die Reggio-Pädagogik wendet sich gegen all diese Vorstellungen vom Kind. „Das steckt in uns, was man werden könnte." In diesem Satz hat der Philosoph Ernst Bloch sein Menschenbild zusammengefaßt, und er liegt damit nahe an dem, was die Reggianer für sich sagen würden. Loris Malaguzzi hat sein Bild vom Kind u. a., und auch das ist bezeichnend für seine Pädagogik, in einem Gedicht zusammengefaßt.

Text 1:

Die hundert Sprachen des Kindes

Die Hundert gibt es doch.

Das Kind besteht aus Hundert.
Hat hundert Sprachen

hundert Hände
hundert Gedanken
hundert Weisen
zu denken, zu spielen und zu sprechen.

Hundert –
immer hundert Arten
zu hören, zu staunen und zu lieben.
Hundert heitere Arten
zu singen, zu begreifen
hundert Welten zu entdecken
hundert Welten frei zu erfinden
hundert Welten zu träumen.

Das Kind hat hundert Sprachen
und hundert und hundert und hundert.
Neunundneunzig davon aber
werden ihm gestohlen
weil Schule und Kultur
ihm den Kopf vom Körper trennen.

Sie sagen ihm:
Ohne Hände zu denken
ohne Kopf zu schaffen
zuzuhören und nicht zu sprechen.
Ohne Heiterkeit zu verstehen,

Krieg, E.: a. a. O., S. 28

zu lieben und zu staunen
nur an Ostern und Weihnachten.

Sie sagen ihm:
Die Welt zu entdecken
die schon entdeckt ist.
Neunundneunzig von hundert
werden ihm gestohlen.

Sie sagen ihm:
Spiel und Arbeit
Wirklichkeit und Phantasie
Wissenschaft und Imagination
Himmel und Erde
Vernunft und Traum
seien Sachen, die nicht zusammen passen.
Sie sagen ihm kurz und bündig,
daß es keine Hundert gäbe.
Das Kind aber sagt:
Und ob es die Hundert gibt.

Text 2:

Die Grundelemente der pädagogischen Praxis: Das neue Bild vom Kind

„Kinder sind – ebenso wie Dichter, Musiker und Naturwissenschaftler – eifrige Forscher und Gestalter. Sie besitzen die Kunst des Forschens und sind sehr empfänglich für den Genuß, den das Erstaunen bereitet. Unsere Aufgabe besteht darin, den Kindern bei ihrer Auseinandersetzung mit der Welt zu helfen, wobei all ihre Fähigkeiten, Kräfte und Ausdrucksweisen eingesetzt werden." (Malaguzzi)

Kinder in einer Reihe mit Dichtern und Wissenschaftlern zu sehen ist für viele ungewöhnlich. Gerade wenn sie noch klein sind, gelten Kinder häufig als hilflose Wesen, angewiesen auf Erwachsene, die sie schützen und versorgen müssen. Und erst sehr viel später, nach einem langen Prozeß der Erziehung, werden diese Kinder vielleicht dichten und forschen. Die Pädagogen in Reggio hingegen setzen diesem defizitären Bild eine andere Sichtweise entgegen. Für sie sind Kinder bereits von Geburt an aktive und kreative Gestalter ihrer eigenen Entwicklung und ihrer Beziehungen zur Umwelt.

...

In ihren Annahmen über ein kompetentes Kind gehen die reggianischen Pädagogen sogar noch weiter. Sie sagen: „Ein Kind hat hundert Sprachen" und meinen damit, daß Kinder auf eigene und kreative Weise ihren Eindrücken über die Welt Ausdruck verleihen. In diesem Vertrauen auf die Fähigkeiten von Kindern liegt eine der Besonderheiten des Konzeptes in Reggio. Es stützt sich auf ein „reiches Bild vom Kind" und wendet sich demnach bewußt gegen Erziehungskonzepte, die erst Defizite bei Kindern festschreiben, um sie dann mit Hilfe gezielter Lern- und Förderprogramme auszugleichen, und gegen eine Praxis, deren Hauptaugenmerk darauf gerichtet ist, was Kinder „noch nicht können" mit der Folge, daß sie zu Objekten didaktischer Bemühungen gemacht werden.

Auch wenn sich die gesamte Konzeption und pädagogische Praxis in Reggio auf ein „reiches Kind" bezieht, ein starres Bild kann und darf diese Vorstellung nach Ansicht der Pädagogen jedoch nicht sein, sondern sie ist vielmehr Ausdruck der noch weitgehend unerforschten Möglichkeiten von Kindern: „Wir müssen das Kind davor bewahren, daß an seine Stelle eine Metapher gesetzt wird, denn eine Metapher favorisiert den Kult und erschwert die Wahrnehmung des Individuums." (Malaguzzi)

. . .

Ihre Erfahrungen aus der Praxis verknüpfen die Erzieherinnen und Fachberater mit verschiedenen theoretischen Modellen, die ihnen mögliche Erklärungen für ihre Beobachtungen anbieten. Im wesentlichen beziehen sie sich hierbei auf die Arbeiten von Entwicklungspsychologen wie Jean Piaget, Lew Wygotsky oder Jerome Bruner und auf amerikanische Handlungsforscher wie John Dewey oder Kurt Lewin. Doch auch Philosophen, Kunst- und Musikwissenschaftler wie Paulo Freire, Ernst Gombrich oder Heinrich Jacoby werden herangezogen, wobei die unterschiedlichen Theorien im reggianischen Konzept einen durchaus fruchtbaren Verbund eingehen. Dieser „kreative Eklektizismus" ist beabsichtigt, kann es doch nach Ansicht der Pädagogen nicht allein ein einziges wissenschaftliches Erklärungsmodell für die Vielzahl von Fragen geben, die ihre Beobachtungen und ihr Zusammenleben mit Kindern immer wieder aufwerfen. Geleitet wird ihre Auseinandersetzung mit der Forschungsliteratur demnach von der Frage: „Was nützen diese Erkenntnisse der Praxis?", das heißt, die unmittelbare Erziehungswirklichkeit gibt ihnen Anlaß für weitere auch theoretisch gestützte Reflexionen. Auf diese Weise stehen Theorie und Praxis in einem produktiven und lebendigen Verbund, denn Kindererziehung ist nach Aussagen der Fachberaterin Tiziana Filippini ein „permanentes Wechselspiel von Gedanken, Praxis, Reflexion der Handlungen, neuen Erkenntnissen, einem Wechsel der Perspektive und veränderten Praxis".

Dreier, A.: a. a. O., S. 69 ff.

Folglich aktualisiert sich auch die Reggio-Pädagogik und entwickelt sich in einem konkreten Bezug auf das Heute weiter.

. . .

Mittels all ihrer Sinne nehmen junge Kinder Eindrücke über die Welt auf, ihre Wahrnehmung ist jedoch nicht passiv oder unabhängig vom Tun und Handeln. Dies wird besonders deutlich, wenn man Kinder bei ihren intensiven Erkundungen beobachtet: Mit ihrem gesamten Körper und allen Sinnen sammeln Kinder Informationen und nur durch diese explorativen Handlungen erwerben sie innere Bilder und Vorstellungen über die Welt, die sie auf diese Weise im wahrsten Sinne des Wortes begreifen. Seit Jean Piaget ist die enge Verknüpfung von Wahrnehmung und Exploration genauer bekannt, er nennt sie „sensomotorische Entwicklung" und meint damit, daß Wahrnehmen und aktives Tun stets zusammengehen und Lernprozesse im frühen Kindesalter immer alle Sinne und somit den ganzen Körper einbeziehen. In der Wahrnehmung sieht Piaget einen sehr wichtigen Teil der kindlichen Entwicklung, da sie das Erkennen der Wirklichkeit ermöglicht. Das explorative Tun des Kindes ist wiederum die Umwandlung des Wirklichen und diese Prozesse – bei Piaget als Assimilation und Akkomodation benannt – sind untrennbar miteinander verbunden. In vielfältigen Untersuchungen hat insbesondere Piaget herausgefunden, daß eine Umwelt, die alle Sinne des Kindes anregt und seine Wahrnehmungen stimuliert, gleichzeitig auch seine gesamten geistigen und köperlichen Lernprozesse fördert . . .

AUFGABEN

1. Wie würden Sie, das Gedicht Malaguzzis interpretierend, sein Menschenbild zusammenfassen? Welche Fähigkeiten werden dem Kind zugesprochen und welche Rolle spielen nach Ansicht Malaguzzis Schule und Kultur bei der Entwicklung von Kindern?
2. Machen Sie deutlich, wo Sie Malaguzzis Ansichten teilen und wo nicht. Belegen Sie Ihre Meinung nach Möglichkeit mit Beispielen aus Ihrem praktischen Erfahrungsbereich.
3. Versuchen Sie sich doch einmal an einem eigenen kleinen Gedicht, in dem ihr subjektives Bild vom Menschen deutlich wird.
4. Woher bezieht die Reggio-Pädagogik ihre Erkenntnisse über Kinder? Wovor warnen die Vertreterinnen dieses Konzeptes (Text 2)?
5. Was meint der Begriff kreativer Eklektizismus?
6. Machen Sie Ihre Meinung zum Menschenbild der Reggio-Pädagogik insgesamt deutlich. Tauschen Sie die Ansichten in der Klasse aus.

Die Rolle der Erzieherin

Folgt man dem Menschenbild der Reggianer, dann ergeben sich daraus zwingend Konsequenzen für das, was die Aufgabe der Erzieherin ist. Geht man davon aus, daß Kinder selbst-aktive Wesen sind, kann eine der Hauptaufgaben nur sein, die Aufmerksamkeit auf die vielfältigen Potentiale und Wege der Kinder beim Erforschen und Entdecken der Welt zu richten. Hier ist die Erzieherin nicht Vermittlerin der von Erwachsenen entschlüsselten Welt, Trägerin von durch Erwachsene festgelegten Inhalten, sondern Teilnehmerin an einem gemeinsamen Such- und Forschungsprozeß. Grundlage eines solchen Prozesses ist die aufmerksame, nicht vorschnell wertende Beobachtung, die ähnlich wie im Offenen Kindergarten auch in der Reggio-Pädagogik einen hohen Stellenwert einnimmt.

Die Aufgaben der Erzieherin

...

Die zwischen Kindern und Erwachsenen gestalteten Lernprozesse sind ganzheitliche Erfahrungen, in denen Kinder eigene Konzepte bilden und Erwachsene diese Konzepte ernst nehmen und nicht als „noch nicht richtig", als Vorstufe oder Provisorium oder gar als Kindermund interpretieren. Jedem Kind wird die Möglichkeit zugestanden, seine Erkenntnisse und Fragen auszudrücken, und es gibt mindestens so viele Meinungen wie Kinder, die sich zu einem Problem äußern. Abenteuerlich und schwierig ist die Rolle des Erwachsenen in diesen komplexen Prozessen: Immer wieder herauszufinden, welche Bedeutung einem Kind wichtig ist, aus welchen Erfahrungen es sie gewonnen hat und welches Konzept daraus gebildet wurde – und diese Dialektik und Bewegung für Entwicklungen aufzugreifen und zu nutzen.

Die Aufgaben von Erzieherinnen in einer so lebendigen Pädagogik lesen sich schlicht und sind – so denke ich – oft meilenweit von dem entfernt, was uns als professionelles Verhalten gelehrt und abverlangt wird. Die Erwachsenen verstehen sich zuallererst nicht als Erziehende, sondern als Assistierende, als Vermittler und als selbst Lernende. Dieses Verständnis beinhaltet, den Kindern zuzuhören, statt immer nur mit ihnen zu sprechen oder gar über sie. Zuhören heißt, Interessen, Fragen, Bedürfnisse zu hören, als wahr und wichtig zu nehmen, sich für sie zu interessieren. Erzieherinnen müssen wissen wollen, neugierig sein – oder anders ausgedrückt: Sie müssen lernen, die richtigen Fragen zu stellen und dürfen nie aufhören zu staunen.

...

Ein Kind steht vor einem Problem und die Erwachsenen lassen sich mit hineinziehen. Dies tun sie deshalb, weil sie überzeugt sind und erfahren haben, daß Probleme zu wichtig sind, als daß man sie übergeht oder den Kindern eilig eine Erklärung dafür gibt. Jede Erklärung würde dem Kind die Freude und die Kompetenz nehmen, selbst Lösungen zu suchen und zu finden. „Für Kinder und Erwachsene ist es wichtig, sich in Situationen zu begeben, in denen noch nicht die Antworten fertig sind, in denen man aber – wenn man sich anstrengt – fühlt, daß es die Möglichkeit gibt, zu einer Antwort zu gelangen." (Mara Davoli)

...

Sich auf Kinder in solchen Prozessen einzulassen „heißt auf der Persönlichkeitsebene für Erzieher, die Offenheit der Situation auszuhalten (und genießen zu lernen, K.-V.); auf das Vorwegwissen-Wollen, was rauskommt, zu verzichten; meine Ungesichertheit als Person nicht als Bedrohung meiner pädagogisch-professionellen Identität zu deuten. Auf der didaktisch-methodischen Handlungsebene heißt dieses Sich-Einlassen auf Kinder als Subjekte, daß die Ordnung, die der (...) Situation innewohnt, die des Interaktionsprozesses von Kindern, Themen und Erzieherinnen ist. Diese Ordnung entsteht erst im Interaktionsprozeß (und nicht im Plan) und wird in ihm fortentwickelt (und nicht, was jetzt nach Plan dran sein sollte). Im Prozeß sein heißt, das gestalterische Potential von Kindern, Themen und Erziehern zu nutzen." (Hermann Scheile, in: Dokumentation „Zum neuen Bild vom Kind", Hamburg 1991)

Das bedeutet für Erwachsene auch, Umwege zuzulassen, der Logik der Ereignisse zu folgen, Fehler als Übergänge von einer Situation in die nächste zu bewerten und zu schätzen. Es bedeutet nicht, Kinder auf einen festen Plan, auf vordefinierte Richtigkeiten und auf „alle machen das gleiche" einzuengen.

Kazemi-Veisari, „Ein Kind hat 100 Sprachen", in: „Kinderzeit" 4/94, S. 34 ff.

AUFGABEN

1. Worin besteht nach Ansicht der Reggio-Pädagogik die Aufgabe der Erzieherin?
2. Welche Fähigkeiten müssen Erzieherinnen, die nach dem Reggio-Konzept arbeiten, entwickelt haben? Wodurch könnte man sich die geforderten Fähigkeiten aneignen? Worin bestehen Ihrer Ansicht nach die wesentlichen Hindernisse, sich so zu verhalten, wie die Reggio-Pädagogik es fordert?
3. Machen Sie deutlich, wo Sie Unterschiede zum Verständnis vom erzieherischen Auftrag und vom praktischen Erzieherinnenverhalten in Kindergärten Ihres Erfahrungsbereiches sehen.

Ziele, Inhalte und Methoden

Während es bei den Fragen nach dem Menschenbild und der Rolle der Erzieherin eher um die Grundlagen der Arbeit in den Krippen und Kindergärten geht, beziehen sich die Formulierung von Zielen und die Auswahl der zur Erreichung dieser Ziele notwendigen Inhalte und Methoden stärker auf die konkrete pädagogische Praxis. Auch hier gilt: Ausgehend von grundlegenden, heute allgemein weitgehend unbestrittenen individuellen und gesellschaftlichen Zielen wie Autonomie, Kompetenz, Solidarität, Kritikfähigkeit und experimentellem Denken, gibt es keine, von oben verordneten, von Erzieherinnen festgelegten unverrückbaren, überzeitlichen und für alle Kinder gleichermaßen verbindlichen Festschreibungen. Ziele, Inhalte und Methoden sind Ergebnis einer permanenten Suchbewegung von Kindern, Erzieherinnen, Beraterinnen und sonstigen Mitarbeiterinnen wie Köchinnen, Hauswirtschafterinnen und Werkstattleiterinnen. Die immer wieder zu beantwortende Frage ist: „Welche Eigenschaften und Fähigkeiten sollen die Kinder in unseren Einrichtungen erwerben können?" Ausgehend von den allgemeinen Zielen wird der Alltag permanent daraufhin untersucht, inwieweit er z. B. Autonomie befördert oder behindert, welche Angebote welche Kompetenzen und Fähigkeiten entwickeln, wie Solidarität einzuüben ist, ohne daß die Ausbildung der Individualität dabei zu kurz kommt.

Text 1:

Ziele der Reggio-Pädagogik

Zentral für die Reggio-Pädagogik sind zwei Gedanken: Der eine bezieht sich vor allem auf die kreativen Fähigkeiten des Kindes, mit seiner Umwelt zu kommunizieren. Das Motto der Reggio-Pädagogik „Hundert Sprachen hat ein Kind" verweist darauf, wie vielfältig das Kind seine Umwelt wahrnehmen und darstellen kann. Aufgabe der Erziehung ist es, das Kind darin zu unterstützen. Ein zweiter Grundgedanke ist, daß Kindererziehung nicht die Sache einzelner ist, sondern eine gemeinsame, eine gemeinschaftliche Aufgabe. Die pädagogische Arbeit in den Kindereinrichtungen soll von Erzieherinnen, Eltern, Beratern und den zuständigen kommunalen Stellen in gemeinsamer Verantwortung geplant und gestaltet werden.

Ziel der pädagogischen Arbeit ist die umfassend gebildete kindliche Persönlichkeit, die eine individuelle Entfaltung des Kindes mit der Entwicklung eines gesellschaftlichen Bewußtseins verbindet.

Die Entwicklung sozialer Verhaltensweisen von Kindern ist untrennbar mit ihrer individuellen Entwicklung verbunden, das heißt, der Weg zum „Wir" in der Kindergruppe ist nur durch die Entfaltung der Eigenpersönlichkeit der Kinder möglich.

Die Individualität der Kinder soll unterstützt und zugleich soll durch vielfältige Gruppenerfahrung zur Entwicklung einer sozialen Verantwortlichkeit beigetragen werden. (. . .)

Ein wesentliches Anliegen der Reggio-Pädagogik ist es, die Wahrnehmungsvorgänge und die gesamten Sinne des Kindes zu aktivieren und zu intensivieren.

Sehen, Begreifen und Verstehen gelten als eng miteinander verknüpfte Teile des kindlichen Lernprozesses, und es ist für alle Erzieherinnen wichtig, daß die Kinder ihre Erfahrungen möglichst direkt über alle Sinneskanäle aufnehmen und so umfassende Kenntnisse über die Umwelt erwerben können.

Reggio-Pädagogen bezeichnen ihre Einrichtungen vor allem als Werkstätten, in denen die Kinder die Welt untersuchen und erforschen. Jedes Kind verschafft sich auf ganz eigene Weise einen Zugang zur Welt. (. . .)

Hentschel/Ebert: „Mit allen Sinnen lernen", in: „Kinderzeit" 4/94, S. 38

Text 2:

Planung ist nicht überflüssig: Wie in Reggio Emilia Konzeptionen entstehen

Bereits vor Beginn des neuen Schuljahres, gemeint ist die Öffnungszeit der kommunalen Einrichtungen von September bis Mitte Juli, treffen sich alle Mitarbeiter in ihren Krippen oder Kindergärten, um mit einem Fachberater die Schwerpunkte der Arbeit für das kommende Jahr festzulegen. Wichtig ist, daß bei dieser Planung sowohl Erzieherinnen als auch Kunstpädagogen, Köchinnen und Reinigungskräfte anwesend sind. Dem Prinzip der kollektiven Leitung verpflichtet, entscheiden alle Mitarbeiter gemeinsam über ihre weiteren Tätigkeiten und Aufgaben. Ihre Planung umfaßt drei Bereiche: erstens die Vorbereitung von Aktivitäten mit Kindern, zweitens die Strukturierung der Elternarbeit und drittens die Organisation der Team-Arbeit.

Zu allen Themen werden Ideen und Vorschläge gesammelt, Termine abgesprochen, Aufgaben verteilt und die Ergebnisse dieser einwöchigen Planungsphase auch in schriftlicher Form festgehalten . . .

Nach Aussagen der Betreuerinnen in Reggio ermöglicht ihnen diese Form der Planung auch ein individuelleres Eingehen auf die Kinder. Die Tagesabläufe und Angebote werden im Team abgesprochen und die verschiedenen Aufgaben zwischen den Mitarbeitern aufgeteilt. Auf diese Weise finden die Erzieherinnen mehr Raum für intensive Kontakte zu einzelnen Kindern. Darüber hinaus fordert die Erstellung eines Konzeptes die ständige Verknüpfung von Handeln und Reflexion: Indem sich die Erzieher im Team über ihre Beobachtungen und weiteren Angebote austauschen, ist ihre Professionalität nicht allein auf die Arbeit „am Kind" beschränkt . . . In der Einrichtung *Diana* war beispielsweise ein Kind mit seiner Familie umgezogen und alle Kinder begannen daraufhin, „umziehen" zu spielen. Sie waren mit dem Ein- und Auspacken von Gegenständen beschäftigt und wollten dann wissen, wie man denn zu dem neuen Haus von Antonia kommt. Mit Zeichnungen und ausführlichen Wegbeschreibungen versuchte die vierjährige Antonia den Kindern Auskunft zu geben, bevor sie zu dem Schluß kam: „Am besten kommt ihr in mein Haus, dann seht ihr die richtige Straße." Die Erzieherinnen hatten diese Tätigkeiten der Kinder beobachtet und beschlossen in einer Team-Sitzung, zu dem Thema „Stadt" ein Projekt durchzuführen. Zum einen wollten sie die Fragen der Kinder aufnehmen, zum anderen aber auch mehr darüber erfahren, wie sich Vierjährige in ihrer Umgebung orientieren. Sie entschieden sich, den Kindern ein Angebot, in Reggio auch als „provokatorisches Element" bezeichnet, zu diesem Bereich anzubieten. Mit einer Gruppe Vierjähriger machte sich eine Erzieherin auf den Weg zur bekannten piazza mit den steinernen Löwen im historischen Zentrum der Stadt. Zuvor erklärte sie den Kindern, daß sie ihnen auf dem Hinweg den Weg zeigen würde, beim Rückweg sollten dann die Kinder selbst die Führung übernehmen.

Auf dem Weg zur piazza entdeckten die Vierjährigen viele interessante Objekte. So bot der Parkplatz der Kita mit seinen Kieselsteinen Anlaß zum ausführlichen Erkunden. Danach fanden die Kinder einen offenen Kanaldeckel, der sie zum Hinein-Schauen und Steinewerfen anregte. Beim Weitergehen stießen sie auf einen

Briefkasten und wiederum spielten sie ausführlich mit seinen laut klappernden Seitenklappen. Daraufhin entdeckten sie einen Kiosk, der sie mit Süßigkeiten und interessanten Spielsachen anlockte. Auf der piazza angekommen, begrüßten sie die Löwen und erklärten der Erzieherin, daß sie nun selbst den Rückweg finden wollten. Gesagt, getan. Sie liefen zuerst zum Kiosk, dann zum Briefkasten, danach zum Kanaldeckel, zum Parkplatz und schließlich kamen sie wieder im Kindergarten an. Nach diesem Erlebnis malten Kinder ihre Häuser, ihre Umgebung und bauten dann mit den Kunstpädagogen und Erzieherinnen ein Modell der Stadt Reggio. Dort trugen sie die Wohnungen ihrer Freunde und Freundinnen ein und alle für sie interessanten Orte wie das Schwimmbad, die Löwen auf dem Marktplatz, das große Theater und den Spielzeugladen. Diese einzelnen Projekt-Stationen wurden von den Erzieherinnen dokumentiert und zusammen mit den Eltern ausgewertet. Beide Beispiele aus Reggio zeigen, daß eine Planung des pädagogischen Alltags keine Verplanung von Kinder und Erzieherinnen bedeuten muß. Im Gegenteil: Auf der Grundlage genauer Beobachtungen der Mitarbeiter werden die aktuellen Interessen der Kinder aufgegriffen und diese fließen ein in Vorschläge und Ideen für die praktische Arbeit der kommenden Zeit. „Unsere Aktivitäten und Vorschläge müssen sich auf das Kind beziehen, das wir vor uns haben, nicht auf das Kind, das nur in theoretischen Entwicklungsmethoden existiert."

Dreier, A.: a. a. O., S. 126 ff.

Zwar haben die Erzieherinnen im Rahmen ihrer internen Fortbildungen die Möglichkeit, theoretisches Wissen über die Entwicklung von Kindern zu erwerben und mit ihren Eindrücken aus der Praxis zu verbinden. In diesem Sinne werden sie zu vielfältigen Themenbereichen beraten und fortgebildet. Die Verantwortung für die Entwicklung der Konzeptionen tragen jedoch die Mitarbeiter einer Einrichtung selbst, denn sie gelten als kompetente Organisatoren und Gestalter ihrer eigenen Praxis. Demzufolge werden keine festen Programme mit der Auflage ihrer minutiösen Einlösung „von oben" an sie herangetragen. Erfahrungen zeigen, daß starre Konzepte, die außerhalb der pädagogischen Praxis entwickelt werden, Erzieherinnen wenig Unterstützung geben. Vielmehr führen sie häufig im Alltag dazu, daß sich ein „geheimer Lehrplan" durchsetzt, indem Praktiker mittels eigener Ideen diese realitätsfernen Konzepte zu umgehen versuchen.

In Reggio entscheiden die Erzieherinnen selbst über die Ziele und Wege ihrer Praxis. Ihre Eindrücke und Ideen können sie im Team diskutieren, wobei folgende Fragen einen wichtigen Stellenwert einnehmen: Womit sind unsere Kinder beschäftigt? Wo brauchen sie unsere Unterstützung? Wo können sie autonom handeln? Wie können wir ihre Interessen weiter anregen? Die Auseinandersetzung zwischen allen Mitarbeitern wird als besonders wichtig erachtet, ermöglicht sie doch einen Austausch über die jeweiligen Interessen der einzelnen und eine Verständigung über gemeinsame Ziele.

Eine für die Reggio-Pädagogik eminent wichtige, bei uns nahezu unbekannte Methode ist die Dokumentation. Deshalb soll sie hier besonders erwähnt werden.
Dokumentation, das kann eine gemalte Bildergeschichte auf einer großen Wandzeitung sein, die eine Exkursion der Kinder festhält, es gibt Fotoserien, die die Kinder bei ihren Aktivitäten zeigen. Dokumentation, das sind aber auch Ton-, Mal- oder Schneidearbeiten, die von den Erzieherinnen mit Kommentaren der Kinder zu ihren Produkten versehen werden. Manche Werke sind von den Kindern in ungelenken Buchstaben eigenhändig beschrieben.

Es können Pläne von Projekten sein, die auf der Piazza ausgehängt, Eltern und Besuchern verdeutlichen, was der Kindergarten sich in der nächsten Zeit vorgenommen hat. Auf Dokumenten ist aber auch die Entwicklung der Kinder festgehalten, etwa in Daten wie Größe, Gewicht. Daneben hängen Aussagen über das Lieblingskuscheltier oder das Lieblingsessen des jeweiligen Kindes. An einer anderen Wand wird das Wetter der letzten Wochen mit Hilfe von Symbolen dokumentiert. Daneben gibt es Informationstafeln mit Speiseplänen, Informationen der Leitungsgremien, Adressenlisten der Eltern. Solche sprechenden Wände gibt es in allen kommunalen Einrichtungen. Neben diesen eher allgemeinen Informationen gibt es noch solche, die detailliert die individuelle Entwicklung jedes Kindes festhalten.

Text 3:

Während unseres Rundgangs fällt uns auf, daß Erzieherinnen mit Kassettenrecordern die Gespräche von spielenden Kindern aufnehmen. In fast jeder Kindergruppe ist eine Erzieherin damit beschäftigt, auf teilweise vorstrukturierten Beobachtungsbogen Notizen zu den Gesprächen und dem Verhalten der Kinder zu machen. Diese Art des Beobachtens und Festhaltens von Eindrücken finden wir ungewöhnlich, ja zum Teil befremdlich. Wir befürchten, daß mit diesen Notizen und Gesprächsaufnahmen die Intimsphäre der Kinder verletzt werden könnte, daß eine Kontrolle entsteht und die Spontaneität im Spiel eingeschränkt werden könnte.

Wir können uns nicht so recht vorstellen, wie man das Beobachtungsmaterial sinnvoll auswerten kann. Im anschließenden Gespräch mit der Werkstattleiterin der Kindertagesstätte erfahren wir Näheres:

Eine sinnvolle pädagogische Arbeit, so sagt sie weiter, könne sie sich ohne diese Beobachtungen und ohne Dokumentationen nicht mehr vorstellen. Man erhalte Einblick in die Arbeitsweisen, Vorstellungen, Gefühle und das Verhalten der Kinder, und man könne erkennen, wie Kinder Beziehungen untereinander, zu Erwachsenen, zu Tieren, Pflanzen, Dingen, Räumen und Geschichten aufbauen und gestalten.

Die Werkstattleiterin zeigt auf verschiedene Tonfiguren und erklärt uns: „Das da vorne sind alles Figuren, die dreijährige Kinder gemacht haben. Die schriftliche Dokumentation enthält keine Worte, die sich die Kinder untereinander sagten, und auch die Fotos zeigen die Kinder, während sie arbeiteten. Wenn man nur das Endprodukt, also die Tonfiguren, sieht, versteht man überhaupt nichts. Man kann den Prozeß nicht nachvollziehen, den die Kinder durchlaufen haben. Ich will auch nicht, daß dieser Prozeß nur in meiner Erinnerung ist. Erziehung ist eine öffentliche Diskussion zwischen Eltern und Erziehern. Die Worte die hier geschrieben stehen, geben den anderen Erwachsenen, die an diesem Tag nicht da waren, die Möglichkeit, den Prozeß nachzuvollziehen. Sie wissen, was die Kinder gemacht haben und was in ihnen vorgegangen ist. Sie sind nicht auf das angewiesen, was hinterher die Erzieherin erzählt. Das kann etwas ganz anderes sein."

Es kommt also nicht nur darauf an, daß Kinder schöne Dinge gestalten, und es kommt auch nicht darauf an, diese schönen Dinge einfach auszustellen oder abzufotografieren, um sie zu bestaunen oder sie bestaunen zu lassen. Es kommt darauf an, die Denk-, Lern- und Entwicklungsprozesse der Kinder transparent zu machen. Die aus der Dokumentation und der anschließenden Reflexion gewonnenen Erkenntnisse fließen in die Theorie und die Praxis ein.

Diese arbeitsaufwendige Dokumentation ist nur durch eine entsprechende Organisation und Arbeitsplanung möglich, die die Reflexion der Praxis berücksichtigt.

„Da in einer Gruppe mindestens zwei Erzieherinnen beziehungsweise Erzieher arbeiten, können wir in Kleingruppen arbeiten und differenziert beobachten. Diese Kleingruppenarbeit macht das Beobachten erst möglich. Eine Erzieherin mit 25 Kindern wird nicht gezielt beobachten können. Mittags schlafen die Kinder eineinhalb Stunden. Diese Zeit nutzt die Erzieherin, die am Morgen aufgenommenen Gespräche abzuhören und zu transkribieren.

Sie zieht sich zurück und arbeitet damit. Jede Erzieherin und jeder Erzieher verfügt über sechs wöchentliche Arbeitsstunden für Vor- und Nachbereitungen. Diese Zeit kann auch zur Auswertung des Beobachtungsmaterials genutzt werden."

Krieg, E.: a. a. O., S. 88

Die Bedeutung der Dokumentation im Konzept der Reggio-Pädagogik faßt der folgende Text zusammen.

Text 4:

1. Durch das Mittel der Dokumentation erfahren die Kinder eine besondere Beachtung ihrer Produkte. Sie erleben, daß sie wichtig und ernst genommen werden mit dem, was sie erarbeiten, denken und fühlen. Diese besondere Wertschätzung fördert das Selbstbewußtsein und die Ich-Identität des Kindes. Sie ist ein Beitrag zur Selbstsicherheit, zum Wohlbefinden und zur Eigenständigkeit des Kindes.

2. Die Dokumentation ist ein Mittel, um die Wahrnehmungsfähigkeit der Kinder zu fördern. Dazu gehört, daß die Kinder die Möglichkeit erhalten, ihre Wahrnehmungen mit allen verfügbaren Mitteln auszudrücken, zum Beispiel mit Bildern, Bewegungen, Worten, Tönen, Gesten oder Werkarbeiten.

3. Visualisierung spielt hierbei eine wichtige Rolle. Es werden Formen gesucht und erfunden, um Erlebtes, Gefühltes, Erzähltes sichtbar zu machen. Abläufe werden in Bildern und Zeichen festgehalten.

4. Die Kinder können an Hand ihrer eigenen Werke vergleichen, was sie dazugelernt haben. Ihre eigene Entwicklung wird ihnen bewußt.

5. Durch die Dokumentationen sehen die Kinder auch das Wachsen und Lernen der anderen Kinder. Sie erleben sich und die anderen als tätige, gestaltende, lernende und verändernde Individuen. Sie erfahren, daß sie einerseits als Individuum ernst genommen werden, andererseits als Mitglied in eine Gemeinschaft eingebunden sind. Sie erkennen in den Dokumentationen ihre aktive Beteiligung an gemeinsamen Geschehnissen.

6. Kinder lernen sich gemeinsam zu erinnern. Zum Beispiel werden gesammelte Erinnerungsstücke von Unternehmungen und Ausflügen an Pinnwände geheftet, oder es werden Bücher hergestellt. Beim gemeinsamen Betrachten können die Kinder ihre Erinnerungen rekonstruieren. Die Kinder erhalten damit die Möglichkeit, Wandtafeln wie ein gemeinsames Buch zu lesen.

7. Durch die Dokumentationen haben die Kinder die Möglichkeit, bereits verstandene Lernprozesse wiederzuerkennen. Das vermittelt ihnen ein Erfolgserlebnis. Sie erhalten die Möglichkeit, den Prozeß in einer etwas veränderten Form zu wiederholen. Hierbei spielen Fotodokumentationen über den Arbeitsvorgang eine wichtige Rolle. Diese Fotodokumentationen lenken den Blick von dem Produkt auf den Prozeß, welcher sich während der Erarbeitung vollzogen hat.

8. Durch das Dokumentieren von gemeinsamen Verantwortlichkeiten in Form von selbstgestalteten Plänen soll das Verantwortungs- und Zugehörigkeitsgefühl der Kinder gefördert werden.

9. Dokumentationen, die sich mit dem Kalender, mit dem Wetter, den Geburtstagen, den Ferien und ähnlichem befassen, können zur zeitlichen Orientierung der Kinder beitragen.

10. Es gibt Dokumentationen, die sich mit räumlichen Distanzen und Gegebenheiten befassen. Sie helfen den Kindern bei ihrer räumlichen Orientierung. Dies kann sich in selbstgebastelten oder nachgebauten Häusern, Räumen oder Landschaften ausdrücken.

11. Die Dokumentation kann ein Mittel sein, um neue Beziehungen in einer fremden Umgebung zu knüpfen. Ein Beispiel: Einige Kinder haben zuvor eine kommunale Kinderkrippe besucht. Wechselt ein Kind von der Krippe in die Tagesstätte, so wird in gemeinsamer Arbeit von Erzieherinnen und Erziehern, Eltern und Kind ein Buch über die Entwicklung und die

Erlebnisse des Kindes angefertigt. Es enthält Zeichnungen und Fotos des Kindes. Diese Fotos können von seiner Familie oder von seinen Freunden sein. Vielleicht enthält es das Lieblingslied des Kindes, seine Ferien- und Ausflugserlebnisse oder vom Kind erfundene Geschichten. Wechselt das Kind in den Kindergarten, nimmt es dieses Buch mit.

12. Bei der Auseinandersetzung der Kinder mit ihrer Umwelt und ihren Erfahrungen gibt es keine Tabuthemen. Auch gesellschaftliche und politische Themen werden von den Erzieherinnen und Erziehern aufgegriffen, wenn die Kinder sie zur Sprache bringen oder wenn sie die Erlebniswelt der Kinder berühren. – In der Kindertagesstätte „Diana" sahen wir eine Dokumentation mit Bildern und Gedanken der Kinder zum Golfkrieg und zur Zerstörung der Natur durch Umweltbelastungen.

Krieg, E.: a. a. O., S. 92-94

Sollte man das methodische Vorgehen der Reggianer mit einem Begriff kennzeichnen, wäre wohl am ehesten der des entdeckenden Lernens im Dialog angemessen. Was heißt das?

Text 5:

„Das Schatten-Projekt"

Alles beginnt mit dem aufmerksamen Hinsehen und Hinhören der Erwachsenen, das zu Entdeckungen führt. Eines von vielen Beispielen: Uns ist „ein Mädchen von 28 Monaten aufgefallen, das draußen in der Sonne vor einer kleinen Mauer stand, auf die sein Schatten fiel, und wir sahen, daß es seinen Schatten ansah. Es war zu einer Jahreszeit, in der es vorkommt, daß Wolken die Sonne verdecken, und so war es auch. Eine Wolke schob sich vor die Sonne. Auf der Mauer verschwand der Schatten des Kindes. Das Kind war offensichtlich erstaunt. Dann lief es um die kleine Mauer herum, augenscheinlich um zu sehen, wo der Schatten geblieben sei. Denn das Mädchen guckte nicht nur hinter der Mauer nach, sondern lief auch zu einem Auto, um darunter nachzuschauen." (Tiziana Filippini, Vortrag) Wenn, wie in Reggio, diese kurze Beobachtung einer für ein ungeübtes Auge unscheinbaren Situation zu einer Beachtung wird, begleitet von Staunen und Verwunderung, entwickelt sich zweierlei: Die Erzieherinnen werden neugierig. Sie beginnen, sich für das Phänomen „Schatten" zu interessieren und dafür, wie andere Kinder diesem Phänomen begegnen. Was zunächst als „Zufall" erscheint, wird gezielt erkundet. Weitere Beobachtungen, die den Dialogen der Kinder zuhören und ihren Handlungen zuschauen, das Festhalten und der Austausch dieser Beobachtungen ergeben interessante Ergebnisse ...

Kommen wir zurück zu dem Projekt „Schatten". Jetzt beginnen die Erwachsenen, sich zu fragen, was sie über den Schatten wissen, was er ihnen bedeutet, über welche Erfahrungen sie verfügen. Es beginnt ein gemeinsamer Lernprozeß – in den übrigens auch die Eltern der Kinder einbezogen werden –, der Fortbildungscharakter annimmt. Das Sammeln von Material und Erfahrungen, die Auseinandersetzung mit dem Thema bringen die Erwachsenen um eine Idee und eine Neugier herum zusammen; Interesse an dem fremden, noch wenig vertrauten Thema macht aus Einzelpersonen ein Lern- und Forschungskollektiv. Die so erworbenen und gesammelten Kenntnisse werfen Fragen und Überraschungen auf: „Vom Schatten, der Tod bedeutet, zum Schatten, der Leben heißt, vom magischen Glauben zu geometrischen Gesetzen, vom Schattentheater zum Zeitgefühl – unendlich viele Verweise im Laufe der Geschichte zeigen uns, daß Schatten nicht nur Imagination, sondern auch Ratio und Logik stark anregten, während er sich auf einem interessanten Schnittpunkt zwischen Physik und Metaphysik ansiedelte. Doch was ist der Grund für dieses Interesse, oder genauer die Unruhe, die durch die Schatten hervorgerufen wird? Diese Fragestellung ist von den unterschiedlichsten menschlichen Gruppen untersucht worden, aber nur selten hat man sich gefragt, was die kindliche Auffassung diesbezüglich sein könnte. Und das vielleicht aufgrund der

Tendenz, das Kind als ein passives, vollständig von der sozialen und kulturellen Umgebung geformtes Wesen aufzufassen." (Mariano Dolci)

Dem widersprechen sehr deutlich die Beobachtungen der Erzieherinnen in Reggio. Darüber hinaus stellen sie fest, daß jedes Kind einen individuellen unterschiedlichen Zugang zum Thema „Schatten" gestaltet, je nach dem Zusammenhang, dem emotionalen Befinden des Kindes und Vorerfahrungen. . . .

Während des Schattenprojekts haben die Erzieherinnen in Reggio mit unterschiedlichen Impulsen „eingegriffen", aber immer mit dem Ziel, neue Schritte der Erfahrung und Erkenntnis zu ermöglichen, nicht, um eine Erklärung selbst zu geben oder ein Resultat festzulegen. Sie schaffen Möglichkeiten des Lernens, „kleine Situationen" des Aufbrechens, Forschens, Überprüfens, Klärens: So zeichneten sie zum Beispiel mit den Kindern die Umrisse ihrer Schatten an die Wand, auf die Erde oder auf Papier, um zu erleben, wie sich der Schatten aus den Umrissen befreit und wandert. Äußerungen der Kinder zu dieser Erfahrung: „Man kann versuchen, den Schatten mit einem riesigen Stein zu bedecken . . . Mit allen Steinchen, ganz vielen, ganz vielen (. . .) Er läßt sich nicht bedecken (. . .) Versuchen wir es mit einem Laken? Komm, wir versuchen, ihn zu fangen . . ." (Sergi Spaggiari)

Mit verschiedenen Lichtquellen werden die Kinder ermuntert, Regisseure ihrer Schatten zu werden, sich Gedanken über die Zugehörigkeit zueinander zu machen. Elisa, 5,3 Jahre, sagt: „Ihm gefällt es, mein Schatten zu sein. Stell' dir mal vor, wenn ich mit Schleier heirate. Er wird froh sein, einen langen Schleier aus Schatten zu haben, ja sogar noch länger als meiner, denn der Schatten ist länger." (ebd.)

Kindern wird ermöglicht, Erfahrungen mit Schatten in den verschiedensten Situationen zu erproben und zu gestalten. Diese Situationen sind als Fragen in ihren Hypothesen enthalten; die Erzieherinnen greifen sie auf, lassen sie dadurch wirklich und überprüfbar werden. Einige Situationen sind auch Ausdruck des Wissens und der Erfahrung der Erwachsenen, sie konfrontieren Kinder damit und schaffen neue Lernanlässe. Die folgende kleine Auswahl von Kinderäußerungen macht deutlich, wie vielfältig diese Situationen für Erfahrungen sind und um wie vieles vielfältiger die Interpretationen, mit denen die Kinder diese Situationen zu erfassen versuchen: „Die Schuhe befestigen den Schatten an den Füßen (. . .) Wenn ich deine Schuhe anziehe, vertauschen sich dann unsere Schatten?"

„Sieht man in dem Schatten von dem Zebra die weißen oder die schwarzen Streifen besser?"

„Der Schatten der Bäume bewegt sich, wenn Wind da ist, der Schatten der Dinge verbiegt sich."

„Mein Schatten ist ganz stufig geworden, aber macht der Schatten jede Form?"

„Wenn es regnet, ist der Schatten nicht da: Er geht in uns, um nicht naß zu werden."

„Wenn ein Kind ganz klein ist, hat es den Schatten in dem Bauch der Mutter."

„Der Schatten ist genau, wie wenn du dich im Spiegel siehst, nur drinnen hat er nichts, er ist ganz schwarz und lacht nicht."

„Die Schatten kommen aus dem Kopf, aus dem Gehirn. Wenn jemand stirbt, stirbt auch der Schatten."

„Die Säule hat sich nicht bewegt, aber der Schatten hat seinen Platz geändert."

„Alles hat einen Schatten, außer der Ameise."

Schatten mit der Taschenlampe sind anders (und vor allem anders beeinflußbar) als Schatten durch die Sonne; Schatten mit mehreren oder farbigen Lichtquellen führen zu ungeahnten Neuentdeckungen. Schatten in der Nacht, gibt es das? Malaguzzi formuliert, was die Kinder in solchen Projekten lernen:

◆ daß es unerläßlich ist, über die Dinge Gedanken und Wörter zu besitzen;
◆ daß Dinge zu verstehen oft heißt, die eigenen Gedanken und Wörter zu verändern;
◆ daß diese Veränderungen sich oft durch Kommunikation mit den Gleichaltrigen oder Erwachsenen vollziehen;
◆ daß, wenn diese Fakten stattfinden, man häufig eine leichte Bewegung spürt, die den Körper, die Gefühle, den Geist und die Beziehung zu den Dingen und den anderen überkommt. (ebd.)

Um dieses Lernen möglich zu machen – so Malaguzzi weiter –, „sind zwei Bedingungen notwendig: Die Kinder müssen das Glück

haben, mit anderen Kindern (und dem Schatten) zusammenzusein, um so einen überaus fruchtbaren Markt an Ideen, Austausch und kooperativen Konflikten aufzubauen, den kein Erwachsener anregen und aufbauen könnte; die
Kazemi-Veisani, a.a.O., S. 35 ff.

Kinder müssen Freiheit haben. So daß sie sie als eine Kraft empfinden, die es ihnen erlaubt, ohne Beunruhigungen und Ängste zu denken, zu handeln und zu verhandeln."
(Loris Malaguzzi, ebd.)

AUFGABEN

1. Was versteht die Reggio-Pädagogik unter umfassend gebildeter kindlicher Persönlichkeit (Text 1)?
2. Woher bezieht sie die Inhalte ihrer Arbeit?
3. Erarbeiten Sie aus dem Text 2, wie sich konkret die Planung der pädagogischen Arbeit vollzieht. Halten Sie die Ergebnisse der einzelnen Planungsschritte auf einer Wandzeitung fest.
4. Befragen Sie Erzieherinnen in Tageseinrichtungen Ihres Einzugsbereichs nach ihrem Planungsverhalten. Vergleichen Sie die Planungsansätze.
5. Welche Aufgabe hat in der Reggio-Pädagogik die Methode der Dokumentation, und welche unterschiedlichen Formen der Dokumentation lassen sich unterscheiden (Text 3)?
6. Wie beurteilen Sie die Dokumentation der individuellen Entwicklung von Kindern? Besteht nicht die Gefahr, daß die Intimsphäre der Kinder verletzt wird?
7. Wie ist Ihre Meinung zur Dokumentation von allgemeinen gesellschaftspolitischen Themen wie Krieg oder Umweltzerstörung? Gehören diese Themen in den Kindergarten?
8. Wie würden Sie mit eigenen Worten den Begriff „entdeckendes Lernen im Dialog" zusammenfassen? Welche Elemente gehören aus Ihrer Sicht unbedingt dazu (Text 5)?
9. Das Schatten-Projekt entsteht aus der Beobachtung eines kleinen Mädchens beim Spielen im Freien. Alles beginnt mit dem aufmerksamen Hinsehen und Hinhören der Erwachsenen, lautet der erste Satz dieses Berichtes.
   a. Verlegen Sie den Didaktik-Methodik-Unterricht in Kleingruppen in sozialpädagogische Einrichtungen im Umfeld Ihrer Schule. Jede Gruppe hat die Aufgabe, aufmerksam hinzusehen und hinzuhören.
   b. Halten Sie alles fest, was sich aus Ihrer Sicht für ein mögliches Projekt im Sinne der Reggio-Pädagogik eignet. Tragen Sie in Ihrer Kleingruppe die unterschiedlichen Ergebnisse zusammen, und einigen Sie sich auf ein gemeinsames Projektthema.
   c. Entwickeln Sie ein möglichst vielfältiges Projekt, das den Ansprüchen der Reggianer gerecht wird und für Kinder das Thema in seiner **ganzen** Breite aufschließt. Stellen Sie Ihr Projekt im Klassenverband vor.
10. Abschlußaufgabe:
    Zum Abschluß dieses Kapitels sollten Sie sich die drei vorgestellten Ansätze
    ◆ Situationsansatz
    ◆ Offener Kindergarten
    ◆ Reggio-Pädagogik
    noch einmal vergegenwärtigen.
    a. Gibt es eindeutige Präferenzen für ein Konzept? Begründen Sie Ihre Entscheidung.
    b. Gibt es eventuell bei allen drei Konzepten Gemeinsamkeiten oder übereinstimmende Sichtweisen, die eine Integration der drei Ansätze erlauben?
    c. Entwickeln Sie einen Ansatz, der Ihrer Orientierung am nächsten kommt, wobei Sie sich an der Systematik des Kapitels orientieren sollten (Menschenbild, Organisationsstruktur, Erzieherrolle, Raumkonzept, Planungskonzept etc.).

Lesetip

Colberg-Schrader, H., u. a.: Soziales Lernen im Kindergarten. München 1991
Dörfler, M.: Das ganze Haus ist Gruppenraum. In: Welt des Kindes, H. 3, 1995, S. 42–45
Dreier, A.: Was tut der Wind, wenn er nicht weht? Berlin 1994
Impulse aus Reggio/Emilia. In: Klein & Groß, H. 11–12, 1995, S. 6–10, S. 16–17, S. 18–23
Kazemi-Veisari, E.: Der Situationsansatz. In: kindergarten heute, H. 10, 1995, S. 3–10
Regel, G./Wieland, A. J. (Hrsg.): Offener Kindergarten Konkret, Hamburg 1993

Weitere Literatur- und Informationshinweise

AG Vorschulerziehung: Anregungen I: Zur pädagogischen Arbeit im Kindergarten. München 1973
AG Vorschulerziehung: Anregungen II: Zur Ausstattung des Kindergartens. München 1973
AG Vorschulerziehung: Anregungen III: Didaktische Einheiten im Kindergarten. München 1976

Becker-Textor, I.: Maria Montessori – Erziehung zur Selbständigkeit. In: kindergarten heute, H. 1, 1996, S. 3–8

Büchsenschütz, J./Regel, G. (Hrsg.): Kindgemäßes Lernen im Vorschulalter. Hamburg 1990

Colberg-Schrader, H./Krug, M.: Lebensnahes Lernen im Kindergarten. München 1980

Deutsche Sportjugend (Hrsg.): 5 Filme zur Psychomotorik. Frankfurt 1990

Faust-Siehl, G.: Mit Kindern Stille entdecken. Frankfurt 1993

Fink, M., u. a.: „Meditieren mit Kindern". Mülheim 1994 (Anleitungsbuch/Kassette/Dias)

Göhlich, H. D. M.: Reggio-Pädagogik. Frankfurt 1993

Hermann, G.: Das Auge schläft, bis es der Geist mit einer Frage weckt. Berlin 1984

Kazemi-Veisari, E.: Reggio-Pädagogik. In: kindergarten heute, H. 3, 1996, S. 3–11

Korczak, J.: Wie man ein Kind lieben soll. Göttingen 1992

Krenz, A.: Der situationsorientierte Ansatz im Kindergarten. Freiburg 1991

Krieg, E.: Hundert Welten entdecken. Essen 1990

Kühne, Th./Regel, G. (Hrsg.): Erlebnisorientiertes Arbeiten im offenen Kindergarten. Hamburg 1996

MAGS-NW (Hg.): „Bewegungserziehung im Kindergarten". Düsseldorf 1991

Mahlke, W./Schwarte, N.: Raum für Kinder. Weinheim 1991

Maschwitz, G. u. R.: „Gemeinsam Stille entdecken". München 1995

dies.: „Stille-Übungen mit Kindern". München 1993

Montessori, Fröbel: Reggio, Situationsansatz. In: Kinderzeit, H. 4, 1994

Regel, G./Wieland, A. J. (Hrsg.): Psychomotorik im Kindergarten. Hamburg 1984

Schäfer, G. E.: Die Lust am Lernen, Wahrnehmen und Verstehen. In: Welt des Kindes, H. 3, 1994, S. 23–29

Weitere Informationen zur Reggio-Pädagogik sind unter folgender Adresse erhältlich:
Reggio Children Germany
Universität Potsdam
Institut für Grundschulpädagogik
z. Hd. Frau E. Rahn
Postfach 60 15 53
14415 Potsdam

Sommer, B.: „Tausend-Fühler – Kreativität in Krippe und Kindergarten". Neuwied 1993

Stoll, S.: Der Situationsansatz im Kindergarten. Berlin 1995

Textor, M. R.: Projektarbeit im Kindergarten. Freiburg – Basel – Wien 1995

Wagner, R.: Naturspielräume gestalten und erleben. Münster 1994

Zeitschrift: „Groß und Klein", Heft 11–12/95, Thema: „Impulse aus Reggio"

Zimmer, R.: Psychomotorik – mehr als ein Reizwort. In: kindergarten heute, H. 4, 1991, S. 18–20

Zimmer, R.: Kreative Bewegungsspiele. Freiburg 1989

Zimmer, R.: Handbuch der Bewegungserziehung. Freiburg 1993

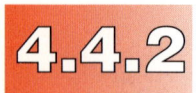

4.4.2 Arbeitsfeld: Offene Kinder- und Jugendarbeit

SZENARIO

Alltag im Jugendzentrum

Als ich mich gegen 15.00 Uhr der „Pappschachtel", so wird das Jugendzentrum wegen seiner Bauweise von den Besuchern genannt, nähere, stehen vor der Tür fünf türkische Jugendliche um ein Moped versammelt, sich in ihrer Muttersprache unterhaltend.

Das Willi-Graf-Haus, benannt nach einem Mitglied der studentischen Widerstandsgruppe „Die weiße Rose", der im Oktober 1943 von den Nazis hingerichtet wurde, ist ein städtisches Haus der offenen Tür, konzipiert für Jugendliche ab 14 Jahren. „Die Altersgrenze hat sich inzwischen weit nach unten verschoben. Das gleiche gilt aber auch umgekehrt. Heute haben wir oft Kinder von sechs bis sieben Jahren, genauso wie 25jährige, die nicht vom Haus lösen können oder die einfach nur kommen, weil sie sonst nicht wissen, was sie machen sollen", erklärt mir der Leiter der Einrichtung, einer von zwei hauptamtlichen Mitarbeitern. Daneben gibt es noch drei Honorarkräfte für die Schulaufgabenhilfe, die sich wachsender Beliebtheit erfreut. Eine Hauswirtschafterin versorgt die Kinder, die nach der Schule nicht nach Hause können, seit einigen Wochen mittags mit einer warmen Mahlzeit. Ein Modellversuch, der erst schleppend anläuft und von dem man noch nicht weiß, ob und wie er weiterfinanziert wird. Wir stehen in der Halle. Die übliche Einrichtung! In einer Ecke ein Kickerkasten, gegenüber die Tischtennisplatte, an der zwei Jugendliche spielen. In einer Sitzecke spielen vier andere Jugendliche Karten. Neben der Sitzecke ein Billardtisch. Zwei Jugendliche spielen, vier andere stehen um den Tisch herum und kommentieren die einzelnen Spielzüge. Ebenfalls auf türkisch, wie mir auffällt.

„Wir haben ein Einzugsgebiet, in dem sehr viele türkische Familien leben. Die Männer haben früher in den umliegenden Stahlwerken gearbeitet. Heute sind die meisten davon stillgelegt. Natürlich besuchen die Kinder unsere Einrichtung. Leider hat das dazu geführt, daß immer mehr deutsche Jugendliche weggeblieben sind. Außerdem haben wir kaum noch Mädchen im Haus. Die türkischen Mädchen dürfen hier nicht her, die deutschen Mädchen trauen sich nicht wegen der vielen türkischen Jungen. Die deutschen Jungen, die noch hierher kommen, sind die, die sich andere Angebote nicht leisten können", sagt der Leiter. Die Tür zu seinem Büro hat außen keine Klinke. „Manchmal hält man es hier draußen nicht mehr aus. Dann ist man froh, wenn man mal ein paar Minuten ungestört ist." An einer Theke vorbei, die von einem ehrenamtlichen Mitarbeiter betreut wird, gehen wir ins Obergeschoß. Hier gibt es drei Räume. „Der Teeniebereich", bemerkt der Leiter. „Seit wir so viele Kinder hier haben, sind die Bereiche getrennt. Unten ab 14, oben bis 14." In einem Raum gibt es mehrere Tischspiele und Bücher. Im Nebenraum einen Fernseher und ein Videogerät, der große Raum wird für unterschiedliche Aktivitäten genutzt. Im Augenblick sitzen hier etwa 15 Kinder bei den Hausarbeiten.

Im Keller des Gebäudes gibt es noch eine Disko. „Findet aber zur Zeit nicht statt. Ein Lautsprecher ist kaputt, und wir haben kein Geld für die Reparatur. Außerdem hat es zuletzt viel Ärger gegeben. Die Nachbarn haben sich dauernd beschwert. Neben der Disko gibt es noch einen Werkraum und ein Fotolabor. Beide Räume machen den Eindruck, als seien sie länger nicht genutzt worden. Ich traue mich aber nicht zu fragen. Der Leiter merkt wohl etwas. „Wir sind froh, wenn wir den Tag einigermaßen rumkriegen. Außerdem haben die Jugendlichen keine große Lust, hier irgendwelche Angebote wahrzunehmen. Das einzige, was läuft, ist hin und wieder ein Film. Da kann man sich zurücklehnen und abschalten. Mein Eindruck ist, daß die Jugendlichen hier einen Raum suchen, wo sie ihre Ruhe haben. Den bieten wir ihnen. Bei den Kindern ist das anders. Die sind unheimlich froh, wenn wir was anbieten. Aber dazu fehlt meistens die Zeit oder das Geld. Oft leider beides. Man wird hier immer mehr zum Türschließer." Wie es denn mit dem Besuch steht, will ich wissen. „Das richtet sich ganz nach der Jahreszeit und den sonstigen Angeboten außerhalb unsres Hauses. Wir haben im Teeniebereich einen Stamm von 20-30 Kindern. Im Jugendbereich gehören zum harten Kern etwa 30. Gegenüber dem Jugendamt sind es natürlich mehr. Sonst könnten wir das Haus dichtmachen. Die nutzen im Augenblick doch jede Chance, um Geld zu sparen."

Der Leiter arbeitet seit sechs Jahren in der Einrichtung. Sein Kollege seit vier Jahren. „In den 20 Jahren, die das Haus jetzt besteht, gab es eine Unmenge von Mitarbeitern. Sobald die etwas Besseres gefunden hatten, waren alle weg. Kein Wunder, bei dem Streß und den ungünstigen Arbeitszeiten. Ich bin auch auf dem Sprung. Aber, wo will ich hin, bei der derzeitigen Arbeitsplatzsituation. Also bleibe ich und versuche das Beste daraus zu machen."

AUFGABEN

1. Worin sieht der Leiter des Willi-Graf-Hauses die Hauptprobleme der Arbeit in seiner Einrichtung?
2. Was erfahren Sie aus dem Bericht über die Ausstattung und das Angebot der Einrichtung?
3. Erarbeiten Sie in der Klasse einen Fragebogen, mit dem Sie die Situation der Häuser der offenen Tür im Einzugsbereich Ihrer Schule untersuchen.
4. Suchen Sie, nach Anmeldung, in Kleingruppen die Einrichtungen auf, befragen Sie Mitarbeiterinnen und Besucher. Machen Sie eventuell Fotos von den Räumlichkeiten.
5. Tragen Sie die Ergebnisse in der Klasse zusammen. Vergleichen Sie Ihre Eindrücke mit dem Eingangsbeispiel.

Jugend heute

Das man von „der" Jugend heute nicht mehr sprechen kann, gehört inzwischen zu den Allgemeinplätzen (obwohl es immer noch und immer wieder getan wird). Vielleicht konnte man es ja nie! Obwohl: War nicht früher alles doch etwas überschaubarer? War nicht, wer einmal Rocker war, immer Rocker? Die Jugendsoziologie hat es sich zumindest lange Zeit einfach gemacht. Hier die Mittelschicht, da die Unterschicht, hier die Arbeiterjugend, da die bürgerliche Jugend, hier die Halbstarken mit ihren Mopeds, dem Rock 'n' Roll und den ersten Jugendunruhen, da die angepaßten Bravo-Leserinnen, er mit weißem Hemd und Krawatte, sie mit Kniestrümpfen und Pettycoat. Heute existiert alles nebeneinander und gleichzeitig, die Stile wechseln in einem Tempo, daß es Erzieherinnen, Lehrerinnen und Sozialpädagoginnen den Atem verschlägt. Wer heute noch „Punk" war, ist morgen schon „Grufty" – und übermorgen? Wer heute Jugendarbeit macht, muß wissen, mit wem er es zu tun hat. Hier zwei Versuche!

Text 1:

Peter König
Wir Voodookinder

„Die erste Generation schafft Vermögen, die zweite verwaltet Vermögen, die dritte studiert Kunstgeschichte und die vierte verkommt." (Bismarck)

„And as the song and dance begins, the children play at home with needles and pins." (Genesis)

„No No No No No No No No No No No there's no limit." (Too Unlimited)

Versucht nicht, uns zu verstehen.

Ihr könnt uns untersuchen, befragen, interviewen, Statistiken über uns aufstellen, sie auswerten, interpretieren, verwerfen, Theorien entwickeln und diskutieren, Vermutungen anstellen, Schlüsse ziehen, Sachverhalte klären, Ergebnisse verkünden, sogar daran glauben. Unseretwegen. Aber ihr werdet uns nicht verstehen.

Wir sind anders als ihr.

Wir kopieren eure Moden und Utopien, wir haben von euch gelernt, wie man sich durchwindet, durchfrißt, wir sind alle kleine Schmarotzer in euren Häusern, behütet durch dicke Polster aus Wohlstand, die angelegt wurden, weil wir es einmal besser haben sollten. Wir nehmen eure Wohnungen und euren Besitz in Anspruch, warum sollten wir nicht noch mehr wollen, wenn wir schon alles haben; unsere Ansprüche sind groß und selbstverständlich und einer Konsumgesellschaft angemessen.

Wir nutzen eure Welt, aber wir verweigern das Nacheifern, wir funktionieren anders, wir sind anders konstruiert, sozialisiert, domestiziert, angeschmiert. Früher war alles anders, und deshalb kann man uns nicht mit früher vergleichen. Unsere Jugend ist anders, als eure war.

Wir sind anders als wir.

Kursbuch 113, Deutsche Jugend, September 1993.

Wir sind zu viele, zu verschieden, zu zersplittert, zu schillernd, zu gegensätzlich, zu unlogisch und zu abgeschottet und sektiererisch, als daß es ein großes, umfassendes *Wir* geben könnte. Wir benutzen es trotzdem.

Wir, das wechselt.

. . .

Text 2:

Jugendkultureller Szenen-Versuch einer Typologie

. . .

Schon der Versuch, das aktuelle Spektrum jugendkultureller Szenen zu beschreiben und einzuordnen, stellt sich als ausgesprochen schwierige Aufgabe dar. Charakteristisch für die Gegenwart ist im Unterschied zu den 50er und 60er Jahren eine quantitative Ausweitung und ästhetische Vielfalt jugendkultureller Stilformen. Gab es z.B. in den 50er Jahren nur wenige und auch milieuspezifische klar eingrenzbare jugendkulturelle Szenen in Gestalt der proletarischen Halbstarken und der aus bildungsbürgerlichem Milieu stammenden sog. Existentialisten, zu denen etwa 5-10% aller Jugendlichen gerechnet werden konnten, so werden gegenwärtig, das haben die beiden SHELL-Jugendstudien '81 und '85 gezeigt, ein breites Spektrum von expressiven Stilen und soziokulturellen Bewegungen von Jugendlichen im persönlichen und gesellschaftlichen Bereich als Orientierungsmarken genutzt, angefangen bei Umweltschützern, über Punks bis hin zu Disko- und Fußball-Fans. Konstatierbar ist momentan eine Ethnographie der kulturellen Vielfalt: Rocker, Skins, Popper, Yuppies, Grufties, Psychos, Teds, Grünies sind hierfür nur einige Stichworte. Auch wenn aktuelle quantitative Jugendstudien immer wieder darauf hinweisen, daß sich auch gegenwärtig nur Minderheiten von Jugendlichen zum „harten Kern" solcher jugendkulturellen Szenen dazurechnen, so bilden diese expressiven Gruppenstile doch heute ein eigenständiges Orientierungssystem für die Mehrzahl der Jugendlichen. An der zustimmenden und ablehnenden Stellungnahme zu bestimmten Stilen und Bewegungen bildet sich die zeitgenössische Jugend-Identität heraus. Die enorm gewachsene Optionsvielfalt jugendlicher Lebensstile, die pluralisierten Stilmischungen der Jugendkulturen sowie der sich in immer schnelleren Zyklen vollziehende Wechsel jugendkultureller Szenen macht es schwierig, die Gruppierungen und individuellen Stilprägungen in einem politisch und sozial griffigen Raster einzuordnen. Versuche, Jugendkulturen wissenschaftlich zu klassifizieren, laufen zudem stets Gefahr, dem Erfindungsreichtum von Jugend und Jugendkulturen hinterherzulaufen. Trotz dieser Problematik und eingedenk der Vergröberungen, die Typologien stets kennzeichnen, will ich im folgenden das scheinbar unüberschaubar gewordene Spektrum jugendkultureller Szenen in einem deskriptiven Zugriff in fünf Strömungen bündeln.

. . .

Text 3:

Das Spektrum jugendkultureller Szenen

Da sind zunächst die maskulin orientierten Jugendszenen, in denen gegenwartsbezogenes Handeln und eher aggressiv-körperliche Auseinandersetzungen mit vollem Risikoeinsatz vorherrschen. Die Betonung von Körperlichkeit und handwerklicher Geschicklichkeit, die Geringschätzung der Schule, das Streben nach Action und Abenteuer in einer als „Sturm- und Drang-Phase" verstandenen Jugendphase kennzeichnen diese Jugendlichen. Öffentliche Räume, Straßen und Plätze, werden durch diese Gruppen in oft spektakulären Aktionen symbolisch besetzt und gegen Außenstehende verteidigt. Zu diesen Szenen können die Gruppierungen der Rocker, Fußballfans, Skinheads, Moped-Gangs u. ä. gerechnet werden.

Da sind zweitens die verschiedenen Szenen der Institutionell-Integrierten, die Karl Lenz in seinem Einordnungsversuch auch als familienorientierte Jugendliche charakterisiert. Bei diesen Gruppen handelt es sich um die Mehrheit der in der Regel unauffälligen Jugendlichen, die sich in verschiedenen lokalen Hobbygruppen, Sport-, Feuerwehr-, Schützenvereinen, in kirchlichen oder verbandlichen Jugendgruppen treffen, ansonsten viel zu Hause sind und die an ihren Einstellungen zu Schule und Beruf sowie in ihren Lebensplänen ganz pragmatisch den gesellschaftlichen Leistungs- und Normalitätserwartungen gerecht zu werden suchen.

Zu nennen sind drittens die verschiedenen manieristischen Szenen. Hier handelt es sich wohl um die gegenwärtig auffälligsten, sich stark an Mode und Konsum orientierenden jugendkulturellen Gruppierungen, die sich mit Vorliebe an den Kulturorten der Zerstreuung, Diskos, Theater, Cafés, Cocktail-Bars, treffen.

Sie definieren sich mehr über das äußere Erscheinungsbild, über Musik, Bekleidung, Frisur und körperlichen Ausdruck, interessieren sich mehr für die eigene Person als für Gesellschaft und Umwelt. Diese hedonistisch orientierten Jugendlichen begreifen sich schon als partiell erwachsen, erstreben materiellen Wohlstand in Gegenwart und Zukunft, und vor diesem Hintergrund sind ihnen auch schulischer Erfolg und eine Arbeit, die Spaß machen soll, wichtig. Das ichbezogene lustbetonte Ausleben von Gegenwartsstimmungen sowie das Mißtrauen gegen alle utopiebezogenen Lebensentwürfe kennzeichnet den „Neuen Realismus" dieser manieristisch angehauchten jugendlichen Lebensweisen, deren Spektrum über Popper, New-waver bis hin zu den Yuppies reicht.

Zu erwähnen sind viertens jene zahlreichen und sehr verschiedenen Rückzugsszenen, die in Drogen, in religiösem Sektierertum, Satanskulten oder anderen Heilsgewißheiten ihre Zuflucht suchen. Da ist die Rede vom new age, der Forderung nach einer ganzheitlichen Übereinstimmung mit sich, der Natur und dem Kosmos, für die Capra, Ferguson oder Bahro die Vordenker sind, die die Apokalypse durch die Überwindung des nur utilitaristischen und instrumentell-rationalen Denkens zu verhindern suchen. Gerade von einer okkultisch magischen Bewegungswelle unter Jugendlichen wird in der jüngsten Zeit in den Medien immer häufiger berichtet, deren Praktiken vom Spiritismus mit Gläserrücken und „schreibenden" Tischen über die Begeisterung für Black-Metal- oder Speed-Metal-Rockmusik mit satanischen Texten bis hin zum Zelebrieren Schwarzer Messen reichen.

Zu nennen sind schließlich noch die verschiedenen politischen Protestszenen, die sich seit den 70er Jahren im Umfeld der Alternativbewegung bzw. der Neuen sozialen Bewegungen herausgebildet haben. Im kulturellen Experiment des alternativen Lebensstils, in der Frage nach der Bewahrung des gefährdeten Subjektes, in der Orientierung an den Programmatiken von Frieden und Umwelt, in der Forderung nach Selbstorganisation in Arbeit und Leben, nach einer Gleichberechtigung der Geschlechter liegen die zentralen Bezugspunkte dieser Protestkulturen, obgleich die scharfen Konturen eines alternativen Lebens und Arbeitens sich inzwischen aufzulösen beginnen. Träger dieser Bewegungen sind vor allem die über 20jährigen, die Altersgruppe der sog. Postadoleszenten vorwiegend aus intellektuellem Milieu. Übersehen werden sollte jedoch nicht, daß sich auch die Altersgruppe der 13- bis 19jährigen, wenn auch auf andere Weise, mit den Problemlagen gesellschaftlicher Zukunftsgefährdungen auseinandersetzt. Kennzeichnend für sie ist ihre negative Einstellung zum Erwachsensein, ihre Ablehnung einer rigiden Arbeitsmoral, ihr ausgeprägtes Umweltbewußtsein sowie ihr Streben nach einem sinnerfüllten Leben schon in der Gegenwart.

...

Text 2 und 3 aus: Krüger, H.H.: „Zur Ethnographie kultureller Vielfalt ...", in: „Pädagogik", 7–8/90

AUFGABEN

1. Stellen Sie gegenüber, wie die Texte 1 und 2 den Versuch bewerten, heute noch zu einer Typologie von Jugend zu kommen.
2. Diskutieren Sie die beiden Positionen, und versuchen Sie, sich eine Meinung zu bilden.

> 3. Fassen Sie die in Text 3 enthaltenen Merkmale der fünf Jugendszenen zusammen. Finden Sie, daß in der Typologie große Teile der Jugendlichen heute getroffen sind? Welche Gruppen fehlen aus Ihrer Sicht?
> 4. Welche der beschriebenen Gruppen gehören Ihrer Meinung nach am ehesten zum Stammpublikum von Jugendzentren?
> 5. Mit welcher Art von Angebot wären diese Gruppen zu erreichen?

Wozu noch Jugendarbeit?

Aktuelle Krisenphänomene und Perspektiven

Auf den ersten Blick ist die Frage in der Überschrift abwegig. Haben wir nicht genug Probleme mit der jungen Generation und diese mit sich? Jugendarbeitslosigkeit und Drogen, mangelnde Integration jugendlicher Ausländer und Gewalt gegen Fremde, oft von deutschen Jugendlichen ausgehend. Jugendliche, die vor lauter Langeweile „U-Bahn-Surfen". Jugendbanden in den Großstädten, die sich erbitterte Auseinandersetzungen liefern. Jugendliche, die auf der Straße leben, wenige noch, aber mit zunehmender Tendenz, wie die Wohlfahrtsverbände melden. Warum trotzdem die Frage nach dem Sinn von Jugendarbeit? Warum allerorten die Rede von der Krise der Jugendarbeit? Warum überall das Nachdenken über die Zukunft von „Häusern der offenen Tür"? Warum werden Einrichtungen geschlossen, anstatt angesichts der Probleme neue zu eröffnen? Anhand einiger Thesen werden im folgenden Probleme der „Offenen Kinder- und Jugendarbeit" dargestellt.

THESE 1:
„Jugendarbeit hat Probleme, ihre Zielgruppe zu finden. Waren laut älteren Untersuchungen die befragten Besucher zwischen 14 und 21 Jahren, so besteht heute der Großteil des Publikums aus Kindern zwischen 6 und 13 Jahren, die sich vielfach aber wie Jugendliche geben und bewegen."

THESE 2:
„Im Abendbereich wird offene Arbeit zunehmend zu einem Treffpunkt für problematische Randgruppen. Die für eine sinnvolle Arbeit wichtige Mischung unterschiedlicher Gruppen, Milieus und Kulturen fehlt. Diese Vereinseitigung des Publikums überfordert die Mitarbeiterinnen. An die Stelle der aktiven Gestaltung von Lernprozessen tritt die Reaktion auf soziale Notlagen. Jugendarbeit wird zur Sozialarbeit."

THESE 3:
„Die Engpässe in den öffentlichen Haushalten, verursacht durch Mindereinnahmen bei den Steuern bei steigenden Sozialausgaben, wirkt sich unmittelbar auf die Einrichtungen der Offenen Kinder- und Jugendarbeit aus. Die Folgen sind Einbußen bei den Mitteln für Material, Veranstaltungen und Aktionen und die Nichtbesetzung von Planstellen."

THESE 4:
„Die Verschlechterung der Arbeitsbedingungen in der ‚Offenen Kinder- und Jugendarbeit' bleibt nicht ohne Folgen für die Beschäftigten. Häufige Reaktionen sind:
- Entwicklung einer „Job-Mentalität"
- „Hausmeister-Pädagogik", deren Ziel ein vorzeigbares, geordnetes Haus ist
- Rückzug in Form von Kündigung und Ausstieg

Perspektiven der Offenen Kinder- und Jugendarbeit

Am „Krankenbett" der „Offenen Jugendarbeit" stehen viele, um dem „Patienten" zu helfen. Die einen setzen auf den „Markt", der alles regeln und retten soll, die anderen verstärken den Anteil kultureller Angebote, wieder andere würden die Jugendzentren am liebsten schließen und an ihre Stelle mobile Konzepte von Jugendarbeit setzen. Hier einige Anregungen zur Perspektivendiskussion.

Text 1:

Für eine Neuorientierung der offenen Jugendarbeit

Ausgangspunkt für unsere Arbeit sind die Jugendlichen in ihrer konkreten Lebenssituation.

Wenn wir sie erreichen wollen, dürfen wir von ihnen keine *Vor*leistungen verlangen, sondern müssen uns auf ihre Form der Kontaktaufnahme einlassen. Daher bestimmt die soziale Situation der Jugendlichen und ihre Lebenswelt für uns auch entscheidend die Formen und die Ziele unserer Arbeit. Voraussetzung für eine solche Jugendarbeit ist eine Abkehr von dem Anspruch für alle und jeden Angebote machen zu wollen (müssen). Einrichtungen offener Jugendarbeit dürfen nicht kommunalpolitisches Alibi sein, an die alle die jugendlichen (Problem-)Gruppen verwiesen werden, die in anderen Institutionen keinen Platz finden. Offene Jugendarbeit, deren „Offenheit" sich darauf beschränkt, daß jeder kommen (und gehen) kann, kann schwerlich viel mehr tun, als sich auf relativ allgemeine und unverbindliche Freizeitangebote zu beschränken und ansonsten zu reagieren, statt pädagogisch zu agieren.

Unsere Aufgabe ist es, an die Bedürfnisse der Jugendlichen anzuknüpfen und uns als Erwachsene anzubieten, die sie ernst nehmen und mit denen sie sich im Positiven wie im Negativen auseinandersetzen können. Dabei stellen wir ihnen unsere Vorinformationen zur Verfügung, wenn es um Probleme in der Familie, auf dem Arbeits- bzw. Sozialamt, mit der Polizei oder anderen bürokratischen Institutionen geht, aber auch bei Fragen von Sexualität, Freundschaft und ähnlichem. Parteilich sein heißt in diesem Falle, daß wir die Jugendlichen ernst nehmen und uns im Zweifelsfall auf ihre Seite stellen.

„Der Alltag der Jugendarbeit muß stärker als bisher inhaltlich und organisatorisch so ausgerichtet werden, daß existentielle und relevante Erfahrungen und Probleme von Jugendlichen im Mittelpunkt stehen. Erst dadurch, daß den jugendlichen Problemlösungs- und Geltungsbedürfnissen Realisierungs- und Darstellungsmöglichkeiten in sozial anerkannten Zusammenhängen angeboten und die Jugendlichen in ihren vielfältigen Orientierungsfragen nicht allein gelassen werden, läßt sich letztlich verhindern, daß sie Identifikation und Orientierung an „starken Männern" und Führern verspüren.

Das bedeutet für uns als Jugendarbeiter auch, daß wir eine eindeutige Orientierung bieten, d. h. uns mit unseren Grenzen, Fähigkeiten, Ängsten und Betroffenheit deutlich einbringen und nicht nur „funktionierende Pädagogen" sind. Problemorientierte Arbeit erfordert auch spezielle methodische Überlegungen. Methoden und Arbeitsformen haben eine Selektionswirkung und müssen daher auf ihre Funktionalität für pädagogische Zielsetzung und Zielgruppe überprüft werden. So schließt z. B. die Beschränkung auf kontinuierliche zielgerichtete Gruppenarbeit Arbeiterjugendliche potentiell von der Teilnahme aus.

Soll die Arbeit den Betroffenen nicht nur als „pädagogische Inszenierung" zur Befriedung erscheinen, sondern ihr Engagement und ihre aktive (und kritische) Auseinandersetzung fördern, muß sie für die Betroffenen „Gebrauchswert" haben, d. h. Lernprozesse oder -ergebnisse hervorbringen, die ihnen bei der Bewältigung ihrer Lebenssituation helfen. Unverbindliche Freizeitangebote, die vom Alltag lediglich ablenken sollen, werden ebensowenig akzeptiert wie das bloße Reden über die Situation ohne Folgen. Statt individueller Arbeit mit einzelnen Jugendlichen gilt es, Formen der Gruppenarbeit zu finden, die problemorientierte Arbeit möglich machen, gleichzeitig aber so offen angelegt sind, daß sie im Rahmen offener Arbeit jedem Jugendlichen den Zugang ermöglichen. Durch eine gemeinsame Thematisierung in der Gruppe wird das gesamte Erfahrungspotential der Jugendlichen nutzbar gemacht und ihnen gleichzeitig die Erfahrung solidarischen Handelns vermittelt. Dabei erscheint es wichtig, gewachsene Gruppierungen Jugendlicher zu berücksichtigen und eventuell zum Ausgangspunkt der Arbeit zu machen.

Problemorientierte Arbeit erfordert:
- ◆ Jugendliche zu ermutigen und zu animieren, ihre Probleme zu artikulieren und von Alltagskonflikten zu erzählen. Jugendliche haben in anderen Sozialisationsfeldern gelernt, daß ihre persönlichen Probleme nicht gefragt sind, daß sie als störend oder unwichtig angesehen werden. Von sich aus thematisieren sie Konflikte und Probleme daher selten, diese werden eher verdrängt; oder aber sie deuten diese in informellen Gesprächen oft nur vage und unverbindlich an, testen also gewissermaßen die Reaktion des Gesprächspartners, jederzeit bereit, ihren Gesprächsversuch abzubrechen, wenn der Zuhörer das Signal nicht erkennt oder nicht darauf eingeht.
- ◆ Der Jugendliche darf nicht die Erfahrung machen, daß seine Konflikte nicht ernst genommen werden. Aufgabe ist es daher, durch gemeinsames Erleben und Lernen (das überhaupt nichts mit thematischer Arbeit zu tun haben muß) zu einem angstfreien Erfahrungsraum beizutragen.

Beziehungsarbeit

Neben einem konkreten Alltagsbezug muß Jugendarbeit eine klare und vertraute Beziehung zwischen Jugendarbeiter und Jugendlichem ermöglichen. In diesem Sinne ist Jugendarbeit auch *Beziehungsarbeit*.

Jugendarbeit in dem von uns verstandenen Sinne ist ohne *gegenseitiges* Vertrauen und persönlich-emotionalen Bezug nicht denkbar.

Überschaubarkeit und Nähe sind deshalb unverzichtbare Grundlagen unserer Arbeit.

Überschaubarkeit heißt,
- ◆ daß Jugendliche sich in Gruppen entfalten können, die sie sich selbst gewählt haben und in denen sie sich sicher und geborgen fühlen (Cliquen, Mädchengruppen etc.),
- ◆ daß in *ihren* Räumen Regeln und Normen herrschen, die mit ihnen gemeinsam erarbeitet wurden, für sie überschaubar sind und Bedeutung haben,
- ◆ daß Entscheidungsprozesse transparent und nachvollziehbar sind,
- ◆ daß sie mitbestimmen und mitgestalten können,
- ◆ daß wir in unserem Reden und Handeln übereinstimmen.

Nähe entsteht nicht nur im Raum, den die Jugendlichen selber gestaltet haben und mit dem sie sich identifizieren, sondern sie entsteht vor allem in Atmosphären, in denen Jugendarbeiter und Jugendliche sich nicht nur in einem pädagogischen Verhältnis, sondern als Menschen begegnen. Dies kann beim Bier, in der Mädchengruppe, beim Fußball- oder Tischtennisspielen oder am Clubabend sein. Am intensivsten entsteht Nähe jedoch auf Freizeiten, Wochenendseminaren u. ä., wo wir mit den Jugendlichen zusammenleben.

Tagesunternehmungen, Wochenendseminare, Wochenendfreizeiten und Sommerfreizeiten haben daher einen genauso hohen (oder höheren) Stellenwert wie unsere tagtägliche Anwesenheit in der Einrichtung.

Zur Nähe und Überschaubarkeit gehört es auch, daß die Anzahl der Jugendlichen für sie selbst und für die Hauptamtlichen überschaubar bleibt. Die Anzahl der Jugendlichen, die das Jugendhaus besuchen, kann daher kein Maßstab für die Qualität der Arbeit sein.

Stadtteilbezug

Es ist wenig sinnvoll, übergreifende Konzeptionen für Jugendheime einer Stadt oder eines Kreises zu entwickeln. Solche Konzeptionen bleiben notwendig abstrakt und damit ohne konkrete Auswirkungen für die praktische Arbeit. Statt dessen gilt es, aus einer Analyse des sozialen Umfeldes der Einrichtung stadtteilorientierte Schwerpunkte herauszuarbeiten, die eine Beschreibung einrichtungsspezifischer Zielgruppen einschließen. Das heißt, daß sich das Jugendhaus auf wenige Zielgruppen beschränkt, um deren Alltagsprobleme gezielter und effizienter bearbeiten zu können. Um Mißverständnisse zu vermeiden: damit soll weder den vielerorts zu beobachtenden kommunalpolitischen Bestrebungen das Wort geredet werden, die offene Arbeit in Freizeitheimen zugunsten von Jugendverbands- oder Jugendgruppenarbeit zu reduzieren; noch soll die zeitweilig zu beobachtende Tendenz von Pädagogen gefördert werden, sich auf bequeme und ausschließlich an eigenen Hobbys und Interessen orientierte Zielgruppenarbeit zu beschränken. Vielmehr muß die Zielgruppenauswahl aus der Analyse des sozialen Einzugsgebietes heraus legitimiert werden. Dies schließt auch ein, daß sich Mitarbeiter im Rahmen stadtteilbezogener Kooperation mit anderen Institutionen Gedanken darüber machen, wo die Jugendlichen ihren Platz haben, die aus der eigenen Arbeit ausgegrenzt wurden.

Damit ergibt sich eine enge Stadtteilorientierung als wichtige Voraussetzung für unsere Arbeit.

◆ Hier ist der alltägliche Lebensraum der Jugendlichen, in dem Alltagsprobleme entstehen, aber auch vielfältige Ressourcen ihrer Bewältigung liegen,
◆ hier ist die Möglichkeit ganzheitlicher Arbeit gegeben, die nicht nur den Freizeitbereich der Jugendlichen berücksichtigt, sondern auch Familiensituation, Nachbarschaft, Schule und ähnliches einbeziehen kann,
◆ hier ist schließlich auch die Chance enger Kooperation mit sozialen Einrichtungen und Diensten gegeben, die zur Entlastung der Freizeitheimarbeit beitragen kann.

„Sich gemeinsam wehren" muß ein zentrales Ziel unserer Jugendarbeit sein, wenn herrschende gesellschaftliche Kräfte die persönliche Entwicklung Jugendlicher einschränken und behindern. Das bedeutet auch, den resignativen Tendenzen bei Jugendlichen *und* Pädagogen gleichermaßen entgegenzuwirken und neue Perspektiven zu erschließen.

Fischer/Klawe u. a.: „(Er)leben statt Reden", a. a. O., S. 31 f.

Text 2:

„Umwandlung von Kinder- und Jugendeinrichtungen in Eigenbetriebe"

Viele Gemeinden tendieren dazu, offene Kinder- und Jugendeinrichtungen, wenn nicht zu schließen, dann wenigstens zu privatisieren. Ist eine Übergabe von Häusern der offenen Tür an freie Träger nicht möglich, werden Trägervereine installiert, die Kinder- und Jugendzentren betreiben sollen.

Eine Möglichkeit, der offenen Kinder- und Jugendarbeit neuen Auftrieb zu geben, ist, diesen Sektor der städtischen Verwaltung in „Eigenbetriebe" umzuwandeln. In Nordrhein-Westfalen bietet die Gemeindeordnung § 93 und die Eigenbetriebsverordnung die Möglichkeit dazu. Die Überlegung, Teile der Verwaltung (auch) nach wirtschaftlichen Gesichtspunkten zu betreiben, ist unter dem gegenwärtigen Sparkurs attraktiv. Erstaunlicherweise werden in die Überlegungen in der Regel nur technische Bereiche wie die Müllabfuhr oder Teile der Tiefbauverwaltung einbezogen. Daß Eigenbetriebe gerade im Bereich der offenen Kinder- und Jugendarbeit erhebliche Vorteile mit sich bringen könnten, darauf kommt in den Parlamenten und Verwaltungen so schnell niemand.

Ein entscheidender Vorteil dieser Betriebsform ist, daß ein wirtschaftliches Handeln ermöglicht wird, ohne daß dieser Bereich der öffentlichen Kontrolle und der Kontrolle der Verwaltung entzogen wird. Darüber hinaus bleiben die Mitarbeiterinnen Angehörige des öffentlichen Dienstes.

Spareffekte

Dem Eigenbetrieb „offene Kinder- und Jugendarbeit" könnten z. B. folgende Bereiche zugeordnet werden:

◆ Veranstaltungsorganisation (Einkauf, Verträge usw.) in den Einrichtungen und im Stadtgebiet (z. B. Ferienprogramme)
◆ Vermietung von Jugendräumen in Schließungszeiten (z. B. an Vereine, für Schulklassenfeten usw.)
◆ Bewirtschaftung der Häuser (Jugendcafé/Jugendkneipe)
◆ Bauunterhaltung (zumindest im Innenbereich)
◆ Einstellung/Abrechnung von Honorar- und Bewirtschaftungskräften
◆ Bewirtschaftung von Spielmobilen u. ä.
◆ Sekretariat (Schreibdienst)

Natürlich ergeben sich für die Kommunen erhebliche Entlastungseffekte innerhalb der Verwaltungsorganisation, weil gerade hier viel ineffektiver Arbeitsaufwand betrieben wird. Natürlich ist es sinnvoll, neben pädagogischen Fachkräften in offenen Jugendeinrichtungen auch Bewirtschaftungspersonal zu beschäftigen. Ein modernes Jugendzentrum ist ein Ort, an dem Jugendliche sich wohl fühlen sollen. Gruppenräume für kreative Aktivitäten, Bildungsangebote, kommunikative Bereiche wie Disco, Bistro und Café müssen verfügbar sein.

Auch ein Jugendkino wäre äußerst sinnvoll.

Sollen diese Bereiche professionell geführt werden, müssen die Mitarbeiterinnen nicht allein aus der Sozialarbeiterbranche stammen. Fachkräfte aus dem Gaststätten- und Freizeitgewerbe, die in der Lage sind, den Ein- und Verkaufsbereich eines Jugendzentrums zu organisieren, sind eine wichtige Ergänzung der bisher einseitig auf Pädagogik ausgerichteten Teams.

Bei konsequenter Eigenbetriebsführung der offenen Kinder- und Jugendarbeit werden sich erhebliche Entlastungen im Bereich der Personalverwaltung, der Bauverwaltung und in der Verwaltung des Jugendamtes ergeben.

Eine Offensive der grün-alternativen Parlamentarier/-innen für funktionierende offene Jugendeinrichtungen könnte eine Verbesserung der sozialen Lage von Kindern und Jugendlichen bewirken.

Dolf Mehring

AKP 4/1992–27

AUFGABEN

1. *Bilden Sie fünf Arbeitsgruppen.*
2. *Die Arbeitsgruppen 1–4 beschäftigen sich mit den Thesen. Sammeln Sie zu den angesprochenen Krisenelementen eigenständig weiteres Material (Literatur, Befragung von Kommunalvertretern, Jugendamt u. ä.).*
3. *Die Arbeitsgruppe 5 beschäftigt sich mit den Texten 1 + 2. Benutzen Sie die Texte als Anregungen, und entwickeln Sie eigene Konzepte für eine zukünftige Jugendarbeit.*
4. *Stellen Sie Ihre Ergebnisse den anderen Schülerinnen vor. Diskutieren Sie die Perspektivvorschläge im Klassenverband.*

Die Rolle der Erzieherin in der Offenen Kinder- und Jugendarbeit

Ein Beispiel:

Karin ist seit drei Jahren Erzieherin in einem kommunalen Jugendhaus, in dem noch ein Sozialpädagoge als Heimleiter und ein weiterer Erzieher arbeiten. Das Haus besteht aus mehreren Räumen und ist von Montag bis Sonnabend täglich zwischen 14 und 22 Uhr geöffnet. Nachmittags wird neben der offenen Arbeit Schulaufgabenhilfe angeboten.

Karin ist gerade damit beschäftigt, zwei 14jährigen Mädchen bei den Matheaufgaben zu helfen, als sie draußen in der Halle ohrenbetäubenden Lärm und splitterndes Glas hört. Einige der älteren arbeitslosen Jugendlichen sind schon etwas angetrunken und haben gerade nach den Tischtennis spielenden Jüngeren mit einem Glasaschenbecher geworfen – so aus Jux.

Karin stellt sie zur Rede; aus dem Sportraum im Keller kommt Max, der der Interessengruppenleiter für die Sportgruppe ist, unterbricht ihr Gespräch, weil er einen Schlüssel für den Sportraum braucht. Sie wendet sich wieder den Jugendlichen zu, wird aber von den beiden an ihren Schularbeiten sitzenden Mädchen mit einem maulenden „Wann kommst Du endlich" unterbrochen. Es geht das Telefon, einer will Geld für den Cola-Automaten gewechselt haben und beim Arbeitsamt müßte sie auch noch anrufen, weil Kalle sein Geld immer noch nicht bekommen hat . . .

Klawe, W.: „Arbeit mit Jugendlichen", a. a. O., S. 186

Das Eingangsbeispiel macht es deutlich. In einem Jugendzentrum zu arbeiten heißt, flexibel und spontan auf die unterschiedlichsten Anforderungen zu reagieren. Daneben gilt es, organisatorische Absprachen im Haus zu treffen, sich als Beraterin und Beziehung anzubieten, Angebote und Projekte zu planen und durchzuführen oder mit dem Jugendamt über die Finanzierung einer Wochenendfreizeit zu verhandeln. Aus all diesen Anforderungen ergibt sich ein ganzes Netz von Erwartungen.

♦ Die Politik erwartet, daß die Probleme der Kinder und Jugendlichen gelöst werden und die Arbeit möglichst viele erreicht.

- ◆ Die Verwaltung erwartet, daß mit den knappen Mitteln möglichst effektiv gearbeitet wird.
- ◆ Die Eltern erwarten eine Entlastung von eigenen Aufgaben, Kontrolle und Betreuung.
- ◆ Das Umfeld erwartet Ruhe und Ordnung und möglichst wenig Belästigungen.
- ◆ Die Schule erwartet Unterstützung bei der Aufarbeitung von Defiziten der Schülerinnen.
- ◆ Die Kolleginnen erwarten aktive Mitarbeit im Team, Engagement und Solidarität.
- ◆ Die Kinder erwarten . . .?

Text 1:

- ◆ *Betreuung – Beschäftigung – Kontrolle*
  Im Rahmen dieses Rollenbündels wird vom Erzieher erwartet, Jugendliche durch geeignete pädagogische Mittel zu unauffälligem, „sinnvollen", den Erwartungen der Erwachsenengesellschaft entsprechenden Verhalten zu erziehen.
- ◆ *Anregen – initiieren – unterstützen*
  Dieses Rollenbündel erwartet vom Erzieher, daß die Jugendlichen zu selbständigem, aktivem und kreativem Verhalten motiviert und befähigt werden. Er bietet Hilfe, Beratung und Aktivitäten an, den Jugendlichen bleibt überlassen, ob sie von diesem Angebot Gebrauch machen.
- ◆ *Beratung – Therapie*
  erfordern vom Erzieher, mit Jugendlichen für schwierige Lebenssituationen und Alltagsprobleme durch Gespräche Lösungsmöglichkeiten und Hilfen zu entwickeln und Umsetzungsstrategien zu erproben.
- ◆ *Organisieren – strukturieren – absichern*
  meint alle Anstrengungen, die der Aufrechterhaltung und Weiterentwicklung der Jugendarbeit nach innen und außen dienen. Hierzu gehört die Entwicklung klarer Strukturen gemeinsam mit den Jugendlichen für den Umgang miteinander innerhalb der Einrichtung ebenso wie die Mitarbeit in politischen Gremien, die Sicherung von Finanzen etc.
- ◆ *Beziehungsarbeit*
  Der Erzieher soll beruflich soziale Beziehungen eingehen, die durchaus persönlichen und über den beruflichen Bereich hinausgehenden Charakter haben.

Der Umgang mit diesen Erwartungen erfordert Fähigkeiten des Erziehers in ganz unterschiedlichen Kompetenzbereichen (ebd.):

- ◆ Er muß in der Lage sein, theoretisches Wissen und Fachkenntnisse auf praktische Situationen anzuwenden, diese Situation und das Verhalten der Beteiligten in ihren/seinen Zusammenhängen verstehen und interpretieren und praktische Fertigkeiten mitbringen, die Situation zu bewältigen (instrumentelle Kompetenz);
- ◆ er muß das eigene berufliche Handeln aufgrund der Einsicht in eigene Abhängigkeiten, Betroffenheit und Motivation überdenken können (reflexive Kompetenz);
- ◆ er muß bereit und fähig sein, sich auf andere und ihre Bedürfnisse einzulassen, sich selbst in die Interaktion einzubringen, ohne eigene Vorstellung oder die eigene Identität aufzugeben (soziale Kompetenz) . . .

Klawe, W., u. a.: „Arbeit mit Jugendlichen", a. a. O., S. 188 f.

Text 2:

Eigene Bedürfnisse ernst nehmen

Es fällt schwer, als Erzieherin oder Erzieher abzuschalten, die sozialen Beziehungen zu den Jugendlichen dem Takt der Arbeitsstunden unterzuordnen. Die Wünsche und Erwartungen der Jugendlichen hören nicht auf, wenn der Arbeitstag zu Ende ist, ja manche Wünsche – Wochenend- oder Ferienfahrten, Projektarbeit oder der Gang zum Jugendgericht oder Arbeitsamt – sind nur außerhalb der Arbeitszeit erfüllbar und nur möglich, wenn der Jugendarbeiter bereit ist, die Trennung von Arbeit und Freizeit, von Beruflichem und Privatem zumindest gelegentlich aufzugeben. Manche Träger setzen eine solche „idealistische Arbeitshaltung" unzulässigerweise geradezu voraus.

An dieser Stelle soll keine Diskussion über den „Lohnerzieher" geführt, aber doch der Frage nachgegangen werden, wie Erzieher eigentlich die eigenen Bedürfnisse, das eigene Leben und die manchmal allumfassenden Erwartungen ihres Arbeitsalltags zusammenbringen können. Denn gelingt diese Integration nicht, wird der Erzieher in kurzer Zeit „ausgebrannt" sein, lustlos und wenig kreativ seine Arbeit „abreißen", resignieren, aussteigen.

Es gibt keine allumfassenden Antworten auf diese Frage, aber Hinweise, die eine solche Integration erleichtern können:

◆ *Die eigenen Bedürfnisse erkennen und akzeptieren lernen*

Im Rahmen der Ausbildung und vielleicht auch durch dieses Buch wird der Eindruck vermittelt, der Erfolg pädagogischen Handelns hänge vor allem von methodischem Vorgehen und reflektiertem professionellem Handeln ab. Das ist zwar richtig, aber nur die halbe Wahrheit. In pädagogischen Prozessen spielt die *Person* des Erziehers neben seinem fachlichen Können eine zentrale Rolle. Ein wesentlicher Teil dieser Person sind ihre Erwartungen, Bedürfnisse, Wünsche, Ängste etc., die u. U. auch den eigenen fachlichen Ansprüchen und Erwartungen widersprechen können. Sie zu erkennen, sich selbst gegenüber ehrlich einzugestehen und positiv zu akzeptieren ist ein erster Schritt, sie konstruktiv in die pädagogische Arbeit einzubringen.

◆ *Eigene Grenzen erkennen und deutlich machen*

Im pädagogischen Alltag gibt es laufend Situationen, in denen wir an Grenzen stoßen. Grenzen unserer Belastbarkeit, weil wir den vielfältigen, gleichzeitigen Anforderungen nicht ständig gewachsen sind, Grenzen unserer normativen

ebd., S. 190

Toleranz, weil wir Umgangsformen Jugendlicher untereinander oder ihre Art, mit Konflikten umzugehen, aufgrund unserer eigenen Normen und Werte nicht akzeptieren können.

Solche Widerstände in uns sollten wir ernst nehmen und aussprechen, nicht um die Jugendlichen zu unserer Sichtweise zu zwingen, sondern um sie mit einem anderen Blickwinkel zu konfrontieren. Wir werden so als Person greifbarer (aber auch angreifbarer), können dabei aber auch mehr „von uns" in die Arbeit einbringen.

◆ *Unterschiede in der Lebenssituation beachten*

In diesem Zusammenhang stellt sich die Frage nach der Rolle des Pädagogen ganz grundsätzlich. Immer wieder ist es für uns enttäuschend, zu sehen, daß Angebote von uns von den Jugendlichen nicht angenommen werden. Immer wieder sind wir vor die Frage gestellt, wie wir mit solchen Frustrationen umgehen. Es ist u. E. wichtig, zu erkennen und zu unterscheiden, zwischen meinem Leben als Pädagoge und ihrem Leben als Jugendliche und sich die Frage zu stellen, mit welcher Berechtigung ich versuche, meine, d. h. die von mir für wichtig erachteten Gesichtspunkte, Fragen und Lösungen auf sie zu übertragen. Immer wieder bin ich gezwungen, zu lernen, den anderen sein Leben leben zu lassen. Das bedeutet, auch wenn es an dieser Stelle sehr abstrakt klingt, in gegenseitiger Achtung miteinander umzugehen, ohne die jeweils eigene Position aufzugeben. Dieses Selbstverständnis reibt sich sehr häufig im Alltag mit der pädagogischen Aufgabe und Verantwortung. Aber ich muß deutlich erkennen, daß ich Jugendlichen bestenfalls Reflexionsangebote machen kann, Fragen an sie stellen kann, die ihnen helfen, ihre Situation auch „von außen" zu betrachten.

Text 3:

Orientierung bieten

Für die Bewältigung der Rollenanforderungen an den Erzieher ist neben dem konstruktiven Umgang mit den eigenen Bedürfnissen und Grenzen wichtig, den Jugendlichen eine eindeutige Orientierung zu bieten, auch als Person für sie greifbar zu sein. Orientierung zu bekommen ist ein zentrales Bedürfnis von Jugendlichen. Dennoch ist in der Jugendarbeit gegenwärtig häufig zu beobachten, daß eine Orientierung eher erschwert wird, widersprüchlich oder überhaupt nicht erfolgt.

Orientierung bieten kann durch die *Strukturierung von Situationen* in der Jugendarbeit und/oder durch die *Verdeutlichung der eigenen Standpunkte* des Pädagogen erfolgen.

Die Strukturierung von Situationen bezieht sich auf folgende Teilbereiche:

◆ Es bedarf fester Regeln des Zusammenlebens mit klaren Angaben über die Sanktionen, die bei Nicht-Einhaltung erfolgen. Zugleich muß es aber die Gewißheit geben, daß solche Ordnungen bei Konflikten, die nicht zu bewältigen sind, erweitert oder verändert werden können.

◆ Um selber in dem diffusen Ablauf von Ereignissen im Jugendzentrum handlungsfähig zu bleiben und nicht unkoordiniert auf alle mehr oder weniger zufällig entdeckten oder an ihn herangetragenen Probleme unmittelbar zu reagieren, muß der Mitarbeiter eine Struktur für seine Arbeit finden, zum Beispiel Zeiten und Räume festlegen, in denen er bestimmte Aufgaben erledigt. Andererseits darf eine solche Regelung nicht so fest sein oder als festgefügt erscheinen, daß sie nicht auch durch besondere Ereignisse außer Kraft gesetzt werden kann.

◆ Das Geschehen im Jugendzentrum soll für den einzelnen Jugendlichen überschaubar sein. Er soll wissen, welche Gruppen fest sind, in welche Gruppen er hinein kann, wann er mit dem Pädagogen sprechen kann und wann nicht. Das bedeutet, daß Informationen über die Gruppenaktivitäten, über festgelegte Räume etc. für alle sichtbar vorhanden sein sollen. Es bedeutet jedoch nicht, daß offene Jugendarbeit nach Art einer Bildungseinrichtung nur noch aus einer Abfolge fester Programmpunkte bestehen soll.

◆ Bei der Suche nach Freizeitbetätigung sollte der Pädagoge sich nicht (im Sinne von falsch verstandener Förderung der Selbständigkeit Jugendlicher) zurückhalten, sondern Ideen entwickeln, evtl. auch seine eigenen Interessen einbringen und anbieten. Er sollte jedoch letztlich nur dafür verantwortlich sein, daß und wie seine Ideen aufgegriffen werden und daß sie in seinem Sinne zum Erfolg führen.

All diese Strukturierungen müssen mit den Jugendlichen ausgehandelt werden und prinzipiell veränderbar sein.

Die *Verdeutlichung eigener Standpunkte* bedeutet praktisch, daß der Erzieher sich den Fragen der Jugendlichen stellt, seine Meinung äußert und in Auseinandersetzungen deutlich Position bezieht. Das ist besonders in solchen Situationen erforderlich, in denen er in seinem Selbstverständnis oder eigenen Norm- und Wertvorstellungen berührt ist.

Den eigenen Standpunkt verdeutlichen *heißt nicht*, zu missionieren oder die eigenen Machtmittel zur Durchsetzung eigener Vorstellungen zu benutzen.

ebd., S. 191

Text 4:

Beziehungsarbeit wider falsch verstandene Professionalisierung

In der Diskussion über die Krise der Jugendarbeit wird häufig eine Professionalisierung der Arbeit gefordert. Der „gewünschte" Jugendarbeiter soll ein noch besserer Berater, ein noch besserer Spiel- oder Medienpädagoge und noch methodensicherer sein.

Zweifellos erleichtern zusätzliche Qualifikationen die ohnehin schwierige Arbeit angesichts der derzeitigen, schwierigen Lebenssituation von Jugendlichen. Zweifelhaft aber erscheint, ob eine so verstandene Professionalisierung tiefgreifende Veränderungen bewirkt.

Im Alltag der Jugendarbeit können wir täglich sehen, welche Bedeutung Beziehungen für Jugendliche haben.

Nicht nur die Wichtigkeit, die die Zugehörigkeit zu ihrer Clique für die Jugendlichen hat, belegt das deutlich, sondern auch die Frage, welcher Jugendliche mit welchen Mitarbeitern „kann", entscheidet darüber, welche Alltagsprobleme zur Sprache kommen (und welche nicht). Unsere Vorstellungen von Themen – oder bedürfnisorientierter Entscheidung der Jugendlichen für bestimmte Projekte oder Veranstaltungen – stimmen nur in Ausnahmefällen. Jugendliche entscheiden sich für Aktivitäten (und unsere Angebote) nicht in erster Linie aufgrund von Interesse an Aktivität oder Thema, sondern aufgrund von Beziehungen (wer macht da mit?).

Diese Erkenntnis hat weitreichende Konsequenzen für unser eigenes Rollenverständnis: nicht in erster Linie Medien, Methoden und Angebote, sondern unsere Beziehung zu den Jugendlichen ist entscheidend für das Gelingen unserer Arbeit. Beziehungsarbeit muß also im Zentrum unserer Professionalisierung stehen.

Dabei gelten für unsere Beziehungen zu den Jugendlichen die gleichen Kriterien wie für jede andere (persönliche und professionelle) Beziehung (Peick/Klawe 1981, S. 97):

◆ *Offenheit*, d. h. ich spiele nicht nur eine professionelle Rolle, sondern gebe mich als ganze Person in den gemeinsamen Lernprozeß ein und stelle mich so auch der Kritik der Jugendlichen.
◆ *Umkehrbarkeit* der Beziehungen, d. h. die Jugendlichen lernen nicht nur von mir, sondern ich auch von ihnen.
◆ *Echtheit*, d. h. ich handle in Übereinstimmung mit mir selbst, z. B. mit meinen Gefühlen, meinem Ärger, meiner Angst, mache diese auch deutlich und beziehe so Position . . .

Beziehungsarbeit bedeutet also nicht, sich bei den Jugendlichen als vermeintlicher Kumpel anzubiedern und Unterschiede in der jeweiligen Lebenssituation außer acht zu lassen, sondern heißt u. a.:

◆ die Lebenswelt der Jugendlichen kennenzulernen und in ihrer Unterschiedlichkeit zur eigenen Lebenssituation zu begreifen;
◆ Konflikten nicht aus dem Weg gehen und Entscheidungen offenlegen und damit nachvollziehbar machen.

Die herkömmliche Struktur besonders offener Arbeit läßt für den Aufbau einer solchen Beziehung nur wenig Raum. Deshalb müssen wir uns im Alltag der Jugendarbeit immer wieder Gelegenheiten und Projekte schaffen, die andersartige Beziehungserfahrungen ermöglichen. Schon ein relativ bescheidenes Projekt, wie die gemeinsame Übernachtung im Jugendhaus, ermöglicht die gegenseitige Erfahrung in ganz anderen Rollen, den Abbau von gegenseitigen (Feind-)Bildern, die Klärung von konflikthaften Beziehungen und – weil ein Stück des Alltags miteinander erlebt wird – die verstärkte Thematisierung von Alltagsproblemen. Gleichzeitig erfahren die Jugendlichen uns nicht als den übermächtigen, allwissenden Pädagogen, sondern auch unsere Grenzen und Probleme. Damit werden auch für uns unsere Grenzen akzeptierbar und wir können freier an ihre Überwindung gehen.

Angesichts der sich ständig verschärfenden sozialen Lage von Jugendlichen wird von der Jugendarbeit immer stärker erwartet, diese sozialen Folgen von Schulversagen, Arbeitslosigkeit oder Familienkonflikten aufzufangen und dem Jugendlichen Perspektiven zu eröffnen. Dabei liegt auf der Hand, daß der Jugendarbeiter weder Strukturen in Schule und Familie verändern noch auch nur einen Ausbildungsplatz auf dem Arbeitsmarkt schaffen kann. Seine Unterstützung kann nur darin bestehen, die Jugendlichen zu befähigen, ihre Interessen zu erkennen, zu formulieren und mit ihnen Strategien ihrer Durchsetzung zu entwickeln. Dazu muß er parteilich für die Jugendlichen eintreten, d. h. Reaktionen und Verhaltensweisen der Jugendlichen vor dem Hintergrund ihrer subjektiven Lebenslogik zu verstehen und eigene Informationen und Strategien zur Verfügung zu stellen.

ebd., S. 195

AUFGABEN

1. An die Erzieherin in der Offenen Jugendarbeit richtet sich eine Fülle von Erwartungen. Machen Sie an praktischen Beispielen deutlich, wo die unterschiedlichen Erwartungen zu konflikthaften Situationen führen können, und erörtern Sie mögliche Lösungen (Text 1).
2. Welche Probleme ergeben sich aus der Tatsache, daß die Erzieherin einerseits „Arbeitnehmerin" ist, andererseits in der Arbeit in Probleme und Situationen verwickelt ist, die nicht mit dem Ende der Arbeitszeit gelöst sind? Welche Lösungsansätze bietet der Text 2? Diskutieren Sie die Vorschläge.
3. Finden Sie praktische Beispiele für das, was der Text 3 „Orientierung bieten" nennt.
4. Wie beschreibt der Text 4 das Spannungsverhältnis von Professionalisierung und Beziehungsarbeit? Was meinen die beiden Begriffe? Wo würden Sie Ihren Schwerpunkt setzen?

„Lebensweltanalyse" als Voraussetzung für Angebote

„Mach' mal was los hier ..."

Es ist mal wieder nichts los im Montagsclub für Jugendliche. Einige der Besucher spielen Tischtennis oder Billard, aber nach einer Stunde ist das auch zu langweilig geworden. Ich spüre deutlich, daß die Atmosphäre gereizt ist und daß die Jugendlichen „rumhängen", nicht wissen, was sie tun sollen. Norbert spricht mich mit unfreundlichem Ton von der Seite an: „Mach doch mal was los hier, dafür wirst du doch bezahlt!" Ich spüre, wie mich dieser Satz trifft, und reagiere beleidigt: „Wir sind hier nicht im Zirkus, und ich bin nicht der Clown, der dauernd was vormachen muß." Das war natürlich falsch. Die Antwort trifft nicht seine Frage, und die Stimmung wird nicht besser, sondern schlechter. Ich werde auch unruhig, und dann beginnt das alte Spiel: „Wenn sonst nichts los ist, machen wir den Mitarbeiter an." Sie werfen Aschenbecher hoch und fangen sie wieder auf; und als ich mich umdrehe, nimmt einer die Kasse von der Theke und steckte sie ein. Ich werde wütend und fahre den Jugendlichen an: „Gib mir die Kasse sofort zurück." Nein, das will er nicht, ob ich mich denn mit ihm schlagen wolle und was das ganze Theater denn solle. Das Spiel geht weiter, aber irgendwann haben die Jugendlichen keine Lust mehr. Er wirft mir beim Hinausgehen die Kasse zu und geht.

Deinet, U.: „Als Berufsanfänger in der Offenen Jugendarbeit", Bonn 1983, S. 33

Das Eingangsbeispiel verweist auf ein inhaltliches Grundproblem offener Kinder- und Jugendarbeit. Auf der einen Seite die Erzieherin mit ihren Vorstellungen von einer Freizeitarbeit, die von den Adressaten selbst getragen wird, auf der anderen Seite häufig Kinder und Jugendliche, die die Mitarbeiterinnen als Ersatz für den Fernseher mißverstehen. Nicht sie wollen aktiv werden, sondern die Mitarbeiterinnen sollen etwas veranstalten, das sie möglichst mühelos konsumieren können.

Die Erzieherin hat nun, etwas vergröbert, zwei Möglichkeiten:

a) sie nimmt die Rolle der Unterhalterin an und nimmt dabei in Kauf, permanent gegen ihre eigenen Ansprüche zu handeln, oder

b) sie macht Angebote, die ihren Ansprüchen genügen, und läuft Gefahr, daß die Kinder und Jugendlichen nicht mitmachen.

Der dritte Weg wäre: vor einem Angebot die Lebenswelt der Kinder und Jugendlichen zu analysieren, um von daher das Material zu erhalten, das eine Arbeit, die an die Interessen und Bedürfnisse der Adressaten anknüpft, ermöglicht. Das ist immer noch keine Garantie für eine erfolgreiche Arbeit. Aber: Den Königsweg gibt es in dieser Arbeit nicht. Die Lebensweltanalyse hat noch eine zweite, nicht weniger wichtige Komponente. Sie kann deutlich machen, inwieweit sich die Alltagswelten von Mitarbeiterinnen in der Jugendarbeit von denen ihrer Adressaten unterscheiden. Die Unkenntnis dieser Unterschiede führt vielfach zu Konflikten.

Text 1:

Lebensweltanalyse – erster Schritt für den Berufsanfänger

In allen Situationen wird deutlich, daß das Verhalten der Kinder und Jugendlichen und das des Mitarbeiters von sehr unterschiedlichen Lebenswelten geprägt ist. Gerade der Berufsanfänger wird in der ersten Zeit mit Verhaltensweisen konfrontiert, die er aus seiner eigenen (Er-)Lebenswelt nicht verstehen kann. In der offenen Arbeit kann es daher sehr brenzlige Situationen geben, in denen es besonders darauf ankommt, sensibel zu sein für das Verhalten der Jugendlichen und die dahinter stehenden Wertungen, Ziele usw. Man wird selbst verunsichert, wenn das eigene Verhalten ganz andere Reaktionen auslöst, als man erwartet, und wenn also z. B. ein Jugendlicher, den man freundlich nach seinem Befinden fragt, um vielleicht mit ihm ins Gespräch zu kommen, antwortet: „Du willst mich wohl anmachen, was?"

Wichtig für die Lebensweltanalyse ist zunächst, daß das Verhalten im Kontext seiner gesellschaftlichen Ursachen und Hintergründe gesehen wird. Gesellschaftliche Bedingungen werden im aktuellen Verhalten sichtbar. So ist das Verhalten der Kinder, die keine Kontinuität und Ausdauer aufbringen können, sicher in engem Zusammenhang mit der familiären Sozialisation zu sehen. Hier kann der Berufsanfänger auf seine theoretischen Vorkenntnisse zurückgreifen. Schon Bernstein stellte 1971 fest, daß das Erziehungsverhalten der Unterschichteltern für das Kind oft nicht einsehbar und aus seiner Sicht sprunghaft und inkonsequent ist, eine verläßliche Orientierung wird für das Kind nicht möglich. Zunächst erlebt das Kind die eigene Familie, aber später auch z. B. das Jugendhaus als undurchschaubar, es wird so darauf trainiert, so schnell wie möglich eine Situation zu bewältigen und seine Bedürfnisse sicherzustellen, bevor es zu spät ist. Gerade im Umgang mit Geld („für 2 Mark Süßigkeiten"), aber auch bei den Spiel- und Bastelangeboten wird dies in konkreten Verhaltensweisen deutlich. Auch die Schule ist nicht in der Lage, grundlegende Sozialisationsdefizite in den Familien aufzuholen. In vielen Familien herrscht eine chronische finanzielle Misere, die den Alltag bestimmt. Ratenzahlungen, Schwarzarbeit am Tages- und Wochenende sowie die weit verbreitete Mitarbeit der Frauen schränken die Zeit und die Bereitschaft ein, sich mit den eigenen Kindern zu beschäftigen. (. . .) Beengte räumliche Verhältnisse (sozialer? Wohnungsbau) erhöhen den Streß in der Familie. Die wirtschaftliche Situation macht es weit weniger als in der Mittelschicht möglich, Probleme in der Familie zu kompensieren, z. B. dadurch, daß die Eltern der 14jährigen Tochter ein eigenes Zimmer einrichten.

In dieser Situation erhalten viele Kinder und Jugendliche zu wenig Zuwendung, sie müssen sich nachmittags um kleinere Geschwister kümmern, sind aber damit oftmals überfordert. Sie leben zum großen Teil in ihrer Freizeit auf der Straße und sind Schlüsselkinder. (. . .)

Ältere Jugendliche fragen oft: „Wer ist denn hier der Boß?", wenn sie zum ersten Mal ins Jugendzentrum kommen. Meist arbeiten haupt- und nebenamtliche Mitarbeiter in den Angeboten relativ gleichrangig nebeneinander, der hauptamtliche Mitarbeiter ist verantwortlich, aber in den Tätigkeiten herrscht oft Teamarbeit vor. Vor allem in Konfliktsituationen, wenn es auch um die Frage des Hausverbotes gehen kann, fragen die Jugendlichen: „Wer hat denn hier zu sagen?" Mit der Antwort der Mitarbeiter, daß diese im Team arbeiten, können sie nicht viel anfangen; sie typisieren dann meist den älteren Mitarbeiter als Boß. Bei Konflikten sagen sie zu jüngeren Mitarbeitern: „Du hast mir gar nichts zu sagen, der ist der Boß und nicht du." Auch hier treffen zwei unterschiedliche Welten aufeinander. In ihrer Arbeitswelt, aber auch in den Familien sind die Jugendlichen und Kinder Autorität und repressives Verhalten gewohnt und auf Vorarbeiter, Meister usw. fixiert, die ihnen sagen, was sie zu tun und zu lassen haben. Die Antwort, daß es keinen Boß gibt, verunsichert sie, da sie die Situation im Jugendhaus nicht mit ihrer Arbeitssituation vergleichen können.

Das Erziehungsverhalten in der Unterschicht ist weit mehr durch Strafe und direkte Anordnung gekennzeichnet als das Erziehungsverhalten in der Mittelschicht (Argumentieren, Liebesentzug, Mißbilligung und Lob). Diese mehr oder weniger massive Erziehungsmethode wirkt sich im Jugendhaus aus: Ein Verhalten des Mitarbeiters, das wenig repressiv, sondern eher zurückhaltend und abwartend ist, wird als Schwäche ausgelegt und von den Jugendlichen zum Teil gutwillig kommentiert. (. . .)

Auch die Trennung von „Kopf-" und „Handarbeit" spiegelt sich in der Beziehung zwischen Jugendlichen und Mitarbeitern wider, wenn die Jugendlichen einen Mitarbeiter in Latzhose fragen: „Hast du denn schon mal richtig gearbeitet?" Die Arbeit der Jugendlichen ist zum Teil mit einer für „Intellektuelle" nicht nachvollziehbaren physischen und psychischen Belastung verbunden (monotone Tätigkeit, Akkord, Schichtarbeit, direkte Kontrolle usw.), die im Freizeitverhalten unmittelbare Auswirkungen zeigt:

„Laß uns doch in Ruhe mit dem Bastelkram!" Die Arbeit bietet wenig Aufstiegsmöglichkeiten und öffnet keine längerfristige Perspektive für die Jugendlichen, die dann zum Teil um so empfänglicher für erlebnisreiche Aktionen in der Freizeit sind (siehe Papiersammlung). Wer meint, daß den Jugendlichen die gesellschaftlich niedrige Bewertung ihrer Arbeit nicht bewußt ist, weiß nicht, wovon er redet. Ihr

Weltbild ist dichotom („wir da unten, die da oben") und gekennzeichnet durch ein tiefgründiges Mißtrauen gegenüber anders arbeitenden Menschen: „Deinen Job möchte ich mal haben . . ." Apathie und geringes Selbstwertgefühl („wir können ja sowieso nichts machen") beherrschen auch die Einstellung zur Politik und wirken sich auf die politische Bildung, die in der offenen Arbeit nur sehr schwer möglich ist, aus.

Anhand konkreter Situationen wird auch der unterschiedliche Umgang mit der Sprache deutlich. Es handelt sich dabei nicht nur um verschiedene Formen der Sprache (z. B. Mundart oder Hochdeutsch) oder die Verwendung von Fremdwörtern, die die Jugendlichen nicht verstehen. Gemeint ist vielmehr die Bedeutung und der Gebrauch von Sprache in den unterschiedlichen Lebenswelten von Jugendlichen und Mitarbeitern. Während verbale Auseinandersetzung und das Argumentieren typisch sind für die Lebenswelt der Mittelschicht, ist der Gebrauch der Sprache in der Lebenswelt der Unterschicht geprägt durch kurze Sätze, knappe Anweisungen usw. (vgl. Bernsteins Untersuchungen zum „restringierten" und „elaborierten Code"). Wenn ich mich z. B. bemüht habe, irgendwelche Entscheidungen oder Vorschläge den Jugendlichen detaillierter zu erläutern, erlebe ich oft, daß sie sagen: „Laß das lange Labern, sag endlich, was los ist."

Deinet, U.: „Als Berufsanfänger in der offenen Jugendarbeit", a. a. O., S. 15 ff.

AUFGABEN

1. Machen Sie doch einmal, ausgehend vom Text, für sich eine Analyse Ihrer Lebenswelt. Stellen Sie gegenüber, was Sie an Kenntnissen, Vermutungen über die Lebenswelt der Adressaten von Offener Jugendarbeit haben. Machen Sie in einer dritten Spalte deutlich, welche potentiellen Konflikte in diesen unterschiedlichen Lebenswelten angelegt sind.

Bereich	eigene Lebenswelt	Lebenswelt der Adressaten	mögliche Konflikte
Familie			
Erziehung/ Sozialisation			
Bildung/ Ausbildung			
Wohnung/ Umfeld			
Lebensperspektive			
Interessen/ Hobbys			
Freizeitverhalten/ möglichkeiten			
Konsummöglichkeiten			
Kommunikationsstil/Sprache			
Werte/Normen			
soziale Kontakte			
…			
…			

Zeichnen Sie diese Übersicht auf ein Blatt Papier

2. Tauschen Sie die Ergebnisse in der Klasse aus. Wo gibt es Übereinstimmungen, wo Differenzen?
3. Diskutieren Sie, was hilfreich sein könnte, die möglichen Konflikte zu minimieren.

Lesetip

Böhnisch, L., u. a.: Wozu Jugendarbeit? – Orientierungen für Ausbildung, Fortbildung und Praxis. München 1989
Deinet, U.: Als Berufsanfänger in der offenen Jugendarbeit. Bonn 1983

Weitere Literatur- und Informationshinweise

AG-SOS-Rassismus: 101 Projektideen gegen Gewalt und Rassismus. Mühlheim 1993
Bauer, W.: JugendHaus. Geschichte, Standort und Alltag Offener Jugendarbeit. Weinheim – Basel 1991
Berner, W.: Jugendgruppen organisieren. Reinbek 1983
Brühwiler, H.: Methoden der ganzheitlichen Jugend- und Erwachsenenbildung. Opladen 2. A. 1994
Damm, D.: Die Praxis bedürfnisorientierter Jugendarbeit. München 1980
Damm, D., u. a.: Projekte und Aktionen in der Jugendarbeit. München 1988
Erl, W.: Methoden moderner Jugendarbeit. Bd. 1+2, Tübingen 8. A.1981, 2. A. 1979
Klawe, W.: Arbeit mit Jugendlichen. München 1986
Schilling, J.: Methodenbuch Jugendarbeit, Bd. 1+2, München 1982, 1985

4.2.3 Arbeitsfeld: Hort

Der Hort ist eine Einrichtung für schulpflichtige Kinder im Alter von 6 bis 9–15 Jahren (je nach Bundesland).

Neben den selbständigen Horten gibt es Horte, die organisatorisch mit einer Kindertagesstätte, einem Jugendzentrum oder einer Grundschule (z. B. Schulkinderhaus) verbunden sind.

Neben dem Hort gibt es für Schulkinder folgende weitere Betreuungsangebote:

- ◆ Ganztagsschulen
- ◆ Vollständige Halbtagsschulen
- ◆ Betreuungsgruppen in Jugendzentren (Hausaufgabenhilfe, Kindertreffs)
- ◆ Altersgemischte Gruppen in Kindertagesstätten

Zahlenmäßig ist das Angebot an Betreuungsplätzen für Schulkinder in den alten Bundesländern sehr gering.

Vor allem zwei Fragen stehen im Mittelpunkt der Diskussion über die grundsätzliche Ausrichtung der pädagogischen Arbeit im Hort.

1. Sollte der Ausgleich von Defiziten bei den Kindern z. B. im sozialen, motorischen oder kognitiven Bereich oder die allgemeine Förderung im Mittelpunkt der pädagogischen Arbeit stehen?
2. Welchen Stellenwert soll die Hausaufgabenbetreuung im Vergleich zur Freizeitgestaltung haben?

Text 1:

Mein Kind muß nicht in den Hort

Die theoretische Forderung, den Hort als eine pädagogische Einrichtung für **alle** schulpflichtigen Kinder zu begreifen, ist so alt wie der Hort selbst. Die Praxis hingegen sieht in der Regel anders aus.

Seit der Gründung des ersten Hortes im Jahre 1872 bis heute sind vornehmlich Kinder in den Hort aufgenommen worden, die als „problematisch" gelten.

Heute werden insbesondere Kinder aufgenommen.

- deren Mutter bzw. Vater alleinstehend und berufstätig ist.
- deren Eltern beide berufstätig sind.
- deren Familien sich in einer besonders schwierigen Lebenssituation befinden.
- die sozial integriert werden sollen.

Diese Aufnahmepraxis, die u. a. bedingt ist durch das geringe Angebot an Hortplätzen, hat dazu geführt, daß in der Öffentlichkeit und bei vielen Horterzieherinnen ein defizitorientiertes bzw. kompensatorisches Verständnis der pädagogischen Arbeit im Hort vorherrscht.

Dieses Verständnis von Hortarbeit ist sicherlich aufgrund der Aufnahmepraxis berechtigt. Es steht allerdings im Gegensatz zu den Forderungen des KJHG und des GTK (NRW). Demnach ist der Hort eine sozialpädagogische Institution, die **allen** schulpflichtigen Kindern offensteht und in der diese Kinder betreut, gebildet und erzogen werden sollen.

Neben dieser gesetzlichen Forderung spricht die Veränderung der Kindheit (weniger Spielräume, mehr Einzelkinder, weniger Kinder in der Nachbarschaft) dafür, daß der Hort quantitativ ausgebaut wird.

Nur ein solcher Ausbau kann letztlich dazu führen, daß die allgemeine Förderung aller Schulkinder stärker in den Vordergrund der Hortarbeit reicht und somit das defizitorientierte Selbstverständnis der pädagogischen Arbeit allmählich an Bedeutung verliert.

Text 2:

Freizeiteinrichtung oder Nachhilfeinstitut?

Nach § 3 GTK NRW hat der Hort einen **eigenständigen** Erziehungs- und Bildungsauftrag. Der Hort ist also nicht eine schulähnliche Institution oder gar ein verlängerter Arm der Schule, sondern eine eigenständige, sozialpädagogische Institution mit eigenständigen Zielen, Inhalten und Methoden.

Die Eigenständigkeit wird allerdings durch die Vorschrift eingeschränkt, daß die Schulsituation bei der Arbeit zu berücksichtigen ist.

Die Ansprüche, die aufgrund dieser Forderung von Eltern und Lehrern an den Hort herangetragen werden, stehen oft im Gegensatz zu den sozialpädagogischen Zielen, Inhalten und Methoden.

Die Gegensätzlichkeit dieser Ansprüche führt in der praktischen Arbeit oft dazu, daß ein Anspruch ganz abgelehnt wird oder einem Anspruch eine klare Priorität eingeräumt wird. Dies ist z. B. der Fall, wenn die Horterzieherinnen z. B. versuchen, die Eltern davon zu überzeugen, daß die Kinder die Hausaufgaben zu Hause erledigen, um die Zeit im Hort stärker für die sozialpädagogische Arbeit nutzen zu können.

AUFGABEN

1. Welche Kinder werden heute vornehmlich in den Hort aufgenommen (Text 1)?
2. Welche Konsequenzen ergeben sich aus dem defizitorientierten Selbstverständnis für die Ziele, Inhalte und Methoden der Hortarbeit?
3. a) Was könnten Horterzieherinnen tun, damit der Hort zu einer sozialpädagogischen Einrichtung mit einem allgemeinen Bildungsauftrag für **alle** Schulkinder wird?
   b) Halten Sie eine solche Entwicklung (vgl. a) für notwendig bzw. wünschenswert? Begründen Sie Ihre Auffassung.
4. Sehen Sie den Hort als eine Freizeiteinrichtung oder als ein Nachhilfeinstitut?
5. Vergleichen Sie die Schule mit einer sozialpädagogischen Institution. Welche Unterschiede und Gemeinsamkeiten fallen Ihnen bzgl. Ziele, Inhalte und Methoden auf?
6. Erarbeiten Sie Möglichkeiten, den schulischen und sozialpädagogischen Ansprüchen in der Hortarbeit gerecht zu werden.

Hausaufgabenbetreuung im Hort

Wie eine Erzieherin die Hausaufgabenbetreuung gestaltet und welche Bedeutung für sie die Erledigung der Hausaufgaben hat, ist davon abhängig, welchen Sinn sie in den Hausaufgaben sieht. Deshalb ist es wichtig, sich zunächst Klarheit über den Sinn von Hausaufgaben zu verschaffen.

Text 1:

Warum wir gegen Hausaufgaben sind

Unter Hausaufgaben verstehen wir von der Schule aufgetragene Arbeiten, die von den Schülern außerhalb der Unterrichtszeit zu erledigen sind und deren Nicht-Erledigung negative Sanktionen zur Folge hat.

Im einzelnen sehen wir folgende Argumente, die gegen Hausaufgaben sprechen:

- Hausaufgaben rauben den Kindern notwendige Zeit zur Erholung; sie nehmen den Kindern Möglichkeiten, ihre Umwelt zu erkunden und neue Erfahrungen zu sammeln.
- Hausaufgaben – insbesondere die sinnentleerten Abschreib- und Wiederholungsaufgaben – passen die Kinder in Formen fremdbestimmten Arbeitens ein und verhindern die Lernbereitschaft der Kinder.
- Hausaufgaben dienen dem Lehrer als Disziplinierungsmittel; bei Fehlverhalten werden zusätzliche Hausaufgaben erteilt; bei Wohlverhalten wird sogar auf Hausaufgaben verzichtet.
- Hausaufgaben diskriminieren insbesondere die Kinder mit schwachen Schulleistungen, für die angeblich gerade die Hausaufgaben erteilt werden.
- Durch die Hausaufgaben wird ein wichtiger Teil schulischen Lernens – die Einübung/Festigung von in der Schule Gelerntem – aus der Schule ausgelagert und der Kontrolle der Lehrer entzogen.
- Hausaufgaben geben dem Lehrer keinen Aufschluß über die Leistungsfähigkeit und den Leistungsstand der Kinder, da Hausaufgaben nicht selten von Eltern, Horterziehern und Nachhilfelehrern angefertigt werden.
- Hausaufgaben mißbrauchen Eltern und Horterzieher als Hilfslehrer.
- Hausaufgaben belasten das Verhältnis der Kinder zu Eltern und Horterziehern.
- Hausaufgaben bestimmen im wesentlichen die Arbeit im Hort; sie hindern den Hort daran, eine eigenständige sozialpädagogische Arbeit zu leisten.

Positiv gewendet würde die Abschaffung der Hausaufgaben oder zumindest ihre drastische Reduzierung den Kindern neue Möglichkeiten und Lernvoraussetzungen schaffen, die auch Schule, Elternhaus und Hort zugute kommen:

- Kinder brauchen durch Hausaufgaben nicht gezwungen werden, das in der Schule Gelernte anzuwenden; denn Kinder sind noch neugierig, experimentierfreudig und tatendurstig, in aller Regel also bestrebt, Gelerntes anzuwenden, auszuprobieren und zu hinterfragen.
- Durch die Abschaffung der Hausaufgaben gewinnen die Kinder Zeit, Erfahrungen auch schulischer Art zu verarbeiten, aber in einer Weise, die nicht von der Schule vorgegeben ist, sondern die den Lebensumständen, den Lernstilen und den Interessen und Bedürfnissen der Kinder entspricht.
- Die Kinder gewinnen dann Zeit, in der sie ihre Umwelt erkunden und neue Erfahrungen sammeln können, was wiederum auch dem schulischen Lernen zugute kommt. Die Kinder bekommen mehr Gelegenheit, das nach Unterrichtsfächern zergliederte Wissen in Handlungs- und Lebenszusammenhänge zu integrieren und somit auch zu festigen.
- Durch die Abschaffung der Hausaufgaben gewinnen die Kinder Zeit, sich nach intensiven Phasen der Konzentration, nach langem Stillsitzen und nach zum Teil recht langen Schulwegen zu erholen.

◆ Durch die Abschaffung der Hausaufgaben kann die Schule ihrem Anspruch eher gerecht werden, die Schüler zu selbstbestimmtem Handeln zu erziehen; Voraussetzung dafür ist Zeit, die selbstbestimmt ausgestaltet werden kann.

◆ Die Abschaffung der Hausaufgaben bietet dem Hort die große Chance, seinen eigenständigen sozialpädagogischen Auftrag nicht nur zu formulieren, sondern auch in die Praxis umzusetzen, wozu auch die Schaffung von Lern- und Erfahrungsmöglichkeiten zählt, die den Kindern eine Auseinandersetzung mit Unterrichtsinhalten erlaubt.

Text 2:

Hausaufgaben müssen sein.

Die z. T. pauschale Kritik an den Hausaufgaben verkennt nach Meinung der Befürworter, daß

◆ Hausaufgaben der Festigung und Vertiefung des Gelernten dienen.
◆ die schulischen Leistungen sich durch die Erledigung von Hausaufgaben verbessern.
◆ durch die Hausaufgaben die Selbständigkeit, die Arbeitsdisziplin und das Verantwortungsgefühl der Schülerinnen gefordert wird.
◆ Hausaufgaben den Schülerinnen eine bessere Selbsteinschätzung und Selbstkontrolle ermöglichen.
◆ die unterschiedlichen Lernfortschritte der Schülerinnen durch die Erledigung von Hausaufgaben ausgeglichen werden können.
◆ durch die Erledigung von Hausaufgaben das Lernen gelernt wird.

AUFGABEN

1. Stellen Sie die Argumente der Befürworter (Text 1) und der Gegner (Text 2) von Hausaufgaben gegenüber und prüfen Sie, ob sich die Argumente widersprechen.
2. Welchen Argumenten (Text 1 und Text 2) würden Sie aufgrund Ihrer persönlichen schulischen Erfahrungen als Schülerin folgen?
3. Versetzen Sie sich in die Rolle einer Lehrerin. Welche Position würden Sie dann befürworten?
4. Welche unterschiedlichen Arten von Hausaufgaben lassen sich unterscheiden?
5. a) Auf welche Art von Hausaufgaben beziehen sich die Argumente der Texte 1 und 2?
   b) Für welche Art von Hausaufgaben würden Sie die jeweiligen Argumente gelten lassen?

Anregungen zur Hausaufgabenbetreuung

Probleme bei der Hausaufgabenbetreuung entstehen z. T. dadurch, daß die Schülerinnen den Umfang und die Art der Hausaufgaben ablehnen. Wie berechtigt diese Ablehnung oft ist, zeigt sich, wenn man die Vorgaben des Hausaufgabenerlasses (NRW) mit der Hausaufgabenpraxis vergleicht.

Als Erzieherin im Hort sollten Sie in solchen Fällen versuchen, in Zusammenarbeit mit den Lehrerinnen der jeweiligen Schule die Hausaufgabenpraxis den Vorgaben des Erlasses anzupassen.

Text 1:

Hausaufgaben für die Klassen 1 bis 10 aller Schulformen

12 – 31 Nr. 1
Hausaufgaben für die Klassen 1 bis 10 aller Schulformen
RdErl. d. Kultusministeriums v. 2. 3. 1974 (GABl. NW. S. 249)*

1. Hausaufgaben ergänzen die schulische Arbeit, deren wesentlicher Teil im Unterricht geleistet wird. Hausaufgaben können

1.1 dazu dienen, das im Unterricht Erarbeitete einzuprägen, einzuüben und anzuwenden;

1.2 zur Vorbereitung neuer Aufgaben genutzt werden, die im Unterricht zu lösen sind;

1.3 Gelegenheit zu selbständiger Auseinandersetzung mit einer begrenzten neuen Aufgabe bieten. Sie tragen damit dazu bei, daß Schülerinnen und Schüler fähig werden, Lernvorgänge selbst zu organisieren sowie Arbeitstechniken und Arbeitsmittel selbst zu wählen und einzusetzen.

1.4 Hausaufgaben, die als Ersatz für fehlenden oder ausfallenden Unterricht verwandt werden sollen oder der Disziplinierung dienen, sind nicht zulässig.

2. Hausaufgaben werden nach folgenden Grundsätzen erteilt:

2.1 Alle Hausaufgaben müssen aus dem Unterricht erwachsen und wieder zu ihm zurückführen. Hausaufgaben, die diese Bedingungen nicht erfüllen, sind unzulässig.

2.2.1 Hausaufgaben müssen in ihrem Schwierigkeitsgrad und Umfang die Leistungsfähigkeit der Schülerinnen und Schüler berücksichtigen und von diesen selbständig, d. h. ohne fremde Hilfe, in angemessener Zeit gelöst werden können.

2.2.2 Damit die selbständige Lösung von Hausaufgaben möglich ist, müssen diese eindeutig und klar, ggf. schriftlich formuliert werden; die Schülerinnen und Schüler müssen entsprechend der jeweiligen Altersstufe Ratschläge für die Durchführung der Arbeit erhalten und mit den Arbeitstechniken sowie den zur Verfügung stehenden Hilfsmitteln vertraut gemacht werden.

2.3 Es empfiehlt sich, die gestellten Aufgaben nach der Leistungsfähigkeit, der Belastbarkeit und den Neigungen der Schülerinnen und Schüler zu differenzieren.

3. Für den Umfang der Hausaufgaben ist folgendes zu beachten:

3.1 Von Samstag bis Montag ist ohne Einschränkung aufgabenfrei; dasselbe gilt für alle Tage, denen ein Feiertag vorangeht. An Tagen mit mehr als zwei Stunden Nachmittagsunterricht werden in der Regel keine Hausaufgaben für den Unterricht des folgenden Tages gestellt.

3.2 In Schulen mit 5-Tage-Woche können von Freitag bis Montag Hausaufgaben gegeben werden, wenn am Freitag kein Nachmittagsunterricht stattfindet oder wenn nicht mehr als zwei Stunden Nachmittagsunterricht erteilt werden.

3.3 Hausaufgaben sollen so bemessen sein, daß sie, bezogen auf den einzelnen Tag, in folgenden Arbeitszeiten erledigt werden können:

für die Klassen 1 und 2 in 30 Minuten,
für die Klassen 3 und 4 in 60 Minuten,
für die Klassen 5 und 6 in 90 Minuten,
für die Klassen 7 bis 10 in 120 Minuten.

Die Klassenlehrerin oder der Klassenlehrer hat in Zusammenarbeit mit den in der Klasse unterrichtenden Fachlehrkräften das Ausmaß der Hausaufgaben zu beobachten und ggf. für einen Ausgleich zu sorgen.

4. Hausaufgaben müssen regelmäßig überprüft und für die weitere Arbeit im Unterricht ausgewertet werden. Sie werden in der Regel nicht zensiert, sollten jedoch unter pädagogischen Aspekten Anerkennung finden.

5. Sinn, Ausmaß und Verteilung von Hausaufgaben sollen mit den Schülerinnen und Schülern und in den Klassenpflegschaftsversammlungen sowie in Einzelberatungen mit Eltern erörtert werden.

---

* Bereinigt. Eingearbeitet:
RdErl. v. 24. 6. 1992 (GABl. NW. I S. 149)

6. Die Konferenzen sollen sich regelmäßig mit den Grundsätzen und den Maßstäben für Hausaufgaben sowie deren Verteilung befassen.

12 – 31 Nr. 2
Hausaufgaben für die Jahrgangsstufen 11 bis 13
aller Schulformen in der Sekundarstufe II; Hausaufgabenfrei von Samstag zu Montag

RdErl. d. Kultusministeriums v. 21. 8. 1974 (GABl. NW. S. 528)*

Für die Erteilung von Hausaufgaben in den Jahrgangsstufen 11 bis 13 aller Schulformen in der Sekundarstufe II wird folgende Regelung getroffen:
Von Samstag zu Montag ist ohne Einschränkung aufgabenfrei.

* Bereinigt. Eingearbeitet:
RdErl. v. 22. 7. 1992 (GABl. NW. I S. 180)

Ministerium für Schule und Weiterbildung NRW (Hrsg.): BASS 1995/96, S. 362.

AUFGABEN

1. Welche Funktionen sollen Hausaufgaben erfüllen?
2. Welche Grundsätze sollen Lehrerinnen bei der Erteilung von Hausaufgaben beachten?
3. Welche Arten von Hausaufgaben sind unzulässig?

Wie die Hausaufgabenbetreuung im Hort am besten zu organisieren ist, läßt sich nur schwer beantworten, da dies immer auch von den Rahmenbedingungen der jeweiligen Einrichtung abhängt.

Der folgende Text gibt Anregungen, wie die Hausaufgabensituation vielleicht verbessert werden könnte.

Text 2:

Möglichkeiten zur Veränderung der Hausaufgabensituation

Zeitliche Regelungen
In der Regel werden die Hausaufgaben direkt nach dem Mittagessen gemacht, entweder begrenzt bis zu einer bestimmten Uhrzeit oder so lange, bis alle Kinder fertig sind. Für viele Kinder ist dieser Zeitpunkt problematisch, da sie nach der Schule das Bedürfnis haben, sich auszutoben, sie sind z. T. auch müde und wenig leistungsfähig. Andere Kinder wiederum wollen die Hausaufgaben hinter sich bringen, um danach frei zu sein fürs Spielen.

Dies zeigt, daß es eine Patentlösung nicht gibt. Aus diesem Grunde ist die Einführung einer **flexiblen Hausaufgabenzeit** sinnvoll. Die Kinder bestimmen selbst nach ihren individuellen Wünschen, wann sie die Hausaufgaben machen wollen. (. . .)

Inhaltliche Veränderungen
Ziel der Veränderung sollte es sein, die schulähnliche Situation aufzuheben. Es wird sicher nicht gelingen, daß die Kinder mit Begeisterung Hausaufgaben machen, aber einige Erleichterungen für Kinder und Erzieher sind möglich. Will man den **Anspruch des sozialen Lernens** nicht auf den Freizeitbereich beschränken, so kann auch die Hausaufgabensituation ein Übungsfeld für soziales Verhalten sein.

Die Kinder können sich mehr untereinander helfen, sich gegenseitig etwas erklären und bei Unklarheiten selbst Hilfsmittel wie Nachschlagewerke, Rechner, Duden u. ä. nehmen. Bei der **Förderung der Gruppenarbeit** sollte man nicht die übliche Einstufung der Schule übernehmen: die Großen helfen den Kleinen – auch umgekehrte Hilfen sind denkbar und möglich.

Kinder einer Klasse können auch ihre Hausaufgaben **gemeinsam** anfertigen – im Hort muß nicht die Konkurrenzsituation der Schule fortgeführt werden. Besonders bei **stupiden Wiederholungsaufgaben** können die Kinder sich die Aufgaben aufteilen: Jeder erledigt einen bestimmten Anteil, anschließend tauschen sie. Kinder, die keine Lust haben, Hausaufgaben zu machen, kann man durch bestimmte **Reizmittel** motivieren wie z. B. Comics, Scrabbles, Lesenüben anhand des Fernsehprogramms u. ä. m.

Für viele Kinder sind auch die Hausaufgaben unüberschaubar – sie sehen sich vor einem Berg unbewältigbarer Anforderungen und verlieren deshalb den Mut, überhaupt anzufangen.

Diesen Kindern kann man helfen, indem man mit ihnen gemeinsam einen **Plan** macht, was in welcher Reihenfolge und welcher Zeit gemacht wird. Anhang einer Uhr kann sich das Kind dann selbst überprüfen und lernen, daß es in einer bestimmten Zeit eine bestimmte Aufgabe schafft.

Man kann auch eine solche **Planungshilfe** für alle Kinder mit Hilfe einer großen Tafel o. ä. einführen: Jeder trägt dort unter seinem Namen ein, was er an Hausaufgaben auf hat und macht sich einen Plan.

Vielleicht wird an dieser Stelle deutlich, daß es wichtig ist, **die Kinder bei der Gestaltung zu beteiligen.** Dazu kann man z. B. das Thema Hausaufgaben mit den Kindern aufgreifen und sie fragen, was sie sich anders vorstellen bezüglich der zeitlichen, organisatorischen und inhaltlichen Regelung. Die Kinder können zu so einer Frage beispielsweise eine Collage anfertigen, die man dann gemeinsam bespricht.

Dabei muß man den Kindern auch deutlich machen, daß man an den Hausaufgaben nicht vorbeikommt und deshalb gemeinsam Wege finden muß, diese Zeit so kurz und effektiv wie möglich zu gestalten.

Wie schon an anderer Stelle beschrieben, besuchen viele Kinder den Hort, die auch große Schulschwierigkeiten haben. Mit diesen Kindern ist der Horterzieher bei der Hausaufgabenanfertigung besonders überfordert. Hier sollte man versuchen, für diese Kinder einen **speziellen Nachhilfeunterricht von außen** zu organisieren, den entweder die Eltern oder das Sozialamt finanzieren. Denkbar ist auch eine **Honorarkraft,** die sich besonders mit diesen Kindern befaßt. (...)

Raumgestaltung

Der Hausaufgabenraum sollte **kein Schulzimmer** sein. Die Anordnung der Tische sollte die Möglichkeit der Gruppenarbeit fördern, und der Erzieher sollte unter den Kindern sitzen. Denkbar ist z. B. eine Anordnung im Kreis.

Nachschlagewerke und andere Hilfsmittel (Rechner, Tafel etc.) sollten für jeden erreichbar sein.

Manche Kinder lernen auch bei leiser Musik besser – man muß das ausprobieren.

Oft ist der Hausaufgabenraum zu klein: Zu viele Kinder sind auf zu engem Raum zusammen, und Zweiergespräche stören dann die anderen Kinder. In solchen Fällen sollte man überlegen, welche **anderen Räume** man für die Hausaufgabenanfertigung noch **einbeziehen** kann (z. B. Werkraum, Personalzimmer).

Der Hausaufgabenraum sollte auch für andere Zwecke verwendet werden und nicht ein steriler Raum sein, in dem die Kinder nur unangenehme Erfahrungen machen.

Das Rollenverständnis des Erziehers bei der Hausaufgabenanfertigung

Wenn die Kinder ihre Hausaufgaben selbständiger erledigen – sich mehr gegenseitig helfen und auch selbst darauf achten, daß z. B. die notwendige Ruhe im Raum herrscht, ist die Rolle des Erziehers so zu sehen: **Er ist kein Kontrollorgan mehr, sondern Anlaufstelle bei Fragen und Unklarheiten.** (...)

Erzieher haben uns berichtet, daß ein solches Rollenverständnis einen Umdenkungsprozeß voraussetzt, der schwierig ist:

Die Kinder nehmen dem Erzieher ein Stück der eigenen Aufgabe und Verantwortung ab, und man wird unsicher, ob man ihnen das zutrauen kann.

Kann man sich z. B. darauf verlassen, daß die Kinder die Hausaufgaben vollständig und ordentlich angefertigt haben – auch wenn man sie nicht kontrolliert? Sicherlich sollte man solche Veränderungen nicht von heute auf morgen durchführen, denn **die Kinder müssen die Eigenverantwortlichkeit erst lernen.**

Langfristige Veränderungen

Der Sinn und Zweck von Hausaufgaben – so wie sie derzeit gestellt werden – wird von Wissenschaftlern schon lange in Frage gestellt (vgl. Wittmann, B. [12] und Eigler, Krumm [9]).

Auch Erzieher sollten sich nicht für alle Zeiten mit den Hausaufgaben abfinden. So kann durch die Zusammenarbeit mit den Lehrern zumindest der Umfang der Hausaufgaben reduziert werden.

Gleichzeitig sollten Erzieher versuchen, durch eine Zusammenarbeit mit anderen pädagogischen Einrichtungen (z. B. Erziehungsberatungsstellen) und durch Öffentlichkeitsarbeit, ebenso wie durch gewerkschaftliche Aktivitäten und durch die Zusammenarbeit mit den Eltern Sinn und Zweck der Hausaufgaben zu diskutieren und ihre Reduzierung oder ihren Abbau anzustreben.

So können sich Erzieher z. B. in überregionalen Gruppen zusammenschließen und ihre Erfahrungen mit den Hausaufgaben öffentlich machen und entsprechende Forderungen aufstellen.

Erhardt-Plaschke, A.: Arbeitsfeld Hort. Frankfurt 4. A. 1983, S. 31-34.

Text 3:

Tips für die Hausaufgabengestaltung

Eine tragende Säule erfolgreich bewältigter Hausaufgaben: der gute Arbeitsplatz

Eine zweite Säule erfolgreich bewältigter Hausaufgaben: die günstige Arbeitszeit

7 Tips für einen guten Arbeitsplatz

- Einen festen Arbeitsplatz einrichten
- Für Ruhe am Arbeitsplatz sorgen
- Einen gesunde Körperhaltung ermöglichen
- Auf gute Lichtverhältnisse achten
- Für frische Luft und eine günstige Raumtemperatur sorgen
- Notwendige Arbeitsmittel und Arbeitsmaterialien bereitlegen
- Zur individuellen Gestaltung des Arbeitsplatzes ermutigen

9 Tips für eine günstige Arbeitszeit

- Am Mittag für ein leichtes Essen sorgen
- Das Kind nach dem Mittagessen ausruhen lassen
- Besonderheiten des Schulvormittags und des Schulwegs beachten
- Die Art der Aufgaben bedenken
- Besonderheiten der Lernumgebung berücksichtigen
- Die beiden ungünstigsten Hausaufgabenzeiten vermeiden
- Die individuelle Leistungskurve erkennen
- Eine feste Arbeitszeit bestimmen
- Dem Kind die Wahl der Arbeitszeit überlassen

Die Lernhilfen-Treppe

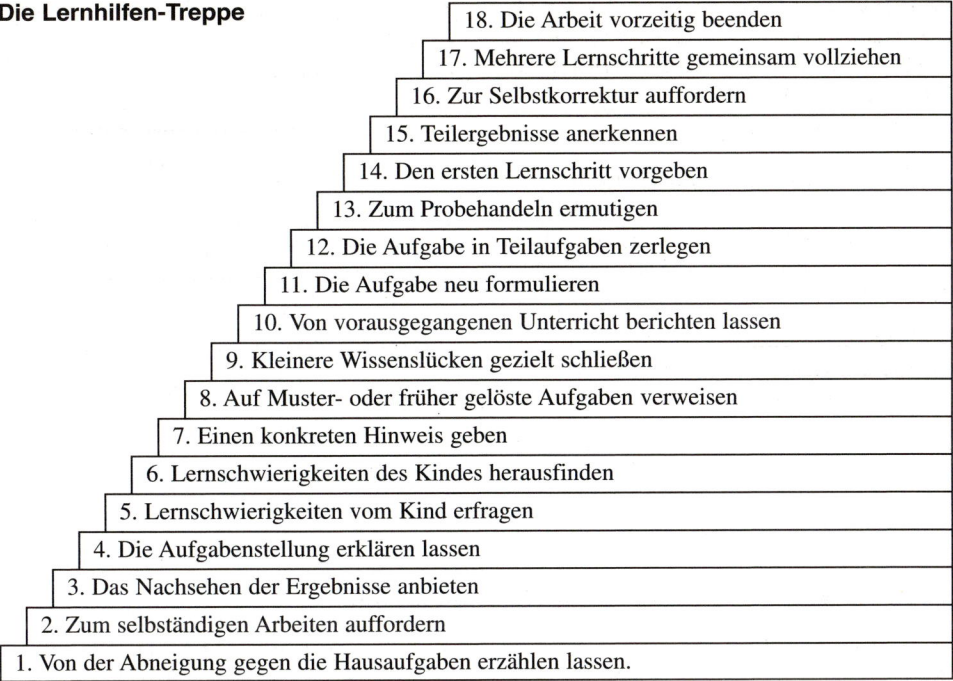

18. Die Arbeit vorzeitig beenden
17. Mehrere Lernschritte gemeinsam vollziehen
16. Zur Selbstkorrektur auffordern
15. Teilergebnisse anerkennen
14. Den ersten Lernschritt vorgeben
13. Zum Probehandeln ermutigen
12. Die Aufgabe in Teilaufgaben zerlegen
11. Die Aufgabe neu formulieren
10. Von vorausgegangenen Unterricht berichten lassen
9. Kleinere Wissenslücken gezielt schließen
8. Auf Muster- oder früher gelöste Aufgaben verweisen
7. Einen konkreten Hinweis geben
6. Lernschwierigkeiten des Kindes herausfinden
5. Lernschwierigkeiten vom Kind erfragen
4. Die Aufgabenstellung erklären lassen
3. Das Nachsehen der Ergebnisse anbieten
2. Zum selbständigen Arbeiten auffordern
1. Von der Abneigung gegen die Hausaufgaben erzählen lassen.

Kohler, B.: Hausaufgaben – Helfen, aber wie? Weinheim 2. A. 1992.

AUFGABEN

1. Der Text beinhaltet eine Reihe von Vorschlägen bzgl. der Gestaltung der Hausaufgabensituation.
   a) Fassen Sie diese Vorschläge kurz zusammen.
   b) Nehmen Sie Stellung zu diesen Vorschlägen.
2. Eine effektive Hausaufgabenbetreuung scheitert oft am falschen Rollenverständnis und den mangelnden Fähigkeiten der Erzieherinnen.
   a) Nehmen Sie Stellung zu der Aussage.
   b) Welche Fähigkeiten benötigt eine Erzieherin im Rahmen der Hausaufgabenbetreuung?
   c) Welche Rolle sollte eine Erzieherin bei der Hausaufgabenbetreuung spielen (Helfer, Kontrolleur …)?
3. Welche Vereinbarungen würden Sie mit Eltern und Lehrern bzgl. der Hausaufgabengestaltung treffen?
4. Vergleichen Sie die verschiedenen Vorschläge zur Gestaltung der Hausaufgabensituation (Text 2 und 3).
5. „Erzieherinnen sollten sich dafür einsetzen, daß die Hausaufgaben abgeschafft werden." Nehmen Sie Stellung zu dieser Aussage.

Freizeitarbeit im Hort

SZENARIO

Text 1:

Freizeitgestaltung im Hort „Kunterbunt"

Die letzten Kinder haben gerade die Hausaufgaben beendet. Es ist 15.30 Uhr. Die Hausaufgabenzeit hat für einige Kinder mal wieder länger gedauert als vorgesehen.

Endlich kann Nicole sich um ihre Interessengruppe kümmern. Acht Kinder haben sich für die Interessengruppe „Werken" angemeldet, die jeweils mittwochs um 15.00 Uhr stattfinden soll. Heute soll ein Drachen gebastelt werden.

Nicole bittet die Kinder, die schon seit einer halben Stunde draußen spielen, in den Werkraum zu kommen.

Ein großer Teil hat keine Lust, das eigene Spiel zu unterbrechen, um einen Drachen zu basteln. Zwei der vier Kinder, die bis 15.30 Uhr mit der Erledigung der Hausaufgaben beschäftigt waren, wollen lieber in die Stadt gehen als an der Aktivität teilzunehmen.

So sehr Nicole auch versucht, die Kinder zu motivieren, es zeigen nur drei der acht Kinder weiterhin Interesse, einen Drachen zu bauen. Schließlich beginnt sie um 15.45 Uhr mit den Kindern zu werken. Um 16.15 Uhr kommt die Mutter von Markus. Sie hat es sehr eilig. Markus möchte lieber noch seinen Drachen fertigstellen.

Markus muß sich mit seiner Mutter darauf einigen, daß er noch 10 min. bleiben darf.
Um 16.30 Uhr werden die anderen Kinder abgeholt. Kein Kind ist fertig geworden. Nicole tröstet sie damit, daß sie morgen an ihren Drachen weiter arbeiten können.

AUFGABEN

1. Ist die im Text 1 beschriebene Art der Freizeitgestaltung typisch für viele Horte?
2. a) Wie beurteilen Sie diese Art der Freizeitgestaltung?
   b) Was würden Sie als Horterzieherin ändern?

AUFGABEN

1. Interpretieren Sie die Karikatur im Hinblick auf das heutige Freizeitverhalten.
2. a) Welche Assoziationen verbinden Sie mit dem Begriff „Freizeit"?
   b) Definieren Sie den Begriff „Freizeit".
   c) Entspricht Ihr Freizeitverhalten der Aussage der Karikatur?
3. Stellen Sie anhand von Collagen das Freizeitverhalten von Hortkindern dar.
4. Befragen Sie Hortkinder nach ihren Freizeitbedürfnissen.

Text 2:

Freizeitverhalten von acht- bis zwölfjährigen Kindern

In dieser Untersuchung wurden Lebensumstände und Freizeitverhalten von acht- bis zwölfjährigen Hort- und unbetreuten Kindern mit privat betreuten Kindern – alle aus einem Großstadtviertel – verglichen:

Die *Hortkinder* sind weit häufiger Einzelkinder und leben wesentlich öfter als privat betreute Kinder in „neuen Familienformen", d. h. mit Alleinerziehenden oder mit unverheirateten Eltern/Stiefeltern. Ihre Mütter sind überdurchschnittlich oft erwerbstätig, haben aber häufig ein geringes Einkommen. Die meisten Hortkinder sind jünger als zehn Jahre. Über den täglichen Hortbesuch hinaus sind sie hin und wieder auch in Sportverein, Musikschule oder kirchlicher Jugendgruppe aktiv. Den öffentlichen Raum dagegen – sei es das unmittelbare Umfeld der Wohnung, seien es Parks und Spielplätze oder Schwimmhalle und Bücherei – erobern und nutzen sie, ganz besonders die Mädchen, viel weniger als die privat betreuten Kinder. Auch die Zahl ihrer Freizeitaktivitäten ist geringer.

Dieser Einschränkung steht folgender positiver Aspekt gegenüber: Hortkinder haben deutlich mehr und intensivere Spielkontakte als privat betreute Kinder.

Die *unbetreuten Kinder* in unserer Untersuchung, meist zehn Jahre und älter, leben in vergleichbaren Familiensituationen wie die Hortkinder, also öfter als privat betreute Kinder in neuen Familienformen. Auch sie haben mehr und intensivere Spielkontakte als die privat betreuten Kinder. Kontakte kommen aber fast ausschließlich durch vorherige Verabredung zustande. An institutionellen Freizeitangeboten nehmen die unbetreuten Kinder viel seltener als privat betreute Kinder teil. Ihr Aktivitätsspektrum erscheint eher eingeschränkt, ihr Medienkonsum dagegen recht ausgeprägt. Den öffentlichen Nahraum nutzen sie ähnlich häufig wie privat betreute Kinder, machen aber häufiger als diese selbständige „Ausflüge" zu entfernteren Orten, z. B. in die Innenstadt.

Viele der unbetreuten Kinder äußern den Wunsch, weniger oft alleine zu sein und gemeinsam mit anderen Kindern zu essen, Hausaufgaben zu machen und zu spielen. Auf die Frage, ob sie gerne einen Hort besuchen würden, geben sie jedoch eher negative Antworten. Eine Reihe von ihnen kennt den Hort aus eigener Erfahrung, und Äußerungen wie: *„Da ist es zu laut und zu streng", „ich müßte da jeden Nachmittag hin, das möchte ich aber nicht",* verweisen auf zu geringe individuelle Gestaltungs- und Rückzugsmöglichkeiten, zu starre Verregelung und zu wenig Bewegungsfreiheit im Hort.

Unsere Ergebnisse zeigen, daß Betreuungsangebote für einen Teil der Schulkinder – zumindest in der Grundschulzeit – aufgrund ihrer Lebenssituation unverzichtbar sind. Sie bestätigen aber auch die Kritik an der Ghettoisierung und Institutionalisierung von Kindern im Hort; insbesondere den Interessen der Älteren wird er häufig nicht gerecht.

Berücksichtigt man jedoch die besondere Familiensituation der befragten *Hortkinder*, so wird deutlich, daß der Hort ihnen eine überaus wichtige Gelegenheit zu intensiven Kontakten und Auseinandersetzungen mit Gleichaltrigen bietet (Krappmann 1984). Angesichts der Tatsache, daß dort Kinder unterschiedlicher Herkunft und besonders viele Einzelkinder zusammentreffen, ist der Hort eine gute Voraussetzung für die *„Erziehung zur Gemeinschaftsfähigkeit",* wie sie vom Kinder- und Jugendhilfegesetz (KJHG) als Erziehungsziel formuliert wird.

In dieser Altersstufe geht es aber auch um Verselbständigung und um die vom KJHG geforderte „*Erziehung zu einer eigenverantwortlichen Persönlichkeit*". Dafür scheinen die Voraussetzungen in der gängigen Hortpraxis noch ungünstig. Hier sind weiterführende konzeptionelle Überlegungen notwendig und der Mut, sie, trotz Widerständen, zu realisieren. (…)

Miedaner, L./Permien, H.: Betreuungsangebote für Schulkinder: Nachfrage groß, Angebot dürftig. In: DJI: Was für Kinder, S. 363.

AUFGABEN

1. a) Welche Unterschiede im Freizeitverhalten acht- bis zwölfjähriger Kinder werden im Text 2 beschrieben?
   b) Ergänzen Sie die im Text 2 gemachten Aussagen aufgrund Ihrer eigenen Erfahrungen.
2. Im Fach Erziehungswissenschaften müßten Sie sich bereits mit entwicklungspsychologischen Phasenmodellen beschäftigt haben. Welches sind die zentralen Aspekte der Entwicklung im Alter von sechs bis zwölf Jahren?
3. Welche Konsequenzen ergeben sich daraus für die Freizeitarbeit im Hort?

Ziele und Inhalte der Freizeitarbeit im Hort

Wie sollte ein Kind im Alter von 6-14 Jahren seine Freizeit verbringen? Sollte es sich in kreativen Methoden üben, Fußball spielen, in der Stadt bummeln, ein Musikinstrument erlernen, lesen, Musik hören, schlafen, sich langweilen, sich mit Computerspielen beschäftigen, …? Nicht alle aufgezählten Möglichkeiten werden Ihnen wahrscheinlich gefallen.

Angenommen, Ihnen gefällt es nicht, daß Kinder in ihrer Freizeit sich mit Computerspielen beschäftigen. Wie würden Sie diese Ablehnung begründen?
Wahrscheinlich wäre eine Begründung, daß die Kinder möglicherweise vor dem Computer vereinsamen.
In dieser Begründung wird schon ein freizeitpädagogisches Ziel deutlich: Kinder sollen in der Freizeit Kontakte zu anderen Kindern knüpfen.
Ziele spielen also bei der Auswahl von Freizeitaktivitäten eine wichtige Rolle. Einige wesentliche Ziele der Freizeitpädagogik werden im folgenden Text beschrieben.

Text 1:
Ziele der Freizeitpädagogik

Die Kinder sollen …

- ihre Freizeit aktiv und selbständig gestalten.
- sich kritisch mit kommerziellen Freizeitangeboten auseinandersetzen.
- ihre Umwelt selbständig entdecken.
- neue Fähigkeiten an sich entdecken.
- Selbstvertrauen erwerben.
- Freundschaften schließen und aufrechterhalten.

- kooperative Fähigkeiten entwickeln.
- den Müßiggang üben.
- Lernen, schöpferisch tätig zu sein.
- sich entspannen können.
- soziale Anerkennung und Zuwendung geben und nehmen.
- spontan sein und sich freuen können.
- lernen, Freizeitstreß zu vermeiden.
- erkennen, ob ihr Freizeitverhalten ihren Bedürfnissen entspricht.

AUFGABEN

1. a) Versuchen Sie, die beschriebenen Ziele zu systematisieren.
   b) Überprüfen Sie anschließend, ob Ihnen wesentliche Ziele fehlen.
2. Wählen Sie drei Ziele aus, und versuchen Sie, diese Ziele zu konkretisieren.
3. Entwickeln Sie Ideen, wie Sie zwei der genannten Ziele erreichen können.
4. Welche der im Text 1 genannten Ziele lehnen Sie ab. Begründen Sie Ihre Auffassung.
5. „Müßiggang ist aller Laster Anfang." Nehmen Sie Stellung zu dieser Aussage!
6. Entsprechen die in Text 1 genannten Ziele auch den Zielen der betroffenen Kinder?

Um die beschriebenen Ziele zu erreichen, sind bestimmte Grundprinzipien sehr hilfreich, die im folgenden Text kurz dargestellt werden.

Text 2:

Grundlegende Prinzipien der Freizeitgestaltung im Hort

1. Die Art der Freizeitgestaltung sollte weitgehend von den Kindern selbst bestimmt werden. Aufgabe der Erzieherin ist es, die Kinder anzuregen und bei der Realisierung ihre Ideen z.B. durch die Schaffung entsprechender Rahmenbedingungen zu helfen.

2. Der Hort sollte sich im Rahmen der Freizeitgestaltung nach innen und außen öffnen.

3. Die Freizeitgestaltung sollte nach Möglichkeit in Form von Projekten durchgeführt werden.

4. Das eigene aktive Handeln der Kinder und nicht die „Belehrung" durch die Erzieherin sollte im Vordergrund stehen.

AUFGABEN

1. Wie würde die Freizeitgestaltung im Hort konkret aussehen, wenn die beschriebenen Grundprinzipien in der Praxis berücksichtigt würden?
2. Welche Vor- und Nachteile sind Ihrer Meinung nach mit der Öffnung des Hortes verbunden?
3. Entwickeln Sie Ideen für mögliche Freizeitprojekte im Hort.

Es lassen sich drei verschiedene Arten der Freizeitgestaltung unterscheiden.
1. Die Kinder suchen sich innerhalb des Hortes selbst eine Freizeitbeschäftigung (z.B. Lesen, Spielen, sich unterhalten, Kassetten hören, …).
2. Die Kinder verbringen in Absprache mit den Erzieherinnen und Eltern ihre Freizeit außerhalb des Hortes (z.B. in Vereinen, Musikschule, …).
3. Die Kinder nehmen an Angeboten teil, die die Erzieherinnen innerhalb und außerhalb des Hortes anbieten (z.B. Werken, Sport, Kinobesuch, …).

Text 3:

Möglichkeiten der Freizeitgestaltung im Hort

In vielen Horten werden sogenannte Interessengruppen angeboten. In bestimmten Zeitabständen können die Kinder aus einer Liste von Angeboten wählen. Häufig zu findende Inhalte von Interessengruppen sind: Töpfern, malen, werken, kochen, basteln, tanzen, fotografieren, Theaterspiel, Video, musizieren, Experimente durchführen, …

Hat ein Kind sich für ein Thema entschieden, so verpflichtet es sich in der Regel, an der Interessengruppe, die oft wöchentlich stattfindet, regelmäßig teilzunehmen.

Eine andere Form der Freizeitgestaltung besteht darin, daß mit den Kindern gemeinsam längerfristige Projekte zu wichtigen Lebenssituationen geplant und durchgeführt werden. Als Beispiele wären zu nennen:
◆ Kinder im Hort
◆ Wie erlebe ich die Schule
◆ Wir erkunden unseren Stadtteil
◆ Wo arbeiten die Eltern?
◆ Wir gestalten eine Hortzeitung
◆ Wir erkunden die neue Medienwelt
◆ Ausländer in unserer Stadt
◆ Werbung: Alles Lüge!?

AUFGABEN

1. a) Welche Art der Freizeitgestaltung würden Sie bevorzugen (Text 2 und 3)?
   b) Worin sehen Sie die Vor- bzw. Nachteile der beiden Arten der Freizeitgestaltung?
2. Planen Sie ein konkretes Projekt zur Freizeitgestaltung im Hort.
3. „Hortkinder sollten ihre Freizeit häufiger außerhalb des Hortes verbringen."
   Nehmen Sie Stellung zu dieser Forderung.

Der folgende Text beschreibt eine denkbare Perspektive für den Hort der Zukunft.

Text:

Wenn der Hort ein Haus für Kinder wäre.

Stellen Sie sich mal vor, Sie müßten nach Feierabend Ihre Freizeit mit 20 Kollegen, auch mit denen, die Sie nerven und die Sie nicht leiden können, in einem 30-40 qm kleinen Raum verbringen! Da ist Krach und Trouble und keine Möglichkeit zum Abschlaffen, ein Oberaufseher regelt alles, gestaltet *Ihre* Freizeit, selbst was Sie essen und wenn Sie mal auf's Klo müssen. Sie können noch nichtmal mit Ihrer Freundin einen Spaziergang machen, um ein bißchen für sich zu sein. Schrecklicher Gedanke, stimmt's?

Aber den Hortkindern mutet man das zu und für die ist es auch langweilig, allein zu Hause zu hocken oder mit einem Schlüssel um den Hals durch die Straßen zu laufen.

Also, wenn ich ein Hortkind wäre, dann stelle ich mir ein Haus für Kinder vor, wohin ich gerne gehe und wo ich machen kann, was ich will. Wo ich sagen könnte: Heute war's schön, ich freu mich auf morgen!

Das fängt schon damit an, daß ich nicht jeden Tag Lust habe, in den Hort zu gehen. Ich wünsche mir wenigstens einen Tag in der Woche, an dem ich selbst was unternehmen kann. (…)

In 'nem richtigen Haus für Kinder könnte man öfter mal kommen und gehen, wann man will und hätte ganz viel Zeit zum Spielen. Also Schulaufgaben kannste vergessen. Wenn ich um Einse aus der Schule komme, dann hab' ich die Nase gestrichen voll, dann will ich was anderes als Schule machen. (…)

Na, und dann haben wir natürlich einen Mordshunger auf ein richtiges Essen, nicht so'n Kübelfraß und auf gar keinen Fall Bohneneintopf mit Fettfleisch, oh Kotz! Wir wollen uns aussuchen, was und wieviel wir essen. (…)

Und überhaupt, jetzt geht's nämlich erst richtig los am Nachmittag. In unserem Traum-Kinderhaus können wir selbst bestimmen, was wir machen und ausprobieren, was uns Spaß macht. Die Erwachsenen müssen uns da mit ihren Vorschlägen helfen. Bloß alle Kinder wollen nicht auf 'nen Punkt genau zur gleichen Zeit immer dasselbe machen, deshalb gibt's bei uns Supermöglichkeiten:

Wir haben einen riesigen *Spiel- und Toberaum* mit 'ner Rutsche und Kletterbäumen und ganz viel Spielsachen, wo de spielen, 'rumalbern, dich verstecken und Krach machen kannst. Mit meinem Freund Markus baue ich eine Stadt für unsere Match-box-Autos und Schlümpfe, oder ich spiele mit in unserer Wohnung aus Pappkartons Mutter-Vater-Kind. Oder 'n paar von uns machen Musik und trommeln, spielen Theater mit Verkleiden und malen Riesenbilder.

Wenn du aber mal nicht so auf Action aus bist, dann verschwindeste einfach im *Kuschelraum*, wo's ganz stark und gemütlich ist mit Matratzen, Kissen und Sofas. (…)

Klar gibt es in unserem Haus auch eine *Werkstatt* mit richtigem Werkzeug und viel Kram, wo wir Sachen basteln können, die wir brauchen für uns und zum Spielen oder zum Verschenken. Und ein Fotolabor, wo wir die Fotos vom letzten Stadtspiel entwickeln und vergrößern. Und dann haben wir noch 'nen *eigenen Raum für unsere Gruppe*, wo wir mit unserem Erzieher essen, quatschen und alles Mögliche machen.

Wenn ich *Probleme* mit der Schule oder meinen Eltern hab oder mich mit meiner besten Feundin verkracht habe, dann bin ich nicht allein. Da kann ich jederzeit zu einem Erwachsenen gehen, der mir zuhört, mich tröstet und mir vielleicht aus der Patsche hilft, wo ich das loswerden kann. Auf jeden Fall kann ich mich spontan entscheiden, was ich heute nachmittag oder morgen tun möchte.

Aber wir hätten auch noch mehr *Interessengruppen*, in denen wir länger an einer Sache was machen. Also ich würde mich sofort für die Abenteuer-AG entscheiden, weil ich mich oft langweile und nur noch im Fernsehen spannende Geschichten erlebe. (…)

Wir feiern klaro auch *Feten* in unserem Kinderhaus, wenn einer Geburtstag hat, oder Sommerfeste und Wochenendausflüge mit den Eltern, Lagerfeuer auf dem Spielplatz mit Stockbrot und und …

Aber das Allerbeste an unserem Haus ist, daß wir viel *rausgehen*: zum nächsten Abenteuerspielplatz oder Jugendfreizeitheim, zur Bücherei und zum Kindertheater. Aber auch zur Druckerei in der Nebenstraße, damit wir Ideen für unsere eigene Hortzeitung kriegen. Oder wir besuchen mal meine Mutter auf Arbeit, damit wir wissen, was die überhaupt macht – und hinterher fahren wir mit der BVG ins Schwimmbad.

Oh, ganz viele Sachen könnten wir machen, wenn wir bloß endlich so'n Haus für Kinder hätten. Mensch wär das gut!

Ulrike Keller

Verband für evangelische Kindertagesstätten in Berlin e. V. u. a. (Hrsg.): Blick über'n Zaun. Berlin 1980, S. 261 f.

AUFGABEN

1. Welche Wünsche der Kinder haben sich nach Ihrem Kenntnisstand bis heute erfüllt bzw. nicht erfüllt?
2. Wie müßte Ihrer Ansicht nach der Hort der Zukunft aussehen? Entwickeln Sie Ihre Vorstellungen in Kleingruppen. Tauschen Sie die Ergebnisse im Klassenverband aus.

Lesetip

Günther, A.: Der lange Weg zum neuen Konzept. In: Klein & Groß, H. 9, 1995, S. 36-37
Hanke, F./Reichel, K.: Mit Projekten den Hortalltag verändern. Frankfurt 1991

Weitere Literatur- und Informationshinweise

AG Lernmethodik: So macht Lernen Spaß. Weinheim 1982
Erhardt-Plaschke, A.: Arbeitsfeld: Hort. Frankfurt 1983
Kohler, B.: Elternratgeber Hausaufgaben. Helfen, aber wie? Weinheim 3. A. 1992
Kowalczyk, W./Ottich, K.: Schülern auf die Sprünge helfen. Lern- und Arbeitstechniken für den Schulerfolg. Reinbek 1995
Rolle, I./Kesberg, E.: Der Hort, Handbuch für die Praxis. Bd. 1: Der Hort als Erziehungs- und Bildungseinrichtung für Kinder im schulpflichtigen Alter. Köln 1986.

4.2.4 Arbeitsfeld: Heim

Heimerziehung heute ist mit der Heimerziehung vor 30 Jahren nicht mehr zu vergleichen. Die Heimerziehung stellt sich als ein buntes Puzzle unterschiedlicher Formen und Arbeitsansätze dar. Um diese Vielfalt besser strukturieren und verstehen zu können, ist es hilfreich, sich zunächst mit den neueren Entwicklungen in der Heimerziehung zu beschäftigen.

Text:

Vom Großheim zum Kinderhaus

Mit der sogenannten Heimkampagne begann 1968/69 ein Abschnitt in der Geschichte der Heimerziehung, der durch vielfältige Reformen gekennzeichnet war. Die Initiatoren der Heimkampagne waren vornehmlich politisch interessierte Studenten, die in den damals üblichen Großheimen ein Instrument der Unterdrückung benachteiligter Bevölkerungsschichten sahen.

Kritisiert wurde von den Studenten an der Heimerziehung insbesondere die Isolierung und Abgrenzung gegenüber der Außenwelt, die starke Reglementierung des Heimalltags und der autoritäre Erziehungsstil der Heimerzieherinnen.

Es gab aber nicht nur die politisch orientierte Kritik der Studenten. Auch in der Heimerziehung tätige Erzieher waren mit der damaligen Form der Heimerziehung unzufrieden. Grundlage deren Kritik waren die Ergebnisse der Hospitalismusforschung von René Spitz, die zeigten, daß Kinder, die in Heimen aufwachsen, oft erhebliche Entwicklungsverzögerungen aufweisen. Die wesentliche Ursache wurde in der mangelnden emotionalen Zuwendung gesehen.

Aufgrund dieser starken Kritik wurde von den obersten Landesbehörden eine Kommission „Heimerziehung" einberufen, die in ihren Zwischenbericht 1977 folgende Forderungen zur Reform der Heimerziehung formulierte:
- Ausbau der ambulanten Hilfen
- Entwicklung und Ausbau von Alternativen zur Heimerziehung (u. a. Pflegefamilien, Erziehungsstellen ...)
- kein quantitativer Ausbau der Heimerziehung
- qualitative Verbesserung der Heimerziehung durch
  - die Schaffung kleinerer Heime (maximal 4 Gruppen à 10 Kinder/Jugendliche)
  - größere organisatorische und wirtschaftliche Selbständigkeit der Gruppen
  - Veränderung der Aufnahme- und Vermittlungspraxis (u. a. umfassende Diagnose und stärkere Beteiligung der betroffenen Kinder)
  - stärkere Eingliederung in das soziale Umfeld
  - Fortbildung der Erzieherinnen
  - Differenzierung der Heime (u. a. nach Unterbringungsdauer, therapeutische Angebote, ...)

vgl. Kommission Heimerziehung; Zwischenbericht 1977, S. VII ff.

Heute ist festzustellen, daß viele Forderungen erfüllt worden sind.
Was die qualitative Verbesserung der Heimerziehung betrifft, so hat sich die deutlichste Veränderung im strukturellen Bereich vollzogen. Es gibt heute eine viel größere Anzahl kleiner Heime.
Zudem ist eine große Vielfalt von Formen der stationären Fremdunterbringung entstanden, so daß heute, wenn von Heimerziehung gesprochen wird, nicht mehr nur das „klassische" Heim, sondern auch Kleinstheime, Außenwohngruppen, Kinderhäuser ... gemeint sind. Innerhalb der jeweiligen Einrichtung hat zudem die organisatorische und wirtschaftliche Selbständigkeit der Gruppen stark zugenommen.

Eine Forderung der Kommission „Heimerziehung" war, die Heimerziehung nicht weiter auszubauen, sondern durch den Ausbau ambulanter Hilfen und die verstärkte Suche nach Pflegefamilien weniger Kinder in Heimen unterzubringen. Insbesondere bei jüngeren Kindern hat die Heimunterbringung daraufhin stark abgenommen, was zur Folge hatte, daß die Anzahl der Heime und der Plätze stark zurückging.

AUFGABEN

1. a) Nehmen Sie Stellung zur Kritik an der Heimerziehung in den 60er/70er Jahren (Text).
   b) Halten Sie diese Kritik auch heute noch für berechtigt (Text)?
2. Untersuchen Sie, welche Forderungen der Kommission „Heimerziehung" in Ihrem Jugendamtsbereich realisiert worden sind (Text).
3. Welche Vor- und Nachteile sind mit der Verkleinerung von Heimen verbunden?
4. „Kinder sollten möglichst in Pflegefamilien statt in Heimen untergebracht werden."
   a) Nehmen Sie Stellung zu dieser Forderung.
   b) Befragen Sie zu dieser Forderung eine Pflegefamilie, eine Heimerzieherin und eine Jugendamtsmitarbeiterin.
5. „Durch die zunehmende Zahl von Kleinstheimen und Außenwohngruppen wird die Pflegefamilie als Form der Fremdunterbringung zunehmend überflüssig."
   Nehmen Sie Stellung zu dieser Aussage.

Pädagogische Konzeptionen in der Heimerziehung

Im Vergleich zum Kindergarten ist im Heimbereich die Diskussion über die pädagogische Konzeption weniger intensiv geführt worden, so daß oft gar nicht bekannt ist, daß es unterschiedliche Konzeptionen in der Heimerziehung gibt.

Insgesamt lassen sich vier wesentliche konzeptionelle Grundrichtungen unterscheiden.

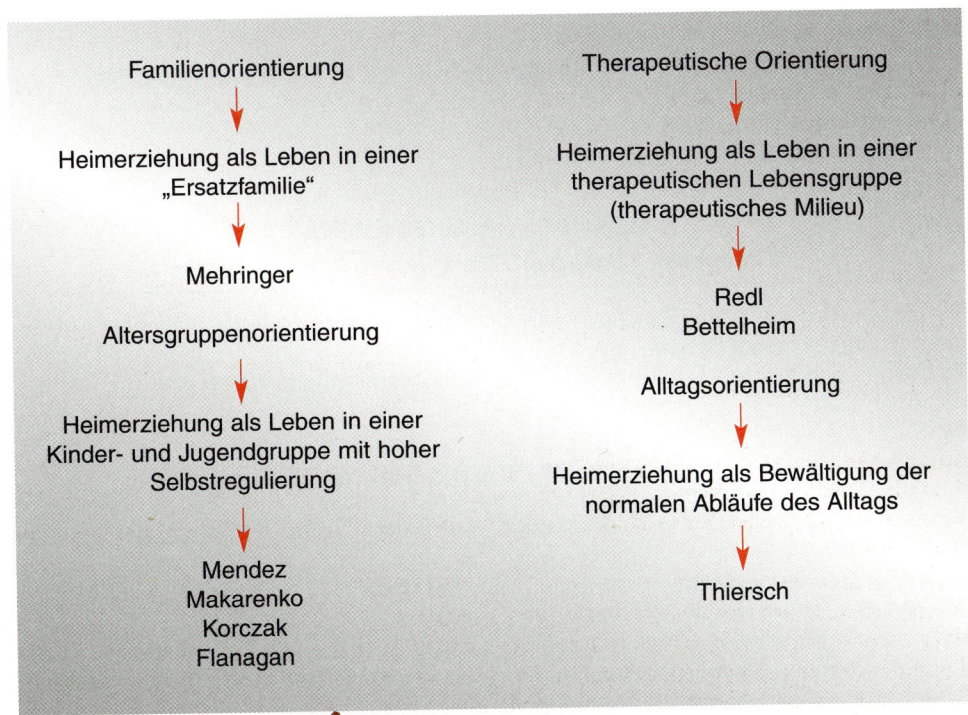

Der familienorientierte Ansatz

Suchen Sie eine Aufgabe und nicht nur einen Arbeitsplatz?

Die Kinderhof Heegheim Familiengruppen GmbH, eine dezentralisierte Jugendhilfeeinrichtung in der Wetterau, zwischen Gießen und Frankfurt, sucht zum nächstmöglichen Zeitpunkt für eine neu aufzubauende Familiengruppe ein

(Ehe-)Paar

(Beschäftigung beider Partner **nur** bei entsprechender Ausbildung möglich)

Wir erwarten:
- Ausbildung als **Sozialpädagoge oder Erzieher** (erforderlich)
- die Bereitschaft, Leben und Arbeit miteinander zu verbinden und auf der Grundlage theoretischer und praktischer Kompetenz einen strukturierten Alltag autonom zu gestalten
- ein hohes Maß an Einfühlungsvermögen, Belastbarkeit, Reflexionsfähigkeit und pädagogischer Phantasie
- überdurchschnittliche Einsatzbereitschaft und Energie
- längere Berufserfahrung
- Engagement und Eigenständigkeit
- das Bewußtsein, eine verantwortungsvolle Aufgabe zu übernehmen.

Wir bieten:
- ein hohes Maß an Autonomie
- interne Beratung und therapeutische Hilfen durch übergreifende psychologische Dienste
- externe Supervision
- Bezahlung nach BAT (kommunal)
- Altersversorgung

Bewerbungen richten Sie bitte an:
Kinderheim Kunterbunt, Klosterkamp 2, 20283 Verden

Nur selten wird die pädagogische Konzeption eines Heimes in einer Stellenanzeige so deutlich wie in diesem Beispiel.
Es handelt sich hier um eine Einrichtung, die familienähnlich strukturiert ist.

Text 1:

Die Familie als Vorbild für die Heimerziehung

A. Mehringer war nach dem Zweiten Weltkrieg einer der ersten Verfechter der Familienorientierung in der Heimerziehung.
Für ihn ging es nur darum, die noch vorherrschende sogenannte Anstaltserziehung, die durch Anonymität, Massenerziehung, starke Reglementierung und repressiven Erziehungsstil gekennzeichnet war, durch eine Form zu ersetzen, die es ermöglicht, stärker auf die individuellen Bedürfnisse der Kinder einzugehen.
Dieses Ziel erschien ihm dadurch am besten erreicht werden zu können, daß die Heimgruppen familienähnlich organisiert würden.

„Dabei ging es Mehringer jedoch nicht darum, die Familie mit ihren positiven wie negativen Merkmalen zu kopieren, sondern er versuchte, die strukturellen Vorteile des Familiensystems (kleine Gruppengröße, alters- und geschlechtsgemischte Zusammensetzung, abgeschlossene, private Lebensführung) auf den eigenständigen Lebensraum Heim zu übertragen."
(Blandow, Heimerziehung in den 80er Jahren, S. 23).

Als weitere Merkmale der Familienorientierung werden darüber hinaus genannt:

- geschlechtsgemischtes Team
- eigene(s) Wohnung/Haus
- wirtschaftliche und organisatorische Eigenständigkeit
- Aufhebung der Trennung von Arbeit und Freizeit
- kein Schichtdienst

Die wesentlichen Vorteile dieses pädagogischen Konzepts beschreibt A. Mehringer wie folgt:

„Die Anwendung des Familienprinzips in der Heimerziehung ist nach Mehringer in mehrfacher Hinsicht von Vorteil:

- Geschwister, die der öffentlichen Erziehung bedürfen, können zusammenbleiben und werden nicht mehr ihrem Alter und Geschlecht entsprechend auf verschiedene Gruppen oder sogar Einrichtungen verteilt.
- Das Zusammenleben von Jungen und Mädchen führt zu einer natürlichen und unverkrampften Einstellung zum anderen Geschlecht.
- Die **Erziehungskraft** der kleineren Kinder kann genutzt werden. Kleine Kinder sind nicht nur schutz- und pflegebedürftig, sondern haben durchaus positiven Erziehungseinfluß auf ältere Kinder und Jugendliche.
- Gemischte Gruppen erscheinen zahlenmäßig kleiner, da **ungleiche** Kinder unterschiedliche Interessen und Bedürfnisse haben und weniger miteinander konkurrieren als **gleiche** Kinder.
- Fremduntergebrachte Kinder und Jugendliche müssen im Laufe ihrer Entwicklung nicht ständig in andere Altersgruppen mit anderen Kindern und Erziehern überwechseln und erhalten so die Möglichkeit einer kontinuierlichen, emotional stabilisierenden Beziehung."

Blandow: Heimerziehung in den 80er Jahren. S. 23. In: Peters, F.: Jenseits von Familie und Anstalt. Bielefeld 1988, S. 28-49.

Text 2:

Zur Kritik der Familienorientierung

Sicherlich war der Versuch Mehringers, Heimgruppen familienähnlicher zu strukturieren, vor dem Hintergrund der damaligen Bedingungen ein großer Fortschritt.

Dennoch wurde dieses Konzept zunehmend kritisiert. In der Heimerziehung kann Familie, so die Kritiker, nicht nachgeahmt werden, da z. B. die Erzieherinnen Arbeitnehmerinnen sind und daher nicht kontinuierlich für die Kinder da sind. Den Kindern wird somit etwas vorgespielt. Es werden falsche Hoffnungen geweckt.

In Frage gestellt wurde auch, ob es für Kinder, die aus zerrütteten Familien kommen, möglich und wünschenswert ist, wieder in familienähnlichen Strukturen zu leben.

Die Familie automatisch als bessere Alternative im Vergleich zum Heim darzustellen, verkennt zudem nach Auffassung vieler Kritiker, daß es heute sehr problematische Familien gibt.

AUFGABEN

1. Erläutern Sie, was A. Mehringer unter dem Begriff „Familienorientierung" versteht (Text 1).
2. a) Welche Vorteile sind nach A. Mehringer mit diesem Konzept verbunden?
   b) Nehmen Sie Stellung zu seiner Meinung.
3. a) Erläutern Sie wesentliche Kritikpunkte an dem Konzept der Familienorientierung (Text 2).
   b) Nehmen Sie Stellung zu diesen Kritikpunkten.
4. a) Würden Sie für die Kinder in einer Heimgruppe die Mutter- bzw. Vaterrolle übernehmen können und wollen?
   b) Wenn nein, wie verstehen Sie Ihre Rolle als Erzieherin im Heim?
5. Welche Vorteile könnte eine bewußt als Wohngemeinschaft organisierte Heimgruppe für die Kinder und die Erzieherin haben?

Der therapieorientierte Ansatz

Das fachliche Niveau der pädagogischen Arbeit in der Heimerziehung zu verbessern, war eine wesentliche Forderung in den 70er und 80er Jahren.

Neben der Fortbildung der pädagogischen Mitarbeiterinnen wurde dies u. a. durch die zunehmende Integration therapeutischer Angebote zu erreichen versucht.

In vielen Heimen entstanden sogenannte gruppenübergreifende Dienste, die spezielle therapeutische Angebote wie Spieltherapie, Sprachtherapie, soziale Trainingsprogramme etc. anbieten.

Ausgewählte Kinder nehmen diese Angebote in der Regel wöchentlich für ca. 60 Minuten wahr.

Die Hoffnung, durch therapeutische Maßnahmen auf die individuellen Schwierigkeiten der Kinder besser eingehen zu können und somit eher Verhaltensänderungen zu erzielen, hat sich nur teilweise erfüllt.

Zudem entstanden neue Probleme durch die Trennung von pädagogischer Arbeit in den Gruppen und therapeutischer Arbeit.

Eine Möglichkeit, diese Probleme zu minimieren, ist die Gestaltung des Heims als „therapeutisches Milieu".

Auf der Basis der Psychoanalyse sind solche Ansätze u. a. von Redl, Bettelheim und Aichhorn entwickelt worden.

Die wesentlichen Merkmale des therapeutischen Milieus werden im folgenden Text am Beispiel des Pionier House, das von F. Redl in den 40er Jahren in Detroit (USA) gegründet und geleitet wurde, dargestellt.

„Unsere therapeutischen Prämissen"

(…)
Von den Variablen, die innerhalb des Behandlungsmilieus das kindliche Verhalten beeinflussen, möchten wir hier drei zur Diskussion herausgreifen: die Wirkung eines psychohygienisch vorbereiteten Klimas, die Programmgestaltung zur Ich-Unterstützung und die therapeutische Nutzbarmachung von Ereignissen des täglichen Lebens.

Die Wirkung eines psychohygienisch vorbereiteten Klimas

Wenn man Kindern mit schweren Ich-Störungen helfen will, ist der erste Schritt dazu die Schaffung eines Klimas, das unter dem Gesichtspunkt der Psychohygiene „gesund" ist, so daß gezielte Versuche, die grundlegende Störung dieser Kinder zu beheben, eine nennenswerte Erfolgschance haben. Wir müssen im Hinblick auf unsere „psychische Atmosphäre" ebenso sorgfältig sein, wie es die Medizin gelernt hat, mit der keimfreien Atmosphäre umzugehen, in der bestimmte Operationen ausgeführt werden müssen. Chirurgische Eingriffe können nicht erfolgreich sein, wenn zugleich einer Keiminvasion Zugang gewährt wird, die den Tod durch Sepsis hervorruft, selbst wenn ein krankes Organ erfolgreich entfernt worden ist. Ähnlich kann auch kein Versuch, pathologisches Verhalten zu beeinflussen, Erfolg haben, wenn nicht zugleich die ganze Umwelt unter dem Blickwinkel der Psychohygiene peinlich „sauber" gehalten wird. Das bedeutet natürlich, daß die therapeutische Führung des Heims eine lange Reihe von Einzelfaktoren zu berücksichtigen hat. Die folgende Liste soll daher nur veranschaulichend sein; hier wird bei weitem nicht alles erfaßt, was wirklich dazugehört.

◆ Absoluter Schutz vor traumatisierender Behandlung der Kinder durch irgendwelche Angehörigen des Heim-Personals muß garantiert sein. Niemand kann es sich hier leisten, eine falsche Behandlung zu wiederholen, wie sie in früheren Lebenssituationen vorgekommen ist und die für die Entstehung der Störung des Kindes mitverantwortlich war.

◆ Das Gewähren von Befriedigungen durch das Planen von Freizeitbeschäftigungen, liebevolle Zuwendung der Erwachsenen und Zeichen der Zuneigung müssen absolut von jeder Überlegung getrennt werden, ob das Kind sie aufgrund seines Verhaltens verdient oder nicht. Tatsächlich wäre es vom Standpunkt der Psychohygiene aus im Fall der Kinder, die hassen, ebenso ungesund, ihnen solche Gratifikationen vorzuenthalten, weil sie „ungezogen" waren, wie wenn man einem Kind mit Bronchitis den Hustensirup wegnehmen wollte, weil es sich geweigert hat, mit dem Husten aufzuhören.

◆ Ein fester Bestandteil des Behandlungsklimas muß Symptomtoleranz und Spielraum für Regressionen sein. Aber man muß Techniken zum Zweck des „beschützenden Eingreifens" entwickeln, die den Mitarbeitern des Heims in den Augenblicken zur Verfügung stehen, in denen das bei manchen Verhaltensweisen erfolgende Überschwappen von Erregung und Stimulierung das Kind in überwältigende Schuldgefühle, Angst, Furcht oder Depression hineintreiben würde, falls man keinen Riegel vorschiebt.

◆ Das Heim darf dem sozialen Geschmacksmuster des Kindes nicht zu sehr entgegengesetzt sein. Wenn das Mobiliar und die Ausstattung, das räumliche Erscheinungsbild des Heims, selbst das Freizeitprogramm sich zu sehr vom Stil des Milieus unterscheiden, an den das Kind gewöhnt ist, dann entsteht eine nachteilige Wirkung, die den therapeutischen Zielen zuwiderläuft. Der Leser wird natürlich verstehen, daß dies keine Dopplung der Mangelelemente im früheren Milieu der Kinder bedeuten soll, nur um ein totales Gefühl des „Daheimseins" zu schaffen, sondern vielmehr das Vermeiden eines groben sozio-kulturellen Stilbruchs.

Dies sind nur einige Merkmale einer psychohygienischen Umwelt. Zusammenfassend möchten wir hier jedoch zwei Dinge unterstreichen. Erstens müssen solche Zugeständnisse an die Psychohygiene, wie wir sie geschildert haben, gemacht werden, um auch nur die Voraussetzung für die Herstellung eines brauchbaren Behandlungsmilieus zu schaffen. Zweitens ist die „hygienische" Umwelt mehr als eine bloße Dekoration für unsere therapeutischen Bemühungen. Sie hat schon an sich eine eindeutige und greifbare Wirkung auf das Verhalten des Kindes, und man kann ihr die Behebung eines Teils seiner Pathologie ebenso zuschreiben wie anderen, gezielteren Versuchen der Einflußnahme.

Programmplanung zur Ich-Unterstützung

Das Freizeitprogramm und seine Verwirklichung sind bei der Behandlung des Kindes mit Ich-Störungen von größter Bedeutung. Sie bieten dem Kind in ihren vielfältigen Aspekten eine Möglichkeit zur Abfuhr und zum Ausdruck auf den Ebenen der Organisation, der Sublimierung und des Akzeptierens von Frustrationen, die hauptsächlich durch die besonderen Ich-Schädigungen umschrieben sind, an denen es leidet.

Die therapeutische Nutzbarmachung von Ereignissen des täglichen Lebens

Unsere Kinder überwältigen uns vom Augenblick ihres Eintritts ins therapeutische Heim an mit Verhaltenssymptomen. Diese schießen mit großer Geschwindigkeit und Intensität in das Alltagsleben ein. Wir sind froh darüber, denn sie geben uns eine Gelegenheit, damit zu arbeiten; diese hätten wir nicht, wenn wir warten müßten, bis das Kind „montags um 16 Uhr" in unserer Sprechstunde erschiene, wie es unter den typischen Bedingungen psychotherapeutischer Praxis wäre. Weil wir an Ort und Stelle sind, als Bestandteil des Schauplatzes, auf dem das Verhalten sich abspielt, *können wir es für therapeutische Zwecke nutzbar machen*, bevor es verdrängt wird oder bevor verwickelte Verleugnungsmechanismen und Ablenkungsmanöver entstehen, um unsere Versuche abzuwehren, an einige der unterschwelligen Motivationen und Haltungen heranzukommen, die ihm zugrunde liegen. Wir versuchen sogar, einige Ereignisse des Alltagslebens so zu gestalten, daß das gestörte Verhalten in so lebhaften Einzelheiten hervortritt, daß das Kind mit den Folgen dessen konfrontiert wird, was es da tut, mit dem, was sein Verhalten in bezug auf Anforderungen des Wertsystems und Folgen in der Realität bedeutet. Schließlich, nachdem die verschiedenen Formen der Nutzbarmachung von Problemen des täglichen Lebens über längere Zeit angewandt worden sind, können wir uns vornehmen, mit dem Kind zusammen herauszubekommen, warum es sich so verhalten muß, wie es sich verhält. So kann man das Weglaufen, die Diebstähle, Wutanfälle usw. einzeln angehen, wenn man meint, die Beschäftigung mit ihnen könnte für das Kind einen therapeutisch nützlichen Zweck haben.

Redl, F./Wineman, D.: Kinder, die hassen. München 1979, S. 36 ff.

AUFGABEN

1. Welche Probleme entstehen durch Therapieangebote in der Heimerziehung (Text)?
2. Worin sehen Sie den Unterschied zwischen pädagogischem und therapeutischem Handeln?
3. Besuchen Sie ein Heim mit therapeutischen Angeboten und diskutieren Sie mit Mitarbeiterinnen Form und Effektivität dieser Angebote.
4. Beschreiben Sie die wesentlichen Merkmale eines „therapeutischen Milieus".
5. Würden Sie als Erziehungsleiterin in einem Heim therapeutische Einzelangebote durchführen lassen oder das Heim insgesamt als „therapeutisches Milieu" gestalten?

Der altersgruppenorientierte Ansatz

In der Geschichte der Heimerziehung gibt es einige Pädagogen, die die Selbstverantwortung der Kinder, das soziale Lernen in der Gruppe und die demokratische Gestaltung des Heimlebens in den Mittelpunkt ihrer pädagogischen Überlegungen gestellt haben.
Zu ihnen gehören u. a. Flanagan, Mendéz und Makarenko.
Nach P. Struck weisen ihre pädagogischen Überlegungen folgende Gemeinsamkeiten auf:

Text 1:

Pädagogische Grundannahmen

- Sie haben sich mehr an den Grundbedürfnissen des Kindes und Jugendlichen als an den gültigen Gesellschaftsnormen orientiert;
- für sie war die Autonomie des pädagogischen Bezugs so primär, daß sie seine Verfremdung durch Ansprüche von außen nicht zu ließen;
- sie haben den Jungen und Mädchen sowohl Selbstverwaltung, Selbstverantwortung und Selbstregulierung zugestanden als auch hohe

Forderungen an sie gestellt, das heißt, sie haben die Kinder genauso ernst genommen wie Erwachsene;
- sie haben das Aufeinanderangewiesensein in der Gemeinschaft, im Kollektiv, also das soziale Lernen, zum wichtigsten Erziehungsmittel erhoben;
- sie haben den Kindern und Jugendlichen realistische Perspektiven für ihren Lebensweg und damit lebensnahe Motivationen eröffnet;
- sie haben den pädagogischen Bezug als ganzheitliche Umfassung, rund um die Uhr, eingebettet in sinnvolle, produktive Arbeit und in ein lebendiges Gemeinwesen, gestaltet;
- sie haben viel in ästhetische, atmosphärische und emotionale Dimensionen des Zusammenlebens investiert;
- sie haben Selbstverwirklichung und Identitätsfindung durch soziale Interaktion und durch eine Pädagogik der Bindungen an Werte, an Ziele und an Personen begünstigt;
- und sie haben schließlich eine nichterstarrte, offene Konzeption des Unfertigen gehabt, die den jungen Menschen immer neue Aufgaben, Probleme, Projekte und Perspektiven zum Inangriffnehmen zuspielte; denn gemeinsame Ziele schmieden eine Gemeinschaft zusammen.

Der Leser sei hiermit aufgefordert, bei der Lektüre des Buches die Effekte eines derartigen erzieherischen Instrumentariums zu überprüfen und zu trennen von dem, was nicht nachahmbar, nicht erlernbar ist, nämlich dem Charisma des Menschen Jesus Silva Mendéz.

Möbius, E.: Die Kinderrepublik, Reinbek 1973, S. 10 f.

Die Selbstregulierung als ein zentrales Element dieses pädagogischen Ansatzes soll nun am Beispiel der Kinderrepublik Bemposta in Spanien erläutert werden.
Silva Mendéz – ein katholischer Priester – hat sich beim Aufbau seiner Kinderstadt stark am Konzept von F. Flanagan orientiert, der in Nebraska eine Kinderstadt (Boep Town) gegründet hat.
Wesentliches Kennzeichen der Selbstregulierung ist, daß die Kinder ihren eigenen Bürgermeister und Minister wählen und sich selbst verwalten.
Die Kinder und Jugendlichen werden bei ihrer Arbeit von Erwachsenen lediglich unterstützt. Sie bestimmen, was geschieht. Sie sind den Erwachsenen gegenüber weisungsberechtigt.
Ein zentrales Gremium der Selbstverwaltung ist die Vollversammlung. Der Ablauf einer solchen Vollversammlung wird im folgenden Text exemplarisch beschrieben.

Text 2:

Verwalten sich die Kinder wirklich selbst?

„Als der von euch gewählte Bürgermeister habe ich das Recht und die Pflicht, die heutige Vollversammlung durchzuführen." Mit diesen Worten eröffnet der gerade neu gewählte Bürgermeister Massas auf einem kleinen Platz hinter dem Rathaus die tägliche Vollversammlung. – Wir nehmen an der Versammlung teil. Rund dreihundert Jungen sind anwesend; bei weitem nicht alle, denn es sind Ferien und viele besuchen ihre Eltern. Es ist 22 Uhr. Die Tribünen des abgebrannten Zirkus nehmen das stimmberechtigte Plenum auf, Kinder aus drei Erdteilen: Europa, Afrika und Amerika. Der Jüngste ist vier. – Am Vorstandstisch sitzen die Fachminister der verschiedenen Bereiche. Der Sekretär verliest das Kurzprotokoll der gestrigen Sitzung, das nach kleinen Abänderungen verabschiedet wird. Es wird auch verlesen, wer entschuldigt der Versammlung fernbleibt, denn die Teilnahme ist Gemeinschaftsarbeit und somit Pflicht. Dann geben die Fachminister ihren täglichen Bericht ab.
Die Fünf- und Sechsjährigen eröffnen die Diskussion. Ihr Gruppensprecher beklagt sich darüber, daß der Kakao in letzter Zeit immer erst so spät fertig wird. Er ist dann viel zu

heiß, sie müssen ihn stehenlassen oder aber sie kommen, wenn sie ihn trinken wollen, zu spät zum Unterricht oder zum Baden. Jedenfalls ist der Kakao immer erst da, wenn das Brot alle ist. Señora Mercedes, eine der Kindergärtnerinnen, hat schon ein paarmal in der Küche Krach geschlagen, aber jetzt weiß man nicht mehr weiter. Sind alle der Meinung? Ja. Der Versorgungsminister wird sich darum kümmern und morgen Bericht erstatten. – Ebenso schwerwiegend ist für die Zirkusreiter die Frage der Unterbringung ihrer Pferde. Als der Zirkus auf Tournee war, sind drei Fohlen in Bemposta geboren und zwei weitere Pferde gekauft worden. Zusammen mit den Zirkuspferden sind es nun über dreißig Tiere, die nicht genug Platz haben. Auch wenn der Zirkus weiter auf Reisen ist, bleibt das Problem oder taucht immer wieder auf. Lösungsmöglichkeiten? Vorschläge kommen von allen Seiten. Martin Iglesias Otero, 19, zuständig für Bauvorhaben, wird mit dem Architektenstab die Erweiterungsmöglichkeiten der Ranch besprechen. Der Finanzminister winkt ab. Zur Zeit kaum Chancen, dafür Geldmittel lockerzumachen. Sucht eine Übergangslösung! Sie darf aber nicht zuviel kosten. In der Gesamtplanung kommen die Ställe sowieso in ein neues Areal, das den

Zirkus mit allen Einrichtungen, auch den Pferden, aufnimmt.
Noch ein Schuß aus der Reiterecke! „Wir können uns denken, daß Reiten viel Spaß macht, aber wir würden uns auch noch über vier Helfer mehr freuen, die bereit sind, die Pferde zu pflegen und die Ställe auszumisten." Ein paar Freiwillige melden sich, werden aufgeschrieben, damit ein neuer Einteilungsplan gemacht werden kann – das Thema ist erledigt.
Große und kleine Probleme, tägliches Einerlei ohne Hektik abgehandelt, Fragen an die wenigen Erwachsenen (meist Lehrer), die aufmerksam dabeisitzen. Aber auch bei ihnen ist das Verhältnis zu den Jungen, die ihre Schüler sind, entspannt und unverkrampft. Man sieht, daß die Regierung funktioniert und daß die Autorität der gewählten Vertreter voll anerkannt wird.
Erstaunlich, welches Arbeitspensum in der Vollversammlung in einer Stunde erledigt wird. Traditionell der Abschluß der Sitzung. Die Jungen stehen auf, legen die Arme auf die Schultern des Nebenmannes und singen ein Lied. Der Text handelt von der Freundschaft mit allen Kindern der Welt, von einer besseren Zukunft, an der man bauen helfen sollte, und von der Nación Joven, auf die sie stolz sind. Einfache, fröhliche Worte, die sie selbst geschrieben haben.

Möbius, E.: s. o. S. 80 ff.

AUFGABEN

1. a) Beschreiben Sie die im Text 1 beschriebenen pädagogischen Grundsätze mit eigenen Worten.
b) Erstellen Sie eine Rangfolge dieser pädagogischen Grundsätze.
Begründen Sie Ihre Rangfolge.
2. Glauben Sie, daß Kinder ihr Leben selbstverantwortlich gestalten können?
3. Die Kinder sind in Bemposta den Erwachsenen gegenüber in vielen Dingen weisungsbefugt (Text 2).
Welche Auswirkungen hat diese Tatsache auf die Erzieherinnenrolle und das Erzieherin-Kind-Verhältnis?
4. Welche Probleme sind Ihrer Meinung nach mit dem Modell von Mendéz verbunden?

Der alltagsorientierte Ansatz

Das, was wir alltäglich erleben, steht in der Regel nicht hoch im Kurs.
Der Alltag wird von vielen als grau, langweilig, aufreibend, eintönig ... erlebt.
Vom Alltag heben sich die Feiertage wohltuend ab. Sie sind bunter, spannender, beliebter ...

Feiertage werden daher häufig dem Alltag vorgezogen.
Für die Heimerziehung soll dies nach M. Thiersch nicht gelten. Der Alltag und nicht der Feiertag soll der Mittelpunkt pädagogischen Handelns und Reflektierens sein.
Das heißt, daß nicht das gut geplante pädagogische Gespräch, sondern der alltägliche Umgang mit den Kindern und Jugendlichen an Bedeutung gewinnt.
Warum diese Hinwendung zum Alltag gerade in der Heimerziehung wichtig ist, zeigt der folgende Text.

Text 1:

Chancen und Möglichkeiten einer alltäglichen Pädagogik

◆ Alltägliche Pädagogik lehrt Grenzen und Spielräume von erlaubten und unerlaubten, richtigen und falschen, angemessenen und unangemessenen Verhaltens- und Handlungsweisen sowie die Schwierigkeiten, die sich durch eine „Grenzverletzung" ergeben. Sie vermittelt „Realitätsprinzip". Das „Wofür" und „Warum" ist im Hier und Jetzt sinnvoll und einsehbar enthalten.

◆ Alltägliche Pädagogik zeigt dem einen, was er dem anderen ist: anständig, nett, freundlich, entgegenkommend, garstig, böse oder gleichgültig. Gibt ihm so in der Wirkung auf andere ein Bild seiner selbst. Das Spiegelbild trifft. Es drängt darauf, sich etwas einfallen zu lassen, sich zu „bessern".

◆ „Alltäglichkeit ist die Wirklichkeit, zu der man gehört; hier gilt jeder zunächst einmal, weil er da ist; jeder wird – jedenfalls prinzipiell – genommen als einer, der imstande ist zu handeln, sich zu benehmen und zu verstehen, wie es im gegebenen Kontext üblich ist. Dies kann zu Gleichgültigkeit führen, bietet aber auch die Chance der Normalisation gerade für die, die aus ihrer bisherigen Lebenssituation belastet sind; indem ihnen zunächst einmal Normalität zugemutet wird (Macken, Schwierigkeiten und Hilflosigkeiten jedenfalls nicht als prinzipielle Schwierigkeiten des Miteinander-Auskommens angesehen werden), finden sie – vielleicht – die Möglichkeiten zu einem neuen Ansatz."

Der Jugendliche kann ja nicht nichts. Immer schon hatte er Fähigkeiten, sich mit sich selbst, mit seinem Mitmenschen und seiner Umwelt zu arrangieren, auch wenn er vielleicht subjektiv jegliches Zutrauen in sich verloren hat. Indem der Jugendliche sich auf den Alltag und die sich darin stellenden Aufgaben einläßt, zeigt er sich und den anderen, daß er zum Leben taugt und etwas kann. Handelnd schafft er sich selbst, schafft er sich neu. Er weiß, daß er selbst etwas tun muß (Selbstverantwortlichkeit). Alltag als eine „Wirklichkeit des Handelns" erst gibt ihm dazu Gelegenheit.

◆ Normalisation ist pragmatisch. (...) Das Abwarten ist kein Abwarten an sich. Der Erzieher steht nicht unbeteiligt und tatenlos daneben. Er wartet ab, traut und mutet zu, weil und solange er etwas zu tun hat. Nur so bleibt der Zögling ungestört. Und indem sich der Jugendliche handelnd auf den Alltag einläßt, wird er von sich selber abgelenkt; kommt auf andere Gedanken, kann Unangenehmens partiell verdrängen und kompensieren, bekommt Distanz, und diese Distanz wiederum gibt ihm Gelegenheit, neue Kräfte

243

zu sammeln und selbst nach Auswegen zu suchen (Selbstheilungskräfte).

Kommt Zeit, kommt Rat. Und so manches Problem löst sich gleichsam über Nacht, über einer unerwartet sich auftuenden Situation: ein neuer Freund, eine Freundin, eine Arbeitsstelle, die die Qual der Schule vergessen macht und neuen Auftrieb gibt, ein neuer Lehrer – und mit einem Male ist der Jugendliche wie verwandelt.

◆ Solange der Alltag Aufgaben bietet, die in Anspruch nehmen und in Atem halten, für die gar einzusetzen sich lohnt, wird der Jugendliche nicht oder nicht so schnell auf „dumme Gedanken" kommen.

(vgl. Montessori)

Pädagogisch ist demnach auch die Schaffung einer attraktiven, anregenden und spannenden Atmosphäre: Haustierhaltung, Gartenarbeit, Theaterspiel, gemeinsames Musizieren, Basteln, Schwimmen gehen, gemeinsam Urlaub machen – Erlebnisse, die über den Alltag hinausweisen und ihm, wenn auch nur für kurze Zeit, seinen Grauschleier nehmen. Sie geben Stoff zum Erzählen und Erinnern – Bilder, die sich im Gedächtnis eingraben, die Unangenehmes weniger schmerzen lassen, Erfahrungen, in denen das Leben als lebenswert erscheint.

◆ Alltägliche Pädagogik greift ein, belohnt und bestraft. In solchen „normalen" Reaktionen auf „Vergehen" der Kinder und Jugendlichen bekommt der Erzieher menschliche Züge; ist nicht das „Tanzmariechen", das alles hinnimmt, immer freundlich und nett lächelt und nach der Musik der Kinder das Tanzbein schwingt; nicht der Großartig-Verständnisvolle, der alles aushält, einen entschuldigenden Grund weiß oder große Konferenzen abhält.

Die „Macke" ist – so haben wir oben gesagt – zuallererst eine Störung des Alltags. Und diese Störung verbietet man sich: „Schluß jetzt!", „Reiß' dich zusammen!" Nach Gründen wird nicht gefragt, Verhandlungen gibt es nicht. Man ärgert sich und läßt das den „Übeltäter" auch spüren. Die Reaktion erfolgt augenblicklich und spontan – gerade darin hat sie ihre Wirksamkeit –, aber sie ist nichts Besonderes. Das kann jeden Tag passieren, jeder ist irgendwann einmal dran. Das Ärgernis ist von kurzer Dauer. Keine Diskreditierung und Stigmatisierung, keine Dramatisierung und Sonderbehandlung. Man verwahrt sich lediglich – dies aber deutlich.

◆ Pädagogik ist angewiesen auf Vertrauen. „Die Erziehbarkeit reicht gerade so weit, als die Übertragung reicht, also so weit, als die Außenwelt, insbesondere der Erzieher libidinös besetzt wird." Vertrauen – nur ein anderes Wort für libidinöse Besetzung – stellt sich nicht auf irgendwelchen Schleichwegen ein. „Solches Vertrauen wächst in den Gemeinsamkeiten alltäglicher Aufgaben, da also, wo man miteinander lebt, ißt, redet, wo sich die Pädagogen als nützlich erweisen können; in dem, was in der Situation und für alle wichtig ist, … und wo die Pädagogen in ihrem Verhalten zugleich zuverlässig und verständlich sind."

Routinen und Rituale sind selbstverständlich gewordene Versprechungen, Tätigkeiten, für die niemand zu Dank verpflichtet ist. Sie sind eine besondere Form des Worthaltens. In ihnen ist Gewißheit, auf sie ist Verlaß.

◆ Daß der Erwachsene selbst mit Hand anlegt, beweist ihn als nützlich und wichtig. Die Kinder wissen, was sie an ihm haben. Er wird ein relativ normaler Mensch, dem man glaubt, was er sagt, weil er zeigt, was er kann, also auch weiß, wovon er redet. Handelnd erweist sich der Pädagoge als kompetent in den allgemeinsten Fragen des Lebens.

◆ „Bei unseren Bemühungen, die Kinder vom Wort zur Sache, vom Reden zum Tun zu führen, haben wir immer die gleiche Erfahrung gemacht …: anfangs waren so gut wie alle in passiver Resistenz; sie wollten nicht, sie hatten keinerlei Bezug zu dieser Tätigkeit, und wochenlang war daher bloß der Lehrer arbeitend, die Kinder sahen zu, oder nicht einmal das. Aber langsam begann dieser oder jener daran teilzunehmen, stürzte sich bald intensiv und ausdauernd in die Arbeit; er fand diesen oder jenen Nachahmer, und schließlich waren die allermeisten dabei." → *Montessori*

Wolf, F./Freigang, W.: Wohngruppenleben, Frankfurt 1982.

AUFGABEN

1. Versuchen Sie mit eigenen Worten zu beschreiben, was die alltagsorientierte Pädagogik auszeichnet?
2. a) Wie wird die Wichtigkeit der Alltagsorientierung begründet?
   b) Sind die Begründungen für Sie überzeugend?
3. Welche Konsequenzen ergeben sich aus der Alltagsorientierung für das berufliche Selbstverständis einer Erzieherin?
4. Wie könnte eine alltagsorientierte Freizeitgestaltung im Heim aussehen?
5. „In sozialpädagogischen Handlungsfeldern kommt es darauf an, eine gelungene Balance zwischen Alltag, Pädagogik und Therapie zu finden."
   Nehmen Sie Stellung zu dieser Behauptung.
6. In welchem Verhältnis stehen die beschriebenen pädagogischen Konzeptionen zueinander?
7. Welches pädagogische Konzept würden Sie bevorzugen? Begründen Sie ihre Auffassung.

Zur Indikation von Heimerziehung

Obwohl sich die Einschätzung in den letzten Jahren ein wenig gewandelt hat, gilt auch heute noch Heimerziehung bei vielen Fachleuten und Laien als die schlechteste Möglichkeit der Fremdunterbringung.
Heimerziehung gilt als letzte Rettung, wenn bessere Alternativen fehlen.
Gegen diese Ansicht haben sich Trägervertreter aber auch Heimerzieherinnen immer wieder gewehrt.
Ihrer Meinung nach stellt die Heimerziehung ein pädagogisches Angebot dar, das für viele Kinder und Jugendliche eine gute Unterbringungsalternative darstellt.

Indikation von Heimerziehung

1. Im Hinblick auf das Kind oder den Jugendlichen:
   1.1 Behandlung schwerer Verhaltensstörungen, die durch das Verhalten und die Reaktionen in Familie, Schule oder Betrieb nachhaltig stabilisiert und aufrechterhalten werden. (Kontaktstörungen, Störungen des Leistungsverhaltens, Störungen in der normativen Orientierung, Störungen im Bewegungs- und Ausdrucksverhalten, Antriebsstörungen).
   1.2. Auffangen aktueller Krisen mit reaktivem selbst- oder fremdgefährdenden Verhalten.
   1.3. Heilpädagogische Hilfen bei konstitutionellen oder organisch bedingten Beeinträchtigungen, soweit sich diese für die persönliche und soziale Entfaltung hemmend oder erschwerend auswirken (z. B. postencephalitische Wesensveränderungen, Folgezustände von MCD, seelische Behinderungen u. a.).
   1.4. Schwersterziehbarkeit aber noch vorhandene Beeinflußbarkeit bei sonst eskalierender Problematik.
2. Im Hinblick auf das soziale Feld:
   2.1. Ablösung von familiärer overprotection oder anderen familiendynamisch bedingten überdauernden und nicht ausreichend veränderbaren Belastungen.
   2.2 Entlastung des Kindes (oder der Familie) durch überfordernde Lebens- oder Leistungsbedingungen, besonders in Schule oder Berufsausbildung.
   2.3. Kompensation beeinträchtigter (defizitärer) familiärer Bedingungen (z. B. Alter, Konstitution, Behinderung oder Krankheit der Eltern oder dissoziale

Beeinflussung) oder sonstige negative und gefährdende Umstände (dissoziale Peer-group, Prostitution, Sucht u. a.)

2.4. Kinder in abgelehnter Position, bei der die Beziehungssituation therapeutisch angehbar ist, jedoch keine schnelle Veränderung zu erwarten ist.

2.5. Ersatz der elterlichen Funktion durch den Tod oder den realen Ausfall der Eltern, besonders zur Aufrechterhaltung geschwisterlicher Beziehungen.

3. Im Hinblick auf diagnostische Erfordernisse:
   3.1. Erstellen umfassender oder besonderer sozialpädagogischer Diagnosen und Behandlungspläne.
   3.2. Abklärung familienrechtlicher oder vormundschaftsrichterlicher Fragestellungen.

4. Im Hinblick auf organisatorische Erfordernisse in der Durchführung von Jugendhilfemaßnahmen:
   4.1. Übergangsunterbringung
   4.2. Kurzzeitaufenthalte vor der endgültigen Fremdplazierung.

Diese Indikationen mit ihrer eindeutig familienergänzenden Perspektive (lediglich 2.5. ist eindeutig familienersetzend) können als kurzfristige (z. B. als heilpädagogische Trainingsprogramme), mittelfristige (z. B. als psychotherapeutische Behandlungsangebote, heilpädagogische Übungsfelder oder zur Schul- und Berufsausbildung) oder schließlich auch als längerfristige Angebote vermittelt werden. Das Heim wird hierfür jeweils über seine ihm verfügbaren Möglichkeiten in seiner Konzeptionsdarstellung eigene Aussagen machen müssen. Die damit verbundenen unterschiedlichen methodischen und organisatorischen Erfordernisse können zu unterschiedlichen Heimtypen mit entsprechenden pädagogischen oder therapeutischen Konzeptionen führen.

Flosdorf, P. (Hrsg.): Theorie und Praxis stationärer Erziehungshilfe Bd. 1, Freiburg 1988, S. 162 ff.

AUFGABEN

1. Besuchen Sie ein Jugendamt und informieren sich über deren Kriterien bzgl. einer Heimunterbringung und Form und Inhalt von Hilfeplangesprächen nach § 36, Abs. 2 KJHG.
2. Bitten Sie eine Mitarbeiterin eines Jugendamtes, Ihnen eine anonymisierte Falldarstellung zu geben.
   a) Diskutieren Sie in Kleingruppen, welche Maßnahmen Sie ergreifen würden.
   b) Überprüfen Sie, welche Indikation (Text) Ihrer Entscheidung zugrunde lag.
3. Nehmen Sie Stellung zu den im Text beschriebenen Gründen für eine Heimunterbringung.
4. „Eine schlechte Familie ist immer noch besser als ein Heim."
   Stimmen Sie dieser Aussage zu?

Der Erziehungsplan im Heim

In der Praxis der Heimerziehung hat sich die Forderung, für jedes Kind einen Erziehungsplan aufzustellen und in bestimmten Zeitabständen zu überprüfen, nicht voll durchgesetzt. Der Zeitaufwand, die Skepsis bezüglich der Effektivität und die Angst, dadurch kontrolliert zu werden, haben dazu beigetragen, daß Erziehungspläne nur selten fundiert erstellt werden.
Warum wird dann dennoch an dieser Forderung festgehalten?

Text 1:

Zur Notwendigkeit von Erziehungsplänen

Ein sozialpädagogisches Handeln, welches die Bewältigung der vorgefundenen Alltagssituation in den Vordergrund rückt …, scheint auf Planung nicht angewiesen zu sein: Spontan werden vorhandene Möglichkeiten und Mittel benützt, um eine Veränderung der Situation zu erwirken und auftretende Schwierigkeiten zu meistern.

Gestützt wird diese Art „planlosen" Handelns durch ein einseitig individual-orientiertes Entwicklungsverständnis, getragen vom Glauben an die Unwiederbringlichkeit und Komplexität jeglicher Situationen, der jeweils individuellen Beweggründe menschlichen Verhaltens. Die Entwicklung des Menschen wird also nicht historisch aus der dialektischen Wechselwirkung von persönlichen Voraussetzungen und sozialen Bedingungen verstanden, die es mit Hilfe der Erziehung zu beeinflussen gilt, wenn man staunt, „wie offen die Möglichkeiten der Erziehung sind und wie unberechenbar sich Erziehung als Lebensschicksal ereignet" …

Davon auszugehen, daß spontanes Alltagshandeln nicht in gewissen vorgegebenen Strukturen verläuft, kommt allerdings einem Trugschluß gleich, denn individuelles spontanes Handeln ist eben auch ein Produkt persönlicher Erfahrungen, dem jeweiligen Wahrnehmen, Erfassen und Bewerten der Situation und der vorhandenen methodischen Möglichkeiten durch den Erzieher. Spontanes Handeln ist somit immer Ausdruck subjektiv erlebter Erfahrungen und Einschätzungen – ob es die Bewertung einer komplexen Situation, den Impuls für das eigene Handeln oder die Wahl entsprechender Mittel zur Beeinflussung oder Änderung der jeweiligen Situation angeht.

Eine Alltagsorientierung, welche die Lebenswirklichkeit ernstnimmt, diese nicht als naturwüchsig und unausweichliches Schicksal versteht …, sondern als Abfolge komplexer Situationen, deren Zustandekommen historisch nachvollzogen werden kann, ist bemüht, den Alltag bewußt zu erfahren – und auch bewußt zu gestalten.

Ein Erziehungsplan erhält seinen Sinn und seine Legitimation dadurch, daß er hilft, einen „gelungenen Alltag" … zu schaffen, d. h. diesen Alltag so zu gestalten oder zu verändern (die Umgebung, die personellen, finanziellen Voraussetzungen, die Einstellungen und Verhaltensweisen der Erzieher, Jugendlichen, Eltern), daß Verhaltensänderungen möglich werden. Erziehungsplanung im Alltag bedeutet also, den Alltag so zu strukturieren, Alltägliches so zu arrangieren, also Erfahrungsmöglichkeiten zu schaffen, daß Lernen in einer gewünschten Richtung möglich wird.

An kritischen Anmerkungen zum „spontanen Alltagshandeln" mangelt es nun nicht: So wurde schon im Berliner Heimbericht … erwähnt, daß gerade der erzieherische Alltag einer Planung und Kontrolle bedarf, wenn die mit einer Jugendhilfemaßnahme verbundenen Ziele erreicht werden sollen. Nicht zuletzt auf das „Fehlen jeglicher gezielten und geplanten erzieherischen Arbeit" … führen gerade Praktiker die ausgewiesene Ineffizienz der Heimerziehung zurück, und auch LANGMEIER/ MATĚJČEK (1977, 60) kommen aufgrund ihrer Untersuchung der Auswirkungen frühkindlicher Heimerziehung zu dem Schluß, „daß die schädigenden Einflüsse auf die Heimkinder in hohem Grade von der Gestaltung des Heimes abhängen". Demgegenüber kann man durch planmäßiges Vorgehen „sehr wirkungsvolle Maßnahmen treffen", die eine Schädigung des Heimkindes weitgehend verhindern …

Dalferth, M.: Erziehung im Jugendheim. S. 91 f.

Text 2:

Zur Realisierung des individuellen Erziehungsplanes im Alltag

Nach diesen allgemeinen Ausführungen über den Stellenwert des Erziehungsplanes im Heimalltag sollen nun Operationalisierungsmöglichkeiten erörtert werden.

Voraussetzung für die Erstellung eines Erziehungsplanes ist die Sammlung von Vorinformationen und die Erfassung des augenblicklichen Entwicklungsstandes. Diese „Erfassung der pädagogischen Ausgangssituation" … sollte die Fähigkeiten und Schwierigkeiten des Jugendlichen deutlich machen.

Diese Informationen aus Akten, Elterngesprächen, strukturierten und unstrukturierten Beobachtungen gilt es vom Erzieherteam, welches mit dem Jugendlichen arbeitet, zusammenzufassen und auf den sozialen Hintergrund zu beziehen, um damit mögliche Ursachen für das derzeitig gezeigte Verhalten aufzuspüren.

Man könnte diesen Vorgang die Erstellung einer psychosozialen Diagnose bezeichnen.

Unter Berücksichtigung der bestehenden oder gegebenenfalls zu schaffenden Voraussetzungen der Einrichtung (finanzielle Bedingungen, Mitarbeitersituation, geo-, soziographische Lage, Räumlichkeiten, therapeutische Angebote) sowie der Möglichkeiten, welche in der Umgebung genutzt werden können (Landschaft, Personen, Vereine, Sport-, Spielplätze u. a.) erarbeiten die unmittelbar an der Erziehung des Jugendlichen beteiligten Personen eine konkrete Planung des weiteren Aufenthaltes beispielsweise während einer Fallbesprechung. An diesen Besprechungen, die turnusmäßig jeden Jugendlichen zum Thema haben sollten, nehmen Teilnehmer aus der Erziehergruppe, die Erziehungsleitung, der Psychologe, Meister, Lehrer teil. Gegebenenfalls kann auch der Jugendliche selbst an diesem Erziehungsplanungsgespräch teilnehmen ...

Bei dieser Planung ist nun insbesondere zu berücksichtigen:

Dalferth, M.: a. a. O., S. 96.

a) *Was* soll verändert werden? Welche Einstellungen, Verhaltensweisen sind unserer Auffassung und Werthaltung nach zu korrigieren, welche Probleme hat der Jugendliche, aber auch, was sollte er lernen, welche Lernerfahrungen sollten ihm zugänglich gemacht werden, auf welchen Gebieten könnte er gefördert werden?

b) *Wer* ist an diesem Prozeß – außer dem Jugendlichen selbst – beteiligt bzw. zu beteiligen, also in die Planung mit einzubeziehen?

c) *Wie*, auf welche Art und Weise, mit welchen Methoden oder Maßnahmen kann dieses Ziel erreicht werden?

d) *Wann*, zu welchem Zeitpunkt sollte eine gezielte Einflußnahme erfolgen, Lernangebote gemacht bzw. strukturelle Veränderungen in Angriff genommen werden, die neue Erfahrungen ermöglichen?

e) *Wie lange* wird es voraussichtlich dauern, bis Lernerfolge sichtbar werden und eine Überprüfung oder Kontrolle des bisherigen Verlaufs angezeigt erscheint?

Text 3:

Beispiel zur Anwendung des Erziehungsplanes (Problembereich)

IST-Stand

Beobachtungen (während der letzten drei Monate): Karl verbraucht das ihm zur Verfügung stehende Taschengeld regelmäßig innerhalb von drei Tagen für Süßigkeiten, Zigaretten, Bier und Schallplatten.

Vorgeschichte: Vor wenigen Monaten erhielt Karl im Heim zum ersten Mal Taschengeld; die häuslichen Verhältnisse werden als äußerst deprivierend beschrieben; K. erhielt kaum ausreichend affektive Zuwendung.

Reaktionen: Die Erzieher haben ihn des öfteren ermahnt, zu sparen und Geld für etwas „Sinnvolles" auszugeben. Die Kameraden sind sauer, weil er ständig „schnorrt".

Einige Aspekte der **Psychosozialen Diagnose**

Auf Grund der deprivierenden Verhältnisse in der Herkunftsfamilie konnte K. nur geringe Frustrationstoleranz entwickeln und kompensiert fehlende Zuwendung durch erhöhtes Konsumbedürfnis. Das Karls Bedürfnis nach mehr Zuwendung lange Zeit unberücksichtigt blieb und er keine Möglichkeit erhielt, den Umgang mit Geld einzuüben, ist er gegenwärtig nicht in der Lage, Wünsche aufzuschieben, Geld einzuteilen.

Erziehungsplanung, Konkretisierung der Lernziele

Karl soll lernen,

◆ bis zu seinem Auszug in zwei Jahren das ihm zur Verfügung stehende Taschengeld den Monat über einzuteilen;

◆ es teilweise ansparen zu können;

◆ seine Konsumbedürfnisse zu reduzieren bzw. angemessen befriedigen zu können;

◆ seine Frustrationstoleranz zu steigern.

◆ Karl soll positive Erfahrungen mit Menschen, in Beziehungen machen.

Die *Erzieher* im Heim müssen überprüfen, warum sie sich ärgern, wenn K. sein Geld für etwas

„Sinnloses" und nicht für etwas „Dauerhaftes" ausgibt, warum er denn sparen soll, wo doch bei der optimalen Versorgung im Heim gar nicht die Notwendigkeit besteht, Geld anzusparen!

Operationalisierung (Weg, Mittel, Methode, Materialien, Ort, Zeitpunkt, Dauer, mögliche Schwierigkeiten)

Motivation: K. empfindet es als unangenehm, ständig die Erzieher oder die Kameraden um Geld anbetteln zu müssen. Er möchte sich gerne helfen, aber beim Ausgeben seines Taschengeldes nicht bevormunden lassen. Es besteht eine vertrauensvolle Beziehung zur Teamerzieherin.

Planung: Die Erzieherin wird sich bei der nächsten Taschengeldausgabe die Zeit nehmen, mit ihm über sein Problem zu sprechen, aus ihrer Sicht darstellen, wie sie die Dinge sieht und mögliche Maßnahmen mit ihm vereinbaren. Zunächst wird daran gedacht, ihm bei der Einteilung seiner Finanzen zu helfen, gleichzeitig ihm alternative Möglichkeiten aufzuzeigen, seine vermutlich eigentlichen Bedürfnisse nach befriedigenden menschlichen Beziehungen zu erkennen und wahrzunehmen.

Die Erzieher hingegen überdenken ihren bisherigen Versorgungsbetrieb und versuchen, die Bedürfnisse der jungen Leute beim Speiseplan mehr zu berücksichtigen, sie mehr einzubeziehen.

◆ *Augenblickliche Wünsche:* K. soll seine Konsumbedürfnisse soweit als möglich ohne großen finanziellen Aufwand decken können (Bereitstellung von Süßigkeiten, Speisen, Getränken auf der Gruppe, Selbstversorgung…).

◆ *Beziehungen:* Motivierung zur Teilnahme an gemeinsamen Aktionen mit Jungen und Mädchen aus der Nachbargruppe, an Arbeits- und Freizeitgruppen, Wochenendfahrten mit Jugendlichen aus dem Stadtteil, Kontaktaufnahme mit Vereinen, Gruppen; Information der übrigen Kollegen.

Dalferth, M.: a. a. O., S. 102 f.

Methoden zur Taschengeldeinteilung: Nach einem mit dem Jugendlichen vereinbarten Plan wird das Taschengeld für einen Monat eingeteilt; er erhält die vereinbarten Beträge an bestimmten Tagen, das Restgeld wird von der Erzieherin verwahrt. Gemeinsam wird ein Heft angelegt, um Ausgaben aufzuzeichnen und somit Planen und Haushalten zu lernen. Er soll motiviert werden, Geld für einen heiß ersehnten Verstärker anzusparen und, wenn er durchhält, das Weihnachtsgeld vom Jugendamt dazu verwenden können.

Dauer: Ein halbes Jahr bis Weihnachten, dann Verlaufskontrolle.

Mögliche Schwierigkeiten: K. gibt auf, macht Schulden, Heimleitung ist nicht einverstanden, am Versorgungsbetrieb etwas zu ändern bzw. Süßigkeiten zur Verfügung zu stellen; Karl verweigert seine Teilnahme an einer Freizeitgruppe.

Zur Anwendung des Erziehungsplanes (Förderbereich)

IST-Stand

Karl spiel gerne Fußball.

Aspekte der Psychosozialen Diagnose

Er ist schlecht in der Schule, stößt in der Gruppe aufgrund seiner aggressiven Verhaltensweisen auf wenig Sympathie.

Erziehungsplanung

Durch seine Fähigkeiten beim Fußballspielen kann er sich die erwünschte soziale Anerkennung bei den Kameraden erwerben.

Er soll selbst bei einem Verein anrufen und sich anmelden; Gespräch des Erziehers mit dem Trainer.

Erzieher: Jugendamt anschreiben, pädagogische Begründung für Kostenbeteiligung bei Fußballschuhen und Dreß; mit der Heimleitung abklären, daß der Jugendliche an zwei Abenden in der Woche einen Hausschlüssel erhält.

Mögliche Probleme: Krankfeiern wegen häufiger „Sportunfälle", im Verein als Heimjugendlicher nicht akzeptiert; kümmert sich zu wenig um schulische Belange – „muß ins Training".

AUFGABEN

1. Halten Sie Erziehungspläne für notwendig?
2. Wer sollte bei der Erstellung eines Erziehungsplanes beteiligt werden?
3. Welche Inhalte sollte ein Erziehungsplan enthalten?
4. Wie könnte man bei der Erstellung vorgehen?
5. Ziel der Heimerziehung ist es, daß die Kinder wieder in ihre Herkunftsfamilie zurückkehren. Welche Probleme ergeben sich daraus für die pädagogische Arbeit im Heim?

Praxis der Heimerziehung

Wer Kinder und Jugendliche in Heimen fragt, wie sie den Heimalltag erleben, wird feststellen, daß ihre Verhaltensweisen oft als Reaktion auf die Alltagsbedingungen zu interpretieren sind.
Die Reflexion und die bewußte Gestaltung des Alltags sind daher wesentliche Aufgabe von Heimerzieherinnen.

Text 1:

Wie Jugendliche den Heimalltag erleben

(...)

Wenn ich achtzehn bin, dann will ich auf jeden Fall hier raus, he. Wenn du mit achtzehn nicht einmal Alkohol trinken darfst, Scheiße. Da hast du echt auch keine Freiheit, verstehst du. Wenn man hier mal älter ist, dann darf man nicht mal 'ne Bierflasche trinken, da wird man gleich verhaftet.

Würdest du sagen, daß das eigentlich das Schlimmste für dich ist, daß solche Sachen für dich verboten sind: daß du nicht in die Stadt gehen darfst, wie lange du willst, daß du nicht rauchen darfst, daß du keinen Alkohol trinken darfst?

Ja, ja. Versetz dich doch mal in die Situation, du dürftest nur so und so lange in die Stadt, und du gehst gerne in die Stadt. Also am Alkohol hängt's mir jetzt nicht. Also wie soll ich sagen, ab und zu mal in der Stadt was trinken, gell, das macht ja nichts aus. Aber da so..., also mit Alkoholvergiftung, voll besoffen hierher zu kommen, das finde ich auch nicht gut. Ich bin also nicht alkoholsüchtig, gell. (...)

Ich stell mir so 'n Heim vor, also von Talbach möchte ich ja auch nicht weg, also hier müßte es noch ein Heim geben oder wenigstens ein Haus, da wo es halt also so nach Altersstufen geht, so 14/15jährige, 15/16jährige, 16/17jährige. Das wäre ja dann viel besser, da könnten ja dann ruhig die Bierflaschen herumstehen und so. Wenn man jetzt im Beruf wäre oder in der Schule, dann täte man sich ja nicht so vollsaufen. Aber wenn man hier mal 'nen Tag fehlt, das ist ja scheißegal. So daß man halt samstags mal was trinkt, das macht ja nichts. Das hat ja mein Vater auch immer gemacht.

Und mit dem Rauchen, wenn der Bergmann sagt, hier ist Rauchverbot, ich habe noch nicht gesehen, daß es hier mal einer aufgegeben hat. Ich hab noch nichts gemerkt. Ich kenn nur alle Typen, die vorher auch geraucht, haben.

Selbstbestimmt handeln und Kontrolle über die eigene Lebensgestaltung erlangen zu können, wird den Heranwachsenden in weiten Teilen des Heimalltags versagt, und die Erfahrung dieser Ohnmacht drückt oft auch deutlich auf ihre Stimmung. Es entsteht eine gewisse Apathie und Resignation, ein Gefühl, vielleicht gut versorgt zu sein, aber keine Freiheit zu haben. Auch andere Jungen drücken dies aus: „Ich bin froh, wenn ich hier rauskomme", betont Martin mehrmals im Interview, und Reinhard meint an einer Stelle: „Hier lebst du halt nach dem Strich. Du lebst dein Leben hier ab, und dann gehst du." Es ist das Gefühl, sich gegen die als mächtig empfundene Institution nicht mehr wehren zu können und keinen Einfluß auf ein Lebensfeld zu haben, in dem nur noch übrigbleibt, sich einzurichten und abzuwarten, bis man herauskommt.

In dem Maße, in dem die Heranwachsenden der Gruppe Fischer erfahren, daß die Verwirklichung eigener Wünsche und Vorstellungen in der Institution kaum möglich ist und sie auf die Gestaltung ihres gegenwärtigen Lebens nur wenig Einfluß nehmen können, wird bei ihnen ein Gefühl der Sinnlosigkeit gefördert, das bei den meisten in die Haltung mündet, es habe sowieso keinen Zweck, sich für irgend etwas anzustrengen. Das Leben, wie es von ihnen verlangt wird, kann nicht ihr Leben sein, und das Heim, über das sie nicht verfügen können, bleibt ihnen fremd.

Der Widerwille gegen das Haus kommt häufig in einem gleichgültigen oder sogar destruktiven

Umgang mit den materiellen Gegebenheiten der Institution zum Ausdruck. Die Jungen behandeln das Mobiliar und die übrige Einrichtung der Gruppenräume recht nachlässig, und viele Gegenstände zeigen deutliche Spuren dieses Umgangs. Lichtschalter, Abflußrohre, Vorhänge, Bilder oder Besteck sind davon nicht ausgenommen – allerdings das Fernsehgerät. Schränke und Stühle gehen häufig kaputt, Waschbecken werden mit Fußtritten traktiert und Zahnpasta, Seife oder Haarshampoo mit Vorliebe als Wurfgeschosse benützt. Die Jugendlichen verfügen zum Teil ohne weiteres über das im Heim Vorhandene oder fordern es als selbstverständlich ein.

Landenberger, G./Trost, R.: Lebenserfahrungen im Erziehungsheim. Frankfurt 1988, S. 216.

Text 2:

Den Heimalltag gestalten

Das Alltägliche ist das, was uns z. T. zwar zu schaffen macht, aber so selbstverständlich ist, daß wir häufig kaum darüber nachdenken. Das Alltägliche ist das Selbstverständliche.

- ◆ Die Struktur des Tagesablaufes.
- ◆ Die Verteilung und Übernahme von Aufgaben.
- ◆ Die Art der Gestaltung des Wohnumfeldes.
- ◆ Die allgemeinen Regeln des Zusammenlebens.
- ◆ Die beiläufigen Gespräche.
- ◆ Die Art der Begrüßung.

Bei der Gestaltung des Alltags darf es nun nicht darum gehen, die Selbstverständlichkeiten ganz aufzugeben. Gerade in dieser Selbstverständlichkeit liegt nämlich die Wirksamkeit des Alltags.

Vielmehr sollten die Alltagsstrukturen von Zeit zu Zeit im Team auf ihre Auswirkungen hin reflektiert werden. Aus dieser Reflexion können sich dann mögliche neue Strukturen ergeben.

So könnte ein Team z. B. überprüfen, welche Regeln des Zusammenlebens in der Heimgruppe gelten.

Das Ergebnis dieser Überlegungen könnte sein, daß die Esssituation anders gestaltet wird.

Wie der Alltag letztlich zu gestalten ist, läßt sich nur durch ein Team einer konkreten Einrichtung entscheiden, da die Strukturen des Alltags auf die allgemeinen räumlichen und personellen Rahmenbedingungen und die konkreten Kinder abgestimmt werden müssen.

AUFGABEN

1. Versetzen Sie sich in die Lage eines Jugendlichen im Heim. Würden Sie den Heimalltag ähnlich erleben wie im Text 1 beschrieben?
2. Wie könnte Kindern in Heimen ein größerer Freiraum geschaffen werden (Text 2).
3. a) Welche Regeln halten Sie für das Zusammenleben in einer Heimgruppe für wichtig?
   b) Welche Auswirkungen können diese Regeln haben?
4. Welche Aufgaben des Alltags würden Sie auf die Kinder übertragen?
5. Wählen Sie zwei typische Alltagssituationen aus und beschreiben Sie, wie Sie diese Situationen gestalten möchten.

Freizeitangebote im Heim

Text 1:   „Drei Beispiele:"

Dietmar (Heim A):

Wir versuchen zu erreichen, daß unsere Kinder und Jugendlichen ihre Freizeit möglichst außerhalb der Einrichtung verbringen. Wir stellen Kontakte zu Jugendgruppen, Sportvereinen etc. und motivieren die Kinder, dort hinzugehen.

Unsere Aufgabe sehen wir nicht darin, im Heim selbst regelmäßige Freizeitaktivitäten anzubieten.

Dadurch würden wir die Kinder und Jugendlichen noch mehr von der Außenwelt isolieren.

Heike (Heim B):

Als ich vor zwei Jahren in diesem Heim als Erzieherin zu arbeiten begann, habe ich jede Woche zwei besondere Freizeitaktivitäten für die Kinder unserer Gruppe angeboten.

Zunächst nahmen auch einige Kinder an diesen Aktivitäten teil, aber es wurden nach einiger Zeit immer weniger.

Schließlich habe ich diese Angebote ganz eingestellt, da das Interesse zu gering war.

Mittlerweile kümmern wir uns kaum noch um die Freizeitgestaltung, da wir zu der Auffassung gelangt sind, daß die Kinder und Jugendlichen lernen sollen, ihre Freizeit selbstbestimmt zu gestalten.

Doris (Heim C):

Ich arbeite im gruppenübergreifenden Dienst eines Heimes.

Die hier tätigen Mitarbeiterinnen sind u. a. zuständig für die Freizeitgestaltung im Heim.

Wir bieten jeden Nachmittag zu festen Zeiten verschiedene Aktivitäten wie z. B. Werken, Theaterspielen, Basteln, Videoproduktion an.

Zudem stehen den Kindern und Jugendlichen zwei Räume zur Verfügung, in denen sie sich treffen können, um miteinander zu reden oder Spiele zu spielen.

In den Ferien veranstalten wir seit einigen Jahren erlebnispädagogische Reisen.

Die Kinder und Jugendlichen nehmen unsere Angebote sehr intensiv wahr, so daß wir überlegen, den Freizeitbereich räumlich und personell weiter auszubauen.

AUFGABEN

1. Welche der beschriebenen Positionen würden Sie bevorzugen?
2. Nehmen Sie Stellung zu den jeweils angeführten Begründungen.
3. „Freizeit ist **freie** Zeit und sollte deshalb nicht pädagogisch genutzt werden." Stimmen Sie dieser Aussage zu?
4. a) Welche Freizeitbedürfnisse stehen Ihrer Meinung nach bei Kindern in Heimen im Vordergrund?
   b) Welche Konsequenzen würden Sie daraus für die Freizeitgestaltung ziehen?

Text 2: Möglichkeiten der Freizeitgestaltung
Ein allgemeiner Überblick

Nachfolgend sollen, ausgehend von den mutmaßlichen Bedürfnissen der Jugendlichen, einige Lernziele formuliert und exemplarisch mit Lern- und Übungsfeldern in Verbindung gebracht werden. (Diese Zusammenstellung erhebt keinen Anspruch auf Systematik, da zugrundeliegende Bedürfnisse, mögliche Lernziele und Aktivitäten auch untereinander austauschbar sind).

Bedürfnis nach	*Lernziele*	*Aktivitäten*
Kontakt, Anerkennung, Selbstbestimmung, Kompensation	Kontakte aufnehmen, durchhalten, soziales Verhalten einüben, gemeinsam handeln	Spiel, Sport in der Gruppe; Aktionen: Spielplatzbauen, Altpapiersammeln, gemeinsame Arbeit; Rollenspiel
Erlebnis, Abwechslung, Kontakt, Regeneration	Sich nach außen orientieren, mit der Umwelt auseinanderzusetzen, mit anderen, selbständig Freizeit gestalten; Mädchen, Jungen kennenlernen	Teilnahme an Veranstaltungen im Stadtteil: SJR, gewerkschaftliche, christliche Jugendgruppen, Vereine; Besuch von Kneipen, Kegelbahnen, Turn-, Schwimmhallen
Alternative, Betätigung, Erholung, Entspannung, Anerkennung	Spontaneität, Kreativität ermöglichen, sich selbst erfahren, sich ausdrücken; lebenspraktisches Lernen	Verfügbarmachen von Werk-, Bastelmaterial, Räumlichkeiten; Motorradbasteln, Zeichnen, Musizieren,…
Abwechslung, Entspannung, Abenteuer	Alternativen zum Konsumverhalten entwickeln, sich und andere erfahren, aufeinander angewiesen sein, soziales Verhalten einüben, sich durchsetzen, reale Grenzen erfahren…, Alternative zu „nächtlichen Streifzügen im Stadtteil"	Anstatt fernzusehen: selbst Filme drehen, analysieren; Nachtwanderung, Bergbesteigung, Segelturn, Kanubasteln, -fahren, Wochenend-, Ferienfahrten, Stadtspiele
Abwechslung, Anerkennung, Orientierung, Anregung	Alternative zum Konsumverhalten; aktiv, selbständig Freizeit gestalten, Förderung, Möglichkeiten zur Selbstentfaltung…	Selbst Musik machen, Konzerte besuchen, Musikstile analysieren, Texte übersetzen
Anerkennung, befriedigende Beziehungen, Durchsetzung, Selbstbestimmung, Solidarität	Sich selbst, äußere Grenzen besser kennenlernen und erfahren, Konfliktlösungstechniken entwickeln und erproben	Rollenspiel; Analyse von Konflikten in Arbeit und Freizeit; Gesprächsabende (Partnerschaft, Arbeitsbedingungen…)
Anerkennung, Selbstbestimmung, eigene Meinung haben und vertreten können, Kontakt	Kenntnisse, Informationen vermitteln, Fertigkeiten steigern, Bewußtsein über gesellschaftliche und soziale Situationen entwickeln, Auseinandersetzung mit der eigenen Lage (vgl. NAHRSTEDT 1975 a, 104)	Lebenspraktische, soziale, politische Kenntnisse vermitteln, weltanschauliche Fragen erörtern, Teilnahme am politischen, sozialen und kulturellen Leben, an Bürgerinitiativen, Parteien
Abwechslung, Erholung, Kontakt	Kreative Arbeiten, lebenspraktische Fertigkeiten steigern, gemeinsam Handeln lernen	Gruppen, Partyraum gestalten, Sperrmüllmöbel aufbereiten, Tapezieren, Streichen
Befriedigende Kontakte, Selbstbestimmung, Vertrauen gewinnen	Sich über sich selbst, seine Stärken und Schwächen im klaren werden, sich verändern…	Selbsterfahrung, Interaktions-, Entspannungsspiele, Selbstsicherheitstraining

Dalferth, M.: Erziehung im Jugendheim. Weinheim 1982, S. 177 f.

AUFGABEN

1. Wählen Sie drei zentrale Freizeitbedürfnisse aus (Text 2) und entwickeln Sie für diese Bedürfnisse angemessene Freizeitaktivitäten.
2. Worin sehen Sie spezielle Probleme der Freizeitgestaltung im Heim?
3. Das Kapitel 4.2.5 bietet eine Fülle von Anregungen für die sozialpädagogische Praxis. Wählen Sie eine oder mehrere dieser Anregungen aus und übertragen Sie sie konkret auf die Freizeitarbeit im Heim (z. B. „Erlebnispädagogik").

Lesetip

Augustin, G./Brocke, M.: Arbeit im Erziehungsheim. Weinheim 1979

Lambers, H.: Geteilte Lebenswelt: Heimerziehung als kritisches Lebensereignis für Kinder und Eltern. In: Jugendwohl, H. 1, 1996, S. 20-30

Weitere Literatur- und Informationshinweise

Becker, G. E./ Stadler, M.: Alltagsprobleme in der Heimerziehung. Bad Heilbrunn 1982

Dalferth, M.: Erziehung im Jugendheim. Weinheim 1982

Dräbing, R.: Erlebnispädagogik im Heim. Erlebnis und Erlebnisqualität als Ansatzpunkt für die Heimerziehung. In: Jugendwohl, H. 1, 1996, S. 10-20

Flosdorf, P. (Hrsg.): Theorie und Praxis stationärer Erziehungshilfe, Bd. 1 und 2. Freiburg 1988

Kamp, J. M.: Kinderrepubliken. Geschichte, Praxis und Theorie radikaler Selbstregierung in Kinder- und Jugendheimen. Opladen 1995

Neumeyer, A.: Wenn ich mir was zaubern könnte… In: Praxis der Psychomotorik, H. 3, 1995, S. 143-149

Obersteiner, H.: Aggressive Verhaltensweisen im Heimalltag. In: Jugendwohl, H. 3, 1995, S. 130-140

Redl, F./Winemann, D.: Kinder, die hassen. München 1979

Redl, F./Winemann, D.: Steuerung des aggressiven Verhaltens. München 3. A. 1982

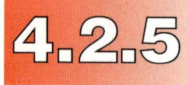

„Erlebnispädagogische Angebote machen jetzt alle"
oder
Anregungen für die sozialpädagogische Praxis in unterschiedlichen Lernfeldern

Die folgenden Beispiele beziehen sich auf zentrale Lernfelder sozialpädagogischer Praxis wie das Verhältnis der Geschlechter zueinander, die Umwelt, den Umgang mit Medien oder das interkulturelle Zusammenleben. Sie sind so ausgewählt, daß die verschiedenen Adressatengruppen, vom Kindergartenkind bis zum Jugendlichen entweder direkt thematisiert werden, oder daß die Projektbeispiele mit veränderten Methoden oder einer Verringerung oder Erhöhung des Anspruchsniveaus auf die jeweilige Gruppe übertragbar sind.

Konkret: In ein Museum gehen und aus diesem Besuch ein Projekt entwickeln kann man sowohl im Elementarbereich als auch mit Kindern aus einem Heim. Abenteuer- und erlebnispädagogische Angebote eignen sich für die Freizeitarbeit in einem Hort ebenso wie für eine Wochenendfreizeit mit Jugendlichen aus einer „Offenen Tür". Das Thema interkulturelle Erziehung oder das Einüben variabler Geschlechtsrollen sind gleichermaßen bedeutsam für Kleinkinder wie für die Besucher eines pädagogisch betreuten Spielplatzes. Dabei ersetzen die Projektbeschreibungen nicht eine Auseinandersetzung mit den, diesen Projekten zugrundeliegenden Theorien etwa der Erlebnispädagogik oder der Medienpädagogik. Zur intensiveren Befassung damit bieten sich etwa die Fächer Sport, Medienerziehung oder Spiel an.

4.2.5.1

Lernfeld: Geschlechterverhältnis

Mädchentreff im „Haus der Jugend"
Spiel und Spaß ohne Belästigungen

Abendliche Freizeitangebote für junge Menschen sind zahlreich: Jugendzentren, Diskotheken und Kneipen bieten ausreichend Gelegenheit, den Abend in Gesellschaft zu genießen. Was aber machen junge Mädchen, die auch einmal unter sich bleiben wollen und denen ihr soziales Umfeld hierzu keinen Raum bietet?

Den Mißstand, daß auch in städtischen Einrichtungen Jugendarbeit in letzter Zeit immer häufiger „Jungenarbeit" heißt, hat das landesweite Projekt „Sport in der Lebenswelt sozial benachteiligter junger Menschen" zum Anlaß genommen, einen „Mädchentreff" ins Leben zu rufen. Wie groß der Bedarf an einer solchen Einrichtung ist, wurde jetzt bei der Auftaktveranstaltung im Rheinhauser „Haus der Jugend" deutlich: Über 50 deutsche und türkische Mädchen sowie junge Frauen aus dem ehemaligen Jugoslawien kamen nun zusammen, um in Ruhe und ohne Belästigung miteinander zu reden, um sich zu informieren, aber auch um bei einzelnen Spielen und Projekten Spaß miteinander zu haben.

In Zusammenarbeit mit der Stadtsportjugend sowie der Basisgruppe im „Haus der Jugend" wurde den Mädchen das Projekt vorgestellt im Rahmen einer kleinen Fete, bei der es auch eine Vorführung des bereits bestehenden Tanzkurses sowie der eindrucksvollen Darbietung zweier Bauchtänzerinnen zu erleben gab. Der eingerichtete Treff will in erster Linie Mädchen ansprechen, die weder Kontakt zu Jugendzentren noch zu Sportvereinen haben. Das Überschreiten von Hemmschwellen und Kontaktschwierigkeiten soll der Mädchentreff erleichtern, der künftig jeden Donnerstag im „Haus der Jugend" an der Friedrich-Alfred-Straße in der Zeit von 17 bis 20 Uhr stattfinden wird.   los

„Rheinische Post"

Jugendarbeit ist Jungenarbeit, nicht erst in letzter Zeit, wie der obige Artikel glauben macht. Das beginnt bei der Ausstattung und endet bei den Angeboten. Außerdem sind in diesem Bereich, anders als etwa im Kindergarten, auffällig viele Männer als Mitarbeiter beschäftigt. Jugendarbeit ist offensichtlich auch Männerarbeit. Die Folge: In den meisten Jugendzentren sind Mädchen oder junge Frauen kaum zu finden. Das ist für beide Geschlechter bedauerlich. Verschließen sich doch beide damit einen Lernbereich, der geeignet wäre, den Umgang miteinander einzuüben.
In den letzten Jahren haben sich unterschiedliche Formen herausgebildet, die auf das Problem zu antworten versuchen.
So gibt es neben der feministischen Mädchenarbeit, deren Ziel es ist, Freiräume für Mädchen und ihre spezifischen Fragen zu eröffnen und die Jungen ausschließt, Angebote für geschlechtsgemischte Gruppen, aber auch reine Jungengruppen, was vielleicht zunächst verblüffen mag.

Text 1:

Warum eine Analyse der Ist-Situation von Mädchen im Verband bzw. in der Einrichtung hilfreich, nützlich und notwendig ist.

Wer Mädchenarbeit im Verband/in der Einrichtung initiieren, vorantreiben und zu einem festen, gleichwertigen Bestandteil der Jugendpädagogischen Arbeit machen will, kommt nicht daran vorbei, die Ist-Situation der Mädchen im sozialen Umfeld und im eigenen Tätigkeitsfeld zu analysieren. Sinnvollerweise sollte diese Analyse nicht im Alleingang erfolgen, sondern gemeinsam mit anderen – Frauen und Männern – Pädagoginnen, Kolleginnen. Und das aus mehreren Gründen.

- ◆ Die Analyse macht die Bandbreite der Sicht- und Bewertungsweisen öffentlich und damit auseinandersetzungsfähig.
- ◆ Sie deckt Informations- und Wissenslücken auf, wodurch diese bewußt und ausräumbar werden.
- ◆ Sie macht aufmerksam dafür, wo im eigenen System Mädchen randständig sind bzw. nicht vorkommen und sensibilisiert dadurch für die benachteiligte Situation von Mädchen.
- ◆ Die gemeinsame Erhebung der Analysedaten fordert heraus, eine verbesserte Einbeziehung von Mädchen im Gesamtteam zu tragen, so daß weder nur eine Person für zuständig erklärt werden kann, noch jemand sich „dumm" herausreden, jeder muß die eigene Position zu erkennen geben.
- ◆ Jeder kann entsprechend des eigenen Standortes in der Geschlechtsrollenproblematik Adressatinnen, Art und Ausmaß des eigenen Engagements bestimmen.

Es folgt ein Fragekatalog, der sich in der Praxis bewährt hat.

Die Umfeldbedingungen des Verbandes/ der Einrichtung

- ◆ Wie ist die Sozialstruktur im Einzugsbereich?
- ◆ Welchen Einfluß haben Schule, Elternhaus, Kirche auf die Freizeitgestaltung der Mädchen?
- ◆ Welche Rolle spielen Vereine, andere Verbände/Jugendeinrichtungen für die Freizeitgestaltung der Mädchen?
- ◆ Wie viele Mädchen gibt es wohl im nahen Umfeld?
- ◆ Wo sind die öffentlichen Aufenthaltsorte von Mädchen?
- ◆ Welchen Ruf hat der Verband/die Einrichtung im sozialen Umfeld und bei den Eltern?
- ◆ Welche Angebote nehmen Mädchen wahr, treffen ihre Bedürfnisse und könnten sie reizen, in den Verband/die Einrichtung zu kommen?
- ◆ Könnten und wollen „unsere" Mädchen weitere Mädchen gewinnen?

„Unsere Mädchen"

- ◆ Wie viele Mädchen kommen und wann?
- ◆ Kommen sie allein, mit anderen, mit Freundinnen oder dem Freund?
- ◆ Wie verteilen sie sich auf die Altersstufen – Kids, Teenis, Teens?
- ◆ Welcher Nationalität sind sie, wie ist die Nationalitätenverteilung?
- ◆ Wie ist das Verhältnis der Nationalitäten zu- und miteinander?
- ◆ Welches Bildungs- und Ausbildungsniveau haben sie?
- ◆ Sind sie erwerbstätig, erwerbslos oder noch in der Lehre/Ausbildung?
- ◆ Was ist für „unsere" Mädchen typisch?
- ◆ Was erwarten/wollen die Mädchen im Verband/in der Einrichtung?
- ◆ Was weiß ich von den Bedürfnissen, Interessen, Erwartungen, Hobbys „unserer" Mädchen und woher weiß ich es?
- ◆ An wem/was orientieren sich die Mädchen, am allgemeinen Klima, am Freund/Pädagogen/Gruppenleiter, an der Freundin/Pädagogin/Gruppenleiterin?
- ◆ Welchen gleich-/gemischtgeschlechtlichen Cliquen entstammen/gehören die Mädchen an bzw. welche bilden sie?

Die Innenraumorientierung der Mädchen

- ◆ Wo bewegen/halten sich die Mädchen in der Einrichtung/im Verband vorwiegend auf?
- ◆ Wie weit/eng ist ihr Aktionsraum, womit beschäftigen sie sich?
- ◆ Wo, in welchen Räumen, können Mädchen sich ungestört von Jungen aufhalten und können sie dort ihren Interessen nachgehen?
- ◆ Fördern/unterstützen die vorhandenen Räumlichkeiten Mädchen in ihrer Interessenbefriedigung, wenn ja/nein inwiefern?
- ◆ Haben Mädchen den gleichen Zugang zu Räumen, Ihrer Gestaltung und ihr Inventar wie Jungen?
- ◆ Wann beeinflussen, bestimmen Mädchen die Gestaltung/Nutzung der Räume mit – immer, bei Abwesenheit der Jungen oder?

◆ Gibt es „Nadelöhre, Laufstege, Präsentierteller und männliche Territorien" für Mädchen in der Einrichtung/im Verbandshaus, in den Verbandsstrukturen?

Angebotsstruktur und Mädchen

◆ Welche (Gruppen)-Angebote nehmen die Mädchen vorwiegend wahr? Liegt das am Angebot oder an dem/r Anbieterin?

◆ Wie ist das Verhältnis männlich/weiblich in den verschiedenen Angeboten der Einrichtung/des Verbandes?

◆ Interessiert die Mädchen mehr ein Angebot, an dem Mädchen und Jungen oder nur Mädchen teilnehmen? Wie ist das bei Wochenend-/Ferienfahrten?

◆ Wie kommen die Angebote in der Einrichtung/im Verband zustande? Entscheidet ein Team, jeder für sich?

◆ Unterscheidet sich die Situation und das Verhalten der Mädchen – in geschlechtshomogenen, gemischten oder in Gruppen, in denen nur vereinzelt Mädchen vertreten sind, auftauchen? Wenn ja, worin?

Fachkräfte – Pädagoginnen und Gruppenleiterinnen

◆ Wie viele Fachkräfte arbeiten in der Einrichtung/im Verband, wie viele Frauen/Männer und in welchen Funktionen?

◆ Welche formellen/informellen Positionen nehmen die einzelnen Frauen/Männer ein?

◆ Gibt es geschlechtsspezifische Unterschiede im Denken, Verhalten und Handeln? Werden diese bewußt gehandhabt oder passieren sie? Wie lassen sie sich beschreiben?
Wie behaupten und setzen sich die Frauen bei den Jungen und den männlichen Kollegen durch?

◆ Wie nehmen Frauen/Männer die Jungen/Mädchen wahr, wie beschreiben und beurteilen sie diese und ihr Verhalten?

◆ Welche Bedeutung hat für mich meine Geschlechtszugehörigkeit, wie bewußt lebe ich mein Frau-/Mannsein, wie reflektiert fließt es in meine Arbeit ein?

◆ Welche Teamkonflikte basieren auf dem Geschlechtsrollenverständnis der Pädagoginnen?

Geschlechtsspezifische Pädagogik

◆ Wird über geschlechtsspezifische Pädagogik im Verband/in der Einrichtung gesprochen?
Ist sie ein offenes oder geheimes Thema?

◆ Welche Auffassungen und Ansichten bestehen im Team zur geschlechtsspezifischen Arbeit mit Mädchen und Jungen? Halten alle sie für notwendig?

◆ Gibt es ein Konzept zur geschlechtsspezifischen Pädagogik im Verband/in der Einrichtung? Wie handlungsrelevant ist es für jeden?

◆ Halten wir spezifische Initiativen, Aktionen, Angebote und Projekte für Mädchen für notwendig? Wenn ja, welche und warum?

◆ Gibt es spezifische pädagogische Zugehensweisen auf Mädchen, werden die offen gelegt und begründet?

◆ Existieren gezielte Angebote ausschließlich für Mädchen, wenn ja, mit welcher Intention und Begründung?

◆ Wie wird die Mädchengruppenarbeit eingeschätzt und bewertet? Sind geschlechtsspezifische Unterschiede feststellbar, wenn ja, welche?

◆ Welche Formen der Mädchenarbeit werden im koedukativen Bereich praktiziert?

◆ Gibt es im Verband/in der Einrichtung eine geschlechtsspezifische Jungenarbeit? Wie sieht diese aus, ist sie antisexistisch und antirassistisch?

Klees, R. u. a.: „Mädchenarbeit". München 1989, S. 42 ff.

Das folgende Projektbeispiel verbindet zwei Lernfelder miteinander. Zum einen zeigt es, wie mit Hilfe des Mediums Video aktive Medien-Arbeit geleistet werden kann. Zum anderen widerlegt es das gängige Vorurteil, Mädchen seien für Tätigkeiten mit einem großen Anteil an Technik nicht zu begeistern.

Text 2:

Miriam Walter
Mit Ideen, Witz und Kamera – Videoseminare für Mädchen

Die Erfahrung ließ uns feststellen, daß Mädchen sich in gemischten Videoseminaren zurückhaltender im Umgang mit der Technik und bei der inhaltlichen Gestaltung einer Produktion verhielten als Jungen.

Wenn sich die Möglichkeit bot, zeigten sich Mädchen zwar oftmals selbstbewußt und sicher im Umgang mit dem Medium Video, sie ordneten sich aber in Arbeitsgruppen immer wieder den dominant vorgebrachten Interessen von Jungen unter.

„Jeder weiß, daß die geschlechtsspezifische Sozialisation die Normierungen, Orientierungen und Interessen von Mädchen und Jungen prägend beeinflußt. Jungendominanz in einem Angebot ist eher ein Indiz für eine Planung und Praxis, die die Interessen von Mädchen ausblendet, und weniger auf das Desinteresse von Mädchen zurückzuführen." (Klees/Marburger/Schumacher 1989, S. 80)

Koedukative Seminare im Medienbereich orientieren sich in ihren Konzeptionen vielfach an den Fähigkeiten und Interessen von Jungen.

Hierbei ist auch zu berücksichtigen, daß im Medienbereich oft Männer als kompetente Fachleute auftreten. Die Konsequenz ist, daß nur die aus männlicher Sicht gestellten Anforderungen und Fähigkeiten positiv bewertet bzw. selektiv wahrgenommen werden.

„Mädchen hätten demnach das zu lernen, was Jungen schon können. Daß Mädchen über Fähigkeiten verfügen, die für Jungen erstebenswert sind, wird ignoriert." (ebenda)

Diese Fähigkeiten zu stärken und Mädchen den kreativen Umgang mit technischen Medien erfolgreich zu ermöglichen, ist zum Abbau geschlechtsspezifischer Benachteiligungen dringend erforderlich.

In der Entwicklung von Angeboten für Mädchen ist es grundsätzlich notwendig, nicht nur Erfahrungsmöglichkeiten anzubieten, die der weiblichen Sozialisation entsprechen.

Angebote für Mädchen müssen ihnen die Möglichkeiten bieten, ihre Fähigkeiten in ungewohnten Erfahrungsfeldern auszuprobieren und weiterzuentwickeln …

Unter Berücksichtigung der eingangs geschilderten Überlegungen zu einer geschlechtsspezifischen Medienarbeit mit Mädchen entwickelten zwei erfahrene Mitarbeiterinnen des Arbeitskreises Medienpädagogik und die Jahrespraktikantin der Abteilung Jugendförderung eine Konzeption für eine Videofortbildung für Mädchen.

Die Videoprojekte finden im Zeitraum von zwei aufeinanderfolgenden Wochenenden statt. Es werden Mädchen im Alter von 14 bis 16 Jahren angesprochen.

Einblick in das Seminar

Viele Mädchen melden sich zu zweit, d. h. mit ihrer Freundin, zu einem Projekt an. Eine große Zahl hat bereits Vorerfahrungen mit dem Medium in gemischten Seminaren gesammelt. Auffällig ist, daß viele bereits in ihrer Freizeit ein „Drehbuch" geschrieben haben und dieses mit der Erwartung, nun endlich „ihren" Film drehen zu können, mitbringen.

Im ersten Teil der Fortbildung wird in den Umgang und die Funktion der Videokamera eingeführt und es werden verschiedene Übungen und Spiele zu Bildgestaltung und Aufbau eines Videofilmes angeleitet.

Die Mädchen nehmen die Erklärungen und die Einführungsübungen an der Videokamera mit viel Spaß und Neugierde auf …

Im weiteren wird in die Möglichkeiten von Bildeinstellungen und Schnitttechniken zur Gestaltung eines Filmes eingewiesen.

Spielerisch setzen sich die Mädchen mit den Inhalten und der Bildgestaltung von Fernsehsendungen und Serien auseinander. An diese Arbeitseinheit schließt sich eine Diskussion über die geschlechtsspezifischen Merkmale von Frauen- und Männerrollen in Film und Fernsehen an. Diese Diskussionen werden meist sehr intensiv geführt und bieten den Mädchen die Möglichkeit, sich über eigene Lebensentwürfe und die bereits entwickelten Vorstellungen über die eigene Rolle als Frau auseinanderzusetzen. In der Auseinandersetzung mit Frauen- und Männerrollen und der typischen Darstellung von Geschlechterrollen in Fernsehsendungen und Serien thematisieren die Mädchen oftmals ihre Wunschvorstellung bezüglich ihres Aussehens. Auch an diesem Punkt ist es notwendig, daß die Mädchen Unterstützung darin finden zu erkennen, was sie an sich selbst mögen und schätzen. Dies kann ermöglicht werden durch einen weiteren Arbeitsschritt, in dessen Mittelpunkt das Ausprobieren von Bildeinstellungen liegt. Die Filmenden können auf Anweisung der sich „Zeigenden" Bildausschnitte und Großeinstellungen, beispielsweise von den Augen, aufnehmen. So kann sich die „Zeigende" anschließend durch den Blick mit der Kamera selbst von außen betrachten. Insbesondere die meist sehr herzliche, freundliche und offene Atmosphäre in den Gruppen ermöglicht es den einzelnen Mädchen, sich ohne Hemmungen vor der Kamera zu bewegen und darzustellen.

Ein weiterer Schwerpunkt liegt in der Themenfindung und Erstellung eines Storyboards für einen Videofilm.

Das Storyboard für die Videofilme wird in der Kleingruppe über gemeinsames Malen entwickelt, so daß alle Mädchen die Entwicklung des Drehbuches mitgestalten und bestimmen können.

Im zweiten Teil der Fortbildung wird zunächst das Filmmaterial gedreht, dann geschnitten und nachvertont.

In der Filmarbeit selbst nimmt das Schminken, Verkleiden und Spielen der Rollen einen wichtigen Raum ein. Auffallend ist, daß alle Positionen vor und hinter der Kamera von allen Mädchen besetzt werden. Dies steht im Gegensatz zu Erfahrungen, die oftmals in gemischten Projekten gemacht werden. In den gemeinsamen Seminaren werden vielfach die Rollen von Kamerateam und „Schauspielerinnen" klar verteilt und nicht gewechselt, wobei Mädchen in der Regel die Positionen vor der Kamera und Jungen die Aufgaben hinter der Kamera übernehmen.

In den Prozessen der Materialsichtung, des Schneidens und Nachvertonens wechseln sich die Mädchen auf den verschiedenen Arbeitspositionen ebenfalls ab und tauschen sich über ihre Wünsche bei der Fertigstellung des Filmes aus. Auch hier wird nochmals eine kooperative und tolerante Atmosphäre spürbar. Das Schneiden des Filmes bietet die Möglichkeit zur Auseinandersetzung über die Darstellungs- und Manipulationsmöglichkeiten eines Filmes, hierbei können die Mädchen bereits auf ihr Wissen über Bildeinstellungen und Schnitttechniken zurückgreifen.

Zum Abschluß des Projektes stellen die verschiedenen Kleingruppen ihr Filmprodukt in der Gesamtgruppe vor.

Die Produktionen werden von allen Zuschauerinnen sehr gelobt, so daß die Filmemacherinnen sehr stolz immer wieder und wieder ihre Filme präsentieren.

Reflexion

Vor der Präsentation herrscht große Aufregung, und auch Konkurrenz ist spürbar. Die ist jedoch nicht negativ zu bewerten. Die Mädchen haben viel Engagement, Ideen und Zeit in ihre Arbeiten investiert und für diesen persönlichen Einsatz möchten sie auch Würdigung finden. Schön ist von daher zu erleben, daß Konkurrenz existiert, dies aber während der Präsentation nicht dominiert, sondern daß die über den Seminarverlauf bestehende Solidarität und die Freunde am gemeinsamen Arbeiten weiter bestehen bleibt.

In der Auswertung betonen diejenigen Mädchen, die bereits an Videoseminaren mit Jungen teilgenommen hatten, daß sie sehr froh seien, daß sie nicht ständig berichtigt und bevormundet worden seien. Sie finden es toll, angstfrei ihre Produktionen zeigen zu können.

Weiterhin betonen die Mädchen besonders positiv, daß sie sich von den Teamerinnen sehr ernst genommen fühlen und daß die Teamerinnen alle Techniken und Produktionsabläufe sehr gut erklären und unterstützen können.

Die fachliche Qualifikation der Mitarbeiterinnen, die, wie die Aussage belegt, sehr deutlich von den Mädchen wahrgenommen wird, und eine gute technische Ausstattung ist eine Grundvoraussetzung für die Durchführung von Videoseminaren für Mädchen.

Im Sinne einer Vorbildfunktion ist es notwendig, daß Mädchen Frauen genauso qualifiziert und souverän im Umgang mit dem technischen Equipment wie in der Gestaltung der inhaltlichen Kleingruppenarbeit erleben.

Die Arbeit in geschlechtshomogenen Mädchengruppen stellt eine hohe Herausforderung an die Medienpädagoginnen. Oftmals eigneten sie sich ihre technischen Qualifikationen unter der Anleitung von Männern an. Vielfach sind sie in ihrer Herangehensweise und ihrem Verständnis von Bildgestaltung und Produktionsabläufen von männlichen Sichtweisen beeinflußt. Sie sind geprägt durch Erfahrungen in männlich dominierten Medienfortbildungen.

Unter dem Gesichtspunkt einer emanzipatorisch wirkenden, parteilichen Mädchenarbeit müssen sie sich selbst in ihren Zielen und Handlungsweisen stets neu überprüfen.

Der Prozeß im Verlauf eines Videoseminares darf nicht den Endproduktmaßstäben der Pädagoginnen untergeordnet werden. Gerade die Arbeit mit visuellen Medien ermöglicht es, die gesellschaftliche Bedeutung dieser Medien und ihre manipulierende Geschlechterrollen festigende Wirkung in der Werbung und im Film zu thematisieren. Es muß das Anliegen der Medienpädagoginnen sein, Mädchen „Orientierungen", Ziele, Meinungen und Vorstellungen – eigene und fremde – und die dahinterstehenden Interessen transparent zu machen und zur Auseinandersetzung anzubieten, damit die Mädchen ihre eigene Wahl und Entscheidung treffen". (Klees/Marburger/Schumacher 1989, S. 36)

Neben bereits genannten Unterschieden zu geschlechtsgemischten Seminaren gehört die Offenheit und Toleranz der Mädchen im Arbeitsprozeß zu den bemerkenswerten Merkmalen. Dies bedeutet auch, daß gestritten und konkurriert wird, daß so manche Auseinandersetzungen zäh und langwierig verlaufen, und trotzdem wird kein Mädchen aufgrund geringer technischer Vorerfahrungen abgewertet oder ausgegrenzt.

In den Mädchenseminaren nehmen Gespräche über persönliche Erfahrungen der Mädchen, unabhängig vom oder ergänzend zum Filmthema, einen großen Raum ein. Dies ist in die zeitliche Planung der Projekte unbedingt einzubeziehen. Die so entstehende oft sehr große Nähe wirkt sich bereichernd und motivierend auf die Arbeitsprozesse aus.

Medienarbeit mit und für Mädchen stärkt nicht nur die technischen Fähigkeiten der einzelnen. Die vielen, den technischen Ablauf begleitenden Arbeitsschritte und Gespräche stärken Mädchen in ihrem Selbstbewußtsein und der Auseinandersetzung mit dem eigenen Rollenverständnis.

Nicolai, M. u. a.: „Anstöße...", Darmstadt 1994, S. 119 ff.

AUFGABEN

1. Diskutieren Sie das Für und Wider einer geschlechtshomogenen Arbeit im Jugendzentrum. Was spricht aus ihrer Sicht möglicherweise eher für koedukative Gruppen?
2. Für an der Mädchenarbeit Interessierte kann der Fragenkatalog (Text 1) eine Hilfe zur Feststellung der Situation von Mädchen sein.
3. Das Projektbeispiel (Text 2) greift noch einmal die Vorteile einer Arbeit in einer reinen Mädchengruppe auf. Worin sehen die Autorinnen diese? Arbeiten Sie die medienpädagogischen und geschlechtsspezifischen Ziele des Projektes heraus.
4. Entwickeln Sie weitere Projektideen im Bereich der Jungen- und Mädchenarbeit.

4.2.5.2 Lernfeld: Abenteuer-Erlebnis-Sport

„Ein Praxisbesuch im Hort und seine Folgen"

„Bei einem Praxisbesuch in einem Hort kam das Gespräch anläßlich der Überlegungen im Vorfeld einer pädagogisch-praktischen Prüfung einer angehenden Erzieherin immer wieder auf das Thema Aggression und Regelverletzungen seitens der Hortkinder und die daraus resultierenden Disziplinierungen, in ihrer Wirkung nur von kurzer Dauer. Schon bei einem früheren Praxisbesuch war mir aufgefallen, daß der Hort über ein völlig unzureichendes Raumangebot verfügte. Der das Hortgelände umgebende Park durfte wegen der Aufsichtspflicht von den Kindern nicht alleine genutzt werden, das Außengelände des Kindergartens, der sich im Erdgeschoß des Gebäudes befand, war für die 6-13-jährigen Kinder zu unattraktiv. Das Gespräch mit der Praktikantin kreiste immer wieder um die Frage, wie man durch die Kinder fordernde Bewegungsangebote dazu beitragen konnte, das Bedürfnis der Kinder nach körperlicher Betätigung sozial verträglich zu gestalten. Das von mir immer wieder ins Gespräch gebrachte Parkgelände stellte sich als nicht diskutierbarer Tabubereich heraus. Als zweitbeste Lösung erschien die intensive Nutzung der Turnhalle einer naheliegenden Schule, in der Spiele aus dem Bereich des Abenteuer-  und Erlebnissports angeboten werden sollten. In diesem Bereich sollte sich auch das Projekt zur Prüfung bewegen. Am ersten Prüfungstag ging es aber zu meinem Erstaunen nicht in Richtung Turnhalle. Ort des Geschehens war das Außengelände des Kindergartens. Hier hatte die Schülerin, sich an von mir angebotene Projekttage zum Thema Erlebnispädagogik erinnernd, einen Parcour aufgebaut, dessen Bewältigung in die Geschichte von einer Schatzsuche eingebaut war.

Beim Bau des Parcours hatte sich die Schülerin der Unterstützung eines Mitglieds des örtlichen Alpenvereins bedient. So war die Sicherheit in jeder  Hinsicht gewährleistet. Fünf große Bäume, im rückwärtigen Teil des Kindergartengeländes

wärtigen Teil des Kindergartengeländes liegend, waren mit Strickleitern, Seilbrücken und Lianen zu einem für alle Kinder nur mit gegenseitiger Hilfe zu bewältigendem Erlebnispfad verbunden. Unterwegs waren ‚Sümpfe' und ‚Flüsse' voller ‚Krokodile' zu überqueren. Am Ende mußte eine Truhe mit dem Schatz gefunden werden.
Eine glänzende Prüfung!
Die Gesichter der Kinder zeigten mir: Abenteuer- und Erlebnispädagogik ist mehr als nur eine Mode."

Neben den sogenannten Outdoor-Aktivitäten wie Kanufahren, Klettern oder Segeln entwickeln Erlebnispädagoginnen zunehmend Aktionsformen, die die Ziele des Ansatzes auch dort erreichbar machen, wo es keine Berge oder Seen gibt. Zu diesen Indoor-Aktivitäten" gehören die Spiele und Übungen aus dem Bereich des Abenteuer- und Erlebnissports.

Text 1:

„Hinweise für Übungsleiter/-innen"

Jeder Übungsleiter und jede Übungsleiterin haben einen „Vorsprung" vor der Sportgruppe. Sie kennen die „Spezifiken" des Abenteuer- und Erlebnissports und haben sich darauf vor-

bereitet. Die Übungsleiter und Übungsleiterinnen haben in ihre Planung das Alter der Spielenden, ihre physischen und psychischen Voraussetzungen und die zur Verfügung stehenden Geräte mit einbezogen.

Daraus ergeben sich einige Forderungen an die Leiter und Leiterinnen, damit sie im erstrebenswerten Falle ihre Verantwortung auch abgeben und selbst Teil der Gruppe werden können.

So sollten sie

- ♦ nie jemanden in eine Situation hineindrängen oder zu einer nicht gewollten Aktion überreden;
- ♦ behutsam an Gefahren und neue Situationen herangehen;
- ♦ immer auf Zeichen von Spielbereitschaft achten und die Möglichkeit schaffen, diese zu realisieren; Sportjugend NW „Praxismappe Abenteuer-Erlebnis", Duisburg 1994, S. 24
- ♦ stets daran denken, daß häufig der Weg zu einer abenteuerlichen Situation schon das Ziel sein kann und dementsprechend kooperative Situationen gefördert und unterstützt werden müssen;
- ♦ auch die einfachsten Änderungswünsche der Teilnehmer und Teilnehmerinnen aufnehmen und sie auch akzeptieren;
- ♦ wissen, daß eine Situation oder ein Gerätearrangement auch während seines Ablaufes noch geändert werden kann und gegebenenfalls geändert werden muß;
- ♦ erlebte Situationen nach ihrem Ende stets mit den Teilnehmenden besprechen und deren Wünsche und Anregungen aufnehmen und wenn möglich verarbeiten.

Wenn diese Forderungen erfüllt werden können, dann wird auch der Übungsleiter und die Übungsleiterin zum Teil des Ganzen. Erst dann können die Ziele des Abenteuer- und Erlebnissports in die Tat umgesetzt werden.

Sportjugend NV, „Praxismappe Abenteuer-Erlebnis", Duisburg 1994, S. 24

„Ablauf und Aufbau von Aktionen"

Liane
Auf den Spuren Tarzans!

Unter die ausgezogenen Taue wird eine doppelte Mattenbahn aus Turnmatten gelegt. In einer Höhe von 2 m vom Boden werden nun Knoten in die Taue geschlagen, durch die ein Bergsteigerseil oder Hanfseil geführt und festgebunden wird. Die einzelnen Seilabschnitte zwischen den Tauen sollten noch ca. 1 m durchhängen. An eine Seite dieser

„Liane" wird ein Kasten als Einstiegshilfe gestellt. an die andere eine Weichbodenmatte als Endpunkt der Überquerung gelegt. Die Taue sind die Lianen, das dazwischen gespannte Seil Ranken, die uns den Weg etwas erleichtern. Die Mattenbahn bildet einen reißenden Fluß, in dem hungrige Krokodile auf uns lauern.

Den Teilnehmern und Teilnehmerinnen können nun verschiedene Aufgaben gestellt werden: einfaches Überqueren des Flusses mit oder ohne Transport von Gegenständen. Eine sehr schwierige Aufgabe ist es, wenn zwei TN einen dritten (verletzten) TN über den reißenden Fluß transportieren müssen. Welche Lösungsmöglichkeiten gibt es?

Materialbedarf
Tauanlage, Bergsteigerseil/Hanfseil, einen Kasten, eine Weichbodenmatte, Turnmatten.

Sicherheitshinweise
Zu Beginn sollte eine Sicherungsperson auf dem Boden die TN begleiten.

TIP!
Ein intensiveres Erlebnis wird es für den TN, wenn sie diese Liane selbst entwickeln. Die TN bekommen die Aufgabe, mit Hilfe der Materialien einen reißenden Fluß zu überqueren. Der Übungsleiter bzw. die Übungsleiterin muß bei Sicherheitsmängeln im Aufbau (Knoten etc.) sofort eingreifen, auf diese hinweisen und für Abhilfe sorgen.

Sprung über den Abgrund
Hier kann der Mut beim Überspringen eines Abgrundes ausprobiert werden.

Von zwei Barren wird je ein Holm ausgezogen. Die Barren werden dann so gegenübergestellt, daß sich die ausgezogenen Holme außen befin-

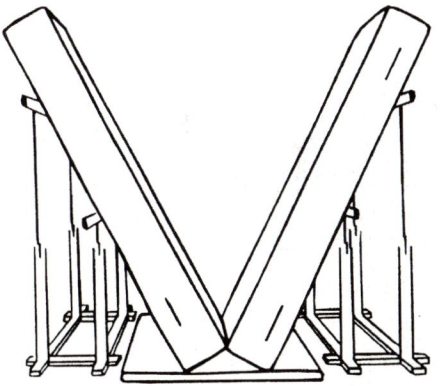

den. Der Abstand der Barren sollte ca. 1,5 m betragen. Der Raum zwischen den Barren wird mit Turnmatten ausgelegt. Dann werden die Weichbodenmatten so auf die Barren gelegt, daß sie ein V ergeben. Die TN haben nun die Aufgabe, von einer Weichbodenmatte zur anderen zu springen. Der Abstand der Barren kann dann schrittweise erweitert werden.

Zwei Barren, zwei Weichbodenmatten, Turnmatten.

Der Raum hinter den Barren sollte mit Turnmatten abgesichert werden.

Sprung aus den Wolken

Nur Fliegen ist schöner!
Aber wenn man nichts sieht, wird's schwer! Eine Situation, die viel Mut erfordert, ist der Sprung aus den Wolken. Eine Teilnehmerin

klettert mit verbundenen Augen auf die Gitterleiter. Bei einer von ihr gewählten Höhe dreht sie sich herum, springt nach vorne und landet sicher auf einer Weichbodenmatte. Der unten stehende Partner sichert die Springerin und verhindert ein Zurückfallen an die Gitterleiter.
Eine Höhe von einem Meter reicht zum Sprung aus den Wolken völlig aus.
Eine Gitterleiter, eine Weichbodenmatte, Augenbinden, Turnmatte.
Durch die Sicherungsperson muß ein Zurückfallen an die Gitterleiter verhindert werden.
ebd., S. 100 ff.

Seilbrücke

Zwischen zwei ausgeklappten Sprossenwänden wird ein Tau durchgezogen und fest zusammengeknotet. Unter dem Tau liegen zwei Weichbodenmatten. Die Teilnehmer und Teilnehmerinnen sollen diese Seilbrücke überwinden, allein, zu zweit, mit geschlossenen Augen. Als zusätzliche Hilfen können mehrere Seile eingebunden werden. Gerade bei Kindern der unteren Altersstufen, die noch nicht über genügend Haltekräfte und ein ausgeprägtes Gleichgewichtsempfinden verfügen, sind diese Hilfen notwendig. Nach und nach können dann immer mehr Seile entfernt werden. Diese Station macht mehr Spaß, wenn sie in eine kleine Geschichte eingebunden wird.
Zwei Sprossenwände, ein Tau, eine Weichbodenmatte, Seile.
Das Tau nicht an einer Sprosse, sondern an den Streben befestigen.

Gerade zu Beginn müssen Sicherungspersonen die TN begleiten. Je nach Sprossenwandkonstruktion muß beachtet werden, daß sich durch die auftretende Zugbelastung die Sprossenwände biegen und evtl. verziehen können.

AUFGABEN

1. Worauf ist bei der Durchführung von Abenteuer- und Erlebnissportaktionen zu achten (Text 1)?
2. Führen Sie in er Turnhalle einige Übungen durch. Beachten Sie dabei die „Forderungen an Leiter und Leiterinnen" und die Sicherheitsvorschriften. Entwickeln Sie Varianten der Übungen und erproben Sie eigene Ideen. Reflektieren Sie nach der Durchführung Ihre Gefühle.
3. Denken Sie über den Einsatz solcher Aktionen auch im Elementarbereich nach. Wo kann der Einsatz sinnvoll sein? Welche Übungen würden sich eignen?

„Erlebnispädagogik-Projekt" mit angehenden ErzieherInnen an der „Sophie-Scholl-Kollegschule" Duisburg.

4.2.5.3 Lernfeld: Umwelt

Trotz der immer massiver werdenden Umweltprobleme, aktuelle Stichworte Sommersmog und Ozonloch, fehlt immer noch ein überzeugendes, den Alltag in sozialpädagogischen Einrichtungen prägendes Konzept der Umwelterziehung. Sicher: Es gibt hier eine Aktion zur Müllvermeidung, dort ein Projekt „Bau von Batteriesammelbehältern". Der Spaziergang entlang eines Bachlaufs oder der Besuch einer Kompostieranlage gehören inzwischen zum Standardprogramm vieler Einrichtungen.
Meist bleibt es jedoch bei solchen Einzelaktionen, ohne daß daraus ein durchgängiges pädagogisches Prinzip wird.

Text 1:

Adalbert Metzinger
Umwelterziehung: so früh wie möglich beginnen

Zwar werden im Kindergarten Angebote zum Thema Natur-, Umwelt- und Sachbegegnung durchgeführt, aber oft fehlt eine konsequente Weiterführung in Richtung Umwelterziehung, die die Basis für ein verantwortungsvolles Umweltbewußtsein legen würde. Bei vielen Eltern überwiegt die Meinung, daß man Kindergartenkinder noch nicht mit diesen Problemen belasten sollte. Aber um die natürlichen Lebensgrundlagen zu erhalten und zu verbessern, müßten alle an der Erziehung Beteiligten aktiv werden und die Kinder in diesem Sinne fördern. Je früher damit begonnen wird, um so grundlegender sind die Erfahrungen und Erkenntnisse.

Die UNESCO hat auf ihrer Weltkonferenz zur Umwelterziehung 1977 ein Konzept vertreten, das fünf Kategorien für umweltbezogene Lernziele enthält:

1. Bewußtsein: Dazu beitragen, daß Personen und gesellschaftliche Gruppen ein Umweltbewußtsein entwickeln und für die damit zusammenhängenden Probleme sensibilisiert werden.

Die 6jährige Vera hat ein Bild von unserem Hofdienst gemalt. Jede Gruppe hat abwechselnd 2 Wochen lang „Hofdienst". In dieser Zeit ist die betreffende Gruppe dafür verantwortlich, daß es auf dem Hof und um den Kindergarten herum ordentlich und schön aussieht. Papier und Unrat wird aufgesammelt und in den großen Müllcontainer geschüttet.

Seit etwa einem dreiviertel Jahr haben wir in unserem Kindergarten im Abstellraum 2 Kartons stehen: einen für Altpapier und einen für Glas. Während wir das Altpapier regelmäßig zu den Altpapiersammlungen geben (wir wollen auch einmal versuchen, daraus neues Papier herzustellen), gehen wir mit den Kindern zum Altglascontainer, um leere Saftflaschen und Teegläser hineinzuwerfen. Dies ist nicht nur eine sinnvolle Sache, sondern es ist schon sehr interessant, einmal in ein solches Ding reinschauen zu können.

Ministerium für Soziales und Familie: „Umweltschutz im Kindergarten.", Mainz 1990, S. 11/12.

2. Kenntnisse: Dazu beitragen, daß Personen und gesellschaftliche Gruppen eine breitgefächerte Umwelterfahrung und ein Grundverständnis für die Probleme der Umwelt gewinnen.

3. Einstellungen: Dazu beitragen, daß Personen und gesellschaftliche Gruppen umweltbezogene Wertvorstellungen und Verantwortungsgefühl entwickeln und motiviert werden, sich aktiv am Schutz und an der Verbesserung der Umwelt zu beteiligen.

4. Fertigkeiten: Dazu beitragen, daß Personen und gesellschaftliche Gruppen die für das Erkennen und Lösen von Umweltproblemen benötigten praktischen Fertigkeiten erwerben.

5. Mitwirkung: Personen und gesellschaftlichen Gruppen die Möglichkeit bieten, auf allen Ebenen aktiv in die Arbeit zur Lösung von Umweltproblemen einbezogen zu werden.

Auf den Kindergarten übertragen sind dabei folgende Ziele des ökologischen Lernens anzustreben:

1. Entdeckerfreude wecken, denn die Neugierde und der Wissensdrang der Kinder sind die besten Voraussetzungen, um sich mit einem Problem bewußt auseinander zu setzen.

2. Wahrnehmung und Beobachtungsgabe schärfen, damit den Kindern die Vielfalt der Natur und ihrer Umwelt, auch in den kleinen Bereichen, die sie kennen, auffallen kann.

3. Sensibilisierung für Umweltprobleme, damit daraus Verständnis und Verantwortungsgefühl entstehen kann.

4. Kenntnisse vermitteln, um den Kindern die Möglichkeit zu geben, sich in ihrer Umwelt besser zurechtzufinden, damit sich ihre Wertvorstellungen an Wissen und nicht an Vorurteilen orientieren können.

5. Förderung von Fähigkeiten, wie z. B. divergentes Denken und Einfühlungsvermögen, damit die Kinder in die Lage versetzt werden, für selbst erkannte Probleme eine vom Erzieher soweit wie möglich unabhängige Lösung zu finden und eventuell auch praktisch anzugehen.

Für den/die Erzieherin stellt die praktische Umsetzung dieser Ziele sehr häufig eine große Anforderung dar. (…)

Der/die ErzieherIn ist oft selbst in einer naturfeindlichen Umwelt aufgewachsen. Außerdem fehlt vielen ErzieherInnen das notwendige Sachwissen zu den einzelnen ökologischen Vorgängen. Die speziellen Unterrichtsfächer vermitteln meist nur theoretische Kenntnisse, so daß der/die ErzieherIn nur selten Möglichkeiten von naturnahem Lernen erfahren konnte und deshalb auf diesem Gebiet kein so großes Wissen besitzt, auf das er zurückgreifen könnte. Das umweltbewußte und umweltgerechte Vorbildverhalten ist für viele ErzieherInnen noch immer keine Selbstverständlichkeit. Eine weitere Schwierigkeit betrifft das Verständlichmachen und das Vereinfachen z. T. komplizierter Vorgänge und Zusammenhänge. Um jedoch kindgerechte und ganzheitliche Umwelterziehung durchführen zu können, müssen folgende Punkte berücksichtigt werden:

◆ Der/die ErzieherIn muß sich spielerischer, anschaulicher Methoden bedienen.

KINDERZEIT 4. Dezember 1989

◆ Die Angebote müssen dem Lebensbereich des Kindes angepaßt sein (z. B. Verschmutzung der Umwelt durch Haushalt/Familie und Kindergarten).

◆ Im Bereich der Umwelterziehung spielt intensive Elternarbeit eine bedeutende Rolle, denn die Kinder lernen maßgeblich durch das Vorbild ihrer Bezugspersonen. Der/die ErzieherIn sollte seine Ziele zuerst den Eltern vorstellen und erläutern, bevor er damit an die Kinder herantritt. Somit kann er verhindern, daß die Eltern das Gefühl bekommen, er wolle die Kinder aufhetzen und gegen sie arbeiten. Durch einen gut vorbereiteten Elternabend kann der/die ErzieherIn viele Mißverständnisse von vornherein ausschließen (z. B. Unverständnis für einen Spaziergang im Regen, schmutzige Kleidung, Müll sammeln usw.).

Text 2:

Aktiver Umweltschutz: Ideen für junge Leute

Vorschlag Seht euch die in den örtlichen Geschäften verkauften Produkte genauer an: Welche Produkte haben eine überflüssige, umweltbelastende oder biologisch nicht abbaubare **Verpackung**? Versucht, in der Schule neue Verpackungsmethoden zu entwickeln, bei denen weniger Rohstoffe verbraucht und wiederverwertbare Materialien verwendet werden. (Lehrer können hier vielleicht weiterhelfen.) Eure Klasse kann Briefe an Herstellerfirmen schreiben, in denen ihr darlegt, wie ihr über Verpackungsmaterialien denkt und selbst neue Verpackungsformen vorschlagt.

Vorschlag Wie viele **Nahrungsmittel** werden jeden Tag zu Hause und in der Schule weggeworfen? Sammelt eine Woche lang die Nahrungsmittel ein, die normalerweise weggeworfen würden, und wiegt sie. Welche Möglichkeiten gibt es, die Abfallmengen zu reduzieren? Ist es möglich, den Kindern beim Mittagessen in der Schule auf Wunsch kleinere Portionen zu geben? Sollte das Mittagessen an den Schulen abwechslungsreicher werden?

Vorschlag Versucht Mittel und Wege zu finden, wie Nahrungsmittel weiterverwendet werden können, die in den **Küchen** nicht verwendbar sind. Könnte ein Teil dieser Nahrungsmittel an Menschen weitergegeben werden, die Verwendung dafür haben? Könnten sie Bauern in der Umgebung als Kompostmaterial oder Viehfutter zur Verfügung gestellt werden?

Vorschlag Legt zu Hause oder auf dem Schulgelände einen **Garten** an. Verwendet Nahrungsmittelreste oder Obst- und Gemüseschalen als Kompost. Zu Hause angebautes Gemüse kann den Speisezettel der Familie bereichern. In der Schule angebautes Gemüse kann für das Mittagessen oder für kleine Zwischenmahlzeiten verwendet werden; ihr könnt es aber auch Organisationen an eurem Wohnort überlassen, die es an arme Menschen weitergeben.

Vorschlag Wieviel **Wasser** wird jeden Tag zu Hause verbraucht? Versucht, die durchschnittlichen Wassermengen zu ermitteln, die täglich beim Duschen, Kochen, Geschirrspülen, Saubermachen und für die Toilettenspülung verbraucht werden. Bestärkt eure Familien darin, Wasser zu sparen, indem ihr z. B. tropfende Wasserhähne repariert, kein Wasser laufen laßt, während ihr andere Dinge erledigt, oder kürzer duscht.

Vorschlag Überlegt euch, wie es wohl wäre, an einem Ort zu leben, wo es kein **sauberes Trinkwasser** gibt. Wie würde sich euer Leben verändern? Informiert euch über die Lebensbedingungen von Menschen in den Entwicklungsländern, die täglich lange Wege zurücklegen müssen, um Wasser zu holen. Wie wird dort Wasser gespart? Fordert bei UNICEF oder anderen Organisationen, die sich für den Ausbau der Trinkwasserversorgung in den Entwicklungsländern einsetzen, weitere Informationen an.

Vorschlag Wieviel **Elektrizität** wird täglich zu Hause oder in der Schule verbraucht? Versucht einmal, die Zahl der Stunden zu errechnen, die elektrische Lichtquellen oder Elektrogeräte täglich insgesamt angeschaltet bleiben. Überlegt euch, wie ihr diese Gesamtstundenzahl verringern könnt – z. B. indem ihr nachseht, ob bei hellem Tageslicht auch wirklich alle Lampen ausgeschaltet sind. Helft mit, den Stromverbrauch von Elektrogeräten zu senken. Setzt Elektrogeräte effizient ein – laßt die Waschmaschine z. B. erst dann durchlaufen, wenn sie voll ist.

Vorschlag Überzeugt eure Eltern davon, sich so weit wie möglich am **Recycling** von Flaschen, Dosen und Papier zu beteiligen. Kauft Lebensmittel wenn möglich in größeren Mengen und versucht, Läden zu finden, in denen Lebensmittel auch in mitgebrachte Behältnisse abgefüllt werden. Verwendet für Lebensmitteleinkäufe nur wiederverwendbare Stofftaschen.

Vorschlag Gründet ein **Projekt zum Recycling von Papier** an eurer Schule. Sammelt gebrauchte Schulhefte und anderes Papier und versucht herauszufinden, ob es vor Ort wiederverwertet werden kann. Setzt euch bei den Schulbehörden dafür ein, daß Produkte aus Umweltpapier gekauft werden. Probiert in eurer Klasse aus, wie aus altem Papier neues Umweltpapier hergestellt werden kann. (Wie das genau gemacht wird, läßt sich bei mehreren Stellen erfragen; vielleicht kann euch euer Kunstlehrer weiterhelfen.)

Vorschlag Startet eine **Baum-Initiative**. Pflanzt Bäume auf dem Schulgebäude, in Parks oder auf Spielplätzen, auf unbebautem Gelände oder am Straßenrand. Informiert euch über die ökologischen Folgen der Abholzung von Waldflächen. Welche Länder sind hiervon besonders betroffen und warum ist das so? Informiert euch über Initiativen von Menschen aus diesen Ländern, die den Raubbau an den Wäldern stoppen wollen. Auf welche Weise könnt ihr solche Initiativen unterstützen?

Vorschlag Erkundigt euch, wo das **Rindfleisch für die Hamburger** in Schnellrestaurants herkommt. Stammt es aus Ländern, in denen Waldflächen abgeholzt und in Weideland verwandelt werden? Welche wirtschaftlichen Bedingungen haben diese Situation hervorgerufen, und welche Alternativen gibt es? Berichtet über das, was ihr herausgefunden habt, in der Schulzeitung oder bei Schulversammlungen.

Vorschlag Setzt eine Kampagne in Gang, um eure Eltern dazu zu bewegen, Benzin zu sparen und ihre **Autos** gemeinsam zu nutzen; zum Beispiel, wenn sie ihre Kinder zur Schule bringen oder von dort abholen, zur Arbeit oder zum Einkaufen fahren. Fahrt selbst mit dem Fahrrad zur Schule, wenn es die Entfernung zuläßt und es nicht gefährlich ist.

Deutsches Komitee für UNICEF · Höninger Weg 104 · Postfach 52 04 29 · Köln · Tel.: 02 21 / 9 36 50-0, Spendenkonto Nr. 300 000 bei allen Banken, Sparkassen und beim Postgiroamt Köln.

AUFGABEN

1. Erzieherinnen, aber auch viele Eltern sind der Meinung, daß man Kinder im Elementarbereich nicht mit den Problemen der Umwelt belasten dürfe. Diskutieren Sie diese Ansicht im Klassenverband.
2. Wie kann der Kindergarten die in Text 1 formulierten Ziele des ökologischen Lernens erreichen? Konkretisieren Sie dabei die methodischen Vorschläge des Textes wie
   ◆ spielerisch, anschaulich
   ◆ dem Lebensbereich der Kinder angepaßt
   ◆ Einbeziehung der Eltern usw.
3. Entscheidend für die Umsetzung der ökologischen Ziele, ist die Rolle der Erzieherin als Modell. Überprüfen Sie im Gespräch in der Kleingruppe Ihr individuelles Umweltverhalten. Wo könnten Sie sich in Ihrem eigenen Lebensbereich umweltbewußter verhalten? Warum fällt die Realisierung so schwer? Setzen Sie die Diskussion im Klassenverband fort.
4. Wie müßte ein ökologischer Kindergarten aussehen?
   ◆ bauliche Ausstattung
   ◆ Material/Spielzeug
   ◆ Inhalte der Arbeit
   Werden Sie so konkret wie möglich. Stellen Sie Ihre Ideen der Klasse vor.
5. Der Text 2 enthält Anregungen für Aktionen im Bereich des Hortes oder der Offenen Kinder- und Jugendarbeit. Erweitern Sie die Liste um weitere Vorschläge.
6. Erstellen Sie eine Liste mit Adressen- und Tel.-Nr., Kontaktpersonen, Einrichtungen, die in Ihrer Stadt mit dem Umweltthema befaßt sind (Umweltberater, Fuhr- und Reinigungsamt, Grünflächen und Forstamt, Verbraucherberatung, Bürgerinitiativen, Klärwerke, Wasserwerke usw.).
   Klären Sie ab, wie die einzelnen Institutionen bei einer Beschäftigung mit dem Thema Umwelt in Kindergarten, Heim, Hort oder Offener Jugendarbeit helfen können (Referentinnen, Medien, Besichtigungen etc.)?
7. Besuchen Sie die Stadtbücherei, das Medienzentrum Ihrer Stadt und erstellen Sie eine Liste der verfügbaren Literatur, Medien zum Thema (Bilderbücher, Sachbücher, Filme, Videos, Diareihen etc.).

4.2.5.4 Lernfeld: Multikulturelles Zusammenleben

Das gemeinsame Europa ist Ziel der Politik aller Parteien. Mobilität wird dann noch mehr als bisher ein von einigen gewolltes, von anderen eher unter dem Druck der Verhältnisse vollzogenes Verhalten sein. Mit dem Wegfall der Grenzen wird sich der Anteil von Menschen aus anderen Kulturen und mit anderen Muttersprachen in allen Ländern erhöhen. Damit stellen sich auch den Einrichtungen der öffentlichen Erziehung neue Herausforderungen. Das Ziel heißt: Befähigung zum Zusammenleben unterschiedlicher Kulturen. Schon jetzt gibt es in unseren Schulen und Kindergärten einen Anteil von, je nach Einzugsgebiet, 20-60 % Kindern und Jugendlichen, deren Muttersprache nicht Deutsch ist. Die überwiegende Mehrheit ist hier geboren und wird auf Dauer hier leben.

„Bei uns spielen die deutschen und ausländischen Kinder ganz selbstverständlich miteinander, das läuft wie von selbst, da gibt es eigentlich keine Probleme. Wenn wir jetzt anfangen würden, mit den ausländischen Kindern besondere Arbeit zu leisten, würden wir erst ein Problem produzieren, das wir so gar nicht haben." Eine Haltung, die so, oder so ähnlich vielfach in der Praxis anzutreffen ist. Und in der Tat: Betritt man einen Kindergarten, einen Hort oder ein Jugendzentrum, sieht man der Einrichtung zunächst nicht an, Kinder welcher Nationalitäten hier gemeinsam einen Teil des Tages verbringen. Erst beim Kontakt mit den Kindern und Jugendlichen stellt man fest: Es sind russische Spätaussiedler, Kriegsflüchtlinge aus dem ehemaligen Jugoslawien, Türken, Rumänen, Polen. Viele sprechen kaum deutsch, bleiben deshalb weitgehend in ihrer Gruppe.
Reicht es wirklich aus, den Dingen ihren Lauf zu lassen?

Text 1:

„Kultur konkret"

Im folgenden geht es darum, wie ich – ganz praktisch gesehen – bei Kindern kulturelle Aufgeschlossenheit fördern kann. Das heißt nicht, das „Ausländerproblem" an Kinder herantragen, sondern im Gegenteil: es geht hier um ein Angebot, das die spielerische Begegnung mit anderen Kulturen betont. So gesehen ist dies ein präventiver Ansatz und nicht eine konfliktorientierte Intervention. Kulturaustausch als positives Erlebnis, das neugierig macht – dies ist das Grundanliegen einer Reihe von Büchern, Tonkassetten und Videokassetten mit Kinderliteratur und Kinderkultur aus verschiedenen Ländern (nähere Angaben siehe Literaturanhang). Über Märchen und Erzählungen, Theater, Lieder oder Spiele aus verschiedenen Ländern wird exemplarisch ein interkultureller Dialog angeregt. „Eins von mir – eins von dir" ist ein Leitgedanke dieser Angebote, denn es geht nicht nur um türkische Lieder, sondern auch um deutsche, nicht nur um die italienische Hexe Befana, sondern ebenso um deutsche Waldhexen.

Dies ist nicht einfach eine „internationale" Sammlung von Kinderliteratur. Bei der Auswahl und Aufbereitung der Materialien sowie in den praktischen Anregungen zum Einsatz wurden verschiedene Möglichkeiten entwickelt, für Kinder „Kulturaustausch" konkret erfahrbar zu machen. Eine dieser Möglichkeiten ist die Begegnung mit einer Fremdsprache. In diesem Medienangebot wird nicht mit Kindern „über" eine andere Kultur gesprochen, die Begegnung mit einer anderen Kultur ist viel unmittelbarer: Kinder hören wie Hexen oder Märchenhelden aus einem anderen Land zu ihnen sprechen. Dazu einige Beispiele.

Die Fremdsprache als Teil eines Märchens – auch für deutsche Kinder

Das Hörspiel „Keloglan und der Riese" (Tonkassette, Okay 1991) wird in zwei Sprachen erzählt – einige Figuren sprechen deutsch, andere türkisch – und es richtet sich dennoch auch an deutsche Kinder. Wie geht das?
Die Handlung und der Dialog sind so aufgebaut und mit akustischen Effekten angereichert, daß deutschsprachige Kinder leicht raten können, was der türkische Sprecher gerade meint. Obwohl insgesamt mehr deutsch als

türkisch gesprochen wird, gehören beide Sprachen ganz selbstverständlich und gleichberechtigt zur Haupthandlung. Diese Selbstverständlichkeit drückt indirekt eine doppelte Botschaft aus: einmal wird hier der zweisprachige Alltag türkischer Migrantenkinder aufgezeigt, zum anderen wird über diesen Alltag hinaus eine Gleichberechtigung beider Sprachen inszeniert.

Wird eine solche Tonkassette in deutschen Regeleinrichtungen eingesetzt – sei es im Kindergarten oder im Hort – entsteht für ausländische und deutsche Kinder eine neue Situation:

- ausländische und deutsche Kinder können sich gemeinsam auf eine andere Sprache einlassen;
- man vergißt fast, in welcher Sprache gesprochen wird, so selbstverständlich erscheint hier die Zweisprachigkeit;
- deutschsprachige Kinder können mühelos folgen, sie werden neugierig und fangen an zu raten;
- zweisprachige türkische Kinder haben einen Vorsprung, sie können sich über ihre Türkischkenntnisse freuen, ohne dabei einsprachige Kinder auszuschließen, sie erklären ihnen dann zum Beispiel den einen oder anderen Dialogteil.

Entscheidend ist, daß deutsche und ausländische Kinder erleben, daß eine andere Sprache und Kultur sozusagen „offiziell" der ganzen Gruppe angeboten wird, und daß türkische Kinder mit ihrer Zweisprachigkeit und der Sprache ihrer Familie hier einen Gruppenbeitrag leisten können.

...

Auf Seite B derselben Tonkassette wird „Rotkäppchen" auf türkisch erzählt. Diese Version richtet sich vor allem an türkische Kinder, aber auch andere Kinder können – wenn sie „Rotkäppchen" gut kennen – anhand der Stimmen und Geräuscheffekte ohne Schwierigkeiten raten, wenn der Wolf auftaucht, wann Rotkäppchen bei der Großmutter ankommt usw. (...)

Im folgenden werden stichpunktartig einige kulturelle Aktivitäten rund um die Kassette aufgelistet:

- Sammlung von Rotkäppchen-Ausgaben in allen Sprachen der Kindergruppe sowie von verschiedenen Rotkäppchen-Illustrationen aus verschiedenen Zeiten (mit Hilfe von Eltern, ausländischen Kollegen, der Internationalen Jugendbibliothek in München und anderen öffentlichen Büchereien);
- Ausleihe einer Rotkäppchen-Videokassette: zum Beispiel ein sprachfreier Puppentrickfilm, der in der ehemaligen DDR produziert wurde (in Landesbildstellen erhältlich). Kinder unterschiedlicher Nationalität könnten zu den sprachfreien Bildern des Filmes in verschiedenen Sprachen assoziieren;
- Sammlung von unterschiedlichen Keloglan-Heftchen, -Büchern, -Illustrationen durch Kinder in ihren Familien, in öffentlichen Büchereien usw.;
- Kinder zeichnen einmal die Begegnung von Rotkäppchen mit dem Wolf und zum anderen die Begegnung von Keloglan mit dem bösen Riesen;
- Eine Ausstellung mit Keloglan und Rotkäppchen. Kinder könnten ihre eigenen Bilder ausstellen zusammen mit verschiedenen Kinder- und Märchenbüchern über diese beiden Märchenfiguren.

Hier wird deutlich, daß interkulturelle Erziehung keine isolierte Aktion sein muß: bei diesen Aktivitäten geht es ebenso um Förderung von Kinderliteratur, um neue Formen der Elternarbeit, um ästhetische Erziehung oder Medienpädagogik.

...

Wie reagieren Erwachsene und Kinder auf eine fremde Sprache?

Wie fühlen sich deutsche ErzieherInnen, wenn auf einer Ton- oder Videokassette, die für den Einsatz in deutschen Regeleinrichtungen gedacht ist, auf einmal türkisch oder italienisch gesprochen wird, bzw. eine Sprache, die sie nicht verstehen? Neben vielen spontanen positiven Reaktionen bei ErzieherInnen, haben auch einzelne (bei einer Sichtveranstaltung ohne Kinder) skeptisch oder abwehrend reagiert. Diese Reaktion war durchweg an die fremde Sprache gebunden. „Wie soll ich Kindern einen Film vermitteln, bei dem ich manche Sätze nicht verstehe?" war eine Frage, die wir häufiger hörten. Zur Rolle der Erzieherin (und Lehrerin) gehört, daß man mehr weiß als

Kinder und daß man möglichst alles genau verstehen sollte, bevor man es Kindern vermittelt. „Nicht-Verstehen" ist zwischen professionellen Erziehern und Kindern selten ein Thema. Warum eigentlich nicht? Wo dies doch eine alltägliche Erfahrung auch bei Erwachsenen ist.

Ein entspanntes „Nicht-Verstehen", das nicht Abwehr, sondern offenes Fragen und Sicheinlassen auf Fremdes hervorruft, ist ein wesentlicher Teil jeder interkulturellen Erziehung. Diese Haltung können Kinder u. a. auch von ErzieherInnen lernen, die sich bewußt in die Rolle der Nichtwissenden und Lernenden begeben. Ein Medienangebot mit fremdsprachigen Elementen bietet vielfältige Möglichkeiten, die Erzieherrolle auch einmal anders zu definieren und zwar ganz praktisch und für Kinder unmittelbar erlebbar: beide, Kinder und ErzieherInnen, lernen gleichzeitig.

Für deutschsprachige Kinder ohne Fremdsprachenkenntnisse war die fremde Sprache an keiner Stelle ein Problem. Im Gegenteil: sie war ein Anreiz. Bei jüngeren Kindern war sie meist kein Thema, sie wurde selbstverständlich als Teil der Geschichte akzeptiert und hinderte die Kinder auch nicht am Verstehen der Handlung. Fremdsprachige Reime und Lieder wurden spontan auswendig gelernt, ebenso wie deutsche. Ältere deutsche Kinder – vor allem 6jährige – fingen bei den Dialogteilen spontan an zu raten. „Der hat bestimmt gesagt, daß…" hieß es dann, und der fremdsprachige Teil wurde dem Sinn nach entsprechend „aufgefüllt". Die Möglichkeit, Sinn aus einem Zusammenhang heraus zu entziffern, ist eine Fähigkeit, die für Kinder später in der Schule sehr wichtig ist – nicht nur beim Lernen von Fremdsprachen, sondern generell.

Ulich, M.: „Es läuft doch alle…", In: „Kindergarten Heute.", 10/94, S. 16 ff.

Text 2:

Siegfried Heppner – Angela Schmidt
Ein interkulturelles Projekt

Den Medien waren auch in 1993 fast täglich Horrormeldungen über die Gewalt rechtsextremistischer jugendlicher Gruppen gegenüber Minderheiten und Fremden zu entnehmen.

…

In den letzten Jahren konnten auch in der Jugendarbeit im Landkreis Marburg-Biedenkopf verstärkt dem gewünschten Dialog entgegengesetzte Entwicklungen beobachtet werden:

- Deutsche Jugendliche grenzen sich verstärkt von Migranten ab und berufen sich zunehmend auf ihr Deutschsein.
- Ausländische Jugendliche schließen sich fester entsprechend ihrer Herkunftsländer zusammen.
- Die nicht deutschsprachigen neuen Deutschen stehen mitten in diesem Konfliktfeld.

Das Projekt „Leben in Vielfalt"

Vor dem Hintergrund der beschriebenen Entwicklung konzipierte das Jugendbildungswerk des Landkreises Marburg-Biedenkopf das Projekt „Leben in Vielfalt".

Das Projekt umfaßte für die Zielgruppe der Jugendlichen folgende Teilbereiche:

- Das Erstellen eines Buches zum Thema „Fremd-Sein",
- die künstlerische Auseinandersetzung mit dem Thema,
- Die Erarbeitung einer Ausstellung mit Begleitprogramm.

Das Buch „Hier war ich ein Niemand" und das Kunstprojekt „Fremd-Sein"

Zur Mitwirkung an dem Kunst- und Buchprojekt wurden die Jugendlichen im Alter von 8 bis 25 Jahren über die Schulen, Jugendclubs etc. angesprochen.

Dabei standen den Jugendlichen zur Bearbeitung drei thematische Schwerpunkte zur Auswahl:

- Kinder und Jugendliche erforschen die Lebensgeschichte unserer ausländischen

Mitbürgerinnen und Mitbürger, ihre Hoffnungen, Wünsche und Ängste.
- ◆ Kinder und Jugendliche beschreiben ihre eigenen Gefühle gegenüber Fremden und ihre Erlebnisse mit ihnen.
- ◆ Ausländische Kinder und Jugendliche beschreiben ihr Leben in Deutschland, ihre guten und schlechten Erfahrungen, das, was sie hier lieben und wovor sie Angst haben.

Bei den thematischen Vorgaben zur Bearbeitung des Themas sollte erreicht werden, daß eine breite Meinungsvielfalt zum Tragen kommt. Insbesondere das Buch mit dem literarischen Titel „Hier war ich ein Niemand …" wurde zum Weiterdenken und Diskutieren konzipiert. Die Zusammenstellung der Beiträge erfolgte von daher nicht alleine nach literarischen Gesichtspunkten, sondern die Präsentation unterschiedlicher Meinungen bildete ein wichtiges Auswahlkriterium.

Bei der Auswahl der künstlerischen und literarischen Beiträge wurde auch darauf geachtet, daß einerseits Beiträge von allen Altersgruppen und andererseits von deutschen und ausländischen Jugendlichen vertreten waren.

Im Vordergrund stand bei der Erstellung der Exponate sowie bei dem Buch nicht das zum Schluß fertige Produkt, sondern der Prozeß des Entstehens und die Auseinandersetzung mit dem Thema.

Die jugendlichen Autoren hatten mittlerweile auch schon die Möglichkeit, an mehreren Lesungen im schulischen und außerschulischen Bereich teilzunehmen und mit dem Publikum über ihre Meinungen und Ansichten zu diskutieren und zu streiten.

Die Ausstellung mit Begleitprogramm
Eine Auswahl der Exponate wurde für eine Ausstellung zusammengestellt. Diese soll zur Auseinandersetzung mit der aktuellen Fremdenfeindlichkeit beitragen, indem sie bei den Besuchern Betroffenheit, Widerspruch und auch Zustimmung erzeugt. Zur Ausstellung wurde seitens des Jugendbildungswerkes Marburg-Biedenkopf noch ein umfangreiches und informatives Begleitprogramm erstellt. Dieses sollte durch mediale Eindrücke, spielerische Elemente, Informationsmöglichkeiten sowie durch das persönliche Kennenlernen von Betroffenen Denkanstöße geben.

Beispiele aus der Ausstellung

Das Begleitprogramm zur Ausstellung wurde insbesondere für den Besuch von Schulklassen und Jugendgruppen entwickelt.

Für den Besuch der Ausstellung und des Begleitprogrammes mußten mindestens drei Stunden veranschlagt werden. Im Rahmen der späteren Wanderausstellung wurde das Programm auf zwei Stunden reduziert, um formalen schulischen Bedürfnissen entgegenzukommen.

Eine Führung durch das unten vorgestellte Programm erfolgte für die jeweiligen Schulklassen gemeinsam. Zur Verdeutlichung des Programms sollen die einzelnen Stationen hier kurz vorgestellt werden:

- **Betrachtung der Exponate**
  Zum zielgerichteten Besuch der Ausstellung wurde den Jugendlichen ein Leitfaden und Fragebogen zu den Exponaten zur Verfügung gestellt. (…)

- **Hörsensibilisierung**
  In Form eines kurzen Hörbeitrages auf Kassette erfolgte die thematische Einstimmung der Jugendlichen. Die Hörsensibilisierung enthält einerseits eine Toncollage zur Ausländerfeindlichkeit und andererseits die Kurzgeschichte eines Syrers über seine ersten Erlebnisse beim Einkaufen in Deutschland. Der Beitrag greift auf ironische Art kulturelle Mißverständnisse auf.

- **Vorurteilswand**
  Anhand von Fragen wurde mit dieser Vorurteilswand auf oft weitverbreitete Informationsdefizite und kursierende Vorurteile eingegangen. So mußten die Jugendlichen zum Beispiel die Frage beantworten, welches Land die meisten Flüchtlinge aufnimmt. Unter den vorgegebenen Antworten USA, Deutschland und Iran tippten Jugendliche – wie aber auch Erwachsene – oft auf Deutschland. Die Überraschung war dann jedesmal groß, wenn sich bei der Auflösung herausstellte, daß der Iran fast 20mal so viele Flüchtlinge aufnimmt wie Deutschland.

- **Fluchttunnel**
  In Form eines kleineren Spieles wurden die Jugendlichen dazu angeregt, sich selbst einmal in die Situation eines Fliehenden zu versetzen. Anhand einer vorgegebenen kleinen Geschichte hatten die Schüler und Schülerinnen die Aufgabe, sich beim Gang durch den sogenannten Fluchttunnel (Kriechtunnel) zu überlegen, was sie persönlich bei einer Flucht als Andenken an ihre Heimat bzw. ihr Zuhause mitnehmen würden. (…)

- **Videofilm**
  Ein eigener Videofilmzusammenschnitt versuchte, die unterschiedlichen Fluchtursachen aufzuzeigen und die weltwirtschaftlichen Gesamtzusammenhänge zu erläutern.

- **Gespräch mit einem Asylbewerber**
  Im Rahmen eines Gespräches mit einem Asylbewerber bestand für die Jugendlichen die Möglichkeit, sich authentisch mit der Lebensgeschichte dieses Mannes zu beschäftigen. Durch seine offene und interessante Erzählweise war dies wohl einer der faszinierendsten und subjektiv informativsten Bestandteile des Begleitprogrammes.

- **Interkulturelles Spiel**
  Zur Auflockerung und dem Bewegungsdrang der Jugendlichen Rechnung tragend, wurde an dieser Stelle ein interkulturelles Spiel durchgeführt.

- **Schwerpunktthema**
  Täglich wechselnde Fachpersonen standen den Jugendlichen zu den Themen Asyl, Situation der Migranten, Rechtsextremismus etc. zur Verfügung.

- **Abschlußgespräch**
  Im Rahmen eines Abschlußgespräches in lockerer Atmosphäre mit Getränken und kleinen Spezialitäten aus unterschiedlichen Ländern bestand nochmals die Möglichkeit, offene Fragen zu erörtern sowie Kritik an dem Programm zu äußern.

Nicolai u. a.: „Anstöße", a. a. O., S. 27 ff.

AUFGABEN

1. Entwickeln Sie ausgehend von den Anregungen der Texte weitere Angebote für multikulturelles Lernen.
2. Erarbeiten Sie Vorschläge für die Gestaltung des pädagogischen **Alltags** im Sinne multikultureller Erziehung für die unterschiedlichen sozialpädagogischen Praxisfelder.

4.2.5.5 Lernfeld: Kultur

Der Duden definiert Kultur u. a. als Gesamtheit der geistigen und künstlerischen Lebensäußerungen der Menschen. Schon sehr früh haben die Menschen begonnen, ihre Lebensäußerungen zu sammeln, um sie den Zeitgenossen zugänglich zu machen, ihnen einen Überblick über die kulturelle Vielfalt ihrer Zeit an einem Ort zu geben, aber auch, um für die Nachwelt aufzubewahren, was Ausdruck einer bestimmten Epoche war. Der Ort, an dem diese Aufbewahrung sich vollzog, war die Sammlung oder das Museum. Zunächst ein den Musen geweihter Raum, später öffentlich zugängliche Aufbewahrungsstätte für Kunstwerke und Objekte kulturhistorischen oder naturwissenschaftlichen Charakters aller Art. Heute hat fast jeder Ort ein Museum, vom Natur- und Heimatmuseum der dörflichen Gemeinde bis zu den großen Kunstsammlungen in den Metropolen, deren Gebäude oft selbst Kunstwerke darstellen. Daneben gibt es Freilichtmuseen, oft Nachbauten historischer Ortschaften mit dörflichem Handwerk wie Schmiede, Weberei oder Mühle. Besonders im Ruhrgebiet gibt es eine Vielzahl von sogenannten Industriemuseen, meist Reste von ehemaligen Produktionsanlagen der Eisen- und Stahlindustrie oder des Bergbaus, alte Schleusenanlagen an Kanälen oder Flüssen oder stillgelegte Gleisanlagen mit den dazugehörigen Schuppen und Lokomotiven. Sahen diese Museen lange Zeit ihre Hauptaufgabe in der Sammlung, Bewahrung, Erforschung und Wiederherstellung kultureller Güter, so hat sich in den letzten Jahren der Bereich der Vermittlung als eigenständiger Bereich etabliert, der mit der Museumspädagogik eine spezifische Didaktik und Methodik ausgebildet hat.

Wer Kindern und Jugendlichen etwas über unser kulturelles Erbe und aktuelle kulturelle Entwicklungen vermitteln will, ist also gehalten, sich der Mithilfe von Museen und der dort tätigen Fachkräfte zu versichern.

Text 1:

„Vom Musentempel zum Ort der Erkenntnis"

Im Rahmen eines museumspädagogischen Projektes zu einer regional bezogenen Ausstellung zur Bronzezeit haben Schüler/innen unter Anleitung von einem Museumspädagogen und einer Lehrerin mit modernem Knetmaterial wie Plastelin Schmuckstücke und Waffen der Bronzezeitmenschen nach Originalfunden nachgebildet. Dabei entstanden Spangen, Fibeln, Kleidernadeln, Äxte mit verschiedenen Schäften, Speerspitzen und Messer. Die von den Kindern modellierten Gegenstände wurden im Ofen gehärtet und schließlich mit Bronzefarben coloriert.

Komplizierter, dafür aber näher an der Historie, war es, nach bronzezeitlichen Vorbildern Gußformen herzustellen und diese mit Zinn auszugießen. Selbst Gußformen in Gips herzustellen, Zinn zu erhitzen, die (eigene) Schwierigkeit des Ausgießens und das Nacharbeiten lassen das technische Know-how der damaligen Menschen erahnen.

Am Ende dieses Projekts stand eine bronzezeitliche Kinderschar, die selbstbewußt, in grobes Tuch gehüllt, mit Lederhauben und ledernen nachgebildeten Schultertüchern angetan, ihre nachempfundenen Schmuckstücke und Waffen trug.

En miniature entstand in der schulischen Weiterarbeit eine kleine bronzezeitliche Siedlung – Lego-Bausteine mußten als architektonische Hilfsmittel dienen, Barbie-Puppen wurden in bronzezeitliche Gewänder gehüllt. Was hier geschah, war tätige Aneignung eines Gegenstandes, war handelndes Lernen – Kerschensteiner hätte seine Freude daran.

Solche Annäherungen können selbstverständlich nur skizzenhaft bleiben, aber es kann dabei auch ein Dialog zwischen heute und früher beginnen. Schüler/innen gewinnen nicht nur Einblicke in die Funktionalität der Geräte. Es stellt sich nämlich auch die Frage nach der Dimension von Zeit, nach der Wertigkeit menschlichen Tuns, dem Respekt vor dem Schaffen anderer Kulturen – früher und heutiger. Kinder treten darüber hinaus in eine qualitativ andere Beziehung zu dem Selbstgeschaffenen und damit auch zu den Objekten in den Museumsvitrinen.

Dies gilt auch für die museumspädagogischen Angebote, handwerkliche Tätigkeiten früherer Zeiten als Museumsbesucher nachzuvollziehen, wie das Spinnen mit dem Spinnrad oder das Weben, die Betätigung eines Steinbohrers oder das Abschlagen eines steinzeitlichen Schneidewerkzeugs.

Wohlgemerkt, das Spinnen mit dem Spinnrad kann man nicht in einer halben Stunde erlernen. Es kann sich dabei auch nicht um die Illusion des Nacherlebens der Abeit der Frauen auf den Dörfern im 19. Jahrhundert handeln. Was hier erlebt wird, ist spielerisch. Aber es sind zugleich Hinführungen zum Verständnis von Technikgeschichte, zum Respekt vor handwerklichen Fertigkeiten und gegenüber den Mühen des Alltags früherer Zeiten.

Die in dem Besucherbergwerk „Grube Fortuna" bei Wetzlar angebotenen Möglichkei-

Imhof, M.: „Päd.-Extra.", 8/93, S. 4 ff.

ten, die Geräte der Bergleute in die Hand zu nehmen, das Gestein mit dem Hammer zu zerkleinern, die Eisenloren, gefüllt mit Eisenerz, zu schieben, weist in die gleiche Richtung. Einen Bohrer aus dem Eisenerz-Bergbau in der Museumsvitrine zu sehen, ist eine Sache, ihn aber in den Händen zu halten, das Gewicht zu spüren, eine andere. (…)

SchülerInnen machen ihr Museum selbst

An den vorgestellten Beispielen einer in der Zielsetzung an handlungsorientiertem Lernen orientierten Museumspädagogik wird auch deutlich: die herkömmliche Museumsführung wird diesen Zielsetzungen nicht gerecht.

Museumspädagogische Handlungsorientierung findet ihre intensivsten Ausprägungen dort, wo Schüler/innen darangehen, ihr eigenes Museum einzurichten: sei es als „eigene" Abteilung innerhalb eines Museums, als eigenständig gestaltete Vitrine oder als Schüler/innenausstellung.

In Neuhof bei Fulda hat zum Beispiel eine Grundschule ein eigenes Schulmuseum eingerichtet. Hier hat der Sachunterricht unter der Themenstellung „Wie die Menschen früher lebten" zu einer intensiven Begegnung mit der lokalen Geschichte, der Neu-Entdeckung der Heimatgemeinde, zu einer Begegnung der „Alten" und der „Jungen" geführt. Ergebnis von Ortserkundungen, Museumsbesuchen, Zeitzeugenbefragungen, des Sammelns und Forschens ist schließlich ein eigenes Schulmuseum.

Text 2:

„In jedem Kind steckt auch ein kleiner Künstler"

Die angestrebten Lernziele sind in erster Linie, das Kind zu befähigen, Kunstwerke zu betrachten, über ihre Entstehung und Aussage nachzudenken, über Entdecktes zu sprechen, aber auch selbst kreativ zu gestalten …

Unser Kindergartenteam hatte zu Beginn wenig Ahnung von zeitgenössischer Kunst. Seit wir uns damit beschäftigen, haben wir selbst viel gelernt und so viel Interesse, daß wir jeden Betriebsausflug zum gemeinsamen Besuch einer Kunstausstellung nutzen …

Strukturen: Figuren und Kopfformen

Der erste Künstler, mit dem wir uns befaßten, war der Schweinfurter Maler Heinz Altschäffel. Er ist freischaffend. Bevor wir mit den Kindern in die Ausstellung gingen, schauten wir uns die Bilder an und sprachen auch mit dem Maler. Wir beschlossen, beim Besuch der Kinder nicht alle Bilder gleich intensiv zu betrachten, sondern eine Auswahl zu treffen, um die Kinder nicht zu überfordern. Heinz Altschäffel war bereit, dabei zu sein und den Kindern Fragen zu beantworten. Was erfuhren wir über ihn? Er malt auf Leinwand und Papier. (…)

Ein Beispiel in dieser Ausstellung sind seine Kopfformen, denen wir uns speziell widmen wollen. „Im Kopf spielt sich das meiste ab", so Altschäffel.

Wieder im Kindergarten befaßten sich alle mit dem Kopf: Wir stellten fest, daß der Kopf ein kleines „Wunderwerk" ist. Im Kopf sind unsere Sinne, mit denen wir die Umwelt wahrnehmen, aber auch unser Gehirn, mit dem wir denken oder uns etwas merken. Zur Verdeutlichung bieten sich gemeinsame Sinnes-Spiele an:

◆ Wir haben mit den Augen geblinzelt, geschielt, gerollt, geschaut, wir haben sie aufgerissen, zu schmalen Schlitzen zusammengekniffen und geschlossen.
◆ Wir haben mit der Nase geatmet, geschnuppert, haben sie gerümpft, gebläht und hochgetragen.
◆ Wir haben mit den Ohren verschiedenen Geräuschen nachgehört, mit dem Mund geatmet, gesprochen, gesungen, gepfiffen, geküßt, gesummt, geprustet, geblasen, usw.
◆ Wir haben traurige und lustige Gesichter gemacht.
◆ Wir haben probiert, wie schwer der Kopf ist – in der Rückenlage Kopf heben und hochhalten – und wie wir ihn bewegen können.
◆ Wir haben Zustimmung und Ablehnung mit ihm ausgedrückt.
◆ Wir haben überlegt, welche Krankheiten wir kennen, die mit dem Kopf zu tun haben (Kopfschmerzen, Schnupfen, Halsweh, Ohrenschmerzen, Zahnschmerzen usw.).
◆ Wir haben mit Luftballons Kopfball gespielt und Gegenstände (Säckchen, gefaltete Tücher, Bierdeckel) auf dem Kopf balanciert.
◆ Wir haben eine große Kopfform im Profil aufgemalt und ausgeschnitten. Jedes Kind hat in seine Kopfform seinen größten Wunsch oder einen Traum gemalt (im Kopf unsichtbar Vorhandenes sichtbar gemacht).
◆ Wir haben uns in medizinischen Büchern Köpfe von innen angeschaut.

◆ Viel Spaß hat den Kindern das Lied „Mein Kopf, mein Kopf …" gemacht.

Anschließend haben wir die Ausstellung besucht. Neugierige Beobachter waren der Galerieleiter Dr. Schneider und die städtische Fotografin.

Die Kinder durften die plastischen Bilder mit ihrer rauhen Oberflächenstruktur abtasten. Wir schauten alle Bilder an, besprachen aber nur einige.

Sie wollten vom Maler wissen, welche Farben er verwendet, womit er bestimmte Strukturen gestaltet hat, und schauten genau, an welcher Stelle der Bilder er welche Farbe plaziert hat.

Sie wollten wissen, wie lange er an einem Bild malt und ob er auch einmal Bilder wegwirft. Ein Junge schaute lange ein Bild an, deutete dann auf einen Bildteil und fragte: „Ist das ein Weg?" „Wenn du das siehst", antwortete ihm Heinz Altschäffel.

In der Galerie legten wir für jedes Kind ein Blatt Papier zum Malen und Wachsmalkreiden auf den Boden. Zur Auswahl stand, eine „Kopflandschaft" oder ein „Landschaftsstück" zu zeichnen. Alle waren mit Feuereifer dabei, und es entstanden wunderschöne abstrakte Bilder.

Diese Bilder wurden im Kindergarten bei einer „Vernissage" vorgestellt. Die Eltern wurden eingeladen, und auch der Künstler war anwesend, um den kleinen Malern seine Reverenz zu erweisen. Einige von ihnen hatten danach einen neuen Berufswunsch. Sie wollten Maler oder Malerin werden.

Abstraktes:
Figur und Raum

Ermutigt von diesem Ergebnis, machten wir weiter und besuchten eine weitere Ausstellung von Heinz Altschäffel. Sein Thema war diesmal „Figur und Raum". Wir verfuhren wie beim ersten Mal, schauten uns die Bilder erst allein an, trafen eine Vorauswahl und sprachen mit dem Maler.

Im Kindergarten bereiteten wir die Kinder auf das Thema vor:

◆ Wir bewegten uns zur Musik, erstarrten mit Musikende in der Bewegung und schauten uns unsere Figur und unseren Platz im Raum an.
◆ Wir machten uns – am Boden liegend – so klein wie möglich, dehnten uns aus,

wuchsen und nahmen dann so viel Raum wie möglich ein.
- ◆ Wir spielten „Angst" und drängten uns in einer Ecke des Raumes zusammen.
- ◆ Wir gingen mit großen Bewegungen im ganzen Raum herum und „eroberten" ihn.
- ◆ Wir tanzten und hüpften vor Freude im Raum herum.
- ◆ Wir gestalteten mit unseren Körpern Gemeinschaftsbilder auf dem Boden: Sonne, Baum, Ball, Haus, Straße, aber auch abstrakte Begriffe wie Angst, Eckiges, Rundes.
- ◆ Wir haben mit unseren Körpern gemeinsam ein Kaleidoskop gestaltet, das sich auf ein akustisches Signal (Rasseln) verändert hat.
- ◆ Wir haben mit Seilen „Figurenwerfen" gespielt, aber auch konkrete Themen aus Seilen gestaltet.
- ◆ Wir haben uns das Handwerkszeug eines Malers angeschaut. – Sogar eine Staffelei wurde im Kindergarten aufgestellt.
- ◆ Wir haben beim Malen besonders auf die Raumgestaltung geachtet, haben ein gemeinsames Bilderbuch gestaltet, das wir „Der rote Fleck" nannten (siehe auch „Ästhetische Elementarbildung ...").
- ◆ Wir haben das Lied „Ich bin Maler" gesungen und über den Inhalt gesprochen.

In der Ausstellung waren die Kinder auch diesmal wieder ein fachkundigeres Publikum als manche Erwachsenen. Nachdem über Maltechnik, Farben, Stimmungen usw. genügend gesprochen worden war und Heinz Altschäffel alle Fragen beantwortet hatte, stellten wir unsere Staffelei in der Mitte der Galerie auf und gestalteten ein Gemeinschaftsbild. Wir verwendeten Pastellfarben, und ein Kind nach dem anderen durfte am Entstehen des Bildes mitwirken. Unser Thema war natürlich „Figur im Raum".
...

Schäfer, K.: In: „Kinderzeit", 1994, S. 18 ff.

AUFGABEN

1. Die Texte 1 und 2 enthalten Anregungen aus unterschiedlichen Bereichen von Sammlungen und Hinweise auf Methoden, mit denen dort zu arbeiten ist.
Sammeln Sie Informationen zu
   - ◆ Natur- und Heimatkundemuseen
   - ◆ naturwissenschaftlichen Museen
   - ◆ Industriemuseen
   - ◆ Kunstmuseen etc.
   an Ihrem Schulort.
2. Klären Sie ab, ob, und, wenn ja, welche museumspädagogischen Angebote es in diesen Museen gibt. Legen Sie eine Liste an.
3. Besichtigen Sie in Kleingruppen die Sammlungen unter dem Aspekt einer möglichen Nutzung für die pädagogische Arbeit in den unterschiedlichen Arbeitsfeldern.
4. Entwickeln Sie (möglichst vor Ort) Projekte für eine Arbeit im Museum.
5. Tauschen Sie die Erfahrungen und Ergebnisse aus.

Lesetip

Büttner, C. u. a.: Brave Mädchen, böse Buben? Erziehung zur Geschlechteridentität in Kindergarten und Grundschule. Weinheim 1992
Cornell, J.: Mit Kindern die Natur erleben. Mülheim 1991
Jugendstiftung Baden-Württemberg: Erlebnispädagogik. Münster 1993
MAGS-NW (Hrsg.): Natur und Umwelt im Kindergarten. Düsseldorf 1989
Näger, S.: Kreative Medienerziehung im Kindergarten. Freiburg 1992
Ulich, M. u. a. (Hrsg.): Der Fuchs geht um ... auch anderswo. Ein multikulturelles Spiel- und Arbeitsbuch. Weinheim-Basel 1987
Woffhardt, B.: Kinder entdecken das Museum. München 1993

Weitere Literatur- und Informationshinweise

Klees, R. u. a.: Mädchenarbeit – Praxishandbuch für die Jugendarbeit. München 1989

Kretschmann, F.: Abenteuer- und Erlebnisprojekte in der Offenen Kinderarbeit.
> *Bezugsadresse:* KLHOT – NW
> Marzellenstr. 32, 50668 Köln

LSW-NW: Lernort naturwissenschaftlich – technische Museen. Soest 1993
> *Bezugsadresse:* Verlag für Schule und Weiterbildung
> Druck Verlag Kettler GmbH
> Postfach 11 50, 59193 Bönen

Ministerium für Umwelt NW: Blumen auf Beton. Büchertips zum Thema Natur und Umwelt für Kinder und Jugendliche. Düsseldorf 1994

Ökomedia: Medienkursbuch Ökologie. Freiburg 1993

Rieder, H.: Erlebnispädagogik – Reflexionen, Beispiele, Möglichkeiten. In: Praxis der Psychomotorik, H. 1, 1992, S. 11-216

Schiedeck, J./Stahlmann, M.: „Tarzan-Pädagogik" oder Der „thrill" als pädagogische Maßeinheit. In: Neue Praxis, H. 5, 1994, S. 397-406.

Sielert, U.: Jungenarbeit – Praxishandbuch für die Jugendarbeit. München 1989

Sportjugend NW: Abenteuersport. Duisburg 1993

Sportjugend NW: Praxismappe Abenteuer/Erlebnis. Duisburg 1994
> *Bezugsadresse:* Sportjugend NW
> Friedrich-Alfred-Str. 25, 47055 Duisburg

Strätz, R. u. a.: Natur und Umwelt im Kindergarten. Stuttgart 1991

Wucherpfennig, P.: Umwelt Werkbuch. Reinbek 1992

Ziegenspeck, J.: Erlebnispädagogik. Ein romantisches Relikt? In: Neue Deutsche Schule, H. 13-14, 1995, S. 18-22.

Allgemeine Informationen zur Erlebnispädagogik sind zu erhalten bei:
> Erlebnispädagogik e. V.
> -Geschäftsstelle-
> Fährsteg 3, 21337 Lüneburg

DJI (Hrsg.): Handbuch Medienerziehung im Kindergarten. Opladen 1994

Brenner, G. u. a.: Handlungsorientierte Medienarbeit – Film – Video – Ton – Foto. München 1993

Materialien zur Medienerziehung sind zu erhalten bei:
> Bundeszentrale für politische Bildung
> -Referat „Neue Medien"-
> Berliner Freiheit 7, 53111 Bonn

Film- und Videotips für die praktische Arbeit sind zu bekommen bei:
> Kinder- und Jugendfilmzentrum in der BRD
> Küppelstein 34, 42857 Remscheid

Landschaftsverband Westfalen-Lippe: Filme für Kinder und Jugendliche. Münster 1986

„Ganz schön anders." Materialien zur medienpädagogischen Arbeit mit multikulturellen Kindergruppen.
Bezugsadresse: Behörde für Schule
> Referat Kultur und Medienarbeit
> Spohrstr. 1, 22083 Hamburg

Jakubeit, G. u. a.: Materialien zur interkulturellen Erziehung im Kindergarten. 3 Bände. Berlin 1988

4.2.6 „Gruppen leiten, Lernprozesse fördern"
oder
Methoden sozialpädagogischer Arbeit

In jedem Beruf sind bestimmte methodische Grundkenntnisse wichtig. Eine Verkäuferin sollte wissen, wie sie bestimmte Kunden anspricht. Ein Gas- und Wasserinstallateur sollte wissen, wie Rohre zu verlöten sind.

Welche methodischen Grundkenntnisse sollte nun eine Erzieherin beherrschen?
Eine Erzieherin sollte wissen, wie

- Spiele eingeführt werden
- Konflikte gelöst werden können
- Produkte hergestellt werden können
- Projekte durchgeführt werden
- Gespräche zu führen sind
- Gruppen geleitet werden können
- Lernprozesse gefördert werden können
- Geschichten erzählt werden können
- die pädagogische Arbeit reflektiert werden kann.

Diese Liste ließe sich noch ergänzen.
Dieses Kapitel soll dazu beitragen, methodische Grundkenntnisse zu erwerben.
Allerdings wird in diesem Kapitel nur ein kleiner Teil dieser Grundkenntnisse vermittelt. Sie werden in weiteren Kapiteln dieses Buches (z. B. Projektmethode, Gesprächsführung) und in anderen Fächern (Bewegungserziehung, Spiel) weitere methodische Kenntnisse vermittelt bekommen.

Gruppen leiten
Erziehung findet in sozialpädagogischen Einrichtungen fast ausschließlich in Gruppen statt.
Diese Tatsache gerät oft in Vergessenheit, obwohl sie für die Erziehung von entscheidender Bedeutung ist.
Eine Erzieherin, die mit Gruppen von Kindern zu tun hat, findet eine andere Erziehungssituation vor.

- Jede erzieherische Handlung wird auch von nicht-betroffenen Kindern beobachtet und wirkt sich auch auf diese Kinder aus.
- Die Kinder beeinflussen sich gegenseitig und zudem wirkt sich die Gruppensituation (Gruppenprozeß, Gruppenstruktur, Gruppennormen ...) auf das Verhalten der Kinder aus.
- Es entstehen andere pädagogische Herausforderungen:
  - Konflikte zwischen Kindern lösen
  - das Gruppenklima verbessern
  - die Gruppennormen verändern
  - die Außenseiterpositionen auflösen.

Damit eine Gruppe einen positiven Einfluß auf die einzelnen Kinder und Jugendlichen hat, ist es wichtig, daß eine Erzieherin ein angemessenes Selbstverständnis als Gruppenleiterin entwickelt und in der Lage ist, Gruppenprozesse zu erkennen und zu beeinflussen.

Die folgenden Texte sollen helfen, diese Fähigkeiten zu entwickeln.

Meine Rolle als Gruppenleiterin

Was gefällt Ihnen nicht an der Aussage dieser Karikatur?

Text 1:

Eine Gruppenleiter-Typologie

Der Ritter

Er strotzt vor Kraft. Hoch sitzt er auf seinem Roß – ein Mann mit Überblick. Seine Sicht allerdings ist etwas durch den Helm beeinträchtigt. Auch seine Bewegungsfähigkeit ist durch die Rüstung eher eingeschränkt.

Auf seinem Arm ruht eine Lanze, mit ihr hat er schon manchen zur Strecke gebracht. Er weiß, was er will. Wer sich ihm entgegenstellt, muß kämpfen. Man sagt ihm Durchsetzungsfähigkeit nach. In vielen Lebenslagen eine gute Eigenschaft. Was ihm mangelt, das ist Einfühlungsfähigkeit. Seine Hände stecken in Lederhandschuhen, die mit einem Kettengewebe überzogen sind. So macht er sich weitgehend unverwundbar. Wenn es gilt, zu entscheiden und Entscheidungen umzusetzen, dann ist er in seinem Element. Man kann sich getrost hinter ihn scharen, er hat Verantwortungsbewußtsein. Wer aber meint, ihm in den Rücken fallen zu müssen, den bestraft er fürchterlich. Dann kennt er kein Pardon. Hat er sich für etwas entschieden, dann geht er seinen Weg.

Die Schildkröte

Ruhe strahlt sie aus, Behäbigkeit. „Immer langsam voran" und „Eins nach dem andern". Sie ist hoch belastbar, so schnell bringt sie nichts aus der Ruhe. Sie ist bedächtig und zugleich auch vorsichtig. Sie wägt ab, von schnellen

281

Entschlüssen oder vorpreschendem Handeln hält sie nicht viel. Langsam nickt sie mit dem Kopf und sagt „Vielleicht sollten wir das erst einmal überschlafen". Heißsporne werden durch sie gezügelt. Veränderungen und Experimenten gegenüber ist sie nicht grundsätzlich abgeneigt, aber es muß gut abgewogen werden. Ist eine Entscheidung aber einmal getroffen, dann tappt sie los. Bei plötzlich auftretenden Widerständen zieht sie sich unter ihren Panzer zurück und wartet erst einmal ab. Sie denkt nach, dann lugt sie unter ihrem Panzer hervor – und dann geht es wieder weiter. Man kann sich auf die Schildkröte verlassen. Sie ist auch in der Lage, andere mitzutragen. Kämpfen allerdings ist nicht so sehr ihre Sache, eher aussitzen. (...)

Der Hahn

Laut kann er krähen, und ein prächtiges Gefieder hat er. Beim allmorgendlichen Blick in den Spiegel schaut er sich ganz verliebt an und kräht: „Ich bin der Schönste, kikeriki!" Mit hoch erhobenem Kopf, der Blick geht in die Ferne, betritt er den Hühnerhof, der Misthaufen ist sein Ziel. Auf dessen Spitze angelangt schlägt er mit seinen Federn und kräht mehrmals kräftig.

Die Hennen, der Hund, die Schweine und die Kühe sind das gewohnt. Kaum einer kümmert sich noch um ihn. Die Hühner glucken zusammen und picken Körner, auch die anderen Tiere gehen ihren Beschäftigungen nach. Der Hahn kräht – eitel wie er ist – wieder und wieder und merkt nicht, daß er ganz allein ist. Er sieht halt nur sich.

Nur abends, da wirkt er manchmal richtig traurig. Aber er kommt nicht auf den Gedanken, sich einmal unter die Hühner zu mischen und zu fragen, was sie so bewegt und was sie von ihm, dem Hahn, erwarten. Am nächsten Morgen beginnt das gleiche Spiel.

Die Eule

Nahezu aristokratisch sitzt sie auf ihrem Ast, ein wenig steif. Ihr Kopf und ihre Augen wandern wach in alle Richtungen. Sie hat den Überblick. Sie sieht Zusammenhänge. Sie ist ein Kopftier. Wenn sie spricht, dann haben ihre Beiträge Gewicht. Sie sind reflektiert. Unbedachte Äußerungen hört man selten von ihr. Manchmal neigt sie zur Nachdenklichkeit, schließt ihre Augen und scheint gar nicht mehr da zu sein. Aber dann, sie öffnet ein Auge – man fühlt sich getroffen oder ertappt. Nichts entgeht ihrem scharfen Blick. Gelegentlich kommt Leben in sie, sie plustert sich ein wenig auf – aber eben alles

mit Maß. Ihr Blick ist vielsagend. Er kann analytisch sein, er kann aufmunternd sein, manchmal macht er aber auch ein wenig Angst. In ihrer eher zurückhaltenden Art läßt sie anderen viel Platz, weiß aber genau um ihre Stellung.

Das rohe Ei

Dünnschaligkeit ist seine Eigenschaft, leichte Risse entstehen ganz schnell. Es will behutsam behandelt werden. Grobe Töne liegen ihm nicht. Ebenso vermeidet das Ei, irgendwo anzuecken. Widerstände und Konflikte lösen bei ihm Angst aus. Die Schale, so dünn sie auch ist, ist ein Schutzpanzer. Man darf ihm nicht zu nahe treten. Ganz schnell zieht es sich je nach Stimmung ängstlich oder schmollend in seinen Eierkarton zurück. Die Angst, die das Ei hat, besteht darin – wenn die Schale einmal platzt – zu zerfließen. Es fehlt ihm die innere Stabilität. Men-

schen, die ähnlich strukturiert sind, fühlen sich gut bei ihm aufgehoben. Sie wissen, daß ihnen nichts passiert. Lebhafte bis stürmische Charaktere finden es dagegen oft anstrengend, mit einem rohen Ei leben zu müssen. Ständig müssen sie sich bremsen, weil sie die Dünnschaligkeit spüren. Viel Energie geht so verloren.

Gäde, E.-G./Listing, Th.: Gruppen erfolgreich leiten. Mainz 1992, S. 18-22.

Text 2:

Der Gruppenleiter als Animateur

Animation, das bedeutet anregen, aktivieren, ermutigen, befähigen, beraten, in Schwung bringen. Die „Animation" ist ein Ansatz aus der französischen Freizeitpädagogik, der ursprünglich eine Gegenbewegung zu der traditionellen, unterrichtsähnlichen Erwachsenenbildung war. Eigentlich ist sie weniger für die Arbeit mit festen, über längere Zeit bestehenden Gruppen gedacht als für die offene Arbeit. Dennoch wollen wir uns hier mit ihr befassen, weil sie ein gutes Beispiel dafür ist, daß der Gruppenleiter nicht unbedingt den „Leithammel" spielen muß, oder, etwas freundlicher ausgedrückt, daß er in der Gruppe nicht unbedingt die Anführerrolle übernehmen muß.

Kennzeichnend für die traditionelle Leiterrolle sind Aktivitäten wie Führen und Lenken, Belehren und Unterweisen. Sie treten bei der Animation völlig in den Hintergrund; ein Gruppenleiter, der sich als „Animateur" versteht, fühlt sich weniger für die *Leitung* zuständig als dafür, den Mitgliedern Anregungen und Impulse zu geben, ihnen Gestaltungs- und Entfaltungsmöglichkeiten zu eröffnen und ihnen zu helfen, ihre Interessen und Bedürfnisse zu erkennen und die selbstgesteckten Ziele zu erreichen. Als Animateur ist er nicht der Anführer, sondern der Berater und Begleiter der Gruppe.

Hier sind Gemeinsamkeiten mit dem partnerschaftlichen Leitungsstil (→ S. 43) und der antiautoritären Erziehung (→ S. 50) zu erkennen. Mit der antiautoritären Erziehung hat die Animation den weitgehenden Verzicht auf Zwang, selbst auf Gruppendruck, gemeinsam; ein wichtiger Unterschied ist jedoch, daß der Animateur von sich aus eine ganze Menge Anstrengungen unternimmt, um die Gruppenmitglieder zu eigener Aktivität und Initiative zu verführen.

Vom partnerschaftlichen Leitungsstil unterscheidet sich die Animation dadurch, daß der Akzent bei ihr auf dem Anregen und Aktivieren liegt, nicht auf dem Leiten und Koordinieren. Dem Animateur kommt es weniger darauf an, mit der Gruppe zu einer gemeinsamen Entscheidung zu finden, als jedem einzelnen zu ermöglichen, seine persönliche Entscheidung zu treffen und in die Tat umzusetzen. Der Animateur nimmt also in Kauf, daß weniger zusammengeht, aber er vertraut zugleich darauf, daß die Kontaktbedürfnisse der Gruppenmitglieder schließlich doch zu gemeinsamen Unternehmungen führen werden.

Daraus ergibt sich zweierlei: Zum einen ist die Animation weniger (projekt-)arbeits- als freizeitorientiert (Urlaub, Erholung), und zum anderen eignet sie sich besonders für Groß-Gruppen, wo sich trotz der auseinandergehenden Einzelentscheidungen immer noch genügend Leute für verschiedene Kleingruppenaktivitäten finden.

Berner, W.: Jugendgruppen organisieren. Reinbek 1983, S. 47 f.

Text 3:

Ebenen des Gruppenprozesses

(…) Wann immer Menschen zusammenleben und arbeiten, spielen sich die Ereignisse zwischen ihnen auf mehreren Ebenen ab. Auf der ersten Ebene handelt es sich um die *sachlogischen Zusammenhänge* und um gemeinsame Themen und Interessenbereiche, um Arbeitsanliegen und Aufträge, um Lernaufgaben, um Zielsetzungen und Informationen und um organisatorische Dinge. All diese vielschichtigen „Dritten Sachen" (ich entleihe mir diesen Ausdruck von Bert Brecht), die Menschen untereinander verbinden, sind relativ problemlos zu beschreiben. (…)

Wer aber mit Menschen zu tun hat und das hat nahezu jeder, der weiß zumeist aus eigener Erfahrung, daß da immer noch etwas anderes mitläuft, das sich nicht so mühelos aufspüren und beschreiben läßt. Auf dieser zweiten Ebene handelt es sich um *psychologische, psychosoziale Zusammenhänge*. Hier kommt es auf die Sozialkompetenz an, die der einzelne entwickelt hat oder entwickeln muß und ins Spiel bringt. Manchmal lassen sich die Dinge auf dieser Ebene genauso einfach feststellen und ausdrücken wie die auf der Sachebene.

Meist aber sind sie viel komplizierter und verborgener und nur schwer in Worte zu fassen. Es geht hier nämlich um Freude und Sympathie, um Ärger oder Antipathie, um den Wunsch nach Anerkennung und Lob, hier geht es um Status (wer hat hier welches Vorrecht, wer hat das Sagen?) oder um Tabus (was darf man, was tut man nicht?). Die ganze Spannbreite der Ängste und Wünsche ist hier beheimatet. Hier entsteht Mißtrauen und Zuversicht. Die Inhalte dieser psychosozialen Ebene sind gekennzeichnet durch alles, was zwischenmenschlichen Beziehungen Charme und Lebendigkeit gibt, aber eben auch Ärger und Hickhack.

Die Vorgänge auf dieser Ebene geben entscheidende Impulse für das Geschehen auf der sachlogischen Ebene. Energiequellen liegen hier dicht neben Energiebremsen, meist weniger bewußt, dafür um so schneller aktiviert. Ein kleines Ereignis auf der Sachebene kann schon Impulse auf der zweiten Ebene wandeln und umgekehrt.

Beide Ebenen stehen in einer engen, nicht voneinander zu trennenden Wechselbeziehung zueinander. Mal näher, mal ferner, drohen sie sich auch gegenseitig ihre Aufmerksamkeit zu stehlen. Vernachlässigen wir über eine längere Zeit die eine oder andere Ebene, so läßt die Arbeitsenergie schnell nach und die Zusammenarbeit droht aufzufliegen. Auch wenn wir noch so ausdrücklich dazu auffordern: „Bleiben wir doch sachlich!", die „unsachlichen" Energien aus der zweiten Ebene drängen sich auf, spielen mit und entscheiden zuletzt. Wo wir ihnen allzuwenig Raum geben oder sie gar ignorieren, binden sie unbewußt einen guten Teil aller Energien und schaffen sich häufig durch schein-rationale Argumente Luft. Beziehungsschwierigkeiten aus der zweiten Ebene werden dann in Sachaussagen gekleidet.

Die Analogie zu einem Eisberg liegt nahe. Sein sichtbarer Teil umfaßt ja bekanntlich nur etwa ein Siebtel der Gesamtmasse. Der größere Teil hält sich unter der Wasseroberfläche verborgen, was ihn zunächst relativ harmlos erscheinen läßt.

Wenden wir dieses Bild auf die Zusammenarbeit von Menschen an, so handelt es sich beim sichtbaren Teil um die Aufgaben- und Sachebene, während sich alles andere als emotionale und soziale Faktoren im unteren Teil verborgen hält und dort in seinem Umfang schwer auszumachen ist.

Bleiben wir beim Bild des Eisbergs, so wissen wir auch, daß die Gefahr des Zusammenstoßes und des Kenterns von diesem unteren Teil aus-

Abb. 3 Eisberg

geht und nicht von der sichtbaren Spitze und deren Größe beurteilt werden darf. Nur ein gutes Echolot und eine sorgfältige Navigation, sprich eine gute Aufmerksamkeit, Kenntnis und Gespür für diese verborgene Ebene, schützen vor Auflaufen oder Kentern. Will man also auf der Sachebene Ergebnisse erzielen, so muß man ein gewisses Gespür für das Geschehen unterhalb der Wasseroberfläche entwickeln. Erkennen der psychosozialen Ebene hilft der Lösung mehr als dieses Geschehen zu leugnen oder zu verdrängen. Die Vorgänge auf der psychosozialen Ebene lassen sich nicht separieren und bestimmen entscheidend die Geschicke mit.

Jede Gruppe, jedes Arbeitsteam, welches Sachprobleme zu lösen hat, muß mit gleicher Aufmerksamkeit für das eigene „soziale Innenleben" sorgen und muß dafür Spielregeln entwickeln. Diese müssen den Sachaufgaben gerecht werden, vor allem aber müßten im Katalog gegenseitiger Absprachen solche enthalten sein, die die Bedürfnisse und Ängste aus der psychosozialen Ebene aufgreifen.

Langmaack, B.: Themenzentrierte Interaktion. Weinheim 1991, S. 19-22.

Text 4:

Wie sich eine Gruppe entwickelt

Die Autoren Bernstein & Lowy beschreiben in ihrem Modell fünf verschiedene Phasen, die eine Gruppe durchlaufen kann. Es sind dies die: 1. Orientierungs-; 2. Positions- und Rollenklärungs-; 3. Vertrautheits-; 4. Differenzierungs- und 5. Ablösungsphase

1. Orientierungsphase

Sie finden wir am Beginn einer neuen Gruppe. Die Teilnehmer und der Leiter sind sich fremd und unbekannt. Es gibt vielleicht Beziehungen unter einigen Gruppenteilnehmern, die sich von anderen Gruppen her kennen. Motivationen und Erwartungen sind noch nicht oder nur zum Teil geäußert. Unsicherheit und ein vorsichtiges Taktieren bestimmen die Situation. Die Gruppenteilnehmer versuchen sich zu orientieren: Wer ist wer? Es tauchen bei den Teilnehmern die Fragen auf, die wir schon im Kapitel 6 angesprochen haben:

„Welche Rolle kann ich hier spielen?"
„Wen kann ich beeinflussen?" und
„Von wem lasse ich mich beeinflussen?"

Aufgrund der geringen Beziehungen der Teilnehmer untereinander und zum Leiter entwickeln sich angstbesetzte Vorstellungen, die sich in Fragen wie: Werde ich von den anderen geachtet? Wer wird mich vielleicht tadeln? äußern. Eine befriedigende Antwort auf diese Fragen ist zu diesem Zeitpunkt noch nicht möglich. Besonders auffällig in dieser Phase ist das Phänomen der sozialen Nähe und Distanz. Wir können einen typischen Schaukeleffekt beobachten: Der Wunsch nach Nähe, Kontakt und Angenommensein ist bei den meisten der Teilnehmer zu erwarten. Die konkrete Umsetzung jedoch bereitet Schwierigkeiten. Je stärker die erlebte Nähe, desto größer der Wunsch nach Distanz, weil durch zuviel Nähe, die Unsicherheit größer wird und auftretende Ängste abgewehrt werden müssen.

Ein humorvoller Vergleich ist die Geschichte von den Stachelschweinen: Mehrere Stachelschweine haben sich an einem kalten Winterabend getroffen. Bei der einsetzenden Kälte rücken sie näher zusammen, um sich zu wärmen. Dabei müssen sie jedoch feststellen, daß sie sich empfindlich mit ihren Stacheln stechen. Die Folgen ist, daß sie weit auseinanderrücken. Das Stechen hört zwar jetzt auf, dafür beginnen sie aber wieder zu frieren; also rücken sie wieder näher zusammen. Was nun folgt, kann man sich schon denken. Irgendwann, im Laufe der Nacht, haben die Stachelschweine einen Abstand zueinander gefunden, der das Stechen auf ein Minimum reduziert und trotzdem noch etwas Wärme ermöglicht.

Was sollten Sie als Leiter oder Leiterin in dieser Phase tun?

! Schaffen Sie eine gemütliche und lockere Atmosphäre; begrüßen Sie jeden Teilnehmer persönlich.

! Ihre gesamte Haltung in Mimik und Gestik sollte geprägt sein von Offenheit, Freundlichkeit und Herzlichkeit.

! Haben Sie Verständnis für die oben beschriebenen Unsicherheiten und Ängste der Teilnehmer. Sie wissen ja jetzt, daß diese auftreten und Sie kennen die Gründe.

! Haben Sie Geduld und geben Sie den Teilnehmern viel Zeit sich kennenzulernen.

Bilden Sie kleine Gruppen; achten Sie darauf, daß keiner der Teilnehmer isoliert bleibt.

Was sollten Sie auf keinen Fall tun?

! Zuspätkommen,

! sich hinter Aktenordnern oder dem Terminkalender verschanzen,

! einen Teilnehmer herausgreifen und sich mit ihm die ganze Zeit allein unterhalten,

! den Blick gesenkt und die Arme hinter dem Rücken verschränkt halten,

! die Gruppe sofort mit konkreten Aufgaben und vielschichtigen Entscheidungen beschäftigen.

2. Positions- und Rollenklärungsphase

Die sogenannte „soziale Organisation" der Gruppe, darunter verstehen wir die Gruppenstruktur, die jeweiligen Rollenmuster und Positionen der Gruppenteilnehmer, ist in ihren Anfängen zu erkennen. War am Anfang noch eine relative Beziehungslosigkeit unter den Gruppenmitgliedern vorhanden, so entwickeln sich jetzt deutliche Beziehungen untereinander.

Diese Beziehungen gestalten sich nicht nur positiv. Sympathie und Antipathie, Spannungen und Unbehagen sind kennzeichnende Symptome dieser Phase. Teilnehmer treten in direkte Konfrontation mit anderen Mitgliedern oder der Leitung. Man geht gewissermaßen „zur Sache", Meinungen und Ziele, Rollen und Positionen der Gruppenmitglieder werden in Frage gestellt. Die Viel- und Lautredner gewinnen an Oberwasser, Normen werden aufgestellt, diskutiert und wieder verworfen. H. G. Schöpping beschreibt als wichtigste Vorgänge in dieser Phase: „Bei erhöhtem ‚Gruppendruck', der von Gruppenmitgliedern, von der Leitung oder anderen Außenkräften hervorgerufen sein kann, haben die meisten Mitglieder erhebliche Schwierigkeiten, ihre Unzulänglichkeiten zu zeigen und sich selbst mit ihre Mängeln anzunehmen. Man braucht deshalb, und das ist ein unbewußter Vorgang, Mitglieder, auf die man seine Unzulänglichkeiten projizieren kann (auf mehr passive Außenseiter = Sündenböcke), und man hat sich oft zugleich gegen aggressive Mitglieder zu wehren (gegen aktive Außenseiter = tyrannische Führer).“

Was sollten Sie tun?

! Versuchen Sie „neutral" zu bleiben.

! Durch präzise formulierte Zusammenfassungen können Sie erreichen, daß das Gruppendynamit entschärft wird.

! Ermöglichen Sie es, daß alle Teilnehmer zu Wort kommen und daß die Diskussion nach fairen Regeln verläuft.

! Bewahren Sie sich Ihre positive Grundhaltung allen Teilnehmern gegenüber, indem Sie grundsätzlich die jeweiligen Persönlichkeiten annehmen.

! Unterscheiden Sie demgegenüber das Verhalten der Persönlichkeit, das Sie durch entsprechende Rückmeldungen, durch Nachfragen und gegebenenfalls durch Sanktionen bei Regelverstößen zum Schutz anderer Teilnehmer beeinflussen können.

! Haben Sie den Mut, auch „heiße Eisen" anzupacken, legen Sie Themen auf den Tisch, wenn Sie beobachten, daß jemand diskriminiert wird, zum Sündenbock abgestempelt oder in sonst einer Form unterdrückt wird. Erbitten Sie hierzu Aussagen von anderen Gruppenteilnehmern.

Was sollten Sie nicht tun?

! Aktiv in die Auseinandersetzungen eingreifen,

! sich angegriffen fühlen und sich entweder resignierend zurückziehen oder in aggressiver Form „die Dinge klarstellen",

! die Situation für eigene Zwecke ausnutzen.

3. Vertrautheitsphase

Die Auseinandersetzungen in der Positions- und Rollenklärungsphase treten in den Hintergrund, die Gruppenteilnehmer beginnen sich in der Gruppe wohler zu fühlen. Es ist die Phase der positiven Beziehungen, die sich am Anfang zu einer regelrechten Euphorie entwickeln kann. Dieses Harmoniebedürfnis entsteht aus den Schuldgefühlen der vorangegangenen Phase, man sucht jetzt bewußt den positiven Kontakt zu einzelnen Gruppenmitgliedern; das Zusammengehörigkeitsgefühl der Gruppe wächst, wir können in dieser Phase von der Entwicklung des „Wir-Gefühls" ausgehen. Die Gruppe wird als die beste und attraktivste empfunden, alle Teilnehmer sind „so richtig lieb und nett" zueinander. Die Wirklichkeit wird bisweilen nur durch eine rosarote Brille wahrgenommen, Konflikte und Spannungen, die jetzt auftreten, werden nur allzu oft unter den großen Gruppenteppich gekehrt. Wir können die Bildung von Klein- bzw. Untergruppen beobachten, wobei es dann neue Mitglieder schwer haben, jetzt aufgenommen zu werden.

Was sollten Sie tun?

! „Das starke Gruppenbewußtsein auf ‚faule Kompromisse' hin abklopfen, sich den Sachaufgaben zuwenden; gruppeneigene Führerschaft akzeptieren und befähigen." Schöpping, a. a. O.

! Behalten Sie die Realität im Auge und geleiten Sie freundlich und bestimmt den einen oder anderen rosaroten Höhenflieger wieder auf den Teppich der realistischen Ziele und Erwartungen der Gruppe zurück.

Was sollten Sie nicht tun?

! In das lauwarme Bad der euphorischen Gruppengefühle eintauchen, Ihre Leitungsrolle aufgeben und dem gemischten Chor der Gruppe beitreten und am lautesten das Lied „Wir kommen alle in den Himmel, weil wir so brav sind" anstimmen, die Gruppe und ihr momentanes Befinden als Gefühlsduselei abqualifizieren.

4. Differenzierungsphase

Andere Autoren bezeichnen diese Phase als die Reifungsphase (Kelber): die Gruppe und ihre Mitglieder werden fähig, konstruktiv ihre Ziele durch Planung, geeignete Methoden und Vorgehensweisen zu erreichen. Die Gruppe entwickelt Kontakte und Kooperationsformen zu anderen Gruppen. Ihre Bereitschaft, Konflikte wahrzunehmen, zu bearbeiten und zu einer positiven Lösung zu gelangen, ist besonders groß. Die Wahrnehmungs-, Kommunikations- und Entscheidungskompetenz der Mitglieder auf der Basis gegenseitigen Vertrauens ist positiv ausgeprägt. „Das einzelne Mitglied kann seine individuelle Identität entwickeln und in der Gruppe leben. Dadurch erhält auch die Gruppe einen entsprechend hohen Grad an Identität." Schöpping, a. a. O. In dieser Phase wandelt sich Gruppenleitung zunehmend zur Gruppenberatung.

Was sollten Sie tun?

! Die vorhandenen Führungsqualitäten der Mitglieder einsetzen und sie weiter befähigen, das Prinzip der „rotierenden Führung" anzustreben,

! sich immer mehr zurücknehmen und der Gruppe als Berater (Coach) zur Verfügung stehen,

! die Möglichkeit eines Stillstandes der Gruppe im Auge behalten und notwendige Impulse und Anregungen anbieten.

Was sollten Sie nicht tun?

! Ein Leiter, der mit seiner Gruppe diese Phase der Entwicklung erreicht hat, ist in der Regel so sensibel und geschickt, daß er unsere Negativliste nicht mehr benötigt.

5. Ablösungsphase

Diese Gruppenentwicklungsphase beschreibt das Ende bzw. die Auflösung einer Gruppe. Grundsätzlich besteht für jede Gruppe in jeder der geschilderten Phasen die Möglichkeit, sich aufzulösen. Meist sind unüberwindbare Konflikte – bedingt durch mangelnde Konsens- bzw. Kompromißfähigkeit – die Ursache für das Auseinandergehen von Gruppen. Das hier beschriebene Stadium der Ablösungsphase meint einen positiven Reifungsgrad der Gruppe und deren Mitglieder. Die Aufgaben wurden erfüllt, das Gruppenziel wurde erreicht, die Gruppenmitglieder sehen ihre Erwartungen und individuellen Ziele, die sie an die Gruppe gestellt hatten, als erfüllt an. Das vorgesehene Ende der Gruppe ist erreicht, die Interessenlage der Gruppenmitglieder hat sich gewandelt; es gibt andere, wichtigere Beziehungen der Teilnehmer zu anderen Gruppen, neue Perspektiven tragen zu einer Öffnung nach außen bei.

Nicht immer gelingt diese Ablösung so unproblematisch wie oben beschrieben. Es kann Gruppenteilnehmer geben, die noch gerne an der Gruppe festhalten und eine Auflösung mit allen Mitteln verhindern möchten. Man versucht sich der „guten alten Zeiten" zu erinnern und alte Programminhalte wieder zu beleben. Dies gelingt in den wenigsten Fällen. Letztlich sind alle froh, daß „es" vorbei ist.

Was sollten Sie tun?

Im Prinzip kann sich ein Leiter oder eine Leiterin über die Entwicklung der Gruppe freuen.

! Es ist die Zeit, ein abschließendes Fazit zu ziehen, was die Gruppe erreicht und wie sie es erreicht hat.

! Der Gruppenleiter wird darauf achten, daß Trennung und Abschied mit Gefühlen verbunden sind, die nicht nur bei den Mitgliedern der Gruppe sondern auch bei ihm selbst vorhanden sind. Ein offenes Gespräch, was jeder mit diesem „Aus" auch an Emotionen und Stimmungen verbindet, ist sehr zu empfehlen.

! Der Leiter sollte daran denken, daß sich einige der Teilnehmer vielleicht irgendwann einmal wiedersehen; von daher ist eine spezielle Form (Feier, Fest, Party etc.) des Abschiedes der einzelnen Mitglieder durchaus überlegenswert.

Was sollten Sie nicht tun?

! In eine melancholische Stimmung verfallen: „Gruppe aus – alles aus!"

! Den notwendigen Ablösungsprozeß nicht wahrnehmen wollen.

! Abhängigkeiten fördern statt sie zu lösen.

! Sich zurückziehen.

Schöpping, H. G.: Gruppenleitung und gruppeneigene Führung, Schwalbach 1982. S. 137-140.

Text 5:

Prüfstand für Gruppennormen

Beziehungsnormen

Wer spricht mit wem?
Wer sitzt bei wem?
Wer wird um Rat gefragt?
Wer macht die Vorschläge?
Wer gibt die Anordnungen?
Wer wird übergangen?
Wer wird gemieden?
Wer wird geschützt?
Wer spricht am meisten?
Wer spricht am wenigsten?

Kommunikationsnormen

Werden Aggressionen geäußert?
Welche Dinge werden übergangen (Tabus)?
Wie sachbezogen müssen Gesprächsbeiträge sein?

Bedürfnisnormen

Werden Wünsche offen geäußert?
Werden Bedürfnisse nach Einfluß ausgesprochen?
Werden Bedürfnisse nach Zuneigung ausgesprochen?

Gefühlsnormen

Kann Freude ausgesprochen werden?
Wird gelacht?
Darf Langeweile und Frustration ausgedrückt werden?
Wird Zuneigung ausgesprochen?
Wird Abneigung ausgesprochen?

Sanktionsnormen

Welche Verhaltensweisen (verbal und nonverbal) gibt es bei Verletzung der Gruppennormen?

Kirsten, R. E./Müller-Schwarz, J.: Gruppentraining. Reinbek 1981. S. 154.

Text 6:

Merkmale der Gruppenpädagogik

Pädagogische Grundsätze der Gruppenpädagogik

Gruppenpädagogik hat sich an einige pädagogische Grundsätze zu halten.

◆ Individualisieren: Die Gruppe als Ganzes kann nicht erzogen werden, sondern immer nur der einzelne, wenn auch unter Mithilfe aller anderen. Dazu ist nicht gleichartiges, sondern gleichmäßiges Bemühen des Erziehers um jeden einzelnen nötig.

◆ Die Vorzüge verstärken: Der Gruppenleiter soll nicht die schwachen Seiten eines Kindes kritisieren, sondern seine Vorzüge – die auch beim „unfähigsten" Kind zu finden sind – aufdecken und von hier aus pädagogische Lernprozesse in Gang setzen. „Aus Entmutigung entsteht weder Vertrauen noch Wachstum."

◆ Anfangen, wo die Gruppe steht: Der Leiter muß davon ausgehen, was die Gruppe leisten kann. Erfolgserlebnisse der Mitglieder auf relativ niederem Niveau sind ehrgeizigem aber meist erfolglosem Leistungsdruck des Erziehers vorzuziehen.

◆ Sich mit der Gruppe – ihrem Tempo entsprechend – in Bewegung setzen: Die einzelnen Mitglieder werden am Planen und Finden von Zielen beteiligt und dadurch vor Überforderung bewahrt. Der Leiter beobachtet die Tätigkeit und erkennt daraus die Belastungsfähigkeit der Mitglieder, dementsprechend sollten die Lernschritte erfolgen. „Es ist sinnlos, den zweiten Schritt vor dem ersten tun zu wollen."

◆ Raum für Entscheidungen geben: Die Gruppenpädagogik strebt gemeinsame Entscheidungen an, ein demokratisches Verfahren mit Beratung, Abstimmung, Kompromiß oder Synthese, wobei Minderheiten nicht durch Mehrheitsbeschlüsse überfahren werden. Soll der Lernprozeß in Gang kommen,

so muß der Erzieher in diesem Bereich oft völlige Selbständigkeit gewähren.
- Notwendige Grenzen positiv nutzen: Zum demokratischen Erziehungsprozeß gehört auch, daß die Grenzen der Entscheidungsbefugnis rechtzeitig erkannt und respektiert werden. Es gibt Fälle, in denen der Erzieher allein zu entscheiden hat ohne Mitspracherecht der Gruppe. Dies muß der Zögling einsehen lernen. „Der Gruppenleiter, der stets der Linie des geringsten Widerstandes folgt, tut seiner Gruppe einen Bärendienst."
- Zusammenarbeit mehr pflegen als Einzelwettbewerb: Bisher wurde vielfach nur gelernt gegeneinander statt miteinander zu arbeiten. Die Gruppe soll auch die Kooperationsfähigkeit fördern. Annehmbar ist nur ein Gruppenwettbewerb, „bei dem die Gruppe veranlaßt wird, ihren schwächeren Mitgliedern zu besseren Leistungen zu verhelfen".
- Sich überflüssig machen. Dies ist eine bekannte Erziehungsregel, die der Gruppenleiter befolgen sollte.

Bubloz, G. (Hrsg.): Erziehungswissenschaftliches Lesebuch. Frankfurt 1986. S. 26 f.

Text 7:
Zur Praxis „Themenzentrierte Interaktion" (TZI)

(nach R. Cohn: Von der Psychoanalyse zur Themenzentrierten Interaktion. Stuttgart 1978. 3. Auflage.)

Cohn nennt vier Faktoren, die beachtet werden sollen, wenn eine Gruppe konstruktiv arbeiten will:

Ich: der momentane Zustand des einzelnen Gruppenmitgliedes, seine Bedürfnisse, Erwartungen, Gefühle, Ängste, Interessen usw.

Wir: die Gesamtheit der in der Gruppe vorhandenen Beziehungen, Sympathien, Antipathien, Koalitionen, vorhandene Feindschaften und Spannungen, eingefahrene Kommunikationsstrukturen usw.

Es: das Thema, an dem die Gruppe arbeiten will; es sollte möglichst ein gemeinsames Interesse darstellen, für alle klar formuliert sein und möglichst zum Mitarbeiten anregen.

Umgebung: Gestaltung des Raumes, Sitzordnung, zur Verfügung stehende Zeit, der gesellschaftliche Rahmen, in dem sich das Gruppengeschehen abspielt, die wahrnehmbaren Umweltbedingungen usw.

Die Faktoren „Ich", „Wir" und „Es" sollen gleichrangig behandelt werden, zwischen ihnen soll ein „dynamisches Gleichgewicht" bestehen. Dies ist nicht als ein statischer Gleichgewichtszustand zu verstehen, sondern als ein immer wieder auszubalancierender Prozeß. So kann es beispielsweise sein, daß manche Gruppenmitglieder nur über das „Es" (Thema) sprechen und dabei die Bedürfnisse der Mitglieder und die Spannungen innerhalb der Gruppe völlig vergessen. Andere Gruppen beschäftigen sich nur mit sich selbst (etwa mit den Schwierigkeiten der einzelnen Teilnehmer) und vergessen dabei völlig ihre Eingebundenheit in die sie umgebenden Bedingungen.

Um die Arbeit im Sinne der TZI zu strukturieren, nennt Cohn zwei Leitsätze, die sich etwa so zusammenfassen lassen:

1. *Sei dein eigener Vorsitzender, sei der verantwortliche Leiter deiner selbst in dieser Gruppe.* Sprich oder sprich nicht, wie du es jeweils für richtig und wichtig hältst. Gib anderen, was dir wichtig ist zu geben, versuche zu bekommen, zu nehmen, was du willst auch in bezug auf unser Thema. Sieh unser Thema von deiner eigenen Warte, und wenn du nicht beim Thema bleiben kannst und dir etwas anderes sehr viel wichtiger ist, sage es.

Und ergänzend dazu:

„Du bist die wichtigste Person in deiner Welt, so wie ich in meiner. Wir müssen uns untereinander klar aussprechen können und einander sorgfältig zuhören, denn dies ist unsere einzige Brücke von Insel zu Insel. Mach dir bewußt, was für dich zu sagen und zu hören wichtig ist. Rufe uns, wenn du Hilfe brauchst. Vermutungen sind ein mühseliges und unsicheres

Geschäft: wir können viel sicherer sein, wenn wir unsere Gedanken eindeutig und authentisch äußern." (Cohn, 1978, 164)

2. *Störungen, Spannungen, leidenschaftliche Gefühle haben Vorrang*, wenn du beim besten Willen nicht imstande bist, dem zu folgen, was in der Gruppe vorgeht – wenn du gelangweilt, gespannt oder zerstreut bist. Damit kannst du dir helfen, das, was dich beschäftigt, zu bewältigen. Und du hilfst der Gruppe, dich wiederzufinden. Es ist unmenschlich, tiefen Schmerz und helle Freude zu unterdrücken, wenn eine Mitteilung für dich sehr wichtig ist.

Dieser Grundsatz zeigt das Bemühen in der TZI, jeden einzelnen, die Gruppe und das anstehende Thema wirklich ernst zu nehmen. Anfänglich kann es einige Zeit kosten, danach zu handeln, denn die zahlreichen Störungen, die im Alltag ignoriert werden, kommen jetzt überdeutlich zum Vorschein. Doch die meisten Gruppen lernen schnell, mit ihren Störungen umzugehen. Allein das Wissen, daß es nicht nur erlaubt, sondern sogar erwünscht ist, Störungen anzumelden, bedeutet eine wesentliche Entlastung der Lernatmosphäre.

Neben diesen zwei Leitsätzen hat Cohn „Spielregeln" (keine Gesetze!) entwickelt, die „taktvoll und nicht diktatorisch" (1978, 124) angewandt werden sollen: keine festgesetzten Dogmen, sondern einfache Anregungen, die sich in bestimmten Situationen als hilfreich erweisen können (ebenda, 124-128).

1. „Vertritt dich selbst in deinen Aussagen: sprich per ‚Ich' und nicht per ‚Wir' oder per ‚Man'." Das „Wir" hat eine suggestive Wirkung: Leute, die anderer Meinung sind, werden damit einfach vereinnahmt. Wer per „Ich" spricht, kann natürlich seine Meinung nicht hinter der Gruppe verstecken, sondern muß das Risiko des persönlichen Engagements eingehen. Er muß sagen, was er denkt, und dazu stehen.

2. „Wenn du eine Frage stellst, sage, warum du fragst und was deine Frage für dich bedeutet. Sage dich selbst aus und vermeide das Interview." Fragen ist oft nur ein Trick, sich und seine Meinung zu verbergen. Deshalb sollen Fragen, wenn möglich, durch persönliche Aussagen ersetzt werden. Wenn der Gefragte nicht die Bedeutung einer Frage kennt, fühlt er sich leicht in die Enge getrieben: Er reagiert vorsichtig und abwehrend, weil er meint, sich verteidigen zu müssen.

3. Sei du selbst in deinen Äußerungen. Jeder ist eingeladen, das zu sagen, was er in Wirklichkeit sagen will, nicht das, was er sagen „sollte", weil er glaubt, daß es andere von ihm erwarten. Er fühlt sich dazu vielleicht von der Gruppe gedrängt oder von seiner „guten Kinderstube" verpflichtet. Falsch verstandene Höflichkeit, eingefahrene Gesprächsformen oder vorschnelle Anpassungsbereitschaft schaffen jedoch häufig ein recht unbefriedigendes Klima.

4. „Halte dich mit Interpretationen von anderen so lange wie möglich zurück. Sprich statt dessen deine persönlichen Reaktionen aus." Interpretationen sind oft „nichts anderes als Selbstbewunderungsspiele". Denn es führt nicht weiter, andere Menschen deutend festzulegen und ihnen bestimmte Etikette anzuhängen („Du bist furchtbar konservativ!"). Es ist hilfreicher, anderen mitzuteilen, wie ich in ihrer Anwesenheit empfinde und welche Reaktionen sie in mir auslösen, statt sie in von mir vorgefertigte Schubladen zu stecken.

5. Es kann jeweils nur einer reden! Wollen mehrere Gruppenmitglieder gleichzeitig sprechen, sollen sie sich einigen, in welcher Reihenfolge sie sprechen werden. In manchen Gruppen ist es hilfreich, einen Gesprächsleiter zu wählen. Viele Gruppen entwickeln jedoch eigene Mechanismen, die Gesprächsbeiträge zu ordnen.

6. Vermeide nach Möglichkeit Seiten (Einzel-) Gespräche. Wenn es dazu kommt, versuche die Gruppe nachträglich daran zu beteiligen. Denn Seitengespräche können die anderen Gruppenmitglieder verunsichern, da sie nicht wissen, ob nicht z. B. gerade über sie gesprochen wird.

7. Beachte: Signale aus der Körpersphäre bei dir selbst und den anderen Gruppenmitgliedern! Die Stimmung eines Menschen schlägt sich in seiner Körperhaltung nieder. Ich sende ständig nonverbale (nicht in Worten ausgedrückte) Signale, die meine Gefühlslage anzeigen. Langeweile, Aufmerksamkeit, Nervosität, Wut, Gereiztheit usw. lassen sich häufig aus der Körpersprache ablesen: Herzklopfen, Magendruck, Rotwerden, nasse Hände usw. sind Signale für Regungen in uns, die unser Kopf manchmal nicht wahrhaben

will, da sie meist als „Schwäche" gelten. Körperlich spürbare Emotionen sollten deshalb ausgesprochen werden: „Ich spüre, daß ich jetzt nervös bin, ich habe ganz schönes Herzklopfen …" Offenheit für die Wahrnehmung körperlich-seelischer Wechselbeziehungen in uns hilft, verdrängte oder „nicht gefragte" Gefühle zu erkennen und mit ihnen umzugehen und damit ihren heimlichen Einfluß auf das Gruppengeschehen und unsichtbare Blockierungen wirksamer anzugehen als durch Verdrängung.

Lühring, J.: Aktivierendes Planen, Gestalten und Auswerten. Emden 1991. S. 62-64.

Text 8:

Rollen in Gruppen und wie „man" damit umgehen kann …

Meine Damen und Herren!

Als erstes zeige ich Ihnen das **schwarze Schaf**:

    Hier steh' ich non,

    ich schwarzes Schaf:

    Die Freude sind entflohn,

    die Strafe mich alleine traf!

Und was macht der Gruppenpädagoge? Er sorgt dafür, daß die Strafe die wahren Übeltäter ereilt und nicht den armen Sündenbock, und daß sie angemessen ist.

Als zweites haben Sie die Ehre mit dem Herrn **Rädelsführer**:

    Der Rädelsführer, riesengroß,

    steht vor den Seinen, hat was los.

    Den ganzen Tag wird kommandiert,

    und wehe dem, der nicht pariert!

    (Liegt er im Bett, läuft ihm die Nas',

    langweilt sein Volk sich auf der Straß!)

Der weise Gruppenleiter schließt einen Bund mit dem Rädelsführer. Er engagiert ihn für die Gruppenaufgaben. Damit hilft er der Gruppe. Er kann auch dem Rädelsführer helfen, wenn er ihn so lange auf die Herumkommandiererei und die Diktatorallüren aufmerksam macht, bis er sie sich abgewöhnt.

Als drittes stelle ich Ihnen den **Außenseiter** vor:

    Ich mag keine Gruppe sehen,

    meinen eigenen Weg viel lieber gehen.

    Macht ihr ohne mich nur weiter:

    ich fühl mich wohl als Außenseiter!

Der Gruppenpädagoge sollte sich fragen: Fühlt er sich wirklich wohl oder kaschiert er mit dieser Bemerkung nicht seine mangelnde Kontaktfähigkeit? Grundsätzlich sollte sich der Gruppenpädagoge bemühen, alle Gruppenangehörigen ins Gruppengeschehen einzubeziehen.

Als viertes kommt der **Drückeberger** an die Reihe. Lakonisch wurde sein Wesen bedichtet:

    Die Gruppe gönnt sich keine Ruh',

    der Drückeberger schaut ihr zu.

Muß es extra betont werden, daß der faire Gruppenpädagoge Drückebergerei nicht dulden darf? Das Prinzip „Individualisieren" bedeutet in diesem Fall: den Drückeberger zur Mitarbeit bewegen.

Als fünftes erfreut uns die Bekanntschaft mit **Mr. Clown**:

    Ich bin zwar nicht besonders klug

    und werde auch nicht ernst genommen.

    Zu tun hab' ich jedoch genug,

    um auch als Clown noch anzukommen!

Der Gruppenpädagoge darf nicht müde werden, ihm immer wieder Chancen zu geben, auch als Nicht-Clown „anzukommen", seine anderen Stärken zeigen zu können. Bis er es merkt: Er hat es gar nicht nötig, ständig in die Rolle des Clowns zu schlüpfen. (Doch ein gutes Witzchen in Ehren, das soll keiner verwehren.)

Nun Nummer sechs, meine Damen und Herren, der **Diktator**:

    Wer hier herrscht, braucht ihr nicht fragen.

    Bei mir gibt's keinen Widerstand.

    Ich faß' euch nur an euren Kragen

    und schon ist euch mein Wunsch bekannt.

    Die Diktatur mir äußerst gut bekommt;

    ich sag' euch klar, was jedem von euch frommt!

Der Gruppenleiter gehe in sein stilles Kämmerlein und prüfe, ob nicht seine Rolle hier beschrieben ist. Weiß er wirklich, was jedem frommt? Selbst bei autoritärem Leitungsstil ist kein Platz für diktatorisches Gehabe.

Als siebtes sehen Sie den **Kritikaster** persönlich:

> Dem Kritikaster sein Gesicht
> ist selbst schon ein Gedicht.
> Was wir auch machen: Es ist nicht gut.
> Doch zu Eignem fehlt ihm der Mut!

Fundierte Kritik soll der Gruppenpädagoge nachdrücklich begrüßen und fördern. Gegen grundsätzliche Krittelei soll er sich aber entschieden wenden. Sobald die Meckerei beginnt, könnte er fragen: „Und wo bleibt das Positive?" Bis der Kritikaster einsieht: Er schadet sich nur selbst. Diese Rolle ist wirklich überflüssig.

Als achtes machen wir Sie mit dem **Vermittler** bekannt:

> Wenn zwei sich nicht vertragen wollen,
> sich beschimpfen oder schmollen,
> sofort tret' ich dann ein:
> Einigkeit muß sein.

Der Vermittler würde übertreiben, wenn er alle Ansichten und Haltungen auf einen Nenner bringen wollte. Eine so genormte Gruppe wäre unausstehlich langweilig. Aber da erwirbt er sich große Verdienste, wo er verhindert, daß das Gruppenleben in Feindseligkeiten ausartet oder gar die Gruppe auseinanderfällt.

Als neuntes erbitte ich Ihre Aufmerksamkeit für den **Angeber**:

> Ganz groß ist unser kleiner Mann.
> Ob er wohl weiß, daß er nichts kann?
> Sein Reden und Protzen, selbst seine Lache,
> alles ist Angabe, alles ist Mache.

Und wie lautet die gruppenpädagogische Faustregel für den Umgang mit Angebern? Sie beim Wort nehmen und ihnen zunächst ganz privat beweisen, daß es hohle Worte waren. Ist auch das vergebens, dann muß man wohl gelegentlich eine Angabe vor der Gruppe entlarven.

Erl, W.: Gruppenpädagogik in der Praxis. S. 44 ff

AUFGABEN

1. a) Ergänzen Sie die Liste der methodischen Grundkenntnisse.
   b) Erstellen Sie eine Rangfolge der methodischen Grundkenntnisse einer Erzieherin.
2. Beschreiben Sie den Unterschied zwischen der Erziehung eines einzelnen Kindes und der Erziehung in einer Gruppe.
3. a) Welchen Typus möchten Sie als Gruppenleiterin in Ihrer Arbeit mit Gruppen realisieren (Text 1)?
   b) Welche Auswirkungen wird Ihre Entscheidung auf die Gruppe haben?
4. a) Möchten Sie lieber eine Gruppenleiterin oder eine Gruppenbegleiterin sein?
   b) Worin sehen Sie die wesentlichen Unterschiede zwischen einer Leiterin und einer Begleiterin?
   c) Könnten Sie sich vorstellen, Gruppenleitung als Animation zu verstehen (Text 2)?
5. a) Welche Ebenen des Gruppenprozesses lassen sich unterscheiden (Text 3)?
   b) Versuchen Sie, die Aussagen des Textes 3 an einer konkreten Gruppe zu überprüfen (z. B. Klasse, Kindergartengruppe …).
6. a) Dokumentieren Sie den Prozeß Ihrer Klassengruppe vom ersten Schultag bis zum heutigen Tag.
   b) Lassen sich bestimmte Phasen unterscheiden?
   c) Wie hat sich das Verhalten der Lehrerinnen in den einzelnen Phasen ausgewirkt?
   d) Vergleichen Sie Ihre Dokumentation mit dem im Text 4 beschriebenen Phasenmodell.
7. Ist das Phasenmodell (Text 4) auf alle Gruppen zu übertragen?
8. Entwickeln Sie weitere Ideen, wie Sie sich als Gruppenleiterin in den einzelnen Phasen verhalten könnten.
9. Beschreiben Sie die Gruppennormen Ihrer Klassengruppe (Text 5).
10. a) Beschreiben Sie Rollen, die Sie in Gruppen finden.
    b) Wie würden Sie als Gruppenleiterin mit diesen Rollen umgehen?
11. In fast jeder Gruppe gibt es Kinder, die eine Außenseiterrolle einnehmen. Beschreiben Sie, wie Sie einen Außenseiter in eine Gruppe integrieren würden.
12. Beschreiben Sie die wesentlichen pädagogischen Grundsätze der Gruppenpädagogik.

13. a) Formulieren Sie Regeln, die das Gruppenleben positiv beeinflussen.
b) Schreiben Sie die Regeln auf, die in der Gruppe Ihres letzten Praktikums galten.
c) Vergleichen Sie die Regeln a) und b) miteinander.
14. a) Praktizieren Sie die Regeln der Themenzentrierten Interaktion in Ihrer Klasse (Text 7).
b) Auf welche Gruppen sind die TZI-Regeln Ihrer Meinung nach anwendbar?

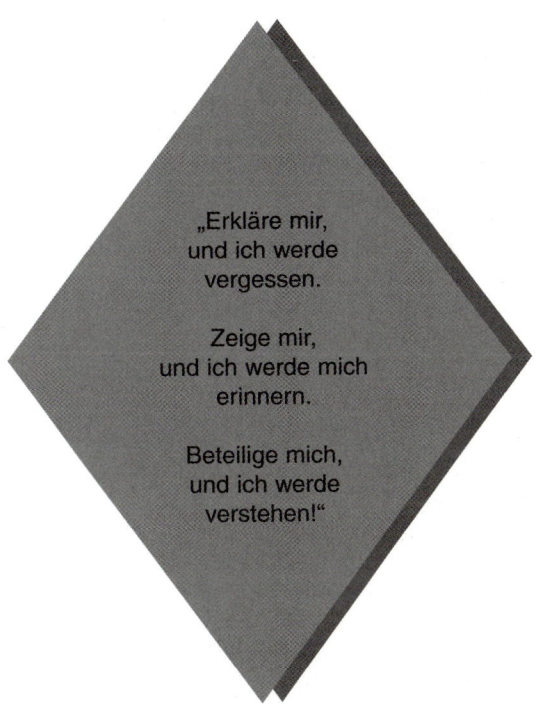

„Erkläre mir,
und ich werde
vergessen.

Zeige mir,
und ich werde mich
erinnern.

Beteilige mich,
und ich werde
verstehen!"

Lernprozesse fördern

Lernen verbindet fast jeder automatisch mit der Schule. Aber Lernen wir nicht auch durch das Zeitungslesen, das Spielen, das Hören einer Radiosendung, das Wandern in den Alpen, das Gespräch mit Freunden, das Bauen eines Drachens, den Streit mit Freunden? Die Beantwortung dieser Frage hängt davon ab, was unter Lernen verstanden wird.
Versteht man unter Lernen lediglich die Aneignung von Wissen, so wird z. B. bei bestimmten Spielen nichts gelernt.
Lernen bedeutet aber in der Psychologie mehr als die Aneignung von Wissen.
Als Lernen bezeichnet man jede Verhaltensänderung, die auf Erfahrung beruht.
Geht man von diesem weiten Lernbegriff aus, so ist einsichtig, daß auch in sozialpädagogischen Institutionen gelernt wird.
Der Unterschied zwischen dem Lernen in der Schule und dem Lernen im Kindergarten, Hort etc. liegt in dem Lerninhalt und oft in der Lernmethode.
Der Schwerpunkt des Lernens in sozialpädagogischen Institutionen liegt eher im sozialen und kreativen Bereich und nicht z. B. im fremdsprachlichen oder physikalischen Bereich.
Methodisch steht nicht die Belehrung durch Erziehervorträge, sondern eher das Lernen durch das aktive Tun und das Spielen im Vordergrund. Die Förderung von Lernprozessen ist also auch für Erzieherinnen eine wichtige Aufgabe. Wie Lernprozesse gefördert werden können, beschreibt der folgende Text.

Text 1:

Prinzipien zur Stützung von Lernvorgängen

Anschaulichkeit

In der Pädagogik gilt die unumstößliche Gewißheit: „Anschauung ist das Prinzip aller Erkenntnis."

Die Anschaulichkeit der Umwelt und die Sprache des Erziehers sind eine entscheidende Hilfe für die Entwicklung der Intelligenz des Kindes.

Die wichtigsten Kennzeichen der Anschaulichkeit sind die Konkretheit und ein Reichtum an Beispielen und Bildern. Das methodisch-didaktische Problem liegt darin, das Kind vom Anschauen zum Denken zu führen und ihm immer neu das Spannungsverhältnis von Anschaulichkeit und Abstraktheit, von Einmaligkeit und Allgemeingültigkeit bewußtzumachen.

Auf allen Ebenen der Veranschaulichung können Sie die Freude am Lernen steigern. Der Besuch der Feuerwehr wird einprägsamer sein als der Erzieher-Vortrag über dieses Thema. Auch Medien sind eine gute Möglichkeit, die Lernfreude zu steigern. Das spannende Bilderbuch, das gelungene Experiment, die Besichtigung einer Backstube oder einer Polizeiwache, das gute Dia oder das selbst hergestellte Schaubild sind besondere Mittel der Veranschaulichung.

Aktivität

Durch praktisches Tun, Spielen, Experimentieren, Ausprobieren, Beobachten und Vergleichen wird das Kind zur Unabhängigkeit, Selbstbestätigung und Entscheidungsfähigkeit geführt. Das Aktivitätsprinzip versteht sich als „Lernen durch Handeln" (learning by doing).

Die Aktivität wird z. B. gefördert durch das Neugier- und Frageverhalten des Kindes selbst, durch den Erwachsenen (Erzieher) als Gesprächspartner und durch ausgewählte Lernangebote und Materialien, die es dem Kind ermöglichen, spontane Ideen zu äußern und Gestaltungsversuche vorzunehmen; sie führen zur (vertieften) geistigen Auseinandersetzung mit einem Thema.

Übung

Lernen heißt üben. Es ist das willentliche Wiederholen geistiger und körperlicher Tätigkeiten, um sie zu erlernen. Um erfolgreich üben und somit lernen zu können, werden Gesamtvorgänge in einzelne Lernschritte aufgegliedert.

Durch Vormachen (durch den Erzieher) über das Wiederholen bis zum Selbermachen (durch das Kind allein) werden die einzelnen Schritte geübt. Der Erzieher gibt Hilfestellung durch eventuelle Korrekturen.

Eine kindliche Betätigungsform ist das Einüben, Ausüben und Wiederholen. Das Ziel der Übung ist die Festigung von Fähigkeiten und Fertigkeiten. Im Kindergarten wird beim Übungsprinzip stets „vom Leichten zum Schweren" geführt.

Teilschritte

Am ehesten stellt sich für den Lernenden ein Erfolg ein, wenn in überschaubaren Lernschritten gelernt wird. Es empfiehlt sich daher, den Lernstoff in kleine Schritte aufzuteilen, damit für den Lernenden Erfolgserlebnisse sofort nach dem Einprägen erreichbar sind.

Das Binden einer Schleife z. B. läßt sich in sechs Schritten darstellen: 1) überkreuzen, 2) binden, 3) festziehen, 4) Schlaufe legen, 5) Schlaufe herumbinden, 6) festbinden.

Unterteilen Sie einmal für sich das Backen eines Kuchens, das Basteln eines Kastanienmännchens oder die Handhabung eines elektrischen Rührgerätes in einzelne Lernschritte. Wie viele Teilschritte ergeben sich? Wie gehen Sie bei der Vermittlung der Lerninhalte vor?

Variabilität

Damit Kinder die Möglichkeit haben, den Lernverlauf mit zu steuern, sollte der Erzieher die Themen- und Medienvielfalt ausnutzen. Variierende Wiederholungen und Einübung, Elastizität beim Ansteuern der Ziele und häufiger Medienwechsel fördern die geistige Beweglichkeit und Spontaneität des Lernenden.

Lebensnähe

Bevor Sie den Kindern in Ihrer Gruppe Tiere vom afrikanischen Kontinent näherbringen, werden Sie sinnvollerweise erst einmal mit ihnen über heimische Tiere, vielleicht sogar über den eigenen Hund oder die eigene Katze sprechen.

Beim Prinzip der Lebensnähe geht es um die Auseinandersetzung mit Inhalten, die dem Kind Erfahrungen mit seiner Umwelt ermöglichen, gleichgültig, um welches Bildungsgut es sich handelt. Im Kindergarten geht der Erzieher stets
- vom Einfachen zum Komplizierten,
- vom Nahen zum Fernen,
- vom Bekannten zum Unbekannten.

Kindgemäßheit

Im Kindergarten bedeutet kindgemäßes Vorgehen, daß der Erzieher seine Angebote unter Berücksichtigung des Entwicklungsstandes und der alterstypischen Besonderheiten des Kindes planen muß. Hierbei hat er auch die Anlagen und den augenblicklichen Zustand des Kindes zu berücksichtigen.

Das Kind ist eine eigenständige Persönlichkeit, dessen Ich-, Sach- und Sozialkompetenz gestärkt werden soll; d. h., das Verhältnis des Kindes zu sich selbst, zu anderen Menschen und zu seiner natürlichen, kulturellen und technischen Umwelt läßt sich durch gezielte pädagogische Angebote fördern.

Beim Umgang mit dem Kind sind seine Wünsche, Neigungen und Interessen stets zu berücksichtigen und die Wissensinhalte in kindgemäßer Art anzubieten.

Bringen Sie Ihre Inhalte weder „kindisch" noch „überhöht", sondern klar, sachlich, lebendig und interessant an das Kind heran. Kindgemäßes Lernen bedeutet spielendes Lernen.

Individualisierung

Bei seinen Lernangeboten muß der Erzieher berücksichtigen, daß er es mit Kindern verschiedener sozialer Herkunft und mit unterschiedlicher Entwicklungs- und Lerngeschichte zu tun hat. Versuchen Sie, die Lernenden unter Anerkennung ihrer eigenständigen Persönlichkeit und unter Berücksichtigung ihres individuellen Arbeits- und Lerntempos anzuleiten und zu fördern.

Thiesen, P.: Die gezielte Beschäftigung im Kindergarten. Freiburg 1985. S. 21-24.

Gelernt wird auf unterschiedliche Art und Weise.
Kinder und Jugendliche lernen durch aktives Tun …
    Spielen (Rollenspiele, Planspiele, Diskussionsspiele, Interaktionsspiele), Experimentieren, Untersuchen, Beobachten, Konstruieren, Betrachten, Zeichnen, Malen
oder durch
    Gespräche, Erklärungen, Demonstrationen, Vorträge, Erzählungen

Lernen vollzieht sich aber nicht nur in verschiedenen Tätigkeitsformen, sondern auch in verschiedenen Sozialformen.
Welche wesentlichen Sozialformen zu unterscheiden sind, zeigt der folgende Text.

Text 2:

Sozialformen des Lernens

Partnerarbeit

Die Partnerarbeit ist fast immer verwendbar. Sie ist von hoher Effektivität und für die Kinder abwechslungsreich gestaltbar. Nach genauer Aufgabenstellung des Erziehers sind jeweils zwei Kinder für kurze Zeit zu einer Arbeits- oder Spielgemeinschaft (z. B. beim Turnen, Musizieren, bei Bewegungsspielen) beisammen.

Allein- bzw. Einzelarbeit

Die Alleinarbeit ist schon seit langem bekannt. Besonders in der Schule ist sie ein Element der Steuerung durch den Lehrer. Alleinarbeit läßt dem Lernenden einen besonders großen individuellen Spielraum in der Lernaktivität und im Arbeitstempo.

Sind genügend Raum, ausreichendes Material und eine entspannte Atmosphäre vorhanden, so ist die Alleinarbeit die konsequenteste Form der Individualisierung. Besonders effektiv wird sie als Kombinationselement mit anderen Aktionsformen. Im Kindergarten wird die Alleinarbeit z. B. beim Malen und Basteln eingesetzt.

Gruppenarbeit

Die Gruppenarbeit fördert soziale Verhaltensweisen. Sie fordert die Bereitschaft zur gegenseitigen Hilfe und zur Zusammenarbeit; ferner die Bereitschaft zum gegenseitigen Verständnis, zur Toleranz, im Team zu arbeiten und sich zu beraten. Im Kindergarten ist die Gruppenarbeit nur begrenzt möglich.

Thiesen, P.: Die gezielte Beschäftigung im Kindergarten. Freiburg 1985. S. 44 f.

AUFGABEN

1. Vergleichen Sie die Lerninhalte und die Lernmethoden der Schule mit den Lerninhalten und Lernmethoden des Kindergartens (Hortes, Heimes, Jugendzentrums).
2. a) Welche Ziele möchten Sie in Ihrer Arbeit im Kindergarten, Hort, Heim oder Jugendzentrum erreichen?
    b) Wählen Sie drei Ziele aus und beschreiben Sie, welche Inhalte und Methoden Sie auswählen würden, um diese Ziele zu erreichen.
3. a) Beschreiben Sie die im Text 1 beschriebenen Prinzipien.
    b) Wenden Sie diese Prinzipien auf ein konkretes Beispiel an.
4. „Das aktive Tun und das Spielen sollten die zentralen Lernformen in sozialpädagogischen Institutionen sein."
    Begründen Sie diese Aussage!
5. Durch welche Tätigkeitsformen können Sie bei Kindern und Jugendlichen Lernprozesse auslösen (Text 2)?
6. „Der Geist ist nicht eine Scheune, die man füllt, sondern eine Flamme, die man nährt." (C. Freinet)
    a) Erläutern Sie diese Aussage mit eigenen Worten.
    b) Welche Konsequenzen ergeben sich aus dieser Aussage für die Inhalte und Methoden der Arbeit in sozialpädagogischen Institutionen?
    c) Stimmen Sie dieser Aussage zu?
7. Viele Kinder freuen sich auf den Schulbesuch. Sie wollen möglichst viel lernen. Nach einiger Zeit ändert sich diese Einstellung. Viele Kinder empfinden das Lernen in der Schule als eine Last.
    a) Wie erklären Sie sich diesen Einstellungswandel?
    b) Welche Konsequenzen ziehen Sie daraus für die Arbeit in sozialpädagogischen Institutionen?
8. „Die Wahrheit ist ein kostbares Gut, doch kostbarer als der Besitz der Wahrheit ist es, die Wahrheit zu finden."
    Nehmen Sie Stellung zu dieser Aussage.
9. Das soziale Lernen ist ein Schwerpunkt des Lernens in sozialpädagogischen Institutionen.
    a) Erläutern Sie den Begriff „Soziales Lernen".
    b) Durch welche Methoden läßt sich das soziale Lernen fördern?
10. „Nichts ist erfolgreicher als der Erfolg."
    Was bedeutet diese Tatsache für die Förderung von Lernprozessen?
11. a) Entwickeln Sie Kriterien zur Auswahl von Sozialformen (Text 2).
    b) Welche Möglichkeiten kennen Sie, Kleingruppen zu bilden?

Methoden der Ideenfindung

Eine Erzieherin steht oft vor der Aufgabe, neue Ideen zu entwickeln. Sei es, daß ein Test oder ein Elternabend zu planen ist oder daß Ideen für eine didaktische Einheit oder einen Monatsplan zu entwickeln sind.

Das Problem bei dieser Aufgabe besteht oft darin, daß man den alten Ideen verhaftet bleibt und nur selten wirklich neue Ideen entstehen.

Einige methodische Hilfen zur Entwicklung neuer Ideen werden in dem folgenden Text vorgestellt.

1. Brainstorming

Sucht ein Team nach neuen Ideen, so ist oft zu beobachten, daß sich schon nach kurzer Zeit entweder eine Diskussion über eine Idee entwickelt oder eine Idee als die richtige Idee angesehen wird. Ein solches Vorgehen ist deshalb problematisch, da durch die sofortige Bewertung der geäußerten Ideen die weitere Suche nach neuen Ideen erschwert wird.

Um also zu möglichst vielen und neuen Ideen zu kommen, ist es wichtig, die Phase der Ideensuche und die **Phase der Bewertung** zu trennen.

Diese Trennung von Ideensuche und Bewertung ist das zentrale **Merkmal** des Brainstorming.

Welche Regeln sind nun bei der Durchführung des Brainstorming im einzelnen zu beachten?
1. **Jede** Idee ist willkommen.
2. Je außergewöhnlicher die Idee, um so besser.
3. Jede Idee wird für alle sichtbar aufgeschrieben.
4. Die geäußerten Ideen sollen von den anderen Teammitgliedern **weiterentwickelt** werden.
5. Keine Idee wird bewertet.

Wichtig ist, daß die Suche nicht schon nach der ersten Pause abgebrochen wird, da in der Regel zunächst bekannte Ideen geäußert werden.

2. Bisoziationstechniken

Neue Ideen entstehen häufig dann, wenn man sie nicht sucht.

Diese Einsicht liegt den folgenden Methoden zugrunde.

Es wird bei diesen Methoden zu Beginn bewußt darauf verzichtet, direkt Lösungen für das eigentliche Problem zu finden. Man versucht vielmehr, das eigentliche Problem aus den Augen zu verlieren und über einen Umweg zu neuen Ideen zu kommen.

Der Unterschied zwischen den einzelnen Methoden besteht in der Art des Umweges.

2.1 Synektik

Probleme anderer sind oft viel einfacher zu lösen, als die eigenen. Zudem macht es in der Regel mehr Spaß, da der „Problemdruck" nicht so groß ist.

Ein Team, das diese Vorteile bei der Ideensuche nutzen will, beschäftigt sich also zunächst mit der Lösung eines fremden Problems.

Angenommen das Team steht vor dem Problem, daß die Eltern kaum Interesse an der Kindergartenarbeit zeigen. Um dieses Problem zu lösen, beschäftigt sich das Team z. B. zunächst mit der Lösung des folgenden Problems: Wie kann ein Sportverein neue Mitglieder werben?

Nachdem genügend Ideen zur Lösung dieses Problems entwickelt wurden, wird versucht, diese Ideen zur Lösung des eigentlichen Problems zu nutzen.

2.2 Little Technik

Bei dieser Methode wird nicht nur ein Fremdthema gewählt, sondern dieses Fremdthema wird zusätzlich verfremdet durch eine Verkehrung ins Gegenteil.

Ein Team ist mit dem Problem konfrontiert, daß fast alle Mitarbeiterinnen sich in der Einrichtung nicht mehr wohlfühlen.

Um Lösungen für dieses Problem zu finden, wird zunächst ein Fremdthema gewählt und **negativ** verfremdet.

   Welche Merkmale muß ein Freundeskreis haben, damit man sich **nicht** wohlfühlt?

In einem nächsten Schritt wird das Fremdthema positiv umformuliert.

   Welche Merkmale muß ein Freundeskreis haben, damit man sich wohlfühlt?

In einem dritten Schritt werden dann die entwickelten Ideen auf das eigentliche Problem übertragen.

2.3 Bildertechniken

Vielen Menschen fällt es leichter in Bildern zu denken.

Dieser Vorteil wird bei den folgenden zwei Methoden genutzt.

Bei beiden Methoden wird mit Bildern gearbeitet. Der Unterschied liegt in der Art der ausgewählten Bilder.

Bei der ersten Methode wird ein Bild **gewählt**, das mit dem zu lösenden Problem in Beziehung steht.

   In einer Gruppe des Kindergartens kommt es häufig vor, daß Kinder nicht bleiben und lieber mit der Mutter bzw. dem Vater wieder nach Hause gehen wollen.

   Zur Lösung des Problems könnte z. B. das Bild von einem Huhn mit Küken ausgewählt werden.

Dieses Bild wird von dem Team sorgfältig beschrieben und analysiert. Anschließend wird versucht, die gefundenen Besonderheiten und Gesetzmäßigkeiten des Bildes auf das Problem zu übertragen und Lösungsansätze zu entwickeln.

Die Vorgehensweise ist bei der zweiten Methode identisch. Im Unterschied zur ersten Methode wird hier ein Bild gesucht, das möglichst wenig mit dem zu lösenden Problem zu tun hat.

Wichtig für beide Methoden ist, daß das Bild
- ◆ nicht kompliziert ist.
- ◆ anschaulich ist.
- ◆ bekannt ist.
- ◆ Freude bereitet.

AUFGABEN

1. Stellen Sie die Unterschiede zwischen den einzelnen Methoden heraus.
2. Welche Vor- bzw. Nachteile sind Ihrer Meinung nach mit den einzelnen Methoden verbunden?
3. a) Wählen Sie drei Methoden aus und entwickeln Sie mit diesen drei Methoden arbeitsteilig in Kleingruppen Ideen für die Gestaltung eines „Offenen Kindertreffs".
   b) Vergleichen Sie die Ergebnisse und prüfen Sie, ob mögliche Unterschiede auf die Methode zurückzuführen sind.

Lesetip

Berner W.: Jugendgruppen organisieren. Reinbek 1983
Klein, I.: Gruppenleiten ohne Angst. Ein Handbuch für Gruppenleiter. München 4. A. 1992
Quiske, F. H. u. a.: Arbeit im Team. Kreative Lösungen durch humane Arbeitsform. Reinbek 1982
Rabenstein, R.: Lernen kann auch Spaß machen. Münster 4. A. 1992

Weitere Literatur- und Informationshinweise

Büttner, C./Treschner, H.-G.: Chancen der Gruppe. Erfahrungen aus dem pädagogischen Alltag. Mainz 1987
Landesinstitut für Schule und Weiterbildung NRW(Hrsg.): Lustwandeln im Hinterkopf. Ein Hand- und Fußbuch kreativer Problemlösungen nicht nur in der Weiterbildung. Soest 1990
Malcher, J.: Gruppen nicht ohne Dynamik. München 1977
Schilling, J.: Didaktik/Methodik der Sozialpädagogik. Neuwied-Kriftel-Berlin 1993
Vopel, K.: Handbuch für Gruppenleiter/innen. Hamburg 6. A. 1992

4.3 „Gut geplant ist halb durchgeführt"
oder
Das dritte Praktikum

Liebe Praktikantin, lieber Praktikant,

in den bisherigen Praktika im Elementarbereich haben Sie eine Fülle von Erfahrungen gemacht und erste Sicherheit im Umgang mit Kindern gefunden. Diese Erfahrungen lassen sich jedoch nicht so ohne weiteres auf das Praxisfeld „Freizeitpädagogik" übertragen. Die Differenzen zum „Elementarbereich" ergeben sich u. a. aus:
- dem Entwicklungsstand der Adressaten
- der daraus resultierenden veränderten Beziehung zwischen Adressat und Erzieherin
- den andersartigen Rahmenbedingungen
  (z. B. Freiwilligkeit der Teilnahme an Aktivitäten, hetrogende Gruppenzusammensetzungen, geringe Konstanz der Gruppen etc.)

Ausgehend von diesen veränderten Bedingungen ergeben sich für Sie neue Anforderungen, bei deren Bewältigung Ihnen die folgenden Aufgabenstellungen eine Hilfe sein sollen.
Im Mittelpunkt dieses Praktikums steht mit der III. Entwicklungsaufgabe das pädagogische Handeln. Dabei geht es sowohl um alltägliches als auch um didaktisch und methodisch durchdachtes Handeln. Gegenüber dem letzten Praktikum gerät jetzt auch die IV. Entwicklungsaufgabe ins Blickfeld.
Die Aufgaben im Überblick:

	Entwicklungsaufgabe	Handlungsweise
EA I	Berufsrolle	aggressiv sein oder laut sein
EA II	Fremdwahrnehmung	sich kontrollieren
EA III	Pädagogisches Handeln	a. Erforschung des Arbeitsfeldes
		b. Planung und Durchführung von Aktionen
EA IV	Professionalisierung	„Feed-Back" einholen

Zu I:
Text zu einer Handlungsweise, die in besonderer Weise die Übernahme der Berufsrolle verlangt:
Thema: Aggressiv sein oder „Laut sein"
Inhalt dieses Textes können zwei unterschiedliche Situationen sein, wie sie im pädagogischen Alltag immer wieder auftauchen. Zum einen kann es passieren, daß einem schlicht und ergreifend der Kragen platzt. Das Ergebnis ist in aller Regel, daß man gegen den Verursacher dieses Zustandes aggressiv wird (hier nicht verstanden als körperliche Aggressivität!) oder das man laut wird.
Zum zweiten können die Handlungsweisen Aggressivität oder Lautstärke auch pädagogisch gezielt eingesetzt werden. Wenn ich etwa, bei einem Konflikt mit einem Kind um das leidige Thema Aufräumen, meine „leisen" Möglichkeiten ausgeschöpft habe, muß ich meine „lauten" Seiten aktivieren. Es ist oft erstaunlich für eher leise Menschen zu erfahren, welche Wirkungen es hat, wenn sie einmal laut werden.
Der Text könnte also folgende Überschrift haben:
a. Wie mir beim Frühstück mit den Kindern einmal der Kragen platzte.
oder b. Wie ich einmal in pädagogischer Absicht laut wurde.
Sie können sowohl aus Ihrer Sicht geglückte als auch mißglückte Aktivitäten schildern. Dieser Aspekt allein hat keinen Einfluß auf die Bewertung des Textes. Wichtiger ist, wie detailliert Sie die Situation schildern und wie Sie im Anschluß an die Schilderung den Ablauf reflektieren und mögliche Handlungsalternativen entwickeln.

Zu II:
Text zu einer Handlungsweise, die sich auf die Fremdwahrnehmung bezieht:
Die Fragen, um deren Abklärung es in diesem Text gehen soll, lauten: Wie nehme ich die Adressaten wahr, welche Faktoren beeinflussen meine Wahrnehmung und wie gelingt es mir, diese Faktoren aufzuspüren und meine Wahrnehmung zu verbessern?
In unserer Wahrnehmung anderer Menschen gehen eine Fülle von Faktoren ein, die die Wahrnehmung verzerren. Im Alltag müssen wir uns über diese Verzerrungen keine oder kaum Gedanken machen. In der pädagogischen Praxis, in der unsere Wahrnehmung und daraus resultierendes Handeln Folgen für den Adressaten hat bzw. haben kann, ist es notwendig, sich über die meist unbewußten, die Wahrnehmung beeinflussenden Faktoren, Klarheit zu verschaffen.

Thema: „Sich kontrollieren"
Versetzen Sie sich in folgende Situation:
Eines Ihrer Hobbies ist die Sauberkeit (saubere Kleidung, gepflegte Frisur, perfekte Körperhygiene etc.). Im Kindergarten treffen Sie auf ein Kind, das das genaue Gegenteil von Ihnen ist, sozusagen die Unsauberkeit in Person. Ohne daß Ihnen das bewußt wird, meiden Sie den Umgang mit diesem Kind wo Sie nur können, bis eine Kollegin Sie darauf aufmerksam macht. Auch das Gegenteil des hier geschilderten Falls wäre denkbar. Ein Kind entspricht voll und ganz Ihrer Vorstellung von Kind. Ihr Herz ist voller Sympathie und Glück. Sie und das Kind werden ein Paar, ohne es zu merken, bis ein anderes Kind sich beschwert. Hier geht es also darum, sich darüber Klarheit zu verschaffen, wie spezifische eigene Vorstellungen, Vorlieben, Abneigungen, Vorurteile oder Gewohnheiten die Wahrnehmung des Adressaten verengen und zu unangemessenem pädagogischem Handeln führen, kurz es geht darum, sich in seiner Wahrnehmung zu kontrollieren.
Der Text könnte beispielhaft überschrieben sein:
„Wie ich Martina immer aus dem Weg gegangen bin und erst später gemerkt habe warum?"

Zu III:
Texte zu Handlungsweisen, in deren Mittelpunkt das didaktisch-methodisch durchdachte „pädagogische Handeln" steht.
Da das Praxisfeld Freizeitpädagogik für die meisten von Ihnen Neuland ist, besteht der erste Teil dieser Aufgabe darin, dieses Neuland zu erforschen. Die Ergebnisse der „Forschung" sind in einem Text zusammenzufassen.
Die folgenden Gesichtspunkte können eine Anregung sein, worauf Sie achten sollten.

Erkundung des Arbeitsfeldes
Dazu gehören:
- ◆ Räumlichkeiten einschl. Außengelände
- ◆ Mitarbeiterinnen und Mitarbeiter
- ◆ verfügbare Spiele und Beschäftigungsmöglichkeiten (Billard, Kicker etc.)
- ◆ nutzbare Medien (Video, Fernseher, Kamera, Tonband etc.)
- ◆ Werkstatt, Töpferei, Fotolabor etc.
- ◆ Besucherstruktur:
    – Alter
    – geschlechtsspezifische Zusammensetzung
    – Sozialstruktur
    – Motive für Besuch der Einrichtung
    – Interessen, Bedürfnisse
    – Kompetenzen, Defizite
- ◆ Angebotsstruktur:
    – offene Angebote
    – feste Gruppen
    – Kulturveranstaltungen
    – Nutzung der Angebote
- ◆ spezielle Angebote im Bereich der Mädchen-Jungenarbeit, interkulturelle Erziehung, Umwelt etc.

◆ Umfeld der Einrichtungen:
- mögliche Lernorte (Museen, Produktionsstätten, Theater, Archive, Bücherei)
- Sportplatz, Schwimmbad
- Wald, Wiesen, Brachgelände
- Wasserläufe

Sie können bei der Erforschung Baakes Konzept der „sozial-ökologischen Zonen" zugrunde legen. Tragen Sie alle Informationen in Ihr Bildungsgangbuch ein.
Der Text könnte die Überschrift haben:
„Was ich bei der Erforschung von Neuland alles herausgefunden habe."
Der zweite Teil der Aufgabe besteht darin, die bei der Erforschung von Neuland gewonnenen Erkenntnisse und Informationen einzubringen in die Planung einer Aktion oder eines kleinen Projektes. Hier einige Anregungen, worauf Sie achten sollten.
Der größte Teil des pädagogischen Alltags besteht aus weitgehend spontanen, ungeplanten Aktivitäten. Daneben gibt es immer wieder auch pädagogische Anlässe, die ein reflektierteres Handeln erfordern. Solche Anlässe erfordern also vor der Realisierung unterschiedlich umfangreiche Planungen.
Wir hatten bereits darauf hingewiesen, daß eine Besonderheit der Freizeitpädagogik gegenüber dem Elementarbereich darin liegt, daß die Adressaten hier älter sind. Sie können und müssen deshalb viel stärker in die Vorbereitung von Aktivitäten einbezogen werden. Ein Planen über die Köpfe der Adressatengruppe hinweg führt oft bei allen Beteiligten zu Frustrationen.
Der hier zu erstellende Text besteht aus vier Teilen:

a. DIE PLANUNG DER GEMEINSAMEN PLANUNGSRUNDE:
Das hört sich komplizierter an, als es ist. Dieser Teil des Textes enthält all die Überlegungen, die Sie anstellen, bevor Sie in die gemeinsame Planungsrunde gehen. Dabei können Sie sicher auf Daten aus der Erforschung zurückgreifen. Hier noch einige weitere Anregungen:

z. B.
◆ Wie mache ich die Planungsrunde bekannt?
◆ Schlage ich ein Thema vor, oder soll die Findung des Themas Gegenstand der Runde sein?
◆ Was könnte ich an Vorschlägen in die Runde eingeben, wenn die Kinder, Jugendlichen keine konkreten Vorstellungen haben?
◆ Wie viele und welche Teilnehmer kann ich realistisch erwarten?
◆ Welche Konsequenzen hat das für die Auswahl des Raumes?
◆ Muß ich vorab organisatorische Absprachen treffen?
◆ Soll es evtl. zur Auflockerung Plätzchen/Getränke etc. geben?
◆ Leite ich die Planungsrunde oder delegiere ich die Leitung an ein Kind bzw. Jugendlichen?
◆ Wie halte ich die Ergebnisse der Planung fest (Plakat, Wandzeitung etc.)?

Sie sehen, auch die Planung will geplant sein!

b. Die Planungsrunde ist nach der Durchführung schriftlich zu reflektieren.

c. DIE PLANUNG DER DURCHFÜHRUNG:
Dieser Text soll all die Überlegungen enthalten, die notwendig sind, um die Durchführung zu ermöglichen. Diese können sich sowohl auf die Organisation (z. B. welche Medien sind noch zu besorgen; in welchem Raum soll die Durchführung stattfinden; ist der Raum besonders vorzubereiten usw.) als auch auf die in der Planungsrunde gemachten Erfahrungen mit den Kindern oder Jugendlichen beziehen (z. B. Wie bremse ich ein sehr dominantes Kind? Ist eine bestimmte Sitzordnung sinnvoll? Wer braucht meine besondere Unterstützung?).

d. REFLEXION DER DURCHFÜHRUNG:
Nach der Durchführung sollten Sie Ihre Aktion noch einmal Schritt für Schritt überdenken. Fragen können hier sein:

- Was verlief wie geplant?
- Was hätte ich anders planen müssen?
- Gab es Situationen, auf die ich nicht vorbereitet war?
- War meine Einschätzung der Kinder oder Jugendlichen angemessen?
- Habe ich meine Ziele erreicht?
  Wenn nein, warum nicht?
- Welche Alternativen, z.B. in methodischer Hinsicht, gibt es?
- Wie ist mein Verhalten zu beschreiben und zu bewerten?

Zu IV.

Text zu einer Handlungsweise aus dem Bereich der IV. Entwicklungsaufgabe „Professionalisierung":

Wie nehmen andere mich wahr und wie kann ich etwas über deren Wahrnehmung erfahren? So lautet hier die zentrale Frage. Oft ist uns nicht bewußt, wie wir auf andere wirken. Menschen, die sich selber als ruhig bezeichnen, werden von anderen eher als umtriebig wahrgenommen, Erzieherinnen, die ihren Erziehungsstil als liberal bezeichnen, müssen erfahren, daß andere sie eher als Autorität empfinden. Wegen dieser Differenz zwischen Selbst- und Fremdwahrnehmung ist es gut und hilfreich, sich hin und wieder seiner Wirkung auf andere Menschen zu vergewissern. Wir nennen diese Rückfrage über eigenes Verhalten in der Wahrnehmung anderer Feedback einholen. Wir veranlassen andere, uns zurückzuspiegeln, wie sie uns sehen, wie sie unsere Fähigkeiten einschätzen usw. Ihre Aufgabe in diesem Praktikum besteht nun darin, ein solches Feedback nicht dem Zufall zu überlassen, sondern aktiv bei Kolleginnen einzufordern. Zur Vorbereitung gehört, daß Sie sich konkret Gedanken darüber machen, was Ihnen in diesem Gespräch wichtig ist. Hier wieder einige Hinweise:

- Wie gelingt mir die Übernahme der Erzieherrolle?
  (Habe ich realistische Vorstellungen von den beruflichen Anforderungen, erkenne ich Grenzen und Chancen meiner Möglichkeiten auf Kinder oder Jugendliche einzuwirken?)
- Wahrnehmungsfähigkeit
  (Wahrnehmung der eigenen Person, Wahrnehmung von Einzelkind-Gruppe-Gruppenstrukturen, pädagogische Interpretation der Situation der Kinder: Kompetenzstand, Interessen und Bedürfnisse, Interaktionsformeln, Erklärung des kindlichen Verhaltens, Fähigkeit zum einfühlenden Verstehen, Wahrnehmung pädagogischer Anlässe)
- Pädagogisches Handeln
  - Steuerung des eigenen Verhaltens
  - Sicherheit in der Identifikation möglicher pädagogischer Anlässe
  - Art des Umgangs mit Kindern (instrumentell, psychologisch, sozial-pädagogisch)
  - kommunikative Kompetenz
  - pädagogische Zielvorstellungen, Formulierung von Motiven für das eigene pädagogische Handeln
  - Reaktionsweisen in pädagogisch bedeutsamen Situationen
  - Entwickeln von Prinzipien, sich perspektivisch praktisch zu verhalten (Formulierung von Erklärungen für Problemlösungen)
  - Begründen, Planen und Durchführen von gezielten päd. Aktivitäten
  - systematisches Erfassen und Entscheiden von pädagogischen Grundfragen im pädagogischen Alltag, z. B. Arbeit mit dem einzelnen Kind oder der Gruppe
  - Ausgestaltung der Autoritätsrolle, Motivationskonflikte, Loslösung und Bindung oder Adressaten
  - Zusammenarbeit mit anderen Sozialisationsinstanzen, z. B. Familie, Schule
  - Vollziehen der alltäglichen Arbeitsschritte der Praxis

Sollten Ihnen andere Rückmeldungen über Ihre Person wichtig sein, gehören diese natürlich auch in das Gespräch.

Der Text des Gesprächs könnte die Überschrift haben:

„Wie Frau Münzer mich und meine Fähigkeiten wahrnimmt."

Aus organisatorischen Gründen ist es sinnvoll, die Praxisanleiterin bereits zu Beginn des Praktikums auf dieses Gespräch hinzuweisen und ihr auch die Anregungen für den möglichen Inhalt auszuhändigen. Das ermöglicht ihr, gezielt ihre Beobachtungen auf die genannten Punkte auszurichten. Günstig ist ebenfalls, bereits zu Beginn des Praktikums für dieses Gespräch einen konkreten Termin zu vereinbaren.

„Gaby und die Anmache"
oder
Die Bearbeitung der III. Entwicklungsaufgabe

Für die Durchführung sollten zwei bis drei Tage zur Verfügung stehen. Die Lösungen erfordern neben der Erarbeitung praktischer Vorgehensweisen auch eine Beschäftigung mit theoretischen Konzepten der Entwicklung und Bedeutung der Sexualität in den verschiedenen Altersstufen und mit Ansätzen der Sexualpädagogik. Eine Auswahl von Texten und Materialien könnte im Didaktik-Methodik und Erziehungswissenschafts-Unterricht vor der eigentlichen Durchführung stattfinden.

Je nach den gewählten Praxisfeldern bietet sich eine Bearbeitung der vier Szenarien aus dem Kindergarten, dem Heim, dem Hort und der Offenen Jugendarbeit an. Sinnvoll ist aber auch die Bearbeitung des Szenarios aus einem Praxisfeld durch unterschiedliche Gruppen. Ein Vergleich der unterschiedlichen Zugriffsweisen und Lösungsvorschläge bietet sicher lohnende Einsichten hinsichtlich der Orientierungsmuster.

SZENARIO 1

Gabi und die Anmache

In unser Jugendheim kamen nur Jungen zwischen 10 und 16 Jahren. Die Jüngeren waren oben und konnten Gesellschaftsspiele spielen, die Größeren hielten sich vorwiegend unten auf, wo sie Tischtennis, Kicker und Billard spielten.
Ina und ich gingen am ersten Tag nach unten und spielten Tischtennis. Nach einigen Minuten kam eine Gruppe von sechs bis zehn Jungen und spielten sich unheimlich auf. Dazu muß ich sagen, daß wir die einzigen Mädchen im Jugendheim waren. Die Jungen versuchten sofort uns anzumachen. Ina nahmen sie in den Arm und versuchten ihr so das Tischtennisspielen beizubringen. Ich saß auf einer Bank, sofort stritten sich die Jungen, wer neben mir sitzen durfte. Das fanden wir ja ganz lustig, aber als sie versuchten mich zu küssen, in den Arm zu nehmen und mich zu streicheln, hörte bei mir der

Spaß auf. Ich versuchte ihnen zu erklären, daß sie damit aufhören sollten, aber sie hörten mir gar nicht zu. Wir waren ja nur Mädchen! Sie nahmen uns als Aufsichtspersonen gar nicht ernst. Es wurde immer schlimmer. Erst als Herr Neumann, der Leiter, kam, machten sie Schluß. Aber kaum war er weg, betatschen uns die Jungen weiter. Wir waren sehr froh, als unsere Möchtegern-Liebhaber gehen mußten. Am nächsten Tag sind wir oben bei den Jüngeren geblieben und hofften, dort ungestört arbeiten zu können. Aber irgendwie haben unsere alten Bekannten es mitbekommen, daß wir oben sind, und sind auch nach oben gekommen. Dort haben sie die Jüngeren geärgert und unser gemeinsames Spiel gestört. Zuerst haben wir ihnen im guten versucht zu erklären, daß sie damit aufhören sollten. Das nützte aber nicht viel. Sie trieben es nur noch doller. Selbst drastische Maßnahmen meinerseits halfen wenig. Ich fand diese Situation sehr unangenehm. Wir befanden uns nur in einer Verteidigungssituation. Außerdem war ich sehr angespannt, weil ich nicht wußte, was als nächstes passieren würde.

Es wurde so schlimm, daß Herr Neumann kam und sie rausschmiß. Ich war mit dieser Maßnahme nicht einverstanden und sprach Herrn Neumann am nächsten Tag darauf an. Er entschuldigte sein Verhalten mit seinen Aufgaben als Leiter, die ihn häufig daran hinderten, sich gründlicher mit den Problemen der Jugendlichen zu beschäftigen. Er hätte aber nichts dagegen, wenn wir gemeinsam überlegen würden, wie man mit diesem Problem pädagogisch umgehen könnte.

SZENARIO 2

Eine Turnaktion im Kindergarten

In der zweiten Praktikumswoche führte ich mit den sechsjährigen Jungen und Mädchen eine Turnaktion durch. Alles verlief anders, als ich es mir vorgestellt hatte.

Allein das Umziehen dauerte fast 15 Minuten, was aber nicht daran lag, daß die Kinder es nicht selbständig konnten. Nein, ihr Interesse richtete sich auf etwas vollständig anderes, nämlich auf Daniels Penis. Dieser war entblößt worden, als Daniel zusammen mit seiner Hose auch die Unterhose heruntergezogen hatte. Martin rief sofort: „Guck mal, dein Schwanz wackelt", und schon schien ein Wettbewerb darüber zu beginnen, was man noch alles für Penis sagen könnte. Nicht nur die anderen Kinder, auch Daniel fand das alles sehr lustig, und er ließ sich viel Zeit, um seine Unterhose aus der Hose herauszuangeln, um sie dann wieder anzuziehen. Neben bekannten Begriffen wie Pimmel erfanden die Kinder ganz neue Wörter wie Pipihahn. Auch die Mädchen beteiligten sich an dem Wortspiel und schienen nichts dabei zu finden, daß auch die Vagina allerei Namen bekam.

Das Interesse schien meiner Beobachtung nach nicht zu sein, bekannte Begriffe zu verwenden, sondern neue zu erfinden. Die Kinder kringelten sich fast bei jedem Wort vor Lachen und wiederholten die Wörter immer wieder oder wandelten sie leicht ab, wobei sie sich mit ihren Wortschöpfungen gegenseitig zu übertreffen versuchten.

Ich mischte mich nicht in das Geschehen ein, indem ich die Kinder ermahnte, die Begriffe zu unterlassen, sondern erinnerte sie nach einiger Zeit daran, daß wir eigentlich noch turnen wollten. Sie konzentrierten sich dann wieder nach und nach auf das Umkleiden. Ich glaube, daß die Kinder sich nichts Böses unter den (auch bekannten abfälligen) Begriffen vorstellten. Daß sie eine solche Freude an diesem Spiel hatten, lag vielleicht daran, daß die meisten Eltern ihr Sexualorgan nicht so selbstverständlich benennen wie andere Körperteile und die Kinder so spüren, daß es damit wohl etwas Besonderes auf sich hat.

Ich habe der Erzieherin diese Situation geschildert und sie meinte, ich hätte die Kinder sofort auffordern müssen, mit diesem Wortspiel aufzuhören, weil die Kinder sich sonst einen ordinären Sprachgebrauch angewöhnten. Ich bin aber davon überzeugt, daß Daniel sich bestimmt geschämt hätte, nackt gewesen zu sein, wenn ich Martin sogleich ermahnt hätte. So hat er es als eine natürliche Sache wahrgenommen und war nicht im geringsten besschämt, daß alle ihn anschuaten.

Ich finde, daß ich richtig gehandelt habe, denn die Kinder sollen ja ein natürliches Verhältnis zu ihrem Körper bekommen. Das habe ich dann auch der Erzieherin gesagt. Sie schlug vor, sich doch einmal gemeinsam Gedanken darüber zu machen, wie man das Thema im Kindergarten behandeln könnte.

SZENARIO 3

„Im Kinderheim"

Seit zwei Wochen mache ich mein Praktikum in einem Kinderheim der Arbeiterwohlfahrt. Auf meiner Gruppe leben zehn Kinder sechs Jungen und vier Mädchen im Alter von 10 - 15 Jahren. Schon zu Anfang ist mir aufgefallen, daß die Jungen jede Gelegenheit nutzen, um die Mädchen in Situationen zu bringen, in denen sie sie anfassen können. Ich bin unsicher, ob das den Mädchen gefällt. Auf jeden Fall wehren sie sich aus meiner Sicht nicht eindeutig genug gegen diese sexuellen Übergriffe. Einige kichern verlegen, andere werden aktiv, indem sie dasselbe mit den Jungen machen.
Am Montag ist dann noch folgendes passiert:
Morgens, als alle Kinder in der Schule waren, bin ich in das Zimmer von Heiko und Dieter gegangen um nachzusehen, ob sie auch das Fenster zum lüften geöffnet hatten. Der Kleiderschrank der beiden stand offen und als ich ihn schließen wollte, entdeckte ich oben auf einer Schublade zwei Heft mit pornographischen Darstellungen. In dem Moment, als ich die Hefte in der Hand hielt kam, auch noch Peter, ein Erzieher der Gruppe, ins Zimmer. Ich konnte die Hefte nicht mehr schnell genug zurücklegen und wurde puterrot, weil ich mich ertappt fühlte und dann noch mit solchen Heften. peter lachte aber nur und sagte auf die Hefte zeigend: „Das braucht man in dem Alter" und verließ das Zimmer. Am Nachmittag sprach ich Nicole, eine Erzieherin aus der Gruppe, auf den Vorfall und meine Beobachtungen an. Sie schlug vor, gemeinsam zu überlegen, wie man mit der Situation umgehen könnte.

SZENARIO 4

„Das Spielhaus"

In meiner Hortgruppe kam es am zweiten Tag meines Praktikums zu folgendem Vorfall:
Auf dem Außengelände gibt es ein Holzhaus, das von den Kindern für unterschiedliche Aktivitäten genutzt wird. Während ich mit einer Gruppe von Kindern Seilspringen spielte bemerkte ich, wie eine Gruppe, Vanessa, Torsten, Martin und Matthias, im Spielhaus verschwand. Ich dachte mir nichts dabei und spielte weiter mit den Kindern. Nach etwa 15 Minuten hörten die Kinder mit dem Seilspringen auf und verteilten sich auf dem Gelände. Ich bewegte mich in Richtung Spielhaus, um zu sehen, was die vier Kinder dort machten. Ich war schon etwas unsicher, weil die drei Jungen sich sonst nie so lange mit einer Sache beschäftigten. Als ich die Tür öffnete, sah ich Vanessa mit heruntergezogener Hose auf dem Boden liegen, während die drei Jungen um sie herum auf dem Boden knieten und sie „befingerten". Als die vier mich sahen, sprangen sie vor Schreck auf. Vanessa zog ihre Hose hoch und stürmte mit den anderen an mir vorbei ins Freie. Ich war ebenfalls so erschrocken, daß mir nichts passendes einfiel. Die vier habe ich an dem Tag nicht mehr aus der Nähe gesehen. Sie hatten wohl ein schlechtes Gewissen und vermieden es, direkten Kontakt mit mir zu bekommen. Ich war darüber ganz froh, weil ich mir immer noch nicht im klaren darüber war, wie ich mich zu dem Vorfall verhalten sollte.
Am Nachmittag, nachdem die Kinder gegangen waren, sprach ich Kathrin, meine Kollegin und gleichzeitig Leiterin der Einrichtung, an. Sie sagte: „Wir bemerken auch, daß eine Reihe unserer Kinder langsam Interesse am anderen Geschlecht entwickeln. Im Alltag einer Einrichtung wie der unseren ist aber meistens zu wenig Zeit, auf solche Beobachtungen angemessen zu reagieren. Du machst doch bereits Dein zweites Praktikum hier, hast einen guten Draht zu den Kindern und noch vier Wochen Praktikum vor Dir. Vielleicht fällt Dir etwas ein. Ich unterstütze Dich, so gut ich kann."

AUFGABEN

1. Bilden Sie Gruppen. Tauschen Sie zunächst spontan aus, wie das Szenario auf Sie wirkt und wie Sie sich eventuell in dieser Situation verhalten hätten.
2. Machen Sie sich mit den theoretischen Materialien vertraut. Diskutieren Sie die Erkenntnisse und versuchen Sie, sich eine Meinung zu bilden.
3. Entwickeln Sie einen Lösungsansatz für das im Szenario vorgestellte Problem. Werden Sie dabei so konkret wie möglich.
4. Stellen Sie Ihre Lösung in der Klasse vor und diskutieren Sie gemeinsam das Für und Wider der vorgetragenen Ergebnisse. Berücksichtigen Sie dabei insbesondere, welche „pädagogischen Leitideen" in den vorgetragenen Lösungsansätzen deutlich werden.

„Das kann doch nicht alles gewesen sein"
oder
Das Konzept der Professionalisierung

„Jetzt wird es bald ernst"
oder
Die Inhalte und Anforderungen der IV. Entwicklungsaufgabe

„Klaus erhält einen Brief"

Lieber Klaus!

(...)

Vor zwei Tagen habe ich zum ersten Mal ein Kind geschlagen. Danach war ich so fertig, daß ich geheult habe. Da kam dann die ältere Erzieherin von Gruppe I und versuchte mich zu trösten. „Kindchen, nimm's mal nicht so tragisch", und daß dies schon ganz anderen passiert wäre, daß das, was wir auf der Schule lernen würden, sowieso nicht im Heim zu verwenden sei, denn schließlich sei ein Praktikum ja extra dazu da, sich an die „rauhe Wirklichkeit" zu gewöhnen. Sie fuhr dann fort, daß hier hin und wieder ein energisches Wort, verbunden mit einem Klaps, Wunder wirke, und im übrigen solle ich mich jetzt zusammennehmen, damit die Kinder nicht sehen, daß ich weine. Zeigt man Schwäche, seien die Kinder wie Raubtiere. Du verstehst bestimmt, lieber Klaus, daß mich das nicht tröstete. Im Grunde habe ich auch nicht geheult, weil ich dem nun eine geknallt habe, sondern weil ich plötzlich merkte, daß ich keine Kinder mehr ausstehen konnte. Richtiger Haß und Ekel waren in dem Moment da. Wie soll ich denn Erzieher sein, wenn diese Gefühle immer häufiger auftreten? Ich habe es auch schon seit Wochen aufgegeben, mich auf meine Dienstzeit vorzubereiten. Wir machen ja bei uns die „Rund-um-die-Uhr"-Dienste. Da bist du mit den Zwischendiensten praktisch nur dreimal in der Woche im Heim. Dann hat sich bis dahin soviel ereignet, daß du nur noch am Hinterherspringen bist.

Die Schule macht auch wieder viel Ärger. Die Lehrer müssen aber auch „Pfeifen" sein! Bei Armin, einem Kind aus unserer Gruppe, haben die es eine Woche nicht gemerkt, daß er geschwänzt hat. Jetzt tun sie ganz entrüstet, reden von nicht tragbar, weil die anderen Kinder negativ beeinflußt würden, sie nähmen sowieso schon dauernd Rücksicht auf die Heimkinder. Bla, bla, bla. Du hättest mal hören sollen, wie der das Wort „Heimkinder" ausgesprochen hat. In solchen Momenten wird mir wieder klar, daß wir Erzieher auf der Seite der Kinder stehen müssen. Der Lehrer hat dann verlangt, daß Armin sich bei ihm entschuldigen müsse, dann würde er sich auch in der Konferenz für ihn einsetzen und von einer Strafversetzung in eine andere Klasse absehen. Hoffentlich kriege ich Armin dazu, sich zu entschuldigen, der beißt sich sonst lieber die Zunge ab.

Der Heimleiter meinte auch, daß es zu unseren Aufgaben gehörte, zu „mitteleuropäischen Höflichkeitsformen" zu erziehen. Er wäre jedesmal gestreßt, wenn Besuch vom Amt käme und die Kinder nur so mit „Fäkalausdrücken" um sich werfen würden. Da hat der mir doch so hinten herum beigebracht, daß ich die Kinder nicht richtig erziehen würde. Das macht der häufig, nicht direkt sagen, was ihm stinkt, nein, so vornehm hier mal 'ne Andeutung, dort ein vorwurfsvoller Blick. Das macht mich ganz unsicher. Kommt er in die Gruppe, kommt er todsicher dann, wenn ich beim Kaffee sitze, guckt dann so herum, begrüßt die Putze, läßt so'n Korken los und verschwindet wieder im Glaskasten. Dort hockt er dann mit dem Stellvertretenden. Deren Maul muß ganz zerfasert sein vom ständigen Quatschen, auf jeden Fall müssen die nach Dienstschluß Muskelkater in den Backenmuskeln haben.

Vorige Woche habe ich zum letzten Mal, das schwöre ich Dir, versucht, in die Werkstatt zu kommen. Ein paar Kinder wollten sich Go-Karts bauen. Achsen und Räder hatten sie irgendwo aufgetrieben. Meinst Du, es wäre mir gelungen, den Schlüssel aufzutreiben? Er war weg! Erst soll ihn der Hausmeister gehabt haben. Der weigerte sich, seinen herauszurücken, der eine Erzieher von Gruppe III hätte ihn. Der war nicht im Dienst und hatte ihn mit nach Hause genommen. Da bin ich zum Leiter gepest, die Kinder immer hinter mir her, damit der den Hausmeister veranlassen sollte, aufzuschließen. Der Leiter ließ sich erst einmal lang und breit erzählen: wofür, warum, wieso, welche Kinder, wo die die Räder herhaben, ob sie etwa geklaut seien, schließlich auch noch, ob ich denn Seifenkisten bauen könnte? Da hatte ich dann keine Lust mehr. Ich wußte nicht wirklich nicht, wie man Bremsen baut, und die wären Pflicht, meinte der Leiter, sonst könne er nicht verantworten, daß die Kinder damit auf dem Bürgersteig fahren. Mittlerweile hatten die Kinder auch keine Lust mehr. Sie bewarfen sich mit den Rädern und fochten mit den Achsen. Sah ja echt gefährlich aus, ich hatte aber keinen Mut mehr, den Kindern auch das noch zu verbieten, sollte es ein anderer machen.

Auf der Erzieherbesprechung kann man auch nicht ehrlich reden. Da tun alle so, als hätten sie die Probleme alle im Griff. Wenn ich dann von mir aus Schwierigkeiten erzählte, dann sah es nach kurzer Diskussion immer so aus, als wären das alles Anfängerprobleme, Axel, ein Kollege von mir, hat mich dann mal beiseite genommen und mich darauf aufmerksam gemacht, daß der Leiter nicht alles zu wissen brauche. Ich sollte mich mal vorsehen, der würde schließlich auch meine Beurteilung schreiben. Ehrlich, daran hatte ich gar nicht gedacht. Jetzt bin ich auch vorsichtiger. Ich habe aber trotzdem den Eindruck, daß sich die anderen Kollegen auch nicht so wohl fühlen. Mir ist aufgefallen, daß Wolfgang, auch einer von unserem Team, ziemliche Probleme haben muß. Ich hielt ihn bis zu diesem Vorfall einfach nur für autoritär, weil er die Kinder immer ganz schön anschnauzt. Bei mir beschweren sie sich dann, aber was soll ich denn dann sagen, ich kann doch Wolfgang nicht in den Rücken fallen? Bei der letzten Dienstübergabe war es ganz gespenstisch. Wolfgang kam rein und hockte sich auf's Sofa. Er sah ganz grau aus und zitterte an den Händen. Obwohl Alkohol bei uns im Heim verboten ist, haben wir immer eine Flasche im Schrank. Von diesem kippte sich Wolfgang dann gleich einen ordentlichen Schluck in den Kaffee. Ich frage ihn ganz vorsichtig, was denn los sei, da bricht's wie ein Wasserfall aus ihm heraus: „Alles geht schief, die Kinder haben Angst vor mir, die Kollegen schneiden mich!" So ging es eine ganze Weile. Es kam dann heraus, daß er kurz vor der Scheidung steht. Er meinte, er würde immer mehr versacken, nichts ginge mehr, ich sollte noch ein wenig dableiben und einen saufen, darin hätte er Übung. Du kannst Dir vorstellen, wie erschrocken ich war. Da platzten auch noch ein paar Kinder ins Erzieherzimmer. Sie hatten früher Schule aus, sahen die Flasche auf dem Tisch und riefen hämisch: „Alkohol im Heim ist verboten. Wenn ihr es tut, kaufen wir uns auch 'ne Pulle. Und wehe, ihr nehmt sie uns weg, dann verraten wir euch!" Wolfgang wollte sich auf sie stürzen. Ich konnte ihn gerade noch festhalten und die Kinder selber rausjagen. Vor der Tür haben sie dann weitergemacht, haben besoffen gespielt und dauernd „Prost" gerufen. War echt schlimm! Ich habe dann Axel angerufen, ob der für Wolfgang Dienst machen kann. Nach 'ner Weile kam er dann auch. Ich habe den Wolfgang dann nach Hause gebracht. Da stellte sich heraus, daß er schon gar nicht mehr zu Hause wohnt, sondern ein Appartement hat. Komisch, gerade Wolfgang wirkte immer so sicher.

So, mein Lieber, jetzt bin ich es erst mal losgeworden. Ziemlich verworren alles, nicht wahr? Schreib mir doch, bitte, was Du davon hältst und wie Du Dir vorstellen kannst, den „Gilb" hier herauszuzwingen.

Liebe Grüße,
Deine Nora

Augustin/Brocke: „Arbeit im Erziehungsheim", S. 82 ff.

AUFGABEN

1. Beim Lesen des Briefes werden Sie festgestellt haben, daß von den Kindern, mit denen Nora arbeitet, eher am Rande die Rede ist. Was ist es, was Nora über die unmittelbare pädagogische Arbeit mit den Kindern hinaus so sehr belastet?
2. Bilden Sie vier Gruppen. Erstellen Sie für je einen Bereich (Kindergarten, Heim, Hort, Offene Jugendarbeit) eine aus drei Kreisen bestehende Grafik.
    1. Kreis: Anforderungen, die sich aus dem unmittelbaren pädagogischen Bezug ergeben.
    2. Kreis: Anforderungen institutioneller Art (Kolleginnen, Organisation usw.)
    3. Kreis: Anforderungen Dritter
3. Tragen Sie die Ergebnisse zusammen. In welchen Bereichen gibt es übereinstimmende Anforderungen, wo gibt es Unterschiede?

Professionell als Erzieherin zu arbeiten heißt nicht nur, vertraut zu sein mit den Anforderungen, die sich aus dem alltäglichen und geplanten pädagogischen Handeln mit dem Adressaten ergeben. Volle Professionalität erfordert, all den Anforderungen und Erwartungen gerecht zu werden, die sich ebenfalls aus der Erzieherinnenrolle ableiten.

- Als Erzieherin bin ich gleichzeitig Kollegin von anderen Erzieherinnen. Daraus ergibt sich die Notwendigkeit, mich mit diesen abzustimmen, etwa hinsichtlich der pädagogischen Inhalte und Ziele oder hinsichtlich organisatorischer Aufgaben wie notwendige Anschaffungen, Planung und Durchführung gemeinsamer, das ganze Haus betreffende Aktionen, Regelung von Dienstplänen, des Überstundenausgleichs oder ähnlichem.
- Als Erzieherin bin ich nicht „Mutter" der mir anvertrauten Kinder und Jugendlichen. Meine pädagogische Arbeit ergänzt in der Regel die der Erziehungsberechtigten. Daraus ergibt sich die Notwendigkeit des Austauschs und der Vermittlung von pädagogischen Vorstellungen und Erwartungen.
- Als Erzieherin bin ich Angestellte eines Trägers, der Kommune, der Kirche oder eines „freien" Trägers. Daraus ergibt sich eine Verpflichtung gegenüber diesem hinsichtlich der Legitimation der Arbeit.
- Als Erzieherin bin ich Arbeitnehmerin. Daraus sollte sich ein Interesse ableiten, mich gemeinsam mit anderen für die Belange meiner Berufsgruppe einzusetzen, seien es Tarifverträge, Arbeitszeitregelungen, Gruppenstärken innerhalb von Einrichtungen etc.
- Als Erzieherin bin ich gefordert, mich für aktuelle Neuerungen in meinem Bereich zu interessieren. Daraus ergibt sich die Notwendigkeit der Nutzung von Angeboten der Fortbildung und der Lektüre von Fachzeitschriften.

Diese Liste ließe sich fortsetzen.
Aus der Auflistung ergibt sich ein Teil der Anforderungen, die Inhalt der IV. Entwicklungsaufgabe sind.

- Ausbau und Sicherung der pädagogischen Handlungskompetenz
- Aneignung von Wissen über Kooperationspartner
- Wissen um die außerpädagogischen Aufgaben der Erzieherin
- sichere Identifikation von pädagogischen Anlässen
- Umsetzung erkannter Anlässe in prinzipiengeleitete Erziehungspläne, didaktische Einheiten, Projekte etc.
- Strukturierung aktiver Team- und Elternarbeit
- Entwicklung von Strategien zur Durchsetzung, Realisierung eigener Handlungsperspektiven
- Übernahme der vollen Berufsrolle mit der damit verbundenen Verantwortung.

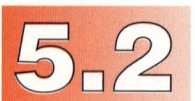

5.2 „Sozialpädagogische Arbeit ist mehr als die Beschäftigung mit Kindern und Jugendlichen"
oder
Aspekte erzieherischer Professionalität

5.2.1 „Gemeinsam und nicht einsam"
oder
Teamarbeit

Das Team ist die Basis jeder erfolgreichen pädagogischen Arbeit in Institutionen, in Kindergarten und Heim, in Jugendzentrum oder Hort. Diese Aussage würde sicher die überwältigende Mehrheit der Kolleginnen in sozialpädagogischen Einrichtungen unterschreiben. Und trotzdem: So sehr die Notwendigkeit eingesehen wird, so sehr hat man in vielen Einrichtungen den Eindruck, daß die Mitarbeiterinnen eher dem Beispiel der folgenden Karikatur nacheifern.

Augustin/Brocke: „Arbeit im Erziehungsheim", S. 96.

Es braucht offensichtlich seine Zeit, bis Erzieherinnen (aber auch andere pädagogische Berufsgruppen!) den Punkt erreichen, an dem sie einsehen, daß Teamarbeit eine hochgradig entlastende Funktion hat. Das erfährt man aber erst dann, wenn man es praktiziert und die Schwierigkeiten, die jedes Team in der Anfangsphase begleiten, überwunden sind.

Text 1:

„Ein Telefongespräch"

Bei Beate klingelt das Telefon. Sie ist gerade vom Einkaufen nach Hause gekommen.

Am anderen Ende der Leitung: Beates Freundin Sylke. Die beiden kennen sich seit ihrem Anerkennungsjahr, das sie zusammen in einem Kindergarten geleistet haben. Sylke arbeitet immer noch in dieser Einrichtung – seit 2 Jahren. Beate hat den Kindergarten gewechselt, weil vor 2 Jahren dort keine Stelle frei war, um sie zu übernehmen.

Beate: „Hallo Sylke, schön, daß Du anrufst. Du hörst Dich aber sehr abgearbeitet an!"

Sylke: „Bin ich auch. Ich komme gerade aus dem Kindergarten." (...)

B.: „Aber heute hättest Du doch schon um 12 Uhr frei haben sollen."

S.: „Das habe ich auch gedacht. Aber meine liebe Kollegin, Frau Meyer – ich glaube, ich habe Dir schon mal von ihr erzählt – ist schon wieder krank. Das dritte Mal in diesem Jahr. Ich weiß ja nicht, was dahintersteckt. Ich mußte dann die Vertretung für sie machen."

B.: „Aber Du mußtest doch schon beim letzten Mal aushelfen. Habt Ihr das nicht zusammen besprochen? Das muß doch sein!"

S.: „Du kennst doch unsere Leitung. Die sitzt den ganzen Tag im Büro und hat die Tür geschlossen. Sie beschwert sich höchstens einmal, wenn die Kinder im Flur spielen. Wenn dann etwas nicht klappt, gibt sie mir einfach eine Anweisung. Ich kann dann sehen, wie ich meinen Einkauf schaffe."

B.: „Das ist bei uns wirklich anders. Mit Jutta kann man reden. Sie macht auch den Gruppendienst mit, wenn jemand überraschend ausfällt. Wenn sie keine Zeit hat, dann bereden wir das Problem gemeinsam, wer von uns die Arbeit machen kann. Wir versuchen auch, die Belastung auf alle gleichmäßig zu verteilen. Ich glaube, Ihr solltet Euch einmal zusammensetzen und mit der Leiterin reden. Die Kolleginnen finden das doch sicher auch unmöglich. Rede doch einmal mit Ute darüber. Zusammen …"

S.: „Ute ist doch seit zwei Monaten weg. Ich hab Dir doch damals erzählt, daß sie wieder zur Schule geht. Seit Ute weg ist, kann ich mit niemandem mehr ernsthaft reden. Alle machen die Tür vom Gruppenraum zu. Ich traue mich gar nicht mehr hineinzugehen. Alle Spielsachen sind gekennzeichnet – und wehe es findet sich ein Klotz mit einem blauen Punkt bei meiner Gruppe. Monika hat letzte Woche die Glasscheibe ihrer Tür von innen mit Bildern zugeklebt. ‚Damit es drinnen gemütlicher ist', hat sie mir gesagt. Ich glaube, sie macht das, damit keiner in den Raum hineinschauen kann. Seit Ute wieder zur Schule geht, wird auch im Pausenraum und im Garten kaum noch über etwas geredet, was bei der Arbeit hilft. Alle arbeiten isoliert vor sich hin. Und dann habe ich auch noch das Gefühl, daß die anderen mich dauernd beobachten. Die einzige, mit der ich noch offen reden kann, ist Frau Wieland."

B.: „Die Putzfrau?"

S.: „Ja. Sie ist die einzige im ganzen Kindergarten, die mir noch hilft. Da macht es dann auch nichts, wenn wir den Raum nicht ganz so sauber hinterlassen. Mit Frau Wieland kann ich das alles vorher besprechen. Sie hat für meine Arbeit mehr Verständnis als viele meiner Kolleginnen."…

FIPP: „Bausteine für die pädagogische Arbeit…", S. 289 f.

AUFGABEN

1. Welche Probleme werden im Text 1 angesprochen? Was würden Sie Sylke raten, um einen Teil ihrer Probleme zu lösen?
2. Tauschen Sie innerhalb der Klasse aus, welche Erfahrungen Sie bisher mit Teamarbeit gemacht haben.
3. Teilen Sie die Klasse in zwei Gruppen auf. Die eine Gruppe sammelt alle Argumente für Teamarbeit, die andere Gruppe sammelt alles, was dagegen spricht. Diskutieren Sie pro oder contra.
4. Was glauben Sie, macht Teamarbeit in der Praxis so schwierig bzw. woran scheitert Teamarbeit so oft?
5. Welche Eigenschaften müßte Ihrer Ansicht nach eine Person haben, von der man sagen könnte, sie sei in hohem Maße teamfähig?
6. Was glauben Sie, wie man sich diese Eigenschaften aneignen kann?
7. Um Ihnen Gelegenheit zu geben Teamfähigkeit einzuüben, schlagen wir vor, folgendes Rollenspiel durchzuführen:

SZENARIO

„Ein Jugendlicher (15 1/2 Jahre), Bewohner einer Außenwohngruppe eines Kinderheims, hat mehrfach den abendlichen Ausgang um zum Teil ein bis zwei Stunden überschritten. Bei seiner verspäteten Rückkehr war er mitunter stark angetrunken."

Gesprächsteilnehmer:
Timo: Erzieherpraktikant im Anerkennungsjahr
Kirsten: Leiterin der Außenwohngruppe
Eva: Erzieherin
Frau Vatter: Pädagogische Leiterin des Heimverbundes
Herr Klaus: Psychologe/Heimleiter

Während das Team sich auf das Rollenspiel vorbereitet, sollte die verbleibende Gruppe Kriterien aufstellen, unter denen sie die Rollenspieler hinsichtlich ihrer Teamfähigkeit beobachten will.

Hier einige Anregungen:

- ◆ Übernimmt jemand die Gesprächsleitung?
- ◆ Dominieren einzelne Personen?
- ◆ Gesprächskultur? Läßt man sich ausreden? Geht man auf die Argumente des anderen ein?
- ◆ Verleiht jemand seinen Argumenten unter Hinweis auf seine Funktion oder Ausbildung Nachdruck?
- ◆ Versucht man Kompromisse zu erreichen oder diskutiert man kontrovers?
- ◆ Sind die Argumente sachbezogen oder z. B. vorurteilshaft-emotional-persönlich?

Nach dem Ende des Teamgesprächs sollten zunächst die Teilnehmer Gelegenheit haben, ihre Eindrücke zu vermitteln.
Danach sollten die Beobachter das Gespräch anhand ihres Kriterienkatalogs beurteilen. Fühlen die Spieler sich angemessen verstanden?

Text 2:

Warum gibt es in vielen Einrichtungen keine Teamarbeit?

Es kann davon ausgegangen werden, daß die Teamarbeit in der Einrichtung eine gute Basis für die pädagogische Arbeit ist. Dies nicht zuletzt deshalb, weil dem Erziehungsziel „Kooperationsfähigkeit" auf der Ebene der Kinder eine kooperative Zusammenarbeit der Erzieher entsprechen würde. Aber wie ist die Situation in der Praxis? Obwohl die gemeinsame Planung, der Erfahrungsaustausch und das ständige Lernen in der Gruppe dringend notwendig wären, sind in vielen Kindergärten dafür nur wenige Ansätze zu finden: Es gibt keine festgelegten Kooperationsformen; Arbeits-, Kompetenz- und Verantwortungsabgrenzung sind jeweils auf den einzelnen Erzieher zugeschnitten; in Teambesprechungen werden vorwiegend organisatorische Fragen geklärt; für die pädagogische Arbeit gilt eher das Prinzip des Nichteinmischens …

Wir haben in mehreren Kindergärten gefragt, welche Widerstände und Barrieren eine intensive Zusammenarbeit der pädagogischen Mitarbeiter verhindern. Die Überlegungen der Erzieher liefen immer wieder auf folgende Punkte hinaus:

- Mehrere Erzieher sagten, sie hätten Angst, die Kollegen an ihrer Alltagspraxis teilnehmen zu lassen. Sie sind sich ihrer selbst und ihrer pädagogischen Fähigkeiten nicht sicher genug und wagen es deshalb nicht, mit den anderen in einen Erfahrungsaustausch zu treten.
- Häufig wurden die unterschiedlichen Ausbildungsvoraussetzungen im Team als Grund für gespannte Beziehungen zwischen den einzelnen Mitarbeitern genannt. Zwischen Sozialpädagogen, Erziehern, Praktikanten und Kinderpflegerinnen gibt es Beziehungen von oben nach unten, hierarchische Strukturen, die Angst, Minderwertigkeitsgefühle und Abwehr hervorrufen können. Beispielsweise können Sozialpädagogen, die eine andere Ausbildung als die Erzieher haben, im Mitarbeiterteam durch theoretische Diskussionsbeiträge dominieren. Besonders problematisch ist es für ein Team, wenn nicht einsehbare Unterschiede in der Bezahlung für gleiche Arbeit vorliegen. (...)
- Konflikte löst auch die häufig ungeklärte Rolle der Leitung aus. Welche Aufgaben hat die Leitung? Wird sie in erster Linie als Kontrolle empfunden? Wird sie auf Verwaltungsaufgaben reduziert? Nimmt sie die Außenvertretung des Kindergartens wahr? Wird sie an der pädagogischen Arbeit beteiligt? Solange solche und andere Fragen nicht angesprochen und in der Gruppe geklärt werden, wird es Mißverständnisse und Vorbehalte geben, die eine offene Zusamenarbeit im Team verhindern können.
- Von manchen Erziehern wurden Generationsprobleme als Hindernis für eine Zusammenarbeit der Mitarbeiter genannt und dabei auf grundlegend unterschiedliche Einstellungen und Ansichten, auch in bezug auf Erziehung, verwiesen. Diese Einschätzung ist aber von Einrichtung zu Einrichtung verschieden. Aus anderen Gruppen wird berichtet, daß besonders die Kommunikation zwischen jüngeren und älteren Kollegen zu einem reichen Erfahrungsaustausch und zum Ausgleich in konflikthaltigen Auseinandersetzungen führt.
- Übereinstimmend wird die besondere Berufssituation der Erzieher als Erschwernis für eine sinnvolle Zusammenarbeit genannt. Die geringe Wertschätzung, die in unserer Gesellschaft bisher der Kleinkindererziehung zukam, wirkt sich für manche Erzieherin so aus, daß sie, resignierend und an den eigenen Fähigkeiten zweifelnd, keinen Mut für weiteres berufliches Engagement aufbringt. Es kommt hinzu, daß die überwiegende Mehrzahl der Erzieher im Kindergarten Frauen sind. Das hat Konsequenzen für das Mitarbeiterteam: Es gibt häufige Arbeitsplatzwechsel, weil Frauen sich meist nach den beruflichen Entwicklungen ihrer Männer richten. Manche Kolleginnen betrachten ihren Beruf nur als kurzfristige Beschäftigung vor Ehe und Familiengründung, sind deshalb weniger an längerfristigen Berufsorientierungen interessiert. Einige Frauen sind aufgrund der Doppelbelastung durch Beruf und Familie aus verständlichen Gründen nicht in der Lage, sich mehr als unbedingt notwendig um die Belange des Kindergartens zu bemühen – dies vor allem bei Halbtagsbeschäftigung. Schließlich fällt es Frauen noch recht schwer, im Team zusammenzuarbeiten. Es herrscht vielerorts die Vorstellung, daß die Art, in der Frauen miteinander umgehen, weniger arbeitsbezogen und sachlich sei als in einer Gruppe von Männern und Frauen. (...)

Colberg-Schrader: „Arbeitsfeld Kindergarten", S. 89 ff.

Text 3:

Regeln für Diskussionsteilnehmer

Die folgenden 29 Regeln sollen nicht etwa auswendig gelernt und blind befolgt werden. Sie sind als Vorschläge gedacht, nicht als Vorschriften. Wenn ihr sie als Denkanstöße verwendet, können sie euch helfen, euer eigenes Diskussionsverhalten genauer kennenzulernen und kritisch zu überprüfen. Möglicherweise wird euch bei der einen oder anderen Regel zunächst fraglich erscheinen, ob sie uneingeschränkt brauchbar ist. In diesem Falle solltet ihr euch überlegen, wie es sich vermutlich auswirkt, wenn man anders handelt. Falls ihr dabei zu dem Ergebnis kommt, daß man besser anders handeln sollte, dann tut es. Vielleicht könnt ihr auch beide Möglichkeiten einmal ausprobieren. Aber verlaßt euch im Zweifelsfall mehr auf euer eigenes Hirn als auf vorgegebene Regeln!

1. Höre den anderen aufmerksam zu und versuche herauszufinden, worauf es ihnen besonders ankommt.

2. Hab keine Angst nachzufragen, wenn du etwas nicht verstanden hast. Die anderen, die es auch nicht kapiert haben, sind dir dankbar.

3. Wenn du anderer Meinung bist als der, der gerade redet, höre ihn trotzdem zu Ende an. Versuche herauszufinden, wo die Weggabelung liegt, wo er mit seinen Überlegungen in eine andere Richtung abbiegt.

4. Rede, wie dir der Schnabel gewachsen ist. Vergiß den Deutschunterricht. Es kommt nicht darauf an, daß du grammatikalisch einwandfreie Sätze bildest, sondern daß die anderen verstehen, worauf es dir ankommt.

5. Drücke dich möglichst einfach, knapp und präzise aus. Zuhören ist anstrengender als reden.

6. Halte keine Monologe. Sag die wichtigsten Dinge dreimal, die wichtigen einmal und die unwichtigen gar nicht.

7. Überlege dir, ob das, was du sagen möchtest, zum Thema gehört. Oder möchtest du es bloß gerne loswerden, weil es dir gerade eingefallen ist?

8. Bemühe dich, sachlich zu sein. Aber bei aller Sachlichkeit brauchst du nicht so zu reden, als ob es dich nichts anginge. Zeige ruhig, daß du dich angesprochen fühlst, daß du engagiert bei der Sache bist.

9. Sei in der Sache hart, aber im Ton freundlich. Zeige deutlich, daß du nicht die Person angreifen möchtest, sondern eine ihrer Ansichten. Wenn du schärfer geschossen hast als es fair war, hab den Mut, es zurückzunehmen und dich zu entschuldigen.

10. Wenn du jemandem widersprichst, hebe auch die Punkte hervor, in denen du mit ihm einig bist. Vielleicht faßt du zu Beginn kurz zusammen, wie du seine Aussage verstanden hast.

11. Beschränke dich auf wenige, aber gute Argumente. Deine schwachen Argumente schwächen deine starken Argumente.

12. Trau dich, deine Meinung zu sagen, auch wenn die Mehrheit möglicherweise ganz anderer Ansicht ist. In der Mehrheit zu sein, heißt noch lange nicht, im Recht zu sein. (Das gilt übrigens nicht nur, wenn du in der Minderheit bist.)

13. Hab keine Angst zu streiten. Aber streite fair.

14. Wenn du besser reden kannst: Hau die anderen nicht mit wohlgesetzten Worten in die Pfanne! Wenn du nicht so gut reden kannst (oder nicht in Form bist): Laß dich nicht unterbuttern! Kämpfe!

15. Zeige nicht nur, wenn du anderer Meinung bist; zeig auch, wenn du einverstanden bist. Hebe die bereits erzielten Gemeinsamkeiten hervor, dann ist es leichter, über die noch umstrittenen Punkte Einigkeit zu erzielen!

16. Wenn du dich mit jemandem nicht einigen kannst: Schweife nicht ins Allgemeine, Abstrakte ab – dort könnt ihr euch ewig streiten. Sucht gemeinsam nach konkreten Einzelfällen und nach Gegenbeispielen, falls es sie gibt!

17. Trau dich, auch unausgegorene Gedanken einzubringen! Die Gruppe soll dir helfen, sie zu Ende zu denken.

18. Hab keine Angst, etwas Falsches zu sagen. Wenn du später merkst, daß du Blödsinn geredet hast, hab den Mut, deinen Irrtum einzugestehen! Es haben sich schon mehr Leute geirrt.

19. Falls du recht gehabt oder dich durchgesetzt hast: Freu dich, aber erspare dir und den anderen billige Triumphe!

20. Niemand steckt gern eine totale Niederlage ein. Wer in die Enge getrieben wird, bekommt dreifache Kräfte. Wenn sich das Blatt zu deinen Gunsten wendet, bau deinen Gegnern Brücken, komm ihnen entgegen, damit sie zurückstecken können, ohne das Gesicht zu verlieren!

21. Wenn du persönlich angegriffen wirst: Zahle nicht mit gleicher Münze zurück. Überleg dir, was der sachliche Kern des Angriffs ist, beantworte ihn und „übersieh" den Rest!

22. Versuche nach Möglichkeit, gelassen zu bleiben! Wer sich aufregt, hat zwar noch lange nicht Unrecht, aber er verliert leicht die Übersicht.

23. Gehe davon aus, daß es die anderen mit ihren Aussagen genauso ehrlich meinen wie du.

24. Polemik macht meistens nur einer von beiden Seiten Spaß. Geh sparsam mit ihr um – du sollst deine Gesprächspartner nicht ärgern, sondern mit ihnen reden.

25. Ob du Humor hast, erkennt man weniger an deinen Witzen als daran, daß du dich nicht bei jeder Kleinigkeit angegriffen fühlst.

26. Scheue dich nicht, ein gutes Argument oder einen guten Vorschlag zu wiederholen, wenn er im Eifer des Gefechts untergegangen ist. Sei ruhig hartnäckig.

27. Führe keine Privatgespräche.

28. Überlaß die technische Seite des Gesprächs nicht völlig dem Diskussionsleiter. Er kann auch Fehler machen oder etwas übersehen. Unterstütze und kontrolliere ihn gleichzeitig.

29. Du hast nicht nur das Recht zu reden, du hast auch das Recht, den Mund zu halten, wenn dir danach ist. Wenn du nichts sagen willst, laß dich nicht dazu nötigen.

Berner, W: „Jugendgruppen organisieren", S. 369 f.

Text 4:

„Aufgaben der Diskussionsleitung"

Der Diskussionsleiter ist in besonderem Maße dafür verantwortlich, daß das Gespräch fair, konstruktiv und mit möglichst wenig Leerlauf über die Bühne geht. Er muß sich daher besonders um das Wie der Diskussion, also um ihre technisch-organisatorische Seite kümmern. Die übrigen Gesprächsteilnehmer sollen den Diskussionsleiter bei seiner Aufgabe unterstützen, ihn aber auch kontrollieren, damit er seine Rolle nicht benutzt, um das Gespräch in seinem Sinne zu beeinflussen. In erster Linie ist es jedoch die Aufgabe des Diskussionsleiters, dafür zu sorgen,

- daß allen Gesprächsteilnehmern bekannt – und bewußt – ist, was das Thema der Diskussion ist und welches Ziel sie hat,
- daß jeder, der etwas sagen möchte, die Gelegenheit dazu bekommt,
- daß nicht über mehrere Fragen gleichzeitig diskutiert wird, sofern es möglich ist, sie zu trennen,
- daß umfangreiche Themen in überschaubare Einzelfragen untergliedert werden und daß diese Untergliederung auch eingehalten wird,
- daß sachliche Meinungsunterschiede nicht in persönliche Anfeindungen umschlagen,
- daß unter der Maske einer sachlichen Auseinandersetzung persönliche Feindschaften oder Rivalitäten ausgetragen werden,
- daß unterschiedliche Positionen klar herausgearbeitet werden,
- daß schwer verständliche Diskussionsbeiträge „übersetzt" werden, damit alle Beteiligten die Übersicht über die Diskussion behalten,
- daß die Diskussionsbeiträge nicht zu ausführlich werden und sich nicht in Nebensächlichkeiten verlieren,
- daß der rote Faden im Auge behalten wird und die Diskussion nicht abdriftet, weil sich beispielsweise an Punkten Streit entzündet, die überhaupt nicht zum Thema gehören,

- daß die Ergebnisse und Zwischenergebnisse festgehalten werden,
- daß sich die Diskussion nicht mehr mit Fragen beschäftigt, die bereits entschieden sind, und
- daß am Ende allen Teilnehmern klar ist, zu welchen Ergebnissen die Diskussion geführt hat, was noch offen ist und welche Schritte als nächste unternommen werden müssen.

ebd., S. 355.

Man sieht, daß es bei der Diskussionsleitung nicht nur darum geht, die Liste mit den Wortmeldungen zu verwalten. Und es ist klar, daß es viel Geschick erfordert, eine Diskussion wirklich gut zu leiten – Geschick, das man nur durch Übung erwerben kann.

Text 5:

„Konflikte im Team lösen."

Erster Schritt:

Den Konflikt identifizieren und definieren – die Störung „anmelden"

Ein Gruppenmitglied artikuliert eine Störung. Es benennt eine Situation, mit der es nicht zurechtkommt, die es – seiner Auffassung nach – in seiner Handlungsfähigkeit einengt. Die Gruppe hört zu. Das betreffende Gruppenmitglied soll deutlich und konkret sagen, welches Verhalten es als störend empfindet. Wichtig für das Konfliktgespräch ist, daß das betroffene Gruppenmitglied deutlich sagt, daß es nach seiner Empfindung einen Konflikt gibt, von dem es sich durch das Gespräch eine befriedigende Lösung erhofft. Daher ist es notwendig, daß das Gruppenmitglied der Gruppe – oder einzelnen Gruppenmitgliedern – mitteilt, welche Empfindungen es hat, welche Interessen nicht befriedigt werden oder was es stört. Für den Erfolg des Konfliktgespräches ist es wichtig, daß das Gruppenmitglied den anderen deutlich macht, daß es sein Wunsch ist, sich mit ihnen an der Suche einer für alle Seiten annehmbaren Konfliktlösung zu beteiligen. Ziel der Konfliktlösung ist eine Verabredung, mit der alle Gruppenmitglieder leben können. Entscheidend für den Kommunikationsprozeß ist, daß das betreffende Gruppenmitglied „Ich-Botschaften" aussendet. „Ich-Botschaften" beschreiben eigene Interessen, Gefühle, Empfindungen und verletzen nicht, im Gegensatz zu Aussagen, die den anderen herabsetzen oder beschuldigen.

Zweiter Schritt:

Sammlung verschiedener Auffassungen zum Gegenstand des Konfliktes

Im Laufe des Konfliktgespräches sagen nun die Gruppenmitglieder ihre Meinung zum Gegenstand des Konfliktes. In dieser Phase des Konfliktgespräches ist es besonders wichtig, daß alle Gruppenmitglieder ihre Meinungen sagen können, ohne daß die einzelnen Stellungnahmen gleich bewertet werden. Die verschiedenen Meinungen zum Gegenstand des Konfliktes werden quasi nebeneinandergestellt. Die Gruppenmitglieder sollten ihre Meinung persönlich begründen: „Ich bin der Meinung, daß…, weil …"

Dritter Schritt:

Herausarbeitung der Hintergrundbedürfnisse

Die Gruppenmitglieder erhalten in dieser Phase des Gespräches die Möglichkeit, ihre Bedürfnisse weiter zu klären und unter Umständen noch nicht deutlich formulierte Gefühle zu äußern. Die Gruppenmitglieder erhalten Zeit und Gelegenheit, noch nicht ausgesprochene Gefühle darzustellen, damit auch die Hintergrundbedürfnisse geklärt werden können. Auch für diese Phase des Konfliktgespräches kommt es noch nicht darauf an, Lösungen parat zu haben. Es geht einzig und allein darum, den anderen anzuhören und zu verstehen. Die Herausarbeitung der verschiedenen Motive, Bedürfnisse, Hintergrundbedürfnisse steht jetzt im Mittelpunkt des Gespräches.

Vierter Schritt:

Formulierung von Wünschen

Im weiteren Verlauf des Gespräches wird versucht, die einzelnen Gruppenmitglieder zu befähigen, ihre Störungen in Wünsche umzuformulieren. Bis zu diesem Punkt formulierten die einzelnen eher vergangenheitsbezogen die konkrete Stimmungslage und versuchen daraus auf ihre Bedürfnisse zu schließen. Nunmehr versuchen die Gruppenmitglieder, zukunftsorientiert zu formulieren.

Fünfter Schritt:

„Brainstorming" über mögliche Lösungen

In dieser Phase des Gespräches geht es um die Erkundung einer tragfähigen, alle Beteiligten befriedigenden Lösung. Ehe man das kann, nennen alle Gruppenmitglieder mögliche Lösungen. In einer Art „Brainstorming" formulieren die Gruppenmitglieder Lösungsmöglichkeiten, ohne daß sie bereits auf ihre mögliche Praktizierbarkeit, Umsetzung untersucht und beurteilt werden. Daher wird in dieser Phase des Gespräches kein Vorschlag kritisiert. Es tritt jedoch bereits eine gewisse Entspannung ein, weil die vielfältigen Lösungsmöglichkeiten zeigen, daß für einen Konflikt diverse Lösungen denkbar sind.

Hübner/Rocholl: „Soziales Praktikum", S. 140 f.

Sechster Schritt:

Herausarbeiten einer Lösung, die alle befriedigt und die tragfähig erscheint

Auf der Grundlage der verschiedenen Lösungsmöglichkeiten bemüht sich die Gruppe nunmehr, sich auf eine tragfähige, für alle Beteiligten akzeptierbare Lösung zu verständigen. Die Verständnisbereitschaft, eine tragfähige Lösung zu finden, ist im allgemeinen recht groß, weil die Gruppenmitglieder sich verstanden fühlen und im Laufe des Konfliktgespräches festgestellt haben, daß die anderen ihre Interessen wichtig nehmen. Das einzelne Gruppenmitglied ist deshalb auch bereit, an der Erarbeitung eines von allen Beteiligten akzeptierten Kompromisses mitzuwirken, also auf die eigene Position in einem gewissen Maße zugunsten der Gruppenlösung zu verzichten.

AUFGABEN

1. Worin sieht der Text 2 eine Notwendigkeit für Teamarbeit? Woran scheitert Teamarbeit immer wieder? Wie bewerten Sie die Aussage, daß Frauen weniger zur Teamarbeit befähigt seien als Männer? Gibt es eigene Erfahrungen, die für bzw. gegen diese These sprechen?
2. Diskutieren Sie auf der Grundlage Ihrer bisherigen Erfahrungen die Frage der zeitlichen Regelung der Teamarbeit (Text 3). Wie beurteilen Sie den Vorschlag täglicher Teamsitzungen?
3. Teamarbeit lebt im wesentlichen von der kommunikativen Kompetenz der an ihr Beteiligten. Die Texte 4 und 5 enthalten Anregungen, wie man die Kommunikationsstruktur in Teams verbessern kann. Wenden Sie die Anregungen und Regeln in einem Rollenspiel an.

Lesetip

Fischer, H.: Teamarbeit im Kindergarten. Freiburg 1994

Werner, D.: Dienstbesprechung – Fachaustausch oder unnötiger Streß? In: Klein & Groß, H. 10, 1994, S. 22-23

Weitere Literatur- und Informationshinweise

Arbeitsgemeinschaft für Gruppenberatung: Team Arbeit. Methoden – Erfahrungen – Hilfen. Linz 10. A. 1986

Leupold, E. M.: Handbuch der Gesprächsführung. Problem- und Konfliktlösung im Kindergarten. Freiburg-Basel-Wien 1995

"Wir müssen mal wieder einen Elternabend durchführen"
oder
Elternarbeit in sozialpädagogischen Institutionen

Elternarbeit im Kindergarten

Die Elternarbeit umfaßt alle Tätigkeiten der Erzieherinnen, die im Zusammenhang stehen mit der Beziehung zu den Eltern der Kinder in der jeweiligen Einrichtung (Elternabende, Elterngespräche, Elternsprechstunden usw.).
Da Sie während der Praktika schon erste Erfahrungen bezüglich der Elternarbeit gesammelt haben bzw. in den Einrichtungen Diskussionen über die Elternarbeit im Team verfolgt haben, möchten wir Sie bitten, in drei Schritten eine Bestandsaufnahme Ihrer Erfahrungen und Meinungen vorzunehmen.

AUFGABEN

1. Schreiben Sie in die Mitte eines leeren Blattes den Begriff Elternarbeit und notieren Sie anschließend spontan alle Begriffe, die Sie mit dem Begriff verbinden.
Tauschen Sie anschließend Ihre Ergebnisse in Kleingruppen aus.
Folgende Fragen sollten bei Ihrer Auswertung im Vordergrund stehen
   ◆ Welche Unterschiede und Gemeinsamkeiten fallen auf?
   ◆ Werden mehr positive oder mehr negative Begriffe mit der Elternarbeit verbunden?
2. Nehmen Sie zu den folgenden Thesen Stellung. Versuchen Sie jeweils Ihre Ablehnung bzw. Zustimmung zu begründen.
   ◆ Elternarbeit ist ein notwendiges Übel
   ◆ Elternarbeit ist in der Regel Show und Alibi
   ◆ Elternarbeit ist für die Erzieherinnen wichtiger als für die Eltern
   ◆ Elternarbeit ist geprägt durch gegenseitige Vorurteile, Mißverständnisse und Ängste
   ◆ Elternarbeit ist gekennzeichnet durch mangelndes Selbstvertrauen und unzureichende Kenntnisse der Erzieherinnen
   ◆ Elternarbeit ist geprägt durch überholte Formen
3. Versuchen Sie, Ihre Einschätzung der Elternarbeit in Form von drei Thesen zusammenzufassen und zu begründen. Diskutieren Sie diese Thesen in der Klasse.

Ziel der meisten Erzieherinnen ist es, eine gute Beziehung zu den Eltern aufzubauen. Leider wird dieses Ziel nicht immer erreicht und es kommt zu spannungsreichen und konflikthaften Beziehungen, die z. T. auch die Entwicklung der Kinder negativ beeinflussen. Sowohl für den Aufbau einer guten Beziehung wie auch für die Analyse gestörter Beziehungen ist es sinnvoll, sich Klarheit über die gegenseitigen Sichtweisen und Erwartungen zu verschaffen.

Text 1:

„Werden Sie erst mal Mutter!"

Mütter sind aus der Sicht von Erzieherinnen – mit Ausnahmen – schon eine merkwürdige Sorte Mensch. Sie denken immer nur an ihr Kind. Erwarten, daß eine Erzieherin sich nur um dieses eine kümmert. Sehen nicht, daß es noch 20 bis 24 andere Kinder in einer Gruppe gibt. Haben Ansprüche an die Arbeit. Erwarten immer ein gebasteltes Werk für zu Hause. Machen die Erzieherin verantwortlich, wenn ihr Kind als mittlerer Dreckspatz heimkommt. Gleichzeitig machen sie selbst alles verkehrt, was pädagogisch verkehrt gemacht werden kann. Sie sind zu aggressiv, zu ängstlich, lassen keine Freiräume, setzen ihr Kind unter Leistungsdruck ... Diese Liste ließe sich beliebig verlängern. Und zu allem Überfluß: Wenn eine wohlmeinende Erzieherin auch nur sehr diskret und diplomatisch eine leise Kritik an diesem ihrem Verhalten andeutet, wird sie abgeschmettert. „Werden Sie erst mal Mutter", heißt es dann. Oder: „Haben Sie erst mal selbst Kinder!"

Die Erzieherin ohne Kind wittert – mit Recht – einen massiven Angriff auf ihre pädagogische Kompetenz. Diese Mutter traut ihr nichts zu, erkennt sie nicht an, hält ihre Kritik für Quatsch, kurz und gut, findet, daß die Erzieherin nichts taugt. Außerdem hat so ein Satz oft Geschichte. Meine Mutter pflegte meinen Frechheiten mit dem racheschwangeren Ausspruch zu begegnen: „Wart's nur ab, bist du mal Kinder hast. Dann wird's dir noch leid tun ..." Auch wenn ich gleichgültig die Achseln zuckte, blieb ein ungutes Gefühl. Das wurde auch nur wenig gemildert von dem festen Vorsatz, nie, aber auch gar nie Kinder haben zu wollen. Inzwischen weiß ich, daß ich nicht das einzige Mädchen war, das mit solchen Bemerkungen auf seine zukünftige Rolle vorbereitet wurde. Sie bilden einen fruchtbaren Boden, auf den der Satz „Werden Sie erst mal Mutter" fällt. Und dort gärt er, wächst, blüht und gedeiht, bis eine kinderlose Erzieherin glaubt,

sie habe ihren Beruf verfehlt, wenn sie nicht auch eigene Kinder vorweisen kann.

Meinem Vorsatz, keine Kinder haben zu wollen, bin ich nicht treu geblieben. Kinder sind es zwar nicht geworden, aber ein Kind. Und eines reicht, um die „Fronten" zu wechseln. Was ich früher als unqualifizierten Versuch angesehen habe, meine fachliche Kompetenz anzuzweifeln, erscheint mir heute in einem anderen Licht. Es ändert sich tatsächlich unglaublich viel.

Kettner, A./Haug-Zapp, E.: Das Kindergartenbuch. S. 159 f.

Text 2:

Die Erwartungen sind sehr unterschiedlich

Angesichts der sich differenzierenden Familienformen ist es falsch, in pauschaler Form von den Erwartungen der Eltern an den Kindergarten zu sprechen, da das Augenfälligste in dieser Hinsicht ist, daß es eine weit gefächerte Palette sehr unterschiedlicher Ansprüche gibt: da sind

Eltern, die für ihre Kinder eine stundenweise Bereicherung durch soziale Kontakte zu anderen Kindern, durch neue, erweiterte Spiel- und Bastelangebote erwarten, darüber hinaus aber nichts mit dem Kindergarten zu tun haben; oder alleinerziehende Mütter, die berufstätig sind und eine ganztägige Betreuung für ihre Kinder brauchen, außer dieser Servicefunktion selbst aber keinen Kontakt zu der Einrichtung suchen; es gibt Eltern, bei denen der eigene Wunsch, Kontakte zu gleichaltrigen Eltern zu bekommen, im Vordergrund steht; da sind Eltern „schwieriger" Kinder, die von der Erzieherin Hilfen für ihr eigenes Erziehungsverhalten erwarten oder die Befriedigung für ihre Suche nach den neuesten Erziehungsratschlägen erhoffen; es gibt Eltern, die die Nachbarschaftskontakte im Kindergarten in institutionalisierter Form fortsetzen und die im Kindergarten endlich etwas zu sagen haben wollen. In unterschiedlicher Mischung und mit spezifischen Akzentuierungen kommen diese Erwartungen in einem Regelkindergarten gemeinsam vor, so daß eine differenzierte Antwort des Kindergartens erforderlich ist. Dies bedeutet auch, daß die Nähe und Distanz zwischen Elternhaus und Kindergarten unterschiedlich ist: von dem Kindergarten als Dienstleistungsunternehmen zur stundenweisen Betreuung der Kinder mit einem Minimum an organisatorischer Absprache bis zu der intensiven Zusammenarbeit und Elternberatung. Wie auch in der Kinderarbeit sollten wir wegkommen von dem pauschalierenden Blick auf die Gruppe, die in der Realität nicht existiert, und stärker die Einzelfälle sehen. Der Kindergarten macht ein differenziertes Angebot, das Eltern annehmen oder ablehnen können. Eine solche Sichtweise bedeutet auch, Abschied zu nehmen von der „Erwartung der großen Zahl": Ein Elternabend wird nicht durch den Prozentsatz der anwesenden Eltern erfolgreich oder ein Mißerfolg, sondern durch die Intensität der Gespräche der Beteiligten.

Hebenstreit, S.: Kindzentrierte Kindergartenarbeit. S. 182 f.

AUFGABEN

1. Versuchen Sie, bevor Sie die Texte lesen, in einer Kleingruppe folgende Fragen zu beantworten:
   ◆ Wie sehen Erzieherinnen die Eltern?
   ◆ Wie sehen die Eltern die Erzieherinnen?
   ◆ Was erwarten Erzieherinnen von den Eltern?
   ◆ Was erwarten die Eltern von den Erzieherinnen?

   Notieren Sie Ihre Ergebnisse stichwortartig auf großen Plakaten und stellen Sie diese Ergebnisse in der Klasse zur Diskussion.
2. Analysieren Sie die Texte im Hinblick auf Gemeinsamkeiten und Unterschiede bzgl. gegenseitiger Erwartungen und Sichtweisen.
3. Vergleichen Sie die Aussagen der vier Texte mit den Ergebnissen Ihrer Kleingruppenarbeit (Aufgabe 1).
4. Wie erklären Sie sich die z. T. unterschiedlichen Sichtweisen und Erwartungen?
5. Welche Erwartungen und Sichtweisen halten Sie für unberechtigt?

Betrachtet man die Schwierigkeiten und die teilweise geringen Erfolge, die mit der Elternarbeit verbunden sind, so stellt sich die Frage, ob man auf Elternarbeit nicht ganz verzichten sollte.
Läßt sich die Zeit, die auf die Elternarbeit verwandt wird, nicht sinnvoller für die Erziehung der Kinder nutzen?
Zu fragen ist also, wie sich die Notwendigkeit der Elternarbeit begründen läßt.

Text 1:

Warum ist Elternarbeit notwendig?

Die Notwendigkeit der Elternarbeit läßt sich auf unterschiedliche Arten begründen:

1. Die gesetzliche Begründung

Für alle Bereiche der Jugendhilfe gilt nach § 1 Abs. 2 KJHG, daß die Eltern in ihrer Arbeit zu beraten und zu unterstützen sind.

In Tageseinrichtungen für Kinder steht den Eltern darüber hinaus nach § 22 Abs. 2 KJHG ein Beteiligungsrecht in wesentlichen Angelegenheiten zu.

Weitere gesetzliche Vorschriften zur Elternarbeit wie z.B. die Durchführung von Elternversammlungen oder die Bildung von Elternräten finden sich in den Kindergartengesetzen der einzelnen Bundesländer.

Elternarbeit ist also gesetzlich vorgeschrieben und beinhaltet die Beteiligung, die Information, die Beratung und die Unterstützung der Eltern.

2. Pädagogische Begründungen

Pädagogisch betrachtet ist Elternarbeit dann notwendig, wenn dadurch die Entwicklung des Kindes gefördert wird.

Zu fragen ist also, inwiefern eine Zusammenarbeit zwischen Erzieherinnen und Eltern die Entwicklung des Kindes fördert oder negativ formuliert, inwiefern eine fehlende oder unzureichende Zusammenarbeit der Entwicklung eines Kindes schadet.

Folgende – in diesem Sinne pädagogische – Begründungen werden häufig angeführt:

- Durch Elternarbeit kann das Erzieherverhalten der Eltern verbessert werden.
- Durch Elternarbeit erfährt die Erzieherin mehr über die Familienverhältnisse und kann dadurch das Kind besser verstehen.
- Durch Elternarbeit können die Erziehungsstile aufeinander abgestimmt werden, wodurch dem Kind Schwierigkeiten erspart bleiben.
- Durch die aktive Mitarbeit der Eltern ergeben sich oft weitere Fördermöglichkeiten für die Kinder.

3. Weitere Begründungen

Über die gesetzlichen und pädagogischen Begründungen hinaus werden noch folgende Argumente für die Notwendigkeit der Elternarbeit genannt:

- Elternarbeit ist ein Teil der Öffentlichkeitsarbeit des Kindergartens.
- Elternarbeit ist aus berufspolitischen Gründen wichtig.
- Elternarbeit ermöglicht es den Eltern, Kontakte untereinander zu schließen.

Text 2:

Kritische Fragen zur pädagogischen Begründung der Elternarbeit

Als Kernpunkt der pädagogischen Begründung wird von vielen Erzieherinnen der gegenseitigen Informationsaustausch über das Kind und die Abstimmung des pädagogischen Verhaltens angesehen.

Diese Begründung ist in Frage zu stellen. Benötigt eine Erzieherin wirklich ein umfassendes Wissen über die Familienverhältnisse, um ein Kind verstehen und angemessen erziehen zu können?

Ist es überhaupt realistisch zu glauben, daß Eltern ihre Familienverhältnisse offenlegen? Werden nicht z.T. wirklich wichtige Informationen zurückgehalten? Führen nicht im Gegenteil allgemeine Informationen wie Anzahl der Geschwister oder Wohnungsgröße dazu, vorschnelle Erklärungen zu finden bzw. ein Kind z.B. als Einzelkind zu stigmatisieren?

Wie realistisch ist es anzunehmen, daß eine Erzieherin bei einer Gruppengröße von 25 Kindern sich mit den Eltern auf einen gemeinsamen Erziehungsstil einigt?

Ist ein einheitlicher Erziehungsstil überhaupt für eine positive Entwicklung des Kindes notwendig?

AUFGABEN

1. Halten Sie Elternarbeit für notwendig?
2. Welche im Text 1 beschriebenen Gründe überzeugen Sie bzw. überzeugen Sie nicht?
3. Beantworten Sie die im Text 2 gestellten Fragen.
4. „Auftrag der Erzieherin [ist] (…) in erster Linie, die Kinder zu erziehen und nicht die Eltern." Nehmen Sie Stellung zu dieser These.

Ziele der Elternarbeit

Das Team des Kindergartens „Kunterbunt" plant den ersten Elternabend des Kindergartenjahres. Nach etwa einer Stunde kommt es in der Teamsitzung zu folgendem Gespräch:

Melanie: Wir diskutieren hier alle möglichen Vorgehensweisen, aber haben uns noch überhaupt keine Gedanken über die Ziele gemacht. Was wollen wir eigentlich mit diesem Elternabend erreichen?

Sigrid: Ich möchte, daß wir jetzt den Elternabend zu Ende planen und nicht erst ausführlich über die Ziele reden. Schließlich hatten wir einige gute Ideen.

Melanie: Ohne Klarheit über die Ziele kann ich mich schlecht über die Vorgehensweisen unterhalten. Das hängt doch alles von den Zielen ab.

Sigrid: Man weiß doch wie ein Elternabend zu laufen hat. Es ist doch nicht unser erster Elternabend, den wir planen.

Melanie: Um so wichtiger finde ich es, daß wir uns von Zeit zu Zeit mal überlegen, welche Ziele wir mit einem Elternabend bzw. mit der Elternarbeit allgemein verfolgen. Vielleicht entspricht ein Elternabend gar nicht unseren Zielvorstellungen.

Sigrid: Soll das etwa heißen, daß wir die ganze Zeit umsonst überlegt haben?

Melanie: Nicht unbedingt, aber ich glaube, daß wir durch einen Elternabend, so wie wir ihn bisher durchgeführt haben, unsere Ziele bezüglich der Elternarbeit nicht erreichen können.

Sigrid: Das versteh ich nicht.

Melanie: Ich glaube, wenn wir als Ziel unserer Elternarbeit ansehen, daß die Eltern unsere Arbeitsweise verstehen und unterstützen, dann können wir nicht einen Referenten einladen, der über Verhaltensauffälligkeiten im Kindergarten spricht.

Sigrid: Das Ziel halte ich auch für überzogen. Mir kommt es darauf an, daß die Eltern das Gefühl bekommen, daß wir etwas für sie tun.

Melanie: Das reicht mir ganz und gar nicht. Ich glaube, wir sollten in der nächsten Teamsitzung zunächst mal unsere Ziele bezüglich der Elternarbeit klären.

AUFGABEN

1. Mit welcher Person würden Sie sich identifizieren? Begründen Sie Ihre Position.
2. Welche Ziele halten Sie für wichtig in der Elternarbeit? Bringen Sie Ihre Ziele in eine Rangfolge.

Formen der Elternarbeit

Text 1:

Eltern wollen mitarbeiten!

(…)

Wir wollten noch einen Schritt weitergehen und fragen, ob im Rahmen einer Öffnung von Kindertagesstätten Eltern nicht auch aktiviert und in die pädagogische Arbeit einbezogen werden können. Wir gingen diesen Fragen im Rahmen des Modellprojekts „Familienunterstützende Maßnahmen im Kontext des Kindergartens" nach.

Bei der Frage „Wären Sie bereit, sich an Angeboten des Kindergartens für Kinder aktiv zu beteiligen?" wurden die fünf Vorgaben von vielen mit „ja" beantwortet:

◆ Die meisten Eltern würden die Gruppe bei Aktivitäten außerhalb des Kindergartens wie Wanderungen, Besichtigungen, Schwimmkurs usw. begleiten.

◆ Eine große Anzahl von Eltern wäre bereit, Kindergartenkinder an ihren Arbeitsplatz einzuladen, so daß diese einen Eindruck vom Berufsleben bekommen.

◆ Viele Eltern würden ihre besonderen Fähigkeiten (wie Brotbacken, Schreinern, Töpfern usw.) im Kindergarten vorführen.

◆ Ebenso wären viele bereit, einen Kurs für Kinder (z. B. Sprachkurs, Musikkurs) durchzuführen.

◆ Großes Interesse fand auch die Mitwirkung bei der Gestaltung des Eingangsbereichs im Kindergarten.

Wenn Erzieherinnen die Bereitschaft von Eltern, die pädagogische Arbeit zu unterstützen, aufnehmen, läßt sich manches verwirklichen, was sonst unterbleibt.

(…)

Welt des Kindes H. 4/1992, S. 28.

Die im Text 1 geschilderte aktive Mitarbeit der Eltern ist eine mögliche Form der Elternarbeit. Darüber hinaus gibt es eine Vielzahl weiterer Formen:

◆ Elternabend
◆ Tür- und Angel-Gespräche
◆ Feste, Ausflüge
◆ Aufnahmegespräch
◆ Hausbesuche
◆ Elternbriefe, Elternzeitung
◆ Elternsprechstunde
◆ Elternstammtisch
◆ Elterngruppen
◆ Buch- und Spielausstellung für Eltern
◆ Zusammenarbeit in den Gremien
◆ Spielnachmittag mit Eltern und Kindern
◆ Elternhospitationen

Nicht alle Formen können in einem Kindergarten Anwendung finden.
Die Auswahl bestimmter Formen sollte nach folgenden Kriterien erfolgen:
1. Welche Erwartungen haben die Eltern?
2. Welche Ziele strebt das Team bezüglich der Elternarbeit an?
3. Welche personellen, räumlichen und zeitlichen Rahmenbedingungen sind gegeben?
4. Können die Eltern aktiv werden?

AUFGABEN

1. a) Wählen Sie drei Formen der Elternarbeit aus, die Sie für wichtig halten.
   b) Was spricht aus Ihrer Sicht jeweils für und gegen diese Formen der Elternarbeit?
2. Ein Ziel der Elternarbeit ist, die Arbeit im Kindergarten transparent zu machen.
   Welche Formen der Elternarbeit würden Sie wählen, um dieses Ziel zu erreichen?
3. Simulieren Sie in Ihrer Klasse einen Elternabend zum Thema: „Spielen im Kindergarten".
   Reflektieren Sie das Rollenspiel unter folgenden Gesichtspunkten:
   ◆ Informationsgehalt
   ◆ Methodischer Aufbau
   ◆ Gruppenatmosphäre
4. „Viele Eltern fühlen sich von der Elternarbeit im Kindergarten nicht angesprochen, weil die praktizierten Formen vielfach veraltet sind." Nehmen Sie Stellung zu dieser Aussage.
5. Welche Ziele könnte Elternarbeit in den Bereichen Heim und Hort haben? Welche Formen scheinen hier geeignet?

Zur Praxis der Elternarbeit
Das Elterngespräch

Das Gespräch mit den Eltern ist die Form der Elternarbeit, die am häufigsten praktiziert wird, sei es in Form von Tür- und Angel-Gesprächen oder vereinbarten Einzelgesprächen. Um ein Gespräch erfolgreich zu führen, ist es wichtig, bestimmte Grundhaltungen zu entwickeln und über Methodenkenntnisse zu verfügen. Der folgende Text stellt die wesentlichen Grundhaltungen und Methoden in knapper Form dar.

Text 1:

Wichtige Grundhaltungen und Methoden für ein gutes Beratungsgespräch

BASISEINSTELLUNGEN –
ODER:
4 HANDLUNGSLEITENDE PRINZIPIEN

1. Echtheit/
Selbstkongruenz

Am einfachsten wird das hier Gemeinte deutlich durch sein Gegenteil: Der Berater richtet keine unechte Fassade auf, keine professionelle Front, zeigt kein (vermeintliches) „Therapeutengehabe", sondern ist offen für alles, was in ihm selbst vorgeht und was er wahrnimmt am Ratsuchenden. Er trägt keine Maske, sondern ist so „da", wie er im Moment ist. Das heißt nicht, sein Herz ständig auf der Zunge zu tragen und dem Gegenüber zu jedem Zeitpunkt seine Gefühle und Eindrücke mitzuteilen. Wenn nötig, tut er dies mit „selektiver Offenheit" (*Ruth Cohn*).

2. Akzeptanz/
Wertschätzung

Gemeint ist die Haltung, dem Ratsuchenden grundsätzlich positiv gegenüberzutreten, ihn mit seinem Problem anzunehmen (also nicht zu verurteilen, – auch ohne Worte!), das Gegenüber spüren zu lassen, daß er oder sie als Mensch akzeptiert wird ohne Vorbehalte, – so weit es irgend geht. Das bedeutet nicht, daß der Berater das Verhalten oder die Gefühle des Ratsuchenden grundsätzlich gutheißen muß. Aber er bemüht sich um eine respektvolle Haltung, – gerade wenn er die Diskrepanz seiner eigenen Einstellung zu der des Gegenübers wahrnimmt.

3. Einfühlendes Verstehen/
Empathie

Der Berater bemüht sich, die Sicht der Dinge durch den Ratsuchenden zu erfassen, sich in dessen Erlebnisse und Gefühle hineinzuversetzen, es geht um das „standing in the other's shoes". Wer einmal selbst in der Rolle des Ratsuchenden war, der weiß es zu schätzen, wenn dieses Gefühl entsteht: „Ja, du verstehst mich." Trotzdem wahrt der Berater die nötige Distanz, sonst verlieren sich beide im gegenseitigen „Verstehen", und der Berater hat nicht den nötigen Abstand, um auch kritische Impulse in das Gespräch zu bringen.

4. Freiwilligkeit/Partnerschaft

Grundsätzlich kann eine Beratung nicht „verordnet" werden. Der Ratsuchende kommt, weil *er* oder *sie* es will, auch wenn zunächst ein Dritter „Anschiebefunktion" hatte. Das hat zur Folge, daß Lösungen nicht aufgedrängt werden, Befehle keinen Platz haben, Überredungen nicht stattfinden. Es gibt nicht den Berater, der schon alles weiß, und den Ratsuchenden, der eigentlich nur über den richtigen Weg aufzuklären ist. A. Mitscherlich hat dagegen einmal die schöne Formulierung gebraucht, daß es um „die Solidarität in der Suchhaltung" geht.

15 METHODISCHE HILFEN FÜR EIN BERATUNGSGESPRÄCH

1. Selbstüberprüfung

Ich mache mir bewußt, wie *ich selbst* in das Gespräch gehe: mit welchem Gefühl, welcher Einstellung, welcher Zeitvorgabe, welchen praktischen Möglichkeiten. Ich mache mir auch bewußt, daß ich kein Magier bin, nicht allmächtig, nicht allverantwortlich, nicht verpflichtet, jedes Problem zu lösen. Ich mache mir meine Grenzen klar und bin offen zur Kooperation mit professionellen Beratern. Vielleicht haben sogar „Fehler" oder „Umwege" im Gespräch ihren Platz. – Es hilft schon, sich eine Minute Zeit zu nehmen, die Augen zu schließen und sich auf diese Fragen einige Augenblicke zu konzentrieren.

2. Kontext – Kontrakt – Kontakt/die drei K's

Ich schaffe den nötigen *Kontext*, zunächst im äußeren: ein ruhiger Raum, eine klare Zeitabsprache, eine eindeutige Situationsdefinition (es geht jetzt um ein Beratungsgespräch, nicht um Ermahnung oder Bestrafung); ich mache mir aber auch klar, wo z. B. der Kontext „Schule" meiner Beratung Grenzen setzt und wo über diese Beratung hinaus am Kontext etwas geändert werden muß; schließlich achte ich im Gespräch auch immer auf den sozialen Kontext des Problems, um es z. B. nicht einseitig zu „psychologisieren". – Ich vereinbare kurz den *Kontrakt*: Wie oft wollen wir uns treffen, wie lange, wann wollen wir uns entscheiden, ob jemand anderes hinzugezogen werden sollte. – Und ich achte auf den *Kontakt* zwischen uns: Am Anfang vielleicht nur ein aufmunternder Blick, eine offene Körperhaltung. Und dann: Zuhören und Geduld. Während des Gespräches achte ich darauf, ob ein „innerer Draht" entsteht, wirklicher Kontakt zwischen uns, – oder ob wir aneinander vorbeireden. Ich versuche, meinem Gegenüber zu zeigen: Ich bin jetzt für dich da und höre dir erst einmal einfach zu. Ich suche den Kontakt zu deiner Welt, – ohne den zu meiner zu verlieren …

3. Aktives zuhören

Zuhören und zuhören ist nicht dasselbe. Wer *aktiv* zuhört, ist konzentriert, dem Gegenüber zugewandt (schaut ihn an, nickt, äußert vielleicht gelegentlich ein verstehendes „hm",), fragt nach, wenn er etwas nicht verstanden hat, ist nicht nur „ganz Ohr", sondern „sieht" auch und „fühlt" mit, zumindest indem er genau wahrnimmt, was sein Gegenüber ausdrückt und wie er selbst darauf reagiert. Kurz: Er gibt durch vielerlei Signale zu erkennen, daß er aktiv bemüht ist zu erkennen, was sein Gegenüber von sich gibt, denn der gibt etwas *von sich*!

4. Spiegeln

An wichtigen Punkten des Gesprächs fasse ich Schlüsseläußerungen des Ratsuchenden sehr kurz mit meinen eigenen Worten wiederholend zusammen, um mich zu vergewissern, daß ich richtig verstanden habe, aber auch um meinem Gegenüber zu zeigen: Ich verstehe dich. Über diese inhaltliche Ebene hinaus spiegele ich auch die vom Ratsuchenden (oft „zwischen den Zeilen") ausgedrückten Gefühle. Ein Glücksfall ist es, wenn einem dabei ein anschauliches Bild einfällt, das dem Ratsuchenden genau hilft zu verstehen, wie seine Situation ist, z. B. „Du fühlst dich dann wie die Maus in der Falle" oder „Dann bist du so glücklich, daß du die ganze Welt umarmen könntest" o. ä. – Auch wenn ich mit meiner spiegelnden Äußerung danebenliege, sagt mein Gegenüber manchmal: „Nein, nicht so …, sondern so und so." Und damit ist er/sie einen kleinen Schritt in der Erforschung des Problems weitergekommen. Spiegeln soll kurz und konkret sein, aber nicht zum mechanischen Echo verkommen („Papageieneffekt"). – Diese Methode gehört zur hohen Kunst der nicht-direktiven Gesprächstherapie, andererseits gibt es Menschen, die auf ganz natürliche Weise ihr Verstehen so ausdrücken.

5. Feedback geben

Wenn ich den Eindruck habe, mein Gegenüber nimmt sich selbst sehr lückenhaft wahr oder hat keine Vorstellung davon, was er/sie bei andern auslöst, hilft oft ein kurzes feedback, eine Rückmeldung über das, was ich gehört, gesehen usw. habe: „Du wirkst auf mich sehr kühl und beherrscht, wenn du über deine Wut auf Frau M. sprichst." Oder: „Das klingt für mich ganz optimistisch, wenn du mir deine Pläne für das nächste Jahr erzählst." Feedback soll nicht wertend sein, nicht verletzend, und soll auch das Positive hervorheben, – es gibt einfach Informationen, macht aufmerksam, oft wichtig für den weiteren Gesprächsverlauf.

6. Auf Körpersignale achten

Bekanntlich sagt der Körper oft mehr oder anderes als das gesprochene Wort. Gemeint ist damit nicht das neuerdings leicht esoterische „body reading", sondern das Aufmerksamsein auf das, was jeder Beobachter wahrnehmen und spüren kann: Wenn jemand ganz verkrampft dasitzt, rot wird, nervös mit dem Bein wippt, anfängt zu schwitzen, sich wegdreht, ruhiger zu atmen beginnt, sich entspannt, u. v. a. – dann spricht sein Körper, entweder kongruent zur verbalen Rede oder dazu diskrepant. Um so wichtiger kann es dann sein, dies zu registrieren und ggf. anzusprechen. Der Berater tut auch gut daran, auf seinen *eigenen* Körper zu achten, weil dieser oft wichtige Hinweise darüber gibt, was in ihm selbst unbewußt abläuft, z. B. spanne ich die Schultern, wenn ich Angst kriege vor dem Thema „Aggression" im Gespräch. Das ist dann aber wichtig zu merken, um nicht unbewußt Opfer der eigenen Angst zu werden.

7. Erleben im Hier-und-Jetzt fördern

Probleme liegen oft in der Vergangenheit oder in der Zukunft. Um wirklichen Kontakt zu einem „Thema" zu bekommen, ist es nötig, es in das Hier-und-Jetzt zu holen, es zu reaktivieren und so seiner momentanen Bedeutung für den Ratsuchenden auf die Spur zu kommen. Ich bitte daher mein Gegenüber z. B., das Geschehen so zu erzählen, als ob er es gerade hier und jetzt erleben würde, im Präsens und in der Ich-Form: „Ich stehe vor dem Zimmer des Rektors. Ich fühle mich klein und unterlegen, mir zittern die Knie. Dann kommt Herr K. vorbei und schnauzt mich an, wieso ich hier herumstehe. Ich werde wütend und schreie ihn an: Sie wissen ja gar nicht ..." So kann mein Gegenüber sehr genau die aktuellen und wichtigen Gefühle erleben und artikulieren, er bekommt Kontakt zu den Facetten des Problems, kann die Zusammenhänge (nach)erleben und die Weichenstellungen für ein anderes Verhalten erforschen.

8. Beziehungsappelle

Nachrichten enthalten neben ihrem „Inhalt" oft auch einen Beziehungsappell: „Hilf mir" oder „Laß mich in Ruhe" oder „Rück' mir nicht so auf den Pelz". Ich achte auf meine eigenen Antwortimpulse bei bestimmten Äußerungen, weil sie mir oft sagen, was auf der Ebene der unbewußt gesendeten Beziehungsappelle bei mir angekommen ist.

9. Deutungen

Mit Deutungen halte ich mich sehr zurück. Gelegentlich kann es aber hilfreich sein, z. B. in Frageform einen Zusammenhang, den ich sehe, anzusprechen. „Könnte es sein, daß du auf deinen Lehrer so sauer bist, weil du dich eigentlich gegen deinen Vater wehren möchtest?" Auf jeden Fall sollte eine Deutung keine psychologische Guru-Attitüde spiegeln, sondern ein vorsichtiges Angebot sein, Zusammenhängen auf die Spur zu kommen.

10. Katharsis

In einem Gespräch muß gelegentlich Raum gegeben werden, einfach kräftig Dampf abzulassen. Ich verhalte mich dabei nicht beschwichtigend, sondern ermutige, angestaute Gefühle offen auszudrücken. Oft tut es schon gut, einmal richtig zu schimpfen oder zu weinen, – ohne dafür bestraft zu werden. Wer alles in sich hineinfrißt, darf sich nicht wundern, wenn es ihm dann allzu schwer im Magen liegt ...

11. Selbstexploration fördern

Ich prüfe ständig, welche Interventionstechnik meinem Gegenüber hilft, *selber* sich auf die

Spur zu kommen. Wenn der Focus (also der momentane Brennpunkt) des Gespräches darauf liegt, erstmal Einsichten zu fördern (bevor ich etwas verändern kann), dann bitte ich ihn/sie z. B.

- einen Satz zu wiederholen und genau zu spüren, was er/sie dabei empfindet
- ich mache ihn/sie darauf aufmerksam, indem ich eine Äußerung wiederhole, manchmal auch übertreibe
- ich frage nach eigenen Vermutungen oder Ideen meines Gegenübers
- ich bitte ihn/sie, allgemeine Aussagen zu konkretisieren
- ich lasse die Anteile eines Konfliktes auf zwei Stühlen darstellen, auf die sich der/die Ratsuchende abwechselnd setzt und als der jeweilige Teil spricht; weitere Techniken der Gestaltberatung sind bei *D. Rahm* beschrieben.

Oder wenn es schon um mögliche Lösungen geht:

- vereinbare ich kleine Zwischenschritte
- mache kleine „Verträge" bis zur nächsten Sitzung
- mache mit meinem Gegenüber ein brainstorming zu Ideen einer Lösung (ohne sie gleich auf Realisierbarkeit zu filtern)
- lasse ich Lösungen ausmalen und laut durchdenken
- fordere ich mein Gegenüber auf, sich bewußt für etwas zu entscheiden
- stärke ich das Vertrauen in die eigenen Kräfte, mache Zwischenerfolge bewußt.

12. Gespräch strukturieren

Obwohl grundsätzlich der Ratsuchende führt, fasse ich ab und zu zusammen, mache den roten Faden deutlich und sorge für ein klares Ende des Beratungsgespräches, z. B. indem ich dazu auffordere, nochmal einen Moment sich bewußt zu machen, was heute das wesentliche für den Ratsuchenden im Gespräch war, bitte auch darum, dies zu formulieren.

13. Beratersprache

Der Berater spricht einfach klar, offen, direkt und konkret. Er vermeidet Fachausdrücke und einschüchterndes „Herrschaftswissen".

14. Gesprächsnotizen

Nach dem Gespräch mache ich mir kurze Notizen, z. B. auf einer Karteikarte mit Namen/Datum, zu Gesprächsinhalten, meinen Eindrücken und meinem eigenen Gefühl zu dem Gespräch.

15. Metakommunikation/Gesprächsreflexion

In gewissen Abständen oder bei Kommunikationsschwierigkeiten spreche ich mit meinem Gegenüber über die Art, *wie* wir miteinander reden oder umgehen. – Eine gute Möglichkeit, mir selber über die abgelaufene Kommunikation klarer zu werden, ist die Methode des „nachträglichen lauten Denkens". Ich mache mir also nicht nachträglich Gedanken *zum* Gespräch, sondern gehe in der Ich-Form das Geschehen nochmal (laut)denkend durch, um mir meine Gedanken und Gefühle *in* der Situation bewußt zu machen. – Schließlich nutze ich jede Gelegenheit, in einer Supervisionsgruppe oder mit kompetenten Kollegen oder Kolleginnen meine Gespräche selbstkontrollierend durchzugehen.

Gudjons, H.: Methodische Hilfen für ein gutes Beratungsgespräch. In: Pädagogik 10/91, S. 11 f.

AUFGABEN

1. a) Versuchen Sie mit eigenen Worten die vier Grundhaltungen zu beschreiben (Text 1).
   b) Üben Sie diese Grundhaltungen in simulierten Elterngesprächen.
2. Welche der beschriebenen methodischen Hilfen (Text 1) halten Sie in Elterngesprächen für sinnvoll?
3. Führen Sie Übungen zum aktiven Zuhören durch.
4. Zeichnen Sie simulierte Gespräche mit Eltern auf und versuchen Sie, mögliche Kommunikationssperren ausfindig zu machen.

Lesetip

Eltern-(mit)arbeit, in.: Welt des Kindes, H. 5, 1994, S. 6-25
Textor, M. R.: Elternarbeit mit neuen Akzenten. Freiburg 2. A. 1995

Weitere Literatur- und Informationshinweise

Conen, M.-L.: Elternarbeit in der Heimerziehung. Frankfurt 1990
König, E./Volmer, G.: Mit Eltern arbeiten. Weinheim-Basel 1982
Obersteiner, H.: Elternarbeit im Heim als pädagogische und präventive Maßnahme zur Verhinderung von Verhaltensstörungen. In: Jugendwohl, H. 3, 1994, S. 137-142
Textor, M. R.: Elternarbeit: Gemeinsam für unsere Kinder aktiv. In: Kinderzeit, H. 1, 1995, S. 14-16

„Das Kind sollte in der Erziehungsberatungsstelle vorgestellt werden"
oder
Die Zusammenarbeit mit anderen Institutionen

Der Arbeitsbereich einer Erzieherin erstreckt sich nicht nur auf die Erziehung der Kinder und Jugendlichen, sondern umfaßt neben Teamarbeit und Elternarbeit auch die Zusammenarbeit mit anderen Institutionen.

Je nachdem, ob Sie als Erzieherin im Kindergarten, Hort, Heim oder Jugendzentrum arbeiten, werden Sie mit den folgenden Institutionen mehr oder weniger zu tun haben.

- Jugendamt/Landesjugendamt
- Gesundheitsamt
- Sozialamt
- Erziehungsberatungsstelle
- Drogenberatungsstelle
- Schulen
- Regionale Schulberatungsstelle bzw. Schulpsychologischer Dienst
- Arbeitsamt
- Frühförderstelle
- Kinderschutzbund

Der Kontakt zu den einzelnen Institutionen ergibt sich z. T. automatisch und regelmäßig, z. T. aber auch freiwillig und eher unregelmäßig.
Die schulärztliche Untersuchung im Kindergarten durch das zuständige Gesundheitsamt ist ein Beispiel für einen automatischen, regelmäßigen Kontakt, während sich der Kontakt zu einer Erziehungsberatungsstelle häufig erst bei Bedarf ergibt.

Text 1:

Zusammenarbeit: Luxus oder Notwendigkeit?

Es lassen sich im wesentlichen vier Gründe nennen, die für eine Zusammenarbeit sprechen.

1. Gesetzliche Vorgaben (z. B. örtliche Prüfung einer Einrichtung nach § 46 KJHG).

2. Pädagogische Konzeption
Der Situationsansatz betont z.B. die Gemeinwesenorientierung und die Öffnung des Kindergartens. Daraus ergibt sich, daß z. B. der Kindergarten Institutionen im Gemeinwesen besucht.

3. Die Kinder oder Jugendlichen benötigen Hilfe, die die Erzieherin alleine nicht geben kann (z. B. auffälliges Verhalten eines Kindes).

4. Die Erzieherin benötigt für sich Informationen bzw. Hilfe (z. B. wie gehe ich mit einem drogenabhängigen Jugendlichen um?).

Ist ein Team von der Notwendigkeit der Zusammenarbeit mit einer Institution überzeugt, stellt sich die Frage nach der Intensität und den Wegen der Zusammenarbeit.

Die Beantwortung dieser Frage hängt im wesentlichen davon ab, welche Ziel mit der Zusammenarbeit verbunden werden. Drei grundsätzliche Zielorientierungen lassen sich unterscheiden:

1. Die gegenseitige Information.
2. Die gegenseitige Unterstützung.
3. Die gegenseitige Abstimmung der pädagogischen Arbeit.

Ziel der Kooperation zwischen Kindergarten und Grundschule sollte z. B. die gegenseitige Abstimmung der pädagogischen Arbeit sein.

Text 2:

Beispiel eines Organisationsplans für eine Kooperation Kindergarten – Grundschule

Für einen frühzeitigen Beginn der Kooperation spricht die Tatsache, daß die Anmeldung der Schulanfänger für die Schule in der Regel im März/April stattfindet. Desgleichen müssen die einzelnen Aktivitäten langfristig geplant und koordiniert werden.

Jan./Febr.

Ein Arbeitskreis Kindergarten – Grundschule aus Erzieherinnen, neuen Erstklaßlehrern, Kooperationsbeauftragtem bildet sich.

Ziel: Planung der Gesamtorganisation, Vertrauensbildung…

Vorgespräch zwischen Lehrerin, die Kindergarten besucht, und Erzieherin.

Vorinformation über einzelne Kinder.

Erstklassenlehrerin besucht Kindergarten.

März, April, Mai

Nachgespräche über Eindrücke und Einschätzung einzelner Kinder. Evtl. gemeinsame Überlegungen zu gezielten Fördermaßnahmen für einzelne Kinder.

Gemeinsamer Elternabend von Kindergarten und Grundschule zum Thema Schulanfang.

Schulanmeldung.

Schularzt; evtl. Schulfähigkeitsuntersuchung.

Information der Erzieherin über Ergebnisse des Einschulungsverfahrens.

Mai/Juni

Kindergarten-Kinder besuchen mit Erzieherin eine Unterrichtsstunde in der Schule.

Juli

Einladungsschreiben zum ersten Schultag.

Sept.

Schulaufnahmefeier. Erster Schultag. Dazu Erzieherin einladen!

Sept.

Elternabend in der Grundschule.

Nov./Dez.

Gespräch zwischen Lehrerin und Erzieherin über Entwicklung einzelner Kinder

Knörzer, W./Grass, K.: Den Anfang der Schulzeit pädagogisch gestalten. Weinheim 1992, S. 50 f.

Im Gegensatz zu dem im Text 2 geschilderten Beispiel findet in der Alltagspraxis eine Zusammenarbeit nicht oder nur in Ansätzen statt.
Es fehlt häufig an personellen, räumlichen und zeitlichen Rahmenbedingungen für eine gute Zusammenarbeit.
Hinzu kommen oft persönliche und berufliche Probleme wie der folgende Text zeigt:

Text 3:

Schwierigkeiten bei der Zusammenarbeit

Die Schwierigkeiten für eine Zusammenarbeit von Kindergarten und Schule beginnen im organisatorischen Bereich. In vielen Schulen erfolgt die Klassenverteilung erst kurz vor Ende des Schuljahrs. Die zukünftigen Erstkläßler sind also in der Zeit, in der die Zusammenarbeit zwischen Kindergarten und Schule schwerpunktmäßig stattfinden sollte, oft noch gar nicht bekannt. In Städten können sich Einzugsgebiete von Kindergärten und verschiedenen Grundschulen überschneiden, und in der Regel sind mehrere Kindergärten einer Schule zugeordnet. Lehrerinnen und Lehrer haben in der Regel vormittags Unterricht.

An den Nachmittagen treffen sie aber u. U. in den Kindergärten gar nicht mehr alle Kinder an.

Darüber hinaus gibt es eine Reihe persönlicher Probleme der an der Kooperation Beteiligten. Die Zusammenarbeit mit dem Kindergarten ist zeitlich aufwendig. Vielen Lehrern und Lehrerinnen fehlt es an Bereitschaft und Interesse. „Ich weiß gar nicht, was ich im Kindergarten eigentlich tun soll" kann man immer wieder hören. Erzieherinnen klagen nicht selten: „Viele Lehrer halten es unter ihrer Würde, zu uns in den Kindergarten zu kommen." Manche berichten, daß sie sich von den Grundschullehrerinnen und Grundschullehrern „überprüft", „bevormundet" fühlten. So können es leider manche Lehrerinnen und Lehrer nicht unterlassen, Erzieherinnen zu kritisieren, weil diese den Kindern Lieder gelernt hätten, die der Grundschullehrplan für die erste Klasse vorsieht, weil ihnen bestimmte Spiele vorweggenommen würden, die den Kindern dann schon bekannt wären. Manche Grundschullehrerinnen und Grundschullehrer scheinen sich zu ärgern, wenn Erstkläßler ihnen gelegentlich sagen, das hätten sie schon im Kindergarten gemacht. Dabei wäre dies doch eine hervorragende Möglichkeit, an schon Bekanntes anzuknüpfen und die Erstkläßler lobend darauf hinzuweisen, was sie schon alles können.

Es läßt sich leicht vorstellen, daß Erzieherinnen von derartigen „Ratschlägen" sich schulmeisterlich behandelt fühlen und dann lieber auf eine Zusammenarbeit verzichten. Wohl unbegründete Unsicherheiten und Minderwertigkeitsgefühle vor allem seitens der Erzieherinnen lassen diese dann vielleicht besonders empfindlich reagieren, wenn der Lehrer wie üblich alles besser weiß.

Der Abstand zwischen Erzieherinnen und Lehrerinnen nach Ausbildung, sozialem Status, Bezahlung und Arbeitszeit ist vielleicht der größte zwischen den „Stockwerken" des Bildungswesens, der pädagogische Abstand der geringste. Erzieherinnen empfinden sich häufig nur als Zubringer für die Schule. Sie liefern den Lehrern wichtige Informationen über einzelne Kinder, erfahren selbst aber meist nie, wie diese Kinder sich dann in der Schule weiterentwickelt haben.

Sie laden Lehrer ein, solange die Kinder noch im Kindergarten sind. Sie selbst aber werden kaum einmal in die Schule eingeladen. Warum sollen sie nicht einmal in den Unterricht der ersten Klasse kommen? Die Kinder werden stolz sein, ihnen zeigen zu dürfen, was sie schon alles können. Warum sie nicht zu Klassenfesten und Schulfesten einladen? Warum nicht in Problemfällen ihren Rat einholen?

Hier ist für die Zukunft noch wichtige Aufbauarbeit zu leisten.

Knörzer, W./Grass, K.: Den Anfang der Schulzeit pädagogisch gestalten. Weinheim 1992, S. 49 f.

AUFGABEN

1. a) Angenommen, Sie arbeiten in einem Kindergarten (Hort, Heim, Jugendzentrum), mit welchen Institutionen sollten Sie zusammenarbeiten?
   b) Erstellen Sie ein Verzeichnis dieser Institutionen nach dem folgenden Muster:

   Institutionen
   Name: Erziehungsberatungsstelle
   Adresse: Meierweg 10
                      44719 Müllerstadt
                      Tel.: 0 01/12 34
   Öffnungszeiten: Mo.-Fr. 9.00 - 16.00 Uhr
   Kontaktperson: Frau Schmidt
   Aufgabenfeld: u. a. Verhaltensauffälligkeiten
   Angebote: Einzel-/Gruppenangebote u. a. Spieltherapie

2. „Die Zusammenarbeit zwischen verschiedenen Institutionen ist überflüssig." Nehmen Sie Stellung zu dieser These.
3. Fassen Sie die im Text 2 geschilderten Wege der Zusammenarbeit zusammen. Versuchen Sie noch weitere Wege zu ergänzen.
4. Wählen Sie eine für Ihr späteres Arbeitsfeld wichtige Institution aus und beschreiben Sie Ziele und Wege der Zusammenarbeit.
5. a) Welche Schwierigkeiten ergeben sich oft bei der Zusammenarbeit zwischen Institutionen (Text 3)?
   b) Wie könnten Ihrer Meinung nach diese Schwierigkeiten beseitigt werden?
6. Besuchen Sie einzelne Institutionen und informieren Sie sich über deren Arbeitsfeld, Ziele und Arbeitsweisen.
7. Laden Sie Vertreterinnen von Institutionen in die Schule ein und diskutieren Sie Ziele und Möglichkeiten der Zusammenarbeit z. B. zwischen Kindergarten und der jeweiligen Institution.

5.2.4 „Damit wir wissen, was wir tun" oder Konzeptionsentwicklung

Die Entwicklung einer Konzeption ist im sozialpädagogischen Arbeitsfeld in den letzten Jahren zu einem bedeutenden Thema geworden.
Es gibt kaum eine sozialpädagogische Einrichtung, die nicht eine Konzeption erstellt hat oder erstellen möchte.
Was ist nun unter einer Konzeption zu verstehen?
Eine pädagogische Konzeption gibt Auskunft über die reale pädagogische Arbeit in einer konkreten Einrichtung. Es werden also die Ziele, Inhalte, Methoden und die Rahmenbedingungen der pädagogischen Arbeit der jeweiligen Einrichtung beschrieben und begründet.
Die folgenden Texte geben Hinweise, warum eine Konzeption wichtig ist und wie sie erstellt werden kann.

Text 1:

Ohne Konzeption geht es auch, oder?

Die Erstellung einer Konzeption ist sicherlich keine zwingende Voraussetzung für eine gute pädagogische Arbeit.
Dennoch gibt es Gründe, die für die Entwicklung einer Konzeption sprechen.
1. In der Pädagogik gibt es sehr viele unterschiedliche Arbeitsansätze, die zudem häufig noch unterschiedlich interpretiert werden. Durch die Erstellung einer Konzeption haben die Mitarbeiterinnen einer Einrichtung die Möglichkeit, sich bezüglich ihrer jeweiligen pädagogischen Vorstellungen zu verständigen und so der pädagogischen Arbeit in der Einrichtung eine gemeinsame Basis zu geben.
Zudem führt der Diskussionsprozeß oft dazu, daß ein größerer Zusammenhalt im Team entsteht.
2. Eine Konzeption ist ein gutes Instrument, die pädagogische Arbeit zu kontrollieren.
3. Durch eine Konzeption ist es besser möglich, z. B. die Eltern, Träger und andere Institutionen über die eigene pädagogische Arbeit zu informieren.

Text 2:

Wesentliche Schritte der Konzeptionsentwicklung

Die Erstellung einer Konzeption ist ein anstrengender und zeitraubender Prozeß. Ein Team sollte sich daher zu Beginn über die wesentlichen Schritte der Konzeptionsentwicklung Klarheit verschaffen, um Frustrationen und Mißerfolge zu vermeiden. Die im folgenden beschriebene Schrittfolge stellt zwar keine Garantie für eine erfolgreiche Arbeit dar, aber sie erhöht sicherlich die Wahrscheinlichkeit, daß letztlich eine gute Konzeption entsteht.

1. Schritt: Klärung der Voraussetzungen
   - Ist das Team motiviert?
   - Welche Funktion soll die Konzeption erfüllen?
2. Schritt: Klärung der grundsätzlichen Vorgehensweise
   - Wer soll die Konzeption erstellen (Team, Kleingruppe, Leitung)?
   - Soll eine Referentin von außen hinzugezogen werden?
   - Welcher Ausgangspunkt soll gewählt werden?
     (Vergleich verschiedener Konzeptionen: Analyse des pädagogischen Alltags in der Einrichtung; Auseinandersetzung mit pädagogischen oder didaktischen Konzepten (z. B. Situationsansatz)
3. Schritt: Klärung der Rahmenbedingungen
   - In welchem Zeitraum soll die Konzeption erstellt werden?
   - Wer übernimmt welche organisatorischen Aufgaben (z. B. Protokolle schreiben, Materialien besorgen)?
   - Wie häufig soll an der Konzeptionsentwicklung gearbeitet werden?
   - Sollen Eltern und Träger direkt beteiligt werden?
   - Wer übernimmt entstehende Kosten?
4. Schritt: Erarbeitung inhaltlicher Schwerpunkte
   - Welche Ziele, Methoden etc. sind für die pädagogische Arbeit wichtig?
   - Welche Rahmenbedingungen beeinflussen die pädagogische Arbeit?
5. Schritt: Erstellung einer Gliederung
6. Schritt: Zuordnung der bisherigen Diskussionsergebnisse zu den einzelnen Gliederungspunkten
7. Schritt: Ausarbeitung noch fehlender Gliederungspunkte in Kleingruppen oder durch einzelne Teammitglieder
8. Schritt: Diskussion der erarbeiteten Textvorlagen im Team
9. Schritt: Graphische Gestaltung
10. Schritt: Erstellung eines getippten Rohentwurfes
11. Schritt: Diskussion der Konzeption mit Träger- und Elternvertretern
12. Schritt: Erstellung der endgültigen Fassung
13. Schritt: Vorstellung der Konzeption in der Öffentlichkeit
14. Schritt: Nach ca. zwei Jahren Überprüfung und gegebenenfalls Überarbeitung der Konzeption

Text 3:

Was sollte eine Konzeption enthalten?

Nachdem ein Team die Konzeption fertiggestellt hat, taucht häufig die Frage auf, ob auch alle Punkte berücksichtigt worden sind.

Die folgende Mustergliederung bietet die Möglichkeit, die eigene Arbeit zu überprüfen und gegebenenfalls Ergänzungen vorzunehmen.

Mustergliederung für ein Konzept

Als Arbeitshilfe haben wir in Lehrgängen eine Mustergliederung für ein Konzept entwickelt.

Diese Mustergliederung kann zweierlei sein:

1. Leitfaden für die Themenbereiche der *Konzeptdiskussion* im Team, damit man den Überblick nicht verliert;
2. Gliederungsvorschlag für die *schriftliche Fassung* eines pädagogischen Konzeptes, wobei die Gliederungspunkte sozusagen Bausteine sind, die zusammengefügt werden können. Ein schriftlich formuliertes Konzept stellt immer nur ein vorläufiges Ergebnis dar, gilt nicht auf immer und ewig!

So paradox es klingt: Sobald ein Konzept erarbeitet wurde, müßte eigentlich schon mit der Überarbeitung begonnen werden. Denn viel kann sich ändern: Die gesellschaftlichen Anforderungen an die Einrichtung, die Struktur des Stadtteils, die Lebenssituation der Kinder, die Rahmenbedingungen der Einrichtung und ihre innere Organisationsstruktur und, und, und …

Die nachfolgenden Gliederungspunkte der Mustergliederung, die anschließend erläutert werden, sollen einen Anstoß zum Nachdenken und Systematisieren geben. Sie können nicht vollständig sein. Jede(r) muß sehen, ob sich in der Reflexion der täglichen Arbeit zusätzliche Themen ergeben, die für die eigene Arbeit bzw. die Einrichtung wichtig sind.

Mustergliederung

1. Vorwort
   (An wen wendet sich das Konzept, geschichtliche Traditionen, Spezifisches der Einrichtung …)
2. Rahmenbedingungen
   (Größe der Einrichtung, Räume, Personal, Öffnungszeiten, Ferienzeiten, Lage der Einrichtung mit besonderen Merkmalen, Einzugsbereich …)
3. Lebenssituation der Kinder und Eltern
   (Ist die Wohnumgebung der Kinder gleichzeitig Einzugsbereich der Einrichtung? Berufstätigkeit der Eltern, Ausländeranteil, alleinerziehende Elternteile … dies muß für jede Gruppe neu überlegt werden, in dem Konzept können Anhaltspunkte dazu stehen.)
4. Ziele für die pädagogische Arbeit mit Kindern und Begründung
   4.1 Entwicklungsbedingungen und -möglichkeiten des einzelnen Kindes in der Einrichtung
   (Rechte des einzelnen Kindes, Individualität und eigene Interessen in bezug auf Erwachsene und die Kindergruppe …)
   4.2 Soziale Kontakte zwischen den Kindern und zwischen Kindern und Erwachsenen
   (Die Bedeutung der Gruppe für das einzelne Kind, Beziehung der Gruppen zueinander, Konfliktlösungen, Regeln, Freiräume …)
   4.3 Angebote und integrative Förderung in verschiedenen Entwicklungsbereichen
   (Erfahrungsmöglichkeiten innerhalb und außerhalb der Einrichtung, Bedeutung des Spiels, Förderung der sprachlichen Entwicklung, Bewegungsmöglichkeiten für Kinder in der Einrichtung, Umgang mit Räumen, Material und Zeiten …)
   4.4 Gesundheit und Ernährung
   (Essenssituation, Küche, Schlafen, Hygiene und Pädagogik …)
   4.5 …
5. Mögliche Formen pädagogischer Arbeit
   (Freispiel, Projekte, Angebote, Schulvorbereitung, Schularbeiten, Außenaktivitäten …)
6. Exemplarischer Tagesablauf
7. Ziele und Formen der Zusammenarbeit mit den Eltern und Begründung
   (Formen der Elternarbeit und Mitbestimmung, Informationen, Klären der gegenseitigen Erwartungen, Schaffung einer vertrauensvollen Atmosphäre …)
8. Zusammenarbeit der Mitarbeiterinnen
   8.1 Zuständigkeiten
   - Gesamtteam
   - Leiterinnen
   - Gruppenerzieherinnen/Zweitkräfte
   - Praktikantinnen
   - Wirtschaftskräfte
   - Hausmeister

   8.2 Mitarbeiterbesprechungen
   (was, wann, wie oft und mit wem …)
   8.3 Fortbildung
9. Zusammenarbeit mit anderen Institutionen
   (mit wem, um was geht es, wie oft …)

Irskens B./Prüssing, Ch.: Damit wir wissen, was wir tun! Frankfurt 1990, S. 19 f.

AUFGABEN

1. Was ist unter einer Konzeption zu verstehen?
2. Erstellen Sie eine Rangfolge der Begründungen (Text 1).
3. „Die Erstellung einer Konzeption ist eine Modeerscheinung, die viel Zeit und Geld kostet. Man sollte darauf verzichten."
   Nehmen Sie Stellung zu dieser Behauptung.

4. Sammeln Sie Konzeptionen verschiedener Einrichtungen und stellen Sie Unterschiede und Gemeinsamkeiten fest.
5. Welche Vor- und Nachteile sind mit der Anwendung der im Text 2 beschriebenen Schrittfolge verbunden?
6. Entwickeln Sie methodische Möglichkeiten zur Erarbeitung von Zielen, Inhalten oder Methoden der pädagogischen Arbeit.
7. Nehmen Sie Stellung zu der Mustergliederung (Text 3).

Lesetip

AWO (Hrsg.): Zusammenarbeit zwischen Familie, Kindergarten und Grundschule. Bonn 1985
Hopf, A. (Hrsg.): Zusammenarbeit Kindergarten – Grundschule. Ja – aber wie!? Oldenburg 1980
Huppertz, N.: Schwarz auf weiß. Praktische Hilfen zur Stellung einer Konzeptionsschrift. In: kindergarten heute, H. 9, 1995, S. 28-36
Irskens, B./Prüssing, Ch.: Damit wir wissen, was wir tun! Methoden zur Erstellung eines pädagogischen Konzeptes im Team. Frankfurt 2. A. 1990
Krenz, A.: Die Konzeption – Grundlage und Visitenkarte einer Kindertagesstätte. Freiburg 1996

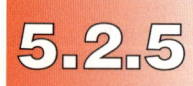

„Man lernt nie aus"
oder
Fort- und Weiterbildung

Niemand kann sich mehr darauf verlassen, berufliche Kenntnisse erworben zu haben, die ausreichen, um ein Arbeitsleben lang den gestellten Anforderungen gerecht zu werden. Das gilt nicht nur im Bereich der sogenannten Hochtechnologie, wo bestimmte Systeme oft bereits überholt sind, wenn sie ihre Serienreife erlangt haben. Die pädagogische Praxis ist ebenfalls, wenn auch nicht in dem gleichen atemberaubenden Tempo, einer Entwicklungsdynamik unterworfen. Das erfordert ständige Fort- und Weiterbildung.

Fort- und Weiterbildung

(...)
Zur Notwendigkeit und Bedeutung der berufsbegleitenden Fort- und Weiterbildung können folgende Grundaussagen getroffen werden:

◆ Die Ausbildungsgänge an den Fachschulen/Fachakademien reichen in der Regel nicht aus, zumal Grundausbildungen – ähnlich wie bei einem Hochschulstudium – eben „nur" allgemeine Ausbildungsinhalte vermitteln und weniger auf die Praxisforderungen vor Ort eingehen (können).

◆ Die Veränderung der Lebenswelten von Kindern und ihren Eltern trägt automatisch zu einer Veränderung von Verhaltensweisen bei, die kaum noch mit herkömmlichen Möglichkeiten einer Verhaltensstabilisierung aufgefangen oder korrigiert werden können.

◆ Veränderungen in den Lebensbiographien von Kindern sind Ausgangspunkte ihres Verhaltens; sie zu verstehen, setzt bei pädagogischen Mitarbeiterinnen eine profunde Kenntnis der Lebenswirklichkeiten voraus.

◆ Längeres Arbeiten in sozialpädagogischen Einrichtungen trägt immer dazu bei, daß sich Berufsroutine ausbreitet und Arbeitsstrukturen mitbedingt, die sich mit der Zeit verselbständigen und gar nicht mehr wachsam und offen von den Mitarbeiterinnen bemerkt werden.

◆ Arbeits- und Berufserfahrungen werden zwar gerne als Begründungen für ein bestimmtes Handeln oder Vorgehen benannt, sind aber nicht selten unreflektierte Vorgehensmuster, die Erneuerungen und Offenheit in der pädagogischen Tätigkeit behindern.

◆ Die tägliche Arbeit mit Kindern – zumal wenn es um eine Häufung von Kindern mit besonderen Problemen geht – kostet Kraft, Motivation und Anstrengungsbereitschaft. Erzieherinnen haben daher ein Recht, gerade in Fort- und Weiterbildungsveranstaltungen durch ihr Herauslösen aus der Praxis neue Motivationshilfen zu erhalten, neue Kräfte für die Praxis zu mobilisieren und mit Hilfe neuen Wissens ihre Handlungskompetenzen zu erweitern.

Damit ist der Fort- und Weiterbildung in der pädagogischen Praxis ein hoher Stellenwert beizumessen, ohne die eine fachkompetente Arbeit letztendlich nicht möglich sein wird. Stellen wir hier einen Vergleich zu handwerklichen und industrieorientierten Berufen her, fällt auf, daß in diesen Arbeitsfeldern eine aktuelle, gegenwartsbezogene Arbeit ohne Fortbildung undenkbar ist.

Fort- und Weiterbildung vollzieht sich in der Praxis auf ganz unterschiedlichen Ebenen, so daß an dieser Stelle einige genannt werden sollen:

◆ regelmäßiges Lesen von Fachbüchern
◆ regelmäßige Auswertung der Artikel in Fachzeitschriften
◆ Supervisionstreffen innerhalb des Teams
◆ Supervisionstreffen mit Kolleginnen aus anderen Einrichtungen
◆ kindergarteninterne Arbeitsgruppentreffen
◆ Arbeitstreffen mit Kolleginnen aus anderen Einrichtungen/Arbeitsfeldern zu bestimmten Themen
◆ kindergarteninterne Fortbildung (mit bzw. ohne Fremdreferentin)
◆ Konzeptionserarbeitung
◆ Fernstudium an einer Einrichtung, die von der „Zentralstelle für Fernstudien" genehmigt ist
◆ Fort-/Weiter-/Zusatzausbildung in berufsbegleitender Form
◆ Zusatzausbildung in Vollzeitform

Krenz, A.: „Kompetenz und Karriere.", Freiburg 1994, S. 132 ff.

AUFGABEN

1. Welche Gründe führt Krenz für eine regelmäßige Fortbildung pädagogischer Fachkräfte an?
2. Überlegen Sie gemeinsam, welche Formen der Fortbildung unabhängig vom Besuch spezieller Veranstaltungen im pädagogischen Alltag möglich sind?
3. Erkundigen Sie sich nach Fort- und Weiterbildungseinrichtungen und deren Angebot im Einzugsbereich Ihrer Schule.
4. Erstellen Sie eine Liste aller für den sozialpädagogischen Bereich wichtigen Fachzeitschriften. Übertragen Sie die Adressen in Ihr Bildungsgangbuch.
5. Sehen Sie sich die an Ihrer Schule verfügbaren Fachzeitschriften einmal an.

Lesetip

Klein & Groß – Sonderheft 1995: Netzwerk Kinder – Die wichtigsten Adressen für Erzieherinnen. Berlin 1995

Thesing, Th.: Bibliographie: Fachzeitschriften der Sozialpädagogik für Ausbildung und Praxis. In: Jugendwohl, H. 8-9, 1995, S. 387-400

Weitere Literatur- und Informationshinweise

Bundesanstalt für Arbeit (Hrsg.): Bildung und Beruf. Teil 114: Berufsausbildung und berufliche Weiterbildung im sozialen Bereich. Nürnberg 1990

Piefel, G.: Grundbedürfnisse der Kinder. Materialien für die Fortbildung von Erzieherinnen im Kindergarten. Stuttgart–Berlin–Köln 1993

5.2.6 „Allein machen sie Dich ein"
oder
Als Erzieherin in Gewerkschaften oder Berufsverbänden

Den Gemeinden und Städten geht ebenso wie freien Trägern das Geld aus. Die Folge im sozialpädagogischen Bereich:
- Schließung von Jugendzentren
- Vergrößerung der Gruppen in Kindergärten
- Verschlechterung des Personalschlüssels
- Kürzungen von Sachmitteln usw.

Die Reaktion bei den Betroffenen ist unterschiedlich.
Die einen betreiben „Vogel-Strauß-Politik", stecken den Kopf in den Sand und tun so, als wenn nichts wäre. Andere setzen auf die individuelle Karte unter dem Motto „Rette sich wer kann". Eine weitere Möglichkeit ist, sich zusammenzutun und gemeinsam über Lösungsmöglichkeiten nachzudenken. Das kann man in Eigeninitiative tun, indem man Kolleginnen an einen Tisch bringt und diskutiert, wie man gemeinsam aktiv werden kann. Eine andere Variante ist, Mitglied in einem Berufsverband oder einer Gewerkschaft zu werden, die gemeinsamen Interessen in einer Organisation zu bündeln und Forderungen nach außen zu tragen.

AUFGABEN

1. Welche der geschilderten Positionen vertreten Sie?
2. Finden Sie heraus, wo es an Ihrem Schulort Organisationen gibt, in denen die Interessen von Erzieherinnen Berücksichtigung finden.
3. Schreiben Sie Gewerkschaften und Berufsverbände an und bitten sie um Informationsmaterial (Adressen siehe Hinweise).
Arbeiten Sie die Materialien im Unterricht auf.
4. Laden Sie Vertreter von Gewerkschaften und Berufsverbänden zur Diskussion in die Schule ein.

Weitere Literatur- und Informationshinweise

Gewerkschaft Öffentliche Dienste, Transport und Verkehr (ÖTV), Abteilung Sozialarbeit, Pionierstraße 12, 40215 Düsseldorf
Gewerkschaft für Erziehung und Wissenschaft (GEW), Fachgruppe Sozialpädagogische Berufe. Nünningstr. 11, 45141 Essen

Berufs- und Fachverbände
Katholische Erziehergemeinschaft in Bayern e. V., Herzogsspitalstraße 13, 80331 München.
Verband evangelischer Erzieher und Sozialpädagogen e. V., Bäckerstraße 3, 23564 Lübeck.
Berufsverband der Erzieher in Deutschland, Postfach 1168, 78256 Steißlingen

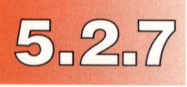

5.2.7 „Wir sollten uns einmal gezielt beraten lassen"
oder
Supervision

Im Bereich der Sozialarbeit ist Supervision seit vielen Jahren eine selbstverständliche Hilfe zur Bewältigung schwieriger Arbeitssituationen und zur Qualifizierung der praktischen Tätigkeit. Auch andere Berufsfelder haben diese Beratungsform für ihre speziellen Bedürfnisse zu nutzen entdeckt. Immer mehr Menschen aus dem Gesundheitswesen, aus Verwaltungen und Wirtschaftsunternehmen lassen sich durch Supervision in ihren Arbeitsprozessen begleiten. In den Bereichen Kindergarten, Hort oder Jugendarbeit hingegen, ist die Supervision noch selten zu finden. Lediglich im Bereich der Heimerziehung zeichnet sich in den letzten Jahren ab, daß Supervision zunehmend als hilfreiche Unterstützung des Arbeitsprozesses genutzt wird.

Supervision unterscheidet sich von der im sozialpädagogischen Praxisfeld durchaus üblichen Reflexion der täglichen Arbeit dadurch,
- daß die Rolle des Supervisors von einer außenstehenden Person eingenommen wird, die dafür in besonderer Weise qualifiziert ist.
- daß sie sich spezifischer Methoden der Beratung und Reflexion beruflicher Tätigkeiten bedient.

Was ist Supervision?
Supervision ist eine relativ neue Form von Fortbildung und Beratung für Angehörige sozialer, pflegender, therapeutischer, erziehender und beratender Berufe.

Supervision verfolgt **drei Ziele**:
- Die *Verbesserung der professionellen Kompetenz* der Supervisanden im Umgang mit Klienten einerseits und Kollegen, Mitarbeitern und Untergebenen andererseits.
- Die *Arbeitszufriedenheit zu erhöhen oder wiederherzustellen* und der Entwicklung von Burn-Out-Syndromen entgegenzuwirken, ist das zweite Ziel von Supervision. Sie gibt Hilfe zur Verarbeitung starker psychischer Belastungen im Beruf, die durch schwieriges Klientel oder durch problematische Kooperationsbeziehungen entstehen.
- Die *Wirksamkeit des eigenen professionellen Handelns* zu überprüfen, ist das dritte Ziel von Supervision. Sie dient so der Selbstkontrolle der Professionellen.

Woran wird nun in der Supervision gearbeitet, um diese Ziele erreichen zu können? Was ist also ihr **Gegenstand**?

Supervision befaßt sich mit der emotionalen und psychischen Dynamik von professionellen Beziehungen, insbesondere mit solchen professionellen Beziehungen, die dem Supervisanden unverständlich und problematisch geblieben sind. Da sich diese professionellen Beziehungen aber immer in einem institutionellen Kontext abspielen, befaßt sich Supervision zweitens mit der institutionellen Dynamik dieser Beziehung und ihren Rahmenbedingungen. Supervisoren haben die Erfahrung gemacht, daß beide Ebenen beim Verstehen professioneller Probleme eine wichtige Rolle spielen, da sie sich wechselseitig beeinflussen und sich bedingen. So sind Probleme im Team weder allein aus der gruppendynamischen Situation, in der das Team steckt, zu klären, geschweige denn aus der institutionellen oder persönlichen Problematik eines einzelnen Teammitgliedes, noch allein aus unproduktiven, blockierenden institutionellen Rahmenbedingungen, die dessen Arbeit bestimmen. So kann mangelnde Klarheit in den institutionellen Strukturen, wie z. B. undurchsichtige Formen der Ausübung der Dienst- und Fachaufsicht ein bestimmtes Klima von Mißtrauen, wechselseitiger Entwertung oder Ausgrenzung – zum Beispiel der Leitung – auslösen. Anders herum können nicht offen auslebbare Rivalitäten zwischen Untergruppen von Teams oder zwischen verschiedenen Professionen in multiprofessionell zusammengesetzten Teams die institutionellen Strukturen, wie z. B. klare Arbeitsteilung etc., unterwandern.

In der Supervision geht es dann darum, an konkreten Situationen aus dem beruflichen Alltag diese Dynamik zu analysieren und meist erstmals das Bewußtsein für die Komplexität der Ursachen dieser Konflikte zu schaffen, die in der Regel von den Beteiligten erlebt und erlitten, personalisiert und psychologisiert, aber nicht reflektiert werden konnten.

Wie unterscheidet sich Supervision von anderen Formen von Fortbildung?

Supervision verbindet zwei bis Mitte dieses Jahrhunderts noch getrennte Bereiche: **Instruktion und Selbsterfahrung.**

Instruktion meint Wissensvermittlung, eine sehr alte Form der Erfahrungstradierung, wie sie in der Schule und in den meisten Fortbildungen praktiziert wird. Das Wissen wird von Experten an Laien weitergegeben. Diese Form berücksichtigt in der Regel weder die subjektiven noch die objektiven Bedingungen der Umsetzbarkeit allgemeiner Konzepte oder wissenschaftlicher Erkenntnisse. Fortbildungen, die auf Instruktionen aufbauen, stellen meist nicht in Rechnung, daß das neu erworbene Wissen mit der Person, der professionellen Identität und der Institution, in der der Betreffende arbeitet, zusammenpassen muß. Dieses Problem wird in der Literatur als „backhome-Effekt" beschrieben. Sie kennen die Situation von Kollegen, die begeistert von Fortbildungen kommen, mit ihren neuen Erkenntnissen auf Skepsis stoßen und sie dann mit der Zeit in der alltäglichen Routine selbst wieder vergessen.

In der Supervision wird neues Wissen auf dem umgekehrten Weg gewonnen. Man setzt an den problematischen Situationen aus dem professionellen Alltag einzelner oder von Teams an und versucht erst im zweiten Schritt, allgemeinere Maximen für professionelles Handeln daraus abzuleiten. Und es wird auch nicht unter Absehung der persönlichen Eigenarten gelernt; diese Eigenarten und ihre Vor- und Nachteile für den professionellen Kontakt zu erkennen und zu verstehen, ist ein wichtiger Bereich des Lernens in der Supervision. Es wird weniger über das kognitive Verstehen gelernt denn über das Verstehen und die Verarbeitung des eigenen Erlebens. Die problematischen Situationen, die die Supervisanden erzählen, wiederholen sich in der Supervision. Ohne daß es den Beteiligten zunächst deutlich ist, spielen sie das erzählte Geschehen in verschiedenen Rollen nach. Man nennt dies die „Inszenierung des Problems". Dieses Phänomen beantwortet nebenbei die Frage, wieso Supervisoren überhaupt etwas zu Situationen sagen können, bei denen sie nicht dabei gewesen sind. In der Supervision wird das Erleben der Beteiligten, ihre Gefühle, ihre wechselseitigen Wahrnehmungen wieder lebendig und für die Betroffenen oft das erste Mal überhaupt wahrnehmbar. Sie erfahren etwas über ihre eigene Wirkung auf andere, über manchmal auch unangenehme Seiten ihrer Persönlichkeit, über Reaktionsbereitschaften auf bestimmte Persönlichkeitstypen von Klienten oder Kollegen. Es wird also ein Stück **Selbsterfahrung** betrieben, immer bezogen auf die gerade im Mittelpunkt stehende problematische Interaktionsszene und begrenzt auf einen bestimmten Ausschnitt der Persönlichkeit, nämlich denjenigen, der die produktive Gestaltung professioneller Beziehungen hindert oder erschwert. Damit unterscheidet sich Supervision von Selbsterfahrung, in der unabhängig von der Professionalität die gesamte Persönlichkeit Thema ist.

Instruktionen, also die Vermittlung und Aufnahme von Wissen, ist in der Supervision an das Verstehen konkreter Situationen aus dem professionellen Alltag gebunden. Nachdem man das Erleben und die wechselseitigen Wahrnehmungen rekonstruiert und verstanden hat, wieso derjenige ein Problem mit dieser Situation hatte, kann man sich damit beschäftigen, welche **Maximen für professionelles Handeln** allgemein aus diesem Fall zu ziehen sind und was man aus diesem Fall über die Psychodynamik professioneller Beziehungen und über die institutionellen Rahmenbedingungen lernen kann. Es gibt keine allgemeinen Vorträge über diese Thematik, sondern Supervisanden sowie Supervisoren erarbeiten gemeinsam dieses professionsrelevante Wissen. Es gibt also innerhalb einer Sitzung einen mehr oder weniger deutlich markierten Programmwechsel zwischen der Beschäftigung mit dem Erleben der Situation durch die Beteiligten und ihren individuellen Besonderheiten und der zweiten Phase, der verallgemeinernden Verarbeitung.

Diese sonst in Fortbildungen fachlicher Art oder in der Selbsterfahrung getrennten Formen von Lernen in einem Setting zu verbinden, ist die Leistung von Supervision und macht ihre

Überlegenheit gegenüber diesen klassischen Formen von Fortbildung aus. Ich habe diese Unterschiede und Gemeinsamkeiten von Selbsterfahrung, Instruktion und Supervision in Form einer Tabelle zusammengefaßt und für speziell daran interessierte Leser noch etwas genauer ausdifferenziert.

Rappe-Giesecke, K.: Supervision. Köln 1994, S. 3-6.

AUFGABEN

1. Wie würden Sie nach der Lektüre des Textes Inhalt und Aufgabe der Supervision beschreiben?
2. Stellen Sie Situationen aus Ihrer bisherigen pädagogischen Praxis vor, von denen Sie glauben, daß Sie mit Hilfe einer Supervision besser hätten gemeistert werden können.

Lesetip

Leber, A. u. a.: Krisen im Kindergarten. Frankfurt 1989
Möller-Stürmer, S.: ... und jetzt auch noch Supervision? In: kindergarten heute, H. 6, 1993, S. 40-46

Weitere Literatur- und Informationshinweise

Conrad, G./Pühl, H.: Teamsupervision. Gruppenkonflikte erkennen und lösen. Berlin 3. A. 1985
Dübjohann, M.: Kompetenz durch Supervision. München 1993
Pühl, H./Schmidbauer, W.: Supervision und Psychoanalyse. Selbstreflexion der helfenden Berufe. Frankfurt 1991
Rappe-Giesecke, K.: Supervision. Ein Leitfaden für Trägervertreter, Leitende Mitarbeiter und Mitarbeiter. Köln 1994

Bezugsadresse:
Diözesan-Caritasverband für das Erzbistum Köln e. V., Georgstr. 7, 50676 Köln
Werner, D.: Supervision – Störung oder Hilfe? In: klein & groß, H. 1, 1997, S. 13-18

„Die Eltern akzeptieren mich noch nicht"
oder
Das vierte Praktikum

Liebe Praktikantin,

Das anstehende Praktikum soll Ihnen Gelegenheit geben, Erfahrungen mit der gezielten Umsetzung eigener pädagogischer Vorstellungen zu sammeln und Sie gleichzeitig in Arbeitsbereiche einführen, die über den unmittelbaren Kontakt mit den Kindern und Jugendlichen hinausgehend, dennoch zentraler Bestandteil professionellen pädagogischen Handelns sind wie Elternarbeit, Teamarbeit oder der Kontakt, mit Kooperationspartnern wie Schule, Beratungsstelle etc. Außerdem bietet es die Chance, noch einmal unter Anleitung sich in Situationen oder Methoden praktisch zu erproben, die Sie bisher gemieden haben.
Im Mittelpunkt des Praktikums steht die Erweiterung der pädagogischen Handlungskompetenz und eine Erweiterung der Anforderungen aus dem Bereich der IV. Entwicklungsaufgabe.

Die Aufgaben im Überblick:

	Entwicklungsaufgabe	Aufgaben
EA I	Berufsrolle	◆ eigene Ziele und Ideen umsetzen
EA II	Fremdwahrnehmung	◆ diagnostizieren
EA III	Pädagogisches Handeln	◆ eine didaktische Einheit oder ein Projekt entwickeln und umsetzen
EA IV	Professionalisierung	◆ einen Elternabend oder eine Teamsitzung planen und durchführen

zu 1: Text zu einer Handlungsweise, die in besonderer Weise die Übernahme der Berufsrolle verlangt.

Thema: Eigene Ziele umsetzen

Sicherlich gab es in den vergangenen Praktika schon häufiger Situationen in denen Sie gedacht haben: „Das würde ich gerne anders machen." Sie haben sich nicht getraut, weil Ihnen eine Strategie fehlte, wie das, was Sie anders gemacht hätten, umzusetzen wäre oder weil Sie als Anfängerin nicht gleich durch Verbesserungsvorschläge auffallen wollten. Jetzt sollten Sie sich einmal bewußt in eine solche Situation begeben, die z. B. wie folgt aussehen könnte.

Die Jugendlichen möchten gerne in der Holzwerkstatt Regale für ihre Zimmer bauen. Das Holz haben sie sich schon besorgt. Die Leiterin der Einrichtung ist der Ansicht, daß der Werkraum nur benutzt werden darf, wenn eine Erzieherin als Aufsicht dabei ist. Bei der derzeitigen Personalsituation sei das aber nicht möglich. Sie haben den Eindruck, daß die Jugendlichen vernünftig genug sind, um auch einmal alleine zu arbeiten. Sie überlegen sich, wie sie den Jugendlichen helfen können, ihre Interessen durchzusetzen.

Heimbereich:
Die 15jährigen Bewohner einer Außenwohngruppe eines Kinderheims müssen auch am Wochenende immer um 20.00 Uhr zu Hause sein. Deswegen gibt es permanent Ärger, weil die Jugendlichen entweder zu spät kommen oder, wenn sie ausnahmsweise pünktlich sind, regelmäßig den weiteren Abend im Haus laut schimpfend und sich gegenseitig aggressiv anmachend verbringen. Die Erzieherinnen in der Gruppe lassen sich auf keine Diskussion mit den Jugendlichen ein. Sie versuchen zu vermitteln und überlegen sich eine Strategie.

Hort:
In dem Hort, indem Sie bereits Ihr zweites Praktikum absolvieren, müssen die Kinder unmittelbar nachdem sie aus der Schule zurückgekehrt sind, ihre Hausaufgaben machen. Viele Kinder sind zu diesem Zeitpunkt noch sehr unruhig, so daß es regelmäßig zu gegenseitigen Störungen und Konflikten kommt. Den Erzieherinnen scheint das nichts auszumachen. Sie überlegen sich, wie man die Hausaufgabensituation entspannen könnte.

Kindergarten:
Der Kindergarten, in dem Sie Ihr Praktikum machen, hat eine schöne große Turnhalle, die aber nur viermal in der Woche genutzt wird, wenn die Turnstunden der einzelnen Gruppen anstehen. Ansonsten ist die Halle abgeschlossen. Ihr Eindruck ist, daß die Kinder mehr Bewegung brauchen. Sie denken über ein Konzept nach, wie man die Turnhalle effektiver nutzen könnte und stellen es Ihren Kolleginnen vor.

Schreiben Sie alles auf, was Sie im Vorfeld der Umsetzung Ihrer Idee gedacht oder geplant haben, wie die Aktion selbst gelaufen ist und reflektieren Sie anschließend, was Sie schon recht gut gemacht haben, aber auch, was Sie hätten besser machen können.

zu 2: Die Medizin unterscheidet im Umgang mit Patienten drei Bereiche: Die sogenannte Anamnese, die Aufnahme der Krankengeschichte eines Patienten, steht am Anfang. Wenn wir dieses Verfahren auf die Pädagogik übertragen hieße das: Aufnahme, Erforschung, Sammlung aller Daten, die dazu beitragen können, das Umfeld eines Kindes oder Jugendlichen, der ein bestimmtes auffälliges Verhalten zeigt, aufzuhellen.
Der Anamnese folgt in der Medizin die Diagnose (Griech. = das Unterscheiden). Diese Diagnose besteht aus zwei Elementen:
1. Das Beschreiben des Zustandsbildes eines Patienten
2. Die Erklärung des Zustandekommens
Beides mündet in den 3. Schritt: Die Therapie
Auf die Pädagogik und unsere Aufgabenstellung bezogen heißt das:
1. Wie verhält sich die Person, die mir aufgefallen ist?
2. Wie erkläre ich mir dieses Verhalten?
Zu Punkt 1 sollten Sie so konkret wie möglich, am besten mit Hilfe von Beispielen, das Verhalten beschreiben. Bei der Erklärung sollten Sie alles nutzen, was hilfreich sein könnte (Beobachtungen, Hintergrundinformationen etwa von Kolleginnen und erziehungswissenschaftliche Theorien).
An die Diagnose schließt sich in der Regel die Therapie an. Das könnte hier der Fall sein, wenn das diagnostizierte Kind gleichzeitig im Mittelpunkt Ihrer didaktischen Einheit steht. Ein Beispiel: Sie diagnostizieren ein Kind, das Ihnen als Außenseiter in der Gruppe der Kinder aufgefallen ist. Ihre Einheit könnte dann die Integration dieses Kindes in die Gruppe zum Gegenstand haben.
Vorsicht: Die Begriffe Diagnose oder Therapie sollten Sie nicht im medizinischen Sinne mißverstehen. Pädagogik bewegt sich unterhalb der Schwelle krankhafter Auffälligkeiten. Für Kranke, Kinder und Jugendliche sind Mediziner/Psychologen oder Psychotherapeuten zuständig.

zu 3:
Ihre Aufgabe in diesem Praktikum besteht darin, Einzelangebote, die Sie ja auch schon in den vergangenen Praktika gemacht haben, ausgehend von einer beobachteten Situation so zusammenzufassen, daß sie sich sinnvoll aufeinander beziehen und aufeinander aufbauend zur Erreichung eines formulierten Gesamtziels beitragen.

- ◆ Ihnen ist aufgefallen, daß die Kinder im Nachmittagsbereich des Jugendzentrums mit den vorhandenen Angeboten wie Kicker, Tischtennis, Billard etc. unterfordert sind. Sie haben schon häufiger geäußert, daß sie diese Angebote langweilig finden. Von allein fällt den Kindern aber auch keine Lösung des Dilemmas ein. Sie werden aktiv!
- ◆ die Kinder in Ihrem Kindergarten ernähren sich am Frühstückstisch überwiegend von Süßigkeiten. Einige sind stark übergewichtig, andere haben bereits Zahnprobleme. Sie planen eine didaktische Einheit zum Thema „Das gesunde Frühstück".
- ◆ das Heim, in dem Sie Ihr Praktikum machen, plant einen Tag der offenen Tür. Die Kinder Ihrer Gruppe möchten sich mit Aktionen daran beteiligen. Sie schlagen die Durchführung eines Flohmarktes vor, von dessen Erlös die Gruppe den lange gewünschten CD-Player anschaffen könnte.
- ◆ die Kinder in Ihrem Hort produzieren ständig Müll. Nach Feierabend quellen regelmäßig die Abfalleimer über. Sie überlegen, was man tun kann und werden aktiv.

Die Planung sollte aus mindestens drei Einzelaktionen bestehen.

zu 4: „Elternkontakte" hatten Sie etwa im Kindergarten bisher nur dann, wenn diese ihre Kinder brachten oder abholten. Zu professioneller erzieherischer Arbeit gehört aber auch, Eltern über die Arbeit der Einrichtung zu informieren, zu versuchen, sie für gemeinsame Aktivitäten zu gewinnen, oder mit ihnen kontroverse Themen wie den Umgang mit Fernseher und Videogerät zu diskutieren. Häufig geschieht das auf Elternabenden. Sie sollten in diesem Praktikum einen eigenständigen Beitrag bei einem solchen Elternabend leisten oder, wenn Sie es sich zutrauen, einen Elternabend weitgehend selbständig vorbereiten und durchführen. Die Alternative wäre, eine Teamsitzung zu einem bestimmten Thema vorzubereiten und zu realisieren. Der Text sollte alle Überlegungen zur Vorbereitung, die Beschreibung der Durchführung und eine Reflexion enthalten.

5.4 „Auf dem Weg zu professionellem Handeln"
oder
Die Bearbeitung der IV. Entwicklungsaufgabe

Die folgenden Szenarien gehen von der Annahme aus, daß Sie Ihr Anerkennungsjahr begonnen haben. Nach kurzer Zeit werden Sie von der Leiterin ihrer Einrichtung mit der Aufgabe betraut, in einer Konfliktsituation als neue, noch unvoreingenommene Kraft die vorliegenden Fakten zu prüfen und einen Vorschlag zu erarbeiten, wie in dem jeweiligen Fall vorgegangen werden könnte.
Es geht also darum
- ◆ das vorliegende Material zu prüfen und die Positionen und Äußerungen der beteiligten Personen zu analysieren
- ◆ möglichst praktische Lösungsvorschläge zu erarbeiten
- ◆ die Ergebnisse anschaulich zu präsentieren.

SZENARIO 1

(Kindergarten)

„Frau Hankeln kritisiert unsere Arbeit"

Einführung

Sie beginnen Ihr Berufspraktikum in einem Kindergarten in kirchlicher Trägerschaft in einer Neubausiedlung, die hauptsächlich von Facharbeitern, Angestellten, Beamten und Geschäftsleuten bewohnt wird. Die Zusammenarbeit zwischen Kindergarten und Elternhaus ist sehr schwach; Kontakte beschränken sich meist auf „Tür- und-Angel-Gespräche".
Nachdem Sie sich einen ersten Überblick über die Einrichtung verschafft haben, sich mit den Erziehern, Gruppen und Räumlichkeiten vertraut gemacht haben, werden Sie schnell mit einem Problem konfrontiert, das die gesamte Arbeit im Kindergarten betrifft!
Ausgangspunkt ist folgender:
Eine recht aktive Mutter (Frau Hankeln) hat einen Jungen (Thorsten, 5) im Kindergarten. Frau Hankeln kritisiert an der Arbeit, daß sie nicht genügend auf die Schule vorbereite. Thorsten ist ihrer Meinung nach noch nicht altersgemäß entwickelt, und sie befürchtet, daß er den Übergang in die Schule nicht

schaffen könnte. Sie selbst hat, da sie berufstätig ist, keine Zeit, um Thorsten zu fördern. Sie verlangt dies vom Kindergarten. Zunächst konnte Frau Hankeln beschwichtigt werden, jetzt jedoch hat sie erfahren, daß es bestimmte Programme zur „kognitiven Förderung" gibt, daß diese z. B. im benachbarten Budden-Kindergarten angewandt werden, und schließlich hat sie auf einem früheren Elternabend den Eindruck gewonnen, daß ihre Sorgen mit denen von vielen anderen Eltern übereinstimmen. Frau Hankeln hat sich daraufhin an den Pfarrer (Wohlrabe) gewandt und eine besondere Versammlung verlangt, auf der die Arbeit des Kindergartens grundsätzlich zur Diskussion stehen soll. Der Pfarrer hat sich an die Leiterin des Kindergartens (Gudrun) mit der Bitte gewandt, diese möge den Elternrat einberufen.
Bisher war man im Team des Kindergartens darüber einig, daß keine besondere „Kognitionsförderung" nötig wäre, man statt dessen besser auf die emotionalen und sozialen Erziehungsziele Wert legen sollte.
Die Leiterin Gudrun ist durch die Vorgänge verunsichert. Es ist noch einige Zeit bis zur Elternversammlung, und im Team der Einrichtung besteht Uneinigkeit über die einzuschlagende Linie.

Protokoll der Stellungnahme von Gudrun (Leiterin der Einrichtung)
Ich bin jetzt schon 9 Jahre hier und leite schon 5 Jahre den Kindergarten, aber eine solche Polarisierung habe ich noch nicht erlebt. Ich dachte bis vor kurzem, jetzt weißt Du, wie Du den Beruf auszuüben hast! Ich dachte, wir haben jetzt ein Konzept, das vernünftig ist. Mit der sogenannten Demokratisierung glaubt heute aber jeder, alles zu wissen und keiner versucht, sich wirklich sachkundig zu machen. Ich bekomme ja nicht nur von Frau Hankeln Druck, sondern auch von den anderen, etwa von Frau Zoll, die Du auch befragen solltest. Dazwischen stehen die Gruppen desinteressierter Eltern, die mit allem einverstanden sind, egal was wir machen, und deren Mitarbeit wir in den meisten Fällen brauchen würden, weil deren Kinder oft zu wenig Anregungen bekommen.

An sich müßte doch einleuchten, daß wir im Kindergarten situationsorientiert arbeiten. Wir versuchen, den Kindern zu helfen, sich in ihrer Lebenswelt zurecht zu finden, ihre Interessen und Probleme aufzunehmen, vor allem ihre sozialen Fähigkeiten zu entwickeln. Ich denke, das ist es doch gerade, was Kindern wie Thorsten fehlt. Sie sollten ihre Umwelt verstehen lernen, und wenn wir dieses angeleitet machen, werden die Kinder doch richtig gefördert. Vor Annegret hatte ich die Gruppe mit Thorsten.
Manchmal habe ich den Eindruck, Frau Hankeln weiß gar nicht, wogegen sie sich ausspricht: Wir haben etwa in der Vergangenheit mit den Kindern ein kleines Projekt zur Orientierung in unserem Stadtteil durchgeführt, dabei passieren doch eine ganze Reihe zusätzlicher Sachen. Also: Wir haben alle Kinder zu Hause besucht und waren in der Bäckerei. Die Kleinen durften Brötchen und Brezeln formen, das machte denen viel Spaß. An drei Nachmittagen haben wir mit alten Leuten im Stadtpark gesprochen, sie dann zu einer kleinen Feier mit Kakao und Selbstgebackenem im Kindergarten eingeladen. Bei diesen Aktionen haben die Kinder natürlich auch eine ganze Menge zum Verhalten im Straßenverkehr erlebt. Wir hatten dabei auch eigenhändig einen Plan des Stadtviertels entworfen. Der blieb zur Erinnerung in unserem Gruppenraum hängen. Solche und ähnliche Aktionen können noch weiter ausgebaut werden. Mit ihnen sichern wir doch mehr und wichtigere Elemente der Entwicklung als durch den massiven Einsatz von „Curricula zur kognitiven Förderung"! Wir müssen die Lebensbedingungen der Kinder analysieren, ihre Probleme kennenlernen und darauf aufbauend Angebote machen, die die Defizite in der jeweiligen Lebenswelt der Kinder beheben können.
Thorsten fiel mir zunächst nicht weiter auf. Viele Kinder hatten Schwierigkeiten, sich in die Gruppe zu integrieren, aber das geht ja immer so. Wenn man mit Projekten arbeitet, legt sich das dann. Thorsten hatte sich mit der kleinen Monika befreundet, leider ist ihre Familie aber aus der Stadt weggezogen. Thorsten hatte so zunächst viel Angst, als Annegret die Gruppe übernahm. Ich hatte so den Eindruck, daß er von den anderen zunächst ein wenig gehänselt wurde, weil er stotterte und häufig abwesend war. Ich bin aber optimistisch, daß es Annegret gelingen wird, ihn wieder besser in die Gruppe einzubinden. Ich glaube jedenfalls nicht, daß bei Thorsten eine besondere Förderung etwas bringen würde. Bei dem liegen die Ursachen viel tiefer. Aber Du weißt ja sicherlich schon, wie schwierig es ist, sich einzelnen Kindern intensiv genug zu widmen, um Defizite des Elternhauses aufzufangen …

Protokoll der Stellungnahme von Annegret (Gruppenleiterin)

Ich finde, Frau Hankeln lügt sich was in die Tasche. Sie hat sich nicht genug um ihren Sohn gekümmert. Was allen, vor allem Kindern wie Thorsten fehlt, das ist Wärme, Geborgenheit, die Fähigkeit, sich in seiner Phantasie wiederzufinden. Ich versuche ihm das zu geben, was er zu Hause wohl nicht ausreichend bekommt.

Mich ärgert das alles hier unheimlich. Eigentlich habe ich mich schon riesig angepaßt. Während der Ausbildung war ich in Kinderläden, habe aber dann für das Berufspraktikum dort keinen Platz bekommen. Ich akzeptiere ja schon, daß hier auch religiöse Erziehung gemacht wird, obwohl ich sicher bin, daß das im besten Falle nichts bewirkt. Ich bin hierher gekommen, um zu überprüfen, welche Möglichkeiten es in konventionellen Institutionen gibt, eine Alternative, ein wenig auf politische Arbeit zu machen. Klar, ich muß Kompromisse schließen: Ich mache auch diese Bilderbuchbetrachtungen, ja ich bastele mit den Kindern auch schon mal was für die Eltern, aber jetzt noch die Kinder einzeln auf die Schule vorzubereiten, indem sie alles schon einmal vorweg machen, was sie dann im ersten Schuljahr lernen sollen…?

Ich backe hier schon kleine Brötchen, und erst nach breiter Information im Team verwirkliche ich ab und zu mal etwas von dem, wovon ich wirklich überzeugt bin: Letztens haben wir in unserem Gruppenraum eine Stadt „Phantasia" gebaut. Du mußt Dir das mal ansehen! Die Kinder haben sich mit Papp-Kartons und alten Decken Wohnhütten eingerichtet und Tunnelgänge gebaut: es gibt große Feuerwerksgemälde, „steinerne Wasserfälle", Blumenteppiche und Schmetterlingswolken. Die Kinder verändern ständig ihre Stadt. Höhlen werden zerstört und neue gebaut: Wandteppiche abgerissen, neue gemalt. Klar, es gibt dabei oft ein chaotisches Durcheinander und die Kinder sind manchmal bunter als die Wände oder Fenster! Es gibt auch mal Ärger mit den Eltern, aber bis jetzt war es auszuhalten, und ich hatte den Eindruck, daß vielen Eltern das selbst auch Spaß machen würde, was ich mit den Kindern mache.

Wenn es irgendwie geht, tobe ich mit den Kindern auf unserem Spielgelände herum, gehe mit ihnen in den Stadtpark, erzähle ihnen auch mal Geschichten und lese Märchen vor, die die Kinder dann weiter erzählen, spielen oder malen. Letztens bin ich mit einer Gruppe auf den öffentlichen Spielplatz gegangen, und wir haben dort das aufgebaut, was wir auf so einem Spielplatz gut finden. Ich habe dann einen Mann von der Zeitung angerufen, der hat dann Fotos von uns gemacht: vielleicht hast Du davon gelesen?

All diese Aktionen machen mein Verhältnis zum Erzieher-Team natürlich nicht leichter! Vielleicht spielt bei vielen von denen auch ein bißchen Neid mit, denn die Jahrespraktikanten wollen meist zu mir in die Gruppe. Na ja, Gudrun, die ist als Leiterin eigentlich ganz in Ordnung, obwohl sie in ihrem Kopf nur „Projekte" hat. Ich finde das auch nicht schlecht, aber irgendwie denke ich, daß diese situationsorientierten Geschichten eigentlich doch mehr mit Anpassung der Kinder an die Gesellschaft und nicht mit der Berücksichtigung ihrer Interessen zu tun haben. Wenn man versucht, Kinder zu verstehen, dann merkt man, daß sie eigentlich ganz andere Dinge bewegen, daß sie sich eine eigene Welt konstruieren.

Wenn ich so mit meinen Vorstellungen ins Team komme, dann reagieren die anderen recht aufgescheucht. Bevor sie überhaupt dazu kommen, mich zu verstehen, sehen sie schon die Konflikte mit den Eltern. Jetzt fühlen sie sich natürlich bestätigt. Gudrun versucht ja, sich mit mir auseinanderzusetzen, das gebe ich zu, aber im Falle Hankeln setzt sie wohl auf einen faulen Kompromiß. Ich mag eigentlich Konflikte, sie bringen etwas in Bewegung, aber vielleicht sollte man im Kindergarten hierfür eine Weile die Tür zumachen, um mit allen in Klausur zu gehen: nun gut, das war nur ein Scherz!

Protokoll der Stellungnahme von Frau Hankeln

Sehen Sie, ich gebe ja zu, daß wir uns nicht ausreichend in der Vergangenheit mit Thorsten beschäftigen konnten. Wir haben ein Tapezier-Geschäft, und bei der Flaute konnten wir uns halt keinen Angestellten mehr leisten. Wir haben dann Thorsten anfangs zu einer Mutter gegeben und nicht beachtet, daß die mit den eigenen Kindern eigentlich schon überfordert war. Zu spät haben wir gemerkt, daß mit Thorsten nicht richtig umgegangen wurde. An sich ist er ein braver Junge, aber er kommt nur selten aus sich heraus, ist zu still und zu wenig aktiv. Wir haben das zu spät gemerkt. Thorsten konnte im Vergleich mit seinen Altersgenossen viel später und viel weniger sprechen. Ich war dann natürlich froh, als Thorsten in den Kindergarten kam. Nun ist schon fast ein Jahr vergangen und ich habe nicht den Eindruck, daß Thorsten schon aufgeholt hat. Ich habe mit Frau Montori vom Budden-Kindergarten über die sprachliche Entwicklung von Kindern gesprochen. Ich fühle mich durch sie bestärkt. Finden Sie das richtig, wenn mir von Annegret immer geantwortet wird: Förderung liefe auf „Vorschuldrill" hinaus, bringe nach dem „Stand der Forschung" nichts? Dabei hat mir Frau Montori gezeigt, wie man die Förderung macht, daß das allen Spaß machen kann! Auch wenn Frau Annegret sich vielleicht daran stört, daß man sich in ihre Arbeit einmischt: ich habe doch ein Recht auf Mitbestimmung! Es ist doch immer noch mein Kind.

Protokoll der Stellungnahme von Frau Zeul (Mutter)

Sicherlich hat Sie Annegret zu mir geschickt. Meine Sara ist in der gleichen Gruppe wie Thorsten. Sara erzählt häufig darüber, daß sie mit Thorsten nicht richtig spielen könne. Ich weiß ja nichts Genaues, aber aus den Erzählungen von Sara habe ich den Eindruck, daß es nicht der Entwicklungsstand von Thorsten ist, der Probleme schafft. So etwas lernen die Kinder doch im Grunde von selbst. Es ist doch wichtig, daß Thorsten Mut bekommt, mit den anderen Kindern etwas zu machen und daß die Erzieher gerade dafür sorgen.
Anstatt, daß man jetzt etwas Besonderes mit Thorsten und den anderen Kindern anstellt – die werden doch noch früh genug unter Leistungsdruck gesetzt – sollte Annegret viel mutiger ihre Vorstellungen umsetzen. An sich will sie ja eine Arbeit, die ganz auf die Phantasie der Kinder und deren Bedürfnisse Rücksicht nimmt: Höhlen bauen, Blumenteppiche, steinerne Wasserfälle machen und so was: ich finde das irre und denke manchmal, woher nimmt die Annegret die Phantasie? Sie hat eine tolle Beziehung zu den Kindern aufgebaut, man könnte da fast eifersüchtig werden, so sehr mögen die Kinder sie schon. Annegret braucht unsere Unterstützung. Nicht, daß Frau Hankeln jetzt recht bekommt, sondern daß Annegret mehr von dem umsetzen kann, was sie vorhat, dann aber doch wohl mit Rücksicht auf die Kollegen im Kindergarten nur selten macht. Ich werde auch im Interesse von Thorsten nicht akzeptieren, daß hier ein neuer Stil eingeführt wird. Frau Meyer und Frau Dietrich sind da etwa ganz meiner Meinung.

Protokoll der Stellungnahme von Pfarrer Wohlrabe

Auch wenn Herr Hankeln nicht im Pfarrgemeinderat aktiv wäre, hätte ich ihren Wünschen entsprochen und um die Versammlung gebeten. Ich finde es schon gerechtfertigt, was Frau Hankeln will. Andererseits hat Gudrun bisher doch gute Arbeit geleistet! Aber es scheint, daß Sie sich nicht einmal im Team einig sind, was das richtige Konzept ist.
Ich bin ja fast nur dann im Kindergarten, wenn ich darum gebeten werde; etwa vor Weihnachten oder vor Ostern. Dann erzähle ich den Kindern die biblischen Geschichten. Das fand ich immer sehr schön, das hat den Kindern wohl auch Spaß gemacht und ist für sie wohl auch wichtig. Ich kann mir eigentlich gar nicht recht vorstellen, wie das alles so emotionsgeladen werden konnte. Frau Hankeln hat mich fast ultimativ aufgefordert, auf Gudrun einzuwirken. Sie würde die Sache sonst bis zum letzten durchfechten.
Also, die Sache muß irgendwie bereinigt werden. So ein konfliktbeladenes Klima wirkt sich doch letztlich bis auf die Kinder aus. Und ich möchte auch nicht, daß da zu viel in der Öffentlichkeit geredet wird. Bis jetzt hatten wir Gottseidank immer noch genug Anmeldungen für den Kindergarten, gerade weil unser Pfarrkindergarten einen guten Ruf hat. Das soll durch solche Zankereien und solches Gerede nicht gefährdet werden. Im übrigen: Wir sollten das doch realistisch sehen: Der überwiegende Teil der Eltern ist sehr wohl zufrieden mit der Arbeit im Kindergarten, es läuft doch eigentlich sehr gut, und man sollte diese Sache nicht so aufbauschen.

(Hort)

„Robert stört massiv."

Einführung

Sie beginnen Ihr Berufspraktikum in einem Hort, der aus drei Gruppen mit ca. 20 Kindern in der Altersstufe 6-8/8-10/10-13 besteht. In jeder Gruppe arbeiten zwei Kräfte (Erzieherinnen, Jahrespraktikantinnen etc.). Der Hort wird von einer Sozialpädagogin geleitet, die vom Gruppendienst unabhängig ist. In unmittelbarer Nähe des Hortes befindet sich die Riehl-Schule (Grund- und Hauptschule), die von fast allen Hortkindern besucht wird. Die berufstätigen Eltern leben in einer Neubausiedlung in größeren Wohnblocks. Es handelt sich meist um Industriearbeiter, kaufmännische Angestellte, Postangestellte, Bahnbedienstete, Verkäuferinnen, Verpackerinnen, Putzfrauen etc.
Sie haben vor einiger Zeit Ihr Berufspraktikum aufgenommen. Nachdem Sie sich einen ersten Überblick über die Einrichtung verschafft haben, werden Sie recht schnell mit einem Konflikt konfrontiert, der die gesamte Arbeit des Hortes betrifft.

Der Ausgangspunkt ist dabei folgender:
In der Gruppe von Margot (die 10-13jährigen) hat sich die Lage zugespitzt. Robert (13) stört die Gruppe massiv beim Schulaufgaben machen, mit seinem Freund Friedhelm (12) „tyrannisiert" er die anderen Jungen und vor allem die Mädchen. Dabei ist es schon zu starken Aggressionen gekommen, und die Eltern der Mädchen haben sich im Hort beschwert. Sie verlangen, daß die Aggressionen abgestellt werden; wenn dies nicht möglich sei, müsse Robert den Hort verlassen. Die Eltern verweisen auf Fälle, in denen ähnlich gehandelt worden ist.

Margot will und kann in diesem Fall nicht allein die Verantwortung übernehmen. Es wird eine Team-Sitzung angesetzt, die die Voraussetzung der pädagogischen Arbeit im Hort prinzipiell und den Fall Robert konkret zu behandeln hat. Auch die Leiterin des Hortes Edeltraud Lauterbach ist durch die Vorgänge verunsichert. Die im Hort tätigen Mitarbeiter sind unterschiedlicher Auffassung, was zu tun sei. Teils wird die Meinung vertreten, man müsse durchgreifen, auf der anderen Seite wird prinzipielle Kritik gegenüber der im Zentrum stehenden Hausaufgabenhilfe vorgetragen.

Protokoll der Stellungnahme von Margot (der Gruppenerzieherin)

Du siehst, wir sind hier ganz schön eingespannt. Es geht ja ziemlich viel Zeit in Hausaufgaben drauf. Aber ich bemühe mich, dabei ruhig und geduldig zu bleiben. Es ist eben schade, daß ich mich nur um unsere drei schwächsten Kinder richtig kümmern kann. Zwei davon gehen in die Sonderschule und haben da immer noch Mühe mitzukommen. Aber ich denke, von zu Hause haben die überhaupt nichts zu erwarten, und dann ist es eben besonders wichtig, daß die wenigstens hier im Hort etwas Unterstützung erhalten. Wenn die zum Beispiel in der Schule und auch hier ständig versagen, dann ist doch klar, was dabei herauskommt. Deshalb will ich ihnen zu verstehen geben, daß man sie hier akzeptiert, daß man Zeit für sie hat. Ich mache ja nicht nur stupide Aufgaben mit ihnen, sondern unterhalte mich auch mit den Kindern darüber, was sie erlebt haben. Obwohl es schwierig ist, das richtig abzuschätzen, denn ohne Hausaufgaben können sie nicht in die Schule gehen. Auf die Eltern kann man sich da überhaupt nicht verlassen. Wenn es irgendwie geht, mache ich die Hausaufgaben auch spielerisch. Peter, der ist jetzt das vierte Jahr in der Sonderschule, aber er ist immer noch weit zurück. Das Rechnen mit Zahlen, also das Abstrakte, das geht bei ihm kaum über die Zehnerüberschreitung. Bis zehn kann er sich mit den Fingern helfen. Wenn es darüber hinausgeht, habe ich ihn schon aufgefordert, Gummibärchen zu verwenden, das mit einem Lied zu probieren und ähnliches. Aber er lehnt so etwas irgendwie entrüstet ab. Ich weiß auch nicht, wieso! Ich hatte da auch einen einfachen Rechenschieber, mit dem man zusammenzählen und abziehen kann. Damit kam er auch ganz gut zurecht. Es ist schwer, die Kinder zu motivieren.

Wir begreifen es nicht unbedingt als Erfolgserlebnis, wenn bei den Aufgaben etwas gelingt. Eine Zeitlang hatte ich den Eindruck, der Peter etwa mache die Aufgaben nur meinetwegen, weil ich ihm nachher etwas erzähle. Aber inzwischen weiß er halt, daß ich mich um ihn kümmere, und das gibt eben doch einen kleinen Ansporn. Na ja, und zwingen, das hat bei den Kindern sowieso keinen Zweck.

Ich hatte schon einmal mit Betsy darüber gesprochen, weil wir jetzt auch ziemliche Schwierigkeiten mit Robert und seinem Freund haben. Der ist ein recht cleverer Bursche, obwohl er in der Schule nicht gut steht. Aber er bringt sagenhaft viel Unruhe in die Gruppe und wird zunehmend aggressiver. Es kam ein paarmal vor, daß er in die Stadt abgehauen ist, und letztens verprügelte er mit seinem Freund ein paar jüngere Kinder und die Mädchen in meiner Gruppe. Ich weiß auch nicht mehr, wie ich mich besser um ihn kümmern könnte. Alles, was du da unternehmen könntest, wird durch die fehlende Unterstützung der Eltern gefährdet. Du bist einfach zu wenig an dem Jungen dran, um ihn von diesem aggressiven Verhalten wegzubringen. Irgendwie verstehe ich ihn aber auch: er ist in einem schwierigen Alter. Das, was er hier erlebt, kann ihn ja auch nicht positiv beeindrucken: keiner kann oder will sich wirklich auf ihn einlassen, daß er hier heraus will, ist irgendwo verständlich. So vergrößert Robert, und Jungen wie sein Freund, unsere Probleme. Wenn wir einzelnen Schülern wirklich helfen wollen, in der Schule zurechtzukommen, und ich denke, daß wir das tun müssen, dann sollten wir vielleicht nur mit solchen Kindern arbeiten, die dafür noch empfänglich sind und die es am dringendsten nötig haben.

Verstehe mich nicht falsch, ich will hier nicht einfach Schule machen, auch denke ich, daß man das humaner machen muß als üblich. Aber eins steht doch fest: die meisten gehen nicht gerne zur Schule, weil sie dort auch kein Erfolgserlebnis haben. Weil sie unmotiviert in der Schule hocken, bekommen sie dort auch kein Erfolgserlebnis haben. Weil sie unmotiviert in der Schule hocken, bekommen sie dort nichts mit und keine guten Noten. Das müssen wir aufbrechen, wenn wir ihnen was beibringen, dann gehen die lieber zur Schule usw.

Wir sollten uns im Team gegenseitig stützen, keiner weiß hier vom anderen, wie er jeweils methodisch vorgeht, wir können uns gegenseitig helfen, darauf sollten wir uns konzentrieren, findest Du nicht?

Protokoll der Stellungnahme von Betsy, der Kollegin von Margot in der Gruppe von Robert
Ich hatte mir die Arbeit im Hort anders vorgestellt. Nicht, daß man gar keine Hausaufgabenhilfe mehr machen müßte, darin sehe ich schon eine wichtige Aufgabe, aber es dürfte nicht die zentrale Aufgabe sein. Gerade bei den älteren Kindern bist du davon total in Anspruch genommen. Bis ich da durchkomme, ist es meist schon 16.30 h, und dann gehen die Kinder nach Hause.
Also das läuft im Prinzip nur auf eine Fortsetzung der Schule hinaus. Mir stinkt das unheimlich, aber ich habe keinen Ausweg gefunden, wie das anders zu organisieren wäre.
Es ist ja nicht nur die Schule, die bestimmte Anforderungen an uns stellt. Die Kinder selbst verlangen dir allerhand ab an Geduld. Willst du etwas mit denen unternehmen, sind sie häufig völlig lustlos. Ich hatte mal vor, mit den Älteren hier so eine Art Zeitung zu machen für ihre Mitschüler. Einer von den Hauptschülern schlug das vor. Nein, das brachte auch nichts, die hatten nach kurzer Zeit keine Lust mehr. An einem Nachmittag schnipselten einige aus Illustrierten-Überschriften so Nonsens-Sprüche zusammen. Aber dann war die Luft auch schon wieder raus. Die stromern mit Robert nur noch im Gelände herum, ärgern die jüngeren Kinder, vor allem die Mädchen in meiner Gruppe und wollen ins Freibad. Die kannst du zu nichts mehr motivieren. Nach den Hausaufgaben reicht es halt nur noch zur Gammelei. Selbst attraktive Sachen wie mit Ton arbeiten oder Dias anmalen, nichts! Die toben hier eher die Aggressionen aus, die sie von zu Hause oder von der Schule her mitbringen.
Also ich finde da gar keinen Ansatzpunkt mehr, mit denen etwas Sinnvolles hinsichtlich der Schulaufgabenhilfe zu unternehmen. Ich denke fast, daß wir es aufgeben sollten, die Fehler der Schule auszubügeln, denn darum handelt es sich doch! Das, was die Schule den Schülern nicht beibringt, sollen wir nun unter viel schlechteren Verhältnissen den Schülern vermitteln. Man müßte die Lehrer dazu veranlassen, mit den Hausaufgaben in der jetzigen Form Schluß zu machen, die Eltern müßte man dafür gewinnen, daß sie hier im Hort konsequent kompensatorisch arbeiten können. Wir haben in der Vergangenheit einfach zu unkritisch die Ansprüche der Schule und der Eltern übernommen und darüber die Interessen der Kinder aus den Augen verloren. Wir sollten den Konflikt zum Anlaß nehmen, einmal offensiv eine Neuorientierung unserer Arbeit zu versuchen. Ich denke wir sollten den Kindern hier Erfolgserlebnisse bereiten, indem wir auf ihre Interessen eingehen und etwas tun, was in Schule und zu Hause nicht möglich ist. Wahrscheinlich machen wir den Fehler, immer nur mehr oder weniger hilflos auf die Frustrationen der Kinder zu reagieren. Wir wissen zwar einiges über ihre Lebenssituation, erkunden aber nicht richtig, was denn daraus an Problemen und Interessen entsteht und vor allem, was wir davon hier einbringen könnten. Robert jetzt hier rauszuschmeißen, verschlimmert doch alles nur: wir sind einen Störenfried los, glauben, so weitermachen zu können wie bisher, und Robert: allein zu Hause ohne die Mutter, was wird wohl dann aus ihm? Wir haben wohl ein wenig Angst vor den Interessen der Kinder, weil die uns selbst in Frage stellen?

Protokoll der Stellungnahme von Herrn Poth (Deutschlehrer):
Ich bin noch nicht solange hier an der Schule. Die Zusammenarbeit mit den Erzieherinnen hier im Hort könnte sicherlich noch besser werden. Ich habe einmal mit einer Erzieherin gesprochen, aber das war nicht sehr ermutigend. Ich schlug ihr damals vor, mit einigen Kindern eine kleine Zeitung zu drucken; aber sie meinte wohl, die Kinder hätten zu wenig Interesse.
Ich dachte, da könnte man einige Sachen unternehmen, die sonst gar nicht oder nur in Unterrichtsstunden durchzuführen sind. Das heißt jetzt nicht, daß auf anderen Wegen Unterricht fortgesetzt werden soll. Aber sehen Sie: die meisten Kinder bei mir in der Klasse sind sprachlich benachteiligt, können sich nur unzulänglich verständlich machen, das bedeutet meiner Meinung nach: in ihrer Sprachohnmächtigkeit können sie jetzt und später sich nur im geringen Maße aktiv im öffentlichen Leben einbringen. Sie begeben sich damit in die Abhängigkeit von Leuten, die sprachmächtig sind.
Ich möchte die Kinder ja nicht zu einer angepaßten Hochsprache erziehen, keinesfalls! Ich möchte sie ermuntern, ihre Herkunft, ihre Lebenswelt ernstzunehmen und auf kreative Weise auszudrücken. So lasse ich sie zum Beispiel ihren Lebensalltag erforschen und in Bildergeschichten umsetzen. Über die Herstellung einer Zeitung könnten sie vielerlei Erfahrung machen: über technische und organisatorische Momente hinaus auch die Erforschung und Beschreibung ihrer Lebenssituation. Sie müssen verschiedene Darstellungsformen üben und lernen, über ihre Wünsche und Vorstellungen nachzudenken und sie zu vertreten. Aber eine solche Arbeit ist nicht mehr in konventionellen Unterricht leistbar; dafür bedürfte es einer breiter angelegten Zusammenarbeit. Meine Kollegen sind da eher skeptisch und ablehnend; da fühle ich mich allein gelassen. Und, nun ja: der erste Versuch, mit dem Hort zu kooperieren, war auch nicht sehr erfolgreich!
Der Robert in meiner Klasse ist ein gutes Beispiel dafür, daß ich wohl richtig liege. Immer dann, wenn er aufgefordert ist, das, was ihn stört, zu verarbeiten, ist er außerordentlich wach und gut dabei. Er stellt sehr gut dar, daß er von seiner Mutter nur materielle Dinge erwarten kann, daß sie nicht für ihn da ist, und er zeigt, daß er eigentlich nur Praktisches machen will und in dem Sinne durch Schule und auch das, was augenscheinlich im Hort passiert, unterfordert ist.

Diese und weitere Szenarien für andere sozialpädagogische Einrichtungen sind in voller Länge abgedruckt in: Gruschka, A.: „Wie Schüler Erzieher werden". Anhang, S. 46 ff.

AUFGABEN

Ordnen Sie sich je nach individuellem Schwerpunkt einem Szenario zu.
1. Sie sollten sich für die Bearbeitung der Szenarien ein bis zwei Tage Zeit nehmen. Erarbeiten Sie zunächst die in den Texten enthaltenen Fakten. (Wer beschreibt wie den Vorgang? Wer nimmt wie zu dem Konflikt Stellung? Wer macht welche Vorschläge zur Lösung?)
2. Kommen Sie dann zu einer Interpretation, Bewertung und Einschätzung der Aussagen der einzelnen Personen (Wer hat welche Interessen? Wer kann aufgrund seiner Sicht der Dinge für eine mögliche Lösung als Bündnispartner gewonnen werden? Wer vertritt eine sehr dogmatische Position, wer ist bereit zu einem Kompromiß?).
3. Entwickeln Sie innerhalb der Gruppe eine Strategie, wie vorzugehen wäre, um den Konflikt zu lösen.
4. Bereiten Sie die in den unterschiedlichen Szenarien geforderten Lösungen so konkret wie möglich vor. Erstellen Sie zur Verdeutlichung Ihrer Vorschläge event. Wandzeitungen, Folien.
5. Stellen Sie Ihre Lösung in Form eines Rollenspiels vor. Falls Sie sich in Ihrer Gruppe nicht auf eine Lösung einigen konnten, hätten die Mitspielerinnen hier Gelegenheit, ihre kontroversen Positionen einzubringen. Es sollte aber schon deutlich werden, was im wesentlichen das Arbeitsergebnis der Gruppe ist.

Nachwort:

„Sie sind also fertig! …

Ich beneide Sie aufrichtig. Ich war auch schon fertig.

Lange ist's her.

Ich erinnere mich kaum, wie oft ich schon fertig war…"

Frisch, M.: „Rede an junge Lehrer." 1957. In: Max Frisch „Gesammelte Werke." Bd. IV, Frankfurt 1986, S. 207.

Sachwortverzeichnis

A

Alltagsdidaktik 11 f.
Altersgemischte Gruppe 34 ff.
Angebote
– im Offenen Kindergarten 172 f.
– im Bereich der Freizeitarbeit 251 ff., 254 ff., 257 ff., 267 ff., 272 ff.

B

Beobachtung 74 f.
Beobachtungsgegenstand 76 f.
Beobachtungsfehler 79
Beobachtungsformen 78
Beobachtungstraining 80
Berufsmotivation 30 ff.
Berufsverbände 336
Bildungsgangbuch 7
Bild vom Kind 65 f.
Bunte Teams 29

C

D

Didaktik 10 f.
Didaktische Einheiten 125, 139
Diskussionsleitung 315 f.
Diskussionsregeln 314 f.
Dokumentation 195 ff.

E

Elternarbeit 318 ff.
– Begründung 321
– Elterngespräche 324 f.
– Erwartungen 319 f.
– Formen 323 f.
– Ziele 322
Entwicklung 13 f.
Entwicklungsaufgaben 13 ff.
– Inhalt der I. Entwicklungsaufgabe 19 ff.
– Inhalt der II. Entwicklungsaufgabe 57 ff.
– Inhalt der III. Entwicklungsaufgabe 109 ff.
– Inhalt der IV. Entwicklungsaufgabe 307 ff.
Entwicklungspsychologie 14
Erlebnisorientierung 168
Erzieherberuf 23 f.
Erziehungspläne 246 ff.

F

Feiertagsdidaktik 11 f.
Fort- und Weiterbildung 334 f.
Freispiel 172
Freizeit 229 f., 231 f.

G

Gesprächsführung 324 ff.
Gewerkschaften 336
Grundfiguren pädagogischer Anlässe 112, 114 ff.
Grundschule 329 f.
Gruppe 280 ff.
Gruppenentwicklung 285 ff.
Gruppenleiter 281 f.
Gruppennormen 288
Gruppenpädagogik 288f.
Gruppenprozeß 283 f.
Gruppenrollen 291 f.

H

Handlungsforschung 173
Handlungsweisen 45 f.
– Analyse 49 f.
– Protokollierung 47 f.
Hausaufgaben 221 ff.
Heimerziehung 41 f.
Heimerziehung
– Konzeptionen der 235 ff.
Hort 37 ff.

I

Ideenfindung 296 ff.
Impuls 172
Inhalte pädagogischer Arbeit 124, 167, 193, 230 ff.
Institutionen 328
– Zusammenarbeit 328 f., 330

J

Jugendarbeit
– Krise der 207
– Perspektiven der 207 ff.
Jugendkulturenstile 204 ff.

K

Kindergeschichten 88 f.
Kindergespräche 81 f., 90
Kindersammlungen 86 ff.
Kinder- und Jugendarbeit 39 ff.
Kinderzeichnungen 83 ff.

Kindheit 67 ff.
– Reflexion 92 f.
Kollegiale Fallberatung 91 f.
Konzeptionsentwicklung 331

L

Lebensweltanalyse 216 ff.
Lernen im Alltag 129 f., 167 f., 242 ff., 250 f.
Lernprinzipien 294 f.
Lernprozesse 293 f.

M

Menschenbild 122, 159 f., 189 ff.
Museumspädagogik 275 ff.

N

O

Orientierungsmuster 18

P

Pädagogische Leitidee 112
Planung
– Offene Planung
– Planungsrunde im Offenen Kindergarten 144 ff.
– Planung in Reggio 194
Porträtieren 94 f.
Praktikumsaufgaben 46, 94 f., 99 ff., 298 ff., 339 ff.
Praktikumsauswertung 51 ff., 104 ff., 303 ff., 342 ff.
Professionalität 309
Projekt 127 f., 138 f., 187, 198 ff., 254, 257 ff., 267, 272
Psychomotorik 143, 160 ff.

Q

Qualifikationen 137

R

Räume
– Raumgestaltung nach dem Situationsansatz 130 ff.
– im Offenen Kindergarten 142 ff.
– Bewegungsraum 150 ff.
– Ruheraum 153 ff.
– Musik- und Rollenspielraum 154 f.
– Kreativbereich – Werkstatt – Atelier 155 f.
– Cafeteria 156
– Außengelände 156 ff.
– Reggio-Pädagogik 174 ff., 186 f.
Regelkindergarten 36 ff.
Rolle der Erzieherin 134 f., 163 ff., 192, 211 ff., 225

S

Schulfähigkeit 168 f.
Selbstregulierung 240 ff.
Situationsbestimmung 137
Situationsorientierung 126
Sozialformen 295 f.
Spiegel 184
Spiel 82 f.
Spiel 168 ff.
Stammgruppe 148
Supervision 336 f.

T

Tagesablauf im Kindergarten 144, 178 f.
Teamarbeit 310 ff.
– Analyse 312 f.
– Konflikte 316 f.
Themenzentrierte Interaktion (TZI) 289 ff.

U

V

Verstehen 61 ff., 93
– Bedeutung 61 f.
Videoarbeit 258 ff.

W

X

Y

Z

Ziele 121, 122 f., 167, 188, 193f., 230 ff., 252 f.